프로그래밍 기초부터 튼튼하게 학습하는

Build Up JAVA

북스홀릭
Publishing

Build Up JAVA

초판 1쇄 발행일_ 2022년 3월 2일

지 은 이_ 임정목, 김점구, 이태동
펴 낸 이_ 조완용, 고영진
표지디자인_ 블루기획

주소_ 서울시 금천구 시흥1동 992-12 영광빌딩 203호
문의전화_ 02-896-7846 / 02-3142-3600 **팩스_** 02-896-7852
홈페이지_ http://www.booksholic.co.kr

발행처_ 북스홀릭 퍼블리싱 **출판등록번호_** 제2012-000063호

ISBN_ 979-11-6289-097-4 [93000]

자바 프로그램은 인터넷 및 분산처리 환경 시스템에서 효과적으로 응용 프로그램을 작성하기 위해 고안된 언어로 객체 지향 특성을 가진 다양한 환경을 지원하고 있다

자바 언어의 원천이 C와 C++ 언어이므로 자바 상속, 다형성, 캡슐화 등의 요소를 가지는 객체 지향 언어 이지만 단지 객체만 존재하고 있다.
이러한 객체 지향 프로그래밍 언어가 설계 과정에서 객체지향 개념을 가지고 있는 것은 프로그램에 매우 유연성을 가지게 된다. 이러한 이유 때문에 자바 프로그램을 자주 사용하는 이유가 된다.

이 책은 자바를 처음 접하는 입문 부분과 객체 지향 개념과 제네릭 도구들 그리고 AWT와 스윙 컴포넌트를 이용한 GUI 프로그래밍, JDBC를 이용하여 다양한 데이터베이스를 검색하는 프로그래밍 등의 다양한 기술을 습득할 수 있도록 구성하였다.

또한 URL을 이용할 수 있는 네트워크 프로그래밍 등과 실무에 적용할 수 있도록 고수준의 자바 적용사례의 단위 독립 프로그램을 포함하여 중급 이상의 자바 사용자도 좀 더 공부할 수 있도록 구성하였다. 또한 자바의 최신 버전인 JAVA 17 버전에 맞게 구성되어 보다 새로운 기능을 익힐 수 있도록 재구성되었다.

이제 자바 프로그래밍은 개발자가 넘어야할 필수 코스로 인식되어 초보 개발자가 기본으로 자바 프로그램을 개발하도록 이 책을 통하여 자바의 다양한 기술을 습득하여 정보 기술의 일익을 담당하는 기술인으로 발전하기를 바란다.

이 책은 전문대학과 4년제 대학교의 1,2 학기 커리큘럼을 기준으로 구성된 교재에 알맞게 구성되었으며 보다 많은 예제를 다양하게 포함하여 딱딱한 자바의 문법을 쉽게 익힐 수 있도록 저술되었다.

끝으로 이 책을 집필하는 동안 옆에서 많은 도움을 아끼지 않은 지인들에게 심심한 감사를 표하는 바 이며 이 책이 나올 때 까지 수고해주신 북스홀릭퍼블리싱 조완용 사장님과 편집부에 지면을 통하여 감사를 드린다.

저자 일동

이 책의 차례

Chapter 01 자바의 개요

Chapter 02 자료형과 연산자

Chapter 03 제어문과 반복문

Chapter 04 클래스와 객체

Chapter 05 상속

Chapter 06 패키지

Chapter 07 예외처리

Chapter 08 제네릭과 컬렉션 그리고 Lambda

Chapter 09 자바의 입출력

Chapter 10 스레드

Chapter 11 AWT

Chapter 12 컨테이너와 레이아웃

Chapter 13 SWING

Chapter 14 네트워크

Chapter 15 데이터베이스

Chapter 01

자바의 개요

1.1 자바의 역사

자바는 1991년도 선 마이크로시스템의 제임스 고슬링에 의해 개발되었다. 초기에는 Oak라는 언어로 불렀으며, 이후 자바라는 이름으로 바뀌어서 1995년 5월에 개발도구로 발전하였다.

처음 2개의 버전은 JDK 1.0과 JDK 1.1로 지정되었으나, 1998년에 다음 버전을 발표할 때 선 마이크로시스템즈에서 JDK에서 SDK로 이름을 바꾸었다.

이후 개발 버전에 자바 2 SDK 1.2로 지정되어 점점 업그레이드되어서, 자바 1.8까지 발표되었으며 최근에는 JAVA SE 17 버전까지 탄생하게 되었다.

자바의 발표 내역은 다음과 같다.

버전	발표년월	추가 기능들
JDK 1.0	1996년 1월	초기 버전
JDK 1.1	1997년 2월	Inner classes, JavaBeans, JDBC, RMI
J2SE 1.2	1998년 12월	Swing, Collections, Framework
J2SE 1.3	2000년 5월	HotSpot, JVM, RMI, JavaSound
J2SE 1.4	2002년 2월	정밀한 수식들, Java Web
J2SE 5.0	2004년 9월	Generics, autoboxing, enumeration
Java SE 6	2006년 12월	Database 관리, 많은 새로운 기능들
Java SE 7	2011년 7월	Anonymous Inner 클래스와 Nested 클래스, 중첩 클래스에서 외부 컨텍스트 액세스, Grape, AST변환, SQL 배치 업데이트와 트랜잭션
Java SE 8	2014년 4월	Lambda expressions, Method Reference(메소드 정의를 활용하여 람다처럼 사용 가능), Stream(간결하게 컬렉션의 데이터를 처리하는 기능), Default Method(인터페이스의 구현체를 인터페이스 자체에서 기본으로 제공 가능), Optional(값을 Optional<T>로 캡슐화하여 NullPointerException을 방지)

Java SE 13	2019년 9월	JDK 빌드 프로세스가 향상, switch 구문을 확장해 구문 또는 식으로 사용하여 코딩을 간소화, 단순화(Java Simplification) 없이 읽을 수 있는 형식으로 문자 시퀀스를 표현하기가 용이, 가비지 컬렉터 개선, 마이크로 벤치마크 툴 추가, 성능 개선
Java SE 14	2020년 3월	Record 도입 및 정의, switch 문의 간소화, 멀티라인 문자열 포함, NullpointerExceptions 에러메시지 다양화
Java SE 15	2020년 9월	· 클래스 봉인으로 상속 가능한 클래스를 지정할 수 있는 봉인 클래스가 제공 · 다중 텍스트 블록 지정으로 자바에서도 여러 줄의 문자열을 손쉽게 작성 가능
Java SE 17	2021년 9월	· 14개의 JEP(JDK 개선 제안, JDK Enhancement Proposals)와 다양한 성능, 안정성 및 보안 업데이트 · JDK를 맥OS/AArch64 플랫폼으로 포팅함으로써 새로운 Arm 64 기반의 애플 실리콘 컴퓨터에서 자바 애플리케이션을 자체적으로 실행하는 것이 가능

1.2 자바의 특징

1.2.1 단순성

C++과 비교하여 자바는 여러 가지로 단순하다. 특히 포인터가 사용되지 않으며, C++의 많은 불필요한 기능들을 자바에서는 제거되었다.

1.2.2 안전성

자바는 다음과 같은 속성과 구성요소 때문에 안전하다.

- 포인터의 미사용
- 바이트 코드 변수
- 클래스 로더
- 보안 관리

1.2.3 이식성

자바 코드는 매우 가벼워서, 어떠한 플랫폼에서도 실행이 가능하다. 바이트 코드를 이용해서 어떠한 플랫폼에서도 컴파일에 자바 소스 코드를 수록할 수 있어서 독립적이다.

1.2.4 객체 지향성

자바는 객체 지향 언어로 오랫동안 새로운 언어를 생산해왔다.

1.2.5 강력성

자바는 강력한 언어로서 사소한 프로그램의 오류도 용납하지 않고, 대응 능력을 가지고 있는 장점으로 구분된다.

1.2.6 다중 스레드

다중 스레드는 프로그램의 능력을 의미하여, 동시에 프로그램 코드의 조각들을 단일 처리 시스템에서 시분할 실행을 가능하게 해주는 기능이다. 아울러 다중 스레드에서 적절한 분배를 하여 실행하지만 동시에 처리하는 느낌을 갖게 한다.

1.2.7 인터프리터

자바는 인터프리터 언어로서 프로그램을 작성할 때, 클래스 파일로 편집되어 실행한다. 하지만 문장을 해석할 때는 매우 느리게 처리된다. 하지만 자바에서 바이트 코드로 번역되어, 이것은 빠르게 이식되기 때문에 느린 단점을 보완해준다.

1.2.8 구조의 중립성

자바는 어떠한 특별한 마이크로프로세서 계열, 또는 특별한 구조에게 의존하지 않기 때문에 다양한 컴퓨터 또는 소형 전자계산기에서도 자바 프로그램을 실행할 수 있고, 또한 휴대폰에서도 자바 소프트웨어를 기반으로 작성한다.

1.2.9 분산처리

자바는 분산처리 시스템에서 사용하기 쉬운 언어로 다양한 내장성을 가지고 있다.

1.3 자바 프로그램의 실행 단계

자바는 인터프리터 언어로 분류되지만 컴파일러 기반의 C 또는 C++ 언어는 고수준의 언어로 소스 코드들은 .c 와 .cpp로 작성되어야 한다.

컴파일러 언어의 작성단계

C 또는 C++ 언어는 실행할 수 있는 .exe로 지정된 기계어 파일을 작성하지만 실행하기 위해 운영체제에서 처리될 수 있다.

자바언어의 작성단계를 이해하기 전에 바이트 코드와 가상기계(VM)의 의미를 이해해야 한다.

1 바이트 코드

바이트 코드는 실제로 플랫폼 독립된 파일로 컴퓨터는 그것을 기계어로 간주할 수 있다. 자바코드.java 소스파일을 작성해서 자바 컴파일러에 의해 자바코드.class로 번역된다.

자바컴파일러 언어의 작성단계

2 가상기계(Virtual Machine)

이것은 실제 기계가 아닌 것을 실질적인 이름을 나타내지만 그것은 단지 자바 프로그램이 진행될 것으로 간주한 기계를 나타내는 프로그램이다. 실제로, 가상기계는 바이트 코드에 프로그램을 실행하는 하드웨어인 것처럼 간주할 수 있다.

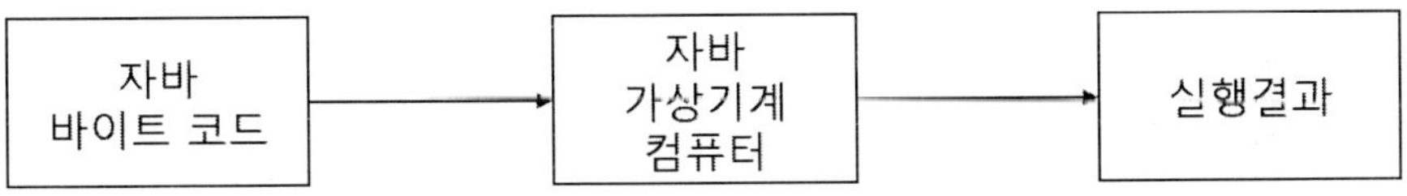

자바 바이트 코드의 실행단계

컴퓨터에서는 직접적으로 이 바이트 코드를 수행하지 않고, JVM(Java Virtual Machine)이라고 하는 프로그램에 바이트 코드를 넣어서 번역하고 실행한다.

1.4 인터프리터 언어의 장단점

IT의 초창기에 인터프리터 언어들의 번역 기능은 매우 달라서 소스 코드는 인터프리터 프로그램에 의해 한 줄씩 실행되었지만 번역 후에 실행되기 때문에 실행 속도는 매우 느렸다.

하지만 자바는 인터프리터 언어이나 다른 구동 방식을 사용한다. 자바 소스 코드는 .java에 작성되어 컴파일되며 바이트 코드의 .class 파일로 지정된 가상 기계어로 작성되고 인터프리터에 의해 실행된다.

인터프리터가 바이트 코드를 번역하기 때문에 실행의 속도는 예전 언어들 보다 빠르다. 하지만 컴파일러에 비해 속도는 느리다. 아울러 아키텍처의 발달로 인해 다른 언어만큼 빠르게 진행될 것으로 예상된다.

자바의 중요한 장점은 하드웨어 플랫폼에 독립적이라는 것이다. 이는 다른 유형의 컴퓨터에서도 JVM이 존재하면 바이트 코드를 실행시킬 수 있다는 것이다. 다양한 하드웨어와 소프트웨어 플랫폼이 존재하는 인터넷 기반에서 JVM의 독립성은 큰 장점으로서 부각된다.

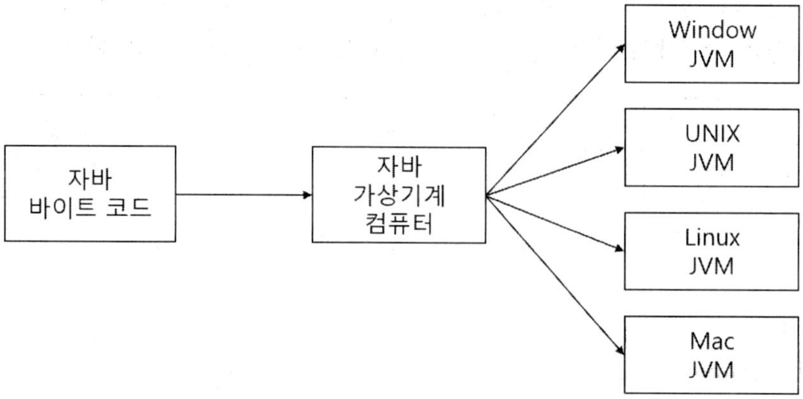

다양한 하드웨어에서 JVM의 이식성

1.5 자바 플랫폼

자바 플랫폼은 다음과 같은 요소로 구성되어 있다.

- 프로그램 작성을 위한 언어
- API(Application Programming Interface) 도구들
- 클래스 라이브러리
- 개발 및, 컴파일 그리고 에러 체크에 사용되는 프로그램들
- 클래스 파일을 실행하고 로드하기 위한 가상기계(VM)

언어는 문법(규칙)과 의미로 구성되어 있으며, 문법은 문법의 규약을 의미하고, 구문 규칙에 준하는 문장이 수행될 때 의미는 어떠한 설명을 나타낸다.

자바에서 정의되는 API를 간단하게 설명하면 클래스와 객체의 행위와 속성을 처리하기 위한 응용프로그램을 작성하기 위한 개발자들의 선언을 말한다. 자바 프로그램을 작성하기 위해 자바 개발자에 의해 설계되고 개발된 많은 클래스가 필요하다.

API는 클래스들의 라이브러리를 의미한다. 아울러 자바 프로그램을 개발하기 위해, 컴파일러와 다른 프로그램과 도구가 필요하다. 이것이 자바 플랫폼의 묶음과 부분을 구성한다.

자바 가상기계(JVM)는 자바 프로그램을 실행하기 위해 필요하고, 플랫폼에서 가장 중요한 요소이다.

1.6 자바 개발 도구

JDK SE는 자바 프로그램 언어를 사용해서 응용 프로그램과 구성요소를 작성하기 위한 자바 플랫폼의 개발 환경이다.

JDK SE는 자바로 작성된 개발과 테스트하기 위한 유용한 도구들을 포함하고, 자바 플랫폼에서 프로그램의 실행을 가능하게 해준다. 이 도구들은 명령 줄(command line)로 부터 사용할 수 있으나 GUI 환경을 제공하지 않는다.

1 개발도구

도구	설 명
javac	자바 언어 컴파일러
java	자바 실행 프로그램
javadoc	API 문서 생성자
jar	자바 압축파일(JAR) 관리
jdb	자바 디버거
javah	C 헤더와 부분 생성자
javap	클래스 파일 역번역기

대부분 개발 도구 프로그램들은 bin 디렉터리에 들어 있다.

2 실행 환경

SE에 의해 사용되는 자바 실행 시 환경을 수행하며, 실행 환경은 자바 프로그래밍 언어로 작성된 프로그램의 실행을 지원하는 자바 가상기계(JVM), 클래스 라이브러리 그리고 다른 파일들을 포함한다.

3 추가 라이브러리

추가적인 클래스 라이브러리와 개발 도구에 의해 지원되는 파일들은 lib 하위 디렉터리에 들어 있다.

4 예제 파일들

예제 프로그램 파일들은 demo 하위 디렉터리에 들어 있으며, Swing과 다른 자바 기초 클래스, 그리고 자바 플랫폼 디버거가 포함되어 있다.

5 JDK 문서

문서는 온라인으로 사용 가능하고, 관련 정보에 API 선언, 개발자 가이드, SDK 도구와 유틸리티 그리고 예제 정보로 구성되어 있으며, 이 문서는 다운받아 내 컴퓨터에 설치할 수 있다.

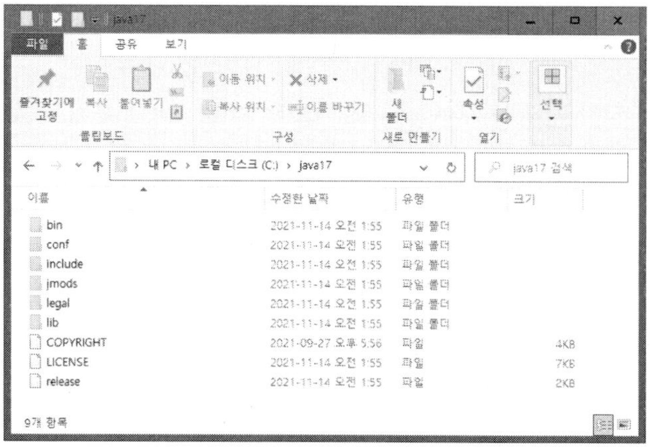

1.7 자바 프로그램 설치 및 환경 설정

1.7.1 자바 프로그램 다운로드

① 자바 프로그램은 인터넷에서 무료로 다운로드하여 설치할 수 있으며, 아래 URL로 들어가면 다운로드 관련 화면이 나타난다(다운로드 시점에서 최신 버전을 설치한다).

https://www.oracle.com/java/technologies/javase/jdk17-archive-downloads.html

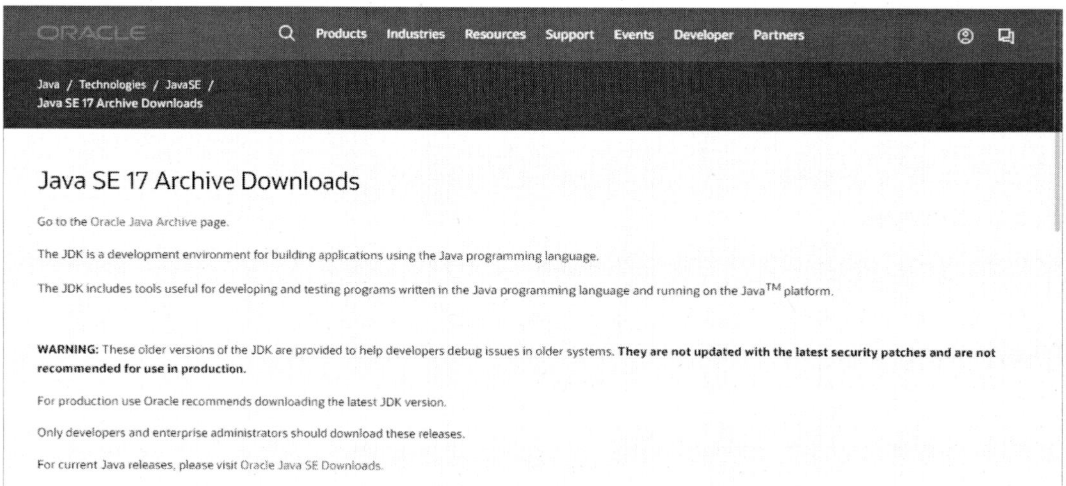

② 'Java SE Development Kit 17.0.1'에 포함되어 있는 Windows x64 Installer(jdk-17.0.1_windows-x64_bin.exe(sha256))를 클릭하여 다운로드한다.

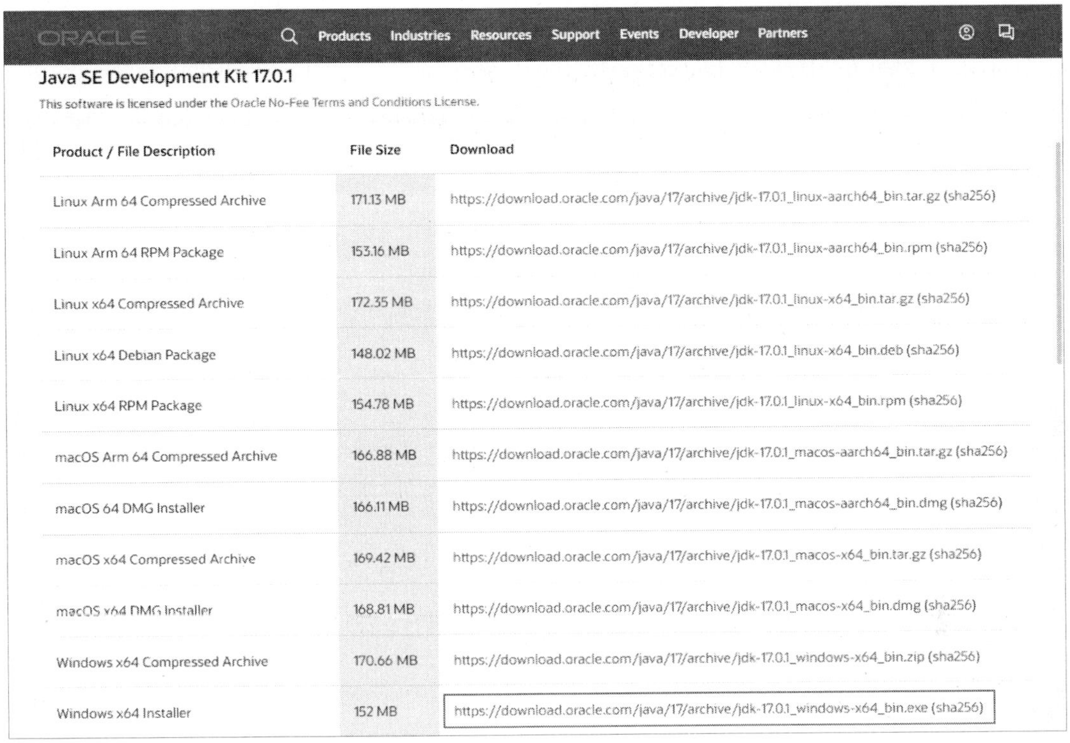

③ Java17 설치 파일을 저장하기 위한 위치를 지정하고 [저장]을 클릭한다. 사용자 웹 브라우서의 종류에 따라 저장 방식은 다를 수 있다.

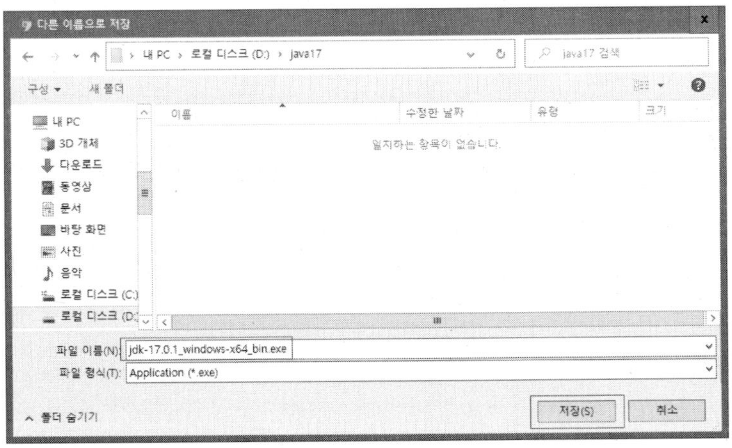

④ 다운로드한 'jdk-17.0.1_windows-x64_bin.exe' 파일을 더블 클릭하여 자바 프로그램 설치를 시작한다.

1.7.2 자바 프로그램 설치

① 다운로드 받은 파일을 더블 클릭하여 설치를 시작한다.

② 설치 초기 화면이 나타나면 [Next]를 클릭하고 설치 위치를 확인한 후 [Change]를 클릭한다.

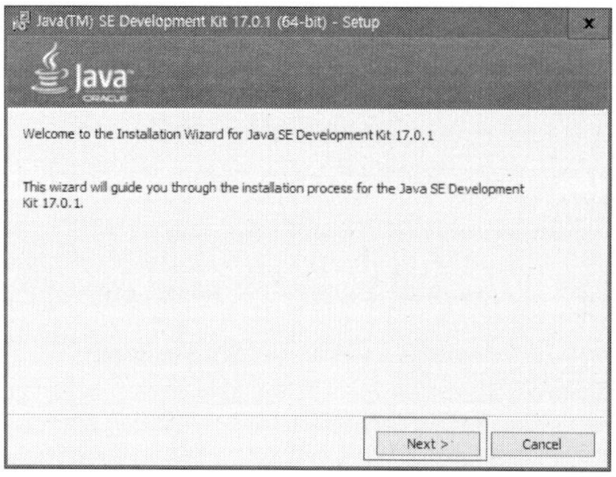

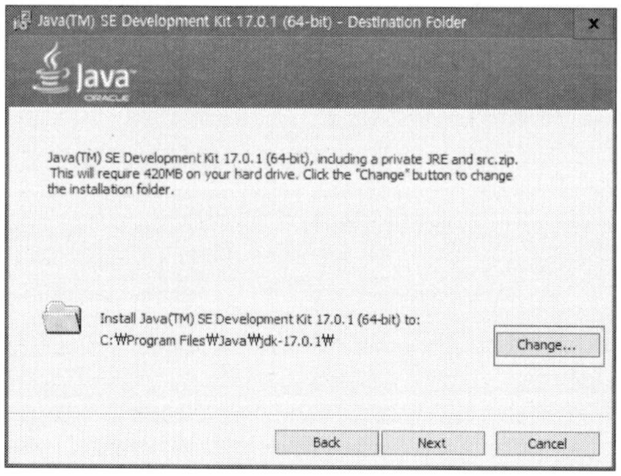

③ 설치 위치를 "C:₩java17"로 수정하고 [OK]를 클릭하여 수정 결과가 나타나면 [Next]를 클릭한다.

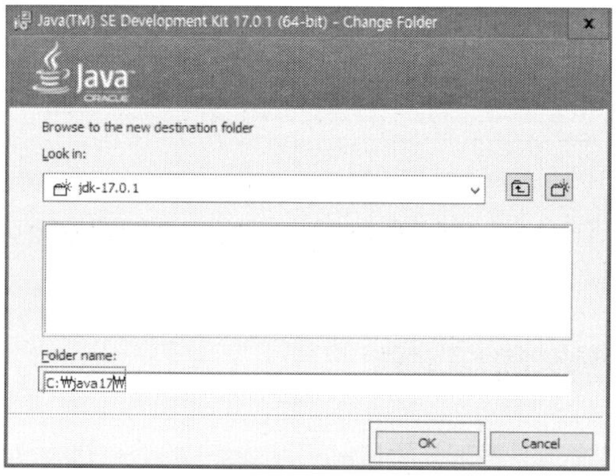

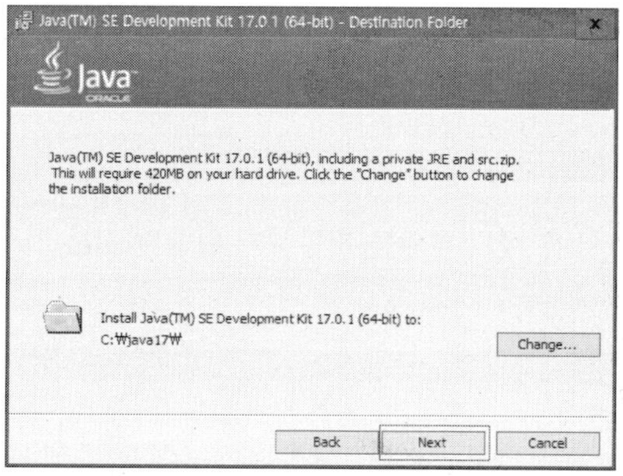

④ JDK 설치가 진행되며 [Close]를 클릭하면 설치가 완료된다.

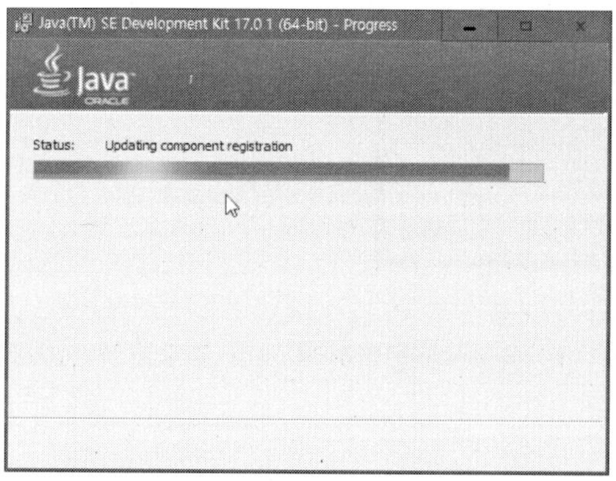

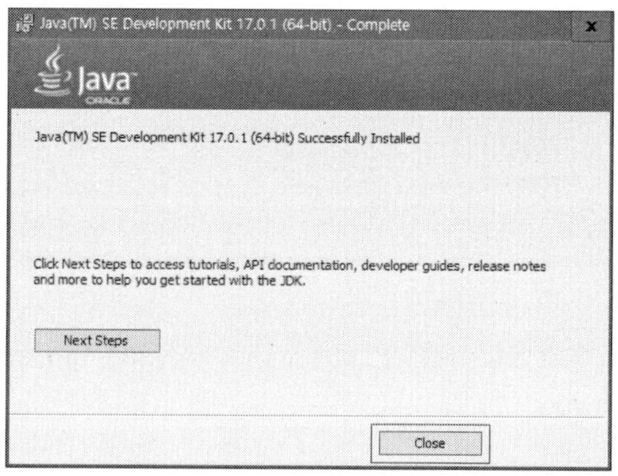

⑤ 설치가 완료되면 폴더(C:₩java17)의 위치를 확인한다.

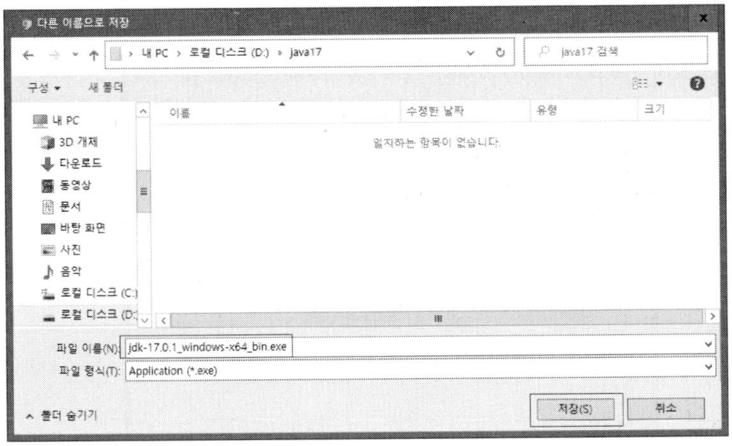

⑥ 자바 개발 도구가 들어 있는 bin 폴더를 확인한다.

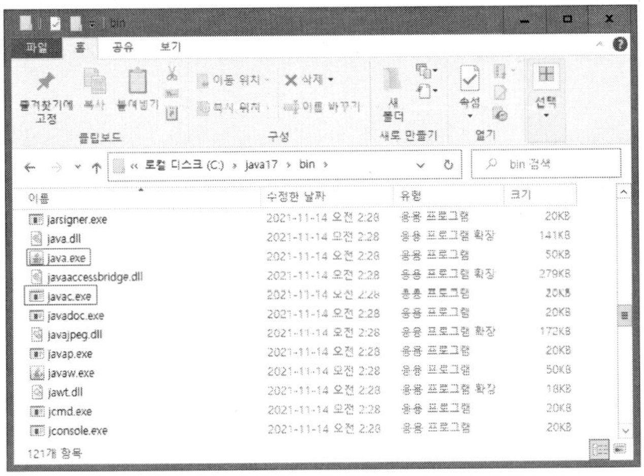

1.7.3 자바 환경 변수 설정

① [시작]-[검색]을 선택하고 검색어 입력란에 “시스템 환경 변수 편집”을 입력한 후 아이콘을 클릭한다. [제어판]-[시스템 및 보안]-[시스템]-[고급 시스템 설정]을 이용해도 동일하다.

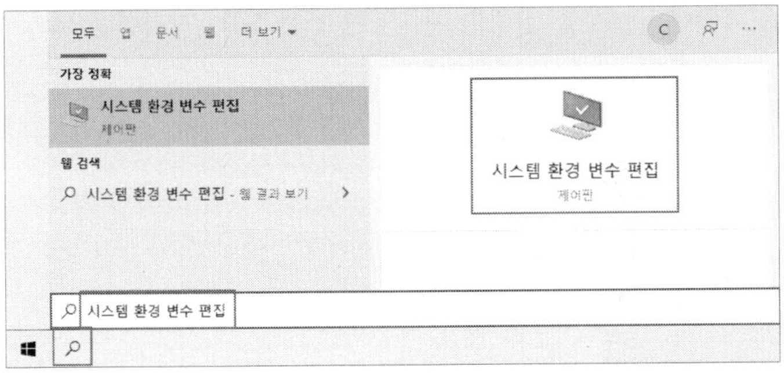

② [시스템 속성] 대화상자에서 [환경 변수]를 클릭하고 시스템 변수에 포함되어 있는 'Path' 항목을 선택한 후 [편집]을 클릭한다.

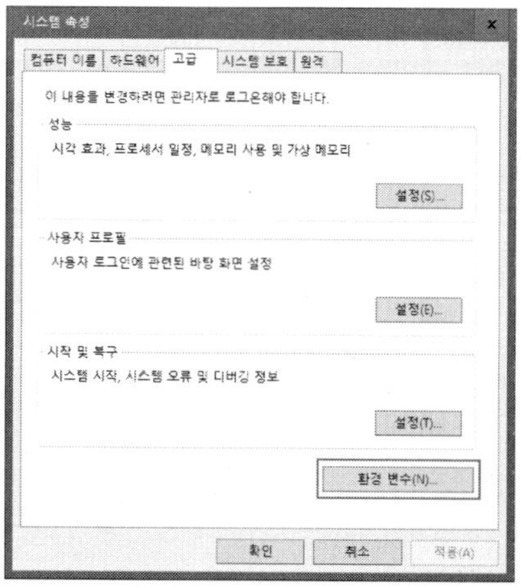

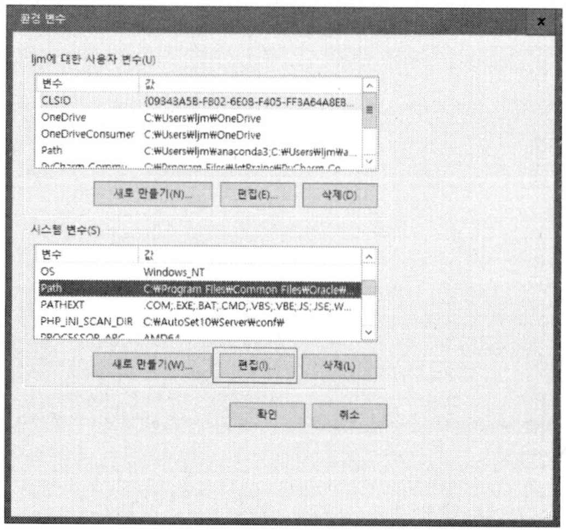

③ [환경 변수 편집] 대화상자에서 [새로 만들기]를 클릭하고 'C:₩java17₩bin'을 등록한 후 [확인]을 클릭한 후 제어판을 종료한다.

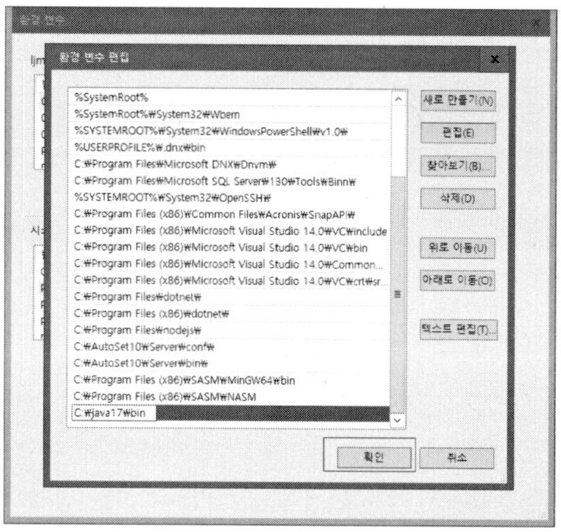

④ [시작]-[검색]을 실행하고 검색어 입력란에 "cmd"을 입력한 후 [명령 프롬프트] 아이콘을 클릭한다.

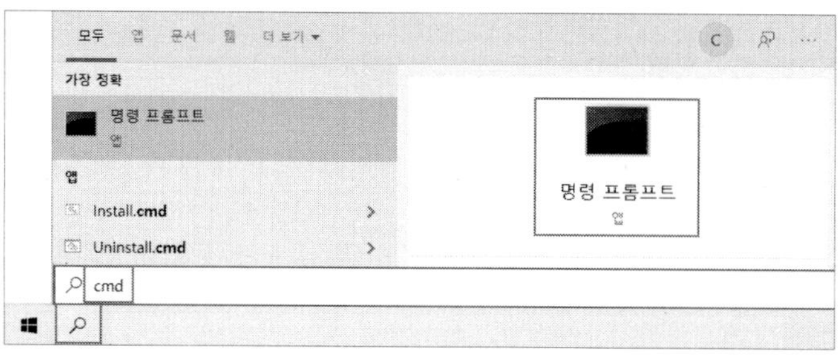

⑤ [명령 프롬프트] 창에서 "java -version"을 입력하여 java 17 버전이 나타나면 경로가 정상적으로 연결된 것이다.

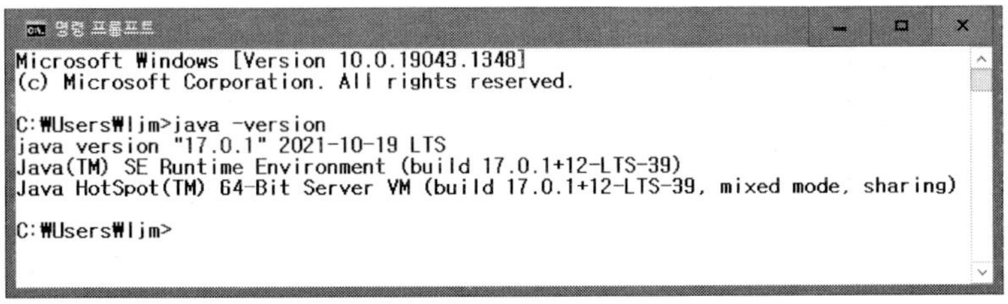

⑥ 모든 작업이 끝나면 컴퓨터에 자바 개발 도구(JDK) 설치가 완료된 것이다.

1.8 자바 개발 도구의 설치 및 환경 설정

자바 프로그램 언어는 다른 프로그램과는 달리 인터프리터 언어이므로 별도의 개발 도구를 지원하지 않는다. 따라서 편리한 개발 도구를 설치해서 자바 개발 환경과 연결하는 것이 좋다.

자바 프로그램이 익숙하지 않더라도 다음과 같은 처음 자바 프로그램을 실행하여 각종 도구를 이용해서 결과를 확인하여 본다.

자바를 실행하기 위해서는 먼저 자바 코드를 작성하기 위해 자바 프로그램은 class로 시작해서 { } 안에 코드를 작성해야 한다.

```
class HelloJava {
    public static void main(String[ ] args) {
        System.out.println("안녕하세요 자바세계에 오신 것을 환영합니다!");
    }
}
```

프로그램의 제목은 class 오른쪽에 작성하는데 외부 파일과 영문 대소문자가 반드시 같아야 한다. 위의 프로그램에서 프로그램 제목은 "HelloJava"이므로 저장되는 파일 이름은 'HelloJava.java'로 저장해야 한다(프로그램의 제목과 확장자를 뺀 파일 이름은 반드시 같아야 함).

1.8.1 EditPlus에서 자바 실행

① 자바 프로그램을 원활하기 작성하기 위해 EditPlus 편집기를 설치하고 간단한 자바 프로그램을 실행하여 본다. EditPlus는 'www.editplus.co.kr'에서 프로그램을 다운 받아 설치한다.

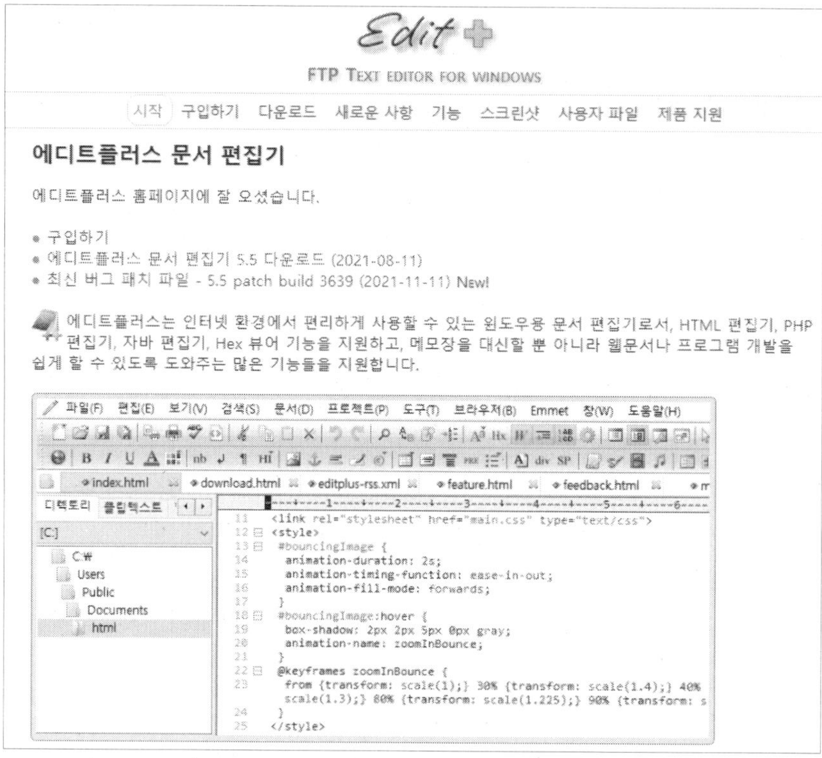

② EditPlus를 설치한 후 실행하면 다음과 같은 초기 화면이 나타난다.

③ 글꼴을 지정하기 위해 [도구]-[기본 설정]-[글꼴]을 선택하여 다음과 같이 지정하고 [확인]을 클릭한다(글꼴-Arial, 속성-Bold, 글꼴 크기-12 권장).

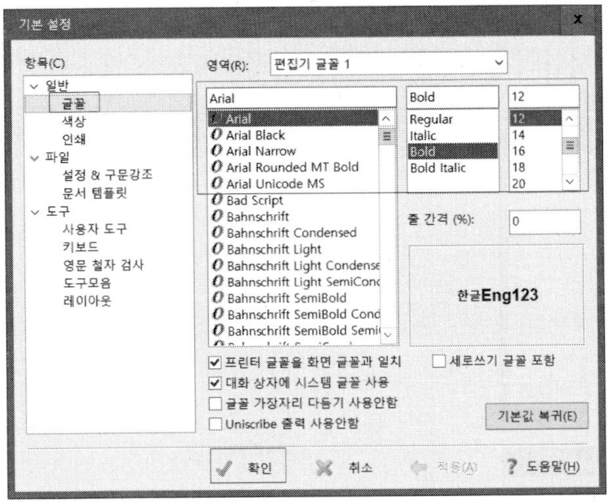

④ [도구]-[기본 설정]-[사용자 도구 구성]을 선택하면 [기본 설정] 대화상자가 나타난다.

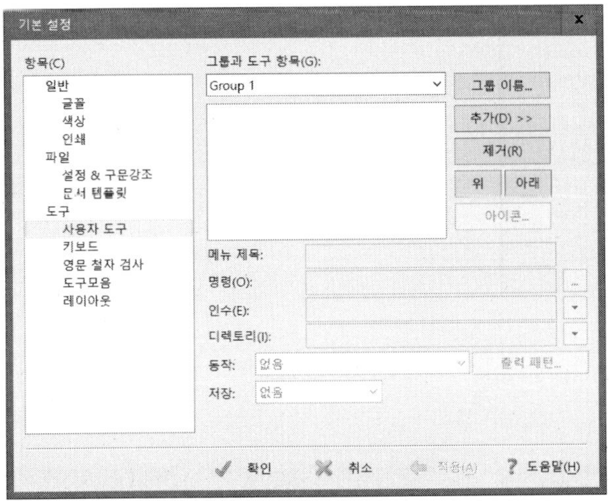

⑤ [그룹 이름]을 클릭하고 새 이름으로 "JAVA"를 입력한 후 [확인]을 클릭한다.

⑥ [추가]를 클릭하여 [프로그램]을 선택하고 메뉴 제목을 "컴파일"로 입력한다.

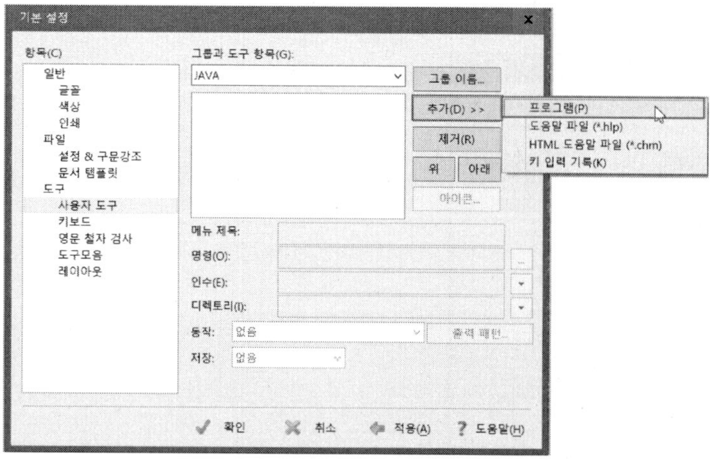

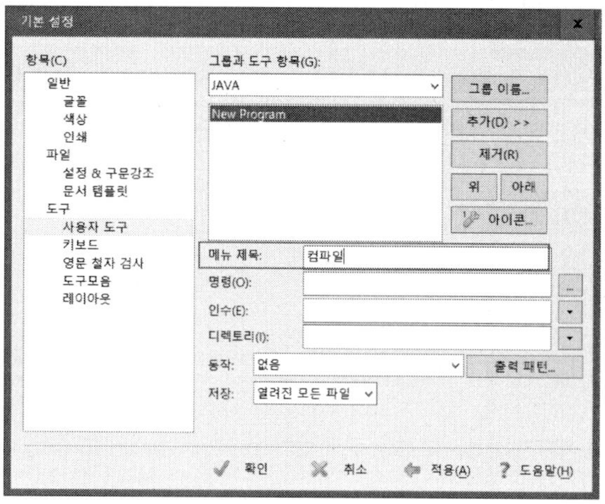

⑦ 명령에서 ... 을 클릭하여 자바의 'C:₩java17₩bin' 폴더를 찾아서 javac.exe 파일을 연결하고 [열기]를 클릭한다.

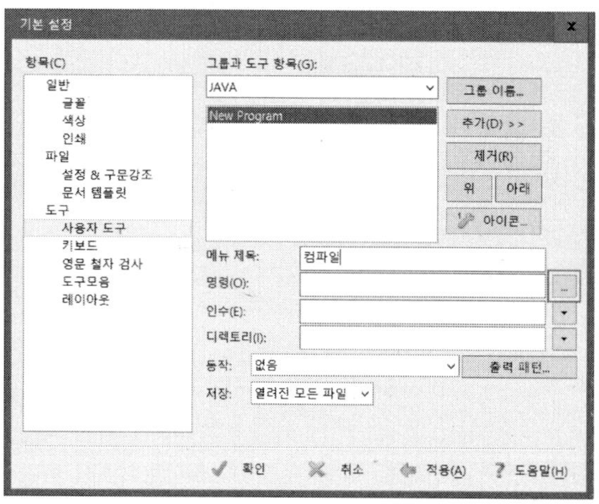

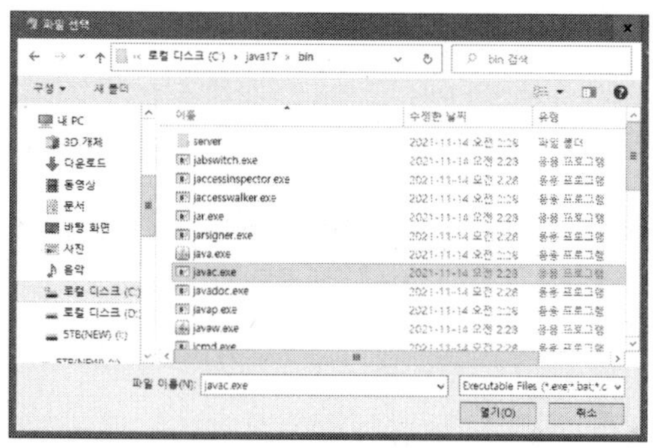

⑧ [인수]의 목록 단추를 클릭하여 [파일 이름]을 선택한다.

⑨ [디렉토리]의 목록 단추를 클릭하여 [파일 디렉토리]를 선택한다.

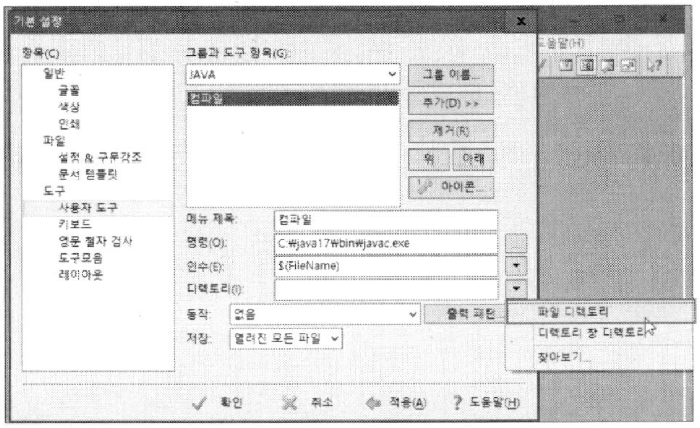

⑩ [동작]에서 [출력 내용 캡처]를 지정하면 컴파일 환경설정이 다음과 같이 나타난다.

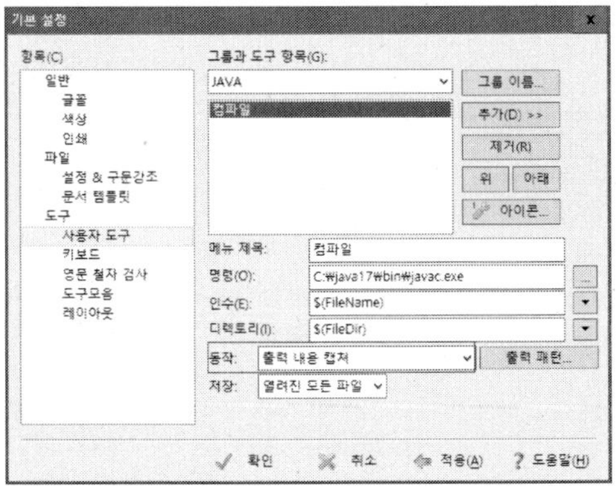

⑪ 실행 환경을 설정하기 위해 [추가]를 클릭하여 [프로그램]을 선택한 후 다음과 같이 지정한다. [확인]을 누르면 EditPlus에 자바 환경 설정이 완료된다.

기능 제목	목록 내용
메뉴 제목	실행
명령	C:₩java17₩bin₩java.exe (디렉토리에서 선택)
인수	$(FileNameNoExt) (▼에서 [확장자를 뺀 이름] 선택)
디렉토리	$(FileDir) (▼에서 [파일 디렉토리] 선택)
동작	없음

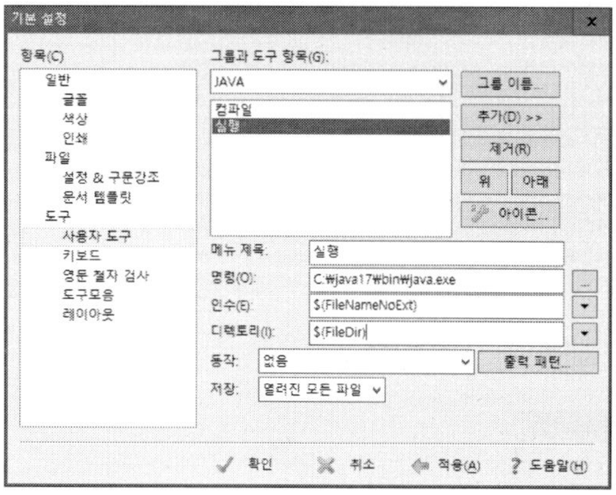

⑫ 프로그램을 실행하기 위해 EditPlus에서 [파일]-[새 파일]-[Java]를 선택하면 자바 편집 화면이 나타난다.

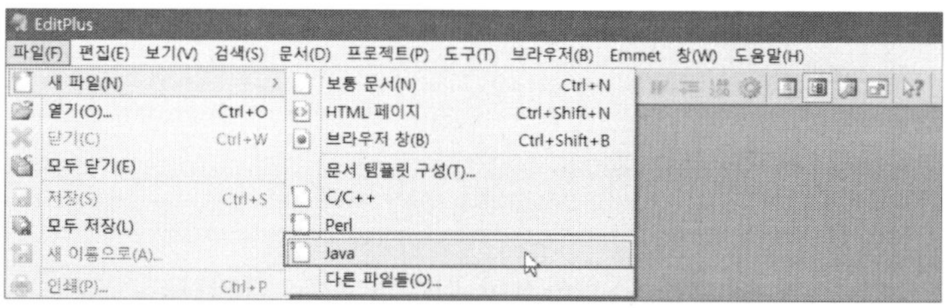

⑬ 편집 화면에서 자바 프로그램을 다음과 같이 입력한다.

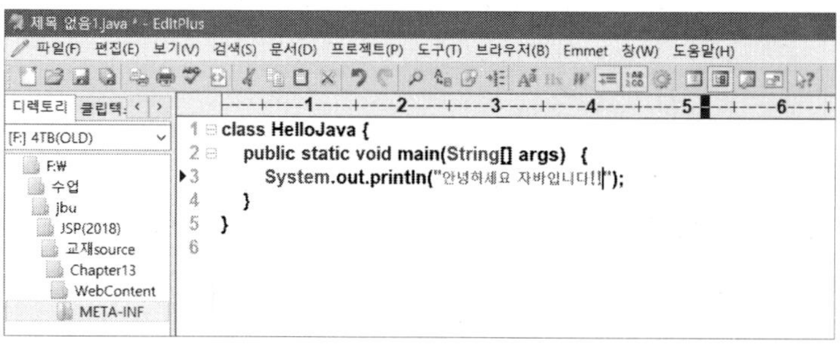

⑭ 프로그램을 저장하기 위해서 [파일]-[새 이름으로]를 선택하고 파일 이름에 “HelloJava.java”를 입력한 후 [저장]을 클릭한다.

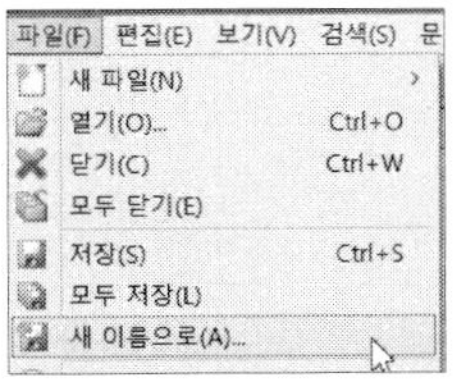

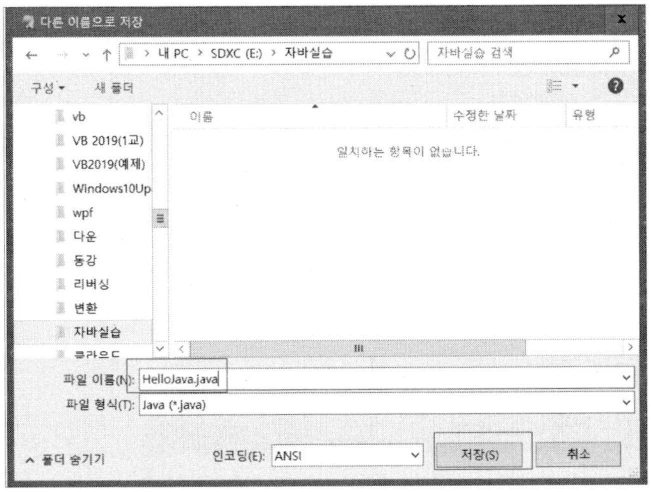

⑮ [도구]-[컴파일]을 선택하여 컴파일을 진행한다.

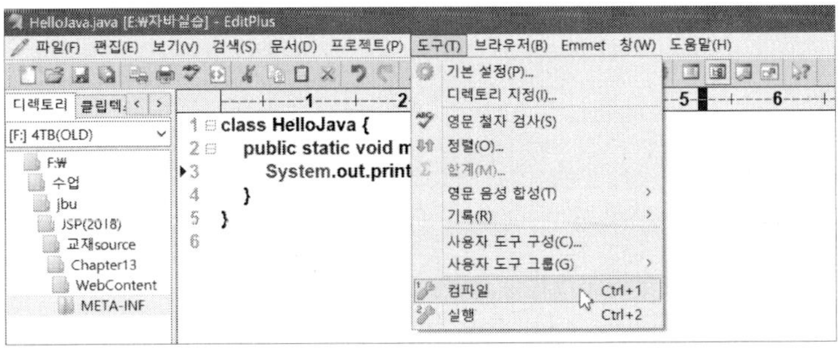

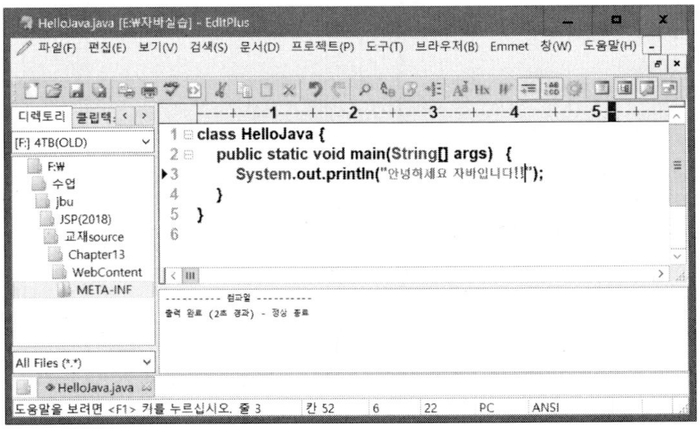

⑯ [도구]-[실행]을 선택하여 결과를 확인한다.

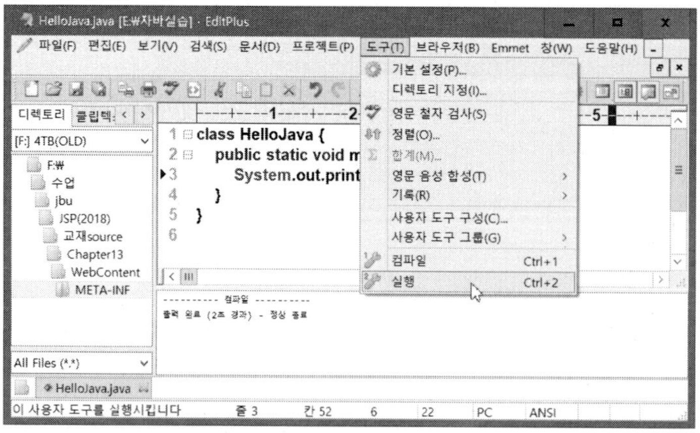

1.8.2 메모장에서 자바 실행

① 기본적으로 메모장으로 자바 프로그램을 작성하고 콘솔 화면에서 컴파일과 실행을 할 수 있다. 실습 파일을 보관할 [자바실습] 폴더를 새로 만들고 메모장에서 작성한 'HelloJava.java' 프로그램을 저장한다(C:₩ 드라이브에는 소스 파일을 저장하지 않도록 주의).

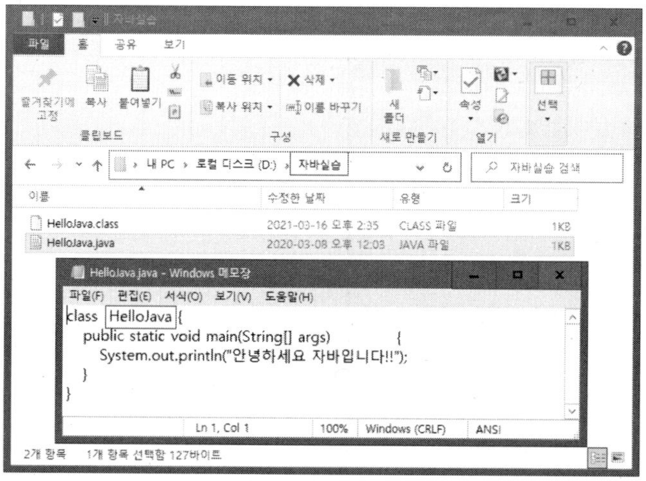

② [시작]-[검색]을 실행하고 아래에 "cmd"을 입력하여 [명령 프롬프트] 콘솔 화면을 표시한다. 'D:₩자바실습>javac HelloJava.java' 명령을 실행하여 컴파일하고 에러가 없으면 'D:₩자바실습>java HelloJava'를 실행하여 결과를 확인한다.

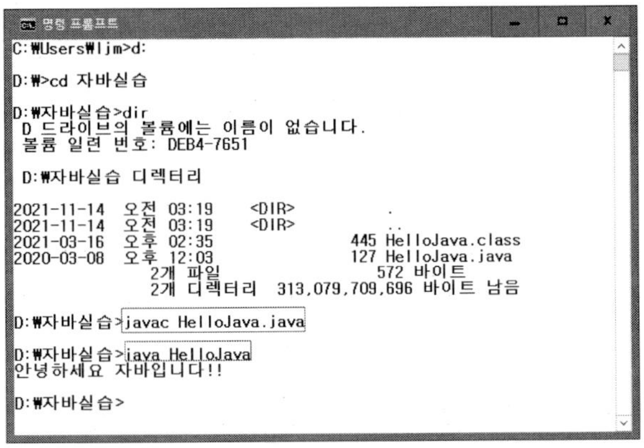

③ 자바 프로그램을 컴파일하면 .class 파일이 생성되며 실행할 때는 .class를 생략한다.

1.8.3 eclipse에서 자바 프로그램 실행

① eclipse는 자바뿐만 아니라 안드로이드, Python등 프로그램 등 다양하게 사용하는 고급 프로그램 작성 도구이다.

② eclipse는 'https://www.eclipse.org/'에서 [Download]를 클릭해서 프로그램을 다운받는다.

③ 다음 화면이 나타나면 'Download Packages'를 클릭한다.

④ 다음 화면에서 'x86_64'를 클릭한다.

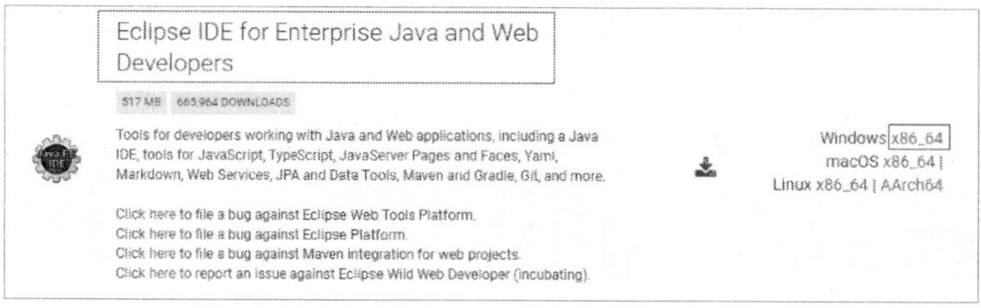

⑤ 'eclipse-java-2021-09-R-win32-x86_64.zip' 파일을 다운받고 마우스 오른쪽 단추를 눌러서 [여기에 압축 풀기]를 지정하면 다음 화면이 나타난다. [예]를 클릭해서 'C:₩eclipse' 폴더에 파일 내용을 저장한다(다른 드라이브에 압축을 풀면 C:₩ 드라이브로 복사해야 함).

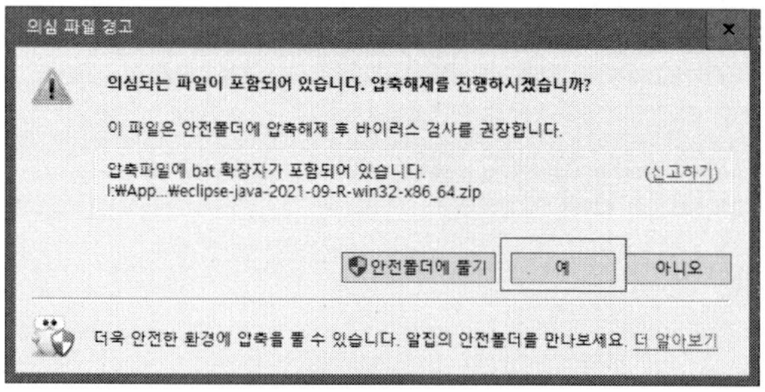

⑥ 'c:₩eclipse' 폴더 내용을 확인하고 eclipse.exe 파일을 실행한다.

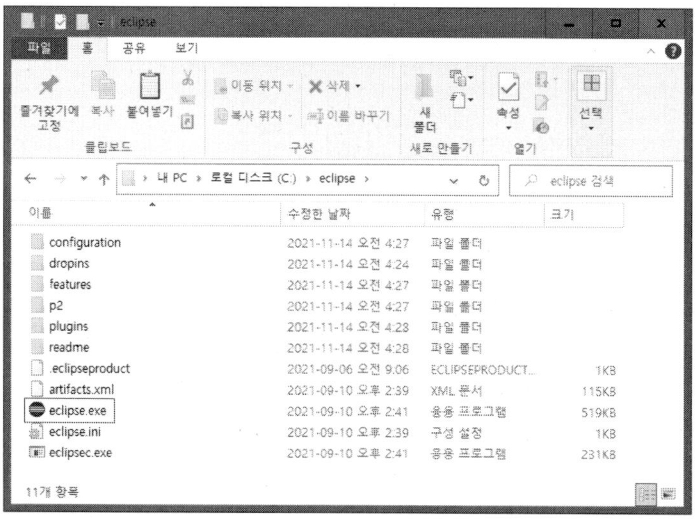

⑦ 처음 실행할 경우 다음과 같이 설정 한 다음 [Launch]를 클릭한다.

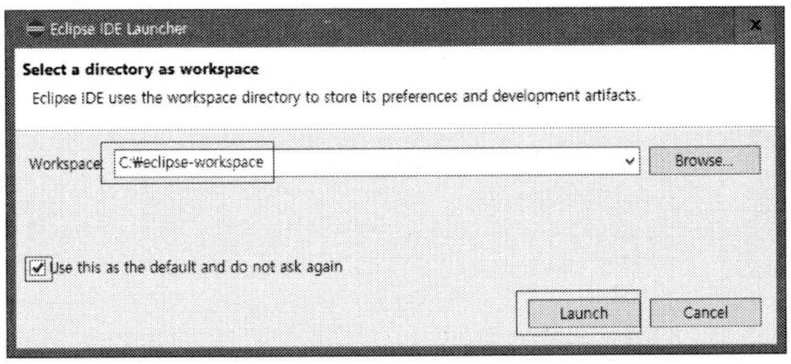

⑧ 이클립스가 본격적으로 실행되고 초기 화면이 나타나며, 다음과 같이 설정한다.

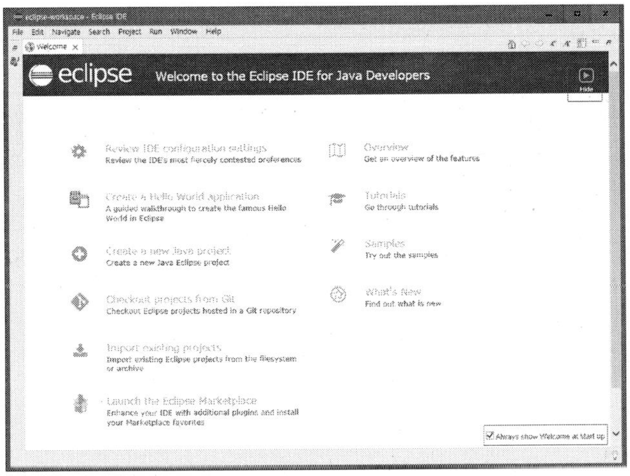

⑨ 다음과 같이 eclipse 본격적인 시작 화면이 나타난다.

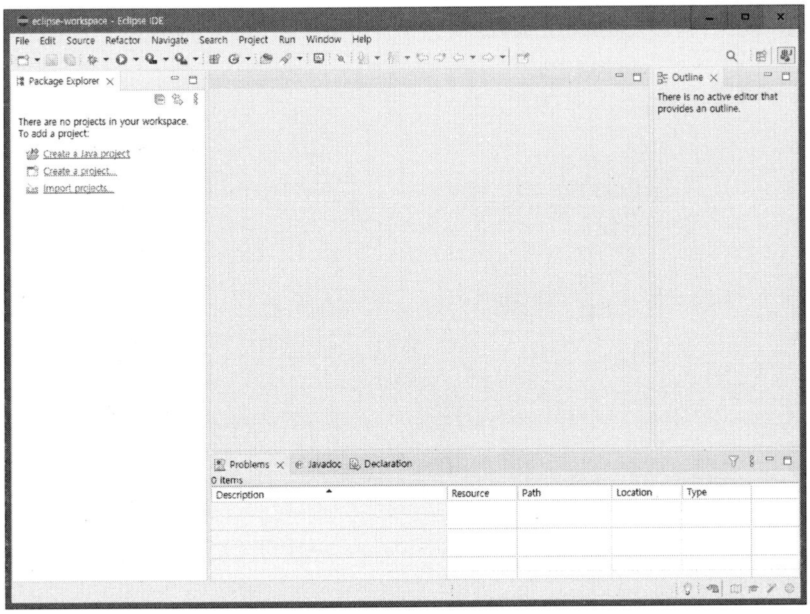

⑩ 새로운 자바 프로그램을 작성하기 위해 [File]-[New]-[Java Project]를 선택하면 [New java Project] 대화상자가 나타난다. Project Name 상자에 "ch01"이라고 입력하고 [Finish]를 클릭하면 ch01 프로젝트가 지정된다.

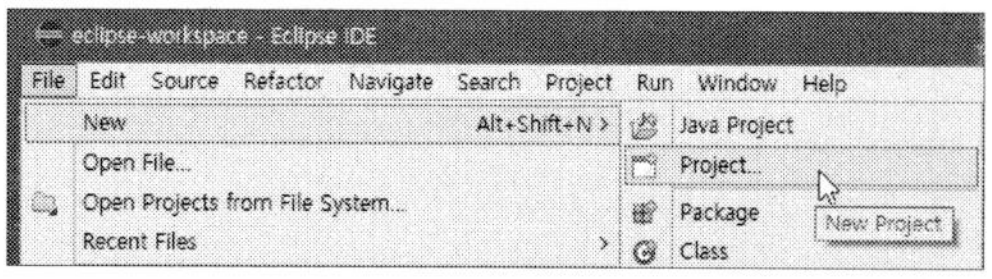

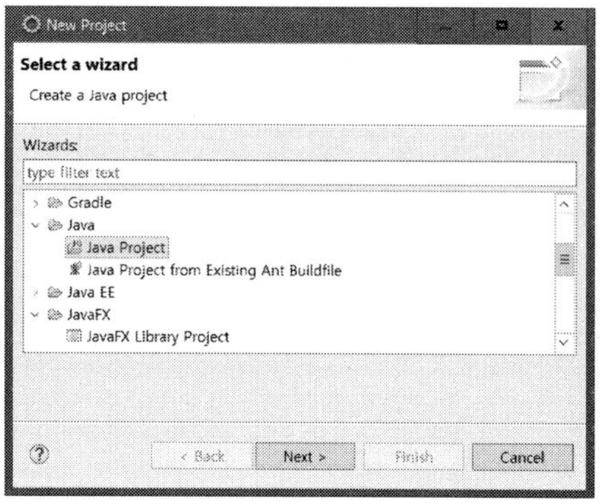

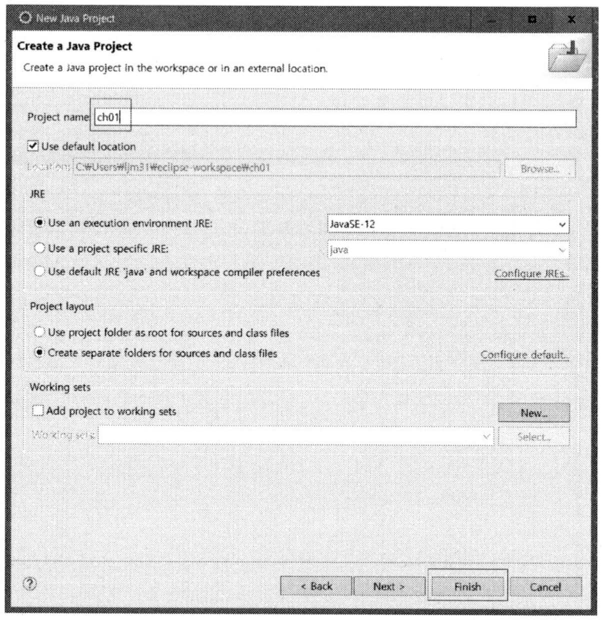

⑪ ch01 프로젝트 아래 [src]를 마우스 오른쪽 버튼으로 클릭하고 [New]-[Class]를 선택한다.

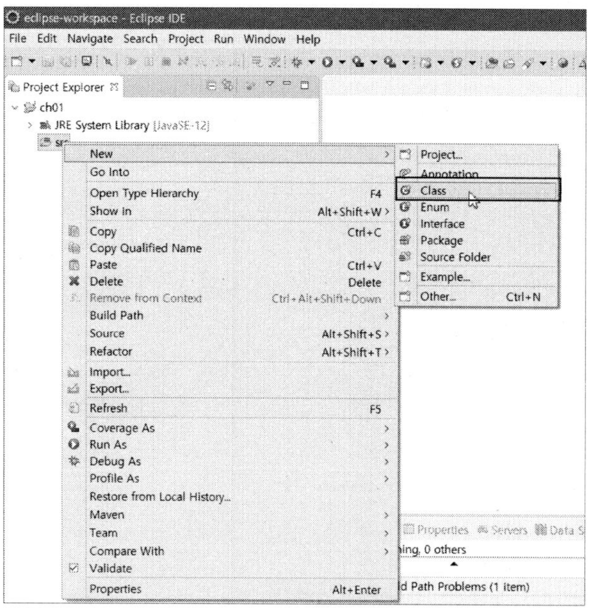

⑫ [Name]에 “HelloJava”를 입력하고 [Finish]를 클릭한다.

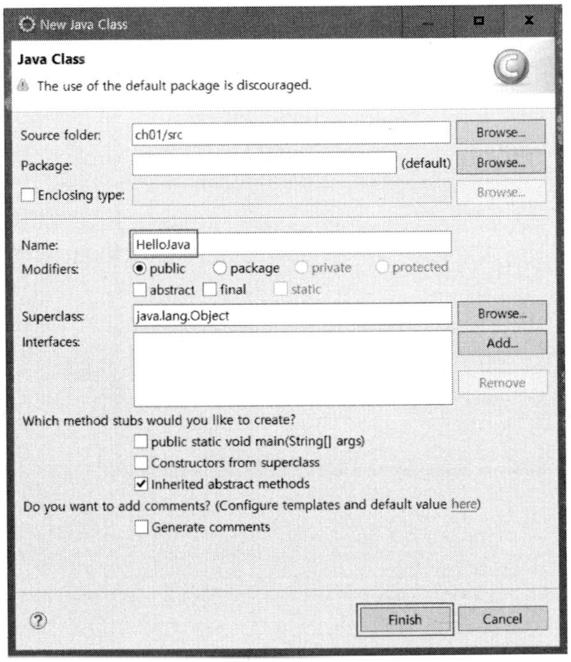

⑬ ‘HelloJava’ 프로그램의 기본이 나타나고 다음과 같이 프로그램을 입력한다.

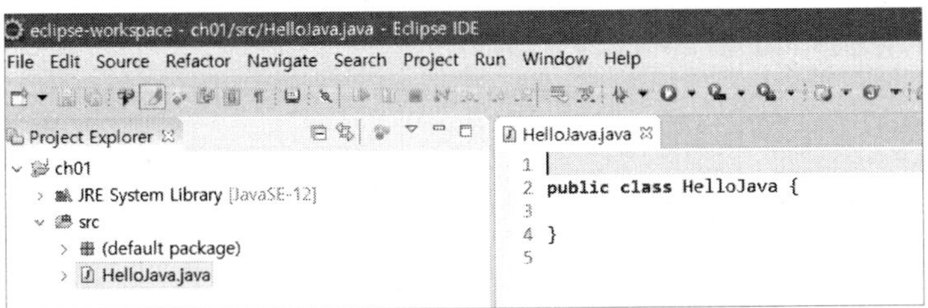

⑭ ‘HelloJava.java’ 프로그램을 완성한 결과는 다음과 같다.

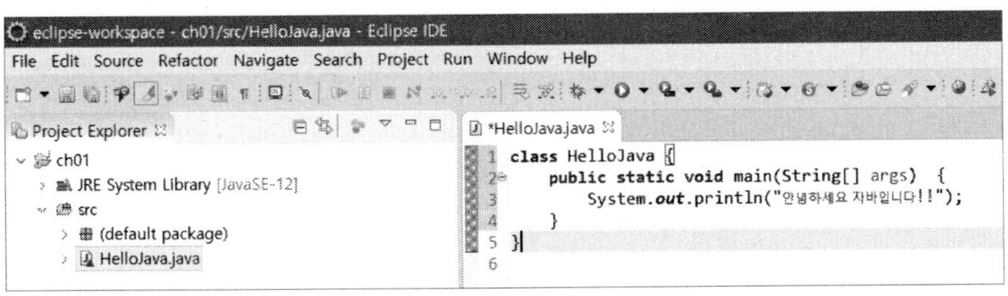

⑮ Run 버튼( )을 클릭하면 프로그램이 실행되며 화면 아래에 결과가 나타난다.

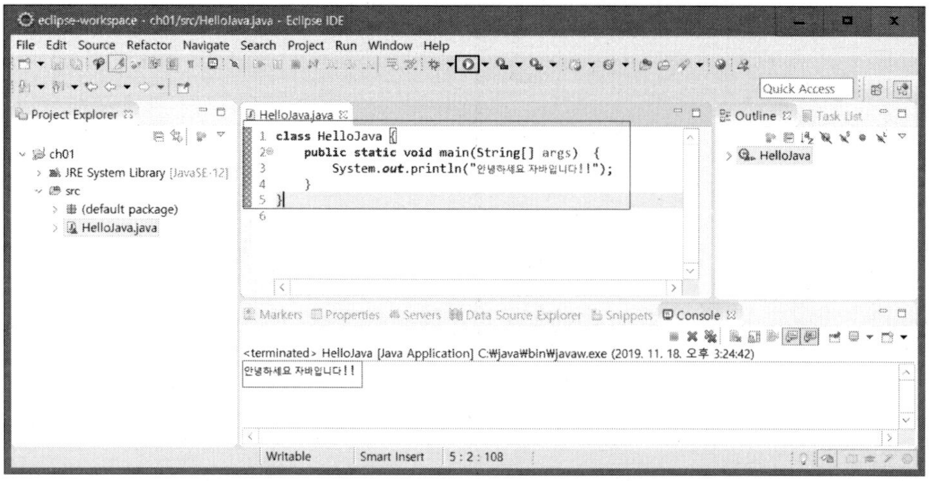

실습 1-1 자바의 기본 연산 명령

```
1.  class JavaSecond {
2.      public static void main(String[ ] args) {
3.          System.out.print("환영합니다 ");
4.          System.out.println("자바세계는 아름답습니다!");
5.
6.          System.out.println("다음은 자바에서 기본 수식입니다!");
7.          int result;
8.          result = 2 + 3;
9.          System.out.println(" 2 +  3  = " + result);
10.     }
11. }
```

3: 다음 줄로 넘어가지 않는 문자열 출력
4: 이어진 문자열 출력
6: 다음 줄에 문자열 출력
7: 변수 선언
8: 더하기 연산
9: 문자열과 함께 결과 출력

실행결과

1.8.4 자바 프로그램의 명세

1 class 키워드

class라는 개념은 객체지향 프로그래밍에서 가장 기본이 되는 클래스를 정의하는 키워드로 모든 자바 프로그램은 이 클래스를 하나 이상 가지게 된다. 보통의 경우 주 클래스 이름이 프로그램의 이름으로 컴파일하게 되면 클래스 이름 뒤에 .class라는 확장자가 붙는다.

2 main 메소드

자바에서는 함수라는 이름 대신에 메소드라는 말을 사용한다. 메소드의 입력은 String 타입의 args라는 배열의 매개 변수로 main 메소드의 출력(반환 값)은 void(어떤 값도 출력하지 않는다)이다.

public 키워드는 어디서든지 이 메소드를 호출할 수 있도록 공개하겠다는 것이며, static 키워드는 이 클래스에는 오직 하나의 main 메소드를 공유하도록 하겠다는 의미이다.

3 Block의 의미

- ( ) : 메소드, 수식의 우선순위
- { } : Block의 시작과 끝
- [ ] : 배열 선언 및 요소 지정

4 변수와 키워드

변수는 영문자, '_', '$'로 시작해야 한다(대, 소문자 구분). 키워드를 변수로 사용해서는 안 된다.

5 출력 부분

System.out.println : "자바세계는 아름답습니다!"라는 문장을 화면에 출력하고, 실습 1-1에서 입력이 끝나면 파일명을 "JavaSecond.java"로 저장한다.
일반적으로 main( ) 메소드를 포함한 클래스명에 확장자 .java를 붙여 소스 파일의 파일 이름으로 지정한다(메소드 명과 파일 이름이 다르면 에러 발생).

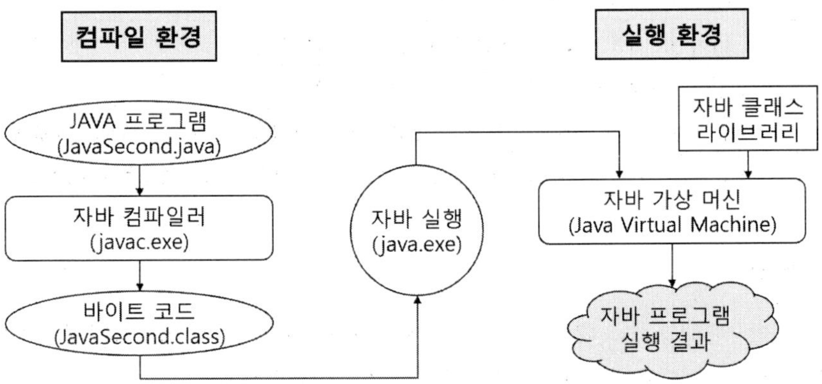

6 출력을 나타내는 설명 이해

프로그래밍 문장인 System.out.println("자바세계는 아름답습니다!"); 문은 프로그램의 실제 작업을 수행한다. 모든 Java 문장과 마찬가지로 세미콜론으로 종료된다.

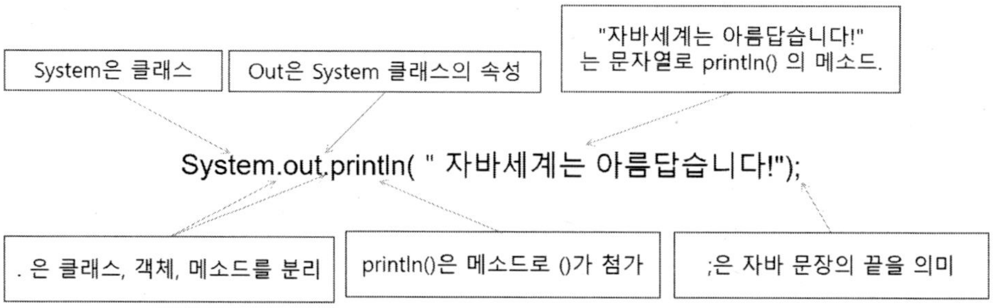

1.9 자바 개발 환경

1.9.1 javac.exe

자바의 컴파일러로 자바 언어로 작성된 소스 코드(확장자는 .java)를 컴파일하여 자바 바이트 코드 파일(확장자는 .class)을 작성한다.

디버깅 시에 쓰이는 javac_g 명령어도 있으며, 컴파일 작업을 하는데 있어서 사용자의 필요에 따라 옵션을 추가 가능하여 사용할 수 있다.

```
javac [옵션] 파일이름.java
```

옵 션	기 능
-classpath 경로	처음에 autoexec.bat 파일에 설정한 클래스 경로를 다시 설정하기 위해 사용 예 javac -classpath c : /java/lib/classes.zip hello.java
-d 'directory'	클래스 계층 구조의 루트 디렉토리를 지정 예 javac -d c : ₩java₩exhello.java
-g	디버깅을 위한 디버깅 정보를 바이트 코드에 추가
-nowarn	경고 메시지를 출력하지 않도록 해주는 옵션
-verbose	컴파일러와 링크에게 현재 컴파일하는 소스 파일과 적재되는 클래스 파일의 이름을 출력
-O	인라인 기법들을 사용하여 최적화(Optimization)하며 일반적으로 바이트 코드는 더 커짐

1.9.2 java.exe

java 명령어는 자바 바이트 코드 파일(.class)을 실행시키기 위한 인터프린터이며, 디버깅할 때 쓰이는 디버깅용의 java_g 명령어도 있다(실행할 경우 .class를 생략).

```
java [옵션] 클래스이름
```

옵 션	기 능
-debug	자바 디버거를 사용 가능하게 만듦
-cs, -checksource	자바 소스 코드를 바이트 코드와 비교하여 변동 사항이 있다면 다시 컴파일시켜 새로운 바이트 코드를 작성
-classpath path	java가 클래스를 찾는데 사용되는 클래스 경로로 지정
-mx x	가비지 컬렉터 힙(heap)의 최대 크기를 x로 설정(1000바이트 보다 커야 됨)
-ms x	가비지 컬렉터 힙(heap)의 초기 크기를 x로 설정. 기본값은 1메가바이트
-noasyncgc	비동기화 가비지 컬렉터를 중지 단, 이 경우 System.gc( )로 대체할 수 있음
-ss x	스레드의 C코드에 의해 사용될 수 있는 스택의 최대 크기를 x로 설정
-oss x	스레드의 자바 코드에 의해 사용될 수 있는 스택의 최대 크기를 x로 설정
-debug	자바 디버거를 사용 가능하게 만듦
-t	실행되어진 명령어를 프린트
-v, -verbose	클래스 파일이 로드될 때마다 표준 출력에 프린트하도록 메시지를 보냄
-verify	모든 코드에 대한 검증을 실행
-verifyremote	클래스 로더에 의해 시스템에 로드되어진 모든 코드에 대한 검증을 실행
-noverify	검증기를 작동시키지 않게 하는 옵션
-verbosegc	가비지 컬렉터가 수행될 때마다 메시지를 출력하도록 해주는 옵션
-D propertyName = newValue	property 변수를 재정의하고자 하는 경우에 사용되는 옵션

실습 1-2 윈도우즈 자바의 기본 명령

```java
import java.awt.*;
import java.awt.event.*;

class AwtHelloWorld {
    public static void main(String[ ] args) {
        Frame f=new Frame("Hello World 윈도우즈");
        Label label1=new Label("Hello World", Label.CENTER);
        f.add(label1);
        f.setSize(400,100);
        f.setVisible(true);
        f.addWindowListener(new WindowAdapter( ) {
            public void windowClosing(WindowEvent event) {
                System.exit(0);
            }
        });
```

```
16.     }
17. }
```

6: 프레임 객체 생성
7: 레이블 객체 생성 후 정 중앙에 배치
8: 프레임에 레이블 추가
9: 크기 지정
10: 화면 출력
11~15: 종료 버튼 누르면 프로그램 종료

실행결과

Chapter 02

자료형과 연산자

2.1 자바 문자의 구성

자바 프로그램은 의미있는 순서의 작성된 명령의 집합이다. 여기에서 명령이란 예약어, 변수, 함수, 객체 등의 자바에서 정의된 자바 문자들로 구성되어 있다.

자바 프로그램에서 사용되는 여러 가지 문자, 숫자 그리고 부호로 구성된 집합이다.

부호	이름	기능
( )	괄호	- 메소드에서 인수 목록을 포함하여 나타냄 - 선행 연산자를 나타내는 수식 - 정밀한 변환 - 값을 구하기 위한 반복을 포함
{ }	중괄호	- 형의 선언 - 문장의 블록 표시 - 배열의 초기화
[ ]	대괄호	- 배열 선언 - 배열값 참조
〈 〉	삼각괄호	파라미터형의 통과하는데 사용
;	세미콜론	문장을 분리하는데 사용
:	콜론	for 문에서 배열을 반복하는데 사용
,	콤마	메소드 선언에서 인수를 분리하는데 사용
.	점	객체의 필드명을 구분할 때 사용

2.2 자바 프로그램의 구성

2.2.1 자바 프로그램의 구조

```
class 클래스이름 {  // 클래스 블록의 시작
     public static void main(String args[ ]) {  // main( ) 블록의 시작
         // 자바의 내부 문장들 선언 영역
           .
           .
     } // main( ) 블록의 끝
} // 클래스 블록의 끝
```

자바 프로그램의 시작은 class 단어로부터 시작하여 클래스 이름을 선언하고, { 로 블록의 시작을 선언한다. 클래스 이름은 일반적으로 영문자를 사용해야 하며, 외부의 파일명과 내부의 클래스 이름이 대소문자가 모두 같아야 함에 주의해야 한다.

자바 프로그램을 코딩할 경우 문맥에 맞게 들여 쓰기(일반적으로 3칸 띄움)를 해서 프로그램의 순서를 구분한다.

클래스 이름의 시작 블록 { 을 선언하면 반드시 끝 블록 }이 쌍으로 선언되어야 한다. { 과 끝 블록 } 사이에 실질적으로 자바의 모든 문장이 선언되어야 한다. public static void main(String args[ ]) 문장은 자바의 시작점으로 이 또한 { } 블록으로 class 블록 안에 선언되어야 한다.

main( )은 주 메소드라고 하며 (String arg[ ]) 문장은 외부 인수를 받을 때 사용하며, 관례상 선언해 주어야 한다. main 블록 안에서 대부분 먼저 사용할 변수를 선언해 주고, 다음으로 실행문을 작성해 준다.

실행문장이 끝나면 결과 값을 출력해 주는 System.println( ) 문장을 선언해서 콘솔 화면에 결과 값을 출력해 준다. 문장을 마칠 때 main 블록의 }와 class 블록의 }로 닫아 주어야 한다. 모든 프로그램이 작성이 완료되면 class 이름과 같은 파일명.java로 저장하며, javac.exe로 컴파일하여 에러가 없으면 java.exe로 실행한다.

프로그램이 길어질 경우 프로그램의 분리 및 재사용을 위해서 함수나 메소드로 구분해서 다른 블록의 문장을 작성할 수 있다. 이때 작성된 블록은 함수나 메소드 호출에 의해 실행될 수 있으며, main 블록밖에 선언될 수도 있다.

자바의 문장에서 주석은 프로그램과 관련 없고 단지 프로그램을 설명을 위해 사용된다. 기본적으로 한 줄 주석은 // 오른쪽에 선언된 한 줄의 문장이 해당되며, 여러 줄 주석은 /* */ 사이에 나타난 문장들이 주석으로 사용된다.

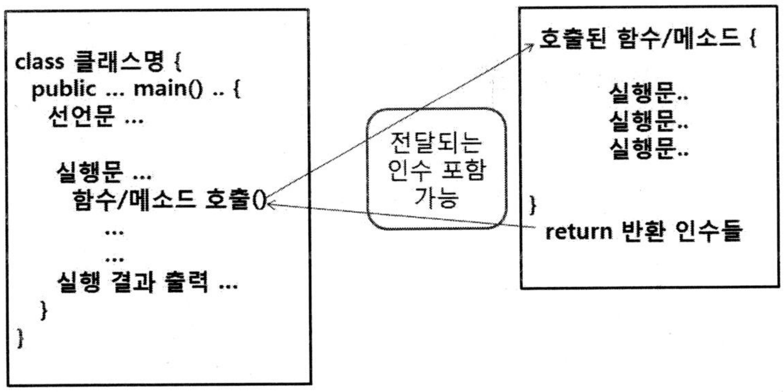

2.2.2 프로그램 명령어와 설명

문 장	기능 설명
// First.java	주석
class First	First 클래스 이름으로 First.java로 작성
{	클래스의 시작 좌괄호
public static void main(String args[ ])	main(0 메소드로 프로그램의 시작
{	main 메소드의 시작 좌괄호
int r ;	변수의 선언
r = 5 ;	r 변수의 초기화
System.out.println(3.14 * r * r);	값을 출력하는 문장
}	main 메소드의 끝을 나타내는 우괄호
}	First 클래스의 끝을 나타내는 우괄호

실습 2-1 원의 반지름 결과 구하기

```
class Circle {
    public static void main (String args[]) {
        int r;
        r = 5;
        System.out.println(3.14 * r * r);
    }
}
```

4: 변수 선언
5: 수치 대입
8: 연산식 및 연산 결과 출력

실행결과

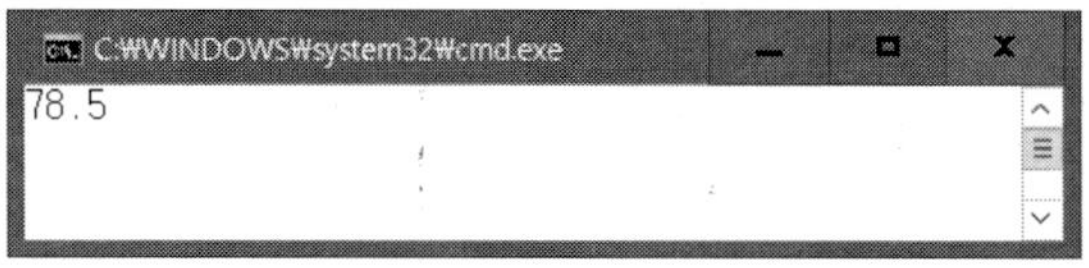

2.3 식별자

변수 이름, 메소드 이름, 클래스 이름 등에 적용되는 것으로, 이해하기 쉽도록 의미 있는 이름을 부여하여 사용한다. 자바에서 식별자는 유니코드(Unicode, 전세계 문자를 표현하는 16비트 코드 체계)이다.

각 국가별로 서로 다른 문자 코드체계를 사용하는 경우, 문서 데이터 교환이나 개발된 소프트웨어를 그 국가에 맞게 지역화(localization)하는데 어려움을 발생하므로 이것을 보완하기 위해 만들어진 코드 체계이다. 세계에서 사용되는 주요 언어들을 모두 사용할 수 있을 만큼 폭넓은 문자영역을 지원한다.

자바의 문자코드는 항상 유니코드의 문자, 숫자로 구성할 수 있으며 길이의 제한은 없다. 식별자는 반드시 다음 규칙에 맞추어 작성해야 한다.

- 문자로 시작해야 하고, 숫자로 시작할 수는 없다.
- 예약어는 식별자로 사용될 수 없다.
- 식별자에 공백문자(space)는 사용할 수 없다.
- 대·소문자는 서로 다른 식별자로 구분한다.
- 특수문자로 밑줄문자(_)와 달러 문자($)를 사용할 수 있다.

식별자명	가부 여부	비 고
aBc123	O	반드시 영문자로 시작해야 함
_wxy	O	_ (underline) 사용 가능
ClassName	O	대소문자 관계 없음
한글	O	한글도 변수로 사용이 가능하나 관례상 사용하지 않음
public	×	예약어는 식별자로 불가
my number	×	공백은 포함할 수 없음

프로그램의 가독성(readability)을 높이기 위해 다음의 관례로 적용한다.

- 이름 사이에 새로운 단어의 시작을 제외하고, 모든 식별자 이름은 소문자로 시작하는 이름을 사용하는 것을 원칙으로 한다.
- 그러나 클래스 이름만은 대문자로 시작한다.
- 식별자의 이름 가장 선두에 밑줄문자(_)와 달러 표시문자($)의 사용을 금지한다.

자바 패키지에서 제공하는 클래스와 메소드 또는 필드의 이름들에 대해서도 앞의 규칙을 따라서 식별자를 선언하도록 한다.

식별자	명명 예
클래스 이름	ClassName, Component, FileDialog
메소드 이름	methodName, countItems, toString, paint
변수 이름	fieldName, width, loopIndex, loop_index

식별자 적용 예

2.4 기본 블록의 구성

일반적으로 자바 프로그램은 주석, 선언, 문장, 그리고 메소드와 같은 여러 개의 블록으로 구성되어 있다. 이 블록은 단어들로 선언된 몇몇 요소로 의해 구성된다. 이 블록의 구성요소들의 개념에 대하여 미리 이해해야 한다.

2.4.1 주석(comment)

주석은 프로그램의 일부분으로 개발자에게 프로그램을 이해하는데 필요한 정보를 나타낼 때 주로 사용하며, 프로그램의 이해를 향상 시킨다.

자바 컴파일러는 주석문을 이해만 할 뿐 문장으로 간주하지 않고 단순하게 판단한다. 자바에서 주석을 한 줄 이상 선언할 경우 /* ~ */로 감싸서 나타낼 수 있다. 주석의 시작과 끝 안에 선언된 문장은 어떠한 내용이 선언되더라도 모두 주석으로 간주한다.

또한 // 주석기호도 있으며 // 오른쪽의 단어나 문장들을 한 줄만 주석으로 판단하며, 다음 줄로 이동될 경우에는 주석으로 간주하지 않는다.

```
/*
  이 문장은 주석문으로 프로그램의 명령에 영향을 주지 않습니다.
  주석문은 프로그램의 정보를 나타내는데 유용한 정보로 사용될 수 있습니다.
*/
```

```
public void toUpperCase(String s) {

public int rowCount; // rowCount 변수가 선언되었습니다.
```

2.4.2 문자의 종류

프로그램을 작성할 때, 문자들을 이용해서 작성하며, 콘솔에서 입출력도 역시 문자를 사용한다. 문자들은 어떠한 프로그램 언어에서 모두 사용된다. 자바는 유니코드 문자세트를 지원하며, 16비트의 저장 장소가 필요하다.

또한 자바에서는 유니코드 이외에 기본적으로 8비트 아스키 코드를 사용한다. 아울러 아스키 코드는 기본적인 프로그램 문장을 구성하고 있다.

문자셋의 종류는 다음과 같다.

문자셋	기능 설명
영문자	알파벳 a ~ z와 A ~ Z
유니코드	알파벳을 포함한 유니코드 2.0 전체 문자셋
숫자	0, 1, 2, 3, 4, 5, 6, 7, 8, 9
특수문자 I	달러($)와 언더라인(_)
특수문자 II	! @ # % ^ & * − = ₩ 〈 〉 / ?
특수문자 III	{ } [ ] ( ) ; ,
분리자	공백, 탭, 새 줄

다음은 아스키(ASCII) 코드의 주요한 값의 표이다.

31	32	33	34	35	36	37	38	39	40	41	42	43	44	45	46	47	48	49	50
단위구분	공백	!	"	#	$	%	&	'	(	)	*	+	,	−	.	1	0	1	2
51	52	53	54	55	56	57	58	59	60	61	62	63	64	65	66	67	68	69	70
3	4	5	6	7	8	9	:	;	〈	=	〉	?	@	A	B	C	D	E	F
71	72	73	74	75	76	77	78	79	80	81	82	83	84	85	86	87	88	89	90
G	H	I	J	K	L	M	N	O	P	Q	R	S	T	U	V	W	X	Y	Z
91	92	93	94	95	96	97	98	99	100	101	102	103	104	105	106	107	108	109	110
[	＼	]	^	_	`	a	b	c	d	e	f	g	h	i	j	k	l	m	n
111	112	113	114	115	116	117	118	119	120	121	122	123	124	125	126	127	128	129	130
o	p	q	r	s	t	u	v	w	x	y	z	{	|	}	~	DEL	Ç	ü	é

실습 2-2 아스키 코드의 값과 문자의 출력

```
1.  class Character {
2.      public static void main(String args[]) {
3.          System.out.println("-->Ascii Code 값<--");
4.          int x= 65, y ;
5.          System.out.println( x + " = " + (char) x);
6.          y = x + 32;
7.          System.out.println( y + " = " + (char) y);
8.          y = 36;
9.          System.out.println( y + " = " + (char) y);
10.         x = x + 30;
11.         System.out.println( x + " = " + (char) x);
12.         System.out.println( );
13.     }
14. }
```

4: 변수 선언 및 초기화
5, 7, 9, 11: (char) 문은 아스키 코드의 숫자에 해당되는 문자가 출력
6, 8, 10: 연산식

실행결과

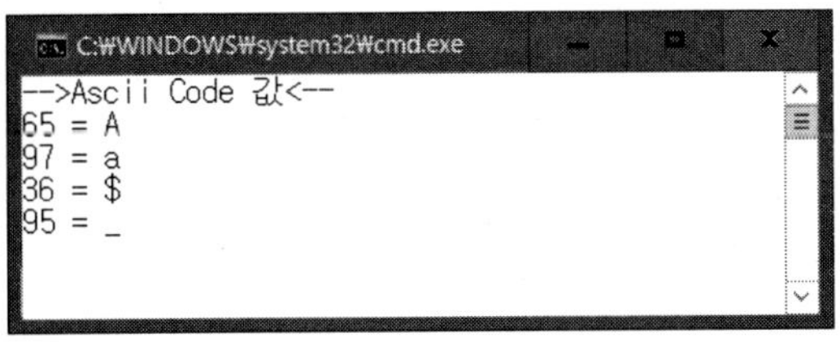

실습 2-3 주석 처리와 변수 처리

```
/*
   주석 처리와 변수 선언
   Variable.java
*/
class Variable {
    public static void main(String args[]) {
        int var1; // 변수의 선언
        int var2; // 다른 변수의 선언

        var1 = 1024; // 변수에 값을 할당
        System.out.println("var1 = " + var1);

        var2 = var1 / 2;
```

```
14.         System.out.print("var2 = var1 / 2 : ");
15.         System.out.println(var2);
16.     }
17. }
```

1~4: 주석 문장
7~8: 변수 선언
11: 문자열과 변수의 값
13: 연산식
14~15: 결과 출력

실행결과

```
C:\WINDOWS\system32\cmd.exe
var1 = 1024
var2 = var1 / 2 : 512
```

2.4.3 상수(constant)

프로그램 내에서 값이 변하지 않고 사용되는 요소로 숫자, 문자, 문자열, 논리형, 그리고 객체 참조형 상수가 있다. 상수 역시 식별자로 사용될 수는 없다. 123이라는 정수형 상수가 식별자가 될 수 없는 것처럼 true, null 등과 같은 상수도 식별자가 될 수 없다.

```
r = 5;
// r이라는 변수에 5를 대입한다.
```

여기에서 5를 상수라고 부른다.

상수는 다음과 같이 3가지 종류가 있다.

- 정수형(Integer) 상수
- 실수형(Real) 상수
- 문자형(Character) 문자

1 정수형 상수

정수형 상수는 8진, 10진 그리고 16진 상수로 표현할 수 있다. 자주 사용하는 수의 형태는 10진수이며, 양수와 음수로 나타낼 수 있다. 생략하면 양수로 간주한다.

```
23
-55
+2367
```

8진수를 나타낼 때는 숫자 앞에 0을 붙여서 나타내야 컴퓨터는 8진수로 인식한다. 8진수 값이 8과 9를 나타내면 8진수로 인식하지 않으므로 7이하의 수로 표현해야 한다.

```
023
055      → 8진수 부호 표시
02367

oct = 011; // 10진수 9
```

16진수는 0~9 숫자와 a~f 알파벳으로 구성되며, 숫자의 앞에는 0x를 붙여서 나타내야 한다.

```
0x23
0x5B      → 16진수 부호 표시
0Xff23

hex = 0xFF; // 10진수 255
```

실습 2-4 정수형 상수의 연산

```
1.  class IntegerOperation {
2.      public static void main(String[ ] args) {
3.          int a = 23 + 12;
4.          System.out.println("a = " + a);
5.          long l = a + 1L;
6.          System.out.println("l = " + l);
7.      }
8.  }
```

3: 2개의 정수를 합하여 그 결과를 a에 대입
4: a의 결과를 출력
5: a와 long 길이의 1 정수를 합하여 그 결과를 l에 대입
6: l의 결과를 출력

실행결과

```
C:\WINDOWS\system32\cmd.exe
a = 35
l = 36
```

실습 2-5 진수가 다른 정수형 상수의 표현

```
1.  class IntegerConstant {
2.      public static void main(String args[]) {
3.          int i, j, k ;
4.          i = 23 ;   // 10진수
5.          j = 023 ;  // 8진수
6.          k = 0X23 ; // 16진수
7.
8.          System.out.println("--->진수의 표현<---");
9.          System.out.println("10진수   23 -> " + i );
10.         System.out.println(" 8진수  023 -> " + j );
11.         System.out.println("16진수 0x23 -> " + k );
12.     }
13. }
```

3: 변수 선언
4~6: 진수 값 대입
8~10: 결과 출력

실행결과

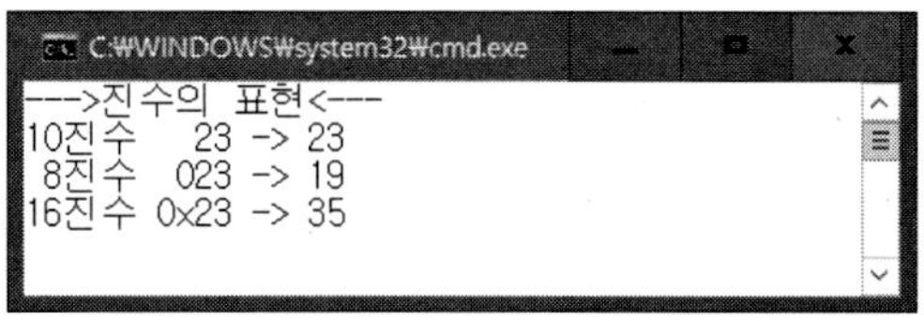

2 실수형 상수

실수형 상수는 소수점이 있는 숫자형 상수를 의미한다. 실수형 상수 다음에 F가 있으면 float형으로, 선언하지 않으면 기본적으로 double로 간주된다. double형의 상수 값이 float 범위 내에 있어도 float형 변수에 직접 대입될 수 없으며, 필요하면 명시적으로 형 변환(type casting)을 선언해야 한다. 피연산자에 정수형과 실수형 자료가 있으면, 연산의 결과는 더 큰 자료형의 범위를 가지는 실수형 결과를 가진다. float형과 double형의 연산결과도 더 큰 범위의 double형을 지정된다.

실수 또는 floating-point 상수는 고정형과 지수형으로 나타낼 수 있다.

```
2.3
-5.54
236.7
```

지수형을 나타낼 때 부호와 점은 생략될 수 있다.

0.2e3 // 0.2 * 10^3
-5E5 // -5 * 10^5
2E67 // 2 * 10^{67}

지수형 표현은 다음과 같은 규칙을 지정해야 한다.

- 가수와 지수 부분은 부호를 생략할 수 있다.
- 가수와 지수 사이에는 'E' 또는 'e' 부호로 구분해서 나타낸다.

컴파일러 될 경우 혼란을 가져올 수 있다. 만약 2라는 값을 나타낼 경우 내장된 값은 integer 또는 long과 float 값이 다르게 저장된다.

그러므로 자바에서는 상수값 뒤에 데이터의 형을 붙여서 나타낼 수 있다. 데이터의 표현은 f 또는 F(float), l 또는 L(long), d 또는 D(double)로 구분해서 나타낼 수 있다.

실습 2-6 정수와 실수가 내장된 실수형 상수의 표현

```
1.  class FloatingOperation {
2.      public static void main(String[] args) {
3.          System.out.println("-->Floating Operation<--");
4.          int a;
5.          double b;
6.          a = 3;
7.          b = 2.3;
8.          System.out.println("a = " + a + ", b = " + b);
9.          double c = a + b;
10.         System.out.println("c = " + c);
11.     }
12. }
```

8: a와 b의 값을 출력
9: a는 int형이나 b가 double형이므로 연산할 경우 결과는 double형으로 변환되어 c 변수에 작성

실행결과

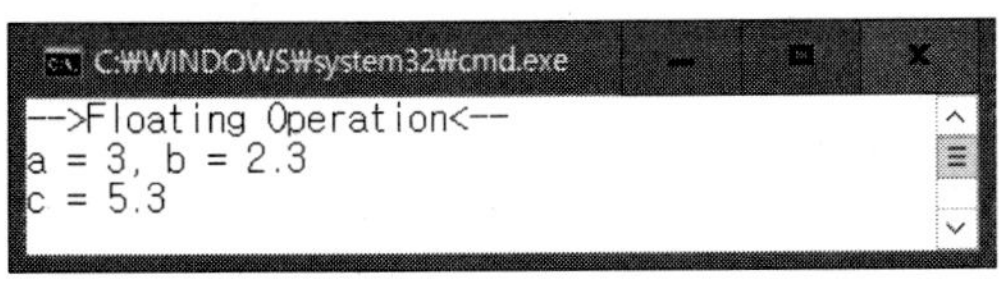

실습 2-7 형 선언에 따른 실수형 상수의 표현

```
1.  class RealConstant {
2.      public static void main(String[ ] args) {
3.          System.out.println("-->실수형 정수의 표현<--");
4.          System.out.println(" ");
5.
6.          /* float형에 값을 대입할 때는 숫자의 끝에 f를 붙이고,
7.              0.14143e1은 1.4143 값의 지수 표현값이다 */
8.          float a=1.4143f, b=0.14143e1f;
9.
10.         /* double의 표현값으로 0.14143E1은 1.4143 값의 지수 표현값이다 */
11.         double c=0.14143E1;
12.
13.         // a, b, c의 값을 출력한다.
14.         System.out.println("a(1.4143f)     = " + a );
15.         System.out.println("b(0.14143e1f) = " + b);
16.         System.out.println("c(0.14143E1)  = " + c);
17.         System.out.println(" ");
18.
19.         // a와 b를 비교하면 같은 float형이므로 Yes를 출력한다.
20.         if (a == b) System.out.println("a=b 결과 Yes ") ;
21.             else System.out.println( "a=b 결과 No ") ;
22.
23.         /* b와 c를 비교하면 float와 double이므로 저장
24.            상태가 차이가 나므로 No를 출력한다. */
25.         if (b == c) System.out.println("b=c 결과 Yes ") ;
26.             else System.out.println( "b=c 결과 No ") ;
27.     }
28. }
```

8, 11: 실수 및 지수 값 대입
20~26: 비교 후 참 값 출력

실행결과

```
C:\WINDOWS\system32\cmd.exe
-->실수형 정수의 표현<--

a(1.4143f)    = 1.4143
b(0.14143e1f) = 1.4143
c(0.14143E1)  = 1.4143

a=b 결과 Yes
b=c 결과 No
```

3 문자형 상수

하나의 16비트 유니코드 문자로 작은 따옴표(') 안에 표시하며, 특수문자는 '₩'와 같이 사용한다. 여러 개의 문자열은 따옴표(") 안에 표시된다. 문자형 상수는 아스키 코드의 값과 대응되어서 간단한 정수 연산할 경우 값을 아스키 코드의 값으로 바꾸어서 표현할 수 있다.

```
'A', ')', 'a', 'B', '@', '\n', "Easy Java"
```

실습 2-8 문자형 상수의 표현

```
1.  class CharacterConstant {
2.      public static void main(String[] args) {
3.          char ch1, ch2, ch3;
4.
5.          ch1 = 88;
6.          ch2 = 'Y';
7.          System.out.println("-->문자형 상수의 표현<--");
8.          System.out.println(" ");
9.
10.         System.out.println("ch1   =   " + ch1 );
11.         System.out.println("ch2   =   " + ch2);
12.         System.out.println("ch3   =   " + (char)(ch2+1));
13.         System.out.println(" ");
14.     }
15. }
```

5~6: 문자형 상수 대입
12: ch2의 문자형 상수가 "Y"인데 +1을 해서 형 변환 한 다음 "Z"로 결과 출력

실행결과

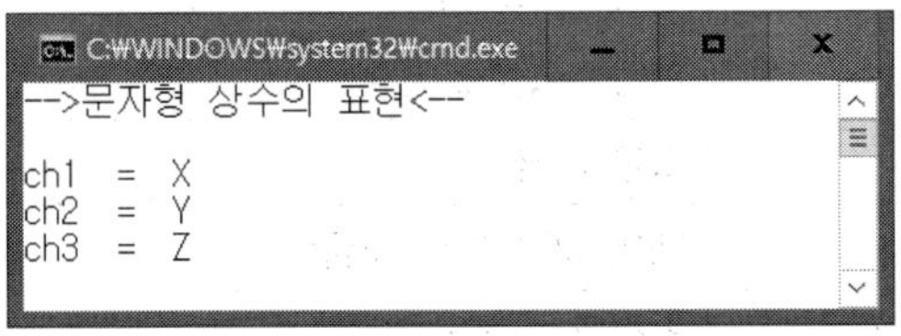

실습 2-9 숫자와 문자의 연산

```
class LiteralCompute {
    public static void main(String[] args) {
        System.out.println("--->숫자와 문자의 연산<---");
        System.out.println(6+4);
        System.out.println('6'+'4'); // accii 코드 '6' --> 54, '4' --> 52
```

```
6.          System.out.println("abc"+"def");
7.          System.out.println("abc"+6);
8.          System.out.println( );
9.      }
10. }
```

4: 수치 연산
5: 문자 연산으로 아스키 값이 연산
6: 문자열 연산으로 결합법칙 적용
7: 문자와 수치 연산으로 문자로 결과 출력

실행결과

특별한 목적으로 사용되는 **이스케이프**라고 하는 ASCII 코드 문자도 있다. 이 문자들은 키보드로 나타낼 수 없고 ₩(backslash) 문자와 혼합해서 나타낸다.

```
'\r'    // carriage return
'\f'    // form feed
'\b'    // Backspace
```

이스케이프 값의 기능표는 다음과 같다.

이스케이프 문자	표현 값	코드 값	기능
Backspace	'\b'	08	한 칸 뒤로 이동
Form feed	'\f'	12	다음 페이지로 넘김
New line	'\n'	10	줄을 바꿈
Carriage return	'\r'	13	행의 처음으로 커서를 이동
Horizontal tab	'\t'	09	일정한 간격 띄움
Single quote	'\''	39	' 문자 출력
Double quote	'\"'	34	" 문자 출력
Backslash	'\\'	92	\ 문자 출력

실습 2-10 Escape형 상수의 표현

```java
1.  class EscapeConstant {
2.      public static void main(String[] args) {
3.          System.out.println("-->이스케이프 상수의 표현<--");
4.          System.out.println(" ");
5.
6.          // BackSpace의 문자값
7.          System.out.println( " backSpace     값 " + (int)'\b');
8.
9.          // 탭의 문자값
10.         System.out.println( " tab           값 " + (int)'\t' );
11.
12.         // 다음 줄로 이동의 문자값
13.         System.out.println( " newline       값 " + (int)'\n');
14.
15.         // CarriageReturn의 문자값
16.         System.out.println( " CR            값 " + (int)'\r');
17.
18.         // "의 문자값
19.         System.out.println( "  \"           값 " + (int)'\"');
20.
21.         // '의 문자값
22.         System.out.println( "  \'           값 " + (int)'\'');
23.
24.         // null의 문자값
25.         System.out.println( " null          값 " + (int)'\0');
26.     }
27. }
```

7~25: Escape 상수 출력

실행결과

```
C:\WINDOWS\system32\cmd.exe
-->이스케이프 상수의 표현<--

 backSpace     값 8
 tab           값 9
 newline       값 10
 CR            값 13
  "            값 34
  '            값 39
 null          값 0
```

또한 유니코드를 나타낼 경우 ₩와 u 문자(16진수 값) 그리고 4디지트 코드 값을 붙여서 나타낸다.

```
'\u0100'  // 유니코드
'\U0100' 또는 '\u100' // 잘못된 유니코드
```

실습 2-11 UNicode 코드의 표현

```
1.  class UnicodeDisplay {
2.      public static void main(String[] args) {
3.          // unicode => char
4.          System.out.println('\u0041'); // A
5.          System.out.println('\u0061'); // a
6.          System.out.println('\uAC00'); // 가
7.          System.out.println('\uB098'); // 나
8.          System.out.println();
9.
10.         char ch1 = '\u0061';
11.         char ch2 = '\uuuuu0061';
12.         char ch3 = '\uuuuuuuuuuuuuuuuuu0061';
13.
14.         System.out.println("ch1:"+ch1);
15.         System.out.println("ch2:"+ch2);
16.         System.out.println("ch3:"+ch3);
17.         System.out.println();
18.
19.         System.out.println("a\u0022.length() + \u0022b".length());
20.         System.out.println("a".length() + "b".length());
21.         System.out.println();
22.     }
23. }
```

4~7: 유니코드를 문자로 출력
10~12: a 문자의 서로 다른 유니코드 문자 표현 방식
14~16: a 문자의 출력
19~20: 유니코드 문자의 길이

실행결과

2.5 변수

상수 값을 저장하는 기억장소를 **변수**라고 한다. 변수 이름은 컴퓨터에 저장된 다양한 값을 암시해서 지정하는 것이 좋다. 문법적인 변수명을 확인할 수 있도록 규칙을 정해서 변수명을 작성하는 것이 좋다.

자바에서 변수를 사용하기 전에 선언되어야 한다. 변수를 선언하는 형식은 다음과 같다.

형 식

```
형   변수명-1, 변수명-2, ..... ;
```

선언 예

```
int       count, numberOfDragons, numberOfTrolls;
char      answer;
double    speed, distance;

int count = 0;
double speed = 65.5;
char grade = 'A';
int initialCount = 50, finalCount;
```

변수명을 작성하기 위해 다음의 규칙을 준수하는 것이 좋다.

- 변수명은 문자와 숫자를 혼용해서 작성할 수 있다.
- 영문자는 대소문자를 사용할 수 있다.
- 변수명은 문자가 우선적으로 시작되어야 한다.
- 특수문자는 _와 $만 허용된다.
- 변수명의 첫 문자는 숫자를 사용할 수 없다.
- 공백 문자를 사용하면 1개 이상의 변수로 간주해서 사용할 수 없다.

올바른 변수명	틀린 변수명
marks	mark's
Marks	4you
K3G	m.x
Kabhi_Kushi_Kabhi_Gum	.xyz
$JamesBond	+ljm

자바에서 변수명의 사용을 위하여 몇몇 단어를 사용할 수 없는데 자바에 이미 예약되어 있는 단어를 키워드(KeyWord) 또는 **예약어**라고 한다. 이 예약어를 변수명으로 사용하면 컴파일 에러가 발생하기

때문에 피해야 한다.

예약어(keyword)는 다음과 같다.

예약어	설　　　　　명
abstract	추상 메소드 혹은 클래스를 정의할 때 사용
boolean	boolean형(1bit)으로 true 혹은 false 값을 표현
break	반복 루프 혹은 switch 명령문을 빠져나올 때 사용
byte	1bit 형 정수형으로 데이터형을 선언
case	switch 명령문과 함께 사용되는 명령문
catch	예외 상황을 발생했을 때 처리되도록 할 때 사용
char	데이터 문자형 (변수) 타입 2byte
class	클래스형을 선언
continue	루프를 계속 반복할 때 사용
default	기본설정
do	do~while 루프문의 시작할 때 사용
double	8 byte 실수형으로 데이터형을 선언
else	if~else 문에 쓰임
extends	클래스를 상속할 때 사용
false	boolean에서도 상수로 사용됨
final	변수가 상수이고 서브 클래스를 만들지 않음
finally	try 블록의 일부를 저장
float	4byte 실수형으로 데이터형을 선언
for	반복 루프인 for 문을 시작
if	일반적으로 사용되는 조건문
implements	인터페이스 메소드를 정의
import	패키지 혹은 클래스 라이브러리를 사용
instanceof	객체가 클래스와 인스턴스일 경우 true를 반환
int	4byte 정수형으로 데이터를 선언
interface	클래스가 구현할 수 있는 메소드를 나타냄
long	8byte 정수형으로 데이터를 선언
native	자바 외 다른 프로그래밍 언어로 구현되었음을 알려줌
new	새 객체나 배열을 선언
null	객체를 참조하지 않는 변수를 나타냄
package	클래스 컬렉션(라이브러리) 패키지를 만듦
private	해당 클래스에만 제어
protected	패키지 내에서만 제어

public	모든 클래스의 메소드가 객체를 제어
return	제어를 반환
short	2byte 정수형으로 데이터를 선언
static	고유한 객체를 만듦
super	슈퍼 클래스 객체나 구성자를 참조
switch	추가 명령문으로 선언
synchronized	비동기화
this	객체의 인스턴스를 참조화
throw/throws	예외 상황이 발생했을 때 지시
true	boolean에서도 상수로 사용됨
try	예외 상황을 코드 블록으로 지정
void	메소드한 반환 값이 없음을 나타냄
while	while 문을 시작

2.6 기본 자료형

자바는 객체 지향형과 기본적인 형의 2가지 데이터형으로 구분된다. 자바의 객체 지향형은 클래스에 의해 정의되고, 다음으로 클래스의 내용이 참조된다. 자바에는 8개의 기본형으로 선언되어 있으며, 객체 지향 참조형이 아닌 직접 데이터를 2진 값으로 나타내고, 모든 자바의 다양한 자료형은 기본형으로 지정된다.

기본 자료형의 종류는 8가지가 있으며, 선언형과 의미는 다음과 같다.

기본형	byte	의미	범 위	
boolean	1 bit	true 또는 false	true / false	
byte	1	8비트 정수	–128	127
char	2	문자	–32768	32767
double	8	64비트 실수형	2.22507e–308	1.78769e+308
float	4	32비트 실수형	1.17549e–038	3.40282e+308
int	4	16비트 정수	–2148364738	2148364737
long	8	64비트 정수	–9223372036854775808	9223372036854775807
short	2	32비트 정수	–32768	32767

자료형의 체계 구조는 다음과 같다.

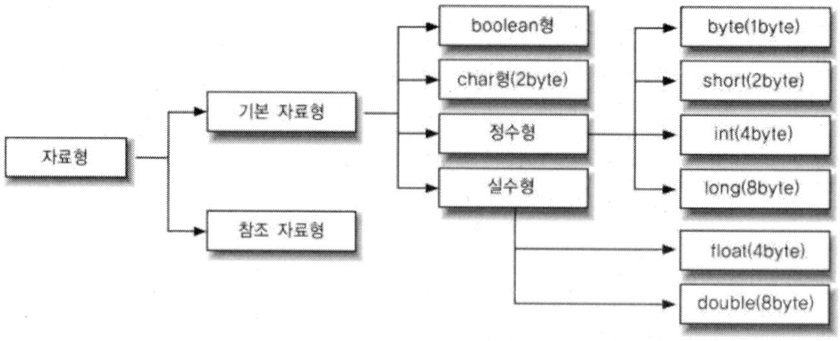

2.6.1 정수형(integer)

4가지 종류의 정수형이 있다.

정수형	비트	범위
byte	8	–128 ~ 127
short	16	–32,768 ~ 32,767
int	32	–2,147,483,648 ~ 2,147,483,647
long	64	–9,223,372,036,854,775,808 ~ 9,223,372,036,854,775,807

위의 표의 모든 정수형은 양수와 음수 값을 나타낸다. 자바에서는 부호없는(양수) 정수들을 지원하지 않는다. 정수형 변수만을 사용하는 수식의 연산 결과는 항상 int이거나 long의 정수형 결과를 가진다. 즉 byte와 short도 int형 결과를 가지게 된다. 만약, 피연산자 중 하나라도 long이 있으면 결과가 long형의 64비트 구조로 변환되고 그렇지 않은 경우 정수형 연산의 결과는 int형이다.

대부분의 정수형은 배열의 색인을 나타낼 때 제어문에서 주로 int형을 많이 사용하며, int형보다 큰 값을 사용할 때는 long형을 사용한다.

실습 2-12 여러 가지 정수형 계산

```
class TotalInteger {
    public static void main(String[] args) {
        System.out.println("-->각종 정수의 실습<--");

        // 10진 정수와 8진정수 그리고 16진 정수값을 선언한다.
        int a=255, b=0417, c=0xaff;

        // 16진 정수를 long의 형으로 d의 변수에 대입한다.
        long d=0xaffL;

```

```
11.         // a, b, c, d의 값을 출력한다
12.         System.out.println ("\na = "+a+", b= "+b+"\nc = "+c+", d = "+d);
13.
14.         /* c와 d의 값을 비교하여 같으면 Yes를 출력하고
15.             아니면 No를 출력하며, 여기서는 c와 d의 변수형이
16.             다르지만 저장되어 있는 값은 같으므로 Yes를 출력한다 */
17.         if (c == d) System.out.println("c==d ->Yes ") ;
18.             else System.out.println( "c==d ->No ") ;
19.         System.out.println( );
20.     }
21. }
```

6: 변수를 10진수, 8진수, 16진수 모드로 선언
9: 16진수 정수를 long형으로 d의 변수에 대입
17~18: c와 d형은 float형은 같은 값을 가지고 있으므로 비교하면 yes가 출력

실행결과

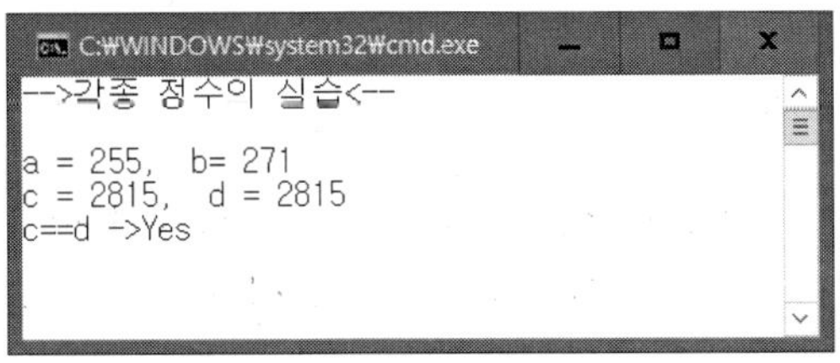

실습 2-13 long 자료형을 이용한 마일 계산

```
/*
    long형을 이용한 거리의 계산
    IntegerLong.java
*/
class IntegerLong {
    public static void main(String args[ ]) {
        int lightspeed;
        long days;
        long seconds;
        long distance;

        // 초당 마일의 속도 값 정의
        lightspeed = 186000;

        days = 1000; // 날짜 선언

        seconds = days * 24 * 60 * 60; // 초값 계산
```

```
18.
19.         distance = lightspeed * seconds; // 거리 계산
20.
21.         System.out.print(days + " 일동안 여행한 거리는  ");
22.         System.out.println(distance + " 마일입니다.");
23.     }
24. }
```

7~10: 정수형 변수 선언
13~19: 대입 및 연산
21~22: 결과 출력

실행결과

```
C:\WINDOWS\system32\cmd.exe
1000 일동안 여행한 거리는  16070400000000 마일입니다.
```

2.6.2 실수형(Floating-Point)

실수형은 정밀도에 따라 float(32비트(4byte))와 double(64비트(8byte))형이 있다. 두 개의 float를 연산한 결과는 float형이지만 둘 중의 어느 하나가 double이면 결과는 double형이 된다.

실수형	비트	범위
float	32	$-3.40282347 \times 10^{+38} \sim -1.40239846 \times 10^{-45}$
short	64	$\pm1.76769313486231570 \times 10^{+308} \sim \pm4.94065645841246544 \times 10^{-324}$

실수형 상수는 소수점이 있는 숫자형 상수를 의미한다. 실수형 상수 다음에 F가 있으면 float형으로, 그렇지 않으면 double로 간주된다.

정수형과 실수형 자료를 혼합해서 연산할 경우, 연산의 결과는 더 큰 자료형의 범위를 가지는 실수형 결과로 바뀌게 된다. float형과 double형의 실수형간의 연산결과도 더 큰 범위의 double형을 가진다.

double형의 상수 값이 float 범위 내에 있어도 float형 변수에 직접 대입될 수 없으며, 필요하다면, 명시적으로 형 변환(type casting)을 해야 한다. 피연산자에 정수형과 실수형 자료가 있으면, 연산의 결과는 더 큰 자료형의 범위를 가지는 실수형 결과를 가진다. float형과 double형의 연산결과도 더 큰 범위의 double형을 가진다.

실습 2-14 실수형 자료의 연산

```
1.  class FloatDouble {
2.      public static void main (String args[ ]) {
3.          float f;
4.          double d;
5.
6.          System.out.println("-->실수형 상수<--");
7.          System.out.println("양의 실수 12.345 -> " + 12.345);
8.          System.out.println("음의 실수 -67.890 -> "+-67.890);
9.
10.         d = 12.345 + -12.345;
11.         System.out.println("실수형 상수 d = " + d);
12.
13.         // 지수는 출력자료를 확인해야 한다.
14.         System.out.println("지수 12.345E5 -> " + 12345e5);
15.         System.out.println( );
16.     }
17. }
```

3~4: 실수형 변수 선언
6~8, 11, 14: 결과 출력

실행결과

```
C:\WINDOWS\system32\cmd.exe
-->실수형 상수<--
양의 실수 12.345 -> 12.345
음의 실수 -67.890 -> -67.89
실수형 상수 d = 0.0
지수 12.345E5 -> 1.2345E9
```

실습 2-15 실수형과 정수형 혼합 연산

```
class RealInteger {
    public static void main(String[ ] args) {
        System.out.println("실수형과 정수형 혼합 연산");
        int a;
        double b;

        a = 5;
        b = 3.7;
        System.out.println("a = " + a + "\nb = " + b);

        double c = a + b; // int는 실수형으로 변환
```

```
12.         System.out.println("c = " + c);
13.
14.         int d;
15.         d = (int)c; // double형은 int형으로 변환
16.         System.out.println("d = " + d);
17.     }
18. }
```

9: 실수형과 정수형 변수 혼합 연산
15: 형 변환

실행결과

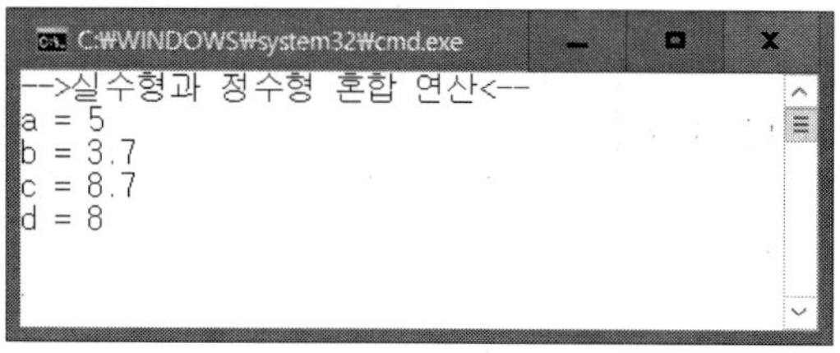

2.6.3 문자형

16비트 부호 없는 정수 형태의 유니코드 문자 세트를 사용한다. 1 byte의 문자 char형 상수는 작은 따옴표 ' ' 사이에 나타내야 하며, 하나의 문자만을 표현하는 char형과 2개 이상의 문자가 연속된 String형의 두 가지가 있다. 그러나 String은 자바가 제공하는 기본 자료형이 아닌 객체이다.

또한 문자는 유니코드 값으로 기술할 수 있는데, 8진 코드는 3자릿수 또는 그 이하로 표현 가능하다. 그러나 16진 상수는 반드시 4자릿수를 사용해야 한다.

즉, 8진수로 표현할 때는 '₩007'로 표현하고, 16진수로 상수를 표현할 때는 '₩u0007'로 4개 숫자를 사용해야 한다는 것을 의미한다.

문자형	비트	범위
char	16	모든 유니코드 문자(₩uxxxx) 또는 ' '로 감싸서 나타냄

자바의 유니코드는 16진수 표현과 비슷하다. 단지 '0x' 표현이 '₩u' 표현으로 바꾸었을 뿐이다. 자바의 유니코드 표현은 다음과 같다.

```
'\' + 'u' + (4 hexadecimal digits [0-9 a-f A-F])

// Unicode Escape Sequence는 char 타입의 변수에 바로 저장할 수 있다.
char gaChar = '\uAC00';

// 문자의 최솟값인 '\u0000'을 저장한다.
char charMin = Character.MIN_VALUE;

// 문자의 최댓값인 '\uFFFF'를 저장한다.
char charMax = Character.MIN_VALUE;
```

실습 2-16 문자형 출력 및 연산

```
1.  class Char {
2.      public static void main(String[ ] args) {
3.          char a = '\u0041'; //유니코드
4.          char b = '\n'; // 다음 줄로 이동
5.          char c = '.';  // 점 문자
6.
7.          System.out.println("a = " + a);
8.          System.out.println("b = " + b);
9.          System.out.println("c = " + c);
10.         // 모든 Char가 묶여서 출력됨
11.         System.out.println("a + b + c = " + a + b + c);
12.     }
13. }
```

3: 유니코드 대입
4: 개행 문자 대입
5: 점 문자 대입
8: b에 들어 있는 코드는 다음 줄로 이동하라는 개행문자이므로 출력되면 문자가 나타나지 않고 빈 줄을 하나 나타냄
11: 7~9의 아스키 코드에 대한 연산이 발생하고 그 결과에 대한 아스키 코드가 출력

실행결과

```
C:₩WINDOWS₩system32₩cmd.exe
a = A
b =

c = .
a + b + c = A
.
```

실습 2-17 UNicode와 Ascii 코드 변환

```
1. public class AsciiUnicode {
2.     public static void main(String args[]) {
3.         // 문자를 아스키 코드 (10진수)로 변환 출력
4.         System.out.println((int) 'A'); // 65
5.
6.         // 문자를 유니코드 코드 (10진수)로 변환 출력
7.         System.out.println((int) '가'); // 44032
8.
9.         // 문자를 아스키 코드 (16진수)로 변환 출력
10.        System.out.format("0x%02X%n", (int) 'A'); // 0x41
11.
12.        // 문자를 유니코드 코드 (16진수)로 변환 출력
13.        System.out.format("0x%04X%n", (int) '가'); // 0xAC00
14.
15.        // 코드 번호를 문자로 변환 출력
16.        System.out.println((char) 65); // A
17.        System.out.println((char) 0x41); // A(이것은 16진수로 'A'를 출력)
18.
19.        // 코드 번호를 문자로 변환 출력(한글)
20.        System.out.println((char) 0xAC00); // 가
21.
22.        System.out.println();
23.    }
24. }
```

4: 문자를 아스키 코드(10진수)로 변환
7: 문자를 유니코드 코드(10진수)로 변환
10: 문자를 아스키 코드(16진수)로 변환
13: 문자를 유니코드 코드(16진수)로 변환
16~17: char형 변환 후 문자 출력
20: 한글 코드 번호를 문자로 변환 출력

실행결과

2.6.4 논리형

논리형은 boolean형으로 선언되며 true 또는 false 값만 나타낼 수 있다. 데이터 자체가 문자열의 형태로 저장되는 것이 아니고 "참"과 "거짓", "옳다"와 "그르다"의 형태로, 즉 논리값으로 저장된다.

또한 피연산자의 비교 논리에 의해 논리값이 발생할 수 있으며, 이 논리형 상수와 마찬가지로 사용자 정의 식별자로 사용할 수 없다.

논리형	비트	범위
boolean	1	true 또는 false

if 비교문에서 변수 자체로 나타낼 수 있으며 true로 간주한다.

실습 2-18 논리형 연산

```
1.  class Boolean {
2.      public static void main(String args[ ]) {
3.          boolean b;
4.          b = false;
5.          System.out.println("-->논리형 연산<--");
6.          System.out.println("b = " + b);
7.          b = true;
8.          System.out.println("b = " + b);
9.
10.         // a boolean 값은 if 문에 의해 제어된다.
11.         if(b) System.out.println("true인 경우 실행된다. ");
12.
13.         b = false;
14.         if(b) System.out.println("false인 경우 실행이 안된다.");
15.
16.         // 관계식이 발생한 경우 논리값이 발생된다.
17.         System.out.println("10 > 9 -> " + (10 > 9));
18.         System.out.println( );
19.     }
20. }
```

3, 4, 7: 논리형 변수 선언 및 상수 대입
14: 비교 후 결과 출력
17: 논리 연산 결과 출력

실행결과

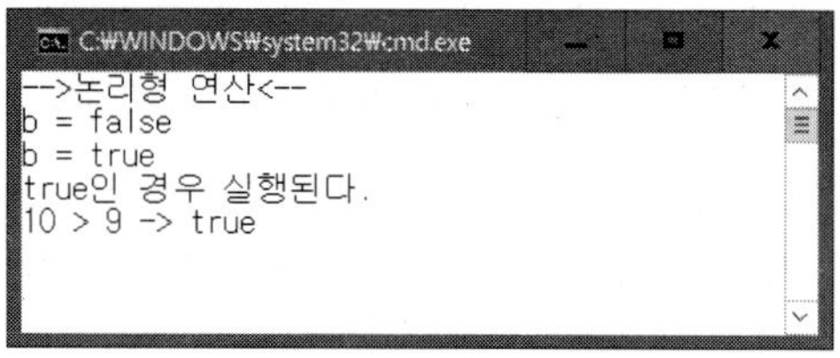

2.6.5 String형

데이터는 주로 문자와 숫자로 구성되며, 이름(name)과 같이 한 개 이상의 연속된 문자들을 **String**(문자열)이라고 부른다. 자바에서 String은 " " 표시로 감싸서 나타낸다. 숫자도 " "표시로 나타낼 때는 아스키 코드에 나타난 숫자의 대응 문자 값으로 간주하며, 비어 있는 문자를 null 또는 empty String이라고 하며, " "로 표시한다.

```
8 <– // 정수 8 값으로 구분
'8' <– // 아스키 코드 56으로 구분
```

String 선언은 직접 선언하는 String형과 참조형 객체로 선언하는 new String의 2가지가 있다. 차이점은 String은 직접 주소번지에 데이터를 저장하는 방식이고, new String 선언은 참조형의 주소번지에 별도의 데이터를 저장하는 방식이다.

위의 2가지 사용형식은 메모리와 관련해서 약간의 차이가 있으나 외부적으로 표현될 때는 차이가 없다. 문자열은 프로그램 중에서는 " "로 감싸는 것에 의하여 작성되므로 String형의 데이터 타입이라고 생각할 수 있다. 문자열을 연결할 경우 + 기호를 이용하여 나타낼 수 있다.

사용형식은 다음과 같다.

형식

```
String    변수명-1, 변수명-2, ..... ;
String    변수명 = new String("문자열");
```

선언 예

```
String stringval;   // String 변수 선언
stringval = "test 홍길동";  // String 변수에 문자열 할당

String stringobj = new String("test 홍길동");
  // String 객체 선언
```

```
String Stringnull;
stringnull = " "; // 빈 공백 null 할당

String str4 = new String( ); // 빈 객체 선언 후 문자열 할당
str4 = "str4";
```

length(문자열의 길이) : 해당 객체의 문자열 길이를 반환(int형)

```
String str = "abcde";
System.out.println(str.length( ));   // 5 출력
```

실습 2-19 string 변수 및 객체 선언

```
1. class StringVariable {
2.     public static void main(String[ ] args) {
3.         String stringval = "string 변수입니다.";
4.         String stringobj = new String("string 객체입니다.");
5.
6.         System.out.println("string 변수 = " + stringval);
7.         System.out.println("string 객체 = " + stringobj);
8.         System.out.println( );
9.     }
10. }
```

3: 문자열 변수 선언 및 대입
4: 문자열 변수 객체 선언 및 대입

실행결과

```
C:\WINDOWS\system32\cmd.exe
string 변수 = string 변수입니다.
string 객체 = string 객체입니다.
```

실습 2-20 string 변수의 결합

```
class StringBinding {
    public static void main(String[ ] args) {
        System.out.println("-->String 결합<--");
        String dispText = "안녕";
        // String형의 변수 distext를 작성하여 "안녕"으로 초기화
```

```
6.          System.out.println(dispText);  // 「안녕」으로 표시
7.          dispText = "하세요" ;     // dispText에 "def"에 대입
8.          System.out.println(dispText);  // 「def」로 표시
9.          // 문자열은 +연산자로 연결된다.
10.
11.         String str1 = "안녕";
12.         String str2 = "하세요";
13.         System.out.println("str1+str2 = " + str1+str2); // 안녕하세요로 표시
14.
15.         // 또한 문자열에 정수형의 데이터를 +연산자로 연결하면
16.         // 숫자는 문자열로 변환되어 연결된다.
17.
18.         int num1 = 2002;
19.         String str3 = "우리나라에 월드컵이 개최된 년도는? ";
20.         str3 = str3 + num1 + "년";
21.         System.out.println("str3 = " + str3);
22.     }
23. }
```

4~14: 문자열 변수 선언 및 대입 그리고 결과 출력
19: 수치 데이터 초기화
21: 혼합 연산으로 문자열 변환

실행결과

```
C:\WINDOWS\system32\cmd.exe
-->String 결합<--
안녕
하세요
str1+str2 = 안녕하세요
str3 = 우리나라에 월드컵이 개최된 년도는? 2002년
```

실습 2-21 전체 자료형의 실습

```
class TotalType {
    public static void main(String[] args) {
        int i = 65;
        short j = 65;
        long k = 65L;
        int decimal_v = 10;
        int octal_v = 010;
        int hexa_v = 0X10;

        float x = 65.0F;
```

```
        double y = 65.0;

        char z = 65;
        char zz = 'A';
        char zzz = '\u0041';
        char z_z = 66;
        char z_zz = 'B';
        char z_zzz = '\u0042';

        boolean ken = true;
        boolean boo = false;
        System.out.println("-->전체 자료형 실습<--");
        System.out.println("\n** 정수형 상수와 변수의 표현 **");
        System.out.println("int i = " + i);
        System.out.println("short j = " + j);
        System.out.println("long k = " + k);

        System.out.println("** 정수형 상수의 진수 표현 **");
        System.out.println("10진수(10)의 표현) = " + decimal_v);
        System.out.println("8진수(010)의 10진수 표현) = " + octal_v);
        System.out.println("16진수(0X10)의 10진수 표현) = " + hexa_v);

        System.out.println("\n** 실수형 상수와 변수의 표현 **");
        System.out.println("float x = " + x);
        System.out.println("double y = " + y);

        System.out.println("\n** 문자형 상수와 변수의 표현**");
        System.out.println("ASCII 코드 \'65\'의 문자형 표현 = " + z);
        System.out.println("문자형 상수 \'A\'의 문자형 표현 = " + zz);
        System.out.println("유니코드 \' \\u0041 \'의 문자형 표현 = " + zzz);
        System.out.println("ASCII 코드 \'66\'의 문자형 표현 = " + z_z);
        System.out.println("문자형 상수 \'B\'의 문자형 표현 = " + z_zz);
        System.out.println("유니코드 \' \\u0042 \'의 문자형 표현 = " + z_zzz);

        System.out.println("\n** 논리형 상수와 변수의 표현 **");
        System.out.println("boolean ken = " + ken);
        System.out.println("boolean boo = " + boo);

        System.out.println("\n** escape 문자의 표현 **");
        System.out.println("\t \'boolean ken\' = " + ken);
        System.out.println("\t \"boolean boo\" = " + boo);
        System.out.println( );
    }
}
```

3~21: 각종 유형 변수 선언
23~51: 각종 유형 변수 출력

실행결과

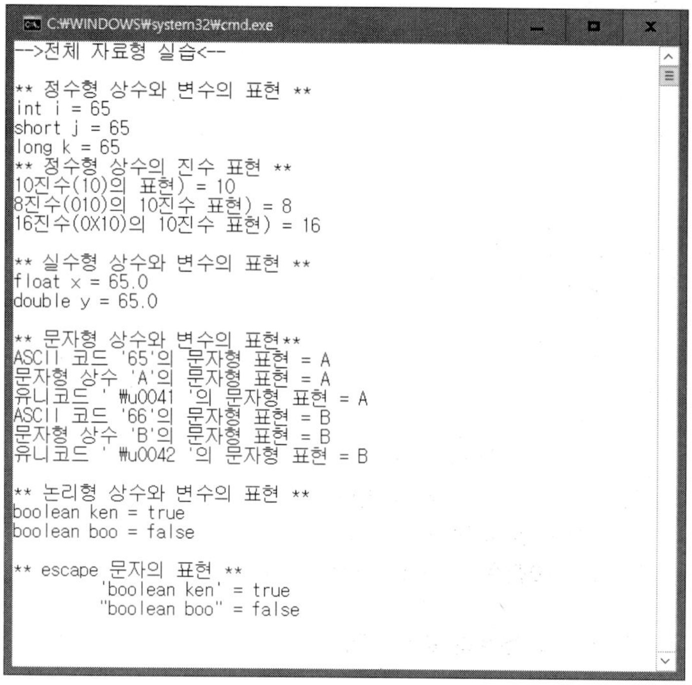

2.7 연산자

연산이라 하면 더하기, 빼기 등의 기본적인 산술 연산만을 의미하지만, 프로그램에서는 두 수의 크기를 비교하는 작업 등의 다양한 처리를 할 수 있다. **연산자(Operator)**는 자바에서 특수한 산술 또는 논리연산을 수행하도록 지시하는 기호이다.

전반적인 연산자의 종류는 다음과 같다.

구 분		연산 기능	연산자 예
대입 연산자		우측 피연산자의 값을 좌변에 대입	=, +=, -=, *=, /=, %=
산술 연산자	사칙 연산자	피연산자에 대한 산술 연산	+, -, *, /, %
	증감 연산자	피연산자에 대한 값의 증가, 감소 연산	++, --
관계 연산자		피연산자 간의 대소, 등가 비교 연산	<, >, <=, >=, ==, !=
논리 연산자		피연산자의 논리합, 논리곱 등의 연산	||, &&, !

조건 연산자		조건식에 따른 값의 선택 연산	? :
비트 연산자	비트이동 연산자	비트단위 자료의 이동 연산	<<, >>, <<<
	비트논리 연산자	비트단위 자료의 논리 연산	&, |, ^, ~
기타 연산자	형 변환 연산자	자료형 변환	(int)
	객체 생성	클래스의 인스턴스를 생성	new
	인스턴스 검사	클래스의 한 인스턴스인지를 검사	instanceof

2.7.1 기본 연산자

기본적인 연산자의 종류는 다음과 같다.

연산자	의미	예제
+	더하기	2 + 5 = 7
−	빼기	34 − 20 = 14
*	곱하기	2 * 7 = 14
/	나누기	14 / 7 = 2
%	나머지	4 % 6 = 4

실습 2-22 기본 연산자의 실습

```
class BasicOperation {
    public static void main(String[] args) {
        System.out.println("--->기본 연산자의 실습<---\n");
        System.out.println("2 + 5 = " + (2 + 5));
        System.out.println("13 + 89 = " + (13 + 89));
        System.out.println("34 - 20 = " + (34 - 20));
        System.out.println("45 - 90 = " + (45 - 90));
        System.out.println("2 * 7 = " + (2 * 7));
        System.out.println("5 / 2 = " + (5 / 2));
        System.out.println("14 / 7 = " + (14 / 7));
        System.out.println("34 % 5 = " + (34 % 5));
        System.out.println("4 % 6 = " + (4 % 6));

        System.out.println("\n5.0 + 3.5 = " + (5.0 + 3.5));
        System.out.println("3.0 + 9.4 = " + (3.0 + 9.4));
        System.out.println("16.4 - 5.2 = " + (16.4 - 5.2));
        System.out.println("4.2 * 2.5 = " + (4.2 * 2.5));
        System.out.println("5.0 / 2.0 = " + (5.0 / 2.0));
        System.out.println("5.0 % 2.0 = " + (5.0 % 2.0));
```

```
20.         System.out.println("34.5 / 6.0 = " + (34.5 / 6.0));
21.         System.out.println("34.5 % 6.0 = " + (34.5 % 6.0));
22.         System.out.println("34.5 / 6.5 = " + (34.5 / 6.5));
23.         System.out.println("34.5 % 6.5 = " + (34.5 % 6.5));
24.         System.out.println( );
25.     }
26. }
```

3~23: 기본 연산자 출력

실행결과

```
C:\WINDOWS\system32\cmd.exe
--->기본 연산자의 실습<---

2 + 5 = 7
13 + 89 = 102
34 - 20 = 14
45 - 90 = -45
2 * 7 = 14
5 / 2 = 2
14 / 7 = 2
34 % 5 = 4
4 % 6 = 4

5.0 + 3.5 = 8.5
3.0 + 9.4 = 12.4
16.4 - 5.2 = 11.2
4.2 * 2.5 = 10.5
5.0 / 2.0 = 2.5
5.0 % 2.0 = 1.0
34.5 / 6.0 = 5.75
34.5 % 6.0 = 4.5
34.5 / 6.5 = 5.3076923076923075
34.5 % 6.5 = 2.0
```

자바에는 기본 연산자 이외에도 다양한 수식 결과를 얻을 수 있는 연산자들이 준비되어 있다.

연산자의 종류는 다음과 같다.

<table>
<tr><th>연산자의 종류</th><th>부호</th></tr>
<tr><td>부호 연산자</td><td>+ -</td></tr>
<tr><td>증감 연산자</td><td>++ --</td></tr>
<tr><td>산술 연산자</td><td>+ - * / %</td></tr>
<tr><td>논리 연산자</td><td>&& ||</td></tr>
<tr><td>관계 연산자</td><td>! < <= > >= !=</td></tr>
<tr><td>대입 연산자</td><td>= += -= *=</td></tr>
<tr><td>조건 연산자</td><td>? :</td></tr>
<tr><td>배열 연산자</td><td>[ ]</td></tr>
<tr><td>메소드 연산자</td><td>( ) .</td></tr>
</table>

비트 연산자	& | ^
캐스트 연산자	(데이터 형)
instanceof 연산자	instanceof

2.7.2 형 변환(Casting) 및 캐스트 연산자

자바에서 형 변환은 묵시적 형 변환과 명시적 형 변환의 2가지가 있다.
묵시적 형 변환이란 자동으로 형 변환 해주는 경우를 의미하고, 명시적 형 변환은 데이터 앞에 변환할 타입으로 명시해주는 경우를 의미한다.

묵시적 형 변환의 예

- 작은 데이터형을 큰 데이터형으로 변환

```
int a = 10;
double b = a; // 10
```

명시적 형 변환은 주로 큰 데이터형을 작은 데이터형으로 변환할 때 사용되며, 데이터 손실의 가능성이 있어 명시적으로 형 변환을 해주시 않을 경우 에러가 발생한다.

서로 다른 자료형끼리 값을 대입할 때는 명시적으로 형 변환을 해주어야 한다. 명시적인 형 변환 시 괄호와 함께 바꾸고자 하는 변환할 자료형의 값으로 수식이나 값이 변환된다.

명시적 형 변환의 형식과 선언 예는 다음과 같다.

형 식

```
(형 변환 자료형) 수식
```

선언 예

```
(int) (7.9)  // 7
(double) (25) // 25.0
(double) (5 + 3) // 8.0
(double) (15) / 2 // 7.5
(double) (15 / 2) // 7.0
(int) (7.8 + (double) (15 / 2))  // 14
(int) (7.8 + (double) (15) / 2)  // 15
```

숫자 자료형이 다른 더 큰 숫자 자료형에 따라 형 변환(Type conversion)이 자동으로 발생하는 경우도 있고 사용자가 형 변환을 지정할 수도 있다.

괄호로 묶어서 선언되는 캐스트 연산자는 작은 숫자 자료형에서 큰 숫자 자료형으로의 변환을 자동으로 발생하지 않으므로 사용자가 캐스트 연산자(cast operator)를 사용한다.

실습 2-23 형 변환의 실습

```
1. class CastOperation {
2.     public static void main(String[ ] args) {
3.         System.out.println("--->형 변환의 실습<---");
4.         System.out.println("(int)(7.9) = " + (int)(7.9));
5.         System.out.println("(int)(3.3) = " + (int)(3.3));
6.         System.out.println("(double)(25) = " + (double)(25));
7.         System.out.println("(double)(5 + 3) = " + (double)(5 + 3));
8.         System.out.println("(double)(15) / 2 = " + ((double)(15) / 2));
9.         System.out.println("(double)(15 / 2) = " + ((double)(15 / 2)));
10.        System.out.println("(int)(7.8 + (double)(15) / 2) = "
11.                           + ((int)(7.8 + (double)(15) / 2)));
12.        System.out.println("(int)(7.8 + (double)(15 / 2)) = "
13.                           + ((int)(7.8 + (double)(15 / 2))));
14.        System.out.println( );
15.    }
16. }
```

4~5: 실수를 정수로 형 변환하므로 소수이하 값이 잘림
5~9: 정수 또는 정수 연산식 결과를 실수로 형 변환하므로 강제로 . 이하 소수를 붙여서 나타남
11~12: 중복된 형 변환의 수식이 나타난 경우 우선적으로 괄호안의 수식 결과로 나타나며, 마지막에 표현된 형 변환의 결과로 변환되어 나타남

실행결과

```
C:₩WINDOWS₩system32₩cmd.exe
--->형 변환의 실습<---
(int)(7.9) = 7
(int)(3.3)  = 3
(double)(25) = 25.0
(double)(5 + 3) = 8.0
(double)(15) / 2 = 7.5
(double)(15 / 2) = 7.0
(int)(7.8 + (double)(15) / 2) = 15
(int)(7.8 + (double)(15 / 2)) = 14
```

실습 2-24 묵시적 명시적 형 변환의 실습

```
class CastDefine {
    public static void main(String[ ] args) {
        /* i = (int)l l이 int형의 범위를 넘으면 오류,
           integer형의 범위가 넘는 값은 int로 Casting 안됨
```

```
5.            integer형의 범위는 -2147483648 ~ 2147483647 */
6.        long l=123456789;
7.        int i=(int)l;
8.        System.out.println("-->묵시적 명시적 변환<--");
9.        System.out.println("i --> " + i);
10.
11.       /* 작은데 큰것을 넣을 때는 명시적으로 형 변환 처리
12.           i = l;    integer은 4바이트, long형은 8바이트 이므로 에러 */
13.
14.       i = 65535;
15.       byte b = (byte)i; //65535가 -1로 바뀜
16.       System.out.println("b --> " + b);
17.
18.       // 왼쪽이 작으므로 명시적 형 변환 필요, 협소화
19.       double d = 3.1313139313;
20.       float f = (float)d;
21.       System.out.println("f --> " + f);
22.
23.       // 왼쪽이 크므로 컴파일러에 의한 묵시적인 형 변환, 광역화
24.       f = i;
25.       System.out.println("i --> " + i);
26.         System.out.println( );
27.   }
28. }
```

8: long형을 int형로 명시적 형 변환
15: int형을 byte형으로 형 변환 음수 출력
20: float형 변환해서 대입

실행결과

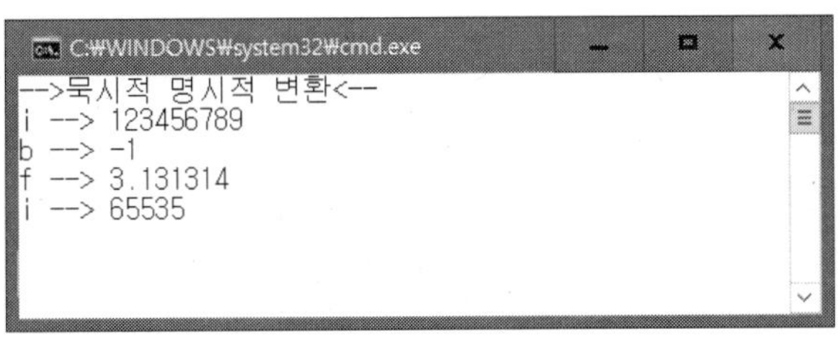

2.7.3 증감 연산자

증감 연산자의 기호는 ++와 -- 연산자가 있으며, 이러한 연산자를 단항 연산자라고도 한다. 피연산자는 값을 대입할 수 있는 변수이어야 된다.

증감 연산자의 특징은 다음과 같다.

① ++, -- 연산자가 있다.
② 단항 연산자이며, 결합방향은 오른쪽(←)이다.
③ 피연산자는 값을 대입할 수 있는 변수이어야 된다.
④ 변수 앞의 전위(prefix) 연산자, 변수 뒤의 후위(postfix) 연산자 모두 값을 하나 증가 또는 감소시키나, 그 증가 또는 감소의 연산 시점이 다르다.

변수 앞의 전위(prefix) 연산자, 변수 뒤의 후위(postfix) 연산자 모두 값을 하나 증가 또는 감소시키나, 그 증가 또는 감소의 연산 시점이 다르다. 예를 들어 x = x + 1은 x++과 같고, x = x - 1은 --x와 같다.

증가 연산자 ++x는 **전위 연산자**로 무조건 x의 값을 1을 증가하며, x++은 **후위 연산자**로 현재 문장이 수행될 때는 1을 증가하지 않고, 다음 줄로 수행이 넘어갈 경우 1을 증가한다.

```
x = 10;
y = ++x;  // x = 11, y = 11

x = 10;
y = x++;  // y = 10, x = 10
- 다음 문장 - // x = 11

a = 5;
b = 2 + (++a);  // a = 6, b = 8

a = 5;
b = 2 + (a++);  // a = 6, b = 7

/* a는 5 값이 지정되고 다음 문장에서 괄호로 후위 연산자가 선언되었기 때문에 위의 문에서는 연산이
되지 않고 그다음 문장에서 a에 대한 증가 값이 연산된다. */
```

실습 2-25 증가 연산자의 실습

```
class Increment {
   public static void main(String[ ]args) {
      System.out.println("-->증가 연산자 실습<--");
      int x = 1;
      System.out.println(" x = " +  x);
      int y = x++ * 2;
      System.out.println(" x++ * 2 = " + y);

      x = 1;
      y = ++x * 2;
      System.out.println(" ++x * 2 = " + y);

```

```
13.         x = 5;
14.         System.out.println("\n x = " +  x);
15.         System.out.println( " x / 2 + ++x = " + (x / 2 + ++x));
16.         x = 5;
17.         System.out.println(" -x + x++ = " + (-x + x++));
18.         x = 5;
19.         System.out.println(" x + ++x + x = " + (x + ++x + x));
20.         System.out.println( );
21.     }
22. }
```

6: x++은 1 값을 유지하며, 다음 줄로 가서 2로 증가
10: ++x는 무조건 1을 증가
15: ++x를 먼저 증가하고 x/2는 정수 연산으로 2 값이 발생
17: -x는 -5 값, x++은 그대로 5 값 유지
19: x+ ++x + x = 5 + 6+ 6 = 17

실행결과

```
C:\WINDOWS\system32\cmd.exe
-->증가 연산자 실습<--
 x = 1
 x++ * 2 = 2
 ++x * 2 = 4

 x = 5
 x / 2 + ++x = 8
 -x + x++ = 0
 x + ++x + x = 17
```

2.7.4 관계/논리 연산자

관계 연산자와 논리연산자에 대하여, 관계란 값이 서로와 가지고 있는 관계에 대하여 참조하는 것이고 논리란 서로 연관되는 true와 false에 대한 진리 값을 참조한다.
관계 연산식에는 두 개의 수식이 필요하며, 그 수식의 평가는 참(true) 또는 거짓(false)으로 표현한다. 즉 관계 연산자를 사용한 식이 참(true)이면 "1"을, 거짓이면 "0"을 반환한다.

관계 연산자의 특징은 다음과 같다.

① 〉, 〈, 〉=, 〈=, ==, != 연산자가 있다.
② 이항연산자이며, 결합방향은 왼쪽(→)이다.
③ 피연산자는 숫자형 변수(상수 포함) 또는 산술형 수식을 쓸 수 있다.
④ 연산 결과는 true 또는 false의 논리형 자료값이다.
⑤ C, C++ 언어에서 관계 연산의 결과는 0(false) 또는 0이 아닌 값(true)으로 정의되나, 자바에서는 **반드시 true 또는 false의 논리형 결과**로 정의됨을 유의해야 한다. 따라서 조건식을 기술하

는 곳에는 반드시 논리 자료형의 결과를 가져오는 수식만을 기술할 수 있다.

관계 연산자의 종류는 다음과 같다.

연산자	의미
= =	같음
!=	같지 않음
〉	큼
〈	작음
〉=	크거나 같음
〈=	작거나 같음

논리 연산자의 종류는 다음과 같다.

<table>
<tr><th>연산자</th><th>식</th><th>의미</th></tr>
<tr><td>&</td><td>x&y</td><td>AND</td></tr>
<tr><td>|</td><td>x|y</td><td>OR</td></tr>
<tr><td>^</td><td>x^y</td><td>XOR(exclusive OR)</td></tr>
<tr><td>||</td><td>x||y</td><td>논리적 OR</td></tr>
<tr><td>&&</td><td>x&&y</td><td>논리적 AND</td></tr>
<tr><td>!</td><td>!x</td><td>NOT</td></tr>
</table>

논리 연산자의 진리표는 다음과 같다.

<table>
<tr><th>p</th><th>q</th><th>p&q</th><th>p|q</th><th>p^q</th><th>!p</th></tr>
<tr><td>False</td><td>False</td><td>False</td><td>False</td><td>False</td><td>True</td></tr>
<tr><td>True</td><td>False</td><td>False</td><td>True</td><td>True</td><td>False</td></tr>
<tr><td>False</td><td>True</td><td>False</td><td>True</td><td>True</td><td>True</td></tr>
<tr><td>True</td><td>True</td><td>True</td><td>True</td><td>False</td><td>False</td></tr>
</table>

논리 연산자의 특징은 다음과 같다.

① 논리곱의 &&, 논리합의 || 연산자와 논리부정을 나타내는 ! 연산자가 있다.

- 논리곱(&&)은 두 개의 피연산자 값이 모두 true일 때만 연산의 결과가 true로 변환된다.
- 논리합(||)은 두 개의 피연산자의 값이 어느 하나가 true라면 연산의 결과는 true로 변환된다.
- 논리부정(!)은 단항연산자로 피연산자의 값을 반대로 변환된다. 즉 피연산자가 false면 true로, true면 false로 변환된다.

② 논리곱과 논리합은 이항연산자이며 결합방향은 왼쪽(→)이다. 논리 부정은 단항연산자이다.

③ 피연산자는 논리식 또는 관계식과 같은 임의의 수식이 될 수 있다.

실습 2-26 관계/논리 연산자의 실습

```
1.  class RelativeLogical {
2.      public static void main (String args[ ]) {
3.          int i=1, j=2, k=3;
4.          boolean boo;
5.          System.out.println("-->관계 연산자 실습<--");
6.          System.out.println("i = " + i);
7.          System.out.println("j = " + j);
8.          System.out.println("k = " + j);
9.
10.         System.out.println("j = k : " + (j==k));
11.         System.out.println("i != k : " + (i!=k));
12.         System.out.println("i < j : " + (i<j));
13.         System.out.println("i > k : " + (i>k));
14.         System.out.println("j <= k : " + (j<=k));
15.         System.out.println("i >= j : " + (i>=j));
16.
17.         boo = i<j && j<k;
18.         System.out.println("\n i<j && j<k : "+boo);
19.
20.         boo = i==j || j<k && j>k;
21.         System.out.println(" i==j || j<k && j>k : "+boo);
22.         System.out.println( );
23.     }
24. }
```

10~15: 논리 연산으로 true 또는 false 발생
18: 관계 연산(<)을 먼저 수행하고 논리 연산(&&)을 수행
21: 관계 연산(==, <, >)을 먼저 수행하고 논리 연산(||, &&)을 수행

실행결과

```
C:₩WINDOWS₩system32₩cmd.exe
-->관계 연산자 실습<--
i = 1
j = 2
k = 2
j = k : false
i != k : true
i < j : true
i > k : false
j <= k : true
i >= j : false

 i<j && j<k : true
 i==j || j<k && j>k : false
```

실습 2-27 조건문을 이용한 관계/논리 연산자의 실습

```java
1.  class RelativeLogical2 {
2.      public static void main(String args[ ]) {
3.          int i, j;
4.          boolean b1, b2;
5.          i = 10;
6.          j = 11;
7.          System.out.println("-->조건문을 이용한 관계 연산자 실습<--");
8.          System.out.println("i = " + i + ", j = " + j);
9.          if(i < j) System.out.println("i < j");
10.         if(i <= j) System.out.println("i <= j");
11.         if(i != j) System.out.println("i != j");
12.         if(i == j) System.out.println("실행않됨");
13.         if(i >= j) System.out.println("실행않됨");
14.         if(i > j) System.out.println("실행않됨");
15.
16.         b1 = true;
17.         b2 = false;
18.
19.         System.out.println("\nb1 = " + b1 + ", b2 = " + b2);
20.         if(b1 & b2) System.out.println("실행않됨");
21.         if(!(b1 & b2)) System.out.println("!(b1 & b2) 는 true");
22.         if(b1 | b2) System.out.println("b1 | b2 는 true");
23.         if(b1 ^ b2) System.out.println("b1 ^ b2 는 true");
24.         System.out.println( );
25.     }
26. }
```

9~14: 산술 연산 결과 후 true이면 오른쪽의 출력문을 수행
20~24: 논리 연산 결과 후 true이면 오른쪽의 출력문을 수행

실행결과

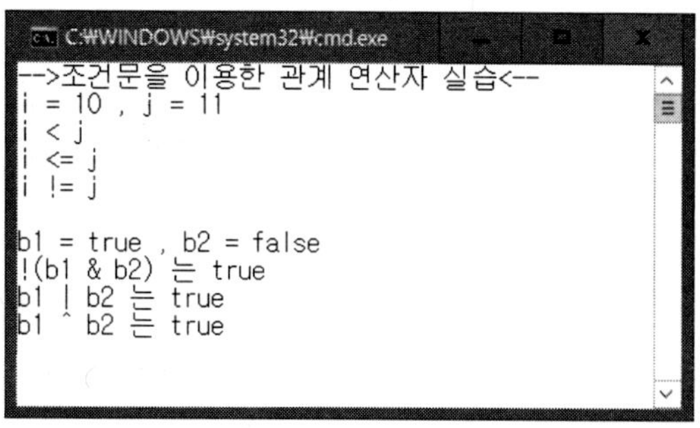

자바에서 AND와 OR의 간단한 논리 연산자를 사용할 수 있다. AND 연산에서 첫 번째 연산이 false가 나타날 경우 이후는 더 이상 연산하지 않는다. 또한 OR 연산에서 첫 번째 연산이 true일 경우 더 이상 연산하지 않는다. 아울러 빠른 연산을 수행할 수 있다.

AND 연산자는 &&이고 OR 연산은 ||으로 표현한다. 일반적인 &와 | 연산자는 양쪽의 연산을 모두 수행한다.

실습 2-28 단순 논리 연산자의 실습

```
1.  class ShortCircuitOperator {
2.      public static void main(String[ ]args) {
3.          System.out.println("-->단순 논리연산자 실습<--");
4.          int x = 5;
5.          boolean b = x > 4 && x < 9;
6.          System.out.println(b);
7.          b = (x > 4) || (x < 9);
8.          System.out.println(b);
9.          System.out.println(true && false);
10.         b = !(x > 4);
11.         System.out.println(b);
12.         System.out.println( );
13.     }
14. }
```

5: true && true = true 연산
7: true || true = true 연산
9: true && false = false 연산
10: !(true) = false 연산

실행결과

```
C:\WINDOWS\system32\cmd.exe
-->단순 논리연산자 실습<--
true
true
false
false
```

실습 2-29 복잡한 논리 연산자의 실습

```
class HardCircuitOperator {
    public static void main(String[ ] args) {
        System.out.println("-->복잡한 논리연산자 실습<--");
```

```
4.          boolean a = (5==4) && (5!=4);
5.          boolean b = (5==4) || (5!=4);
6.          boolean c = (5==4) ^ (5!=4);
7.          boolean d = !(5==4);
8.
9.          int i=10, j=1;
10.         boolean k = i>10 && ++j<=2;
11.         boolean l = i>=10 || j++ >3;
12.
13.         System.out.println("a=(5==4) && (5!=4)의 결과 a = " + a);
14.         System.out.println("b=(5==4) || (5!=4)의 결과 b = " + b);
15.         System.out.println("c=(5==4) ^ (5!=4)의 결과 c = " + c);
16.         System.out.println("d=!(5==4)의 결과 d = " + d + "\n");
17.
18.         System.out.println("k= i>10 && ++j<=2의 결과 k = " + k + ", j = " + j );
19.         System.out.println("l= i>=10 || j++ >3의 결과 l =" + l + ", j = " + j);
20.         System.out.println( );
21.     }
22. }
```

4: false && true = false 연산
5: false || true = true 연산
6: false ^ true = true 연산
7: !(false) = true 연산
10: false && true = false 연산, k=1 값 대입
11: true || false = true 연산, l=0 값 대입

실행결과

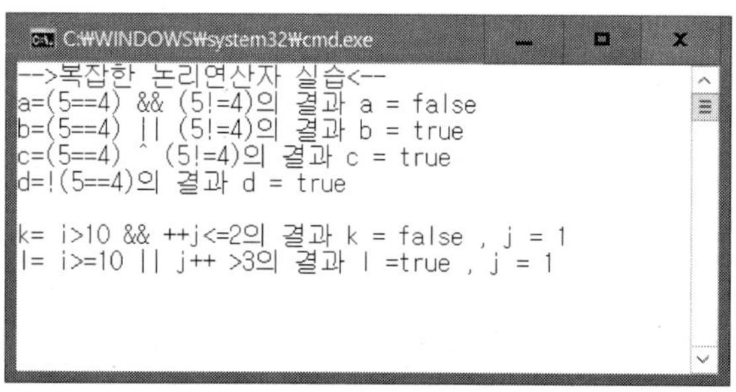

2.7.5 쉬프트 연산자

〈〈 , 〉〉 쉬프트 연산자(left, right shift operator)는 우변에 있는 피연산자에 의해 주어지는 자릿수 만큼 피연산자의 비트들을 좌측(〈〈) 또는 우측(〉〉)으로 자리 이동을 한다. 이때 좌측 쉬프트 연산자에서는 발생하는 빈자리는 모두 0으로 대신하게 되며, 밀려지는 비트는 모두 버려지게 된다.

우측 쉬프트 연산자의 경우는 빈자리를 0으로 대신하고 밀려지는 부호도 무시된다. 그러나 음수의 경우 최상위 비트는 그대로 복사됨을 주의해야 한다. 따라서 가급적 부호 있는 연산자의 경우 부호가 바뀔 수 있으므로, 부호 없는 연산자를 사용해야 한다.

```
int a = 35
a = a >> 2; // a = 8

00100011 // 35
>>2
00001000 // 8

a = -8 >> 1

11111000  // -8
>>1
11111100  // -4
```

논리 오른쪽 쉬프트 연산자(>>>)는 >> 연산자와 원리는 같다. 그러나 원본 데이터와 상관없이 앞쪽의 비트를 0 값으로 채운다. 이 연산을 사용하면 원본 데이터에 상관없이 결과는 무조건 uinsigned로 나타나서 무조건 양수로 변환된다. 즉, 새로 생기는 왼쪽 비트들은 무조건 0으로 채워진다.

```
-16 >>> 4

1111 1111 1111 1111 1111 1111 1111 0000 // -16
0000 1111 1111 1111 1111 1111 1111 1111  // 268435455
```

실습 2-30 쉬프트 연산자의 실습

```
class ShiftOperator {
    public static void main(String args[ ]) {
        byte x, y;
        int z;
        System.out.println("-->쉬프트 연산자 실습<--");
        System.out.println("15 << 2 ->> " + (15 << 2));
        System.out.println("15 >> 2 ->> " + (15 >> 2));
        System.out.println("-15 >>> 2 ->> " + (-15 >>> 2));

        x = (byte)1;
        y = (byte)-1;
        z = -16;
        System.out.println("\nx = " + x + "," + " y = " + y + ", z = " + z);
        System.out.println(" ~x | x = " + (byte)(~x | x));
```

```
15.         System.out.println("  x ^ x = " + (byte)( x ^ x));
16.         System.out.println("x  << 3 = " + (byte)(x << 3));
17.         System.out.println("x  >> 3 = " + (byte)(x >> 3));
18.         System.out.println("x >>> 3 = " + (int)(x >>> 3));
19.         System.out.println("y  << 3 = " + (byte)(y << 3));
20.         System.out.println("y  >> 3 = " + (byte)(y >> 3));
21.         System.out.println("z >>> 4 = " + (z >>> 4));
22.         System.out.println( );
23.     }
24. }
```

6~8: shift 연산자로 연산자 부호의 오른쪽 숫자만큼 bit를 좌우로 이동
10~11: byte형 변환
14~15: 논리 연산 후 byte로 형 변환
16~21: 부등호 방향으로 숫자값만큼 쉬프트 연산

실행결과

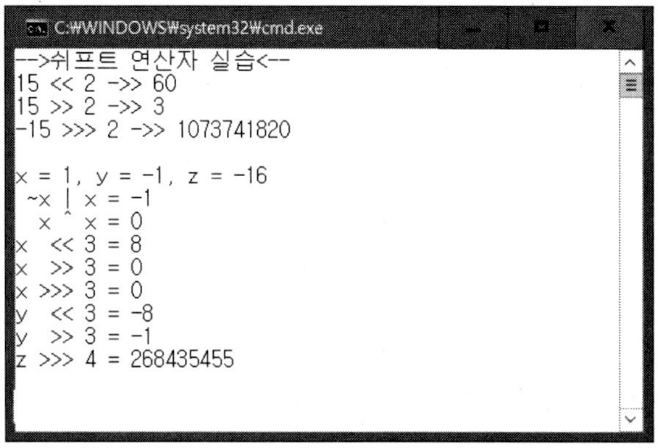

2.7.6 대입 연산자

대입 연산자는 =를 중심으로 오른쪽에서 왼쪽의 변수에 데이터를 넘겨준다. 오른쪽에는 숫자 또는 변수나 수식이 선언될 수 있으나 왼쪽에는 반드시 변수가 선언되어야 한다.

대입 연산자는 다중으로 사용할 수 있으며, 한꺼번에 = 왼쪽에 값을 일괄 복사할 수 있다.

```
int x, y, z;
x = y = z = 100; // x, y, z에 100 값이 할당된다.
```

또한 자바에서는 대입문을 간결하게 표현하기 위해 축약된 대입문을 나타낼 수 있다.

```
x = x + 10;
x += 10; // 위의 문장을 축약해서 나타낼 수 있다.

x = x - 100;
x -= 100; // x 값에서 100을 빼고 다시 x 값에 저장한다.
```

축약된 대입문의 종류는 다음과 같다.

```
=    -=    *=    /=    %=    &=    |=    ^=
```

대입 연산자의 특징은 다음과 같다.

① =, +=, -=, *=, /=, %=, >>=, <<=, >>>=, &=, |=, ^= 연산자가 있다.

② 이항 연산자(binary operator)이며, 결합방향은 오른쪽(←)이다.
(결합방향은, x=y=0;와 같이 하나의 수식에 동일한 연산자가 여러 개 있는 경우, 연산의 방향을 의미하는 것으로, 오른쪽(←)이란 x=(y=0);를 의미한다.)

③ 왼쪽은 값을 대입할 수 있는 변수가, 그리고 오른쪽에는 수식(상수 포함)이 와야 한다.

실습 2-31 축약 대입 연산자의 실습

```java
class ShorthandOperators {
    public static void main (String[] args) {
        int w = 10, x, y;
        x = 1; y = 2;
        System.out.println("-->축약 대입 연산자 실습<--");
        System.out.println("w =  " + w +", x =  " + x + ", y =  " + y );

        w += x;
        System.out.println("w = w + x : " + w);

        w = 10;
        w -= y;
        System.out.println("w = w - y : " + w);

        w = 10;
        w *= x + y;
        System.out.println("w = w * (x + y) : " + w);

        w = 10;
        w /= y;
        System.out.println("w = w / x : " + w);

```

```
23.         w = 10;
24.         w %= x;
25.         System.out.println("w = w % x : " + w);
26.         System.out.println( );
27.     }
28. }
```

8, 12, 16, 20, 24: 대입 연산자를 중심으로 오른쪽의 연산식에 대한 결과 대입 받는 변수에 누적 및 출력

실행결과

```
C:₩WINDOWS₩system32₩cmd.exe
-->축약 대입 연산자 실습<--
w =  10, x =  1, y =  2
w = w + x : 11
w = w - y : 8
w = w * (x + y) : 30
w = w / x : 5
w = w % x : 0
```

실습 2-32 복합 대입 연산자의 실습

```
class ComplexOperators {
    public static void main (String[] args) {
        int a;
        System.out.println("-->복합 대입 연산자 실습<--"); // 11
        a = 10;  // a 변수에 10을 대입
        a = a + 1;
        System.out.println("a = "+a); // 11

        a += 1;
        System.out.println("a = "+a); // 12

        a++;
        System.out.println("a = "+a); // 13

        a *= 10; // a=a*10;
        System.out.println("a = "+a); // 130

        byte b = 1;
        b = (byte) (b + 1);
        /* 형 변환을 하지 않으면 컴파일에러. byte, short, char, int
           연산자 int => int
           왜냐하면 byte형인 b와 int형 리터럴인 숫자1이 연산을 하면 결과값이 int형이라서
           형 변환을 하지 않으면 byte형인 b에 값을 넣을 수 없음 */
```

```
24.         System.out.println("b = "+b); // 2
25.
26.         b = 1;
27.         b += 1; // 형 변환 필요없음. 대입연산자로 취급됨.
28.         System.out.println("b = "+b); // 2
29.
30.         b++;
31.         System.out.println("b = "+b); // 3
32.         System.out.println( );
33.     }
34. }
```

9: 증가 복합 대입 연산
12: 문장을 수행한 후 1 증가
27: 무조건 1 증가
30: 문장을 수행한 후 1 증가

실행결과

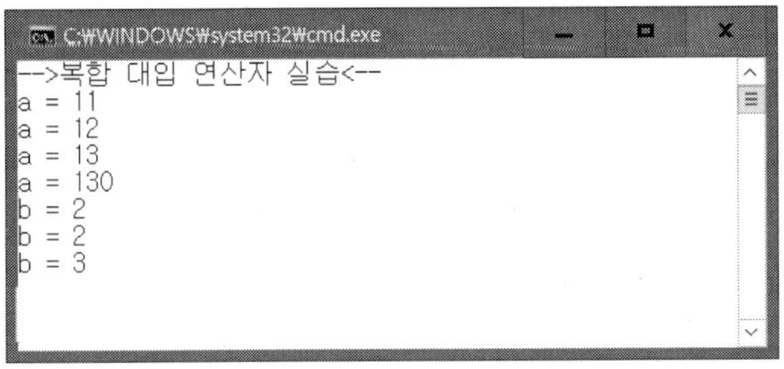

2.7.7 조건 연산자

조건식의 결과가 참인가 거짓인가를 판정하여 값을 구하는 연산자로 **삼항 연산자**라고도 한다.

형 식

```
조건식 ? 수식1 : 수식2;
```

? 앞의 조건식이 참일 경우 수식1이 선택되고 거짓일 경우 수식2가 선택된다. 만약 = 대입 연산자가 있는 경우 선택된 수식의 값이 할당된다.
조건식은 논리형 자료의 결과를 가지는 수식 또는 논리형 변수이어야 한다. 수식1과 수식2의 자료형은 동일하거나 동일한 자료형으로 변환이 가능한 수식이어야 한다.

선언 예

```
c = a < b ? a : b;

int a = (5 < 4) ? 50 : 40;
        조건문   참일 때 거짓일 때
```

a가 b 보다 적을 경우 a의 값을 c에 복사하고, 클 경우 b를 c에 복사한다.

조건 연산자가 할 수 있는 것은 If~Else 문을 이용해도 처리가 가능하지만 If~Else로 처리했을 때 보다 줄 수를 줄여서 나타낼 수 있다. 다음 예와 같이 문장을 처리할 경우 조건 연산자로 처리하는 것이 훨씬 간결할 수 있다.

```
// If~Else 문 처리
int a;
if(5 < 4) {
    a = 60;
} else {
    a = 40;
}
System.out.println(a); //결과 = 40

//조건 연산자
int b = (5 < 4) ? 60 : 40;
System.out.println(b); // 결과 = 40
```

실습 2-33 조건 연산자의 실습

```
class ThreewayOperators {
    public static void main(String args[ ]) {
        int i, k;
        i = 10;
        System.out.println("-->조건 연산자 실습<--");
        k = i < 0 ? -i : i;
        System.out.println(" "+ i + " 절대값은 " + k + "입니다.");

        i = -10;
        k = i < 0 ? -i : i;
        System.out.println( i + " 절대값은 " + k + "입니다.");
        System.out.println( );
    }
}
```

6, 10: i가 0보다 크면 -i를 k에 대입하고, 아니면 i를 k에 대입

실행결과

```
C:\WINDOWS\system32\cmd.exe
-->조건 연산자 실습<--
 10 절대값은 10입니다.
-10 절대값은 10입니다.
```

실습 2-34 중첩 조건 연산자의 실습

```
1.  class DoubleThreeOperator {
2.      public static void main (String args[ ]) {
3.          System.out.println("-->중첩 조건 연산자<--");
4.          int i, n = 40;
5.          for(i = 1;i <= n; ++i)
6.          System.out.print(i + ((i%5 == 0 || i == n) ?
7.              "\n" : ((i < 10) ? "  " : " ")));
8.          System.out.println( );
9.      }
10. }
```

6~7: 조건 연산자 안에 또 하나의 조건 연산자를 집어넣은 중첩 조건 연산식

실행결과

```
C:\WINDOWS\system32\cmd.exe
-->중첩 조건 연산자<--
1  2  3  4  5
6  7  8  9  10
11 12 13 14 15
16 17 18 19 20
21 22 23 24 25
26 27 28 29 30
31 32 33 34 35
36 37 38 39 40
```

2.7.8 연산자 우선순위

하나의 연산식에 여러 연산자가 존재하면 다음과 같은 우선순위에 의하여 처리된다. 연산자의 우선순위가 높은 것에서 낮은 것 순서로 배열되어 있고, 각 행의 연산자는 같은 우선순위를 가진다.

- 단항 연산자의 우선순위가 가장 빠르고 대입 연산자의 우선순위가 가장 늦다.
- 산술 연산자 → 관계 연산자 → 논리 연산자의 순이다.

<table>
<tr><th>연산 순위</th><th>연 산 자</th><th>결 합 방 향</th></tr>
<tr><td>1</td><td>( ) [ ] .</td><td>⇒(좌측결합)</td></tr>
<tr><td>2</td><td>! ~ ++ -- 단항+ 단항-(자료형)</td><td>⇐(우측결합)</td></tr>
<tr><td>3</td><td>* / %</td><td>⇒</td></tr>
<tr><td>4</td><td>+ -</td><td>⇒</td></tr>
<tr><td>5</td><td><< >> >>></td><td>⇒</td></tr>
<tr><td>6</td><td>< <= > >= instanceof</td><td>⇒</td></tr>
<tr><td>7</td><td>== !=</td><td>⇒</td></tr>
<tr><td>8</td><td>&</td><td>⇒</td></tr>
<tr><td>9</td><td>^</td><td>⇒</td></tr>
<tr><td>10</td><td>|</td><td>⇒</td></tr>
<tr><td>11</td><td>&&</td><td>⇒</td></tr>
<tr><td>12</td><td>||</td><td>⇒</td></tr>
<tr><td>13</td><td>? :</td><td>⇐</td></tr>
<tr><td>14</td><td>= += -= *= /= %= <<= >>= &= ^= |=</td><td>⇐</td></tr>
</table>

연산자의 우선순위는 괄호를 사용하여 바꿀 수 있다.

- 복잡한 수식의 연산자들은 괄호를 사용하여 가독성을 높일 수 있다.
- 정확한 우선순위를 보장하기 위해 괄호의 사용을 권장한다.

실습 2-35 간단한 연산자 우선순위의 실습

```
1.  class OperatorPriority1 {
2.      public static void main(String[] args) {
3.          int    x=2, y=3, z;
4.          z = x + y*2 - ++x + (y += 3);
5.          System.out.println("-->간단한 연산자 우선순위 실습<--");
6.          System.out.println("x : " + x + "    y : " + y + "    z : " + z + '\n');
7.          System.out.println("x / y * z  :  " + (x / y * z));
8.          System.out.println("x = y += z  :  " + (x = y += z));
9.          System.out.println();
10.     }
11. }
```

4: 연산자 우선순위가 높은 수식을 먼저 연산하고 그 결과를 z에 대입
① (y += 3) ② ++x ③ y*2 ④ + 연산 ⑤ - 연산 ⑥ 마지막 - 연산

실행결과

```
C:\WINDOWS\system32\cmd.exe
-->간단한 연산자 우선순위 실습<--
x : 3    y : 6    z : 11

x / y * z  : 0
x = y += z : 17
```

실습 2-36 복잡한 연산자 우선순위의 실습

```
1.  class OperatorPriority2 {
2.      public static void main(String[ ] args) {
3.          int a = 10; int b = 20;
4.          System.out.println("-->복잡한 연산자 우선순위 실습<--");
5.          System.out.println("a = " + a + " b = " + b);
6.          System.out.println("++a = " + ++a);
7.          System.out.println("++a + b++ = " + ++a + b++);
8.          System.out.println("(++a%3) + (a*++b) = " + (++a % 3) + (a * ++b));
9.
10.         int aa = 2, bb = 3, cc = 9, r1, r2, r3;
11.         System.out.println("aa = " + aa + " bb = " + bb + " cc = " + cc);
12.         r1=++aa+ ++bb;
13.         r2=cc++;
14.         r3=b-- - ++aa + ++aa + bb--;
15.         System.out.println("\n++aa+ ++bb = " + r1);
16.         System.out.println("cc++ = " + r2);
17.         System.out.println("b-- - ++aa + ++aa + bb-- = " + r3);
18.         System.out.println("aa = " + aa + "  bb =  " + bb + "  cc = " + cc);
19.         System.out.println( );
20.     }
21. }
```

6, 7, 8, 12, 13, 14: 연산자 우선순위가 높은 수식을 먼저 연산하고 그 결과를 = 좌측변수 대입

실행결과

```
C:\WINDOWS\system32\cmd.exe
-->복잡한 연산자 우선순위 실습<--
a = 10 b = 20
++a = 11
++a + b++ = 1220
(++a%3) + (a*++b) = 1286
aa = 2 bb = 3 cc = 9

++aa+ ++bb = 7
cc++ = 9
b-- - ++aa + ++aa + bb-- = 27
aa = 5  bb =  3  cc = 10
```

2.8 입출력의 기본

입/출력(I/O)이란 입력(Input)과 출력(Output)을 뜻하는 용어로 입력은 외부 입력 장치로 부터 데이터를 프로그램으로 읽어 오는 행위를 의미하고 출력은 프로그램 상의 어떤 값을 출력 장치로 내보내는 행위를 말한다. 시스템에서 미리 지정한 표준 파일에 입출력을 행하는 방법을 의미하며 사용자가 임의로 파일을 열거나 닫을 필요가 없다. 표준 파일의 종류에는 표준 입력으로 in(input), 표준 출력으로는 out(output)이 있다.

이와 같은 파일들은 입출력 장치가 미리 연결되어 있으며 일반적으로 표준 입력 장치는 키보드를 사용하고 표준 출력 장치는 스크린(화면)을 사용한다.

표준 파일	표준 입력파일	in
	표준 출력파일	out

실질적으로 in, out은 모두 System 클래스 안에 선언된 변수이며, 종류는 다음과 같다.

표준 입출력	표준 입력 메소드	System.in.read( )
	표준 출력 메소드	System.out.print( )
		System.out.println( )
		System.out.write( )

2.8.1 System.in.read( ) / System.in.readLine( )

표준 입력 메소드인 System.in.read( )는 표준 입력장치인 키보드로부터 한 개의 문자를 읽어 그 문자의 코드 값을 정수형으로 복귀하는 역할을 한다.

System.in.read( ) 문을 사용하려면 사전에 main( ) 메소드가 포함된 프로그램의 시작 문장에 다음과 같이 예외가 발생하는 것을 위해 선언해야 한다.

```
public static void main(String args[ ])
    throws java.io.IOException { // 예외처리를 선언하는 문장
```

프로그램이 실행할 때 System.in.read( ) 문을 만나면 데이터 입력을 받기 위해 프로그램이 멈추고, 사용자가 데이터를 입력하며, ASCII 코드로 지정된 값이 외부로부터 내부의 변수에 입력된다.

이때 read( )는 하나의 문자를 읽어서 코드 값으로 반환해주기 때문에 문자는 상관없지만 숫자인 경우에는 반드시 '0'의 ASCII 코드 값 48을 빼 주어야 한다.

문자를 받는 경우 ASCII 코드가 들어오기 때문에 형 변환을 하기 위해 (char)를 붙여야만 문자로 나타난다.

```
int i;   char ch;
 :
System.out.print("숫자와 문자를 입력 하세요=>");
i = System.in.read( ) - 48;
// 숫자가 입력된 경우 48을 빼면 입력된 문자와 숫자가 같아지고 형 변환이 발생한다.

ch = (char)System.in.read( ); // ascii 코드를 문자로 변환
```

System.in.readLine( ) 함수는 System.in.read( )의 활용 함수로 콘솔 창에서 라인 전체를 읽어온다. 이 때, Enter 키는 라인에 포함되어서 읽어지는 것과 Enter 는 이 함수가 알아서 처리한다는 점을 주의해야 한다.

System.in 클래스를 이용하여 객체를 정의하는 방식은 다음과 같다.

```
BufferedReader in = new BufferedReader(new InputStreamReader(System.in));
```

객체 in의 역할은 입력된 지료를 임시 버퍼에 넣는 역할을 하고, 입력된 데이터의 유형에 따라 해당 메소드를 이용해야 한다.
작성된 객체를 이용하여 자료를 입력하는 방법은 다음과 같다.

```
변수명 = 메소드(객체.readLine());
```

변수 종류	표현 형식
byte	Byte.parseByte(객체.readLine( ));
short	Short.parseShort(객체.readLine( ));
int	Integer.parseInt(객체.readLine( ));
long	Long.parseLong(객체.readLine( ));
float	Float.ValueOf(객체.readLine( )).floatValue( );
double	Double.ValueOf(객체.readLine( )).doubleValue( );
String	객체.readLine( );

저장하기 위한 명령 메소드의 종류

readLine( ) 문의 장점은 줄 단위로 입력을 받기 때문에 한글 입력도 가능하다. 그러나 사용선언 하기 위해서는 "import java.io.*;" 문과 "BufferedReader" 문을 개체로 선언해야 한다.

```
import java.io.*;

public class Exam_04 {

    Public static void main(String[ ] args) throws IOException {
        BufferedReader in = new BufferedReader(new InputStreamReader(System.in));

        System.out.print("이름을 입력하세요 : ");
        String name = in.readLine( );  // 엔터키 전까지 입력값 저장
        System.out.println("입력하신 이름은 "+name+"입니다.");
    }
}
```

실습 2-37 표준 입력 read와 readLine을 이용하여 데이터를 입력받기

```
1.  import java.io.*;
2.
3.  class SystemReadReadLine {
4.     public static void main(String args[ ])
5.              throws java.io.IOException  {
6.          int i;  char ch;
7.          System.out.println("-->문자의 입력 실습<--");
8.          System.out.print("숫자와 문자를 입력 하세요=>");
9.          i = System.in.read( ) - 48;
10.         ch = (char)System.in.read( );
11.         System.out.println("\n입력된 숫자->"+i);
12.         System.out.println("입력된 문자->"+ch);
13.         System.out.println( );
14.         ch = (char)System.in.read( );
15.
16.         BufferedReader in = new BufferedReader(new InputStreamReader(System.in));
17.         String enter1 = in.readLine( ); // 프로그램을 멈추기 위해 선언
18.         System.out.print("\n이름을 입력하세요=>");
19.         String name = in.readLine( ); // [Enter]키 전까지 입력 저장
20.         System.out.println("입력된 문자열->" + name);
21.         System.out.println( );
22.     }
23. }
```

1: readLine 문을 사용하기 위해 선언
5: 에러 발생 시 예외처리
9: 아스키 문자의 숫자와 맞추기 위해 48을 뺌
10: 첫 번째 숫자 입력
14: 두 번째 알파벳 문자 입력

16~18: System.in readLine 사용을 이해 객체 선언
19: 프로그램을 멈추기 위해 선언. Enter를 받기 위함
21: 문자열(한글 포함) 입력. Enter키 전까지 입력 저장
22: 문자열 출력

실행결과

```
C:\WINDOWS\system32\cmd.exe
-->문자의 입력 실습<--
숫자와 문자를 입력 하세요=>6G

입력된 숫자->6
입력된 문자->G


이름을 입력하세요=>홍길동
입력된 문자열->홍길동
```

실습 2-38 입력되는 데이터의 결과 출력하기

```
1.  import java.io.*;
2.  class IoDataInteger {
3.      public static void main(String[] args) throws IOException {
4.          BufferedReader in = new BufferedReader(new InputStreamReader(System.in));
5.          int InputData;
6.          System.out.print( "정수 값을 입력하세요 : " );
7.          InputData = Integer.parseInt(in.readLine());
8.          System.out.println( "입력된 값은 " + InputData + " 입니다" );
9.      }
10. }
```

1: 표준 입출력 명령을 선언
3: throws IOException 명령은 예외처리를 선언하는 문장
4: System.in 클래스를 이용하여 객체를 정의하는 명령
7: 정수값이 입력되면 정수로 변환하여 그 결과를 InputData에 저장

실행결과

```
C:\WINDOWS\system32\cmd.exe
정수 값을 입력하세요 : 28
입력된 값은 28 입니다
```

2.8.2 Scanner

자바에서 자주 사용되는 입력 자료 명령은 Scanner 클래스를 사용하는 것으로 java.util 패키지를 정의하여 사용할 수 있다.

이 명령은 자바에서 이전 버전에서 사용할 수 없었으나, 단순한 단어를 입력하기 위한 명령을 필요로 하게 되었다. Scanner의 기능으로 기본 형식과 문자열 정규식을 사용하여 구문 분석할 수 있다. Scanner는 토큰과 기본적으로 공백과 일치하는 구분 기호 패턴을 이용하여 입력되며, 그 결과 토큰 유형이 다른 다양한 메소드를 사용하여 다른 값으로 변환할 수 있다.

```
import java.io.*;
import java.util.*;

Scanner sc = new Scanner (System.in); // 객체의 선언
int i = sc.nextInt( ); // 데이터 값을 입력 받음
```

시스템에 의해 입력되는 내용들은 Scanner 객체에서 nextInt( ) 메소드에 의해 값이 변환되어 변수에 전달되며, 각각의 메소드들은 종류는 다음과 같다.

메소드	기 능
nextInt( )	integer 값 입력
nextByte( )	byte 값 입력
nextLong( )	long 값 입력
nextFloat( )	float 값 입력
nextBoolean( )	boolean 값 입력
nextShort( )	short 값 입력

실습 2-39 Scanner를 이용하여 수치 데이터를 입력받기

```
import java.io.*;
import java.util.*;
class NumericScanner {
    public static void main(String[ ] args) {
        Scanner sc = new Scanner(System.in);
        System.out.println("-->스캐너를 이용한 실습<--");
        System.out.println("\n정수 값 입력");

        int x = sc.nextInt( );
        System.out.println("정수 값은 " + x);
        System.out.println("\n실수 값 입력");

        double d = sc.nextDouble( );
        System.out.println("실수 값은 " + d);
        System.out.println( );
    }
}
```

5: 데이터를 입력받기 위한 객체 선언
9: 첫 번째 데이터 입력
13: 두 번째 데이터 입력

실행결과

```
C:\WINDOWS\system32\cmd.exe
-->스캐너를 이용한 실습<--

정수 값 입력
10
정수 값은 10

실수 값 입력
45.7
실수 값은 45.7
```

실습 2-40 Scanner를 이용하여 문자 데이터를 입력

```
1.  import java.io.*;
2.  import java.util.*;
3.
4.  class StringScanner {
5.      public static void main(String args[ ]) {
6.          System.out.println("-->스캐너를 이용한 문자 입력 실습<--");
7.          String str;
8.          Scanner sc=new Scanner(System.in);
9.          System.out.println("\n이름을 입력");
10.         str = sc.next( );
11.         System.out.println("\n이름은 " + str);
12.         System.out.println( );
13.     }
14. }
```

8: 데이터를 입력받기 위한 객체 선언
10: next( ) 문은 문자열을 입력 받음

실행결과

```
C:\WINDOWS\system32\cmd.exe
-->스캐너를 이용한 문자 입력 실습<--

이름을 입력
홍길동

이름은 홍길동
```

2.8.3 System.out.println( )

자바에서는 표준 출력문으로 System.out.print 또는 System.out.println을 이용하여 출력한다. 그러나 자세한 출력을 위해 형식화된 문장 System.out.printf를 이용하여 나타낼 수 있다. printf 문은 C언어에서 기본으로 사용되는 문장으로 자바에서도 그대로 사용할 수 있다.

printf 문은 다음과 같은 형식으로 나타낼 수 있다.

형 식

```
System.out.printf(형식문자열)
    또는
System.out.printf(형식문자열, 인수목록)
```

형식 문자열은 인수 리스트가 포함된 출력 형식을 나타낸다. 인수목록은 하나 이상의 콤마가 포함된 인수를 가지고 있다. 문자열 안에는 %로 나타낸 인수와 이에 대치되는 변수 또는 수식으로 구성되어 나타낸다.

```
System.out.printf("%.2f 인치는 %d 센티미터이다.", cm / 2.54, cm)

<cm = 150 일 경우 다음과 같이 출력된다>

59.06 인치는 150 센티미터이다.
```

인수목록은 cm / 2.54와 cm으로 구성되어 있다. 이것은 문자열 안에 포함된 %로 구성된 %. 2f, %d와 연결되고 그 결과 값이 변환되어 출력된다.
형식 문자열을 출력할 경우 다음과 같은 형식화된 값의 인수로 대신한다.

표현형식	문자 형	출력 결과
s	general	문자열
c	character	유니코드
d	integer	형식화된 10진수
e	floating point	지수화된 실수
f	floating point	10진수
%	percent	퍼센트를 나타냄
n	line seperator	줄 분리자

실습 2-41 printf 문 소수이하 10진수 출력

```
1. class Printf1 {
2.     public static void main (String[] args) {
3.         double x = 15.674;
4.         double y = 235.73;
5.         double z = 9525.9864;
6.         System.out.println("-->printf 문의 출력 실습<--");
7.         System.out.println(" x = " + x);
8.         System.out.println(" y = " + y);
9.         System.out.println(" z = " + z);
10.
11.        System.out.println("\n소수이하 2자리 출력");
12.        System.out.printf(" x = %.2f %n", x);
13.        System.out.printf(" y = %.2f %n", y);
14.        System.out.printf(" z = %.2f %n", z);
15.
16.        System.out.println("\n소수이하 3자리 출력");
17.        System.out.printf(" x = %.3f %n", x);
18.        System.out.printf(" y = %.3f %n", y);
19.        System.out.printf(" z = %.3f %n", z);
20.        System.out.println( );
21.    }
22. }
```

12~14: 본래의 값에서 소수이하 2자리로 출력
14, 19: 반올림하여 출력

실행결과

```
C:\WINDOWS\system32\cmd.exe
-->printf 문의 출력 실습<--
 x = 15.674
 y = 235.73
 z = 9525.9864

소수이하 2자리 출력
 x = 15.67
 y = 235.73
 z = 9525.99

소수이하 3자리 출력
 x = 15.674
 y = 235.730
 z = 9525.986
```

실습 2-42 printf 문 문자열과 정수 출력

```
1.  class Printf2 {
2.      public static void main(String[ ] args) {
3.          int num = 763;
4.          double x = 658.75;
5.          String str = "Java Program.";
6.          System.out.println("-->printf문 문자열과 정수 출력 실습<--\n");
7.          System.out.println("1234567890123456789" + "01234567890");
8.          System.out.printf("%5d%7.2f%15s%n", num, x, str);
9.          System.out.printf("%15s%6d%9.2f%n", str, num, x);
10.         System.out.printf("%8.2f%7d%15s%n", x, num, str);
11.
12.         System.out.printf("num = %5d%n", num);
13.         System.out.printf("x = %10.2f%n", x);
14.         System.out.printf("str = %15s%n", str);
15.         System.out.printf("%10s%7d%n", "Program No.", 4);
16.         System.out.println( );
17.     }
18. }
```

8: 앞에 빈칸 2자리를 포함한 5자리를 출력
x 값은 %7.2f와 매치되어 전체 7칸에서 소수 이하 2자리를 포함한 값을 출력

실행결과

```
C:\WINDOWS\system32\cmd.exe
-->printf문 문자열과 정수 출력 실습<--

123456789012345678901234567890
  763 658.75  Java Program.
  Java Program.   763   658.75
  658.75    763  Java Program.
num =   763
x =     658.75
str =   Java Program.
Program No.      4
```

Chapter 03
제어문과 반복문

3.1 제어문

제어의 흐름은 컴퓨터 시스템의 동작과 실행 순서를 의미한다. 일반적으로 프로그램의 실행을 제어하는 제어구조는 다음과 같이 세 가지로 구분할 수 있다.

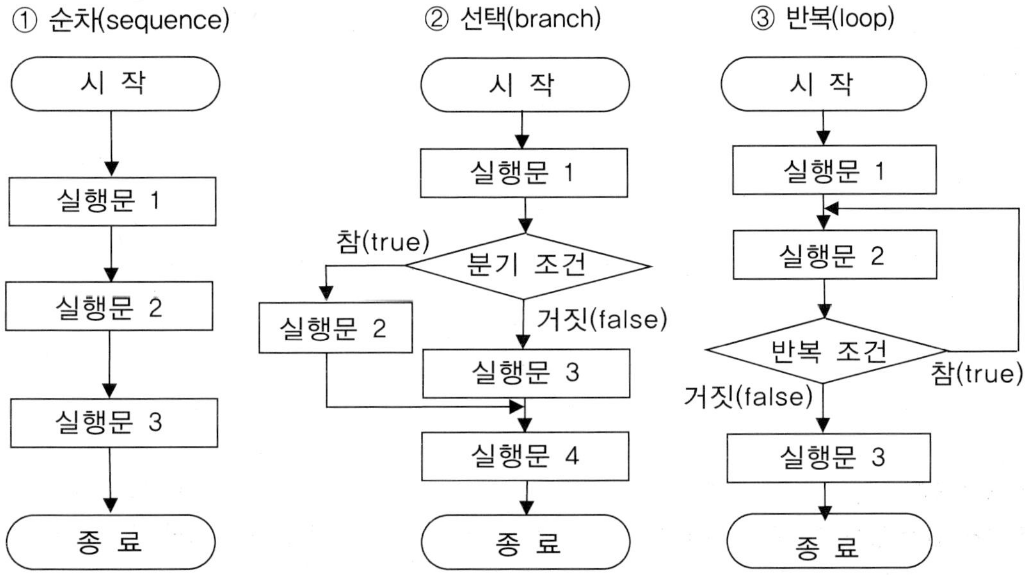

프로그램 코드를 기술된 순서대로 위에서 아래로 차례로 수행하는 **순차구조**, 어떤 조건에 따라 선택적으로 실행하는 **선택구조**, 일정한 부분을 반복적으로 실행하는 **반복구조**, 세 가지로 구분된다. 아무리 길고 복잡한 프로그램이라 하더라도 이 세 가지 구조를 벗어나지 않는다.

자바에서 대표적인 제어문으로 if 문과 switch 문이 있다. 이 문장들은 프로그램이 실행되는 동안 조건에 의해 흐름을 바꿀 수 있다.

3.1.1 if

1 단순 if

형 식

```
if (조건식)    문장;

if (조건식) {
    문장 1;
    문장 2;
    :
    문장 n;
}
```

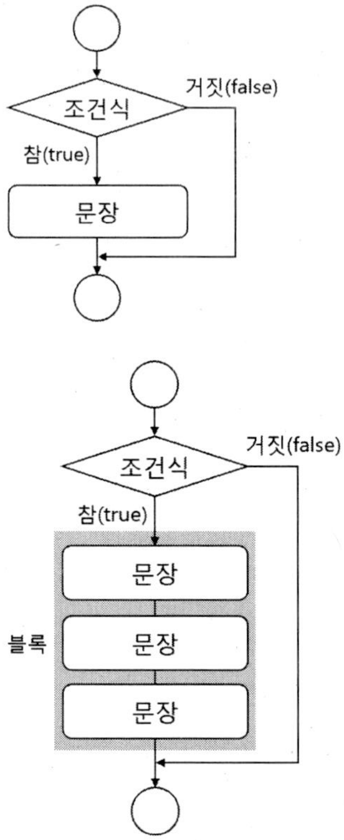

단순 if 흐름도

다른 프로그램에서도 자주 사용되는 명령으로 괄호 안의 조건식이 true 조건이면 옆의 문장을 수행하고, 아니면 문장을 수행하지 않고 다음 문장으로 넘어간다. 수행할 문장이 여러 문장이면 { } 블록으로 묶어야 한다.

실습 3-1 단순 if 문의 실습

```
class SimpleIfBlock {
    public static void main(String[ ] args) {
        System.out.println("-->단순 if 문의 실습<--");
        int x = 5;
        if (x > 0) {
            System.out.println("x는 양수입니다!!");
            System.out.println("x = " + x);
        }
```

```
9.          System.out.println( );
10.     }
11. }
```

5: x가 0보다 클 경우 6~7번 문장을 수행

실행결과

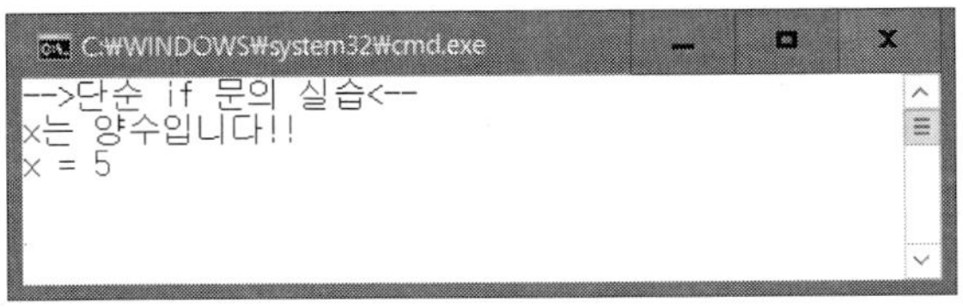

실습 3-2 블록 if 문의 실습

```
1.  class BlockIf {
2.      public static void main(String[ ] args) {
3.          System.out.println("-->블록 if 문의 실습<--");
4.          int x = 9;
5.          if (x > 4)    System.out.println("단순 if \n x = " + x );
6.
7.          int value = 8;
8.          int count = 10;
9.          int limit = 11;
10.
11.         if (++value % 2 != 0 || ++count < limit) {
12.             System.out.println("\nIf문 안의 값");
13.             System.out.println(value);
14.             System.out.println(count);
15.         }
16.         System.out.println("\nIf문이 지난 후 값");
17.         System.out.println(value);
18.         System.out.println(count);
19.         System.out.println( );
20.     }
21. }
```

5: x가 4보다 클 경우 오른쪽 문장을 수행
11: if 조건문이 true인 경우 12~14번 문장을 수행

실행결과

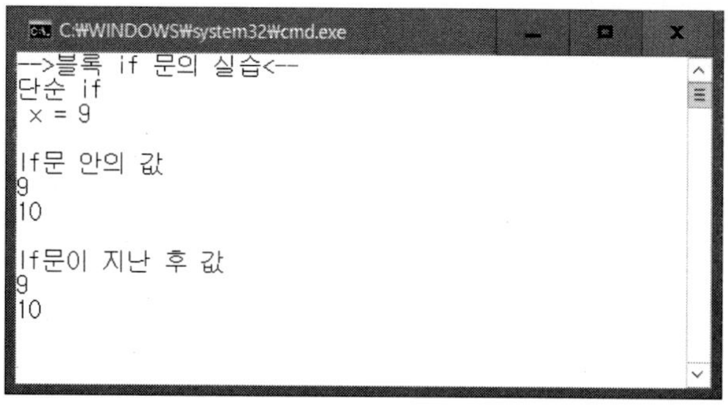

2 if~else

형 식

```
if (조건식)    문장1;
    else 문장2;

if (조건식) {
    문장 1;
        :
    문장 n;
} else {
    문장 1;
        :
    문장 n;
}
```

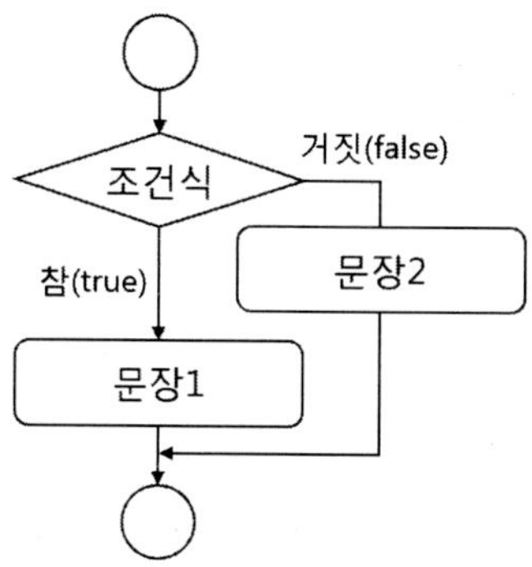

else if 흐름도

if~else 문은 조건이 참일 때 실행할 문장과 거짓일 때 실행할 문장 2가지를 나누어 기술하는 것이다. 괄호 안의 조건식을 체크하여 true 조건이면 문장1을 수행하고, 아니면 else 다음의 문장2를 수행한다. 수행할 문장이 여러 문장이면 else 앞과 뒤에 { } 블록으로 묶어야 한다.

실습 3-3 단순 Else if 문의 실습

```
class IfElse {
    public static void main(String args[ ]) {
        System.out.println("-->단순 Else if 문 실습<--\n");
        int x = 30;

        if (x < 20) {
            System.out.println("이 문장은 If 문장입니다.");
        }
```

```
9.          else {
10.             System.out.println("이 문장은 else 문장입니다.");
11.         }
12.         System.out.println();
13.     }
14. }
```

6: x는 20보다 작은 경우 false가 발생하므로 10번 문장을 수행
12: 다음 줄로 제어를 이동

실행결과

```
C:\WINDOWS\system32\cmd.exe
-->단순 Else if 문 실습<--

이 문장은 else 문장입니다.
```

if else if 문은 필요한 만큼 여러 개를 기술할 수 있고, 마지막의 else문은 필요하지 않은 경우, 물론 생략할 수 있다.

실습 3-4 if else if 문의 실습

```
class IfElse2 {
    public static void main (String args[]) {
        int num;    int a = 0;
        System.out.println("-->Else if 실습<--");
        num = 13 / 2;
        if(num == 6)
            System.out.println("13 / 2 = 6");
        else
            System.out.println("13 / 2 = " + num);

        System.out.println("\n블록 Else if 실습");
        if (a == 0) {
            System.out.println("a 는 0 이므로");
            System.out.println("이 블록을 통과한다.");
        } else {
            System.out.println("a는 0이 아니다.");
        }
        System.out.println();
    }
}
```

6: num이 6인 경우 7번 문장을 수행하고 아니면 9번 문장을 수행
12: a가 0이면 13~14번 문장을 수행하고, 아니면 16번 문장을 수행

실행결과

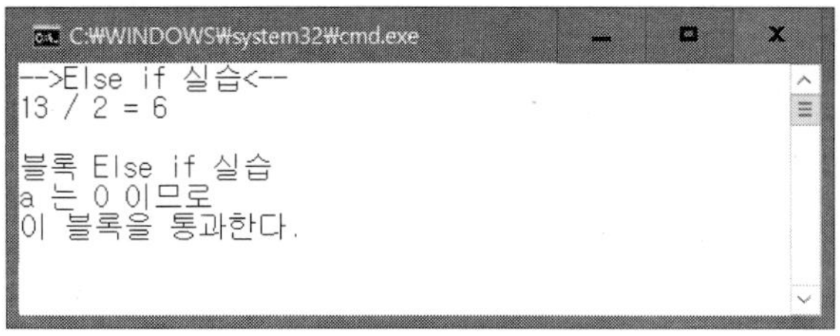

3 nested if

형 식

```
if (조건식)
    if (조건식)
        문장1;
    else
        문장2;
else
    문장3;
```

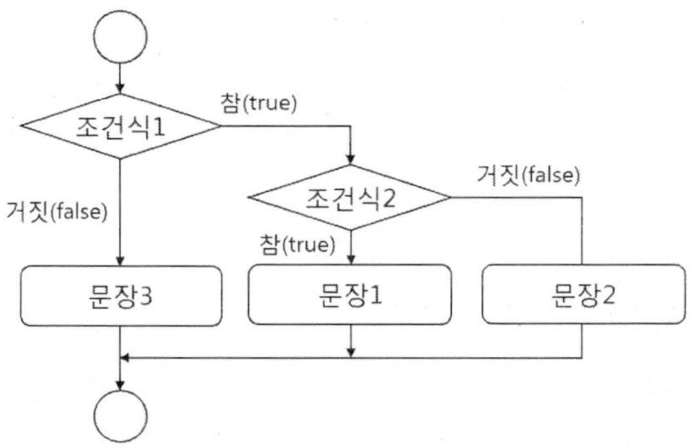

if~if else 흐름도

nested if 문은 if~else 문의 또 다른 if 문으로 프로그램들에서 공통적으로 사용된다. 이 nested if 문은 다음에 else 문이 나타날 수도 있으며, 또 다른 if 문이 나타나서 양쪽의 if 문이 동시에 조건을 만족하는 경우 else 앞의 true 문장을 수행하고 빠져나간다.

```
if(i == 10) {
    if(j < 20) a = b;
        if(k > 100) c = d; // 이 if 문은
            else a = c;        // else 문장과 연결된 문장이다.
        }
else a = d; // 이 else 문은 if(i == 10)과 연결된다.
```

위의 예제에서 if(i == 10)이 true이면 if(j < 20) 문으로 제어가 넘어간다. 이때 이 문장이 true이면 a = b;를 수행하며, 다시 if(k > 100)을 수행하여 true일 경우 c = d;를 수행한다. 만약 if(i == 10)이 false이면 a = d;를 수행한다.

실습 3-5 nested if 문의 실습(1)

```
1.  class NestedIf1 {
2.      public static void main(String[ ] arg) {
3.          System.out.println("-->nested if 문 실습<--");
4.          int a = 2;
5.          if (a == 0) {
6.              System.out.println("블록안으로 진입");
7.              if (a == 2) {
8.                  System.out.println("a = 0");
9.              } else {
10.                 System.out.println("a != 2"); // if 문은 이 문장을 수행
11.             }
12.         } else {
13.             System.out.println("a != 0");
14.         }
15.         System.out.println( );
16.     }
17. }
```

5: a가 0이면 5번 문장을 수행하고, 아니면 13번 문장을 수행하고 블록을 빠져나가서 15번 문장을 수행

실행결과

```
C:\WINDOWS\system32\cmd.exe
-->nested if 문 실습<--
a != 0
```

실습 3-6 nested if 문의 실습(2)

```
class NestedIf2 {
    public static void main(String[ ] arg) {
        System.out.println("-->nested if 문의 실습<--");
        int i = 2;
        if (i > 0) {
            if ( i > 3) {
                System.out.println("i > 0 이고 i > 3");
            } else {
                System.out.println("i > 0 이고 i <= 3");
            }
        } else {
            System.out.println("i <= 0");
        }
        System.out.println( );
```

```
15.     }
16. }
```

5: i가 0보다 크고 6번 문장에서 i는 3보다 작으므로 9번 문장을 수행하고 14번 문장으로 이동

실행결과

```
C:\WINDOWS\system32\cmd.exe
-->nested if 문의 실습<--
i > 0 이고 i <= 3
```

4 if else if

형 식

```
if (조건식)
    문장1;
else if
    문장2;
else
    문장3;
```

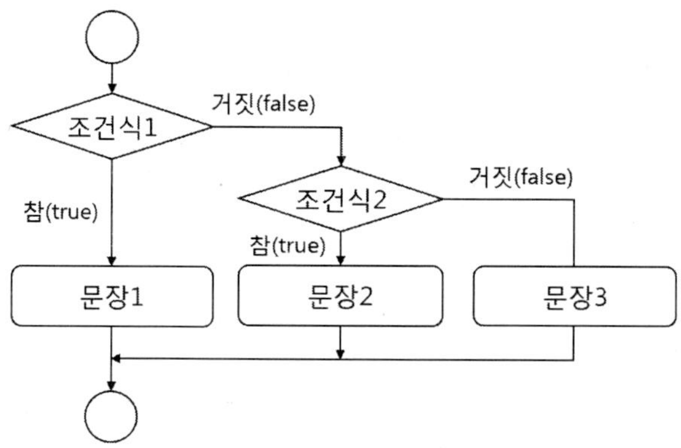

if else if 흐름도

nested if 문장은 비 규칙적인 요소를 비교하는데 있어서 복잡한 환경을 제공하지만 규칙적인 요소를 제공하는 것이 if~else~if 문이다. 이 문장은 조건에 맞는 문장을 계속 체크하여 내려가는데 만약 조건이 맞으면 해당 문장을 수행하고 if~else~if 문장을 빠져 나간다.

실습 3-7 if~else~if 문의 실습

```
class IfElseIf {
    public static void main(String args[]) {
        System.out.println("-->if ~ else ~ if 문의 실습<--");
        int month = 4; // 봄
        String season;
        if(month == 12 || month == 1 || month == 2)
            season = "겨울";
```

```
8.          else if(month == 3 || month == 4 || month == 5)
9.              season = "봄";
10.         else if(month == 6 || month == 7 || month == 8)
11.             season = "여름";
12.         else if(month == 9 || month == 10 || month == 11)
13.             season = "가을";
14.         else
15.             season = "계절이 지정 안됨!!";
16.
17.         System.out.println("4월은 " + season + "입니다!!! \n");
18.     }
19. }
```

4: month가 4이므로 8~9번 문장을 수행하고 17번 문장으로 이동

실행결과

3.1.2 switch

if else if가 다중으로 많이 사용될 때는 다음의 switch문을 사용하는 것이 코드를 간결하게 하여 좀 더 읽기 쉽도록 해줄 수 있다.

형 식

```
switch (수식) {
    case 레이블1 : 문장1;
    case 레이블2 : 문장2;
        . . .
    case 레이블n : 문장n;
    default      : 문장m;
}
```

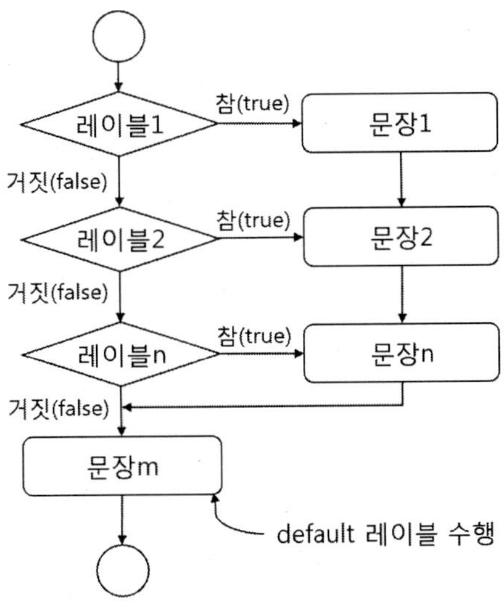

switch case 흐름도

```
switch (수식) {
      case 레이블1 : 문장1; break;
      case 레이블2 : 문장2; break;
         . . .
      case 레이블n : 문장n; break;
      default      : 문장m;
}
```

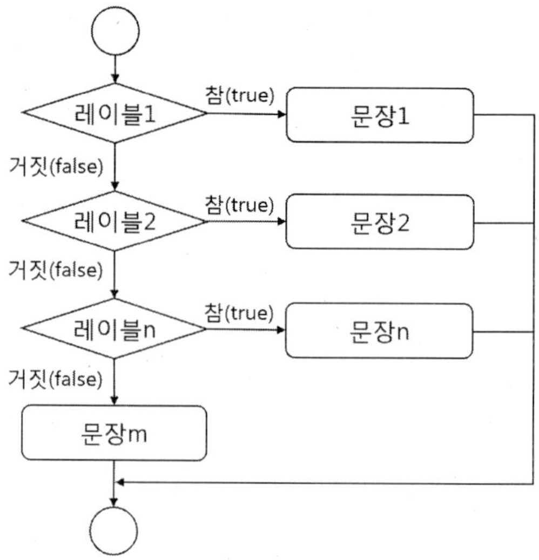

switch case 흐름도

- 수식 : 반드시 정수형 자료나 정수형으로 자동 변환되는 자료형의 값을 가져야 한다.
- 레이블 : 문자 상수, 정수 상수 등의 상수이어야 하고 변수는 사용할 수 없다.
- case : 레이블의 값은 반드시 서로 달라야 한다.
- default : 불필요 시 생략가능하고, 필요하다면 반드시 하나만 존재할 수 있다.

switch문은 다중 비교의 특별한 경우로, 나타낸 수식이 지정한 상수들과 일치하는지를 체크하고 그에 따른 쪽으로 분기하는 것과 같다.

switch 문은 조건문의 변수나 수식을 평가한 뒤에 그 결과 값에 따라 case 다음 식을 비교하여 값이 같은 곳의 명령문을 수행한다. 수행한 후에 break 문을 만나는 곳에서 switch 문은 종료한다. 만약에 일치하는 것이 없다면 default 문을 수행한다.

break 문은 switch 문 뿐만 아니라 for 문, while 문 그리고 do~while 문에서도 블록을 빠져나가는 용도로 사용된다.

실습 3-8 단순 switch 문의 실습

```
class SimpleSwitch {
   public static void main(String args[ ]) {
      int i = 3;
      System.out.println("-->단순 switch 문의 실습<--");
      switch(i) {
         case 0:
            System.out.println("i = 0");
```

```
8.             break;
9.         case 1:
10.            System.out.println("i = 1");
11.            break;
12.        case 2:
13.            System.out.println("i = 2");
14.            break;
15.        case 3:
16.            System.out.println("i = 3");
17.            break;
18.        default:
19.            System.out.println("i > 3");
20.      }
21.      System.out.println();
22.   }
23. }
```

5: i는 3이므로 16번 문장을 수행하고 21번 문장으로 이동

실행결과

```
C:\WINDOWS\system32\cmd.exe
-->단순 switch 문의 실습<--
i = 3
```

switch 문 안에서 case 문을 수행하는데 있어서 단지 선언만 하고, 별도의 실행문이 없는 경우 다음 case 문으로 제어가 넘어간다.

실습 3-9 데이터를 입력받아 switch 문 처리

```
class ReadSwitch {
    public static void main(String args[])
            throws java.io.IOException {
        System.out.println("-->데이터를 입력받아 switch 문 처리<--");
        int month;
        System.out.println("월을 입력하세요!!");
        month = System.in.read() - 48; // Ascii 코드 값 추출
        String season;

        switch (month) {
            case 12:
            case 1:
```

```
13.             case 2:
14.                 season = "겨울입니다!!";
15.                 break;
16.             case 3:
17.             case 4:
18.             case 5:
19.                 season = "봄입니다!!";
20.                 break;
21.             case 6 :
22.             case 7:
23.             case 8:
24.                 season = "여름입니다!!";
25.                 break;
26.             case 9:
27.             case 10:
28.             case 11:
29.                 season = "가을입니다!!";
30.                 break;
31.             default:
32.                 season = "계절이 선택안됐습니다!!";
33.         }
34.         System.out.println(month + "월은 " + season + "\n");
35.     }
36. }
```

7: 4를 입력하면 ascii 코드에서 정수 4 값으로 변환

10: 4 값이 인식되어 17번 문장으로 이동

17: 19번~20번 문장을 수행하고 이동되어 34번 문장을 수행

실행결과

```
C:\WINDOWS\system32\cmd.exe
-->데이터를 입력받아 switch 문 처리<--
월을 입력하세요!!
4
4월은 봄입니다!!
```

실습 3-10 데이터를 입력받아 switch 문에서 case 문 처리

```
import java.io.*;
class ExSwitchControls {
    public static void main(String[] args) throws IOException {
        BufferedReader in = new BufferedReader(new InputStreamReader(System.in));
        System.out.print( "정수 값을 입력하세요 : " );
```

```
6.          int x =  Integer.parseInt(in.readLine());
7.          char c = '?';
8.          switch (x) {
9.              case 1 : c = '①'; break;
10.             case 2 : c = '②'; break;
11.             case 3 : c = '③'; break;
12.             default : c = 'ⓓ'; break;
13.         }
14.         System.out.println(c);
15.     }
16. }
```

1: 표준 입출력 명령을 선언
3: throws IOException 명령은 예외처리를 선언하는 문장
4: System.in 클래스를 이용하여 객체를 정의하는 명령
7: 정수가 입력되면 정수값을 Integer 클래스로 변환하여 그 결과를 x에 저장

실행결과

```
C:\WINDOWS\system32\cmd.exe
정수 값을 입력하세요 : 1
①
```

switch 문장을 사용할 때 switch 블록 안에 별도의 switch 문장을 사용하는데 이를 nested switch 이라고 한다.

```
switch(count) {
    case 1 : // // 외부 switch 시작
        switch(target) { // 내부 switch의 시작
            case 0 :
                System.out.println("case 0");
                break;
            case 1: // 외부 switch의 영향을 받지 않음
                System.out.println("case 1");
                break;
        } // 내부 switch의 블록 끝
        break;
    case 2: // 외부 switch 계속 진행
```

실습 3-11 nested switch 문의 실습

```
1.  class NestedSwitch {
2.      public static void main(String[] args) {
3.          System.out.println("-->nested switch 문의 실습<--");
4.  
5.          int i = 0;
6.          switch (i) {
7.              case 0:
8.                  int j = 1;
9.                  switch (j) {
10.                     case 0:
11.                         System.out.println("i = 0, j = 0"); break;
12.                     case 1:
13.                         System.out.println("i = 0, j = 1"); break;
14.                     default:
15.                         System.out.println("내포된 default case!!");
16.                 }
17.                 break;
18.             default:
19.                 System.out.println("case에서 발견되지 않았음!!");
20.         }
21.         System.out.println();
22.     }
23. }
```

5: i는 0이므로 7~8번 문장을 수행
9: j는 1이므로 12~13번 문장을 수행하고 21번 문장으로 이동

실행결과

```
C:\WINDOWS\system32\cmd.exe
-->nested switch 문의 실습<--
i = 0, j = 1
```

3.2 반복문

자바의 반복문으로 대표적인 for 문과 while 문 그리고 do~while 문이 있다. 이 문장들은 모두 다 처리를 반복하는 블록을 가지고 있어서 조건이 true인 동안 블록안의 실행문을 처리한다.

반복적으로 블록안의 실행문을 처리하다가 예기치 않은 조건에 의해 지정된 다른 위치로 임의로 이동하게 해주는 문장을 **점프문**이라고 한다. 점프문의 종류에는 break 문과 continue 문 그리고 return 문 등이 있다.

3.2.1 while

while문은 조건이 만족되는 동안 반복 순환시키는 제어문이다. 반복 제어되는 다음 형식의 수행문은 블록으로 바꾸어 기술할 수 있다. 만약, 반복 수행될 문장이 두 개 이상이라면 반드시 블록으로 기술해야 한다.

형 식

```
while(조건문) {
      실행 문장들......
}
```

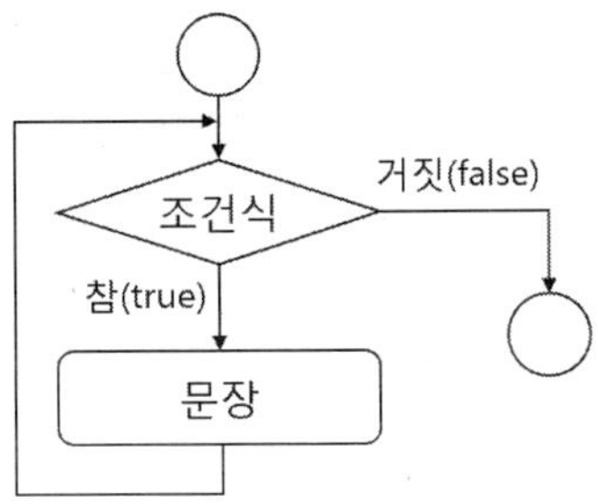

while 흐름도

while 문은 곧바로 괄호 안에 선언된 조건문을 판별하여 true인 경우 블록안의 실행문을 처리하고 다시 조건문을 반복하여 판별하고, 조건문의 결과가 false이면 while 블록을 벗어난다.

실습 3-12 일반적인 while 문의 실습

```
1.  class While {
2.      public static void main(String args[ ]) {
3.          System.out.println("-->While 문 실습<--");
4.          int n = 10;
5.          while(n > 0) {
6.              System.out.println("n = " + n);
7.              n--;
8.          }
9.          System.out.println("While 그룹을 벗어난 후 n = " + n);
10.         System.out.println( );
11.     }
12. }
```

5: 반복문이 true인 경우 6~7을 수행하고 다시 5번에서 조건을 체크
9: while 문이 false인 경우 수행

실행결과

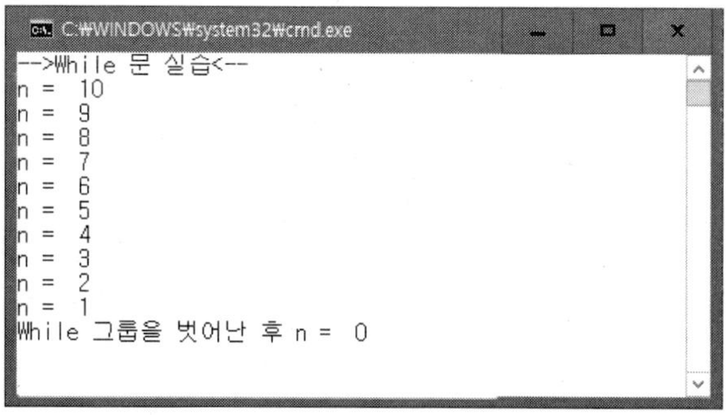

만약 while 문의 조건이 false로 나타나면 while 문 블록의 문장을 수행하지 않고 while 블록 이후 문장으로 제어가 넘어간다. if 문과 마찬가지로 while 블록안의 문장이 1개인 경우 { }으로 감싸지 않아도 상관없다.

```
int a = 10, b = 20;
    :
while(a > b)
    System.out.println("이 문장은 실행되지 않는다");
```

때에 따라서는 while 문의 몸체가 없어도 while 문이 실행될 수 있으며, 이러한 문장을 **null 실행문**이라고 한다.

실습 3-13 몸체 없는 while 문의 실습

```
1.  class NobodyWhile {
2.      public static void main(String args[ ]) {
3.          int i, j;
4.          System. out . println ("-->몸체 없는 while문의 실습<--");
5.          i = 100; j = 200;
6.          // i와 j의 중간 값 발생
7.          while(++i < --j) ; // loop 안의 블록이 없다
8.  
9.          System. out . println ("i = " + i + ", j = " + j);
10.         System. out . println ();
11.     }
12. }
```

7: while 문에서 i 값은 1씩 증가, j 값은 1씩 감소시켜 i와 k 값이 같은 경우(150이 되는 경우) 9번 문장을 수행

실행결과

```
C:\WINDOWS\system32\cmd.exe
-->몸체 없는 while문의 실습<--
i = 150, j = 150
```

while 문에서 switch 문과 같이 내포된 while 문을 작성할 수 있다. 이때 밖의 while 문을 out loop 라고 하고 while 블록 안에 선언된 while 문을 in loop라고 한다.

```
while(조건문) { // 외부 while 문의 시작
    실행 문장...
    while(조건문) { // 내부 while 문의 시작
        실행 문장....
    } // 내부 while 문의 끝
    실행 문장...
} // 외부 while 문의 끝
```

실습 3-14 중첩 while 문을 이용한 구구단 출력 실습

```
class NestedWiile {
    public static void main(String args[ ]) {
        int value;
        int index = 1;
        System.out.println("\n\t\t\t\t구 구 단");
        System.out.println("\t\t\t\t========");
        while(index <= 9) {
            int in =2;
            System.out.println("\t");

            while(in <= 9) {
                int mult = in * index;
                System.out.print(in + "X" + index + "="
                    + ((mult >= 10) ? " " : " ") + mult +"    " );
                in = in + 1;
            }

            index = index + 1;
            System.out.println("\n");
        }
    }
}
```

7: while 문에서 index가 9보다 같거나 작을 동안 8~16번 문장을 수행
11: while 문에서 in이 9보다 같거나 작을 동안 12~15번 문장을 수행

실행결과

```
C:₩WINDOWS₩system32₩cmd.exe
                    구 구 단
                    ========
2X1= 2   3X1= 3   4X1= 4   5X1= 5   6X1= 6   7X1= 7   8X1= 8   9X1= 9

2X2= 4   3X2= 6   4X2= 8   5X2=10   6X2=12   7X2=14   8X2=16   9X2=18

2X3= 6   3X3= 9   4X3=12   5X3=15   6X3=18   7X3=21   8X3=24   9X3=27

2X4= 8   3X4=12   4X4=16   5X4=20   6X4=24   7X4=28   8X4=32   9X4=36

2X5=10   3X5=15   4X5=20   5X5=25   6X5=30   7X5=35   8X5=40   9X5=45

2X6=12   3X6=18   4X6=24   5X6=30   6X6=36   7X6=42   8X6=48   9X6=54

2X7=14   3X7=21   4X7=28   5X7=35   6X7=42   7X7=49   8X7=56   9X7=63

2X8=16   3X8=24   4X8=32   5X8=40   6X8=48   7X8=56   8X8=64   9X8=72

2X9=18   3X9=27   4X9=36   5X9=45   6X9=54   7X9=63   8X9=72   9X9=81
```

3.2.2 do~while

while 문과 유사한 기능을 가지고 있으며, 단지 차이점은 do~while 문은 마지막에 조건식을 판별하므로, 적어도 do 문 아래의 블록문장을 한번 수행한다.

형 식

```
do { // do~while 문의 블록 시작
     실행 문장들......
} while(조건문)  // do~while 문의 블록 끝
```

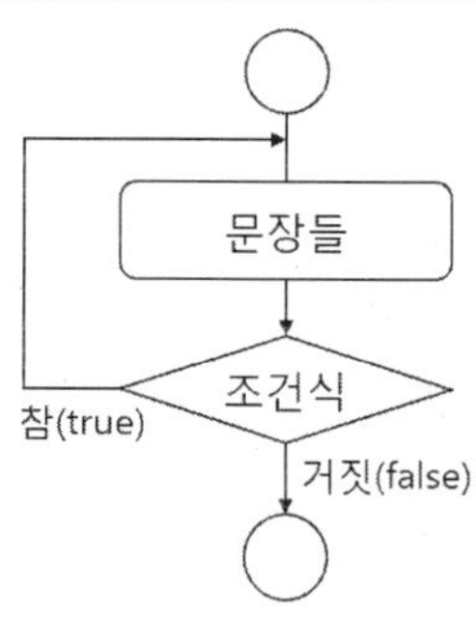

do~while 흐름도

마지막 while 문 오른쪽의 조건식을 판별해서 true일 경우 위의 do 문 부터 다시 시작하고, false인 경우 do~while 문의 블록을 빠져나간다.
do~while 구조는 위의 일반 형식에서 볼 수 있는 것처럼 while 문장에서의 반복문장을 먼저 수행 후 조건식을 비교한다는 점만 빼면 기본적인 흐름구조는 동일하다.

즉 조건식에 관계없이 어떤 코드를 적어도 한번은 수행할 수 있는 구조를 기술하고자 할 때, 이 do~while 반복구조가 유용하다는 것이다.

실습 3-15 do~while 문의 실습(1)

```
1.  class DoWhile {
2.      public static void main(String args[]) {
3.          System.out.println("-->do~while 문의 실습(1)<--");
4.          int n = 10;
5.          do {
6.              System.out.println("n = " + n);
7.              n-- ;
8.          } while(n > 0);
9.          System.out.println("do~While 그룹을 벗어난 후 n = " + n);
10.         System.out.println( );
11.     }
12. }
```

5~8: 무조건 문장을 1번 수행하고, 8번 문장에서 while 조건을 체크
8: 조건문이 true이면 5번 문장에서 다시 수행하고, false이면 9번 문장을 수행

실행결과

```
C:\WINDOWS\system32\cmd.exe
-->do~while 문의 실습(1)<--
n = 10
n = 9
n = 8
n = 7
n = 6
n = 5
n = 4
n = 3
n = 2
n = 1
do~While 그룹을 벗어난 후 n =  0
```

실습 3-16 do~while 문의 실습(2)

```
class doWhileControl {
    public static void main(String args[]) {
        int i = 20, sum = 0;
        do {
            i--;
            sum = sum + (20-i);
        } while(i > 10);
        System.out.println("-->do~while 문의 실습(2)<--");
        System.out.println("i = " + i + "\nsum = " + sum);
    }
```

```
11. }
```

4: do 문은 일단 4~7 문장을 한번 수행한다.
7: while 문의 조건식을 check하고 true이면 4번 문장부터 다시 수행하고 false일 경우 8번 문장을 수행한다.

실행결과

실습 3-17 메뉴선택의 do~while 문의 실습

```
class MenuDoWhile {
    public static void main(String args[ ])
            throws java.io.IOException {
        System.out.println("-->메뉴선택의 do~while 문 실습<--\n") ;
        char choice;
        do {
            System.out.println( "제어/반복문") ;
            System.out.println(" 1. if");
            System.out.println(" 2. switch") ;
            System.out.println(" 3. while");
            System.out.println(" 4. do-while");
            System.out.println(" 5. for\n");
            System.out.println("번호 선택");
            choice = (char) System.in.read( );
        } while( choice < '1' || choice > '5' ) ;
        System.out.println("\n") ;
        switch(choice) {
            case '1' :
                System.out.println("if 문:\n");
                System.out.println("if(조건문) 문장1;");
                System.out.println("else 문장2;");
                break;
            case '2' :
                System.out.println("switch 문:\n");
                System.out.println("switch(조건문) {");
                System.out.println(" case 상수:");
                System.out.println(" 문장...");
                System.out.println(" break;");
                System.out.println(" // ... ");
                System.out.println("}");
```

```
31.             break;
32.         case '3' :
33.             System.out.println("while 문:\n");
34.             System.out.println("while(조건문) 문장;");
35.             break;
36.         case '4' :
37.             System.out.println( "do-while 문:\n");
38.             System.out.println("do {");
39.             System.out.println("문장들.....;");
40.             System.out.println("} while (조건문);");
41.             break;
42.         case '5' :
43.             System.out.println("for 문:\n");
44.             System.out.print(" for(초기식;조건식;반복식)") ;
45.             System.out.println("문장들.....;");
46.             break;
47.       }
48.     System.out.println("\n") ;
49.   }
50. }
```

6~15: 무조건 문장을 한번 수행하고 1~5 값이 들어오면 switch 문장을 수행
14: 숫자를 입력 받음
18: 입력된 숫자에 의해 case 문을 수행하고 블록을 빠져나감

실행결과

```
C:\WINDOWS\system32\cmd.exe
-->메뉴선택의 do-while 문의 실습<--

제어/반복문
 1. if
 2. switch
 3. while
 4. do-while
 5. for

번호 선택
4


do-while 문:

do {
문장들.....;
} while (조건문);
```

3.3.3 for

1 for 문의 기본

for 문이 자바에서 사용된 버전은 5.0부터 사용되었다. 첫 번째로 자바의 처음에는 일반적인 for 문장이 사용되었고 두 번째로는 for~each 형태의 문장이 사용되었다.

for 반복 문장은 이러한 루프를 제어하는 변수를 for 바로 다음에 구조화해서 보여줌으로써, 루프를 어떻게 수행하는지를 한 줄에 기술하게 함으로써 쉽게 이해할 수 있도록 한다.

for 문의 일반적인 형식은 다음과 같다.

형 식

```
for(초기값; 조건식; 증감식) {
    문장들.......
}
```

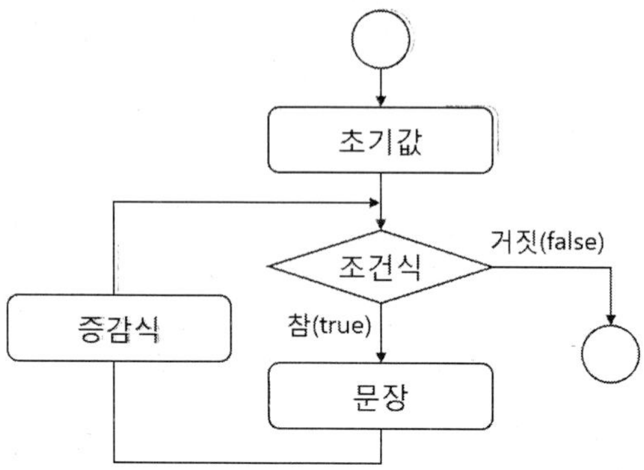

for 흐름도

- 초기값 : 반복제어 변수에 초기 값을 대입하는 대입식으로 처음 한번만 실행하며, 2개 이상일 경우 쉼표(,)로 분리
- 조건식 : 반복제어 변수의 조건범위를 검사하는 조건 수식으로 참일 경우에 문장을 반복
- 증감식 : 반복제어 변수를 제어하기 위한 증감 연산식 또는 대입 연산식으로 조건식 평가를 위해 제어변수를 새로운 상태로 만드는 식이 오며, 2개 이상일 때는 쉼표(,)로 분리하여 기술

for 문의 괄호 안에서는 2개의 ;으로 구분되며, 첫 번째 수식을 정의하는 초기값이 설정되고, ; 다음에는 반복 그룹의 조건식을 선언하며, true일 동안 반복한다. 2번째 ; 다음에는 증감식을 나타내어 반복의 횟수를 지정하여 나타낸다.

결론적으로 for 문은 초기값으로 시작되어 조건식이 false가 설정될 때 까지 블록을 반복 실행하며, 한번 실행될 때 마다 증감식이 연산된다.

```
class ForBasic {
    public static void main(String args[ ]) {
        int n;

        for(n = 10; n > 0; n--) {
            System.out.println("n = " + n);
        }
    }
}
```

```
n = 10
n = 9
n = 8
n = 7
n = 6
n = 5
n = 4
n = 3
n = 2
n = 1
```

위의 예제에서 int n은 10으로 설정되어 n이 0보다 클 동안 true 상태로 반복하여 실행되며, n의 값은 1씩 줄어들어서 n이 0이 되면 false로 판별되어 블록을 빠져나간다.
for 문의 블록 실행문은 { }로 감싸주어서 1개 이상의 실행문들을 정의하는 것이 일반적이지만 블록 실행문이 1개이면 { } 블록을 생략해도 관계없다.

for 문의 초기값 영역에서 형을 선언하여 사용해도 된다.

실습 3-18 초기값이 선언된 for 문의 실습

```
1. class ForInit {
2.     public static void main(String args[]) {
3.         System.out.println("-->초기값이 선언된 for문의 실습<-- ");
4.         for(int n = 10; n > 0; n--) {
5.             System.out.println("n = " + n);
6.         }
7.         System.out.println();
8.     }
9. }
```

4: 반복문 for에서 n이 10부터 0보다 클 때까지 5번 문장을 수행

실행결과

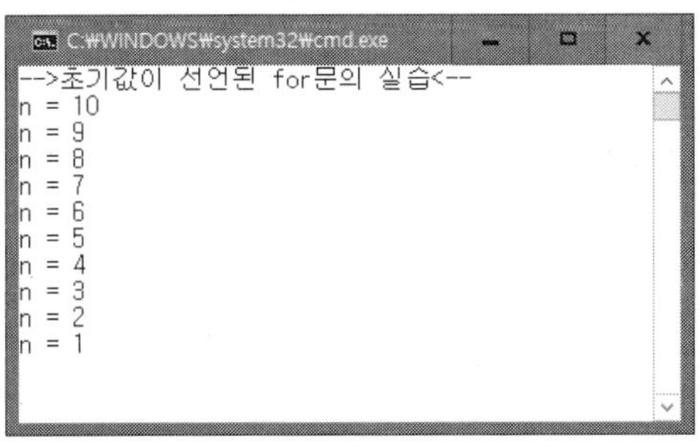

실습 3-19 반복문의 합계를 구하는 for 문의 실습

```
class ForLoopTotal {
    public static void main (String args[]) {
        System.out.println("-->반복문의 합계를 구하는 for문 실습<--");
        int n=0, sum=0 ;
        for(n=0 ; n<=100 ;n++)
            sum=sum+n ;
        System.out.println("1에서 100까지 전체 합계 = " + sum);

        sum = 0;
```

```
10.         for(n=0 ; n<=100 ;n = n + 2)
11.             sum=sum+n ;
12.         System.out.println("1에서 100까지 짝수 합계 = " + sum);
13.
14.         sum = 0;
15.         for(n=1 ; n<=100 ;n = n + 2)
16.             sum=sum+n ;
17.         System.out.println("1에서 100까지 홀수 합계 = " + sum);
18.         System.out.println( );
19.     }
20. }
```

5~7, 10~12, 15~17: 각각의 반복문 for를 차례대로 조건이 true일 때까지 블록 내부 문장을 수행

실행결과

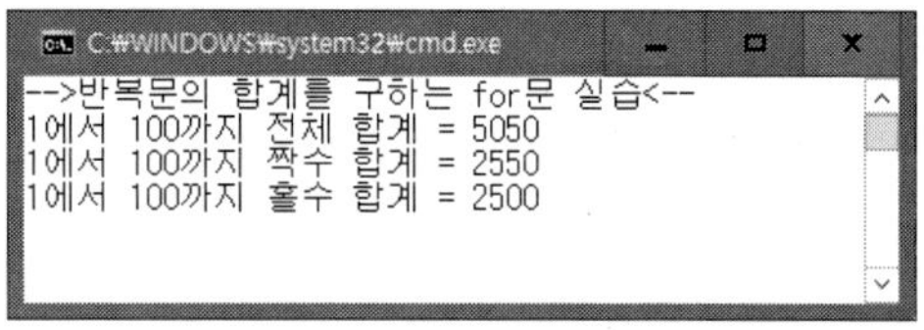

실습 3-20 for 반복구조를 이용한 약수 구하기

```
1.  import java.io.*;
2.  class yaksuPrint {
3.     public static void main (String args[ ]) throws IOException {
4.        BufferedReader in = new BufferedReader(new InputStreamReader(System.in));
5.         System.out.println("-->입력한 약수 출력 실습<--");
6.         System.out.print( "정수 값을 입력하세요 : " );
7.         int su = Integer.parseInt(in.readLine());
8.
9.         System.out.println("입력한 " + su + "의 약수...");
10.        // 약수를 구하여 출력시키는 코드 삽입
11.        for (int i = 1; i <= su; i++) {
12.            if (su % i == 0) System.out.println(i);
13.        }
14.    }
15. }
```

7: 출력할 약수의 최종 값을 입력
11~13: for 문에 의해 약수 최종 값까지 반복 수행
12: 입력 값을 i로 나누어서 나머지가 0이면 해당 약수를 출력

실행결과

2 내포된 for 문

for 문의 블록 안에 내포된 for 문을 선언할 수 있다. 이때 내부의 for 문과 외부의 for 문은 감싸있는 형태로 반드시 선언되어야 한다.

```
for (i = 0; i < 3; i++ )
  for (j = 0; j < 3 ; j++)
```

i라는 변수를 최초 0으로 초기화 한 후, 안쪽의 for문에서 j를 0부터 2까지 세 번을 순환한다. 그리고 다시 바깥쪽 i를 1 증가시킨 후, 즉 i를 1로 만든 후 다시 j를 0부터 세 번 순환하게 한다. 이와 같은 구조로 i가 3보다 적을 때까지 계속 순환하여 총 9번을 반복하게 되는 것이다.
즉 반복 실행한 결과는 다음과 같다.

반복 순서	1	2	3	4	5	6	7	8	9
i의 값	0	0	0	1	1	1	2	2	2
j의 값	0	1	2	0	1	2	0	1	2

중첩구조의 반복 실행

중첩 반복구조는 while, do~while, for 반복 구조의 조합에 의해 만들어질 수 있고, 중첩의 단계도 제한이 없다.

형 식

```
for(초기값; 조건식; 증감식) { // 외부 for 문의 시작
    실행 문장...
    for(초기값; 조건식; 증감식) { // 내부 for 문의 시작
        실행 문장....
    } // 내부 for 문의 끝
    실행 문장...
} // 외부 for 문의 끝
```

실습 3-21 내포된 for 문의 실습

```
1. class NestedFor {
2.     public static void main (String args[]) {
3.         System.out.print("-->내포된 for문의 실습<--\n");
4.         int i, j;
5.         for(i = 1; i < 10; i += 2) {
6.             System.out.print("\n  :  " + i);
7.             for(j = 1; j <= i; j++)
8.                 System.out.print("*");
9.         }
10.
11.        for(i = 7 ; i >= 1; i -= 2) {
12.            System.out.print("\n  :  " + i);
13.            for(j = 1; j <= i; j++)
14.                System.out.print("*");
15.        }
16.        System.out.print("\n\n");
17.    }
18. }
```

5~9: 외부의 for 문을 수행하여 내부의 7~8번 for 문을 수행
11~15: 외부의 for 문을 수행하여 내부의 13~14번 for 문을 수행

실행결과

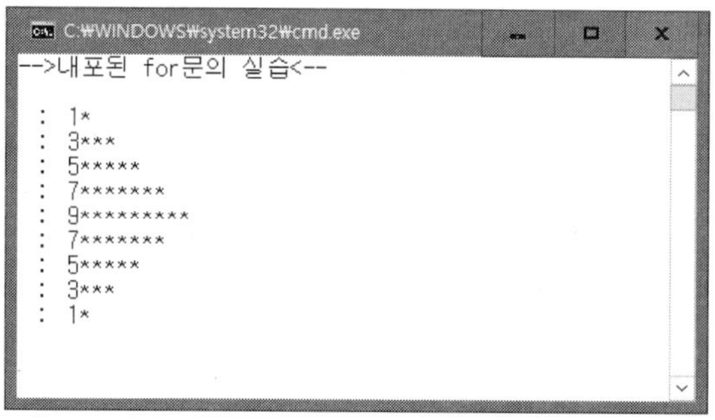

실습 3-22 내포된 for 문으로 구구단 출력 실습

```
class GugudanNestedFor {
    public static void main (String args[]) {
        int i, k;
        System.out.print("\n\t\t\t 구 구 단\n\n");
        for (i = 1 ; i <= 9; i++ ) {
            for (k = 1; k <= 9 ; k++) {
                System.out.print(k + "*" + i + "=" + ((i * k) < 10 ? " " : " ")
```

```
8.                          + (i * k) + " ");
9.                  }
10.                 System.out.print("\n\n");
11.         }
12.     }
13. }
```

5~11: 외부의 for 문을 수행하여 구구단 수행을 위해 내부의 6~10번 for 문을 수행
6~9: 내부의 for 문을 수행하여 구구단의 수식을 출력
10: 한 줄 출력 후 다음 줄로 이동

실행결과

```
C:\WINDOWS\system32\cmd.exe
                         구 구 단
1*1= 1 2*1= 2 3*1= 3 4*1= 4 5*1= 5 6*1= 6 7*1= 7 8*1= 8 9*1= 9

1*2= 2 2*2= 4 3*2= 6 4*2= 8 5*2=10 6*2=12 7*2=14 8*2=16 9*2=18

1*3= 3 2*3= 6 3*3= 9 4*3=12 5*3=15 6*3=18 7*3=21 8*3=24 9*3=27

1*4= 4 2*4= 8 3*4=12 4*4=16 5*4=20 6*4=24 7*4=28 8*4=32 9*4=36

1*5= 5 2*5=10 3*5=15 4*5=20 5*5=25 6*5=30 7*5=35 8*5=40 9*5=45

1*6= 6 2*6=12 3*6=18 4*6=24 5*6=30 6*6=36 7*6=42 8*6=48 9*6=54

1*7= 7 2*7=14 3*7=21 4*7=28 5*7=35 6*7=42 7*7=49 8*7=56 9*7=63

1*8= 8 2*8=16 3*8=24 4*8=32 5*8=40 6*8=48 7*8=56 8*8=64 9*8=72

1*9= 9 2*9=18 3*9=27 4*9=36 5*9=45 6*9=54 7*9=63 8*9=72 9*9=81
```

3 for 문 초기값, 증감식의 다양한 정의

일반적으로 for 문에서 ;으로 구분되는 초기값과 증감식은 한 개의 수식만 정의하는 것이 관례이지만 때에 따라서 ,를 이용하여 다중 정의할 수 있다.

```
int a, b;

for(a = l, b = 4; a < b; a++, b--) { // 변수들의 다중 정의
    System.out.println( "a = " + a);
    System.out.println( "b = " + b);
}
```

다음으로 for 문에서 초기값, 목적값, 증감값을 생략해서 나타낼 수 있으며, ;; 형태로 선언될 수 있다. 이때 for 문의 블록 안에서 빠져나가기 위한 제어문이 필요하다. 제어문이 없는 경우 무한 루프에 빠질 수 있다.

```
int a, b;
a = 5; b = 1;

for(;;) { // 조건 없는 정의
    a += 1;
    b += 1;
    System.out.println( "a = " + a);
    System.out.println( "b = " + b);
    if(a == 10) break;  // a가 10이 되면 for 문의 블록을 탈출
}
```

실습 3-23 다양한 for 문의 실습

```
class TopicFor {
    public static void main(String args[ ]) {
        System.out.println("-->다양한 for문의 실습<--\n");
        int a, b, i;
        System.out.println("----일반적인 For문 처리----");
        b = 4;
        for(a = 1; a < b; a++) {
            System.out.println("a = " + a);
            System.out.println("b = " + b);
            b--;
        }

        System.out.println("\n----변수들의 다중 정의----");
        for(a = 1, b = 4; a < b; a++, b--) {
            System.out.println( "a = " + a);
            System.out.println( "b = " + b);
        }

        System.out.println("\n----조건 없는 정의-----");
        for(;;) {
            a += 1;
            b += 1;
            System.out.println( "a = " + a);
            System.out.println( "b = " + b);
            // a가 5가 되면 for 문의 블록을 탈출
            if(a == 5) break;
        }

        System.out.println("\n----목적값만 정의----");
        boolean done = false;
```

```
31.         i = 0;
32.
33.         for( ; !done ; ) {
34.             System.out.println("i = " + i);
35.             if(i == 5) done = true;
36.             i++;
37.         }
38.         System.out.println( );
39.     }
40. }
```

7~11, 14~17: for 문을 수행하여 각각의 변수 값을 출력
20~27: 조건 없는 for 문이 수행되었으나 26번 문장에서 a가 5인 경우 블록을 빠져나감
33: for 문이 true인 경우 블록으로 진입 35번 문장에서 i가 5인 경우 블록을 빠져 나감

실행결과

```
C:\WINDOWS\system32\cmd.exe
-->다양한 for문의 실습<--

----일반적인 For문 처리----
a = 1
b = 4
a = 2
b = 3

----변수들의 다중 정의----
a = 1
b = 4
a = 2
b = 3

----조건 없는 정의-----
a = 4
b = 3
a = 5
b = 4

----목적값만 정의----
i = 0
i = 1
i = 2
i = 3
i = 4
i = 5
```

4 for~each 문의 다양한 선언

자바 버전이 5.0에서 for~each 문이 사용되기 시작했다. for~each 개념이 설정된 새로운 언어들이 발표되면서 빠르게 표준 구조로 지정되었다. 배열의 연속적 시작과 종료하는 기능처럼 for~each 블록 기능이 객체의 개념으로 작성된다. for~each 문은 전통의 for 문보다 더 간단하게 코드를 보다 읽기 쉽게 작성되는 것이 특징이다.

for~each 문의 사용 형식은 다음과 같다.

형 식

```
for(형 인수 : 대상 배열명) {
     문장들.......
}
```

일반 for 문의 처리 방식과 for~each 처리 방식의 비교 예는 다음과 같다.

```
// 일반적인 for 문의 처리 예
int nums [ ] = { 1, 2, 3, 4, 5, 6, 7, 8, 9, 10 };
int sum = 0;

for(int i = 0; i < 10; i++) sum += nums[i];

// for~each 문의 처리 예
int nums[ ] = { 1, 2, 3, 4, 5, 6, 7, 8, 9, 10 };
int sum = 0;

for(int x: nums) sum += x;
// x 변수에는 nums 배열의 인수가 차례차례 입력된다.
// 배열의 끝까지 반복하므로 목적값의 선언이 필요없다.
```

실습 3-24 for~each 문의 실습

```
1.  class ForEach {
2.      public static void main(String args[ ]) {
3.          int nums[ ] = { 1, 2, 3, 4, 5, 6, 7, 8, 9, 10 };
4.          System.out.println("-->for~each 문의 실습<-- ");
5.          int sum = 0;
6.          for(int x : nums ) {
7.              System.out.println(" x = " + x) ;
8.              sum += x;
9.          }
10.         System.out.println("\n합계 = " + sum) ;
11.         System.out.println( );
12.     }
13. }
```

3: 배열에서 초기값을 지정한 만큼 선언
6~9: x에 num 배열의 값이 차례대로 대입되어 수행됨
7~8: x 값을 출력하고 sum에 각각의 값을 누적함
10: sum 값을 출력

실행결과

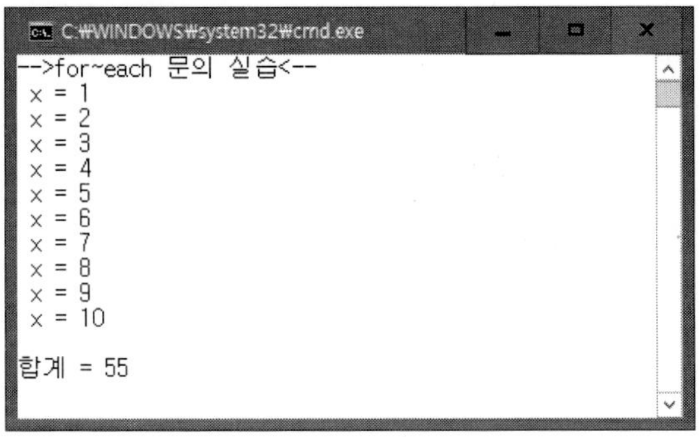

실습 3-25 for~each 문과 배열 관련 실습

```
1.  class NoForEach {
2.      public static void main(String args[]) {
3.          System.out.println("-->for~each 문과 배열 관련 실습<--\n") ;
4.          int nums[] = { 1, 2, 3, 4, 5, 6, 7, 8, 9, 10 };
5.          System.out.println("---데이터 값의 출력--") ;
6.          for(int x : nums) {
7.              System.out.print(x + " ");
8.              x = x * 10; // nums 배열과 무관
9.          }
10.
11.         System.out.println("\n") ;
12.         System.out.println("--배열 값의 출력--") ;
13.         for(int x : nums)
14.             System.out.print(x + " ") ;
15.         System.out.println("\n") ;
16.     }
17. }
```

4: 배열에서 초기값을 지정한 만큼 선언
7: x 값이 연산되어 값이 바뀌지만 반복문에 의해 초기화되며, nums 배열과 무관
13~14: x 값을 반복하여 출력

실행결과

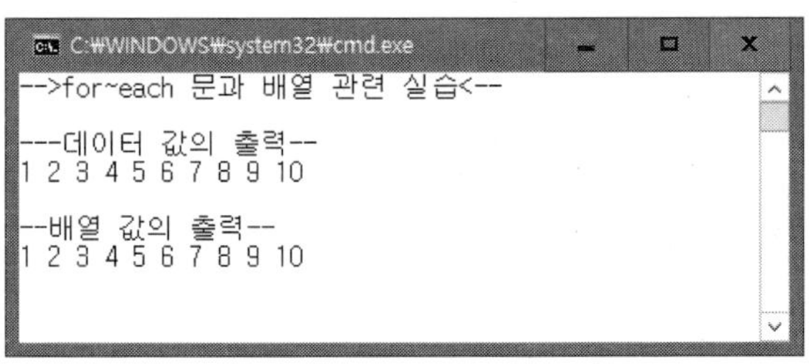

실습 3-26 for~each 문을 이용한 배열 데이터 검색 실습

```
1.  class SearchForEach {
2.      public static void main(String args[ ]) {
3.          int nums[ ] = { 6, 8, 3, 7, 5, 6, 1, 4 };
4.          int val = 5;      int idx = 1;
5.          System.out.println("-->for~each 문으로 배열 데이터 검색 실습<--");
6.          boolean found = false;
7.
8.          for(int x : nums) {
9.              if(x == val) {
10.                 found = true;
11.                 break;
12.             }
13.             idx++;
14.         }
15.         if (found)
16.             System.out.println( idx + "번째 위치의 " +
17.                     nums[idx-1] + "값을 발견했습니다!!");
18.         System.out.println( );
19.     }
20. }
```

3: 배열에서 초기값을 지정한 만큼 선언
8~14: x 값이 배열의 개수만큼 수행되나 5번째 변수에서 if 문에 의해 블록을 빠져 나감
15~18: if 문이 true 이므로 5번째 위치의 값을 출력

실행결과

```
C:\WINDOWS\system32\cmd.exe
-->for~each 문을 이용한 배열 데이터 검색 실습<--
5번째 위치의 5값을 발견했습니다!!
```

5 for 문과 배열간의 결합

자바의 배열은 다차원을 처리할 수 있으나 대부분 3차원 배열까지만 취급한다. 아울러 배열 선언 및 처리 기능은 for 문과 밀접한 관계를 가지고 있다.

실습 3-27 for 문으로 1차원 배열 데이터 실습

```
class AverageFor {
    public static void main(String args[ ]) {
        double nums[ ] = {10.1, 11.2, 12.3, 13.4, 14.5};
```

```
4.         double result = 0;
5.         int i;
6.         System.out.println("-->for 문으로 1차원 배열 데이터 실습<--");
7.         for(i = 0; i < 5; i++)
8.             result = result + nums[i];
9.         System.out.println("배열값의 평균 = " + result / nums.length);
10.        System.out.println( );
11.    }
12. }
```

7~8: 반복문에서 배열값을 누적
9: 평균값을 출력

실행결과

```
C:\WINDOWS\system32\cmd.exe
-->for 문으로 1차원 배열 데이터 실습<--
배열값의 평균 = 12.299999999999999
```

실습 3-28 for 문으로 2차원 배열 데이터 실습

```
class TwoDimArray {
    public static void main(String args[ ]) {
        int twoD[ ][ ] = new int [4][5] ;
        int i, j, k = 0;
        System.out.println("-->for 문으로 2차원 배열 데이터 실습<--");
        for (i = 0; i < 4; i++)
            for(j = 0; j < 5; j++) {
                twoD[i][j] = k;
            k++;
        }

        for (i = 0; i < 4; i++) {
            for(j = 0; j < 5; j++) {
                k = twoD[i][j];
                System.out.print(((k < 10) ? " " : " ") + k + " ");
            }
            System.out.println( ) ;
        }
        System.out.println( ) ;
    }
}
```

6~10: 2차원 배열에 값을 대입
12~18: 결과 값을 출력하면서 한줄에 5개씩 만 출력, 출력 값이 10보다 작으면 3항 연산자로 공백을 삽입
17: 다음 줄로 이동

실행결과

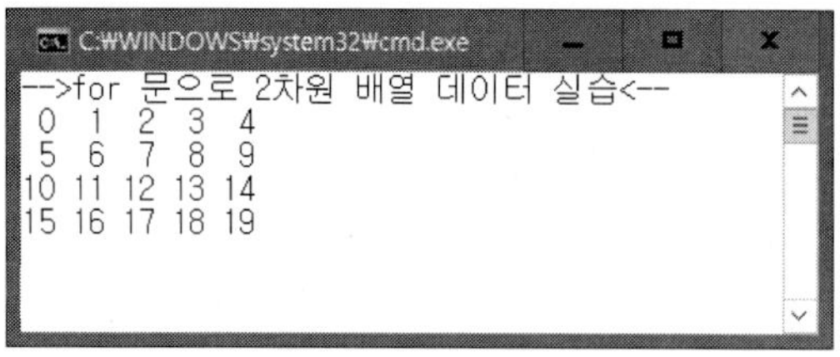

3.3 점프문

자바에서는 break, continue 그리고 return 등의 3가지 점프문을 제공한다. 이 문장들은 프로그램을 제어하는데 사용된다.

3.3.1 break

break문은 for, while, do~while, switch문의 제어를 벗어나기 위해 사용된다. 이 때, break문은 가장 가까이 있는 제어 문장만을 벗어나게 한다.
break 문은 switch 문장에서 문장의 흐름을 막아주는데 사용되며, 또한 반복문의 블록을 빠져나가는데 사용된다. 또한 break 문은 반복 블록 내부에 선언되어서 블록을 끝내주거나, 아니면 프로그램의 제어를 다음 문장으로 넘겨서 다시 시작해주는 역할을 한다.

실습 3-29 break 문의 블록 탈출 실습

```
class BreakLoop {
    public static void main(String args[ ]) {
        System.out.println("-->break 문의 블록 탈출 실습<--\n");
        for(int i = 0; i < 3; i++) {
            System.out.print("통과 " + i + " : ");
            for(int j = 0; j < 100; j++) {
                if(j == 10) break;
                System.out.print(j + " ");
            }
            System.out.println( ) ;
        }
        System.out.println("\n블록의 종료.\n");
```

```
13.     }
14. }
```

4~11: 외부의 for 문을 3번 수행
6~9: 내부의 for 문에서 j는 100번 수행하나 j가 10이면 8번 문장으로 이동
8: j 값을 출력

실행결과

```
C:\WINDOWS\system32\cmd.exe
-->break 문의 블록 탈출 실습<--

통과 0 :  0 1 2 3 4 5 6 7 8 9
통과 1 :  0 1 2 3 4 5 6 7 8 9
통과 2 :  0 1 2 3 4 5 6 7 8 9

블록의 종료.
```

이전의 언어들에서는 goto 문을 주로 사용했으나 자바와 같은 객체 지향언어에서는 이를 금기하고 있다. 하지만 프로그램의 흐름 중에서 특정한 위치로 이동할 경우 break 문이 사용된다. 이때 이동할 위치에 레이블을 :과 함께 붙여서 특정 위치를 표시한 곳으로 이동할 경우 break 문과 레이블을 붙여서 나타낸다.

형 식

```
break 레이블;
```

레이블은 프로그램내의 블록을 표시하는 이름이다. 이것은 코드의 특정 위치를 나타낼 뿐 아니라 다른 문장 위치의 블록도 나타낼 수 있다.
break 문이 선언되었을 때 제어는 지정된 블록의 범위를 빠져나간 후 호출된 레이블 위치부터 다시 실행을 시작한다.

실습 3-30 label break 문의 실습

```
class BreakLabel {
    public static void main(String args[ ]) {
        System.out.println("-->label break 문의 실습<--\n");
        boolean t = true;
        first: {
            second: {
                third: {
                    System.out.println("break 호출 이전!!");
                    if(t) break second; // second 블록을 빠져 나감
```

```
10.                 System.out.println ("이 문장은 실행하지 않음") ;
11.             }
12.             System.out.println("이 문장은 실행하지 않음");
13.         }
14.         System.out.println("이곳은 second 블록 이후 입니다!!");
15.     }
16.     System.out.println( );
17.   }
18. }
```

5~7: 레이블을 블록을 지정하면 선언
8: 문자열을 출력
9: t가 true이므로 second 블록을 빠져 나가면서 14번 문장을 수행

실행결과

```
C:\WINDOWS\system32\cmd.exe
-->label break 문의 실습<--

break 호출 이전!!
이곳은 second 블록 이후 입니다!!
```

실습 3-31 break label 문으로 loop 탈출 실습

```
1.  class BreakExit {
2.    public static void main(String args[ ]) {
3.      System.out.println("-->break label문으로 loop 탈출 실습<--") ;
4.      outer: for(int i = 0; i < 3; i++) {
5.        System.out.print("통과 " + i + " : ");
6.        for(int j = 0; j < 100; j++) {
7.          if(j == 10) break outer; // 2개의 블록 탈출
8.          System.out.print(j + " ");
9.        }
10.       System.out.println("이곳은 나타나지 않음!!");
11.     }
12.     System.out.println("\n블록 종료!!.\n") ;
13.   }
14. }
```

4: 레이블을 for 문 앞에 선언
6~8: 내부의 for 문에서 j가 10이면 블록을 탈출하고 12번 문장을 수행

실행결과

```
C:\WINDOWS\system32\cmd.exe
-->break label문으로 loop 탈출 실습<--
통과 0 : 0 1 2 3 4 5 6 7 8 9
블록 종료!!.
```

3.3.2 continue

continue **문**은 어떤 순환하는 문장 속에서 현 단계의 반복을 중단시키고 다음의 새로운 반복 단계를 위한 조건의 검색 부분으로 되돌아간다.

즉, continue 문을 만나면 루프 내의 문장을 더 이상 실행하지 않고 다음 과정으로 이동한다. for 문에서는 조건의 증감식을 다시 수행하게 하고, while 문이나 do~while 문에서는 조건식을 다시 체크하게 한다. 한마디로 continue 문을 만나는 지점에서 블록를 한번 수행한 것으로 간주한다.

따라서 break 문은 블록를 완전히 벗어나게 하지만 continue 문은 실행을 중단하고 조건검색으로 되돌아가서 조건이 만족하면 다시 반복문을 실행시킨다. continue 문은 for 문, while 문 그리고 do~while 문 등에서는 사용이 가능하나 switch 문에서는 사용할 수 없다.

실습 3-32 continue 문의 실습

```
1.  class Continue {
2.      public static void main(String args[ ]) {
3.          int i, sum; boolean FLAG = true;
4.          System.out.println("-->continue 문의 실습<--");
5.          i = 1;
6.          sum = 0;
7.
8.          while(FLAG) {
9.              sum += i;
10.             if(i++ < 10) continue;
11.             FLAG = false;
12.         }
13.         System.out.println("1~10의 합계 = " + sum);
14.         System.out.println( );
15.     }
16. }
```

8~12: while 문에서 FLAG가 true일 동안 수행
10: i가 10보다 작으면 8번 문장으로 이동
13: 누적된 합계를 출력

실행결과

```
C:\WINDOWS\system32\cmd.exe
-->continue 문의 실습<--
1~10의 합계 = 55
```

3.3.3 Label

형 식

레이블명 : 수행문;

- 레이블명 : 사용자 정의 식별자

모든 수행문에는 레이블을 붙일 수 있다. 그리고, 레이블은 블록과 반복 제어문에서 사용된다. 레이블을 붙인 블록은 break, continue 제어문과 함께 유용하게 사용될 수 있다.
레이블이 붙지 않은 break 문은 가장 안쪽의 switch, for, while 또는 do~while문을 끝내는데 사용된다. 만일, 밖에 있는 수행문을 끝내려면 밖에 있는 수행문에 레이블을 붙이고, 그 이름을 break문에 적으면 된다.

continue 문은 break 문처럼 레이블을 붙일 수 있으며, continue 문이 선언된 블록을 빠져나가서 레이블이 선언된 위치로 이동하여 다음을 수행한다.

실습 3-33 continue 레이블 문의 실습

```
class ContinueLabel {
    public static void main(String args[ ]) {
        System.out.println("-->continue 레이블 문의 실습<--");
        outer: for(int i =0; i < 10; i++) {
            for(int j = 0; j < 10; j++) {
                if (j > i) {
                    System.out.println( );
                    continue outer;
                }
                System.out.print( " " + (i * j));
            }
        }
        System.out.println("\n");`
    }
}
```

4: 레이블이 선언된 for 문을 수행
6: j가 i보다 큰 경우 8번에서 4번으로 이동, 아니면 i*j 값을 출력

실행결과

```
C:\WINDOWS\system32\cmd.exe
-->continue 레이블 문의 실습<--
0
0 1
0 2 4
0 3 6 9
0 4 8 12 16
0 5 10 15 20 25
0 6 12 18 24 30 36
0 7 14 21 28 35 42 49
0 8 16 24 32 40 48 56 64
0 9 18 27 36 45 54 63 72 81
```

실습 3-34 continue와 Break 문의 실습

```
1.  class BreakContinue {
2.      public static void main (String args[ ]) {
3.          System.out.println("-->continue과 Break 문의 실습<--");
4.          int i = 15;
5.  
6.          System.out.println("시작!");
7.  
8.          while(true) {
9.              i--;
10.             if(i > 10) continue;
11.             // i 변수가 10 이상이면 처음 while 문으로 되돌려 보냄
12. 
13.             if(i == 0) break; // i 변수가 0이 되면 while 문을 끝냄
14.             System.out.println(i);
15.         }
16.         System.out.println( );
17.     }
18. }
```

8~15: while 문 블록의 선언
10: i가 10 보다 크면 8번 문장으로 이동
13: i가 0이면 블록을 탈출하여 16번으로 이동

실행결과

```
C:\WINDOWS\system32\cmd.exe
-->continue과 Break 문의 실습<--
시작!
10
9
8
7
6
5
4
3
2
1
```

3.3.4 return

return 문은 메소드의 수행을 종료하고 프로그램 수행 제어를 호출한 쪽으로 돌아가게 한다. return 문에 인수가 없이 선언될 경우 return 문이 발생한 시점에서 현재 실행되는 프로그램이 종료된다.

실습 3-35 return 문의 실습

```
1.  class Return {
2.      public static void main(String args[ ]) {
3.          System.out.println("-->return 문의 실습<--");
4.          boolean t = true;
5.          System.out.println("return 문 발생 이전!!");
6.          if(t) {
7.              System.out.println("return 문 발생 프로그램 종료!!\n");
8.              return;
9.          }
10.         System.out.println ("이곳은 실행되지 않음!!");
11.     }
12. }
```

5: 문자열의 출력
6: t가 true이므로 7번 문장을 출력하고, 8번 문장에서 프로그램 종료

실행결과

```
C:\WINDOWS\system32\cmd.exe
-->return 문의 실습<--
return 문 발생 이전!!
return 문 발생 프로그램 종료!!
```

3.4 배열

3.4.1 배열의 정의

배열(Arrays)은 같은 데이터 타입의 여러 개의 값을 하나의 이름으로 사용하기 위한 객체이다. 배열 안의 각각의 요소를 첨자로 지정하여 호출할 수 있으며 첨자는 0부터 시작된다. 즉, 데이터 항목을 순차적으로 나열하는 방식이다.

배열이 선언되면 다음과 같이 동일하게 이름을 붙여주고 각 요소마다 고유 번호가 부여되어 간단하게 표현할 수 있다.

int num[10];

num[0]	num[1]	num[2]	num[3]	......	num[9]

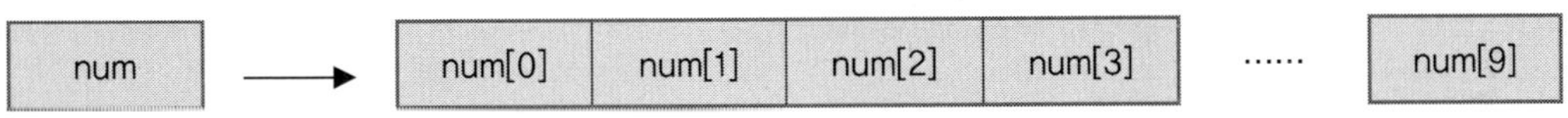

3.4.2 배열의 선언

배열의 선언은 변수의 선언과 같은 다음과 같은 형식으로 데이터 타입과 이름을 선언한다. 필요에 따라 수식자를 지정하는 경우도 있다. 배열의 선언에는 요소수를 지정하지 않는다.

예를 들면, int형의 num이라는 배열을 선언하기 위해서는 다음과 같이 작성한다.

형 식

```
데이터 타입  배열명[ ];                int   num[ ];
      또는                                또는
데이터 타입[ ] 배열명;                 int[ ]  num;
```

3.4.3 배열의 작성

자바에서는 배열을 선언한 것만으로는 배열이 작성되지 않는다. 배열을 작성하기 위해서는 new 연산자로 메모리에서 영역을 확보한 후, 요소수를 지정하고 배열을 초기화한다.

배열에 미리 값을 부여하는 경우 인수의 값만큼 자동으로 배열의 길이가 지정되어 나타난다.

형 식

```
배열명 = new 데이터 타입[요소명];
```

배열은 공통 이름으로 참조되는 같은 형의 변수 그룹이다. 어떠한 유형의 배열도 1차원 또는 다차원 배열을 선언할 수 있다. 같은 배열명은 색인 번호에 의해 구분된다. 배열은 관련 정보들을 그룹화하여 나타내기 위한 편리한 기억장소이다.

배열선언에서 [ ]가 한 개인 경우 1차원 배열을 의미하고, 2차원 배열은 [ ][ ]로 나타내며, 3차원 배열도 [ ][ ][ ]로 표현한다. 자바에서 배열을 선언하는 방식은 다음과 같이 다양하게 나타낼 수 있다.

```
int arr[10];  // arr 배열을 10개 선언
```

arr[0]	arr[1]	arr[2]	arr[3]	arr[4]	arr[5]	arr[6]	arr[7]	arr[8]	arr[9]

```
// 배열의 대표변수는 arr이고 각각의 색인 번호로 배열 기억장소를 변수를 구분하며, 첫 번째 변수는
   0번부터 나타난다.

int arr[ ]; 또는 int[ ] arr;    // 개수를 지정하지 않은 배열 선언

int arr[3][4]; // 2차원 배열로 12개의 기억장소가 지정
```

arr[0][0]	arr[0][1]	arr[0][2]	arr[0][3]
arr[1][0]	arr[1][1]	arr[1][2]	arr[1][3]
arr[2][0]	arr[2][1]	arr[2][2]	arr[2][3]

```
int arr[ ] = new int[5] // new 연산자를 이용한 참조 선언
// 힙 메모리에 배열 arr[3][4]가 선언되며, 일반 선언과 의미는 같으나 객체 선언으로 된다는 점이
   다르다.

int[ ] arr = new int[5];
int aa;
aa = arr.length // arr 배열의 개수를 aa에 5를 대입
```

3.4.4 배열의 초기화

배열 요소의 참조는 배열 이름과 함께, 배열연산자 [ ] 사이에 첨자(index, subscript)로써 배열요소를 지정하여 참조한다. 이러한 첨자는 n개의 요소를 가지는 배열에서 0부터 (n-1)까지 사용할 수 있다.

```
y[0] = 0; // y의 첫 번째 요소에 0을 할당
sum = y[1] + y[2]; // y의 두 번째, 세 번째 요소의 값을 직접 지정한다.
```

배열을 초기화하는 방법은 다양하며, 특정 배열 기억장소에 대입할 경우 다음과 같이 나타낼 수 있다.

```
int [ ] arr = {123, 456, 789};  // 3개의 배열이 확보되고 초기화
```

arr[0]	arr[1]	arr[2]
123	456	789

```
double arr2[ ][ ] = new double[4][4];
double[ ][ ] arr2 = {{ 1.0, 0.0, 0.0, 0.0 }, { 0.0, 1.0, 0.0, 0.0 },
                     { 0.0, 0.0, 1.0, 0.0 }, { 0.0, 0.0, 0.0, 1.0 },
                     }; // 4행 4열에 데이터의 초기화

int[ ][ ] jums = { {  63,  90,  75,  45,  81  },
                   {  85, 100,  95,  80,  90  },
                   { 100, 100, 100, 100, 100 },
                 }; // 3행 5열의 2차원 배열이 지정되고 초기화

int arr3[ ][ ][ ] = new int[3][3][3] // 27개의 기억 장소 지정됨

int mArray[ ][ ] = {{1}, {2, 3}, {4, 5, 6, 7}, {8, 9, 0}};
// 행이 4개이고 열은 초기화된 개수만큼 지정
    mArray[ ][ ] 초기화 구성
```

1			
2	3		
4	5	6	7
8	9	0	

```
char twodl [ ][ ] = new char[3][4] ;  // 2차원 배열의 선언 예
char [ ][ ] twod2 = new char[3][4] ;

int[ ] nums, nums2, nums3; // 3개의 배열 선언 예
int nums[ ], nums2[ ], nums3[ ] ; // 위의 문장과 같음
```

배열 전체에 한꺼번에 초기화 할 경우 { } 기호를 이용하여 지정할 수 있으며, 입력되는 데이터는 콤마로 구분한다.

실습 3-36 배열 기억장소의 실습

```
class AutoArray {
    public static void main(String args[ ]) {
        System.out.println("-->배열 기억장소의 실습<--");
```

```
4.         int month_days[] = { 31, 28, 31, 30, 31, 30,
5.                               31, 31, 30, 31, 30, 31 };
6.         System.out.println("4월은 " + month_days[3] + "입니다!!\n");
7.     }
8. }
```

4~5: 배열 선언 후 초기화 값 대입
6: 배열의 4번째 값을 출력

실행결과

실습 3-37 1차원 배열 정의 및 출력 실습

```
1.  class ArrayOne1 {
2.      public static void main (String args[]) {
3.          System.out.println("-->1차원 배열 정의 및 출력 실습<--");
4.          int k;
5.          int num[];
6.          num = new int[5];
7.
8.          for (int i = 0; i < 5; i++) {
9.              num[i] = i;
10.         }
11.         k = num.length;
12.         System.out.println("배열 요소의 개수는? " + k + "\n");
13.
14.         for (int i = 0; i < 5; i++) {
15.             System.out.println("num["+ i +"]의 값은? " + num[i]);
16.         }
17.         System.out.println();
18.     }
19. }
```

6: 배열의 객체 선언
8~10: 배열에 데이터 대입
11~12: 배열의 개수 발췌 및 출력
14~16: 배열의 내용 출력

실행결과

```
C:\WINDOWS\system32\cmd.exe
-->1차원 배열 정의 및 출력 실습<--
배열 요소의 개수는? 5

num[0]의 값은? 0
num[1]의 값은? 1
num[2]의 값은? 2
num[3]의 값은? 3
num[4]의 값은? 4
```

실습 3-38 1차원 배열에 데이터를 입력 후 역으로 출력

```java
1. import java.util.*;
2.
3. class ArrayOne2 {
4.     static Scanner console = new Scanner(System.in);
5.     public static void main (String[ ] args) {
6.         System.out.println("-->1차원 배열에 데이터를 입력후 역으로 출력<--");
7.         int[ ] items = new int[5];
8.         int sum;
9.         int counter;
10.
11.        System.out.println("5개의 정수를 입력하고 Enter를 누르세요!!");
12.
13.        sum = 0;
14.
15.        for (counter = 0; counter < items.length; counter++) {
16.            items[counter] = console.nextInt( );
17.            sum = sum + items[counter];
18.        }
19.
20.        System.out.println("합계 = " + sum);
21.        System.out.print("역으로 출력한 결과 : ");
22.
23.        for (counter = items.length - 1; counter >= 0; counter--)
24.            System.out.print(items[counter] + " ");
25.        System.out.println("\n");
26.    }
27. }
```

4: Scanner 선언
15~18: 배열에 데이터 입력받고 결과값 누적
20: 합계 출력
23~24: 배열의 내용을 역으로 출력

실행결과

```
C:\WINDOWS\system32\cmd.exe
-->1차원 배열에 데이터를 입력후 역으로 출력<--
5개의 정수를 입력하고 Enter를 누르세요!!
462 548 386 687 275
합계 = 2358
역으로 출력한 결과 : 275 687 386 548 462
```

3.4.5 2차원 배열

자바에서는 두 개의 배열 첨자를 갖는 배열을 **2차원 배열**이라고 한다. 그 중 2차원 배열은 특히 행, 열로 표현된다고 하여 테이블(table)로 비유되기도 한다. 2차원 배열은 두 개의 괄호로 이루어진다.

예를 들면, 다음의 배열 num_multi은 int형의 배열이 된다.

```
int num_multi[ ][ ];
num_multi = new int[5][5];
```

실습 3-39 2차원 배열에 데이터를 출력

```
class MultiArray {
    public static void main (String args[ ]) {
        System.out.println("-->2차원 배열에 데이터를 출력<--");
        String str; int number = 1;
        int multarray[ ][ ];
        multarray = new int[5][5];
        for (int i = 0; i < 5; i++) {
            for (int j = 0; j < 5; j++) {
                multarray[i][j] = number; number++;
        } }
        for (int i = 0; i < 5; i++) {
            str = " ";
            for ( int j = 0; j < 5; j++) {
                str = str + "(" + i + ", " + j + ")" + multarray[i][j] + '\t';
            }
            System.out.println(str);
        }
        System.out.println( );
    }
}
```

6: 2차원 배열의 객체 선언
7~12: 배열에 데이터 값의 대입
13~19: 배열의 첨자와 대입 값의 출력 한 줄에 5개 출력이면 다음 줄로 이동

실행결과

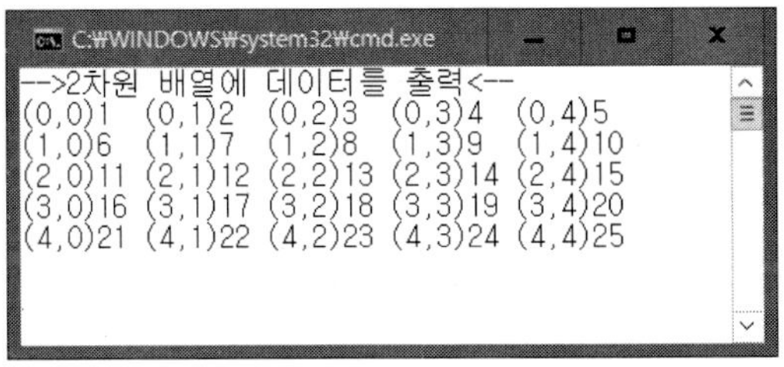

자바에서 2차원 배열을 초기화하는데 있어서, 초기의 배열 크기 선언은 생략해도 무방하다. 즉, num[5]={1, 2, 3, 4};와 같은 형태의 선언과 num[ ]{1, 2, 3, 4};의 배열선언은 서로 동등한 것이다.

```
int array[3][3] = { {0, 1, 2}, {3, 4, 5}, {6, 7, 8} }
      또는
int array[3][3] = { {1}, {0, 1}, {0, 0, 1} }
```

실습 3-40 for 문을 이용한 크기가 다른 2차원 배열 실습

```
class TwoDAgain {
   public static void main(String args[ ]) {
      int twoD[ ][ ] = new int [4][ ] ;
      twoD[0] = new int[1];
      twoD[1] = new int[2];
      twoD[2] = new int[3];
      twoD[3] = new int[4];
      System.out.println("-->for문을 이용한 크기가 다른 2차원 배열 실습<--");
      int i, j, k = 0;
      for(i = 0; i < 4; i++)
         for(j = 0; j < i+1; j++) {
            twoD[i][j] = k;
            k++;
         }
      for(i = 0; i < 4; i++) {
         for(j = 0; j < i+1; j++)
            System.out.print(twoD[i][j] + " " );
         System.out.println( );
      }
      System.out.println( );
```

```
21.     }
22. }
```

3~7: 2차원 배열 선언에서 행 배열을 1~4개만 선언
10~14: 배열에 값을 대입
15~20: 한 줄에 1개씩 행값을 증가하면서 결과값을 출력

실행결과

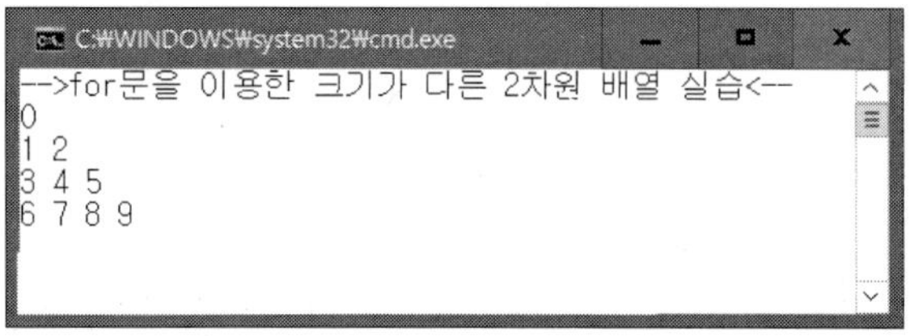

3.4.6 3차원 배열

3차원 배열은 2차원 배열의 배열이다.

```
int[ ][ ][ ] a = new int[2][ ][ ];
```

[ ][ ][ ]은 3차원 배열을 나타낸다. new int[2][ ][ ]는 2차원 배열의 참조 배열을 만든다. 따라서 a[0], a[1]이 생긴다. [ ][ ] 안이 비어있는 이유는 아직 2차원 배열의 객체가 없기 때문이다.

```
a[0] = new int[2][ ];     // x1
a[1] = new int[3][ ];     // x2
```

x1행은 a[0]이 2차원 배열의 레퍼런스이므로 a[0]에 1차원 배열의 참조 배열을 할당한다. 따라서 a[0][0], a[0][1]가 만들어진다. x2행도 마찬가지 방법으로 a[1][0], a[1][1], a[1][2]가 만들어진다.

```
a[0][0] = new int[4]; // x1
a[0][1] = new int[4]; // a[0][1][0], a[0][1][1], a[0][1][2], a[0][1][3]
a[1][0] = new int[3];
a[1][1] = new int[3];
a[1][2] = new int[3]; // a[1][2][0], a[1][2][1], a[1][2][2]
```

x1행은 정수 배열을 4개 만들고 a[0][0]가 참조하게 한다. 따라서 a[0][0][0], a[0][0][1], a[0][0][2], a[0][0][3]이 만들어지며, 나머지도 마찬가지이다.

3차원 배열 a를 그림으로 나타내면 다음과 같다.

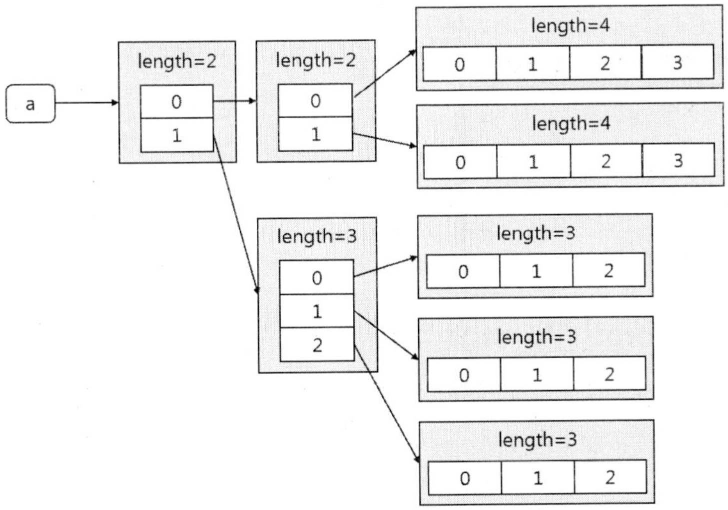

실습 3-41 3차원 배열의 출력

```
1.  class ThreeArray {
2.      public static void main(String[ ] args) {
3.          int[ ][ ][ ] a=new int[2][ ][ ];    // a[0], a[1]
4.          System.out.println("-->3차원 배열의 출력 실습<--");
5.          a[0]=new int[2][ ];    // a[0][0], a[0][1]
6.          a[1]=new int[3][ ];    // a[1][0], a[1][1], a[1][2]
7.          a[0][0]=new int[4];  // a[0][0][0], a[0][0][1], a[0][0][2], a[0][0][3]
8.          a[0][1]=new int[4];  // a[0][1][0], a[0][1][1], a[0][1][2], a[0][1][3]
9.          a[1][0]=new int[3];
10.         a[1][1]=new int[3];
11.         a[1][2]=new int[3];  // a[1][2][0], a[1][2][1], a[1][2][2]
12.         a[0][0][0]=10;
13.         a[1][1][1]=20;
14.
15.         System.out.println(a.length);
16.         System.out.println(a[1].length);
17.         System.out.println(a[1][2].length);
18.         System.out.println(a[1][1][1]);
19.         System.out.println( );
20.     }
21. }
```

3: 1차원 배열의 선언
5~11: 2차원 배열의 선언
12~13: 3차원 배열의 선언
15~17: 배열의 길이 출력
18: 3차원 배열의 첫 요소의 출력

실행결과

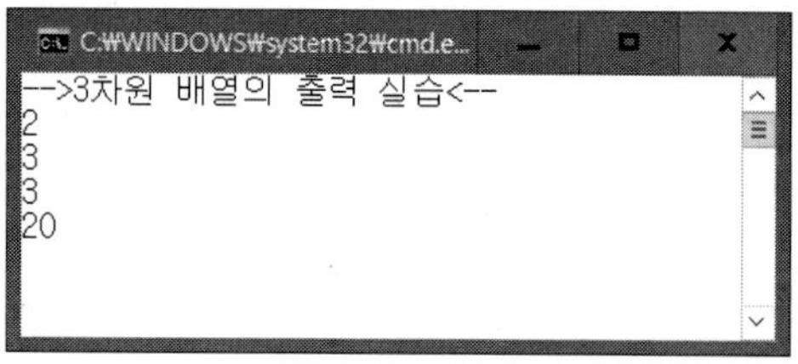

3.4.7 main(String args[ ])의 args 배열

자바에서는 main 예약어로 시작하는 문장이 반드시 들어가야 한다. 이때 선언 배열명은 args로 다른 배열과 달리 자바 프로그램이 실행될 때 외부에서 데이터를 받을 수 있는 통로 역할을 처리한다.

입력되는 데이터는 한 개 이상의 여백으로 구분되며, 들어오는 데이터의 개수만큼 배열로 생성된다. 아울러 실행할 때 데이터의 인수를 미리 지정해 주어야 한다.

자바를 콘솔에서 실행할 때는 다음과 같이 java 실행문과 프로그램을 작성해 주고 이후 들어오는 데이터를 선언해야 한다.

```
c:\java\java CommandLine I am a boy
```

위의 명령이 실행되면 args 배열에는 다음과 같은 내용의 데이터가 들어간다. 배열의 개수는 args.length 메소드로 받을 수 있다.

args[0]	args[1]	args[2]	args[3]
I	am	a	boy

실습 3-42 외부 데이터를 입력 받아 args 배열의 출력

```
class ArgsElement {
    public static void main(String[ ] args) {
        System.out.println("-->인수 내용 묻기<--");
        for(int i=0 ; i<args.length ; i++) {
            System.out.println("args의 "+i+"번째 요소 : "+ args[i]);
        }
        System.out.println( );
    }
}
```

```java
class ArgsElement {
 public static void main(String[] args) {
   System.out.println("-->인수 내용 묻기<--");
   for(int i=0 ; i<args.length ; i++) {
     System.out.println("args의 "+i+"번째 요소 : "+ args[i]);
   }
   System.out.println();
 }
}
```

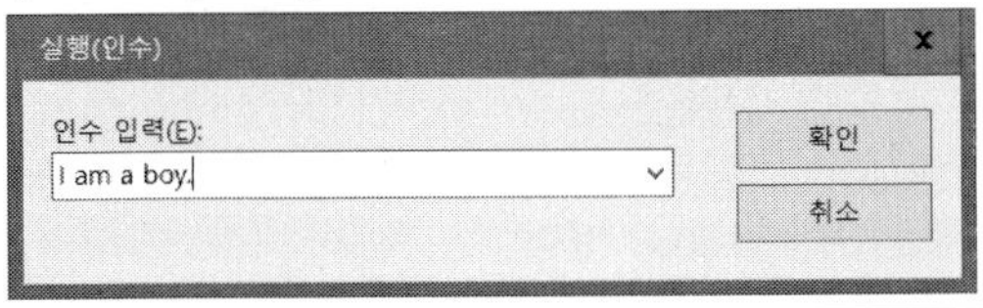

실행결과

```
-->인수 내용 묻기<--
args의 0번째 요소 : I
args의 1번째 요소 : am
args의 2번째 요소 : a
args의 3번째 요소 : boy.
```

EdipPlus 편집기에서 자바를 실행할 경우 실행 명령어의 오른쪽에 인수를 입력하기 위한 화면을 구성해야 한다.

1 인수 내용을 입력하기 위한 EditPlus 설정

① EditPlus 화면에서 [도구]-[사용자 도구 구성]을 지정하면 다음과 같은 기본 설정 화면이 나타나고 인수를 받기 위한 실행(인수) 목록을 지정한다.

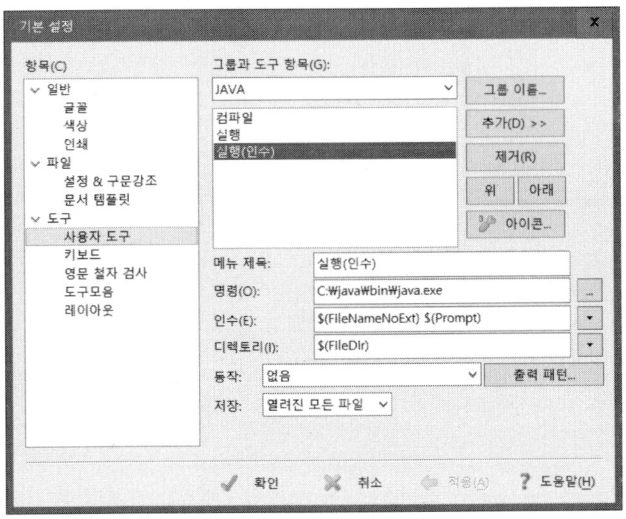

② 다음으로 [확인]을 누른 후 실행(인수)를 지정하여 실행하면 인수를 입력하기 위한 대화상자가 나타나고 인수 데이터를 입력한다.

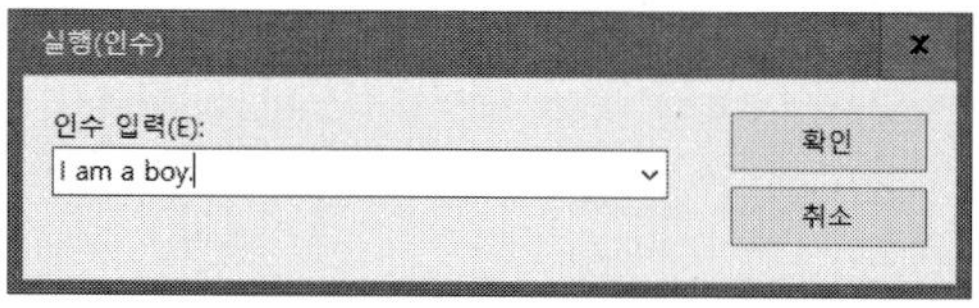

2 인수 내용을 입력하기 위한 콘솔 화면에서 실행

① 먼저 윈도우 화면 아래 [시작]-[cmd] 명령을 입력하고 Enter를 누르면 콘솔 화면이 나타난다.

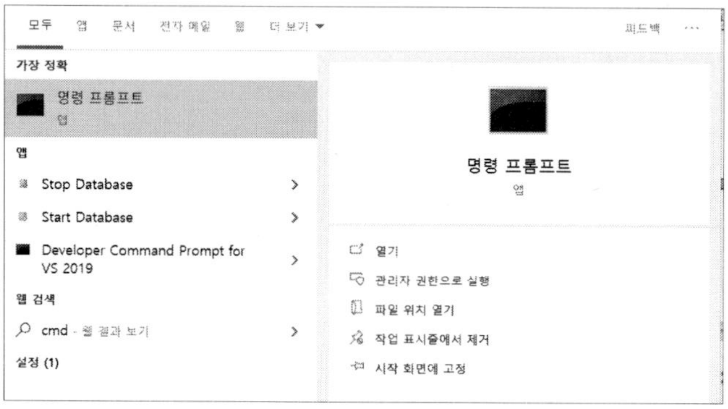

② 프로그램 소스가 들어 있는 폴더로 이동해서 다음과 같이 명령을 실행한다.

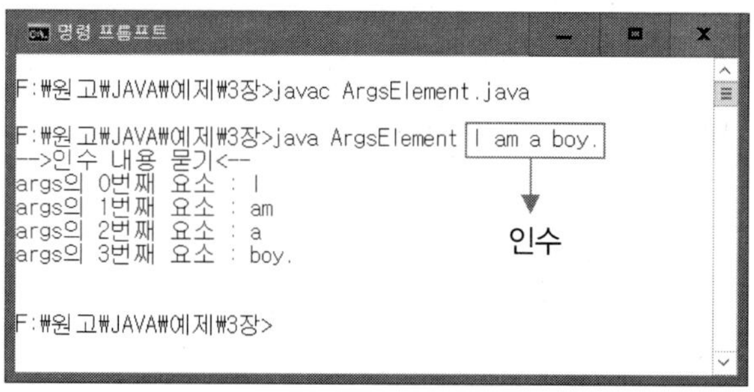

Chapter 04

클래스와 객체

4.1 객체 지향의 개요

지금까지는 구조화된 프로그램에 익숙해 왔던 사용자들은 새로운 언어기법에 따른 기대와 관심 속에 큰 변화를 가져오고 있다. 그것은 객체 지향 언어 바로 그것이다. 이러한 객체 지향에 관심의 대상은 클래스(Class), 객체(Object) 그리고 메소드(Method)이다.

객체(object)란 무엇인가? 객체는 실세계를 표현하고 프로그램 내에서 작업을 용이하도록 만들어 주는 프로그래밍 구조를 의미한다. 객체는 행위(behavior)를 포함해야 하며 다른 객체와 구분되는 고유한 식별자(identifier)를 가져야 한다. 객체를 이용하여 프로그램을 더욱 더 규격화하는 것이 가능하다.

객체 지향 개념(Object-Oriented)이란 오브젝트(객체)에서 실세계의 시스템을 모델링하기 위한 기법이다. 오브젝트(객체) 지향 언어란 프로그래머가 객체, 클래스(class), 상속(inheritance) 등을 사용하여 프로그램을 효과적으로 작성할 수 있도록 하는 프로그래밍 언어를 의미한다.

4.2 클래스의 구성

프로그램에서 객체라고 하는 것은 필요시 가져다가 사용할 수 있도록 독립된 기능을 수행하는 하나의 단위라고 할 수 있다. 이 단위는 기능과 자료가 포함되어 있다. 일반적으로 객체란 정수, 실수, 문자 등과 같이 단순한 데이터에서부터 자동차, 기차, 비행기와 같은 복잡한 사물뿐만 아니라 추상적인 관념 즉, 이성간의 사랑, 지역 공헌도까지도 포함되는 단위를 말한다.

클래스란 추상적인 데이터 형(Abstract Data Type)으로 int나 float와 같은 이미 제공된 타입이 아니라 사용자가 직접 정의하는 새로운 데이터 형을 만드는 작업이다.

데이터형이란 어떤 형식을 가지는 데이터와 그 데이터를 이용해서 결과를 나타내는 **메소드(Method)**라 할 수 있다.

클래스의 멤버는 클래스 내에 정의한 메소드와 변수이다. 인스턴트 변수는 클래스 내에 정의된 데이터나 변수를 말한다. 메소드는 클래스의 데이터가 사용될 수 있는 방법을 나타내는 것이다.

C++에서와 같은 전역 변수와 독립 변수라는 것이 존재하지 않는다. 자바에서는 오직 객체만이 존재하고 속성(Attributes)과 행위(Behavior) 즉, 변수(Variables)와 메소드(Method)로 구성된다.

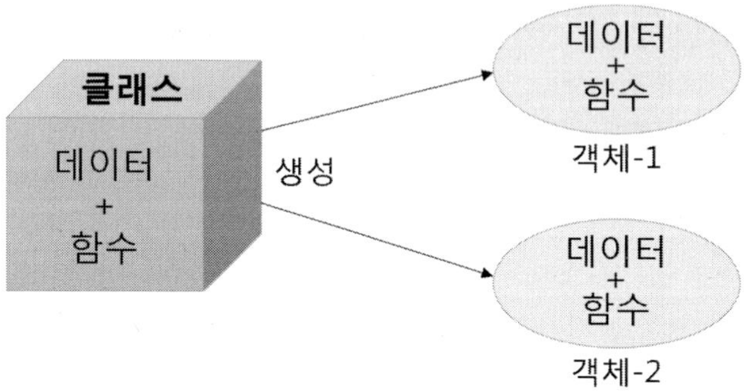

클래스와 객체

4.2.1 클래스의 구성요소

필드는 객체의 정적특성(Static Property)(객체가 가지고 있는 정보보관) 기억장소인 데이터 영역이고 메소드(Method)는 객체의 동적특성(Dynamic Property)으로 간주할 수 있다. 즉 객체의 데이터를 엑세스하거나 객체가 가지고 있는 필드를 변경하는 작업을 한다.

형 식

```
class 클래스명 {
     type 객체 변수 1;
            :
            :
     type 객체 변수 n;

     type 메소드명 1(인수1····· 인수n) {
     // 메소드의 몸체
            :
            :
     type 메소드명 n(인수1····· 인수n) {
     // 메소드의 몸체
     }
}
```

처음에 클래스 수정자(Modifier)가 선택적으로 부여할 수 있고 그 다음에 지정어 class가 나타난다. 클래스명은 일반적으로 첫 문자는 대문자를 이용한다.

클래스 이름 다음에는 "{"와 "}" 사이에 필드선언(Field Declaration)과 생성자 그리고 메소드 선언(Method Declaration)으로 구성된다.

클래스의 구성요소는 다음과 같다.

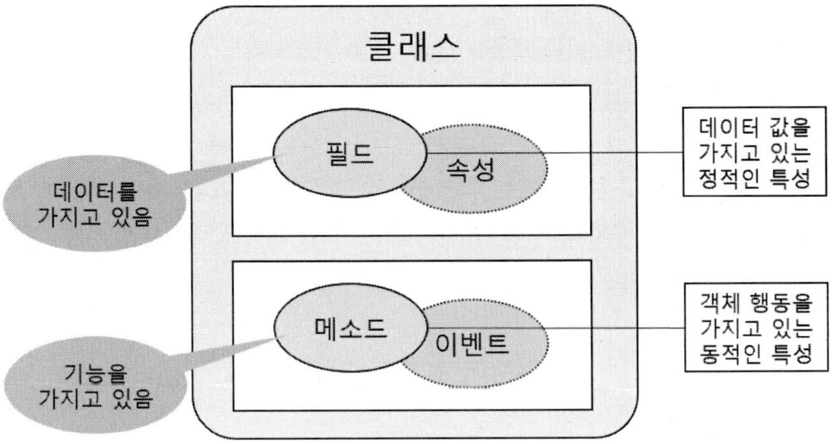

클래스 안에서 필드와 속성

필드는 속성의 개념으로 클래스나 클래스의 객체에 속하는 데이터이며, 그 클래스와 객체의 상태를 정의하는 것이고, 메소드는 이러한 필드의 상태를 조작하기 위한 실행문(Statement)들로 구성되며, 이벤트가 포함될 수 있다.

4.2.2 메소드의 정의

자바 프로그램은 클래스(Class)단위로 구성되며, 클래스란 서로 공통되는 구조를 가지고 있는 객체들에 대한 특성을 모형화한 것이다. 모형화된 클래스는 두 가지 종류의 멤버(Member)를 가지고 있는데, 멤버는 변수(Variable)와 메소드(Method)로 구분된다.

메소드는 메소드 이름이 지정되어 있는 코드의 블록을 의미하며, 재사용할 수 있고, 프로그램에서 각각 다른 위치에서 실행된다. 자바에서 메소드의 정의는 클래스 내부에서 기술한다. 클래스 내부는 클래스 선언 뒤에 중간 괄호 { }로 만들어진다. 메소드의 기본적인 구성은 메소드의 형(반환 값의 데이터 타입)과 메소드명, 인수, 메소드의 본체 등으로 구성된다.

메소드의 정의 형식은 다음과 같다.

형 식

```
[접근제한자] 자료형이름 메소드이름([인수[,...]) {
     // 메소드 정의 문장
}
```

- 접근제한자 : 다른 객체가 이 메소드를 참조할 때 제약사항 지정(생략 가능)
- 자료형 이름 : 메소드를 수행한 결과로, 리턴될 자료형명으로 없는 경우 void
- 메소드 이름 : 정의될 메소드의 이름으로 사용자 정의 식별자
- 인수 : 메소드 처리의 입력이 될 자료로, 없는 경우 생략가능
- 메소드 정의 : 메소드 구현 영역으로 처리 실행문

클래스 안에 선언되는 데이터 또는 변수는 **객체 변수**라고 하며, 코드는 메소드 안에 포함된다. 클래스 안에 선언되는 메소드와 변수는 클래스의 멤버이다. 대부분의 클래스에서 객체 변수는 클래스에 의해 정의된 메소드 안에서 처리된다.

따라서 메소드는 클래스의 데이터를 사용하는 방법을 정의한다. 클래스 안에 정의되는 변수는 각각의 객체에 복사되므로 객체 변수라고 한다.
하나의 객체 데이터는 다른 데이터와 분리되고 유일하며, 모든 메소드는 main( )처럼 사용된다. 그러나 static 또는 public으로 나타낼 경우는 구분된다.

static으로 나타내는 변수를 **클래스 변수**라고 한다. 클래스 변수는 클래스의 객체 안에 존재해서는 안되고 별도로 나타내야 한다. 클래스 변수는 다른 모든 객체 또는 클래스와 구분되고 참조될 수 있으며, static을 붙여서 나타내야 한다.

```
class PriEx1 {
     int garo = 15, sero = 20; // 필드의 선언
     double r1;
}

class PriEx2 {
     void Can1( ) { // 메소드의 선언
         PriEx1 Can = new PriEx1( );
         Can.r1 = Can.garo * Can.sero;
         System.out.println("garo="+Can.garo+" --> "+"sero="+Can.sero);
         System.out.println("result1 ="+Can.r1);
     }
}

class MethodEx {
```

```
    public static void main(String args[ ]) {
        PriEx2 P1 = new PriEx2( );
        P1.Can1( );
    }
}
```

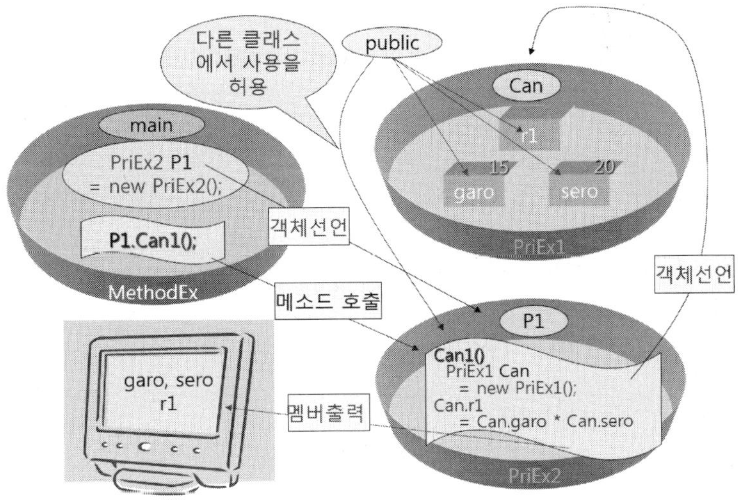

클래스 선언의 개요

4.2.3 필드와 속성

형 식

[접근제한자] 자료형이름 필드명;

- 접근제한자 : 다른 클래스가 이 필드를 참조할 때 제약사항을 정의(생략가능)
- 자료형이름 : 기본 자료형 또는 사용자가 정의한 자료형(다른 클래스)의 이름
- 필드명 : 사용자가 정의하는 변수명

필드는 변수, 데이터 멤버, 혹은 속성이라고도 부르며, 객체의 특성(상태)을 말한다. 자바 프로그램에서는 다음과 같이 표현한다.

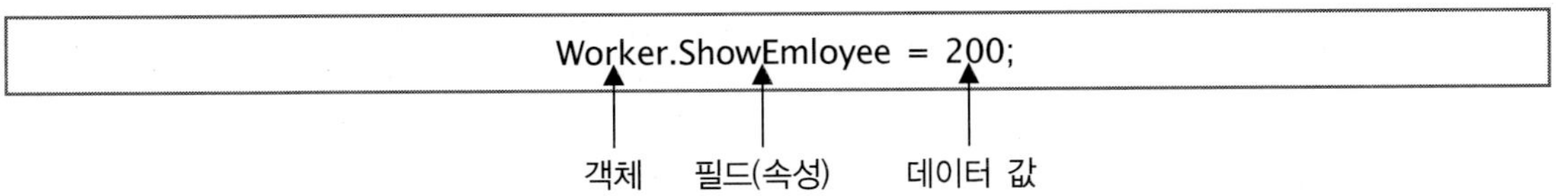

필드의 선언은 클래스 내부이면 모두 가능하며, 반드시 클래스의 선두, 메소드나 블록의 앞에 있어야만 하는 것은 아니다. 그러나 필드의 사용은 선언 후 가능하다.

```
// 성적 클래스의 필드 정의
class Sungjuk {
     int  number;     // 학번 필드
     String name;     // 이름 필드
     int  Korea;      // 국어 점수 필드
     int  Eng;        // 영어 점수 필드
     int  Mat;        // 수학 점수 필드
}


// 동아리 클래스의 필드 정의
class Dongari {
     String  id;       // 학번 필드
     String  name;     // 이름 필드
     int     age;      // 나이 필드
     Dongari chongmu; // 각 회원의 관리자(총무)를 나타내는 필드
}
```

필드를 선언하면 인위적으로 초기화되지 않은 경우 자료형에 따라 false, 0 또는 null로 초기화된다.

자료형	초기값
논리형(boolean)	false
문자형(char)	'₩u0000'
정수형(byte, short, int, long)	0
실수형(float, double)	+0.0f 또는 +0.0d
객체 참조형	null

실습 4-1 필드의 지정 실습

```
class FieldEx {
    public static void main(String args[ ]) {
        System.out.println("-->필드의 지정 실습<--");
        int age = 0;
        age = age + 7;
        System.out.println("age = " + age);
        System.out.println( );
    }
}
```

```
4: 필드의 지정
5: 필드의 연산
6: 필드의 출력
```

실행결과

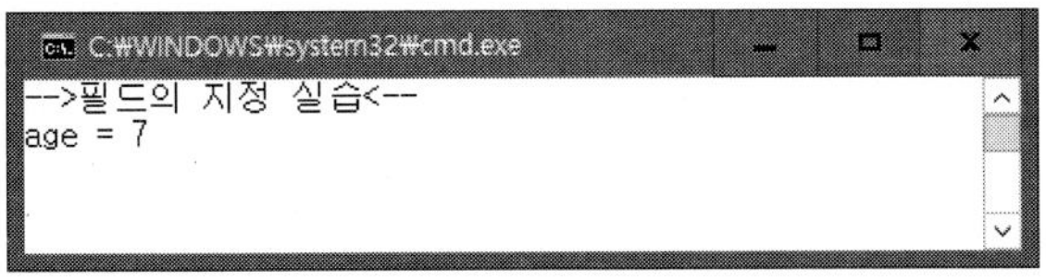

4.3 객체의 선언과 정의

객체를 선언하기 위해서는 클래스를 이용하여 작성해야 한다. 흔히들 클래스는 객체의 어머니라고 말한다. 하나의 클래스로 여러 개의 객체를 생성하기 때문이다.

클래스에 의해 객체를 생성하면 클래스에 선언된 필드와 메소드를 각각의 객체에 변수 공간을 설성하여 준다.

클래스의 구성 요소는 다음과 같다.

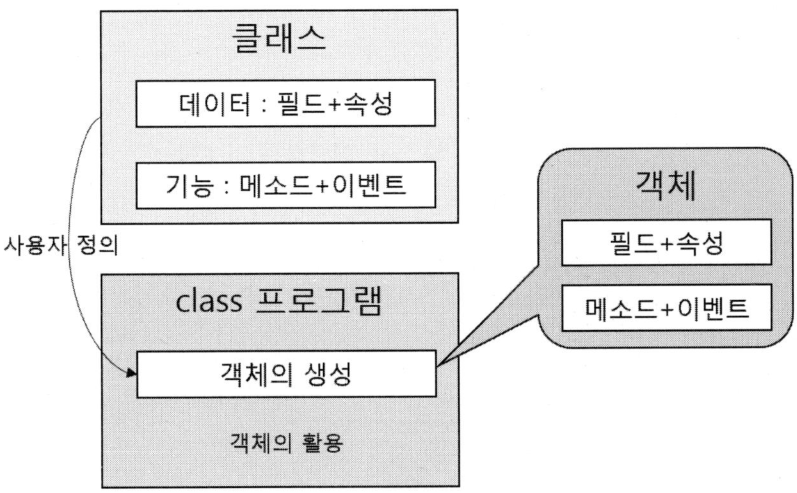

자바에서 객체를 만들기 위해 **new 연산자**를 사용한다. 사용자가 객체를 선언할 때, 자바는 객체의 이름을 알고 있지만 새로운 객체를 만들기 위해 new 연산자를 사용할 때까지 실제로 객체는 존재하지 않는다.

new 연산자를 이용해서 객체를 선언하는 방법은 다음과 같다.

형 식

```
클래스명 변수명 = new 클래스명([인수1, ·····, 인수n]);
     또는
클래스명   변수명;
변수명 = new 클래스명([인수1, ·····, 인수n]);
```

- 클래스명 : class에 선언 변수명
- 변수명 : 객체의 이름을 의미
- 인수 : 객체 안에 들어갈 데이터를 정의하며 생략이 가능

```
class Sungjuk {    // 성적 클래스의 선언
     int  number;     // 학번 필드
     String name;     // 이름 필드
     int  Korea;      // 국어 점수 필드
     int  Eng;        // 영어 점수 필드
     int  Mat;        // 수학 점수 필드
}

Sungjuk sungjuk1 = new Sungjuk( );    // sungjuk1 객체 선언

Sungjuk sungjuk2;
sungjuk2 = new Sungjuk( );    // sungjuk2 객체 선언
```

4.3.1 객체의 생성

자바에서 객체를 만들기 위해 new 연산자를 사용한다. 사용자가 객체를 선언할 때, 자바는 객체의 이름을 알고 있지만 새로운 객체를 만들기 위해 new 연산자를 사용할 때까지 실제 객체는 존재하지 않는다.

```
// Sungjuk 클래스를 이용한 3개의 객체 선언
Sungjuk sungjuk1 = new Sungjuk( );
Sungjuk sungjuk2 = new Sungjuk( );
Sungjuk sungjuk3 = new Sungjuk( );
```

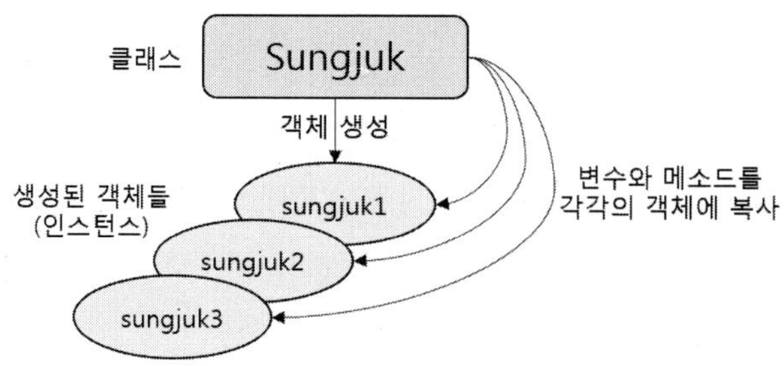

실습 4-2 객체의 생성 실습

```
1.  class ObjectCreate {
2.      public void MethodCall( ) {
3.          System.out.println("MethodCall 메소드가 호출되었습니다!!!");
4.          System.out.println( );
5.      }
6.  }
7.
8.  class ObjectInit {
9.      public static void main (String[ ] args) {
10.         ObjectCreate OC1 = new ObjectCreate( );
11.         System.out.println("-->객체의 생성 실습<--\n");
12.         System.out.println("OC1 객체를 생성했습니다!!!");
13.         System.out.println("OC1의 MethodCall 메소드를 호출했습니다!!!");
14.         OC1.MethodCall( );
15.         System.out.println("ObjectInit 프로그램이 종료됩니다!!!");
16.         System.out.println( );
17.     }
18. }
```

1~6: 클래스의 정의
10: 객체의 선언
14: 메소드의 호출

실행결과

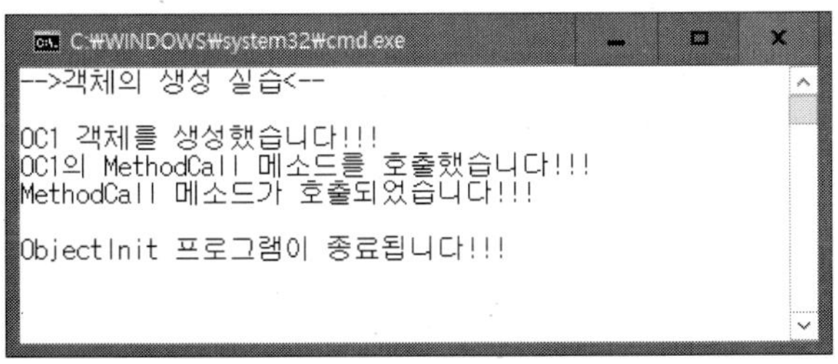

실습 4-3 인수가 있는 객체의 생성 실습

```
class GradeBook {
    public void DisplayMessage( String courseName ) {

        System.out.println( "안녕하세요 책이름은 " + courseName + " 입니다!!" );
        System.out.println( );
    }
}

```

```
9.  class GradeBookArg {
10.     public static void main (String[ ] args) {
11.         System.out.println("-->인수가 있는 객체의 생성 실습<--");
12.         String bookname;
13.         GradeBook myGradeBook = new GradeBook( );
14.         bookname = "JAVA Programming";
15.         myGradeBook.DisplayMessage( bookname );
16.     }
17. }
```

1~7: 클래스의 정의
4: 인수의 내용 출력
13: 객체의 선언
15: 인수를 지정한 메소드의 호출

실행결과

```
C:\WINDOWS\system32\cmd.exe
-->인수가 있는 객체의 생성 실습<--
안녕하세요 책이름은 JAVA Programming 입니다!!
```

4.3.2 null 키워드

객체를 선언한 경우 객체에 대한 변수를 참조한다. 그러나 참조 변수가 값이 없는 경우 객체를 참조하지 않고 있지 않는데 이러한 기준 변수를 **null 값**이라고 한다. 예를 들어, 다음 클래스 변수 book은 값이 할당되지 않았기 때문에 null의 의미를 가지고 있다.

```
Book book; // book의 의미는 null
```

만약 if 문에서 "**참조 변수==연산자**"를 사용하여 null을 표현할 수 있다.

```
if (book == null) {          // 참조 변수가 null인 경우
     book = new Book( );  // book 객체를 선언
}
System.out.println(book.title);
```

4.3.3 메모리에서의 객체

클래스에서 변수를 선언하면 변수에 할당되는 데이터에 대하여 메모리에 8바이트 영역을 지정한다. 자바에서 참조하는 메모리는 Stack과 Heap라는 영역으로 구분되며, 기본적인 변수는 Stack에 지정되지만 참조되는 변수는 Heap 영역에 링크된다.

```
Book myBook = new Book( );  // myBook 객체 선언
Book yourBook = myBook;     // yourBook 객체의 복사
```

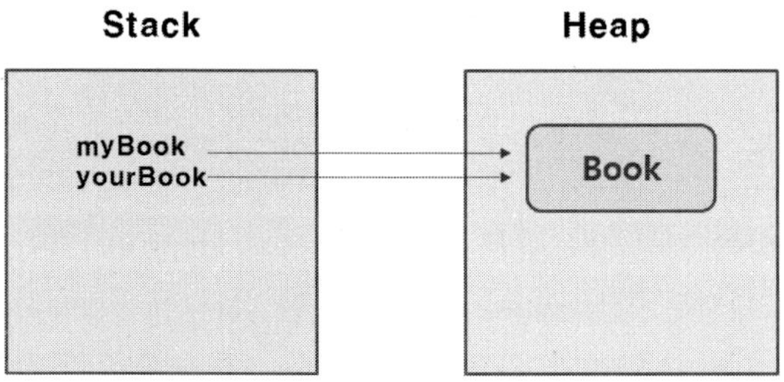


```
Book myBook = new Book( );     // myBook  객체 선언
Book yourBook = new Book( );   // yourBook 객체 선언
```

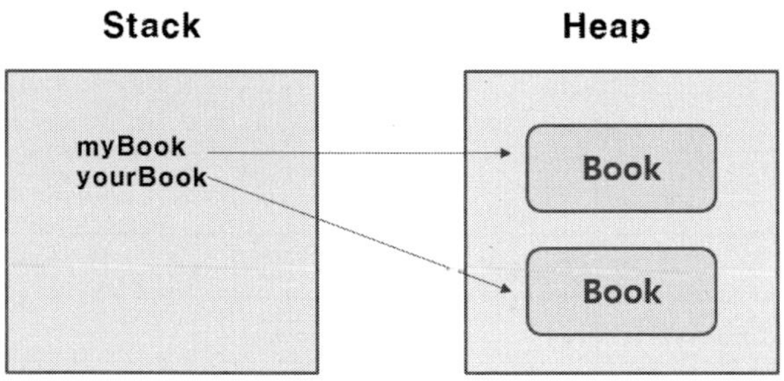

4.3.4 객체의 소멸

new를 사용하여 객체를 만들 수 있지만 메모리에서 제거하기 위한, 다른 C++ 언어에서 제공하는 것과 같은 delete에 해당하는 예약어는 제공되지 않는다.
자바에서 더 이상 참조될 필요가 없는 객체가 사용하던 메모리 공간은 프로그래머가 명시적으로 정의하지 않아도 자바에서 쓰레기 수집기(Garbage collector)가 자동으로 회수한다. 프로그래머는 단지 객체변수를 더 이상 아무 것도 참조하지 않는다는 표시로 객체변수에 null을 할당하면 자바에서의 쓰레기 수집기가 자동으로 회수하게 된다.

객체가 사용하던 네트워크의 소켓이나 파일의 자원을 닫을 경우는 finalize( ) 메소드를 명시적으로 사용하여야 한다. 객체가 사용한 자원을 닫는 것은 프로그래머가 직접 명시해야 한다는 것을 의미한다. java.lang.Object 클래스의 finalize( ) 메소드를 재정의할 때는 먼저, 슈퍼 클래스의 메소드를 다음과 같이 호출하고, 프로그래머가 정의하는 코드를 기술하도록 해야 한다.

```
protected void finalize() throws Throwable {
    super.finalize();
    // 객체의 소멸
}
```

4.4 자바에서 선언되는 변수

자바의 변수들은 선언된 장소 및 수식자의 유무에 따라 분류된다.

4.4.1 클래스 변수

외부 클래스로부터 정보 은닉의 수준을 제공하는 기능으로 접근 제한자(Access Modifier)가 있으며 클래스의 모든 멤버는 해당 클래스 안의 코드에서는 항상 사용이 가능하지만 다른 클래스에서의 접근과 서브 클래스로 상속되었을 때는 경우에 따라 제어하기 위해 자바에서는 4가지 수준의 접근 제한자를 제공한다.

객체 변수와 클래스 변수를 합쳐서 멤버 변수라고 한다. 멤버 변수는 어떤 수식자를 붙이는가에 의하여 변수의 참조 범위가 제한된다.

클래스 변수의 종류와 정의는 다음과 같다.

클래스 변수	기능 설명
public	언제 어디서나 접근할 수 있는 속성을 가짐
private	클래스 내부에서만 접근할 수 있고 외부에서는 접근할 수 없음
protected	private처럼 클래스 내부에서 접근할 수 있고, 이 클래스에서 상속된 서브 클래스에서 상속할 수 있음(단, protected는 외부에서 접근하는 것이 금지)
package	서로 관계있는 클래스들을 모아 놓은 라이브러리로서 패키지를 사용할 때 import를 사용하고 package 키워드는 반드시 맨 앞에 나와야 함

각 접근 제한자에 대한 접근 수준을 나타내며, Package란 접근 제한자가 없는 경우를 의미한다. 만약 접근제한자가 선언이 되지 않으면 기본적으로 private이 지정된다.

접근제한	클래스	서브 클래스	같은 패키지	모든 클래스
private	o	x	x	x
package	o	x	o	x
protected	o	o	o	x
public	o	o	o	o

접근 제한자는 클래스, 메소드, 멤버필드(변수) 앞에서 형(Type)을 선언함으로써 접근허용을 표시하는 기능을 가지며, 클래스, 메소드, 멤버필드에 따라서 각 의미는 차이를 보이게 된다.

```
// 성적 클래스의 필드 정의
class Sungjuk {
      public int  number;
      private String name;
      public int  Korea;
      public int  Eng;
      public int  Mat;
}
```

클래스 구성이나 생성자, 메소드, 필드멤버를 참조하기 위한 선언 방법으로 'public', 'final', 'abstract', 'private', 'static', 'protected' 등이 있다.
주목할 점은 클래스 접근 제한자는 접근 제한자의 선언함에 있어서 final과 abstract 선언을 함께 사용할 수 없다.
그러나 필드멤버 접근 제한자는 public, protected, private와 final, static과 함께 사용할 수 있고 메소드 접근 제한자는 public, protectcd, private와 abstract, static, final, native, synchronized와 함께 사용할 수 있다.

4.4.2 private

private는 객체 지향의 특성 중에서 정보은폐를 통해서 데이터의 보호를 위한 접근자이다.
따라서 선언된 필드가 정의된 클래스 안에서만 접근이 허용되고 다른 클래스에서는 접근할 수 없으므로 다른 사용자가 임의로 데이터를 변경할 수 없는 정보보호의 역할을 수행한다.
private 변수의 참조 불가능 개념의 이해는 다음과 같다.

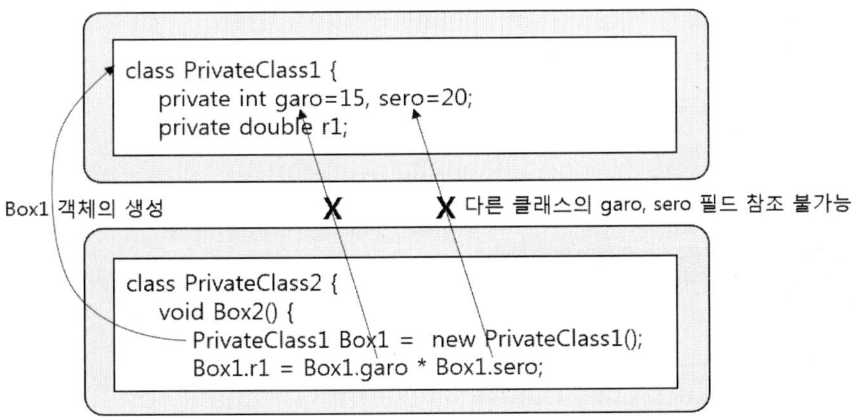

실습 4-4 public 변수 사용 실습

```
1.  class PriEx1 {
2.      public int garo=15, sero=20;
```

```
3.     public double r1;
4.     // private int garo=15, sero=20;
5.     // private double r1;
6.  }
7.
8.  class PriEx2 {
9.     void Can1() {
10.        PriEx1 Can = new PriEx1();
11.        Can.r1=Can.garo * Can.sero;
12.        System.out.println("garo="+Can.garo+"---->" +"sero="+Can.sero);
13.        System.out.println("result1="+Can.r1);
14.    }
15. }
16.
17. class PublicEx1 {
18.    public static void main(String args[]) {
19.        System.out.println("-->public 변수 사용 실습<--");
20.        PriEx2 P1 = new PriEx2();
21.        P1.Can1();
22.        System.out.println();
23.    }
24. }
```

1~6: 첫 번째 클래스의 정의
2~3: public 변수의 선언 및 초기화
10: 객체의 선언
11: 다른 클래스의 필드 연산
12: 다른 클래스의 필드 출력
8~15: 두 번째 클래스의 정의
20: 객체의 선언
21: 메소드의 호출

실행결과

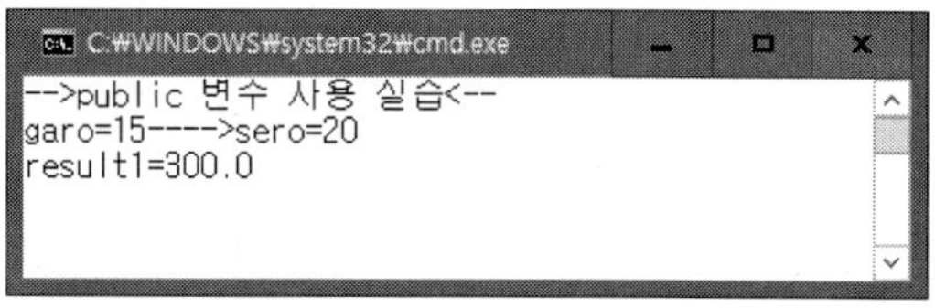

실습 4-5 private 변수 사용 컴파일 에러 실습

```
1. class PriEx1 {
2.     // public int garo=15, sero=20;
3.     // public double r1;
```

```
4.     private int garo=15, sero=20;
5.     private double r1;
6.  }
7.
8.  class PriEx2 {
9.     void Can1() {
10.        PriEx1 Can = new PriEx1();
11.        Can.r1=Can.garo * Can.sero;
12.        System.out.println("garo="+Can.garo+"---->"+"sero="+Can.sero);
13.        System.out.println("result1="+Can.r1);
14.    }
15. }
16.
17. class PrivateEx2 {
18.    public static void main(String args[]) {
19.        PriEx2 P1 = new PriEx2();
20.        P1.Can1();
21.    }
22. }
```

1~6: 첫 번째 클래스의 정의
4~5: private 변수의 선언 및 초기화
10: 객체의 선언
11: 다른 클래스의 필드 연산이나 private로 에러 발생
12: 디른 클레스의 필드 출력
8~15: 두 번째 클래스의 정의
19: 객체의 선언
20: 메소드의 호출

컴파일 결과

```
---------- 컴파일 ----------
PrivateEx2.java:11: error: r1 has private access in PriEx1
     Can.r1=Can.garo * Can.sero;
        ^
PrivateEx2.java:11: error: garo has private access in PriEx1
     Can.r1=Can.garo * Can.sero;
               ^
PrivateEx2.java:11: error: sero has private access in PriEx1
     Can.r1=Can.garo * Can.sero;
                          ^
PrivateEx2.java:12: error: garo has private access in PriEx1
     System.out.println("garo="+Can.garo+"---->"+"sero="+Can.sero);
                                   ^
PrivateEx2.java:12: error: sero has private access in PriEx1
     System.out.println("garo="+Can.garo+"---->"+"sero="+Can.sero);
                                                            ^
PrivateEx2.java:13: error: r1 has private access in PriEx1
     System.out.println("result1="+Can.r1);
                                      ^
6 errors
```

실습 4-6 private 변수 사용 실습

```
1.  class Box {
2.      private double width;
3.      double height;
4.      double depth;
5.
6.      // 연산 및 volume 값의 빈환
7.      double volume( ) {
8.          return width * height * depth;
9.      }
10.
11.     // box의 부피 지정
12.     void setDim(double w, double h, double d) {
13.         width = w;
14.         height = h;
15.         depth = d;
16.     }
17. }
18.
19. class TwoObjectCreate {
20.     public static void main(String args[ ]) {
21.         System.out.println("-->private 변수 사용 실습<--");
22.         Box mybox1 = new Box( );
23.         Box mybox2 = new Box( );
24.         double vol;
25.         // box의 초기화
26.         mybox1.setDim(10, 20, 15);
27.         mybox2.setDim(3, 6, 9);
28.
29.         // 첫번째 box의 값
30.         vol = mybox1.volume( );
31.         System.out.println("볼륨  =  " + vol);
32.
33.         // 두번째 box의 값
34.         vol = mybox2.volume( );
35.         System.out.println("볼륨  =  " + vol);
36.         System.out.println( );
37.     }
38. }
```

1~17: 클래스의 정의
2~4: 필드의 선언
7~9: 메소드의 선언

12~16: 2개의 객체의 선언
26~27: 인수있는 메소드의 호출
30~31: 첫 번째 객체에 대한 메소드 반환 값의 대입 및 출력
34~35: 두 번째 객체에 대한 메소드 반환 값의 대입 및 출력

실행결과

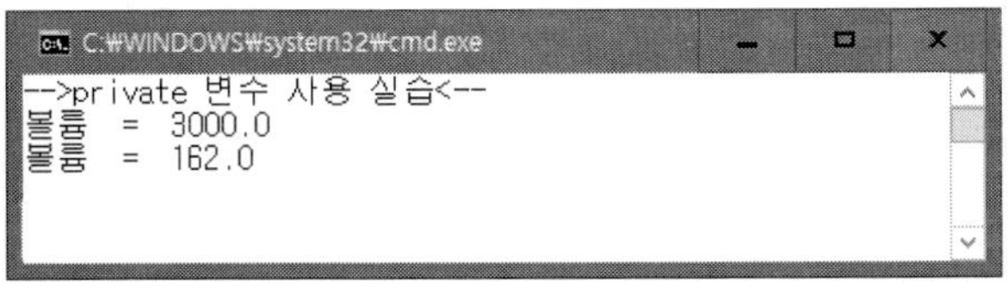

4.4.3 protected

protected는 메소드와 멤버필드 앞에서 선언되는 접근 수정자이며 슈퍼 클래스에서 protected로 선언된 멤버필드를 접근할 수 있다. 그러나 protected는 외부에서 접근하는 것이 금지되어 있다.

protected 멤버는 그 멤버를 지닌 클래스와 같은 형이거나, 그 클래스의 서브 클래스형에 대한 객체 변수를 통해서만 제한적인 접근을 허용하는 제어접근자이다.

확장한 클래스에서 슈퍼 클래스의 protected 멤버는 private와 같은 효과를 가진다. 즉 다른 클래스에서는 접근이 불가능하게 된다.

슈퍼 클래스(Super Class)와 서브 클래스(Sub Class)의 이해

클래스는 상속 개념에 따라 슈퍼 클래스와 서브 클래스로 구분되며, 상속을 제공해 주는 쪽을 "슈퍼 클래스"라고 하고 받는 쪽을 "서브 클래스"라고 하며 상속을 설정하기 위해 extends를 추가한다.

자바에서 상속이라는 개념은 슈퍼 클래스안의 변수나 메소드를 재사용하는 것을 의미하며, 접근제한자 protected를 붙여야 한다.

class B extended A;

실습 4-7 protected 사용 예

```
class ProtectEx1 {
    private int prisu;
    protected int prosu;

    void can() {
        prisu = 10;
```

```
7.          prosu = 20;
8.      }
9.  }
10. class ProEx3 extends ProtectEx1 {
11.     void can() {
12.         prisu = 10;       // (에러)
13.         prosu = 20;         // 정상
14.     }
15. }
```

1~9: 클래스의 정의
5~8: 메소드의 선언
10~15: 첫 번째 클래스를 두 번째 클래스에 상속
12: private 필드 호출로 에러 발생
11~14: 메소드의 선언

4.4.4 final

final은 클래스, 메소드, 멤버필드 모두에 사용되며, final로 선언된 클래스 앞에서 사용될 경우 상속을 통해서 다시 사용할 수 없게 된다. final로 선언된 클래스 안에서 멤버필드로 사용될 경우 변수의 값을 변경할 수 없게 된다.

final 변수의 선언 개요는 다음과 같다.

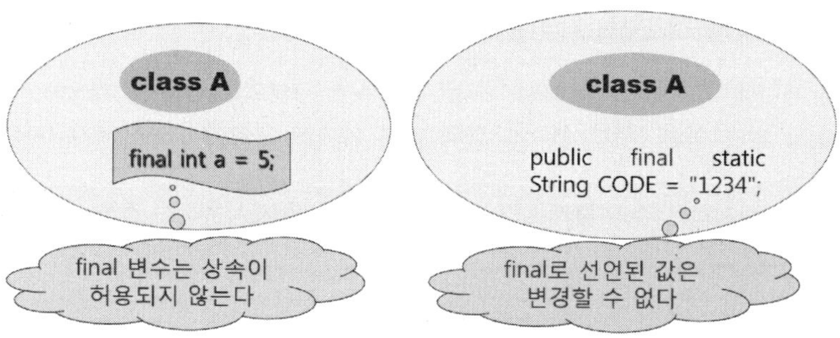

클래스나 메소드를 final 한정자로 표시하는 것은, 그 클래스의 사용에 많은 제약을 주는 것이다. 즉 해당 메소드의 동작이 완전히 고정되어, 앞으로 변경이나 확장되지 않는다는 의미로 사용되는 것이다.

final 변수와 메소드의 특징은 다음과 같다.

- final 필드는 상수로 취급되어 변경 불가능하게 된다.
- final 메소드는 재정의가 불가능하게 된다.
- final 클래스는 상속 불가능하게 된다. 그리고 final 클래스의 모든 메소드는 final로 명시되지 않아도 묵시적으로 final로 인식하게 된다.

실습 4-8 final 사용 실습

```
1.  class FinalDefine {
2.      public final static String CODE = "1234";
3.  }
4.
5.  public class FinalEx1 {
6.      public static void main(String[ ] args) throws Exception {
7.          System.out.println("-->final 사용 실습<--");
8.          System.out.println(FinalDefine.CODE);
9.          System.out.println( );
10.     }
11. }
```

2: final 변수의 선언
8: final 변수의 호출

실행결과

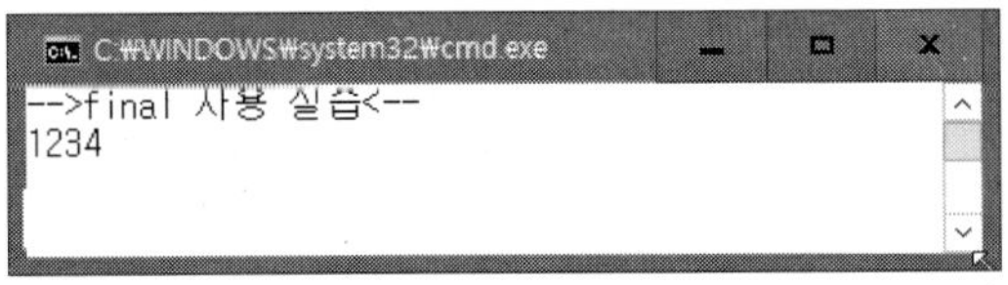

4.5 static

클래스 내에서 객체들 간에 전역변수처럼 사용이 가능하며, 메소드를 호출할 때 클래스명으로도 사용 가능하다.
클래스에서 선언한 static 변수는 클래스로부터 생성된 모든 객체에서 서로 공유할 수 있다. 그러나 this, super 메소드를 사용할 수 없고, static이 아닌 멤버필드는 접근할 수 없다.

static 변수의 선언 및 호출 개념은 다음과 같다.

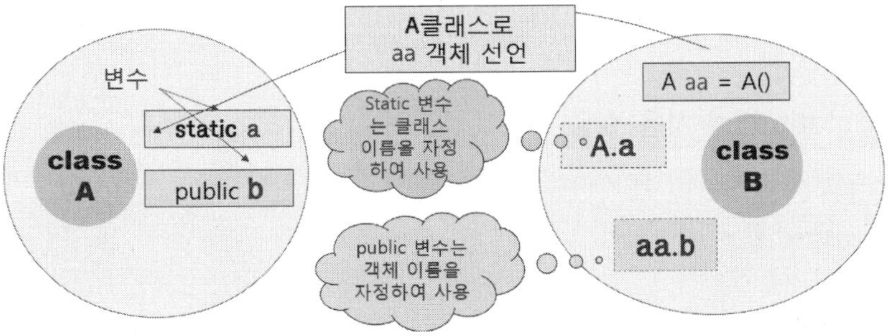

대부분의 경우 한 클래스로부터 생성된 임의의 객체는, 이 클래스로부터 생성된 다른 객체들과 같은 이름을 가진 필드들을 소유하게 되는데, 이 필드들은 각각의 객체마다 고유한 것이다.

클래스 내에서 객체들 간에 전역변수처럼 사용이 가능하며 메소드를 호출할 때 클래스명으로도 사용 가능하다. 그리고 클래스에서 선언한 static 변수는 클래스로부터 생성된 모든 객체에서 서로 공유할 수 있다. 해당 클래스 밖에서, 즉 다른 클래스에서 static 필드를 참조할 때는, 클래스 이름과 함께 기술해야 한다.

static으로 선언된 변수의 사용 예는 다음과 같다.

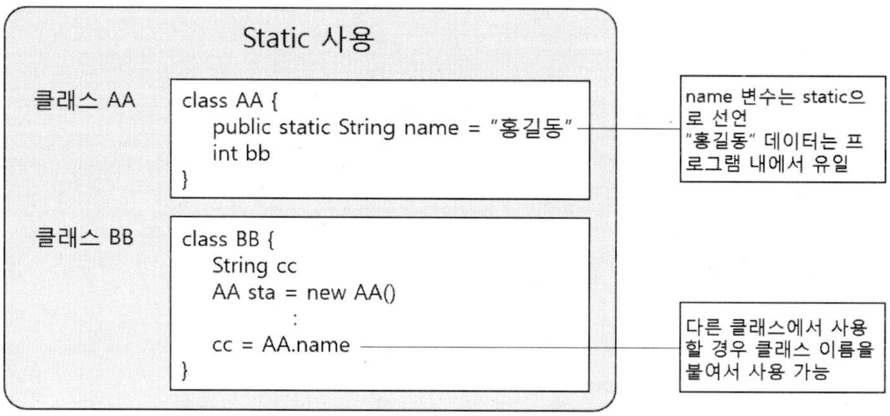

변수와 메소드가 static 수식자로 지정되어 있는 경우에는 클래스의 변수와 메소드로 된다. 그리고 static을 지정하는 경우 다른 클래스에서 사용할 경우 앞에 반드시 public을 같이 선언해야 한다.

또한 클래스 정의 안에서 문장 앞에 static을 붙이는 것에 의하여 static 초기화가 되어 클래스의 초기화가 일어나게 된다.

4.5.1 static 변수

클래스 정의 중에 선언된 변수로 static 수식자를 붙여 선언한 변수를 **클래스 변수**라고 하며, static을 붙이지 않은 통상적인 변수는 **객체 변수**라고 한다. 또한 클래스 내에 메소드에서 정의되어 사용되는 변수를 **지역 변수**라고 불린다.

실습 4-9 **static 변수 사용 실습**

```
class StaticEx1 {
    // protected로 선언
    protected int v1;
    protected int w2;
```

```
5.     protected String N1;
6.
7.     // 정적 변수 선언
8.     static String stamade;
9.
10.    public static void main(String args[]) {
11.        StaticEx1 mysta, yoursta;
12.        System.out.println("-->static 변수 사용 실습<--");
13.        // 클래스 객체를 생성한 뒤, 정적 변수에 값을 할당
14.        mysta = new StaticEx1();
15.        mysta.stamade = "홍길동";
16.
17.        // 클래스 객체를 새롭게 생성
18.        yoursta = new StaticEx1();
19.
20.        // 클래스 객체간에 정적 변수가 공유됨을 확인
21.        System.out.println("yoursta 클래스 객체의 stamade 변수는 "
22.                           + yoursta.stamade);
23.
24.        // 클래스 차원에서 정적 변수의 접근이 가능함을 확인
25.        System.out.println("Stajava 클래스 객체의 stamade 변수는 "
26.                           + StaticEx1.stamade);
27.        System.out.println();
28.    }
29. }
```

3~5: protected 변수의 선언
8: static 변수의 호출
14: 첫 번째 객체의 선언
15: 클래스 변수에 데이터 대입
18: 두 번째 객체의 선언
21~26: 클래스 변수들의 출력

실행결과

```
C:\WINDOWS\system32\cmd.exe
-->static 변수 사용 실습<--
yoursta 클래스 객체의 stamade 변수는 홍길동
Stajava 클래스 객체의 stamade 변수는 홍길동
```

4.5.2 static 메소드

메소드를 정의하는 경우에 static 수식자를 사용하면 클래스 메소드가 되고, static 수식자를 정의하지 하지 않으면 객체 메소드가 된다. **클래스 메소드**는 클래스 자신에 존재하는 메소드이며 객체 메소

드는 객체에 속하는 메소드이다.

클래스 메소드는 객체를 작성하지 않는 경우에도 존재한다. 따라서 객체를 작성하지 않고도 클래스 메소드를 호출하는 것이 가능하다. 클래스 메소드를 호출하기 위해서는 "클래스명.메소드"로 지정해야 한다.

형 식

[접근제한자] static 리턴형 메소드이름(인수)

실습 4-10 static 변수와 메소드 사용 실습

```
1.  class Box {
2.      int width;
3.      int height;
4.      int depth;
5.      long idNum;
6.      static long boxID = 100;
7.
8.      static long getcurrentID() {  // 클래스 메소드는 클래스 변수만 사용
9.          return boxID++;
10.     }
11. }
12.
13. class StaticVariableMethod {
14.     public static void main(String args[]) {
15.         System.out.println("-->static 변수와 메소드 사용 실습<--");
16.         Box mybox1 = new Box();
17.         mybox1.idNum = Box.getcurrentID();
18.         // 클래스 명을 통해서 클래스 메소드 사용
19.         Box mybox2 = new Box();
20.         mybox2.idNum = mybox2.getcurrentID();
21.         // 객체명을 통해서 클래스 메소드 사용
22.
23.         System.out.println("mybox1의 id 번호 : " + mybox1.idNum);
24.         System.out.println("mybox2의 id 번호 : " + mybox2.idNum);
25.         System.out.println("다음 박스의 번호는 "+ Box.boxID + "번 입니다.");
26.         System.out.println();
27.     }
28. }
```

1~11: box 클래스의 선언
6: static 변수의 선언

8~10: static 메소드의 선언
16: 첫 번째 객체의 선언
17: 첫 번째 static 메소드의 호출
19: 두 번째 객체의 선언
20: 두 번째 static 메소드의 호출
23~24: 객체 변수들의 출력
25: 클래스 변수의 출력

실행결과

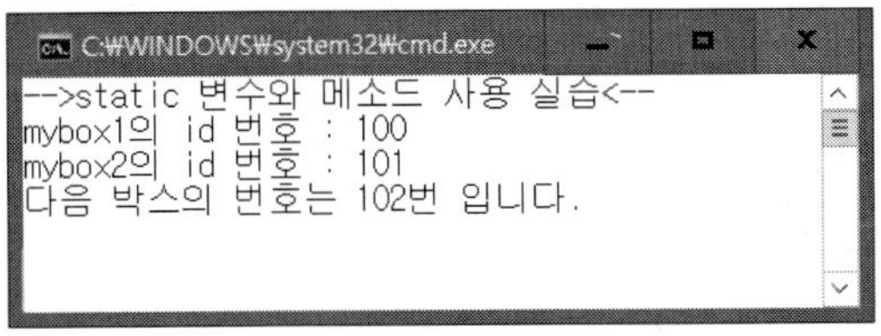

4.5.3 static 초기화

클래스 변수(static 변수)의 초기화를 하기 위한 특별한 문장이 **static 초기화** 문장이다. static 초기화 문장이 정의되어 있는 클래스가 로드되면 static으로 지정되어 있는 문장이 자동적으로 실행된다.

즉 클래스 변수형의 생성자(constructor)와 같은 것이다. static 초기화 문장을 정의하기 위해서는 다음과 같이 static을 문장에 설정한다. 또한 static 초기화 문장이 실행된 다음에 생성자(constructor)가 실행된다.

형 식

```
class 클래스명
      .......
      static 반환형 클래스명과 같은 메소드명( ) {
          클래스 변수의 초기화값
      }
}
```

실습 4-11 static 초기화 사용 실습

```
class A {
    static void A( ) {
        System.out.println("Init A");
    }

    public static void F( ) {
        System.out.println("A.F");
```

```
8.     }
9.  }
10.
11. class B {
12.     static void B() {
13.         System.out.println("Init B");
14.     }
15.
16.     public static void F() {
17.         System.out.println("B.F");
18.     }
19. }
20.
21. class StaticMethod {
22.     public static void main(String args[]) {
23.         System.out.println("-->static 초기화 사용 실습<--");
24.         A.F(); // A 클래스의 F() 메소드 호출
25.         B.F(); // B 클래스의 F() 메소드 호출
26.         System.out.println();
27.     }
28. }
```

1~9: A 클래스의 선언
2~4: static 메소드의 선언
6~8: public static 메소드의 선언
11~19 : B 클래스의 선언
12~13: static 메소드의 선언
16~18: public static 메소드의 선언
24~25: 각각의 클래스에 대한 static 메소드의 호출

실행결과

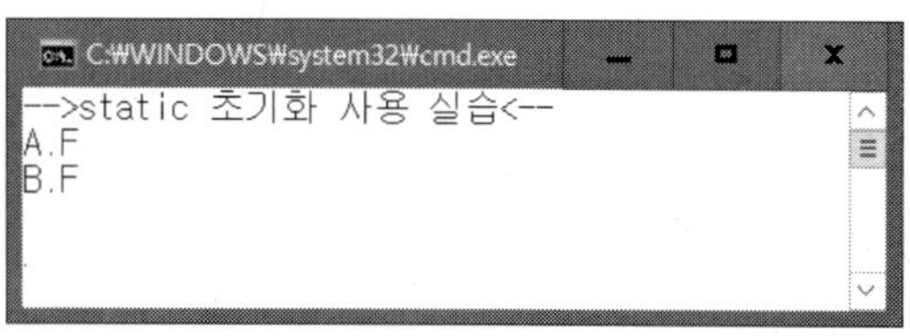

4.6 생성자

객체는 new라는 연산자를 사용한 문장에 의해 만들어지고 클래스의 객체를 생성하는 것을 **인스턴트화**(Instantiation)라고 한다. 새로 만들어진 객체의 인스턴트 변수는 적당한 초기값으로 된다.

생성자는 클래스 이름과 같은 이름을 가져야 하며, 생성자는 메소드가 아니기 때문에 어떤 값도 돌려줄 수 없다. 그리고 생성자는 클래스의 변수들이 기본 값으로 먼저 초기화 된 후에 실행된다.

생성자의 선언과 호출의 개념은 다음과 같다.

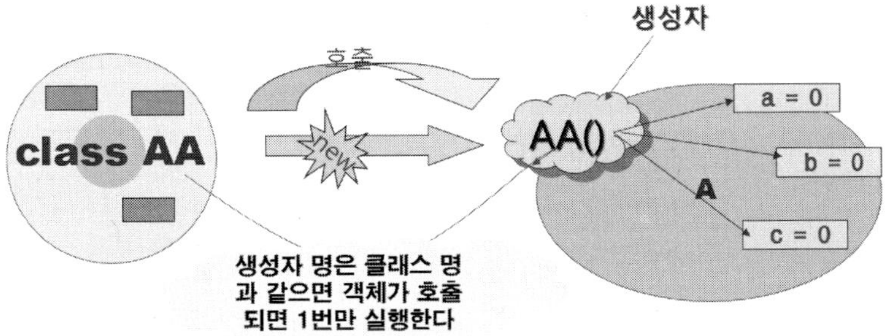

이 초기화 과정에서 복잡한 초기화가 필요할 때는 생성자(Constructor)를 정의하여 사용한다. 생성자는 클래스와 같은 이름을 가지게 되며 인수가 없는 경우와 인수가 있는 경우의 두 가지로서 구현되며 기본은 인수가 있는 생성자가 된다.

실습 4-12 생성자 사용 실습

```
class Member {
    public long id;
    public String name;
    public int age;
    public Member manager;

    Member( ) {
        id = 0;
        name = "[이름이 없습니다]";
        age = 20;
        manager = null;
        System.out.println(id + ", " + name + ", " + age);
    }
    Member(long bunho, String irum, int nai, Member master) {
        id = bunho;
        name = irum;
        age = nai;
        manager = master;
        System.out.println(id + ", " + name + ", " + age);
    }
}
class CreateConstructor {
    public static void main(String[ ] args) {
```

```
24.         System.out.println("-->생성자 사용 실습<--");
25.         Member sun = new Member( );
26.         Member park = new Member(1, "홍길동", 26, sun);
27.         System.out.println( );
28.     }
29. }
```

1~21: 생성자 클래스의 선언
7~13: 인수없는 생성자 메소드의 선언, 25번 객체의 선언으로 자동 실행
14~20: 인수있는 생성자 메소드의 선언
25: 객체의 선언
26: 인수있는 객체의 선언으로 15~21번 메소드의 자동 실행

실행결과

```
C:\WINDOWS\system32\cmd.exe
-->생성자 사용 실습<--
0, [이름이 없습니다], 20
1, 홍길동, 26
```

실습 4-13 생성자와 static 메소드 사용 실습

```
class PanMae {    // 클래스 필드
    private String pmyung;
    private int    sryang;
    private int    danga;   // 정적 필드

    // 생성자 메소드
    public PanMae(String pm, int sr, int dg) {
        pmyung = pm;
        sryang = sr;
        danga = dg;
    }

    // 클래스 필드 표시
    void PyoSi() {
        System.out.println(pmyung + '\t' + sryang + '\t' + danga);
    }

    // 정적 메소드
    public static void JeMokPyoSi() {
        System.out.println("품명\t수량\t단가");
    }
}
```

```
23. class ConstructorStatic {
24.     public static void main(String[ ] args) {
25.         System.out.println("-->생성자와 static 메소드 사용 실습<--");
26.         PanMae pmae1 = new PanMae("사과", 5, 1000);
27.         PanMae pmae2 = new PanMae("배  ", 3, 2000);
28.         PanMae pmae3 = new PanMae("포도", 7, 999);
29.
30.         PanMae.JeMokPyoSi( );
31.
32.         pmae1.PyoSi( );    // pmae1에 대해 PyoSi( )를 실행
33.         pmae2.PyoSi( );
34.         pmae3.PyoSi( );
35.         System.out.println( );
36.     }
37. }
```

1~22: 클래스의 선언
2~4: 정적 필드의 선언
7~11: 인수있는 생성자 메소드의 선언
14~16: 메소드의 선언
19~21: static 메소드의 선언
26~28: 3개의 객체 선언
30: 클래스 메소드의 호출
32~34: 3개의 메소드 호출

실행결과

```
C:\WINDOWS\system32\cmd.exe
-->생성자와 static 메소드 사용 실습<--
품명    수량    단가
사과    5       1000
배      3       2000
포도    7       999
```

4.7 인수(parameter)의 전달

메소드를 정의할 때 사용하는 인수를 **형식 인수**(Formal Parameter)라고 말하고 호출할 때 사용하는 인수를 **실 인수**(Actual Parameter)라고 한다.

메소드를 호출할 때 실 인수가 형식 인수로 전달하는 과정을 거치는데 이러한 과정을 **인수 전달**(Parameter Transmission)이라고 한다. 다시 말해서 형식 인수가 실 인수로 대체되는 작업이다.

형식 인수를 선언하는 형태는 일반적인 변수를 선언하는 방법과 동일하고 인수들은 콤마로 구분하여 나타내며 각각의 자료형을 명시해 주어야 한다. 인수의 자료형으로는 기본형과 참조형 모두 사용할 수 있다.

예를 들면 다음과 같은 형태로 나타낸다.

```
void  Expar(int i,  char ch) {
      ..............
}
```

메소드의 인수는 메소드 내에서만 참조가 가능하다. 비록 클래스 내부에 선언된 필드와 이름이 동일하더라도 서로 사용범위가 다르기 때문에 가능하다.

다음의 예를 살펴보자.

```
class Exname {
      int su1, su2; // 필드
      public Exname(int su1, int su2) {  // 인수
          ----------------------------
      }
}
```

클래스 Exname에서 필드로 선언된 변수와 인수로 사용된 su1와 su2는 비록 이름과 자료형이 동일하더라도 필드는 클래스 전체에서 참조할 수 있지만 인수는 참조 범위가 메소드 내로 한정된다.

그러나 메소드 내에서 클래스 필드와 인수를 구별하기 위해서 클래스 필드는 자신의 객체를 가리키는 지정어 this를 쓰는 것이다.

즉, 다음과 같은 형태로 사용한다.

```
class Exname {
      int su1, su2;     // 필드
      public Exname(int su1, int su2) { // 인수
          this.su1 = su1;
          this.su2 = su2 ;
              ----------------------------
      }
}
```

필드로 선언된 su1, su2에 값을 할당하기 위해서 지정어 this를 사용하고 있다. 이와 같이 this는 객체참조로서 메소드를 호출하는 자기 자신의 객체를 가리킨다.

실인수란 메소드 호출 시에 사용하는 인수이며 형식 인수로 전달되어 메소드 내에 사용된다.

자바에서 인수 전달 방법은 **값에 의한 호출**(Call by Value)이며 만일 인수를 통하여 메소드 내에서 변경된 값을 받고자 할 때는 객체에 의한 참조를 인수로 사용해야 한다. 즉 **참조에 의한 호출**(Call by Reference)을 이용하는 방법인 것이다.

값과 참조에 대한 호출의 관계는 다음과 같다.

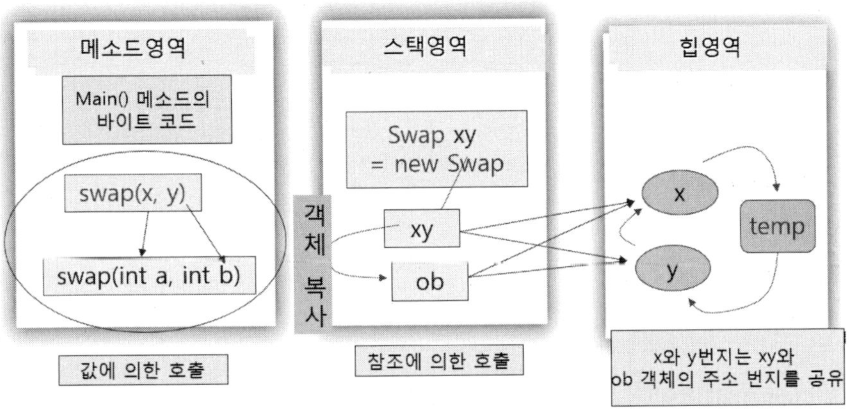

실습 4-14 callbyValue 메소드 실습(1)

```
class CallByValueEx1 {
    public static void swap(int x, int y) {
        int temp;
        temp=x; x=y; y=temp;

        System.out.println(" **교환* : x="+x+", y="+y);
    }

    public static void main(String args[]) {
        System.out.println("-->callbyValue 메소드 실습(1)<--");
        int x=100, y=500;
        System.out.println("교환이전 : x="+x+", y="+y);
        swap(x, y);
        System.out.println("교환이후 : x="+x+", y="+y);
        System.out.println( );
    }
}
```

2~7: static 메소드의 선언
6: 메소드의 인수에서 교환이후 값 출력
12: 교환 이전의 변수 내용 출력
13: 메소드의 호출
14: 교환 이후의 변수 내용 출력

실행결과

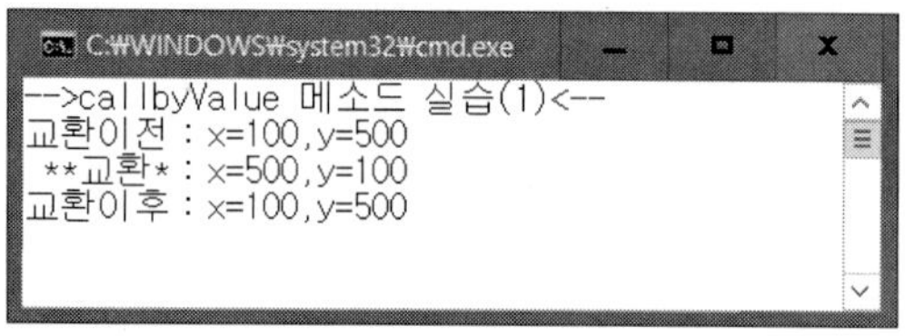

실습 4-15 callbyValue 메소드 실습(2)

```
1.  class ParaValue {
2.      void meth(int i, int j) {
3.          i *= 2;
4.          j /= 2;
5.      }
6.  }
7.
8.  class CallByValueEx2 {
9.      public static void main(String args[ ]) {
10.         System.out.println("-->callbyValue 메소드 실습(2)<--");
11.         ParaValue pv = new ParaValue( );
12.         int a = 15, b = 20;
13.         System.out.println("a 와 b의 이전 값 = " + a + " " + b);
14.         pv.meth(a, b);
15.         System.out.println("a 와 b의 이후 값 = " + a + " " + b);
16.         System.out.println( );
17.     }
18. }
```

1~6: 클래스의 선언
2~5: 메소드의 선언
11: 객체의 선언
13: 교환 이전의 필드 출력
14: 메소드의 호출
15: 교환 이후의 필드 출력

실행결과

```
C:\WINDOWS\system32\cmd.exe
-->callbyValue 메소드 실습(2)<--
a 와 b의 이전 값 =  15 20
a 와 b의 이후 값 =  15 20
```

호출한 쪽의 실인수에 대응하는 참조 값에는 영향을 주지 않고, 메소드 안에서 그 인수가 어느 객체를 참조할 것인지를 변경할 수 있게 된다. 그리고, 만일 객체의 필드 값을 바꾸거나 아니면 객체의 상태에 변경을 주는 메소드를 호출하면 그 객체의 실제 내용이 바뀔 수도 있게 된다.

실습 4-16 callbyReference 메소드 실습(1)

```
1.  class Swap {
2.      public int x, y;
3.      public static void swap(Swap ob) {
4.          int temp;
5.          temp=ob.x; ob.x= ob.y; ob.y=temp;
6.
7.          System.out.println(" **교환* : x="+ob.x+", y="+ob.y);
8.      }
9.  }
10.
11. class CallByReferenceEx1 {
12.     public static void main(String args[ ]) {
13.         System.out.println("-->callbyReference 메소드 실습(1)<--");
14.         Swap xy = new Swap( );
15.         xy.x=100; xy.y=500;
16.         System.out.println("교환이전 : x="+xy.x+", y="+xy.y);
17.         Swap.swap(xy);
18.         System.out.println("교환이후 : x="+xy.x+", y="+xy.y);
19.         System.out.println( );
20.     }
21. }
```

1~9: 클래스의 선언
3~8: 객체를 인수로 받은 메소드의 선언
7: 객체 필드의 출력
14: 객체의 선언
15: 객체 변수의 값 대입
16: 객체 변수의 교환 이전 필드 출력
17: 메소드의 호출
18: 객체 변수의 교환 이후 필드 출력

실행결과

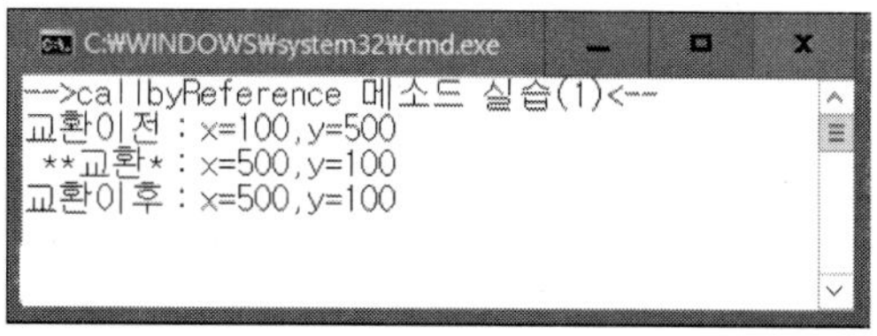

실습 4-17 callbyReference 메소드 실습(2)

```
1.  class ParaReference {
2.      int a, b;
3.
4.      ParaReference(int i, int j) {
5.          a = i;
6.          b = j;
7.      }
8.
9.      // 객체의 통과
10.     void meth(ParaReference o) {
11.         o.a *= 2;
12.         o.b /= 2;
13.     }
14. }
15.
16. class CallByReferenceEx2 {
17.     public static void main(String args[ ]) {
18.         ParaReference ob = new ParaReference(15, 20);
19.         System.out.println("-->callbyReference 메소드 실습(2)<--");
20.         System.out.println("a 와 b의 이전 값 = " + ob.a + " " + ob.b);
21.         ob.meth(ob);
22.         System.out.println("a 와 b의 이후 값 = " + ob.a + " " + ob.b);
23.         System.out.println( );
24.     }
25. }
```

1~14: 클래스의 선언
4~7: 생성자 메소드의 선언
10~13: 객체를 인수로 받은 메소드 선언
11~12: 변수값의 수정
18: 인수를 동반한 객체 호출
20: 객체 변수의 교환 이전 변수 내용 출력
21: 메소드의 호출
22: 객체 변수의 교환 이후 변수 내용 출력

실행결과

```
C:\WINDOWS\system32\cmd.exe
-->callbyReference 메소드 실습(2)<--
a 와 b의 이전 값 =  15 20
a 와 b의 이후 값 =  30 10
```

4.8 내부(Inner) 클래스

클래스 내부에 존재하는 또 다른 클래스를 의미하고 **중첩 클래스**(nested class)라고 부르기도 한다. 내부 클래스가 기술된 클래스(바깥쪽 클래스)가 아닌 다른 클래스에서는 사용을 할 수 없게 하여 하나의 패키지 내에 있는 클래스들의 구조화에 도움을 준다.

이러한 내부 클래스의 경우에는 컴파일러가 별도의 클래스로 분리하여 컴파일한다. 즉 내부 클래스는 $ 기호를 포함한 이름을 가진 별도의 클래스 파일로 컴파일된다.

내부 클래스 선언의 일반적인 형식은 다음과 같다.

형 식

```
class 클래스명 {
    변수 선언
    메소드 선언
    내부 클래스 선언
}
```

바깥쪽 클래스에서 안쪽 클래스의 멤버 접근 시 반드시 인스턴스를 통하여 접근되고 안쪽 클래스에서 바깥쪽 클래스 멤버들에 대한 접근 시에는 직접 접근이 가능하다.

내부 클래스의 장점은 다음과 같다.

- 내부 클래스에서 외부 클래스의 변수들을 쉽게 접근할 수 있다.
- 코드를 간결하게 작성할 수 있다.

일반 클래스와 내부 클래스의 비교 관계는 다음과 같다.

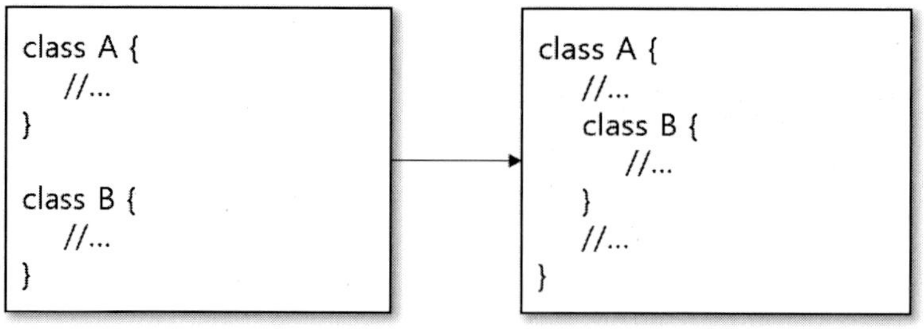

B는 A의 내부 클래스이며, A는 B를 감싸고 있는 외부 클래스이다. 이때 내부 클래스 B는 A를 최대한 다른 클래스에서 사용될 수 없다.

Inner가 Outer의 멤버로 정의된 경우 Outer의 객체가 선언되어야 Inner 객체를 작성할 수 있다.

```
Outer out = new Outer( ); // Outer의 객체 선언
Outer inner in = out.new Inner( ); // Outer 객체를 통해 Inner 객체 선언
```

실습 4-18 Outer에서 Inner 객체 선언

```
class Outer {
    static int a = 10;
    int b=20;
    void f() {
        System.out.println("안녕하세요!!");
    }

    class Inner {
        int c = 30;
        public void g() {
            b = 100;
            f();
            System.out.println(a + " " + c);
        }
    }
}
class OuterInner {
    public static void main(String[] args) {
        System.out.println("-->Outer에서 Inner 객체 선언<--");
        Outer out = new Outer();
        Outer.Inner in = out.new Inner();
        in.g();
        System.out.println(out.b);
        System.out.println();
```

```
25.     }
26. }
```

1~16: Outer 클래스의 범위
8~15: Inner 클래스의 범위
20~21: Outer와 Inner 객체 선언
22: Inner의 g( ) 메소드 호출하면 10~14번 문장 수행
12: Outer의 4~6번 문장 수행
23: Outer의 b 변수 출력

실행결과

```
C:\WINDOWS\system32\cmd.exe
-->Outer에서 Inner 객체 선언<--
안녕하세요!!
10 30
100
```

실습 4-19 Outer에서 Inner 변수 참조

```
class OutClass {
    int outerData = 1;
    MemberClass inc;

    OutClass() {
        inc = new MemberClass();
        printData("내부 클래스에서 변경된 외부 클래스의 멤버 확인", outerData);
        printData("외부 클래스에서 내부 클래스의 멤버 참조", inc.innerData);
    }

    void printData(String var, int value) {
        System.out.println(var + " : " + value);
    }

    class MemberClass {
        int innerData = 2;

        MemberClass() {
            printData("내부 클래스의 생성자에서 외부 클래스의 멤버 참조", innerData);
            outerData = 3;
        }
    }

    public static void main(String[] args) {
```

```
25.         System.out.println("-->Outer에서 Inner 변수 참조<--");
26.         new OutClass();
27.         System.out.println();
28.     }
29. }
```

1: OutClass 클래스의 객체 선언으로 생성자 5~9번 수행
6: Inner 클래스의 객체 선언
18~21: Inner 클래스의 생성자 수행
19: 첫 번째 문장 출력
7~8: 두 번째, 세 번째 문장 수행

- 코드를 작성하고 컴파일한 후 결과는 다음 두 개의 .class 파일 생성을 생성
- 내부 클래스는 "외부 클래스명$내부 클래스명.class"로 바이트 코드가 생성
    - OuterClass.class
    - OuterClass$MemberClass.class
- 내부 클래스(MemberClass), 외부 클래스(OuterClass)의 실행된 결과, 각 행의 의미
  ① Inner : 2 // 내부 클래스의 생성자에서 외부 클래스의 멤버 참조
  ② Outer : 3 // 내부 클래스에서 변경된 외부 클래스의 멤버 확인
  ③ Inner : 2 // 외부 클래스에서 내부 클래스의 멤버 참조

실행결과

```
C:\WINDOWS\system32\cmd.exe
-->Outer에서 Inner 변수 참조<--
내부 클래스의 생성자에서 외부 클래스의 멤버 참조 : 2
내부 클래스에서 변경된 외부 클래스의 멤버 확인 : 3
외부 클래스에서 내부 클래스의 멤버 참조 : 2
```

Chapter **05**

상속

5.1 상속

하나의 객체가 있을 때 이 객체와 유사한 새로운 객체를 생성해야 할 경우에 처음부터 새롭게 다시 만드는 것보다 이 객체를 확장하여 새로운 객체를 만들 수 있다. 이런 작업을 함으로서 체계적 계층 구조를 만들 수가 있으며, 기존에 만들어져 있는 클래스에 새로운 기능을 추가하여 향상된 클래스를 만들고, 각각의 클래스 간에 상하 관계를 연결하는 작업을 **상속**(Inheritance)이다.

상속은 이미 정의되어 있는 슈퍼 클래스의 메소드를 비롯한 모든 속성을 물려받아, 이로 인해 서브 클래스는 슈퍼 클래스의 메소드와 속성을 서브 클래스에 정의 하지 않아도, 자신의 속성으로 활용할 수 있는 특징을 가지고 있다.

클래스간의 상속 관계에 대한 그림은 다음과 같다.

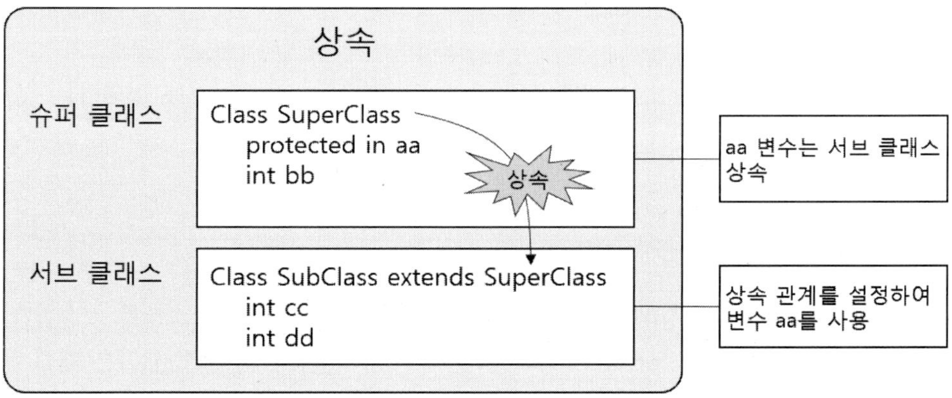

상속은 서브 클래스가 몇 개의 슈퍼 클래스로부터 상속을 받느냐에 따라 간일 상속과 다중 상속으로 구분된다.

- 단일 상속 : 상속자가 한 개의 슈퍼 클래스로부터 속성을 물려받는 것이다.
- 다중 상속 : 상속자가 여러 슈퍼 클래스로부터 속성을 물려받는 것이다.

이러한 상속의 성질을 이용하여, 슈퍼 클래스와 서브 클래스의 정보를 공유하므로 소프트웨어 재사용을 증대시켜 생산성을 향상 할 수 있다.

상속은 새로운 클래스를 정의함으로써 데이터를 공유할 수 있기 때문에 클래스의 행동을 재사용 하도록 한다. 서브 클래스들은 슈퍼 클래스의 연산을 상속하여 새로운 연산과 변수를 추가할 수 있다.

5.1.1 슈퍼 클래스와 서브 클래스

이 경우 상속을 부여하는 상위 클래스를 슈퍼 클래스(Super Class)라고 부르고 직접 상속 받는 클래스를 서브 클래스(Sub Class)라 부른다.

슈퍼 클래스와 서브 클래스의 연관 관계는 다음과 같다.

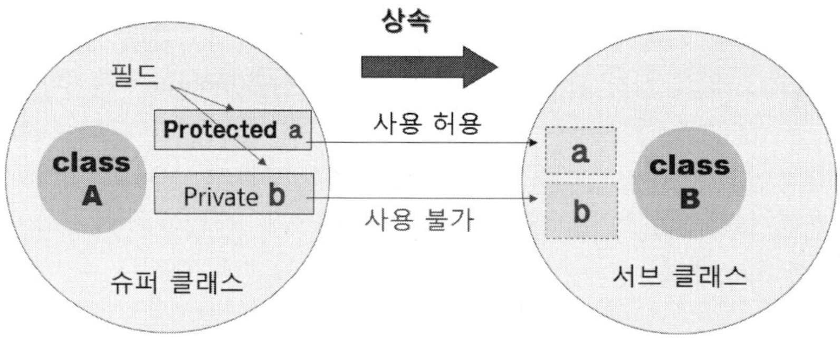

클래스에서 상하 관계를 연결하는 명령어 extends 키워드를 이용하여 슈퍼 클래스(superclass)를 지정한다. extends를 생략하는 경우에는 java.lang 패키지에서 정의된 Object 클래스가 슈퍼 클래스로 자동으로 지정된다. 결국, 새로운 클래스를 정의하는 것은 서브 클래스를 정의하는 것이 된다.

형 식

```
class 서브 클래스명 extends 슈퍼 클래스명
```

extends에서 슈퍼 클래스를 지정하면, 슈퍼 클래스가 갖고 있는 변수와 메소드를 계승한다. 계승되는 변수와 메소드는 public, protected로 정의된 변수와 메소드(슈퍼 클래스가 같은 패키지 내에 있는 경우)이다. 슈퍼 클래스에서 private로써 정의된 변수와 메소드는 상속하지 못한다.

클래스를 상속하면서 새로운 변수를 만드는 경우 슈퍼 클래스에 있는 변수와 이름이 같다면 슈퍼 클래스의 변수가 무시되고 서브 클래스의 변수가 사용된다.

클래스간의 상속과 변수 및 메소드 호출 개념은 다음과 같다.

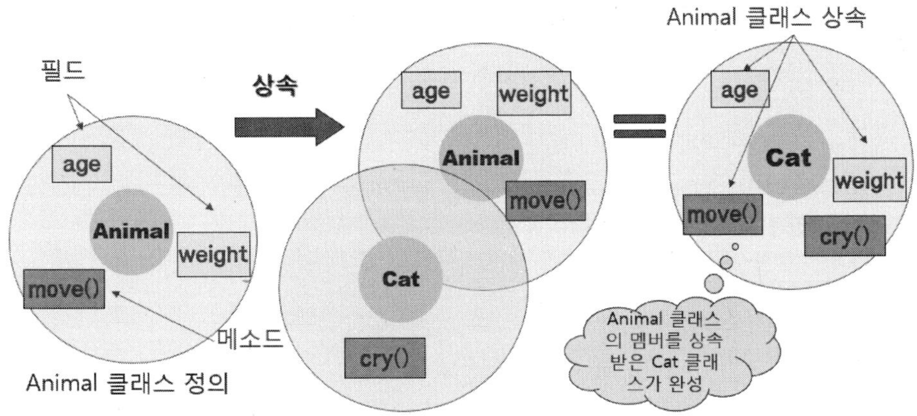

실습 5-1 상속의 기본 실습(1)

```
class SuperClass { // 상위 클래스 선언
   int x, y;  // 멤버 변수

   public SuperClass(int a, int b) { // 생성자
      x = a;
      y = b;
   }

   public int sum() { // 메소드
      return (x+y); // 결과 값이 반환된다
   }
}

class SubClass extends SuperClass {
   public SubClass() { // 생성자
      super(30, 20);  // 상위 클래스 생성자 호출
   }

   public int sub() { // 메소드
      return (x-y); // 결과 값이 반환된다
   }
}

class InheritanceEx1 {
   public static void main(String args[]) {
      System.out.println("-->상속의 기본 실습(1)<--\n");
      SubClass InheritanceTest = new SubClass();
      System.out.println("sum()의 결과 값 = " + InheritanceTest.sum());
```

```
29.         System.out.println("sub( )의 결과 값 = " + InheritanceTest.sub( ));
30.         System.out.println( );
31.     }
32. }
```

1~12: 상위(슈퍼) 클래스의 선언
4~7: 상위 클래스의 생성자 선언
14: 상위와 하위 클래스 간의 상속 관계 선언
14~22: 하위(서브) 클래스 선언
15~17: 하위 클래스의 생성자 선언
19~21: 하위 클래스 메소드 선언
27: 하위 클래스의 객체 선언
28: sum( ) 메소드 수행 값 출력
29: sub( ) 메소드 수행 값 출력

실행결과

```
C:\WINDOWS\system32\cmd.exe
-->상속의 기본 실습(1)<--

sum()의 결과 값 = 50
sub()의 결과 값 = 10
```

실습 5-2 상속의 기본 실습(2)

```
class Addresscard1 {
    String name;
    String handphone;
    String addrs;

    void cardprint( ) {
        System.out.println("이름 => " +name);
        System.out.println("핸드폰 => " +handphone);
        System.out.println("주소 => " +addrs);
    }
}

// 클래스 Addresscard1를 확장하여 서브 클래스 Addresscard2를 생성
class Addresscard2 extends Addresscard1 {
    double bonbong;
    double sudang;
    double wolgup;
    double Cal_wolgup( ) {
        wolgup = bonbong + sudang;
        return wolgup;
```

```
21.     }
22.     void play() {
23.         System.out.println("본봉 => " +bonbong);
24.         System.out.println("수당 => " +sudang);
25.     }
26. }
27.
28. class InheritanceEx2 {
29.     public static void main(String args[]) {
30.         System.out.println("-->상속의 기본 실습(2)<--");
31.         Addresscard1 card1 = new Addresscard1();
32.         Addresscard2 card2 = new Addresscard2();
33.         double Totalworgup;
34.
35.         card1.name="홍길동";
36.         card1.handphone = "010-1740-4949";
37.         card1.addrs = "서울시 신사동 씨티 아파트 0동 000호";
38.         card1.cardprint();
39.         card2.bonbong=1234000;
40.         card2.sudang=50000;
41.         Totalworgup=card2.Cal_wolgup();
42.
43.         System.out.println("최종월급 => " +Totalworgup);
44.         card2.play();
45.         System.out.println();
46.     }
47. }
```

1~11: 상위(슈퍼) 클래스의 선언
6~10: 상위 클래스의 메소드 선언
14: 상위와 하위 클래스 간의 상속 관계 선언
14~26: 하위(서브) 클래스 선언
18~25: 하위 클래스 메소드 선언
31~32: 객체 선언
35~41: 클래스들의 멤버와 메소드에 데이터 대입
44: play( ) 메소드 호출 수행

실행결과

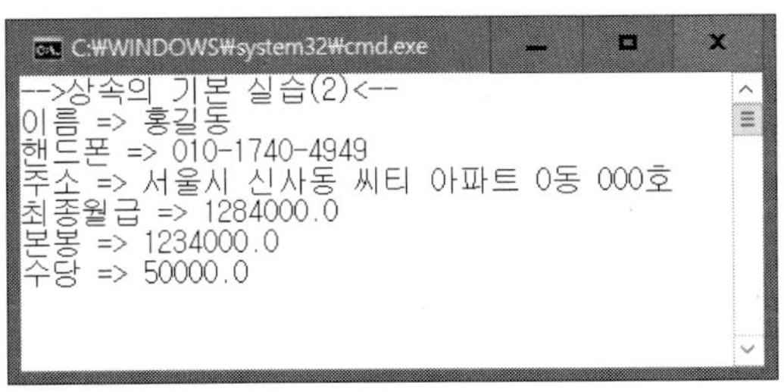

5.1.2 this 변수와 this( ) 메소드

여기서는 특수한 변수인 this와 특수한 메소드인 this( )로 구분하여 혼돈되지 않도록 같이 설명한다.

1 this

멤버 변수(객체 변수와 클래스 변수)와 지역 변수가 같은 이름인 경우, 특수한 변수 this를 사용하여 멤버 함수 참조가 가능하다. this는 자기 자신의 객체를 나타내는 변수로 인스턴스 메소드 내에서 사용된다. 또한 객체 자신을 인수로 다른 메소드를 호출하는 경우에도 사용한다.

실습 5-3 this 문 사용 실습(1)

```
1.  class ThisObj {
2.      int x = 10;
3.      public void dispX( ) {
4.          int x = 20;
5.          System.out.print(" 바깥의 x 값 = ");
6.          System.out.println(x);              // 20을 표시한다.
7.          System.out.print(" this로 지정된 x 값 = ");
8.          System.out.println(this.x);         // 10을 표시한다.
9.      }
10. }
11. class ThisVariableEx1 {
12.     public static void main (String args[ ]) {
13.         System.out.println("-->this문 사용 실습(1)<--");
14.         ThisObj obj = new ThisObj( );       // 객체를 작성
15.         obj.dispX( );                       // 객체의 메소드를 호출
16.         System.out.println( );
17.     }
18. }
```

1~10: 클래스의 선언
2: 클래스 내부에서 메소드 바깥 변수 선언
3~9: 메소드 선언
6: 메소드 안의 변수 출력
8: this가 가리키는 변수 값 출력
14: 객체 선언
15: dispX 메소드 호출 수행

실행결과

```
C:\WINDOWS\system32\cmd.exe
-->this문 사용 실습(1)<--
 바깥의 x 값 = 20
 this로 지정된 x 값 = 10
```

실습 5-4 this 문 사용 실습(2)

```
1.  class Hwewon {
2.      public String id;
3.      public String name;
4.      public int age;
5.      public String chonmu;
6.  
7.      Hwewon (String id, String name, int age, String chonmu) {
8.          this.id = id;
9.          this.name = name;
10.         this.age = age;
11.         this.chonmu = chonmu;
12. 
13.         System.out.println(this.id+":" + this.name+"-"
14.                     + this.age+"==>"+"총무:" + this.chonmu);
15.     }
16. }
17. class ThisVariableEx2 {
18.     public static void main(String args[]) {
19.         System.out.println("-->this문 사용 실습(2)<--\n");
20.         Hwewon D1 = new Hwewon("2019-124", "홍길동", 20 ,"김연아");
21.         Hwewon D2 = new Hwewon("2019-125", "이순신", 20, "김연아");
22.         Hwewon D3 = new Hwewon("2019-126", "강감찬", 20, "김연아");
23.         System.out.println( );
24.     }
25. }
```

1~16: 클래스의 선언
7~15: 생성자 메소드 선언으로 객체가 선언되면 자동 실행
20~22: 인수를 동반한 3개의 객체 선언

실행결과

```
C:\WINDOWS\system32\cmd.exe
-->this문 사용 실습(2)<--

2019-124:홍길동-20==>총무:김연아
2019-125:이순신-20==>총무:김연아
2019-126:강감찬-20==>총무:김연아
```

2 this( )

this( ) 메소드는 클래스의 다른 생성자를 호출하는 함수로서 특징을 살펴보면 다음과 같다.

- 각 객체의 인스턴스 변수를 참조하기 위한 접근 연산자(또는 도트 연산자) 또는 메소드에 대한 인수로서 현재의 객체를 반환 값으로 넘겨줄 수도 있다.

```
Var = this.variable;
     This.methodname(this)
Return this         └──────▶ 메소드에 대한 인수로 사용
           └──────▶ 현재의 객체를 반환
```

- 인스턴스 변수에 대해 this() 메소드를 생략할 수 있는 경우는 함수 내에 동일한 이름을 가진 멤버필드(변수)가 없을 때이다.
- static으로 선언된 method는 this() 메소드 사용하지 못한다. 생성자 안에서의 this() 메소드는 함수의 처음 부분에 기입하여야 한다.
- this가 객체 자신을 가리키기 때문에 this를 메소드로 사용하게 되면 생성자가 된다.

```
//보기 1
class TestThis {
     int i;
     double j;

     TestThis( ) { }
     TestThis(int I) {
         su1 = i;
     }
     TestThis(double j) {
         su2 = j;
     }
     TestThis(int i, double j) {
         this(i);     // TestThis(int i) 호출
         this(j);     // TestThis(double j) 호출
     }
}

//보기 2
class TestThis {
     int su1;
     TestThis(int su1) {
         this.su1 = su1;
         // 앞에 this를 붙임으로써 클래스 변수라는 것을 구분한다.
     }
}
```

객체 변수에 대해 this() 메소드를 생략할 수 있는 경우는 함수 내에 동일한 이름을 가진 멤버필드(변수)가 없을 때이다.

static으로 선언된 method는 this() 메소드를 사용하지 못한다. 생성자 안에서의 this() 메소드는 함수의 처음 부분에 기입하여야 한다. this가 객체 자신을 가리키기 때문에 this를 메소드로 사용하게 되면 생성자가 된다.

기본적인 this 메소드의 활용 방법과 연결 관계는 다음과 같다.

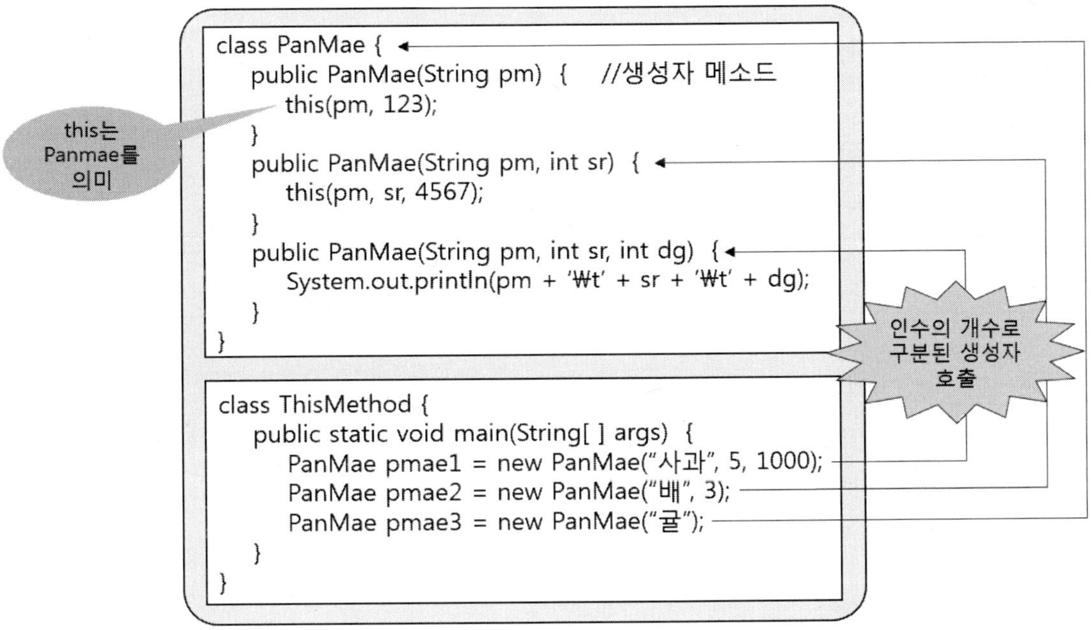

실습 5-5 기본적인 this 메소드 실습

```
class ThisEx1 {
    int num = 1957; // 객체 변수

    void printNum(int num) {
        System.out.println("일반적인 num 값 = " + num);
        System.out.println("객체 변수 num 값 = " + this.num);
    }
    public static void main(String[] args) {
        System.out.println("-->기본적인 this 메소드 실습<--");
        ThisEx1 tt6 = new ThisEx1();
        tt6.printNum(2019);
        System.out.println();
    }
}
```

1~13: 클래스의 선언
2: 객체 변수 선언
4~7: 메소드 선언
10: 메인 클래스에 대한 객체 선언
11: 인수 포함한 메소드 호출

실행결과

```
C:\WINDOWS\system32\cmd.exe
-->기본적인 this 메소드 실습<--
일반적인 num 값 = 2019
객체 변수 num 값 =  1957
```

실습 5-6 생성자와 this 메소드 사용 실습

```
class PanMae {
    // 생성자 메소드
    public PanMae(String pm) {
        this(pm, 123);
        // 필요한 경우 코드를 계속 적을 수 있다
    }

    public PanMae(String pm, int sr) {
        this(pm, sr, 4567);
        // 필요한 경우 코드를 계속 적을 수 있다
    }

    public PanMae(String pm, int sr, int dg) {
        System.out.println(pm + '\t' + sr + '\t' + dg);
    }
}
class ThisEx2 {
    public static void main(String[ ] args) {
        System.out.println("-->생성자와 this 메소드 사용 실습<--");
        PanMae pmae1 = new PanMae("사과",  5, 1000);
        PanMae pmae2 = new PanMae("배  ",  3);
        PanMae pmae3 = new PanMae("포도");
        System.out.println( );
    }
}
```

1~16: 클래스의 선언
3~6, 8~11, 13~15: 생성자 메소드 선언
4~7: 메소드 선언
11: 인수의 개수와 연결된 생성자 실행
20~22: 인수 동반한 객체의 선언

실행결과

```
-->생성자와 this 메소드 사용 실습<--
사과    5      1000
배      3      4567
포도    123    4567
```

3 toString( )

toString( ) 메소드는 특별한 메소드로 어떤 객체의 인수가 없고 String 객체를 반환하는 toString( ) 메소드를 가지고 있다고 가정할 때, 그 객체가 + 연산자에 의해서 문자열에 연결되었다면, 해당 객체의 toString( ) 메소드가 자동으로 호출된다.

특히 toString( ) 메소드는 객체의 내용을 문자열로 반환하기 때문에 객체의 내용을 참조할 때 주로 사용된다.

실습 5-7 toString 메소드 사용 실습

```
class Box {
    double width;
    double height;
    double depth;

    Box(double w, double h, double d) {
        width = w;
        height = h;
        depth = d;
    }

    public String toString() {
        return "영역은 = " + width + " : " + depth + " : " + height + ".";
    }
}
class ToStringEx1 {
    public static void main(String args[]) {
        System.out.println("-->toString 메소드 사용 실습<--");
```

```
19.         Box b = new Box(10, 12, 14);
20.         String s = "Box 객체의 값은 = " + b; // Box 객체의 결합
21.         System.out.println(b); // Box의 문자열 변환
22.         System.out.println(s);
23.         System.out.println( );
24.     }
25. }
```

1~15: 클래스의 선언
6~10: 생성자 메소드 선언
12~14: toString 메소드 선언
20: Box 객체의 결합
22: 메소드의 출력

실행결과

```
C:\WINDOWS\system32\cmd.exe
-->toString 메소드 사용 실습<--
영역은 =  10.0 : 14.0 : 12.0.
Box 객체의 값은 = 영역은 =  10.0 : 14.0 : 12.0.
```

실습 5-8 this와 toString 메소드 사용 실습

```
class ThisMethod {
    private String tname;
    private int tyear;

    ThisMethod( ) {
        this( "홍길동", 2019);
    }

    ThisMethod(String N, int Y) {
        this.tname = N;
        this.tyear = Y;
    }

    public void setName(String N) {
        this.tname = N;
    }

    public void setYear(int Y) {
        this.tyear = Y;
    }
```

```
21.
22.     public String getName( ) {
23.         return(this.tname);
24.     }
25.
26.     public int getYear( ) {
27.         return(this.tyear);
28.     }
29.     public String toString( ) {
30.         return("(" + this.tname + "," + this.tyear + ")");
31.     }
32. }
33. class ThisMethodVariable {
34.     public static void main(String args[ ]) {
35.         System.out.println( "-->this와 toString 메소드 사용 실습<--");
36.         ThisMethod ob1 = new ThisMethod( );
37.         ThisMethod ob2 = new ThisMethod( "자바프로그래밍 ", 2019);
38.         System.out.println( "ob1 : " + ob1 );
39.         System.out.println( "ob2 : " + ob2 );
40.         System.out.println( );
41.     }
42. }
```

1~32: 클래스의 선언
5~7, 9~12: 생성자 메소드 선언
29~31: toString 메소드 선언
36~37: 인수동반한 객체의 선언
38~39: 객체의 출력

실행결과

```
C:\WINDOWS\system32\cmd.exe
-->this와 toString 메소드 사용 실습<--
ob1 : (홍길동,2019)
ob2 : (자바프로그래밍 ,2019)
```

5.1.3 super 변수와 super( ) 메소드

super 필드 변수는, 현재 객체의 슈퍼 클래스에 대한 참조할 경우 사용된다. 따라서 슈퍼 클래스의 메소드를 호출할 경우 super.anyMethodName( )과 같이 메소드를 호출할 수 있다. 또한, 생성자의 첫 문장으로 슈퍼 클래스의 생성자를 호출할 때에는 super( ) 메소드를 호출할 수 있다.

필드 접근과 메소드 호출시 super 필드를 사용하면, 현재 객체를 슈퍼 클래스의 인스턴스로 간주하여 슈퍼 클래스의 객체로 동작하도록 해준다.
객체 자신을 가리키는 this 메소드와의 차이점은 super( ) 메소드는 상위 클래스를 가리킨다는 점이다. 따라서 상위 클래스의 멤버필드 또는 메소드를 가리킬 수 있다. super( ) 클래스는 상위 클래스의 생성자를 호출하며 클래스의 생성자 앞 첫 부분에 기입한다.

super와 this 호출의 연관 관계는 다음과 같다.

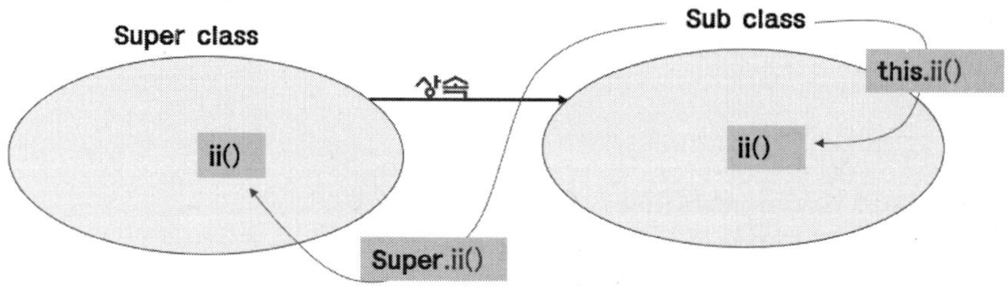

상위 클래스로부터 상속받은 서브 클래스는 상위 클래스의 생성자를 호출하도록 하며 상위 클래스의 생성자를 호출하지 않을 경우에는 자동적으로 상위 클래스의 생성자가 호출된다.

슈퍼 메소드와 서브 메소드의 연관 관계는 다음과 같다.

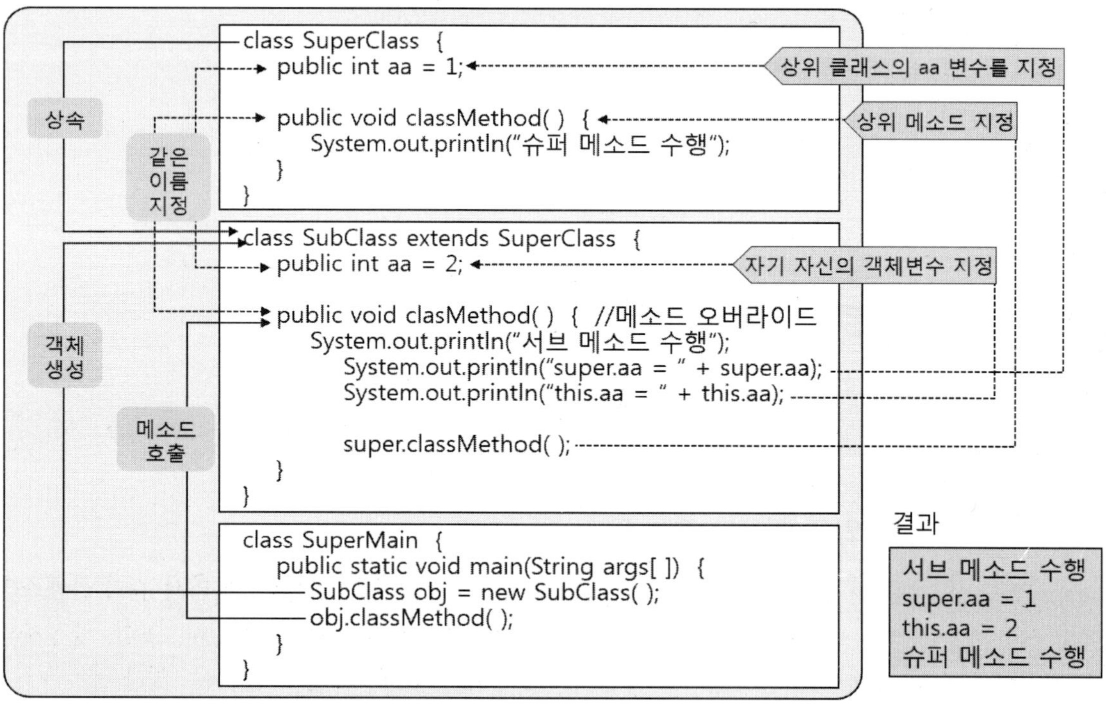

실습 5-9 this super 변수 사용 실습

```
1.  class SuperClass {
2.      int x = 5;
3.      public void dispX() {
4.          System.out.print("  슈퍼 클래스 x =  ");
5.          System.out.println(x);    // 5를 표시한다.
6.      }
7.  }
8.
9.  class SubClass extends SuperClass {     // SuperClass를 계승
10.     int x = 10;
11.
12.     public void dispX() {              // 메소드의 오버라이드
13.         int x = 20;
14.         System.out.print("  파생 클래스 x =  ");
15.         System.out.println(x);     // 20을 표시한다.
16.         System.out.println("  super.x = " + super.x);  // 5를 표시한다.
17.         System.out.println("  this.x = " + this.x);     // 10을 표시한다.
18.         super.dispX();                  // 슈퍼 클래스의 메소드의 호출
19.     }
20. }
21.
22. class SuperVariable {
23.     public static void main (String args[]) {
24.         System.out.println("-->this super 변수 사용 실습<--");
25.         SubClass obj = new SubClass();      // 객체를 작성
26.         obj.dispX();                          // 객체의 메소드의 호출
27.         System.out.println();
28.     }
29. }
```

1~7: 슈퍼 클래스의 선언
3~6: 메소드의 선언
9: SuperClass를 계승
12~19 : 메소드 선언 및 메소드 오버라이드
25: 객체의 선언
26: 객체의 메소드 호출

실행결과

```
C:\WINDOWS\system32\cmd.exe
-->this super 변수 사용 실습<--
  파생 클래스 x =  20
  super.x = 5
  this.x = 10
  슈퍼 클래스 x =  5
```

실습 5-10 super 메소드 사용 실습

```
class PanMae {
    private String pmyung;
    private int     sryang;
    public int     danga;   // 공개 필드.
        // 파생 클래스 객체에 대해서도 사용 가능

    public PanMae(String pm, int sr, int dg) { // 생성자
        pmyung = pm;
        sryang = sr;
        danga = dg;
    }

    public void PyoSi( ) {
        System.out.println(pmyung + '\t' + sryang + '\t' + danga);
    }
}

class SalePanMae extends PanMae {
    private double rate;         // 할인율

    // 생성자 메소드
    public SalePanMae(String pm, int sr, int dg, double r) {
        super(pm, sr, dg);         // PanMae(pm, sr, dg)로 실행
        rate = r;
    }
    public void HalInYul( ) {
        System.out.println("할인율 : " + rate);
    }
}
class SuperMethod {
    public static void main(String[ ] args) {
        System.out.println("-->super 메소드 사용 실습<--");
        System.out.println("품명" + '\t' + "수량" + '\t' + "단가");
        PanMae pmae = new PanMae("사과", 5, 1000);
        SalePanMae spmae = new SalePanMae("레몬", 7, 2000, 0.22);

        pmae.PyoSi( );
        spmae.PyoSi( );        // 상위 클래스의 PyoSi( )가 실행된다

        spmae.danga = 123;  // danga : 상위 클래스의 공개 필드
        spmae.PyoSi( );

```

```
43.         spmae.HallnYul( );
44.         System.out.println( );
45.     }
46. }
```

1~16: 슈퍼 클래스의 선언
7~11: 생성자 메소드의 선언
13~15: 일반 메소드 선언
18~29: 서브 클래스 선언
18: SuperClass를 계승
22~25: 생성자 메소드 선언
34: pmae 객체 선언
35: spmae 객체의 선언
37~38: 객체의 메소드 호출
40: 상위 클래스의 공개 필드에 데이터 대입
41: PyoSi( ) 메소드 실행
43: HallnYul( ) 메소드 실행

실행결과

```
C:\WINDOWS\system32\cmd.exe
-->super 메소드 사용 실습<--
품명    수량    단가
사과    5       1000
레몬    7       2000
레몬    7       123
할인율 : 0.22
```

5.1.4 오버로딩(Overloading)

오버로딩이란 메소드의 이름은 하나만 부여하고, 매개 변수를 다르게 함으로서 메소드를 여러 개 만드는 것을 의미하며, 일반적으로 중복 메소드, 다중정의라고 하고 오버로딩이라고 한다. 이것은 하나의 이름으로 여러 개의 메소드를 가지고 있다는 뜻을 가지고 있는데 오버로딩은 클래스의 사용자를 편하게 하기 위해서 사용하는 객체 지향의 기법이다.

다형성이란 '여러 개의 클래스가 같은 메시지에 대해서 각자의 방법으로 작용할 수 있는 행위'라고 정의하며, 이 다형성을 나타내는 것이 바로 오버로딩이다. 이는 각각의 객체가 동일한 메시지(파라미터)에 대해서 서로 다르게 또는 적절히 반응하는 것을 말한다.

다형성의 특성은 생성자 오버로딩(Constructor Overloading), 함수 오버로딩(Function Overloading) 및 연산자 오버로딩(Operator Overloading)등으로 구분한다.

함수 오버로딩은 같은 이름이 중복된 것이므로 함수의 구분을 위해서 인수의 수, 인수의 형(Type)이 달라져야 한다는 의미이다.

따라서 함수 오버로딩은 관련된 연산자들을 같은 이름으로 참조함으로서 프로그램의 복잡성 감소 및 동적으로 확장되는 기초를 제공한다.

클래스 메소드의 오버로딩 정의(Overloading) 사용 보기 예는 다음과 같다.

```
class Calc {
      int add(int a, int b) ;
      return a + b ;
}

int add(int a) ;
      return a + 1 ;
}

double add(double a, double b) ;
      return a + b ;
}
```

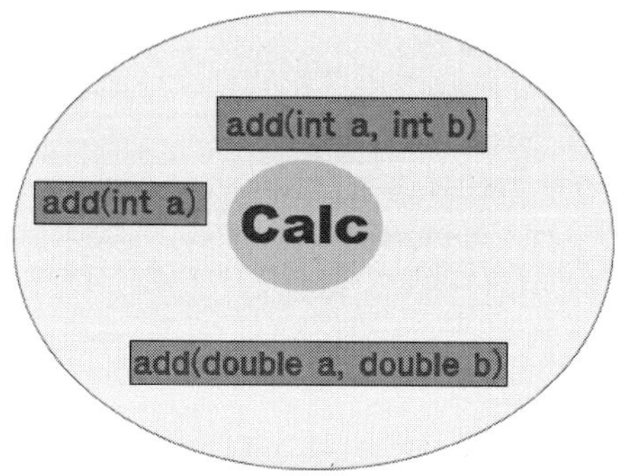

실습 5-11 overloading 메소드 사용 실습(1)

```
class OverLoadingEx1 {
   public static void main(String[] args) {
      System.out.println("-->overloading 메소드 사용 실습(1)<--");
      int x = 4, y = 8;
      System.out.println(maximum (x, y));
      double u = 8.3, v = 3.14159;
      System.out.println(maximum (u, v));
      System.out.println( );
   }

   public static int maximum(int a, int b) {   // 오버로딩 메소드
      System.out.print( "정수값을 비교하기 위해 " + a + " 와 " + b + "의 큰 값 : ");
      if( a > b )
         return a;
      else
         return b;
   }
   public static double maximum(double a, double b) { // 오버로딩 메소드
      System.out.print( "실수값을 비교하기 위해 " + a + " 와 " + b + "의 큰 값 : ");
```

```
20.         if( a > b )
21.             return a;
22.         else
23.             return b;
24.     }
25. }
```

2~9: main 블록 선언
5: 메소드 호출하여 10~17번이 수행
7: 메소드 호출하여 18~24번이 수행
11~17: 첫 번째 오버로딩 메소드의 선언
18~24: 두 번째 오버로딩 메소드의 선언

실행결과

```
C:\WINDOWS\system32\cmd.exe
-->overloading 메소드 사용 실습(1)<--
정수값을 비교하기 위해  4 와 8의 큰 값 : 8
실수값을 비교하기 위해  8.3 와 3.14159의  큰 값 : 8.3
```

실습 5-12 overloading 메소드 사용 실습(2)

```
class Overload {
    void test() {
        System.out.println("매개변수 없음");
    }

    void test(int a, int b) {
        System.out.println("변수 int " + a + "과 int " + b);
    }

    void test(double a) {
        System.out.println("변수 double " + a);
    }
}

class OverLoadingEx2 {
    public static void main(String args[]) {
        System.out.println("-->overloading 메소드 사용 실습(2)<--");
        Overload ol = new Overload();
        int i = 99;
        ol.test();
        ol.test(20, 30);
```

```
22.         ol.test(i);   // 자동 형 변환을 거쳐 void test(double a)를 실행
23.         ol.test(234.2);
24.         System.out.println( );
25.     }
26. }
```

1~13: Overload 클래스 선언
2~4, 6~8, 10~12: 오버로드 메소드 선언
18: 객체의 선언
20: 메소드 호출하여 2~4번이 수행
21: 메소드 호출하여 6~8번이 수행
22: 자동 형 변환을 거쳐 메소드 호출하여 10~12번이 수행
23: 메소드 호출하여 10~12번이 수행

실행결과

```
C:\WINDOWS\system32\cmd.exe
-->overloading 메소드 사용 실습(2)<--
매개변수 없음
변수 int 20과 int 30
변수 double 99.0
변수 double 234.2
```

실습 5-13 overloading 메소드 사용 실습(3)

```
class OverLoadingEx3 {
    public int plus(int a, int b) {
        return (a+b);
    }

    public float plus(float a, float b) {
        return (a+b);
    }

    public double plus(double a, double b) {
        return (a+b);
    }

    public static void main(String[ ] args) {
        OverLoadingEx3 ol = new OverLoadingEx3( );
        System.out.println("-->overloading 메소드 사용 실습(3)<--");
        int i = ol.plus(4, 6);
        float j = ol.plus(0.4f, 0.6f);
        double k = ol.plus(0.7, 0.9);
```

```
20.         System.out.println("int합 = "+i);
21.         System.out.println("float합 = "+j);
22.         System.out.println("double합 = "+k);
23.         System.out.println( );
24.     }
25. }
```

1~25: 전체 클래스 선언
2~4, 6~8, 10~12: 오버로드 메소드 선언
15: 객체의 선언
17: 메소드 호출하여 2~4번이 수행
18: 메소드 호출하여 6~8번이 수행
19: 메소드 호출하여 10~12번이 수행
20~22: 반환 값의 출력

실행결과

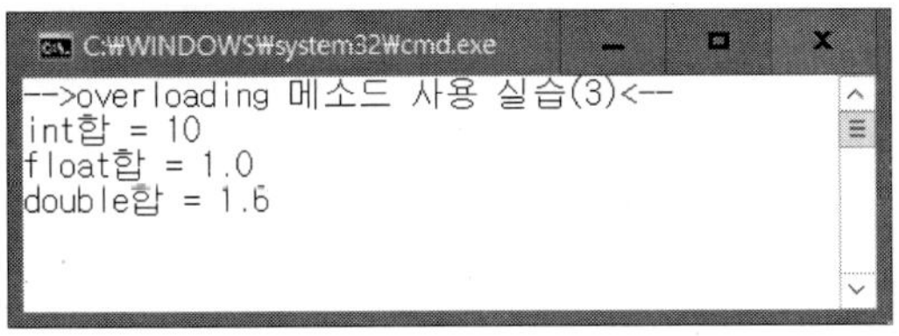

5.1.5 오버라이딩(Overriding)

오버라이딩은 오버로딩과 유사하게 수행되는데 슈퍼 클래스에 존재하는 메소드들이 서브 클래스에 다른 작업을 수행할 수 있도록 동일한 함수명으로 재정의하는 것이다. 즉, 클래스의 상속관계에 관련하는 것이다.

객체의 슈퍼 클래스를 참조하는 변수가 super이다. 파생된 클래스에서 슈퍼 클래스의 메소드를 오버라이드하고 있는 경우에 슈퍼 클래스와 같은 이름의 메소드를 호출하는 경우에도 사용한다.

또한 파생된 클래스의 작성자(constructor) 내에 슈퍼 클래스의 작성자(constructor)를 호출하는 경우에도 사용한다. 작성자(constructor)는 파생된 클래스를 객체로 작성하는 경우, 자동적으로 호출되는 메소드로 클래스명과 같은 이름의 메소드이다.

static로 선언된 클래스의 메소드는 오버라이딩 되지 못할 뿐 아니라 static 함수에서 this나 super를 사용할 수 없다. 슈퍼 클래스와 상속받는 서브 클래스 내에서 static 메소드로 함수를 새로 정의하게 되면 상위 클래스의 메소드를 감추는 효과가 있다.

슈퍼 클래스와 상속받은 서브 클래스의 메소드명이 같을 경우는 슈퍼 클래스의 메소드가 감추어지며 슈퍼 클래스의 메소드에 접근하기 위해서는 super를 통해서 이루어진다.

슈퍼 클래스와 상속받은 서브 클래스의 멤버필드가 같을 경우는 슈퍼 클래스의 멤버필드는 감추어지고 super를 이용하거나 서브 클래스를 슈퍼 클래스로 형 변환하여 접근이 이루어진다.

메소드를 오버라이드하는 목적은 서브 클래스에 적합한 메소드로 만들기 위해서이다. 단, 오버라이드 메소드의 인수의 개수, 인수의 자료형, 반환 값은 슈퍼 클래스의 메소드와 같아야 한다.

또한 서브 클래스에서 오버라이드를 못하게 하고 싶은 경우에는 슈퍼 클래스의 정의를 final로 지정하면 된다. 이것에 의하여 서브 클래스에서는 메소드를 오버라이드할 수 없게 된다.

1 오버라이딩과 오버로딩의 구분

오버라이딩과 오버로딩의 차이점은 오버로딩은 한 클래스내에서 같은 이름의 메소드를 재정의하는 것이고, 오버라이딩은 같은 클래스가 아닌 슈퍼 클래스에 정의 되어있는 메소드를 서브 클래스에서 재정의하는 것이다.

(1) 오버라이딩

- 상속관계에 있는 클래스들간에 같은 이름의 메소드를 정의하는 행위이다.
- 기존 클래스의 메소드 구현 부분만 약간 변화시켜 새로운 클래스를 생성할 수 있다.
- 매개 변수의 개수와 타입이 같아야 한다.

(2) 오버로딩

- 같은 클래스 내에 같은 이름의 생성자나 메소드를 사용하는 행위이다.
- 매개 변수의 개수와 타입이 달라도 상관없다.

2 오버라이딩의 규칙

① 클래스간의 메소드 이름, 리턴 형, 파라미터 수나 형이 완전히 일치해야 한다.
② 클래스간에 반드시 상속관계가 있어야 한다.
③ 같은 메소드이나 선언부가 하는 일이 구현부가 하는 일과 다르다.
④ 접근 제한자는 상관없지만 오버라이딩된 서브 클래스의 메소드 접근제한자는 슈퍼 클래스의 메소드 접근제한자보다 범위가 크거나 같아야 한다. 예를 들어 상위 클래스의 메소드의 접근제한자가 protected인 경우 하위 클래스가 이 메소드를 오버라이딩하는 경우 접근제한자는 public 또는 protected가 되어야 하지만 만약 private으로 선언되면 에러가 발생한다.

슈퍼 클래스와 상속받은 서브 클래스의 메소드명이 같을 경우는 슈퍼 클래스의 메소드가 감추어지며 슈퍼 클래스의 메소드에 접근하기 위해서는 super를 통해서 이루어진다.

```
class Greeting {
     void bye( ) ;
         System.out.println("Good Bye");
} }
     .
Greeting greeting = new Greeting( ) ;
greeting.bye( ) ;
     .

class Insa extends Greeting {
     void bye( ) ;
         System.out.println("안녕히 계세요");
} }
     .
Insa insa = new Insa( ) ;
insa.bye( ) ;
     .
```

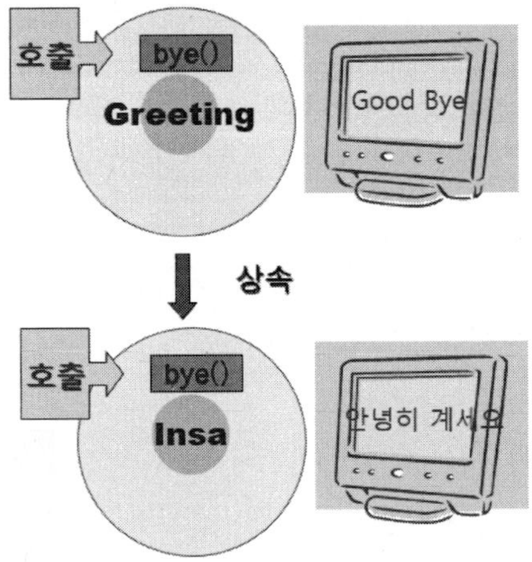

슈퍼 클래스와 상속받은 서브 클래스의 멤버필드 x가 같을 경우는 슈퍼 클래스의 멤버필드는 감추어지고 super를 이용해야 접근이 이루어진다. 구체적으로 표현하면 Parent 클래스의 x 값 10은 서브 클래스 Child에서 x 값은 20으로 정의되어 있으므로 슈퍼 클래스의 x 값 10은 감추어져 있다.

일반적으로 x 값을 출력하면 20이 출력된다. 그러나 슈퍼 클래스의 x 값을 출력하기 위해 super.x로 표현하면 10을 출력할 수 있다.

실습 5-14 Overriding 메소드 사용 실습(1)

```
class Father {
   int i, j;

   Father(int a, int b) {
       i = a;
       j = b;
   }

   void show( ) {
       System.out.println("상위클래스의 메소드 show( ) 실행");
   }
}
```

```
13.
14. class Son extends Father {
15.     int k;
16.
17.     Son(int a, int b, int c) {
18.         super(a, b);    // 상위 클래스의 생성자를 호출
19.         k = c;
20.     }
21.
22.     void show( ) {
23.         System.out.println("하위 클래스의 메소드 show( ) 실행");
24.         System.out.println("\nsuper를 이용한 상위 클래스 메소드 호출");
25.         super.show( );
26.     }
27. }
28. class OverridingEx1 {
29.     public static void main(String args[ ]) {
30.         System.out.println("-->Overriding 메소드 사용 실습(1)<--");
31.         Son over1 = new Son(20, 30, 40);
32.         System.out.println("i, j, k의 값  :  " + over1.i + " " + over1.j
33.                 + " " + over1.k);
34.         over1.show( );
35.         System.out.println( );
36.     }
37. }
```

1~12: 슈퍼 클래스 선언
4~7: 생성자 메소드 선언
14~27: 서브 클래스 선언
17~20: 생성자 메소드 선언
25: super를 이용한 상위 클래스 메소드 호출
31: 객체의 선언
34: show( ) 메소드 호출

실행결과

```
C:\WINDOWS\system32\cmd.exe
-->Overriding 메소드 사용 실습(1)<--
i, j, k의 값  :  20 30 40
하위 클래스의 메소드 show() 실행

super를 이용한 상위 클래스 메소드 호출
상위클래스의 메소드 show() 실행
```

실습 5-15 Overriding 메소드 사용 실습(2)

```
1.  class Father {
2.      void show(String str) {
3.          System.out.println("show(String str) 수행 " + str);
4.      }
5.  }
6.
7.  class Son extends Father {
8.      void show( ) {
9.          System.out.println("하위클래스의 메소드 show( ) 수행");
10.     }
11. }
12. class OverridingEx2 {
13.     public static void main(String args[ ]) {
14.         System.out.println("-->Overriding 메소드 사용 실습(2)<--");
15.         Son over = new Son( );
16.         over.show("상위 클래스 호출");
17.         over.show( );
18.         System.out.println( );
19.     }
20. }
```

1~5: 슈퍼 클래스 선언
2~4: 슈퍼 메소드 선언
7~11: 서브 클래스 선언
8~10: 서브 메소드 선언
15: 객체의 선언
17: 상위 클래스 호출

실행결과

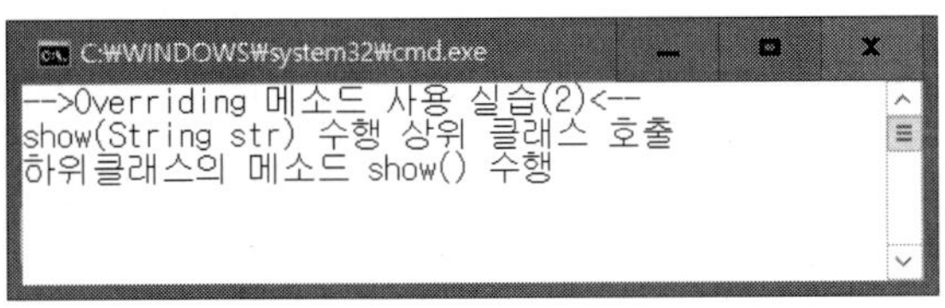

실습 5-16 Overriding 메소드 사용 실습(3)

```
class SuperObj {
    int x = 5;
    public void dispX( ) {
        System.out.println("\n슈퍼 클래스 ");
```

```
5.          System.out.println("x = " + x);      // 5를 표시한다.
6.      }
7.  }
8.
9.  class ThisObj extends SuperObj {    // SuperObj을 계승
10.     int x = 10;
11.     public void dispX( ) {    // 메소드의 오버라이드
12.         int x = 20;
13.         System.out.println("서브 클래스      ");
14.         System.out.println("x = " + x);    // 20을 표시한다.
15.         System.out.println("this.x = " + this.x);  // 10을 표시한다.
16.         super.dispX( );        // 슈퍼 클래스의 메소드의 호출
17.     }
18. }
19. class OverridingEx3 {
20.     public static void main (String args[ ]) {
21.         System.out.println("-->Overriding 메소드 사용 실습(3)<--");
22.         ThisObj obj = new ThisObj( );          // 객체를 작성
23.         obj.dispX( );    // 객체의 메소드의 호출
24.         System.out.println( );
25.     }
26. }
```

1~7: 슈퍼 클래스 선언
3~6: 슈퍼 메소드 선언
9~18: 서브 클래스 선언
11~17: 서브 메소드 선언
16: 슈퍼 클래스의 메소드의 호출
22: 객체의 선언
23: 객체의 메소드의 호출

실행결과

```
C:₩WINDOWS₩system32₩cmd.exe
-->Overriding 메소드 사용 실습(3)<--
서브 클래스
x = 20
this.x = 10

슈퍼 클래스
x = 5
```

static로 선언된 클래스의 메소드는 오버라이딩 되지 못할 뿐 아니라 static 함수에서 this나 super를 사용할 수 없다. 슈퍼 클래스와 상속받는 서브 클래스 내에서 static 메소드로 함수를 새로 정의하게 되면 상위 클래스의 메소드를 감추는 효과가 있다.

슈퍼 클래스와 상속받은 서브 클래스의 메소드명이 같을 경우는 슈퍼 클래스의 메소드가 감추어지며 슈퍼 클래스의 메소드에 접근하기 위해서는 super를 통해서 이루어진다.

슈퍼 클래스와 상속받은 서브 클래스의 멤버필드가 같을 경우는 슈퍼 클래스의 멤버필드는 감추어지고 super를 이용하거나 서브 클래스를 슈퍼 클래스로 형 변환하여 접근이 이루어진다.

실습 5-17 Overriding 메소드 사용 실습(4)

```
1.  class staticSuper {
2.      static int i = 10;
3.  }
4.  class OverridingEx4 extends staticSuper {
5.      static int i = 20;
6.      public static void main(String[] args) {
7.          System.out.println("-->Overriding 메소드 사용 실습(4)<--");
8.          System.out.println("i = " + i);
9.          System.out.println("슈퍼클래스 i = " + staticSuper.i);
10.         System.out.println("서브클래스 i = " + OverridingEx4.i);
11.         System.out.println();
12.     }
13. }
```

1~3: 슈퍼 클래스 선언
2, 5: static 변수 선언
4: 서브 클래스 선언 및 상속
8: 6번의 변수 출력
9: 2번의 변수 출력
10: 6번의 변수 출력

실행결과

```
C:\WINDOWS\system32\cmd.exe
-->Overriding 메소드 사용 실습(4)<--
i = 20
슈퍼클래스 i = 10
서브클래스 i = 20
```

5.2 추상 클래스

대부분의 기능들은 모든 객체에 공통적으로 사용되지만, 몇 개의 특정한 기능만 슈퍼 클래스의 형이 아닌 특정한 형의 객체에 한정될 때 추상화(abstraction)가 필요하게 되는데, 자바에서는 추상 클래스를 사용해서 일부분의 구현만 제공하면서 클래스를 선언하고, 나머지 구현들은 이를 확장할 클래스에서 구현되도록 할 수 있다.

이에 따라 처리 내용을 지정하지 않고, 호출 방법만 정의한 메소드를 추상 메소드라고 하고, 서브 클래스들의 공통된 특성을 추출하여 묘사하기 위한 추상 메소드를 가진 클래스를 **추상(abstract) 클래스**라고 한다.
abstract 클래스를 정의할 때 반드시 다음 규칙을 지켜야 한다.

- abstract 클래스는 선언은 되지만 실행문이 없는 하나 이상의 추상 메소드로 구성된다.
- 생성자, static 메소드와 private 메소드는 추상화 될 수 없다.
- abstract 메소드를 가지는 클래스는 반드시 abstract class로 선언되어야 한다.
- abstract 클래스는 객체를 생성할 수 없다.
  (호출될 메소드가 구현되지 않은 것일 수도 있기 때문이다.)

abstract 클래스의 정의는 다음과 같이 abstract 키워드를 사용하여 정의된다.

형 식

```
abstract class 추상 클래스명 {
    abstract 자료형 추상 메소드명( [인수[,...]]);
}
```

- 추상 클래스명 : 추상 클래스의 이름으로 사용자 정의 식별자
- 자료형 : 메소드가 수행된 후 반환될 값의 자료형
- 추상 메소드명 : 확장된 클래스에서 구현될 선언만의 메소드명

5.2.1 추상 클래스와 추상 메소드

'abstract'의 사전적 의미는 '추상적인'의 뜻이다. 추상이라는 말은 구체적이지 않다 또는 실체가 없다라고 해석할 수 있다. 추상 클래스(Abstract Class)란 추상 메소드(Abstract Method)를 가지는 클래스를 말한다. abstract 메소드를 가진 추상 클래스를 선언하는 경우에 사용한다. 추상 클래스는 인스턴스를 작성하지 않는 클래스로 다른 클래스의 슈퍼 클래스로 사용한다. abstract 클래스를 사용하기 위해서는 서브 클래스를 파생시켜, 추상 메소드에 대응하는 메소드를 오버라이드한다.

추상 메소드란 실질적인 구현을 가지지 않는 메소드 선언만 있는 경우이고 선언하는 방법은 다음과 같다.

```
abstract
    class Animal {
        String name ;
        abstract void cry( ) ;

        void move( ) ;
            .
            .
            .
    }
}
```

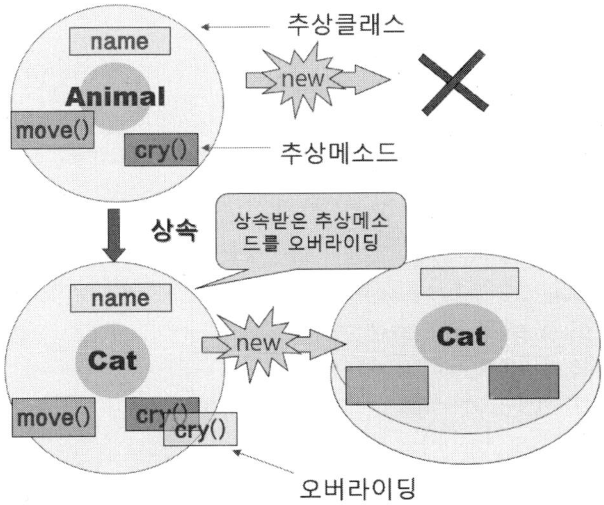

여기서, cry()는 추상 메소드이고 move()는 구현되는 메소드이다. 이처럼 한개 이상 메소드를 가지고 있으면 추상 클래스가 된다. 추상 클래스는 객체를 가질 수 없으나 서브 클래스에서 모든 추상 메소드를 구현한 이후에 객체를 생성할 수 있다.

따라서 추상 클래스는 구현을 완료하지 않고 원형만을 제공함으로서 다른 클래스에 의해 상속된 이후에 사용되어야 한다.

실습 5-18 추상 클래스 사용 실습(1)

```
abstract class AbstractTest {
    public abstract void method1();

    void method2() {
        System.out.println(" method2()의 구현");
    }
}

class AbstractTest2 extends AbstractTest {
    public void method1() {
        System.out.println(" method1()의 구현");
    }
}
class AbstractEx1 {
```

```
15.     public static void main(String[] args) {
16.         System.out.println("-->추상클래스 사용 실습(1)<--");
17.         AbstractTest2 obj0 = new AbstractTest2();
18.         obj0.method1();
19.         obj0.method2();
20.         System.out.println();
21.     }
22. }
```

1~7: 추상 슈퍼 클래스의 선언
2: 추상 메소드 선언
4~6: 일반 메소드의 선언
9~13 상위와 하위 클래스 간의 상속 관계 선언
10~12: 추상 메소드의 구현
17: 객체의 선언 선언
18~19: 2개의 메소드 호출

실행결과

```
C:\WINDOWS\system32\cmd.exe
-->추상클래스 사용 실습(1)<--
method1()의 구현
method2()의 구현
```

5.2.2 추상 클래스의 특징 및 구현

추상 클래스는 완전하지 않는 클래스이기 때문에 객체를 생성하지 못한다. 그러므로 추상 클래스를 사용하려면 다음과 같은 조건을 충족해서 사용해야 한다.

- 추상 클래스는 추상 메소드를 가지고 있어야 한다.
- 서브 클래스는 추상 슈퍼 클래스로부터 상속 받는다.
- 서브 클래스는 추상 슈퍼 클래스의 명령문이 없는 메소드를 모두 메소드 재정의 형태로 구현하여 body 부분을 생성한다.
- 서브 클래스는 완전한 클래스이므로 객체를 생성할 수 있다.

```
public abstract void noBody();
// body({...})가 없고 세미콜론(;)이 있다.
```

위의 메소드는 몸체(body)가 없고 대신에 abstract라는 키워드가 붙어있으며, body의 내부에는 명령의 동작이 없다. 이러한 메소드를 **추상 메소드**라고 하고 메소드 앞에 반드시 abstract라는 예약어를 지정해야 한다. 이때 추상 메소드를 포함하는 클래스를 추상 클래스(abstract class)라고 클래스를 기술할 때 문장 앞에 abstract를 삽입해야 한다.

```
abstract class abstClass {
    // abstClass는 추상 클래스이다.
    int i;
    public abstract void noBody( );  // 추상 메소드
    public gereralBody( ) {
        // 추상 메소드가 아닌 일반 메소드
    return i;
}
```

추상 메소드를 포함하는 추상 클래스는 객체로 사용될 수 없다. 구체적인 행위가 지정되지 않았기 때문이다.

```
abctClass a = new abctClass( );
// 추상 클래스를 객체로 선언되면 에러가 발생한다.
```

실습 5-19 추상 클래스의 에러 발생

```
1.  public abstract class AbstractEx2 {
2.      static int k = 10;
3.
4.      public abstract void run( );
5.      //추상 메소드 <- 연산 수행 부분인 Body 부분이 없다.
6.      // Method 앞에 "abstract"라는 말을 붙이지 않으면..
7.      /* 컴파일할 때 아래와 같은 에러가 발생한다.
8.          AbstractTest.java:5: missing method body, or declare abstract
9.      */
10.
11.     public static void main(String[ ] arg) {
12.         AbstractEx2 at = new AbstractEx2( );
13.         // 이러한 객체를 생성하려 하면 에러가 뜬다!
14.         /*
15.           AbstractTest.java:13: AbstractTest is abstract; cannot be instantiated
16.         */
17.     }
18. }
```

1~18: 추상 클래스의 선언
4: 추상 메소드의 선언이나 구현 메소드가 없으므로 컴파일 에러 발생
12: 객체의 선언

컴파일 결과

```
---------- 컴파일 ----------
AbstractEx2.java:12: error: AbstractEx2 is abstract; cannot be instantiated
      AbstractEx2 at =  new AbstractEx2();
                        ^
1 error
```

추상 클래스는 객체를 new 연산자를 통해 생성할 수 없다. 객체를 생성해서 접근할 수 없는, 실체가 없는 메소드들이 있기 때문이다. 또한, 추상 클래스를 상속받으면 그 클래스 역시 추상 클래스가 되므로 추상 클래스가 되지 않기 위해 서브 클래스에서는 추상 메소드를 구현하면 된다.

여기에 추상 클래스의 사용목적이 있다.
서브 클래스들이 특정한 메소드를 반드시 구현하도록 강제로 지정하는 방법이다. 자신이 상속받은 추상 메소드를 구현하지 않으면 자기 자신도 추상 클래스가 되고 그렇게 되면 객체를 생성할 수 없기 때문에 원하는 작업을 할 수 없게 된다. 결국 객체를 생성해서 사용하기 위해서는 추상 메소드로 선언된 메소드를 오버라이딩 해야 한다.

결론적으로 추상 클래스는 객체를 생성할 수는 없지만, 서브 클래스에서 레퍼런스 변수로는 사용이 가능하다.

실습 5-20 추상 클래스 사용 실습(2)

```
abstract class AbstractTest {
   public abstract void method1();

   void method2() {
       System.out.println(" method2()의 구현");
   }
}

class AbstractTest2 extends AbstractTest {
   public void method1() {
       System.out.println(" method1()의 구현");
   }
}
class AbstractEx1 {
   public static void main(String[] args) {
       System.out.println("-->추상클래스 사용 실습(2)<--");
       AbstractTest2 obj0 = new AbstractTest2();
       obj0.method1();
       obj0.method2();
       System.out.println();
```

```
21.     }
22. }
```

1~7: 추상 클래스의 선언
2: 추상 메소드의 선언
4~6: 일반 메소드의 선언
11~26: 메인 클래스의 선언과 상속 선언
17~19: 추상 메소드의 구현 선언
17: 객체의 선언
18~19: 메소드의 호출

실행결과

```
C:\WINDOWS\system32\cmd.exe
-->추상클래스 사용 실습(2)<--
method1()의 구현
method2()의 구현
```

실습 5-21 추상 클래스 사용 실습(3)

```
abstract class Figure {
    // 추상 메소드와 클래스의 사용
    double dim1;
    double dim2;
    Figure(double a, double b) {
        dim1 = a;
        dim2 = b;
    }
    // area 추상 메소드
    abstract double area( );
}

class Rectangle extends Figure {
    Rectangle(double a, double b) {
        super(a, b);
    }
    // 사각형 area의 override
    double area( ) {
        System.out.println("사각형의 내부 area");
        return dim1 * dim2;
    }
}

class Triangle extends Figure {
```

```
25.     Triangle(double a, double b) {
26.         super(a, b);
27.     }
28.     // 삼각형 area의 override
29.     double area( ) {
30.         System.out.println("삼각형의 내부 area");
31.         return dim1 * dim2 / 2;
32.     }
33. }
34. class AbstractEx4 {
35.     public static void main(String args[ ]) {
36.         System.out.println("-->추상클래스 사용 실습(4)<--");
37.         // Figure f = new Figure(10, 10); 선언은 오류
38.         Rectangle r = new Rectangle(9, 5);
39.         Triangle t = new Triangle(10, 8);
40.         Figure figref; // 객체가 생성 안되면 옳음
41.         figref = r;
42.         System.out.println("Area = " + figref.area( ));
43.         figref = t;
44.         System.out.println("Area = " + figref.area( ));
45.         System.out.println( );
46.     }
47. }
```

1~11: 추상 슈퍼 클래스의 선언
5~8: 생성자의 선언
10: 추상 메소드의 선언
13~22: 첫 번째 서브 클래스의 선언과 상속
14~16: 생성자의 선언
18~21: 추상 메소드의 구현
24~33: 두 번째 서브 클래스의 선언과 상속
25~27: 생성자의 선언
26: 상위 메소드의 호출
29~32: 추상 메소드의 구현
38: Rectangle 클래스의 객체 선언
39: Triangle 클래스의 객체 선언
42, 44: area 메소드의 호출

실행결과

```
C:\WINDOWS\system32\cmd.exe
-->추상클래스 사용 실습(4)<--
사각형의 내부 area
Area = 45.0
삼각형의 내부 area
Area = 40.0
```

5.3 인터페이스

5.3.1 인터페이스 정의

인터페이스(Interface)란 실제 정의가 없이 선언만 되어 있는 메소드들의 집합을 말하며 자바에서는 다중 상속이 되지 않기 때문에 여러 개의 클래스로부터 상속을 받아야 하는 경우에 사용하는 방법이 바로 인터페이스이다.

abstract 메소드와 상수로 이루어진 형태를 선언하는 것이다. 앞의 abstract 클래스는 일부 구현을 포함하고 있지만, 인터페이스는 모든 메소드가 추상 메소드로 차후에 구현된다는 점이 다르다.
즉 인터페이스는 순수한 설계만을 표현한 것인 반면, 추상 클래스는 설계와 구현을 함께 표현한 것이다. 그리고, 인터페이스의 모든 메소드는 선언만 될 뿐 구현되지 않기 때문에, 묵시적으로 abstract 접근제어자를 가지게 된다. interface의 모든 메소드는 항상 public이다. 그리고 interface의 필드들은 항상 static final로 상수만이 허용된다.(명시하지 않아도 묵시적으로 인식한다.)

인터페이스의 정의는 다음과 같이 interface 키워드를 사용한다.

형 식

```
interface 인터페이스명 {
    // 인터페이스 정의
}
```

- 인터페이스명 : 인터페이스의 이름으로 사용자 정의 식별자
- 인터페이스 정의 : 상수 필드와 추상 메소드로 구성된다.

즉 인터페이스는 순수한 설계만을 표현한 것인 반면, 추상 클래스는 설계와 구현을 함께 표현한 것이다. 그리고, 인터페이스의 모든 메소드는 선언만 될 뿐 구현되지 않기 때문에 묵시적으로 abstract 접근제어자를 가지게 된다.

abstract 메소드와 상수로 이루어진 형태를 선언하는 것이다. 앞의 abstract 클래스는 일부 구현을 포함하고 있지만, 인터페이스는 모든 메소드가 추상 메소드로 차후에 구현된다는 점이 다르다.

```
interface MyInterface {
    public static final int MAX = 100;
    public int MIN = 1;
    public abstract void method1( ); // 추상 메소드가 반드시 선언
    public void method2(int aa);
}
```

interface의 모든 메소드는 항상 public이며, abstract이다. 그리고 interface의 필드들은 항상 static final로 상수만이 허용된다(명시하지 않아도 묵시적으로 인식).

5.3.2 인터페이스 확장 및 구현

인터페이스 확장은 extends 예약어를 사용한다는 것이 클래스의 확장과 같다. 다만, 클래스의 확장과 다른 점은, 인터페이스는 하나 이상의 인터페이스에서 확장될 수 있다는 것이다.

형 식

```
interface 인터페이스명 extends 인터페이스명[,...] {
    // 인터페이스 정의
}
```

인터페이스를 클래스에서 구현할 때는, 다음과 같이 implements 키워드를 사용한다.

형 식

```
class 클래스명 implements 인터페이스명 {
    // 인터페이스를 구현한 클래스 정의
}
```

인터페이스에 정의된 모든 메소드를 위한 기능을 반드시 정의해야 하며, 또한 인터페이스에 정의된 상수를 참조할 때는 반드시 인터페이스 이름과 함께 사용해야 한다.

인터페이스에서는 모든 메소드가 추상 메소드이므로 인터페이스를 상속받는 모든 클래스들은 추상 메소드를 오버라이드 해야 한다. 또한 인터페이스에서는 상속(Extends)라고 나타내지 않고 구현(implement)이라고 표현하고, 인터페이스를 상속하는 클래스는 인터페이스의 몸체(body)를 구현하여 상속의 개념으로 모든 멤버를 물려받는다.

실습 5-22 인터페이스 단순 상속 사용 실습

```
interface MyInterface {
    public static final int MAX=100;
    public static final int MIN=1;
    public void method1();
    public void method2(int a);
}

class InterfaceEx1 implements MyInterface {
    public void method1() {
```

```
10.         System.out.println("method1 오버라이드");
11.     }
12.     public void method2(int a) {
13.         System.out.println(a+" -> method2 오버라이드");
14.     }
15.     public static void main(String[ ] args) {
16.         System.out.println("-->인터페이스 단순 상속 사용 실습<--");
17.         InterfaceEx1 ob = new InterfaceEx1( );
18.         ob.method1( );
19.         ob.method2(2019);
20.         System.out.println("MAX = " + InterfaceEx1.MAX);
21.         System.out.println("MIN = " + MyInterface.MIN);
22.         System.out.println( );
23.     }
24. }
```

1~6: 인터페이스 슈퍼 클래스의 선언
4~5: 인터페이스 메소드들의 선언
8~24: 메인 클래스의 선언 및 상속
9~11, 12~14: 오버라이드 메소드의 구현
17: 객체의 선언
18~19: 메소드의 호출
20~21: static 변수의 출력

실행결과

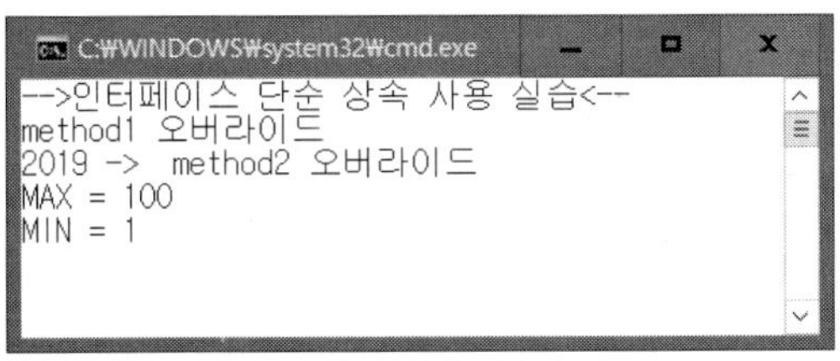

5.3.3 다중 상속

다중 상속의 문제점은 구현(implementation)의 다중 상속으로부터 발생한다. 그래서 자바에서는 구현의 상속은 하지 않고 메소드 원형만 상속하는 방법을 제공한다. 즉, 메소드의 이름과 메소드가 되돌리는 자료형, 그리고 사용되는 인수의 자료형에 대한 원형만을 상속하게 함으로써 다중 상속에서 상충의 문제를 해결한다는 것이다.

자바에서는 하나의 클래스에서만 확장할 수 있는 단일 상속(single inheritance)만 허용하고, 다중 인터페이스 상속(multiple interface inheritance)을 지원한다.

자바에서는 다중 상속(여러 클래스로부터 동시 상속)을 근본적으로 금지한다. 자바에서 다중 상속을 금지하는 이유로써 다음과 같이 A와 B class에는 이름이 같은 Process( )라는 메소드가 각각 선언되어 있다.

이 메소드들을 C라는 class에 상속할 경우 오버라이딩 하지 않으면 자바는 어떤 메소드들을 처리해야 할지 모르기 때문에 혼란이 발생하므로 원칙적으로 다중 상속을 금지하였다.
다음은 다중 상속의 불가 개념이다.

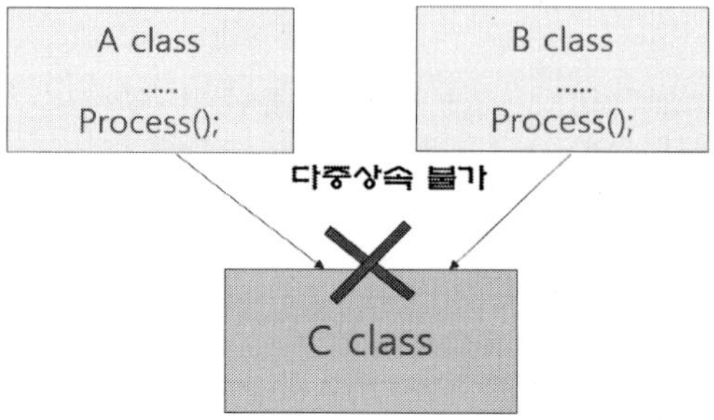

그러나 다음 그림과 같이 하나의 클래스와 하나의 인터페이스 선언과 추상 메소드를 이용할 경우를 살펴보기로 한다.

다음은 다중 상속의 가능 개념이다.

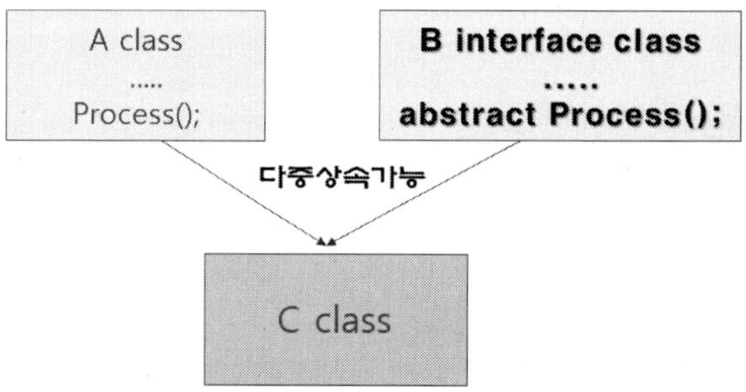

인터페이스의 모든 메소드는 추상 메소드이다. 그러므로 인터페이스를 implements하는 class는 모든 메소드를 구현해 주어야 한다. 그렇기 때문에 B class를 상속받은 C class는 B class에 있는 Process( ) 메소드를 구현해 주어야 한다. 이 과정에서 C class는 A class의 Process( ) 메소드를 재정의하는 것과 같다.

최종으로 implement를 이용하여 마지막 클래스에 의해 구현할 수 있다.

다음은 implement를 이용한 다중 상속의 가능 개념이다.

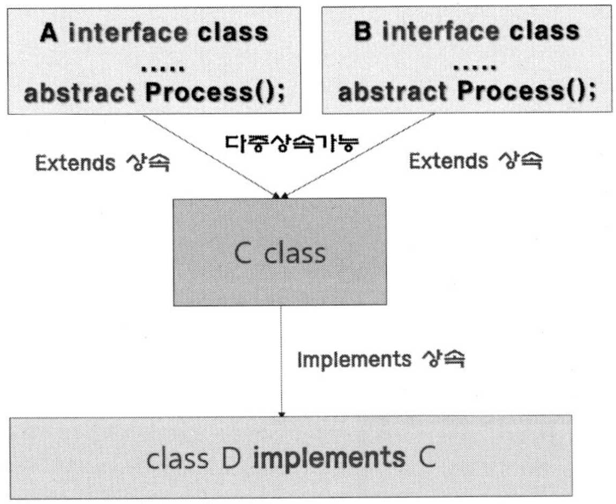

실습 5-23 인터페이스 다중 상속 사용 실습

```
interface A {
    /* 이곳에 정의된 필드는 정의 하지 않아도
        상수속성(public, static, fianl)을 갖는다. */

    public String methodA(String s);
    /* interface는 다중 상속이 가능하다.
        추상 메소드와 같이 메소드 선언만 한다 */
}

class Korea implements A { // interface의 상속 지정어 implements
    /* interface class에 선언된 메소드를 여기서 전부 구현해 놓지 않으려면
        이 클래스를 추상 클래스로 선언해 두어야 한다. */

    public String methodA(String g) {
        // 상속받은 메소드 실제 구현( 오버라이딩 )
        return g + "반갑습니다 ";
    }
}
class InterfaceEx2 {
    public static void main(String args[ ]) {
        System.out.println("-->인터페이스 다중 상속 사용 실습<--");
        A a = new Korea( );
        /* 다형성 -부모값부터 찾고 존재하면 자식값을 가져온다.
            부모에 값이 없으면, Error,
            부모에 있고 자식에 없으면 부모값을 가져온다. */
        String h = a.methodA("안녕하세요 ");
        System.out.println(h);
        System.out.println( );
    }
```

```
30. }
```

1~8: 인터페이스 슈퍼 클래스의 선언
14~17: methodA 메소드의 구현
22: 객체의 선언
26: methodA 메소드의 호출
27~28: static 변수의 출력

실행결과

5.3.4 클래스와 인터페이스의 차이점

클래스와 인터페이스의 차이점은 클래스는 메소드의 정의를 반드시 구현해야 하지만 인터페이스는 메소드는 선언만 하면 된다.
인터페이스 정의에 대한 형식은 다음과 같이 구성된다.

형 식

```
[접근제한자] interface 인터페이스명 〈extends Interface〉 {
      인터페이스 정의 부분
          ..................
}
```

인터페이스에 대한 접근 제한자(Modifiers) 즉, 접근 여부를 결정하는 키워드는 public, abstract을 사용한다. public 키워드를 쓰지 않으면 기본으로 abstract로 인식된다. 위 형식에서 extends Interface는 인터페이스에서 선언된 변수와 메소드들을 포함시킬 수 있고 인터페이스 정의 부분에 변수와 클래스를 선언한다.

따라서 클래스가 인터페이스를 받아들인 후에는 반드시 인터페이스에 선언되어 있는 메소드들을 정의해야 한다.

실습 5-24 인터페이스 혼합 상속 사용 실습

```
interface A {
    void amethod1();
    void amethod2();
}
```

```
5.
6.  interface B {
7.      void bmethod1();
8.  }
9.
10. interface C extends A, B {  // 두개의 인터페이스 상속
11.     void cmethod1();
12. }
13.
14. class InterfaceClass implements C {
15.     public void amethod1() {
16.         System.out.println("amethod1() 메소드의 구현");
17.     }
18.
19.     public void amethod2() {
20.         System.out.println("amethod2() 메소드의 구현");
21.     }
22.
23.     public void bmethod1() {
24.         System.out.println("bmethod1() 메소드의 구현");
25.     }
26.
27.     public void cmethod1() {
28.         System.out.println("cmethod1() 메소드의 구현");
29.     }
30. }
31.
32. class InterfaceEx3 {
33.     public static void main(String arg[]) {
34.         System.out.println("-->인터페이스 다중 상속 사용 실습<--");
35.         InterfaceClass ic = new InterfaceClass();
36.         ic.amethod1();
37.         ic.amethod2();
38.         ic.bmethod1();
39.         ic.cmethod1();
40.         System.out.println();
41.     }
42. }
```

1~4: 첫 번째 인터페이스 슈퍼 클래스의 선언
6~8: 두 번째 인터페이스 슈퍼 클래스의 선언
10~12: 두개의 인터페이스 상속
14~30: 클래스의 선언과 최종 상속 지정
15~29: 각각의 4개 메소드에 대한 구현
35: 객체의 선언
36~39: 4개의 메소드 호출

실행결과

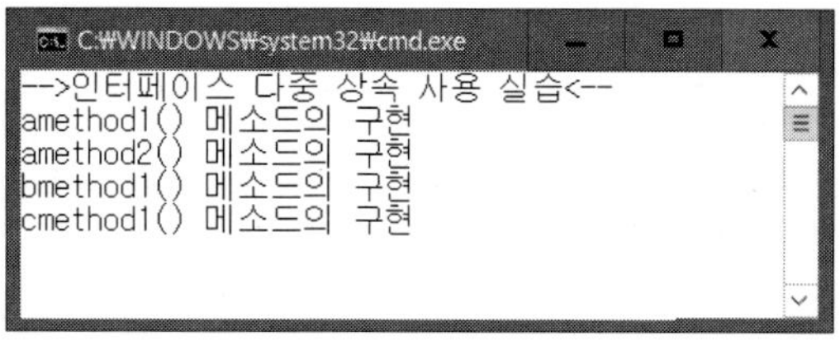

따라서 설계가 잘된 인터페이스는, 그 인터페이스를 구현하는 다양한 클래스들에게 객체 모델링에 대한 시간 절약과 필요한 메소드가 무엇인지를 명확하게 알려주는 명세서라고 할 수 있다.

실습 5-25 인터페이스를 이용한 데이터 처리 사용 실습

```java
import java.util.Scanner;

interface Caculator {
    int add(int a, int b);
    int subtract(int a, int b);
    void for_gugu(int a);
}

class CalculatorSet implements Caculator {
    public int add(int a, int b) {
        return a+b;
    }

    public int subtract(int a, int b) {
        return a-b;
    }

    public void for_gugu(int a) {
        for(int i=1; i<10; i++) {
            System.out.println(a + " x " + i + " = " + a*i);
        }
    }
}
class InterfaceEx5 {
    public static void main(String[] args) {
        System.out.println("-->인터페이스를 이용한 데이터 처리 사용 실습<--");
        Scanner sc = new Scanner(System.in);
        int menu_choice=0;
        System.out.println("메뉴 : 1. 덧셈   2.뺄셈");
        System.out.print("메뉴 선택 : ");
```

```java
31.         menu_choice = sc.nextInt( );
32.         int x=0, y=0;
33.         CalculatorSet cal = new CalculatorSet( );
34.
35.         if(menu_choice == 1) {
36.             System.out.print("두 수 입력 : ");
37.             x = sc.nextInt( );
38.             y = sc. nextInt( );
39.             System.out.println("결과값 : " + cal.add(x, y));
40.             cal.for_gugu(cal.add(x, y));
41.         }
42.         else if(menu_choice == 2) {
43.             System.out.print("두 수 입력 : ");
44.             x = sc.nextInt( );
45.             y = sc. nextInt( );
46.             System.out.println("결과값 : " + cal.subtract(x, y));
47.             cal.for_gugu(cal.subtract(x, y));
48.         }
49.         else {
50.             System.out.println("메뉴가 없습니다.");
51.         }
52.         System.out.println( );
53.     }
54. }
```

3~7: 인터페이스 슈퍼 클래스의 선언
9~23: 인터페이스를 선언 클래스에 상속
10~22: 각각의 3개 메소드에 대한 구현
27: 입력 scanner 객체 선언
29~31: 입력 데이터의 처리
33: 객체의 선언
35~51: if 문으로 입력 데이터에 대한 문장 처리

실행결과

```
C:\WINDOWS\system32\cmd.exe
-->인터페이스를 이용한 데이터 처리 사용 실습<--
메뉴 : 1. 덧셈   2.뺄셈
메뉴 선택 : 1
두 수 입력 : 3 5
결과값 : 8
8 x 1 = 8
8 x 2 = 16
8 x 3 = 24
8 x 4 = 32
8 x 5 = 40
8 x 6 = 48
8 x 7 = 56
8 x 8 = 64
8 x 9 = 72
```

실습 5-26 인터페이스를 이용한 응용 실습

```
interface Base아르바이트 {
    // Base아르바이트 인터페이스 선언
    int base = 300000;
    public int 아르바이트( );
}

interface RoleBonus {
    // RoleBonus 인터페이스 선언
    public int sudang( int role1, int role2);
}

interface Bonus extends Base아르바이트, RoleBonus {
    // 확장된 인터페이스 선언
}

class Wolgup implements Bonus {
    // Bonus 인터페이스를 구현한 Wolgup 클래스 선언
    int role1, wolgup;
    String rolename;

    public int 아르바이트( ) {  // 객체 생성자
        return base;
    }

    public int sudang(int role1, int wolgup) {
        return (wolgup/2)/role1;
    }

    public int totalwolgup(int role1, int wolgup) {
        return wolgup + 아르바이트( ) +sudang(role1, wolgup);
    }
}
public class InterfaceEx6 {  // InfaceTest 클래스 선언
    public static void main(String args[ ]) {
        System.out.println("-->인터페이스를 이용한 응용 실습<--");
        int tatalwolgup1;
        Wolgup sawon = new Wolgup( );
        sawon.role1 = 2;
        sawon.rolename = "자바 개발자";
        sawon.wolgup = 2000000;
        tatalwolgup1 =sawon.totalwolgup(sawon.role1, sawon.wolgup);
        System.out.println(sawon.rolename+"  :  "+ tatalwolgup1);
```

```
43.         System.out.println( );
44.     }
45. }
```

1~14: 3개의 인터페이스 슈퍼 클래스의 선언 / 인터페이스를 선언 클래스에 상속
21~31: 각각의 3개 메소드에 대한 구현
37: 객체의 선언
41: 메소드의 호출
42: 결과 값의 출력

실행결과

Chapter 06

패키지

6.1 패키지의 정의

객체지향 설계 기술을 사용할 때의 가장 중요한 이점 중의 하나는 코드의 재사용이다. 즉 재사용 가능하고 상속 가능한 클래스를 생성하는 것은 생산성을 비약적으로 높이고, 많은 시간과 노력을 절약할 수 있다. 이러한 기능을 제공하는 표준 자바 객체를 자바 클래스 라이브러리 또는 **패키지(Package)** 그리고 API(Application Program Interface)라고도 한다.

서로 관련 있는 클래스와 인터페이스를 모아놓은 것이고 **클래스 라이브러리**라고도 한다. 자바에서 지원하는 클래스 라이브러리도 모두 패키지(패키지) 단위로 구현한 것이며, 각 패키지 별로 필요한 것만을 import하여 자바 프로그램을 구현하는데 이용하도록 되어있다. 이러한 패키지를 자바에서 지원하는 **기본 패키지**라고 한다.

이와는 반대로 패키지에는 사용자가 직접 선언해서 사용할 수 있는 독립적인 기능을 구현한 사용자가 작성한 클래스 라이브러리를 패키지로 만들 수 있으며, 이러한 패키지를 **사용자 정의 패키지**라고 한다.

이 패키지는 프로그램 코드의 제일 위 첫 번째 줄에 다음과 같이 패키지를 선언함으로써 해당 클래스를 그 패키지에 종속시킬 수 있다.

패키지 선언은 다음과 같은 형식으로 이루어진다.

형 식

```
package Packagename;
```

패키지로 선언해 놓은 것을 현재 패키지로 불러 올 수 있는데 이때는 다음과 같이 import라는 키워드를 사용함으로서 가능하다. 즉, import 문은 C/C++에서의 include 문과 같은 개념으로 해석하면 된다.

다음은 패키지의 개념을 나타낸 그림이다.

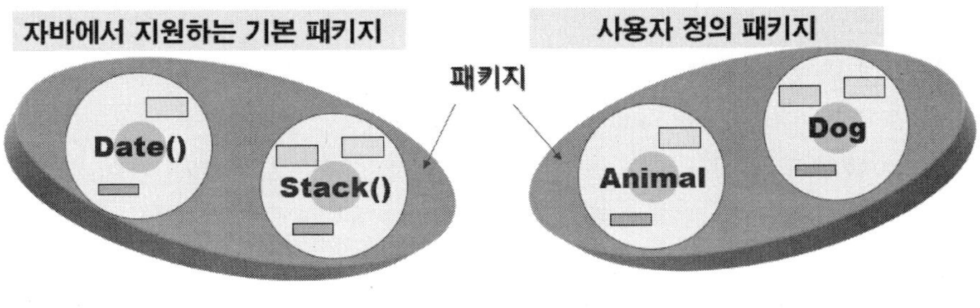

6.2 자바 기본 패키지

6.2.1 패키지 import

재사용 가능한 코드를 만들 때 발생하는 중요한 문제점으로 이름이 중복되는 것이다. 아무리 클래스나 메소드의 이름을 작성해도 다른 사람이 같은 이름을 다른 목적으로 사용할 경우가 발생하게 된다.

자바에서는 이러한 이름 중복현상을 방지하기 위해 계층적 구조의 이름을 사용하게 한다. 임의의 패키지는 클래스와 서브 패키지의 집합이다. 이러한 패키지의 이름은 점(.)을 사용하여 요소를 구분한다.

패키지의 일부분을 사용할 때는 완전한 계층적 구조를 포함한 이름을 사용하든지, 아니면 패키지의 전부나 특정 클래스를 임포트(import) 문장을 선언해서 사용한다.

```
import java.lang.*;

import java.awt.*;
import java.util.Date;
```

- java.lang.* : 모든 클래스에 사용되므로 생략이 가능
- java.awt.* : awt 패키지의 모든 클래스를 사용
- java.util.Date : util 패키지의 Date 클래스만 사용

패키지의 특징을 정리하면 다음과 같다.

- 많은 소스파일을 효율적으로 관리하기 위해 사용.
- 모든 클래스는 반드시 하나의 패키지에 속해야 함.
- 하나의 소스 파일에서 첫 문장으로 하나의 패키지 선언만 허용.
- 물리적인 디렉터리이며 '.'을 구분자로 사용하는 계층구조.

6.2.2 자바에서 지원하는 패키지

자바의 기본 패키지는 Language 패키지(java.lang), Utilities 패키지(java.util), I/O 패키지(java.io) 등이 있으며, 여기에 추가하여 자바 프로그래밍에 중요한 2개의 표준 패키지 java.awt, java.net가 더 있다.
자바에서 지원하는 클래스 라이브러리도 모두 패키지(패키지) 단위로 구현한 것이며 각 패키지 별로 필요한 것만을 import하여 자바 프로그램을 구현하는데 이용하도록 되어있다.

자바의 기본 패키지의 설명은 다음과 같다.

패키지 이름	설 명
java.awt	플랫폼에 독립된 그래픽 유저 인터페이스 프로그램을 만들기 위해 필요한 클래스 포함하며 메뉴바, 스크롤바, 버튼, 프레임, 체크박스, 다이얼로그 박스, 폰트 등에 관련한 사용자 그래픽 환경 구성을 위한 클래스로 구성 awt는 Abstract Window Toolkit의 약자로 자바는 윈도우 환경에 무관한 윈도우 생성 툴을 지원
java.awt.image	화면상의 이미지 구성과 관련된 클래스들로 구성
java.awt.peer	클래스는 정의되어 있지 않고 awt와 관련된 인터페이스만 존재
java.io	입출력(스트림, 파일)과 관련된 클래스 포함하고 입/출력과 관련된 예외처리를 위한 클래스도 포함되어 있음
java.lang	기본 자바 클래스를 포함한 것으로 모든 자바 프로그램에 디폴트로 import, 즉 자바언어에 대한 여러 가지 데이터타입 및 구문, 문법에 관련된 클래스 오류에 관련한 클래스가 많은 자바 문법을 처리하는 부분이므로 예외에 대한 처리 클래스가 많이 정의되어 있고 Runable 인터페이스는 공통된 클래스를 위해 많이 사용되는 인터페이스 부분 java.lang 패키지는 중요한 클래스들이 속한 패키지이므로 별도의 import 없이 사용할 수 있도록 묵시적인 import가 설정되어 있음
java.net	네트워크 연결에 사용되는 클래스들로 소켓 연결과 URL 처리를 위한 클래스들로 구성
java.util	자바에서 사용되는 유틸리티들의 집합이며 시간, 계산, 해쉬, 테이블, 랜덤함수 등 여러 가지 기능들이 제공
java.sql	자바 프로그램과 데이터베이스를 연동한 애플리케이션을 작성하도록 하는 기능을 제공하는 패키지
java.text	숫자, 날짜, 시각과 같은 객체를 문자열로 상호 변환하는 기능을 제공하는 패키지로 국제화된 자바 프로그램 작성을 지원
java.security	개발자가 전자 서명과 인증을 구현할 수 있도록 하는 각종 기능을 제공하는 패키지
javax.swing	자바2로 자바 이름의 획기적(?) 변화를 가져오게 한 중요한 표준 확장 패키지이다. java.awt 패키지가 제공하는 GUI 컴포넌트들 뿐만 아니라, 사용자가 쉽게 확장할 수 있는 화려한 GUI 요소들을 제공
javax.servlet	서버측 자바 응용 패키지로. 서블릿을 작성할 수 있도록 제공되는 이 표준 확장 패키지가 지원되면서, 자바는 또한 서버측 개발을 위한 이상적인 언어로 발전

자바는 JDK에서 위에서 정의한 많은 관련 클래스들을 패키지로 묶어 제공하며, 필요에 따라 사용자가 작성하는 자바 프로그램 안에 불러들여 사용할 수 있게 한다. 이러한 패키지들을 **자바 API(Java Application Programming Interface)**라고 한다.

자바의 장점 중의 하나는 새로운 클래스를 정의하여 사용하는 것 보다 자바 API에서 제공하는 여러 가지 클래스들을 재사용하여 쉽게 프로그램을 작성할 수 있다.

6.2.3 패키지 import

소스 코드를 작성할 때 다른 패키지의 클래스를 사용할 때는 패키지명이 포함된 이름을 사용해야 한다. 하지만, 매번 패키지명을 붙여서 작성하기란 여간 불편한 일이 아닐 것이다. 패키지의 일부분을 사용할 때는 완전한 계층적 구조를 포함한 이름을 사용하든지, 아니면 패키지의 전부나 특정 클래스를 임포트(import)해서 사용한다.

클래스의 코드를 작성하기 전에 import 문으로 사용하고자 하는 클래스의 패키지를 미리 명시해주면 소스 코드에 사용되는 클래스이름에서 패키지명은 생략할 수 있다.

자바 프로그램에서는 어떤 클래스를 사용하기 위해 import 문을 사용하여 현재 프로그램 상단에 정의해 주어야 한다. 클래스를 포함하기 위해 import 문 다음에 패키지 이름과 클래스 이름을 선언해야 하며, 다음과 같이 두 가지 방법을 사용한다.

[특정한 클래스 포함]

```
import 패키지이름.클래스이름;
```

[패키지 내의 모든 클래스 포함]

```
import 패키지이름.*;

import java.awt.*;
import java.io.*;
```

위와 같이 어떤 패키지내의 특정 클래스를 사용하기 위해 포함할 경우에는 패키지의 이름과 클래스의 이름을 모두 지정하고, 어떤 패키지내의 모든 클래스를 사용하고자 할 경우에는 클래스의 이름 부분에 와일드카드 '*'을 사용하여 지정한다.

"import java.awt.*;"와 같이 사용했을 경우 java.awt 패키지에 속한 모든 클래스들은 포함하지만, java.awt 패키지의 하위패키지에 있는 클래스들은 포함하지 못한다.

java.awt 패키지의 하위패키지인 java.awt.event 패키지 내의 모든 클래스들을 사용하기 위해서는 다음과 같이 정의해야 한다.

```
[패키지(java.awt)의 하위패키지(java.awt.event)를 포함]

import java.awt.*;
import java.awt.event.*;
```

6.2.4 사용자 정의 패키지

자바의 기본 패키지 이외에 사용자가 직접 선언해서 작성하는 패키지를 **사용자 정의 패키지**라고 한다.

사용자 정의 패키지란 자바 프로그램들을 하나의 단위 프로그램으로 묶어서 처리하는 방식을 탈피하여 프로그램 소스들을 각각의 폴더에 분리하여 저장하고 상위 폴더에서 컴파일하고 실행하는 방식을 의미한다.

어떤 프로젝트 단위로 여러 개의 프로그램들을 관리할 경우 업무별로 프로그램 소스나 라이브러리를 폴더에 저장하면 차후 프로그램 수정이나 관리할 경우 생산성을 높일 수 있다.

또한 하나의 자바 프로그램이 매우 큰 소스일 경우 모듈별로 분리하여 관리할 경우도 매우 좋은 방법이라고 할 수 있다. 폴더별로 관리할 경우 package라는 예약어를 프로그램 소스가 저장된 폴더이름과 일치하여 사용한다.

형 식

```
package 패키지이름;

class MyClass {
      .....
}

- 패키지이름 : 사용자가 정의하는 패키지 이름
```

패키지로 선언해 놓은 것을 현재 패키지로 불러 올 수 있는데 이때는 import 키워드를 사용함으로서 가능하다. 즉, import 문은 C/C++에서의 include 문과 같은 개념으로 해석하면 된다.

현재 자신이 작업하는 디렉토리가 c:₩java_1-9라고 가정한다(즉 프로젝트 이름이 java_1-9라고 가정한다). 이 폴더 안에 c라는 이름의 폴더를 만들고, 그 c 폴더 안에 javapackage라는 폴더를 작성하며, 방금 만든 c와 javapackage 폴더가 모두 패키지가 된다.

다음으로, c:₩java_1-9₩c₩javapackage 안에 Package.java를 작성한다.

```
c:\java_1-9\c\javapackage\Package.java
```

package 예약어를 사용해서 이름을 주지 않은 클래스는 모두 '이름없는 패키지'에 속하게 된다. '이름없는 패키지'에 대한 제어접근자의 효력이 미치는 것은 같은 디렉토리에 있는 모든 클래스에 해당한다. 즉, '이름없는 패키지'는 서로 다른 디렉토리에 존재하면 서로 다른 패키지로 간주되는 것과 같다. 대부분의 응용 프로그램이나 애플릿은 패키지 이름을 주지 않아도 별 문제가 되지 않는다. 다만, 라이브러리로 사용하기 위해 만들어지는 클래스는 반드시 이름이 붙여진 패키지 안에서 작성되어야 할 것이다.

패키지 선언하여 작성한 자바 문장의 예는 다음과 같다.

```
package c.javapackage; // 패키지 선언문

class Package {
      public static void main(String[ ] arg) {
          System.out.println("Package class");

          Sub ex = new Sub( );
          ex.subClassMethod( );
      }
}
```

패키지 선언을 할 때는 주의해야 할 점이 몇 가지 있다.

- 공백이나 주석을 제외하고 가장 첫 줄에 있어야 한다.
- 패키지 선언은 소스 하나당 하나씩만 있어야 한다.
- 패키지 이름과 위치한 폴더 이름이 같아야 한다.

실습 6-1 분리된 소스를 package로 일괄 처리 실습

package1(폴더)		컴파일과 실행 명령을 처리할 폴더
자바소스	head(폴더)	프로그램 소스가 저장되어 있는 하위 폴더
	packageEx1.java	메인 소스
	First.java	서브-1 소스
	Second.java	서브-2 소스
	Third.java	서브-3 소스

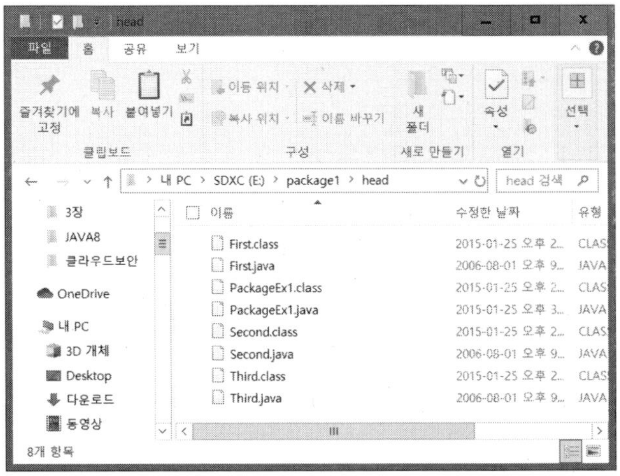

〈PackageEx1.java〉

```
1.  package head;
2.  class PackageEx1 {
3.      public static void main(String[ ] args) {
4.          First one = new First( );
5.          one.하나( );
6.          Second two = new Second( );
7.          two.둘( );
8.          Third three = new Third( );
9.          three.셋( );
10.     }
11. }
```

4, 6, 8: 다른 프로그램들의 클래스에 대한 객체를 정의
5, 7, 9: 다른 클래스안에 있는 메소드 호출

〈First.java〉

```
package head;
class First {
    void 하나( ) {
        System.out.println("First class 입니다!!");
    }
}
```

〈Second.java〉

```
package head;
class Second {
   void 둘() {
         System.out.println("Second class 입니다!!");
   }
}
```

〈Third.java〉

```
package head;
class Third {
   void 셋() {
         System.out.println("Third class 입니다!!");
   }
}
```

컴파일/실행결과

```
명령 프롬프트

E:₩>cd package1

E:₩package1>dir
 E 드라이브의 볼륨에는 이름이 없습니다.
 볼륨 일련 번호: 9C33-6BBD

 E:₩package1 디렉터리

2019-12-05  오전 09:52    <DIR>          .
2019-12-05  오전 09:52    <DIR>          ..
2019-12-05  오전 09:52    <DIR>          head
               0개 파일                   0 바이트
               3개 디렉터리  390,145,769,472 바이트 남음

E:₩package1>javac head₩*.java

E:₩package1>java head.PackageEx1
First class 입니다!!
Second class 입니다!!
Third class 입니다!!

E:₩package1>cd head

E:₩package1₩head>dir
 E 드라이브의 볼륨에는 이름이 없습니다.
 볼륨 일련 번호: 9C33-6BBD

 E:₩package1₩head 디렉터리

2019-12-05  오전 09:52    <DIR>          .
2019-12-05  오전 09:52    <DIR>          ..
2019-12-05  오전 09:57               409 First.class
2006-08-01  오후 09:31               101 First.java
2019-12-05  오전 09:57               445 PackageEx1.class
2015-01-25  오후 03:40               215 PackageEx1.java
2019-12-05  오전 09:57               409 Second.class
2006-08-01  오후 09:32               101 Second.java
2019-12-05  오전 09:57               406 Third.class
2006-08-01  오후 09:33                99 Third.java
               8개 파일               2,185 바이트
               2개 디렉터리  390,145,769,472 바이트 남음
```

실습 6-2 각각의 폴더에 저장된 소스를 package로 일괄 처리 실습

package2(폴더)	컴파일과 실행 명령을 처리할 상위 폴더
head(폴더)	메인소스(packageEx2.java)가 들어있는 폴더
first(폴더)	서브-1 소스(First.java)가 들어있는 폴더
second(폴더)	서브-2 소스(Second.java)가 들어있는 폴더
third(폴더)	서브-3 소스(Third.java)가 들어있는 폴더

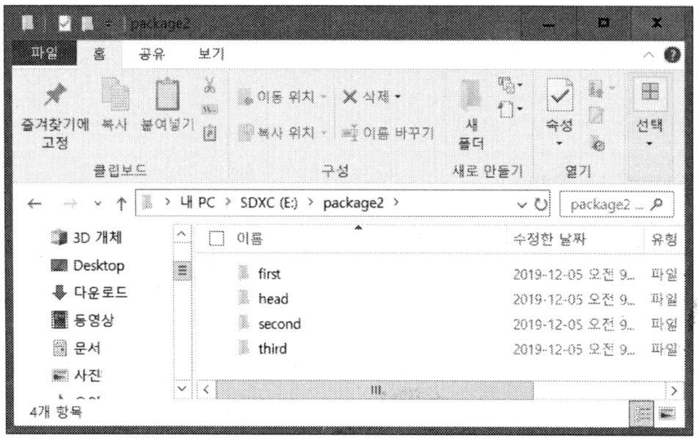

〈PackageEx2.java〉

```
1.  package head;
2.  import first.*;
3.  import second.*;
4.  import third.*;
5.  class PackageEx2 {
6.      public static void main(String[ ] args) {
7.          First one = new First( );
8.          one.하나( );
9.          Second two = new Second( );
10.         two.둘( );
11.         Third three = new Third( );
12.         three.셋( );
13.     }
14. }
```

7, 9, 11: 다른 프로그램들의 클래스에 대한 객체를 정의
8, 10, 12: 다른 클래스안에 있는 메소드 호출

〈First.java〉

```
package first;
public class First {
    public void 하나() {
        System.out.println("First class 입니다!!");
    }
}
```

〈Second.java〉

```
package second;
public class Second {
    public void 둘() {
        System.out.println("Second class 입니다!!");
    }
}
```

〈Third.java〉

```
package third;
public class Third {
    public void 셋() {
        System.out.println("Third class 입니다!!");
    }
}
```

컴파일/실행결과

```
명령 프롬프트

E:₩>cd package2

E:₩package2>javac head₩PackageEx2.java

E:₩package2>javac first₩First.java

E:₩package2>javac second₩Second.java

E:₩package2>javac third₩Third.java

E:₩package2>java head.PackageEx2
First class 입니다!!
Second class 입니다!!
Third class 입니다!!

E:₩package2>_
```

6.3 java.lang 클래스

자바는 프로그램에 필요한 기본적인 요소들을 제공하기 위하여 java.lang이라는 자바 언어의 핵심 패키지를 제공하고 있으며 이 패키지는 특별히 import 문장을 사용하지 않아도 자동으로 포함되어 진다.

java.lang 패키지		
인터페이스	Cloneable	객체가 복사 되어 질 수 있도록 하기 위한 인터페이스
	Runnable	스레트 클래스를 정의하기 위한 인터페이스
클래스	Object	기본 메소드들을 제공하는 모든 클래스의 슈퍼 클래스
	Class	클래스에 대한 정보를 얻기 위하여 사용되는 클래스
	ClassLoaber	자바 클래스를 자바가상머신으로 적재하는 수단을 정의하는데 사용되는 클래스
	Compiler	자바 컴파일러에 대한 시스템 클래스
	Math	수학함수를 위한 클래스
	Number	자료형 변환을 위한 메소드들을 가지고 있는 메소드
	Boolean	boolean형을 캡슐화하는 랩퍼(wrapper) 클래스
	Character	char형을 캡슐화하는 랩퍼(wrapper) 클래스
	Double	double형을 캡슐화하는 랩퍼(wrapper) 클래스
	Float	float형을 캡슐화하는 랩퍼(wrapper) 클래스
	Integer	integer형을 캡슐화하는 랩퍼(wrapper) 클래스
	Long	long형을 캡슐화하는 랩퍼(wrapper) 클래스
	Process	프로세스에 관련된 작업을 처리하기 위한 추상 클래스
	Runtime	자바 런타임 기능에 접근 할 수 있도록 해주는 클래스
	SurityManager	보안 정책을 구현하기 위한 추상 클래스
	String	문자열형을 캡슐화하는 클래스
	StringBuffer	문자열형을 동적으로 취급할 때 효율적인 최종 클래스
	System	시스템 기능을 구현하게 해주는 클래스
	Thread	멀티 스레트의 구현을 가능하게 해 주는 클래스
	ThreadGroup	여러 개의 스레드를 그룹화하기 위한 클래스

java.lang 클래스의 클래스와 인터페이스

6.3.1 Object 클래스

Object 클래스는 모든 클래스에 대한 최상위 클래스이다. 자바 개발 환경에 존재하는 모든 클래스는 Object 클래스로부터 그 상속이 시작되고, 기본적인 객체를 나타내는 변수와 메소드를 정의하고 있다. Object 클래스는 별도로 선언하지 않아도 기본적으로 사용할 수 있다. 모든 자바 클래스의 슈퍼 클래스로 사용자가 개발한 모든 클래스는 Object 클래스의 변수와 메소드를 계승하게 된다.

모든 사용자 클래스가 계승하게 되는 Object 클래스의 메소드들은 다음과 같다.

메소드	기 능
Object clone( )	객체의 복사본을 생성하여 반환
equals(Object obj)	객체의 동일 여부를 나타냄
boolean equals(Object obj)	두 객체의 데이터 값이 같은지 검사
getClass( )	객체에 대한 클래스 정보를 반환
String toString( )	객체의 내부 상태를 알아보기 위해 값을 문자열로 반환
void finalize()	객체가 지닌 자원을 제거

import 문을 사용하지 않더라도 자바 컴파일러가 자동적으로 Object 클래스를 제공(상속) 해준다. 따라서 이 클래스가 제공하는 메소드는 자바의 어떤 클래스에서도 사용할 수 있다.

실습 6-3 Object 클래스의 toString 변환

```
1.  class ToString {
2.      public static void main(String args[ ]) {
3.          System.out.println("-->Object 클래스의 toString 변환<--");
4.          Object o = new Object( );
5.          System.out.println("Object Name = " + o.toString( ));
6.          System.out.println( );
7.      }
8.  }
```

4: Object 클래스의 객체 선언
5: toString 메소드를 이용해서 객체 이름을 출력

실행결과

```
C:\WINDOWS\system32\cmd.exe
-->Object 클래스의 toString 변환<--
Object Name = java.lang.Object@279f2327
```

실습 6-4 Object 클래스의 Equals 실습

```
class Equals {
    public static void main(String args[ ]) {
        System.out.println("-->Object 클래스의 equals 메소드 실습<--");
        Object Object01 = new Object( );
        Object Object02 = new Object( );
```

```
6.
7.          System.out.println("Object01 객체 주소 = " + Object01.toString( ));
8.          System.out.println("Object02 객체 주소 = " + Object02.toString( ));
9.
10.         System.out.println("\nObject01.equals(Object02) = "
11.                 + Object01.equals(Object02));
12.         Object01 = Object02; // 두 참조 변수가 같은 주소를 가리킴.
13.         System.out.println("Object01 = Object02" );
14.         System.out.println("Object01.equals(Object02) = "
15.                 + Object01.equals(Object02));
16.         System.out.println( );
17.     }
18. }
```

4~5: Object 클래스의 2개 객체 선언
10~11: 2개 객체의 참조 같음 여부 출력(false)
12: 2개 객체의 참조 복사
14~15: 2개 객체의 참조 같음 여부 출력(true)

실행결과

```
C:\WINDOWS\system32\cmd.exe
-->Object 클래스의 equeals 메소드 실습<--
Object01 객체 주소 = java.lang.Object@279f2327
Object02 객체 주소 = java.lang.Object@77459877

Object01.equals(Object02) = false
Object01 = Object02
Object01.equals(Object02) = true
```

6.3.2 System 클래스

System 클래스는 실행 환경 자원에 대한 직접적 접근을 가능하게 하는 클래스이며, 또한 표준 입출력, 메모리 관리, 시스템 속성에 대한 지원 메소드를 제공한다. 이 System 클래스는 객체를 만들거나 확장될 수 없다.

System 클래스에는 표준적인 스트림 객체를 밀어넣기 위한 클래스 변수가 정의되어 있다. 스트림은 화면에 출력되는 일련의 문자 및 키보드에서 입력되는 일련의 문자의 흐름을 의미한다. 여기에는 3가지 표준 스트림이 있는데, 모두 java.lang. System class에 의하여 제공된다.

필드	기 능
in	표준 입력 스트림
out	표준 출력 스트림
err	표준 에러 출력 스트림

키보드에서 입력을 하기 위해서는 InputStream 클래스의 객체인 in 변수의 Read( ) 메소드를 사용한다. 또한 화면에 출력하기 위해서는 PrintStream 클래스의 객체인 out 변수의 println( ) 메소드 등을 사용한다.

System 클래스의 메소드에는 자바 가상 머신을 종료시키는 메소드 등이 있다. 다음은 System 클래스가 가진 중요한 메소드이다.

메소드	기 능
getProperty(String key)	지정된 키에 의해 나타나는 시스템 속성을 반환
exit(int status)	현재 실행하고 있는 Java 프로그램을 종료
gc( )	가베지 컬렉션을 실행
setProperty(String key, String value)	지정된 키에 의해 나타나는 시스템 속성을 설정
arraycopy(Object src, int srcPos, Object dest, int destPos, int length)	지정 위치에서 시작되는 소스 배열로부터, 수신 배열의 지정 위치에 배열을 복사

실습 6-5 System 클래스의 속성

```
1.  class SystemClass {
2.      public static void main(String[ ] args)  {
3.          System.out.println("-->System 클래스의 특성<--");
4.          System.out.println("System.getProperty( )의 속성");
5.          System.out.println("Java version : " + System.getProperty("java.version"));
6.          System.out.println("Java home : " + System.getProperty("java.home"));
7.          System.out.println("운영체제 : " + System.getProperty("os.name"));
8.
9.          System.out.println("\nSystem.arraycopy( ) 의 기능");
10.         char[ ] array1 = { 'j', 'a', 'v' };
11.         char[ ] array2 = new char[array1.length + 1];
12.         System.arraycopy(array1, 0, array2, 0, array1.length);
13.         array2[array2.length-1] = 'a';
14.         System.out.println(array2);
15.         System.out.println( );
16.     }
17. }
```

5: 자바 버전 출력
6: 자바의 설치 폴더 출력
7: 운영체제 이름 출력
10~11: 2개의 배열 선언과 초기화
12: 배열간 복사
14: 복사된 배열 내용 출력

실행결과

```
C:₩WINDOWS₩system32₩cmd.exe
-->System 클래스의 특성<--
System.getProperty()의 속성
Java version : 13.0.1
Java home : C:₩java
운영체제 : Windows 10

System.arraycopy() 의 기능
java
```

6.3.3 가비지 컬렉터(Garbage Collector)

가비지 컬렉터는 메모리가 부족할 때 쓰레기(가비지)를 정리해주는 프로그램을 말한다. 프로그램을 실행하다 보면 가비지가 발생하게 되는데, 이것들은 유효한 메모리가 아니다. 그렇게 되면 정리되지 않은 상태로 남겨져 있는 메모리들은 사용되지도 않으면서 자리를 차지하고 있게 된다. 때문에 JVM의 가비지 컬렉터는 가비지를 다른 용도로 사용할 수 있게 메모리 해제를 시키는 프로그램이다.

JVM은 메모리를 부여받고 열심히 프로그램들을 실행하다가 메모리가 부족한 순간이 오면 운영체제한테 추가로 메모리를 더 요청하게 된다.
바로 이 메모리를 더 달라고 요청하는 때에 가비지 컬렉터가 실행된다. JVM이 종료되면, 당연히 사용하면 모든 메모리는 운영체제한테 반납된다.

6.3.4 Wrapper(포장) 클래스

자바에서는 모든 것을 클래스로 정의하여 객체로 처리한다. 그런데, 유일하게 예외가 되는 것들이 언어 수준에서 제공되는 기본형 데이터들이다. 따라서 자바에서는 이러한 기본형 데이터를 객체 단위로 처리할 수 있도록 하기 위한 별도의 클래스들을 제공하는데, 이러한 것들을 **Wrapper 클래스**라고 한다. 이들의 Wrapper 클래스는 java.lang 패키지에 정의되어 있다. Wrapper 클래스의 메소드는 객체 메소드와 클래스 메소드로 정의되어 있다. 객체 메소드는 객체를 가지고 있는 메소드로써 실행된다. 객체가 가지고 있는 값을 찾는 경우에 사용한다. 클래스 메소드는 기본 데이터 타입을 인수로써 지정하여 인수의 데이터 타입을 찾는 경우, 또는 데이터 타입을 변환하는 경우에 사용한다.

다음은 자바의 기본 자료형에 대한 Wrapper 클래스의 비교형이다.

기본 자료형	Wrapper 클래스
boolean	Boolean
char	Character
float, double	Float, Double
int, long	Integer, Long
short, byte	Short, Byte

Wrapper 클래스가 제공하는 대부분의 메소드는 대부분이 객체를 원하는 기본 데이터형으로 바꾸어 준다. 이와는 반대로 기본데이터를 객체로 만들어준다.

그 중 주로 사용하는 메소드는 다음과 같다.

메소드	기 능
String toString( )	숫자 값을 String형 값으로 바꿈
byte byteValue( )	숫자 값을 byte형 값으로 바꿈
short shortValue( )	숫자 값을 short형 값으로 바꿈
int intValue( )	숫자 값을 int형 값으로 바꿈
long longValue( )	숫자 값을 long형 값으로 바꿈
float floatValue( )	숫자 값을 float형 값으로 바꿈
double doubleValue( )	숫자 값을 double형 값으로 바꿈

1 Boolean 클래스

기본자료형 boolean을 표현하고 다음 같은 Boolean 클래스의 생성자이다.

Boolean (boolean value)	Boolean(String str) str의 문자열과 같으면 'true', 다른 경우에는 'flase' 값을 가짐

Boolean의 생성지

2 Byte 클래스

JAVA 1.1 이후의 버전에서 제공된 클래스이며 기본자료형 byte를 표현하고 다음과 같은 Byte 클래스의 생성자를 제공한다.

Byte(byte value)	Byte(String str)

Byte의 생성자

3 Character 클래스

기본자료형 character를 표현한다.
Character 클래스의 생성자와 메소드를 살펴보면 다음과 같다.

Character(char value)

Character의 생성자

public char charValue( )	public static char toLowerCase(char ch)
public static char toLowerCase(char ch)	public static boolean isLowerCase(char ch)
public static boolean isUppercase(char ch)	public static boolean isDigit(char ch)
public static boolean isLetter(char ch)	public static boolean isLetterOrDigit(char ch)
public static boolean isWhitespace(char ch)	

Character의 메소드

실습 6-6 Character 클래스의 기능 실습

```
1.  class CharacterMethod {
2.      static public void main (String args[ ]) {
3.          System.out.println("-->Character 클래스의 기능 실습<--");
4.          char ch = 'a';
5.          boolean b = Character.isLetter(ch);
6.          // 클래스 메소드
7.          if (b == true)
8.              System.out.println(ch + "는 문자이다.");
9.          Character chObj = new Character('3');
10.         b = Character.isDigit(chObj.charValue( ));
11.         // 인스턴스 메소드
12.
13.         if (b == true)
14.             System.out.println(chObj.toString( ) + "는 숫자이다.");
15.         System.out.println( );
16.     }
17. }
```

7: Character 클래스의 문자 여부 체크
13: Character 클래스의 숫자 여부 체크

실행결과

```
C:\WINDOWS\system32\cmd.exe
-->Character 클래스의 기능 실습<--
a는 문자이다.
3는 숫자이다.
```

4 Double 클래스

기본자료형 double을 표현하고 Double 클래스의 생성자와 메소드를 살펴보면 다음과 같다.

Double(double value)	Double(String str)

Double의 생성자

public static boolean isNsN(double v) : double형이 의미 있는 숫자인지 아닌지 여부파악	
public static boolean isInfinite(double v)	public boolean isNsN( )

Double의 메소드

다음에는 Double 클래스의 멤버필드로 다음과 같은 것들이 있다.

멤 버 필 드	설　　명
public static final double MAX_VALUE	최댓값을 가짐
public static final double MIN_VALUE	최솟값을 가짐
public static final double NaN	숫자가 아님을 나타냄
public static final double NEGATIVE_INFINITY	무한대 음수의 값을 가짐
public static final double POSITIVE_INFINITY	무한대 양수의 값을 가짐

Double의 멤버필드

5 Float 클래스

기본자료형 float를 표현한다. Float 클래스의 생성자와 메소드를 살펴보면 다음과 같다.

public Float(float value)	public Float(double value)
public Float(String str)	

Float의 생성자

public static boolean isNsN(Float v) : Float형이 의미 있는 숫자인지 아닌지 여부 파악	
public static boolean isInfinite(Float v)	public boolean isNsN( )

Float의 메소드

멤 버 필 드	설　　명
public static final float MAX_VALUE	최댓값을 가짐
public static final float MIN_VALUE	최솟값을 가짐
public static final float NaN	숫자가 아님을 나타냄
public static final float NEGATIVE_INFINITY	무한대 음수의 값을 가짐
public static final float POSITIVE_INFINITY	무한대 양수의 값을 가짐

Float의 멤버필드

6 Integer 클래스

기본자료형 integer를 표현한다. Integer 클래스의 생성자와 메소드를 살펴보면 다음과 같다.

Integer(int value)	Integer(String str)

Integer의 생성자

public static int parseInt(String str, int radix)	문자열을 표현한 radix로 진법의 정수로 표현

Integer의 메소드

멤 버 필 드	설 명
public static final int MAX_VALUE	최댓값을 가짐
public static final int MIN_VALUE	최솟값을 가짐

Integer의 멤버필드

7 Short 클래스

기본자료형 short를 표현한다. Short 클래스의 생성자와 메소드를 살펴보면 다음과 같다.

Short(short value)	Short(String str)

Short의 생성자

public static int	parseShort(String str)

Short의 메소드

멤 버 필 드	설 명
public static final short MAX_VALUE	최댓값을 가짐
public static final short MIN_VALUE	최솟값을 가짐

Short의 멤버필드

실습 6-7 문자열을 자료형으로 변환 실습

```
class StringToWrapper {
    public static void main(String args[ ]) {
        System.out.println("-->문자열을 자료형으로 변환 실습<--");
        String str;
        str = "20200101";
        System.out.println("String = " + str);
        // Integer( ) 클래스의 valueOf( ) 메소드를 이용
        // 초기 문자열 값을 정수형으로 변환
        int i = Integer.valueOf(str).intValue( );
        System.out.println("int = " + i);
```

```
11.
12.         // Long() 클래스의 valueOf() 메소드를 이용
13.         // 초기 문자열 값을 배정도 정수형으로 변환
14.         long l = Long.valueOf(str).longValue();
15.         System.out.println("long = " + l);
16.
17.         // Float() 클래스의 valueOf() 메소드를 이용
18.         // 초기 문자열 값을 실수형으로 변환
19.         float f = Float.valueOf(str).floatValue();
20.         System.out.println("float = " + f);
21.
22.         // Double() 클래스의 valueOf() 메소드를 이용
23.         // 초기 문자열 값을 배정도 실수형으로 변환
24.         double d = Double.valueOf(str).doubleValue();
25.         System.out.println("double = " + d);
26.         System.out.println();
27.     }
28. }
```

9: 문자열 값을 integer형으로 변환
14: 문자열 값을 long형으로 변환
19: 문자열 값을 float형으로 변환
24: 문자열 값을 double형으로 변환

실행결과

```
C:\WINDOWS\system32\cmd.exe
-->문자열을 자료형으로 변환 실습<--
String = 20200101
int = 20200101
long = 20200101
float = 2.02001E7
double = 2.0200101E7
```

실습 6-8 자료형을 문자형으로 변환 실습

```
class WrapperToString {
    public static void main(String args[]) {
        System.out.println("-->자료형을 문자열로 변환 실습<--");
        int su = 20200101;

        // 정수형 초기값을 toString() 메소드를 이용 문자열로 변경
        String mu1 = new Integer(su).toString();

        // 정수형 초기값을 Float() 클래스로 변환후
```

```
10.         // toString() 메소드를 이용 문자열로 변경
11.         String mu2 = new Float(su).toString();
12.
13.         // 정수형 초기값을 Double() 클래스로 변환후
14.         // toString() 메소드를 이용 문자열로 변경
15.         String mu3 = new Double(su).toString();
16.
17.         System.out.println("int su = " + su);
18.         System.out.println("String Integer = "+mu1);
19.         System.out.println("String Float = "+mu2);
20.         System.out.println("String Double = "+mu3);
21.         System.out.println();
22.     }
23. }
```

7, 11, 15: 수치형을 문자형으로 변환

실행결과

```
C:₩WINDOWS₩system32₩cmd.exe
-->자료형을 문자열로 변환 실습<--
int su = 20200101
String Integer = 20200101
String Float = 2.02001E7
String Double = 2.0200101E7
```

6.3.5 Math 클래스

Math **클래스**에는 복잡한 계산을 위한 메소드들과 상수들이 제공되며, 메소드와 멤버필드(변수)가 정적 멤버(static number)로 선언되어 있기 때문에 Math 클래스의 인스턴스를 생성하지 않고 객체의 메소드를 사용할 수 없다.

그리고 메소드와 변수가 'final'로 정의되어져 있기 때문에 Math 클래스를 상속하거나 오버라이드하여 재사용할 수 없다.

Math 클래스의 메소드와 멤버 필드의 종류는 다음과 같다.

메 소 드	설 명
public static type abs(type value)	인수 value 값을 절대 값으로 반환
public static type max(type x, type y)	인수 x와 y 값 중 큰 값을 반환
public static type min(type x, type y)	인수 x와 y 값 중 작은 값을 반환

public static double log(double x)	인수 x의 자연 로그 inx를 반환
public static double pow(double x, double y)	x^b 값을 반환
public static double exp(double x)	e^x 값을 반환
public static double ceil(double x)	소수점 이하 값을 올림
public static double floor(double x)	소수점 이하 값을 절단
public static double sin(double x)	인수 x의 라디안 값으로 sine 값을 반환
public static double cos(double x)	인수 x의 라디안 값으로 cosine 값을 반환
public static double tan(double x)	인수 x의 라디안 갑승로 tangent 값을 반환
public static double sqrt(double x)	인수 x 값의 제곱근을 반환
public static double random( )	0.0에서 1.0 사이의 임의의 값을 반환

Math의 메소드

public static final double E	E – 2.7182818284590452354
public static final double PI	PI – 3.14159265358979323864

Math의 멤버필드

실습 6-9 Math 클래스의 메소드 종류 실습

```
import java.util.*;

class MathClass {
    public static void main(String args[]) {
        System.out.println("-->Math 클래스의 메소드 종류 실습<--");
        int x0, y0;
        double x1 = Math.E;

        // 입력받은 두개의 문자를 정수로 변환하여 x0, y0에 저장
        x0 = Integer.parseInt(args[0]);
        y0 = Integer.parseInt(args[1]);

        System.out.println("x = " + x0 + ", y = " + y0);
        // 최댓값, 최솟값을 선택
        System.out.println("Max["+x0+", "+y0+"]-->"+Math.max(x0, y0));
        System.out.println("Max["+x0+", "+y0+"]-->"+Math.min(x0, y0));
        System.out.println("--------------------------------");

        //소수점이하에서 무조건 올림
        System.out.println("ceil("+x1+") ==>" + Math.ceil(x1));

```

```
22.         //소수점이하수 버림
23.         System.out.println("floor("+x1+")==>" + Math.floor(x1));
24.
25.         int num1 = -123;
26.         System.out.println("\n" + num1 + " 절대값 : " + Math.abs(num1));
27.
28.         double num2 = Math.pow(x0, y0);
29.         System.out.println("\n" + "Math.pow(x, y) ->누승값 : "
30.                 + Math.pow(x0, y0));
31.         System.out.println("Math.pow(x, y) ->제곱근 : " + Math.sqrt(num2));
32.
33.         float num3 = 9876.54f;
34.         System.out.println(num3 +"->반올림 : " + Math.round(num3));
35.     }
36. }
```

10~11: 2개의 값을 입력받아 정수형으로 변환
15~34: Math 클래스의 메소드 실습

실행결과

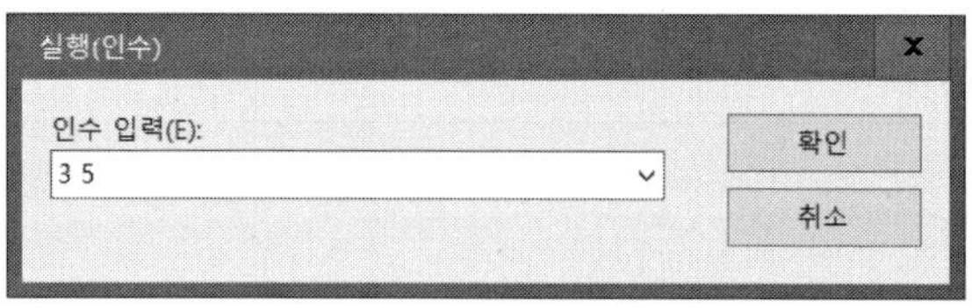

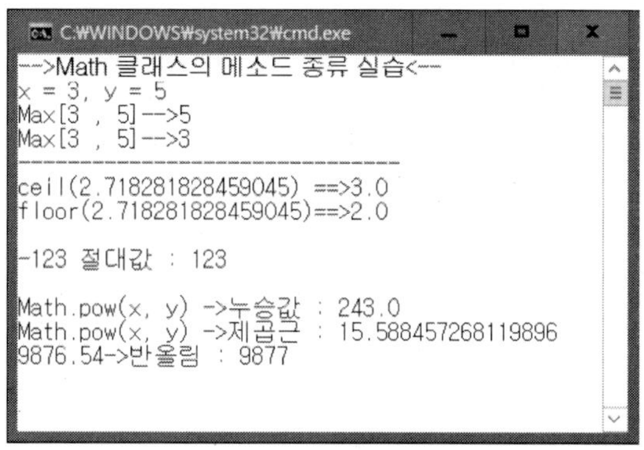

6.3.6 String 클래스

String 클래스는 문자열을 표현하는 상수로서 자바 프로그램 내에 존재하는 모든 문자열 상수는 이 String 클래스의 객체로 구현되고, String 객체는 문자열 상수를 의미하며, 생성되어 한 번 초기화된 후에는 변할 수 없다.

String 클래스의 객체는 +연산자를 지원하고 있는 특별한 클래스이다. 문자열은 프로그램 중에서는 " "로 감싸는 것에 의하여 작성되므로 String형의 데이터 타입이라고 생각할 수 있다.

String 클래스는 문자열을 나타내기 위하여 사용되는데 생성자와 메소드는 다음과 같다.

public String( )	public String(String value)
public String(char[ ] value)	public String(char[ ] value, int offset, int count)
public String(bytes[ ] value)	

String의 생성자

메 소 드	설 명
public char charAt(int index)	인수 index번째의 문자를 반환하여 INDEX는 0–(length( )–1)사이의 값을 가질 수 있음
public int indexOf(char ch)	인수 ch 문자가 문자열 중에 처음 일치되는 곳의 index 값을 반환
public int lastindexOf(char ch)	인수 ch 문자가 문자열 중에 맨 끝 부분에 일치되는 곳의 index 값을 반환
public int length(char ch)	인수 ch 문자열의 길이를 반환
public String replace (char old_ch, char new_ch)	인수 old_ch 문자열을 new_ch 문자로 변환
public String substring(int beginIndex)	문자열 중에 인수 beginIndex부터 나머지 문자열의 값을 반환
public String substring (int beginIndex, int endIndex)	문자열 중에 인수 beginIndex부터 endIndex 부분의 문자열 값을 반환
public String toLowerCase( )	문자열을 소문자로 반환
public String toUpperCase( )	문자열을 대문자로 반환
public String trim( )	문자열의 공백을 반환

String의 메소드

실습 6-10 String 클래스의 연산 실습

```
class StringClass {
    public static void main (String args[ ]) {
        System.out.println("-->String 클래스의 연산 실습<--");
        String dispText   = "abc";
        // String형의 변수 distext를 작성하여 "abc"로 초기화
        System.out.println(dispText);  // 「abc」로 표시
        dispText = "def" ;      // dispText에 "def"에 대입

        String str1 = "abc";
        String str2 = "def";
        System.out.println(str1 + str2); // 「abcdef」로 표시

        // 또한 문자열에 수치형의 데이터를 +연산자로 연결하면
        // 수치는 문자열에 타입 변환되어 연결된다.

```

```
16.         int num1 = 1967;
17.         String str3 = " 당신의 생년은? ";
18.         str3 = str3 + num1;
19.         System.out.println(str3); // 「당신의 생년은? 1967」로 표시
20.         System.out.println( );
21.     }
22. }
```

4: 스트링 변수에 문자열 대입
7: 새로운 문자열을 대입해서 초기화
9~10: 2개의 문자얄을 변수에 대입
11: 문자열 결합 출력
18: 문자열과 수치 변수 연산
13: 수치 변수가 문자열화되어 결합하여 출력됨

실행결과

```
C:\WINDOWS\system32\cmd.exe
-->String 클래스의 연산 실습<--
abc
abcdef
 당신의 생년은? 1967
```

실습 6-11 String 클래스의 메소드 실습

```
class StringMethod {
    public static void main(String[] args) {
        System.out.println("-->String 클래스의 연산 실습<--");
        String str1 = "JAVA "; String str2 = "program ";
        System.out.println("str1 + str2 = " +str1 + " " + str2);

        System.out.println("str1.concat(str2) = " + str1.concat(str2));
        System.out.println("str1.substring(2) = " + str1.substring(2));
        System.out.println("str1.substring(0, 2) = " + str1.substring(0, 2));

        System.out.println("str1.toLowerCase( ) = " + str1.toLowerCase( ));
        System.out.println("str2.toUpperCase( ) = " + str2.toUpperCase( ));

        String newString = " " + str1 + " " + str2 + "\n";
        System.out.println("newString.trim( ) = " + newString.trim( ));

        char[ ] charArray = { 'J', 'a', 'v', 'a' };
        System.out.println(String.copyValueOf(charArray));

```

```
20.         int i = 123;
21.         System.out.println(String.valueOf(i));
22.         System.out.println( );
23.     }
24. }
```

7~21: String Method의 출력

실행결과

```
C:\WINDOWS\system32\cmd.exe
-->String 클래스의 연산 실습<--
str1 + str2 = JAVA  program
str1.concat(str2) = JAVA program
str1.substring(2) = VA
str1.substring(0,2) = JA
str1.toLowerCase() = java
str2.toUpperCase() = PROGRAM
newString.trim() = JAVA  program
Java
123
```

6.3.7 StringBuffer 클래스

StringBuffer 클래스의 객체를 이용하면, 변경할 수 있는 문자열의 사용이 가능하다. StringBuffer 클래스에는 내용을 변경할 수 있는 메소드가 있기 때문이다. 예를 들면, append( ) 메소드를 사용하면 자신들의 문자열에 지정한 문자열의 추가가 가능하다.

StringBuffer 클래스의 문자열은 String형과 다르므로 + 연산자에 의해서 연결은 되지 않는다. StringBuffer 클래스의 객체는 new 연산자에서 객체용 메모리를 확보 후에 생성자를 작성하여 생성한다.

메 소 드	기 능
StringBuffer( )	초기값으로 ""를 가지는 변수 문자열을 생성
StringBuffer(String str)	str과 같은 내용의 초기값을 가지는 변수 문자열을 생성
setCharAt( )	지정된 위치의 문자를 대체
setLength( )	버퍼의 문자열을 자르거나 확장하며 확장하는 경우 null로 채워짐
append( )	StringBuffer 객체 끝에 데이터나 다른 객체를 추가
insert( )	StringBuffer 객체 중간에 데이터나 다른 객체를 삽입
reverse( )	StringBuffer 객체 내의 문자들의 위치를 거꾸로 배열
charAt( )	StringBuffer 객체 내의 문자를 다른 문자로 대체
getChars( )	지정된 부분의 문자열을 char 배열로 복사

capacity( )	StringBuffer 객체에 할당된 현재 기억장소의 크기를 반환
ensureCapacity( )	StringBuffer 객체의 기억장소 크기를 지정한 수보다는 크게 만듦
length( )	StringBuffer 객체 내의 문자들의 수를 반환
toString( )	StringBuffer 객체에서 String 객체를 만들어줌

StringBuffer의 메소드

실습 6-12 StringBuffer 클래스의 메소드 실습(1)

```
1.  class StringBufferClass {
2.      public static void main(String args[ ]) {
3.          System.out.println("-->StringBuffer 클래스의 메소드 실습(1)<--");
4.          String str1 = "abcdefg";
5.          String str2 = "hijklmn";
6.          System.out.println(str1 + str2);
7.
8.          StringBuffer str3 = new StringBuffer("ABCDEFG");
9.          StringBuffer str4 = new StringBuffer("HIJKLMN");
10.         System.out.println(str3.toString( ) + str4.toString( ));
11.         str3.append(" and ");
12.         System.out.println(str3.toString( ) + str4.toString( ));
13.         System.out.println( );
14.     }
15. }
```

6: String 문자열의 결합
8~9: 2개의 StringBuffer 클래스의 객체 선언
10: StringBuffer 문자열의 결합
11: 문자열의 삽입

실행결과

```
C:\WINDOWS\system32\cmd.exe
-->StringBuffer 클래스의 메소드 실습(1)<--
abcdefghijklmn
ABCDEFGHIJKLMN
ABCDEFG and HIJKLMN
```

실습 6-13 StringBuffer 클래스의 메소드 실습(2)

```
class StringBufferClass2 {
    public static void main(String[ ] args) {
        System.out.println("-->StringBuffer 클래스의 메소드 실습(2)<--");
        StringBuffer sb = new StringBuffer("JAVA");
```

```
5.          System.out.println("sb = " + sb);
6.          System.out.println("sb.reverse( ) = " + sb.reverse( ));
7.
8.          int len = sb.length( );
9.          sb.reverse( ).append("program").append(" !");
10.         System.out.println("sb.reverse( ).append(program)append(' !') = " + sb);
11.
12.         sb.insert(len, " ");
13.         System.out.println("sb.insert(len, ' ') = " + sb);
14.         System.out.println( );
15.     }
16. }
```

6: String 문자열의 역 출력
9: 문자열의 추가
12: 문자열의 삽입

실행결과

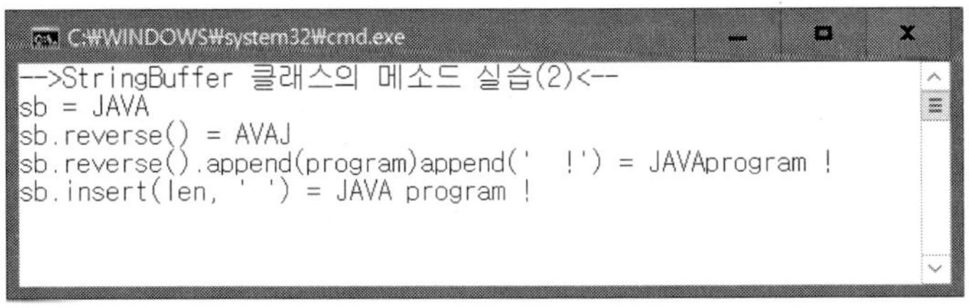

6.3.8 RunTime 클래스

Runtime 클래스는 프로그램이 실행되는 환경과 프로그램 사이에 인터페이스를 가능하게 해주는 메소드를 가지고 있는데 이 메소드들을 이용하여 시스템의 정보를 얻기 위해 사용한다. Runtime 클래스의 인스턴스는 getRuntime( ) 메소드의 호출로 얻을 수 있다.

메 소 드	설 명
static Runtime getRuntime( )	Runtime 클래스의 객체를 알려줌
Process exec(String command)	스트링 형태로 지정된 문자열 인수 command를 실행하도록 함
void gc( )	가비지 컬렉트(Garbage collector)를 실행
native long freeMemory( )	사용 가능한 메모리의 크기를 알려줌
native long totalMemory( )	사용 가능한 전체 메모리의 크기를 알려줌

Runtime의 메소드

실습 6-14 메모리의 정보를 알아보는 실습

```
1.  class RuntimeClass {
2.      public static void main (String args[]) {
3.          System.out.println("-->메모리의 정보를 알아보는 실습<--");
4.          Runtime run1 = Runtime.getRuntime();
5.          // 사용가능한 메모리 및 전체 메모리 크기의 정보
6.          long mem1 = run1.freeMemory();
7.          long mem2 = run1.totalMemory();
8.          System.out.println("사용가능메모리크기 = " + mem1 +" (바이트)");
9.          System.out.println("사용가능전체메모리크기= " + mem2 +" (바이트)");
10.         System.out.println();
11.     }
12. }
```

6~7: 사용가능한 메모리 및 전체 메모리 크기의 정보

실행결과

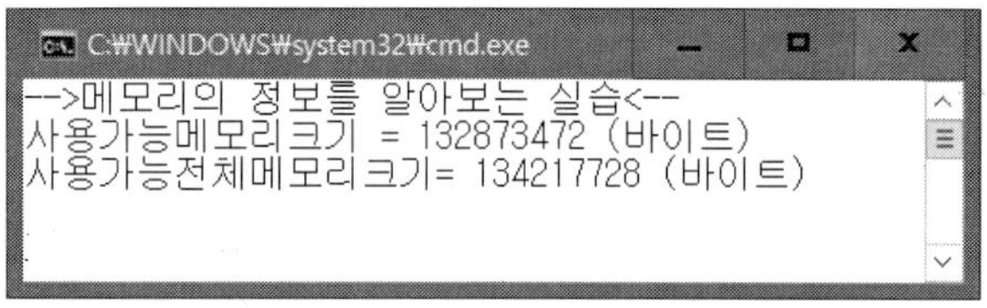

6.3.9 Class 클래스

실행 시에 클래스를 위한 정보 제공과 클래스의 동적 적재 기능을 제공하기 위한 클래스이다. **Class 클래스**는 어떤 클래스의 새로운 객체를 생성하거나(newInstance()), 클래스나 인터페이스에 관한 정보(예 : 어떤 클래스의 슈퍼 클래스를 가져오는 getSuperClass())를 되돌리는 메소드를 제공한다.

메 소 드	설 명
getName()	클래스 객체의 이름을 나타냄
getSuperclass()	클래스 객체의 상위 클래스 이름을 나타냄

Class의 메소드

객체를 하나 만들은 경우 다음과 같은 순서에 의해 진행된다. 이 객체는 A라는 클래스로 만들어지고 A 클래스는 SUPER라는 클래스를 상속한다. 다음으로 이 객체를 가지고 Class 클래스의 getClass() 메소드를 이용하여 클래스 객체 c를 얻는다.

취득한 클래스로 새로운 인스턴스를 만들어 Object 클래스의 객체 b를 만들려고 한다. 그러기 위해서는 기본 생성자가 이 클래스에 선언되어있어야 한다. 그렇지 않으면 InstantiationException이 발생한다.

새롭게 생성된 Object 클래스의 인스턴스 b는 A 클래스에 선언된 멤버들에 대한 값만 받는다. Super 클래스에 선언된 멤버들의 값은 전달되지 않기 때문에 처음의 객체에서 취득한 클래스 객체 c를 통해서 이 객체의 Super 클래스 객체 sc를 얻는다. 그리고 이 sc 객체의 필드들을 취득하여 새로이 생성된 오브젝트 b의 필드들에 매핑한다.

실습 6-15 클래스의 동적 적재 기능 실습

```
1.  class SuperClass {
2.      public int aa = 1;
3.  }
4.
5.  class SubClass extends SuperClass {
6.      public int aa = 2;
7.  }
8.
9.  class ClassClass {
10.     public static void main(String args[]) {
11.         System.out.println("-->클래스의 동적 적재 기능 실습<--");
12.         SuperClass sup = new SuperClass();
13.         SubClass sub = new SubClass();
14.         Class ClassObj;
15.
16.         ClassObj = sup.getClass();
17.         // Class 형의 객체에 객체 SubClass의 클래스 이름을 지정한다
18.         System.out.println("SupClass의 클래스명 : " + ClassObj.getName());
19.         ClassObj = ClassObj.getSuperclass();
20.         System.out.println("SupClass의 상위 클래스명 : " + ClassObj.getName());
21.
22.         ClassObj = sub.getClass();
23.         System.out.println("\nSubClass의 클래스명 : " + ClassObj.getName());
24.         ClassObj =ClassObj.getSuperclass();
25.         System.out.println("SubClass의 상위 클래스명 : " + ClassObj.getName());
26.         System.out.println();
27.     }
28. }
```

1~3: 슈퍼 클래스 선언
5~7: 서브 클래스 선언
12~13: 2개 클래스의 객체 선언
16: Class 형의 객체에 객체 SubClass의 클래스 이름을 지정
18: SupClass의 클래스명 출력
20: SupClass의 상위 클래스명 출력
23: SubClass의 클래스명 출력
25: SubClass의 상위 클래스명 출력

실행결과

```
C:\WINDOWS\system32\cmd.exe
-->클래스의 동적 적재 기능 실습<--
SupClass의 클래스명 : SuperClass
SupClass의 상위 클래스명 : java.lang.Object

SubClass의 클래스명 : SubClass
SubClass의 상위 클래스명 : SuperClass
```

6.4 java.util 클래스

유틸리티 클래스들을 제공하는 패키지로서 프로그래머가 응용프로그램을 작성하는데 유용한 인터페이스와 패키지이다. 이 패키지는 다양한 표준 프로그래밍 자료 구조체를 지원하는 클래스를 지원한다.

특히 EmptyStackException 클래스와 NoSuchElementException 클래스는 java.lang 패키지의 RuntimeException 클래스를 상속받는다.

java. util 패키지		
인터페이스	Enumeration	열거형 원소를 취급하기 위한 인터페이스
	Observe	observable 객체를 관찰하기 위한 인터페이스
클래스	BitSet	비트 집합을 다루기 위한 클래스
	Date	시스템 날짜와 시간을 위한 클래스
	Dictionary	키와 값을 대응(mapping)시키는 클래스
	Hashtable	해쉬 테이블을 다루기 위한 클래스
	Properties	시스템의 속성을 설정하거나 가져오기 위한 클래스
	Observable	다른 객체에 의해 관찰되기를 원하는 객체를 표현하기 위해 사용하는 클래스
	Random	난수를 생성하기 위한 메소드를 포함한 클래스
	StringTokenizer	스트링을 토큰으로 나누기 위한 클래스
	Vector	동적으로 취급 할 수 있는 리스트를 지원하는 클래스
	Stack	스택을 운영하기 위한 클래스

java.util의 클래스와 인터페이스

6.4.1 Vector 클래스

Vector 클래스는 요소라고 부르는 객체의 배열로써 구성되는 확장 가능한 배열로 이해할 수 있다. 즉 배열과 같이 Vector를 사용할 수 있다는 의미이다. Vector에 객체를 추가하고 삭제하면 Vector

는 자동으로 크기가 증가하거나 축소된다.

Vector(벡터)는 데이터를 저장할 기억 장소가 일정하지 않는 경우에는 주로 사용하며 일정한 기억 장소가 차게 되면 다시 일정크기 만큼 기억장소를 확보하며 여러 가지의 데이터형을 기억시킬 수 있다. Vector 클래스가 생성되면 동적으로 크기가 변하는 배열이 되어 체의 요소 수를 미리 정할 수 없을 때 유용하게 사용될 수 있다

Vector 클래스의 생성자와 메소드는 다음과 같다.

생 성 자	설 명
public Vector( )	벡터를 생성하는 생성자
public Vector(int initalCapacity)	초기 백터의 용량을 가지고 생성
public Vector(int initalCapacity, int capactityIncrement)	초기 벡터의 용량과 부족할 때마다 지정한 증가량만큼씩 생성

Vector의 생성자

메 소 드	설 명
public void addElement (Object element)	벡터의 끝 부분에 객체를 추가
piblic void remove(int index)	인수의 index 위치의 원소를 삭제
public void removeElement (Object element)	벡터에서 처음 일치되는 원소를 삭제
public void removeAllElement (Object element)	벡터의 크기를 전부 삭제하고 벡터의 크기를 0으로 만듦
public Object elementAt(int index)	인수의 index가 지정한 위치의 원소를 반환
public int size( )	현재 벡터에 있는 원소들의 개수를 반환
final boolean isEmpty( )	벡터에 원소가 비어 있는지 검사

Vector의 메소드

실습 6-16 각종 자료형을 벡터에 저장하고 출력 실습

```
import java.util.Vector;

   class VectorClass {
      public static void main(String[] args) {
      System.out.println("-->각종 자료형을 벡터에 저장 출력 실습<--");
      Vector vt1 = new Vector( );
      System.out.println("Vector Size : " + vt1.size( ));
```

```
8.
9.          vt1.addElement(new Character('A'));
10.         vt1.addElement(new String("홍길동"));
11.         vt1.addElement(new Integer(200));
12.         vt1.addElement(new Integer(300));
13.         vt1.insertElementAt(new Float(3.141592), 1);
14.         vt1.setElementAt(new String("Set"), 3);
15.
16.         System.out.println("Vector Size : " + vt1.size( ));
17.         System.out.println(" 첫번째 요소 : " + ((Character)vt1.elementAt(0)));
18.         System.out.println(" 두번째 요소 : " + ((Float)vt1.elementAt(1)));
19.         System.out.println(" 세번째 요소 : " + (String)vt1.elementAt(2));
20.         System.out.println(" 네번째 요소 : " + vt1.elementAt(3));
21.         System.out.println(" 다섯번째 요소 : "
22.                 + ((Integer)vt1.elementAt(4)).toString( ));
23.
24.         if(vt1.contains("SET")) {
25.             Integer i = new Integer(vt1.indexOf("SET"));
26.             System.out.println("Index of String(\"SET\"): " + i);
27.         }
28.
29.         if(vt1.contains("Set")) {
30.             Integer i = new Integer(vt1.indexOf("Set"));
31.             System.out.println("Index of String(\"Set\"): " + i.toString( ));
32.         }
33.         System.out.println( );
34.     }
35. }
```

6: 벡터 클래스의 객체 선언
7: 원소의 개수를 반환
9~14: 원소 안에 객체들을 삽입
16~22: 원소들을 출력
24~27: 원소 안에 비교 문자열이 들어 있는지 체크하여 위치를 출력

실행결과

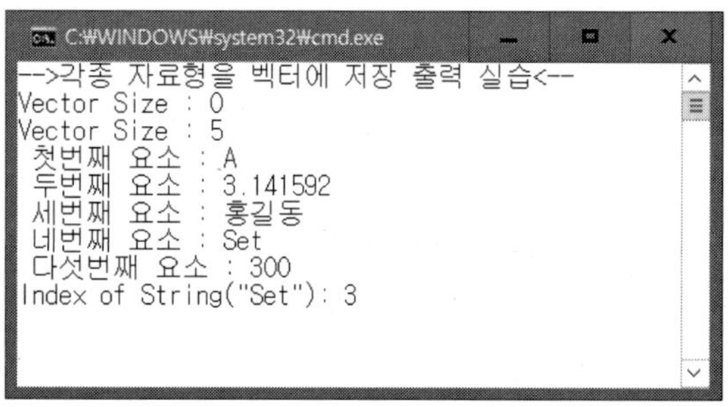

6.4.2 Random 클래스

Random 클래스는 임의의 난수를 발생시키는 객체이며, seed에 따라 일정한 수치를 발생시키는 함수를 가지고 있어서 내부적으로 seed를 바꾸어 주도록 한다.

난수를 생성하는데 필요한 메소드를 포함하고 있는데 생성자와 메소드는 다음과 같다.

생 성 자	설 명
public Random(int value)	인수 value 값으로 난수를 발생

Random의 생성자

메 소 드	설 명
double nextDouble( )	0.0과 1.0 사이의 균일하게 분포된 double형의 값을 반환
float nextFloat( )	0.0과 1.0 사이의 균일하게 분포된 float형의 값을 반환
int nextInt( )	Integer.MIN_VALUE와 Integer.MAX_VALUE 사이의 균일하게 분포된 int형의 값을 반환
long nextLong( )	long.MIN_VALUE와 long.MAX_VALUE 사이의 균일하게 분포된 long형의 값을 반환

Random의 메소드

실습 6-17 각종 난수의 결과를 알아보기 실습

```
import java.util.*;

class RandomClass {
   public static void main(String args[ ]) {
      System.out.println("-->난수의 결과를 알아보기 실습<--");
      Random su = new Random(11111);
      System.out.println("배정도 실수형 (의사)난수 = " + su.nextDouble( ));
      System.out.println("실수형 (의사)난수 = " + su.nextFloat( ));
      System.out.println("정수형 (의사)난수 = " + su.nextInt( ));
      System.out.println("배정도 정수형 (의사)난수 = " + su.nextLong( ));

      Random su2 = new Random( );

      System.out.println("\n배정도 실수형 (의사)난수 = " + su2.nextDouble( ));
      System.out.println("실수형 (의사)난수 = " + su2.nextFloat( ));
      System.out.println("정수형 (의사)난수 = " + su2.nextInt( ));
      System.out.println("배정도 정수형 (의사)난수 = " + su2.nextLong( ));
      System.out.println( );
   }
}
```

6: 난수 객체에 11111 값을 선언
7~10, 14~17: 정수형과 실수형의 난수값을 출력

실행결과

```
C:\WINDOWS\system32\cmd.exe
-->난수의 결과를 알아보기 실습<--
배정도 실수형 (의사)난수 = 0.14877869593833193
실수형 (의사)난수 = 0.10956782
정수형 (의사)난수 = -343472819
배정도 정수형 (의사)난수 = 6634020586478935

배정도 실수형 (의사)난수 = 0.9658161288249715
실수형 (의사)난수 = 0.90149295
정수형 (의사)난수 = 1580994040
배정도 정수형 (의사)난수 = -2897141399087151288
```

Math 클래스는 수학적 연산과 관련된 메소드들을 제공하는 클래스로 random( ) 메소드를 사용하여 0.0 <= double value < 1.0의 값을 생성 할 수 있다.

random( ) 메소드가 double 타입을 반환하기 때문에 타입 캐스팅(int)를 사용해서 정수형으로 변환하여 사용할 수 있으며, (int)(Math.random( ) * 최댓값) + 최솟값의 연산을 통해 최솟값 ~ 최댓값의 범위 지정도 가능하다. 실제적으로는 (int)(Math.random( ) * (최댓값 - 최솟값 + 1)) + 최솟값을 의미한다.

실습 6-18 Math를 이용한 Random 값 출력 실습

```
1. class RandomMath {
2.     public static void main(String[] args) {
3.         System.out.println("-->Math를 이용한 Random 값 출력 실습<--");
4.         // range : 0.0 ~ 1.0(exclusive)
5.         double randomValue = Math.random( );
6.         int intValue = (int)(randomValue * 100) + 1;
7.         System.out.println(intValue);
8.         System.out.println( );
9.     }
10. }
```

5: Math의 random( ) 함수로 값을 산출
6: 100 이하 정수로 변환

실행결과

```
C:\WINDOWS\system32\cmd.exe
-->Math를 이용한 Random 값 출력 실습<--
20
```

```
C:\WINDOWS\system32\cmd.exe
-->Math를 이용한 Random 값 출력 실습<--
41
```

6.4.3 StrtingTokenizer

StringTokenizer 클래스는 문자열을 토큰의 집합으로 분리하는 것으로, 토큰은 별도의 구분 문자(delimiters)로서 분리되는 문자열을 의미한다. StringTokenizer 객체는 분리할 문자열과 구분 문자, 그리고 반환하는 토큰에 구분 문자도 포함시킬 것인지를 지정하는 플래그 등 세 가지 인수를 가지고 생성된다.

구분 문자는 StringTokenizer가 생성된 후에 언제든지 바꿀 수가 있다. 기본적인 구분 문자는 ' ', '₩t', '₩n', '₩r'과 같은 공백 문자들이다.

StringTokenizer 클래스는 Enumeration 인터페이스를 이용하여 Enumeration 객체를 가지는 메소드에 StringTokenizer의 객체를 넘겨줄 수 있다. 따라서 StringTokenizer에서 토큰들을 하나 하나 열거하기 위해 Enumeration 인터페이스 메소드를 사용할 수 있다.

StrtingTokenizer에 대한 생성자와 메소드는 다음과 같다.

생 성 자	설 명
public StringTokenizer (String str)	문자열 인수를 기본적인 구분자("₩t₩n₩r")만을 이용해서 토큰을 구별 ₩t(tab), ₩n(newline), ₩r(return)
public StringTokenizer (String str, String delimiter)	문자열 인수를 delimiter를 이용해서 토큰을 구별
public StringTokenizer (Stringstr, String delimiter, boolean returnToken)	문자열 인수를 delimiter를 이용해서 토큰을 구별하고 nextToken( ) 메소드에서 토큰을 반환할 것인지의 여부를 알아봄

StrtingTokenizer의 생성자

메 소 드	설 명
public boolean hasMoreTokens( )	또 다른 토큰이 남아 있는지 검사하는데, 'true'와 'false' 값을 반환
public String nextToken( )	다음 토큰을 반환
public String nextToken (String delimiter)	문자열 인수의 새로운 delimiter를 이용해서 다음 토큰을 반환
public int countTokens( )	문자열을 반환

StrtingTokenizer의 메소드

실습 6-19 문자열을 분리하여 그 결과를 출력하는 실습

```
1.  import java.util.*;
2.
3.  class StringTokenizerClass {
4.     public static void main(String args[ ]) {
5.         System.out.println("-->문자열을 분리하여 그 결과를 출력하는 실습<--");
6.         StringTokenizer s2 =    new StringTokenizer("하하=호호=히히=후후", "=");
7.         System.out.println("분리 문자수 = "+ s2.countTokens( )+"개");
8.         System.out.println("\n -- 분리 결과 -- ");
9.         while(s2.hasMoreTokens( ))
10.        System.out.println(s2.nextToken( ));
11.        System.out.println( );
12.    }
13. }
```

6: StringTokenizer 객체 선언
7: 토큰 개수 출력
9: 토큰 분리 반복문

실행결과

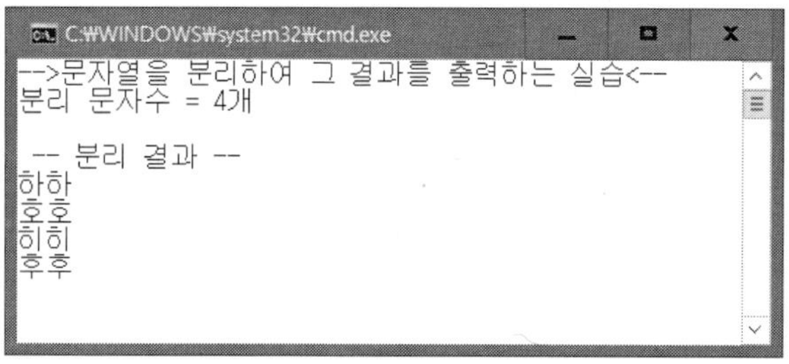

실습 6-20 문자열을 분리하여 단어 자르기 실습

```
import java.util.*;
class StringTokenizerExe {
   public static void main(String args[ ]) {
       System.out.println("-->문자열을 분리하여 단어 자르기 실습<--");
       String str = "my name is Hong Gil Dong";

       StringTokenizer token1 = new StringTokenizer(str);
       StringTokenizer token2 = new StringTokenizer(str, "g");
       StringTokenizer token3 = new StringTokenizer(str, "g", true);

       System.out.print("token1 : ");
       while( token1.hasMoreTokens( )) { // 단어 별로 분리 후 /를 붙임
```

```
13.             System.out.print( token1.nextToken() + " / " );
14.         }
15.         System.out.println();
16.
17.         System.out.print("token2 : ");
18.         while( token2.hasMoreTokens()) {  // g 단어별로 분리
19.             System.out.print( token2.nextToken() + " / " );
20.         }
21.         System.out.println();
22.         System.out.print("token3 : ");
23.         while( token3.hasMoreTokens()) {  // g 단어별로 분리하고, g를 삽입
24.             System.out.print( token3.nextToken() + " / " );
25.         }
26.         System.out.println();
27.         System.out.println();
28.     }
29. }
```

7: 공백으로 구분해서 단어 분리
8: g 단어 별로 분리
9 : g 단어별로 분리하고 g를 삽입

실행결과

```
C:\WINDOWS\system32\cmd.exe
-->문자열을 분리하여 단어 자르기 실습<--
token1 : my / name / is / Hong / Gil / Dong /
token2 : my name is Hon /  Gil Don /
token3 : my name is Hon / g /  Gil Don / g /
```

Chapter 07

예외처리

자바는 기본적으로 이기종의 네트워크 상에서의 운영 환경을 가정한다. 프로그램이 개발되는 환경과 사용되는 환경이 다를 수 있다는 가정 하에 프로그램이 작성되는 것이다.
이러한 환경에서 사용자는 프로그램에의 신뢰와는 상관없이 자신의 컴퓨터에서 수행될 수도 있기 때문에, 프로그램에서의 실행 오류는 생각지도 않은 결과를 초래할 수 있게 된다.
그래서 자바는 이러한 예외적 오류를 프로그램의 검증된 예외로 정상적인 처리를 하기 위해 예외처리를 제공한다.
컴파일러가 실행 시 발생할 수 있는 대부분의 오류를 찾아내기는 하지만 프로그램을 실행하는 동안에 오류가 발생하여 더 이상 프로그램을 진행할 수 없을 경우를 **예외 상황**(Exception)이라고 한다.

7.1 에러의 발생

7.1.1 예외의 개념

자바 프로그램을 작성할 때는 기본적으로 2가지의 에러가 발생할 수 있다.

- Syntax error : 단어의 작성 실수는 자바 컴파일 과정에 에러 출력
- Semantic error : runtime error라고 하며, 정수를 0으로 나누거나 해서 자바가 실행하는 동안 발생할 수 있는 에러

예외처리를 지정하지 않은 예는 다음과 같다.

```
class UnException {
    static void div( ) {
        int bunmo = 0;
        int result = 100 / bunmo; // 0으로 나누어서 실행 시 예외처리가 발생
    }

    public static void main(String args[ ]) {
        UnException.div( );
    }
} // 예외처리를 지정 안했기 때문에 System에서 실행 시 에러가 발생
```

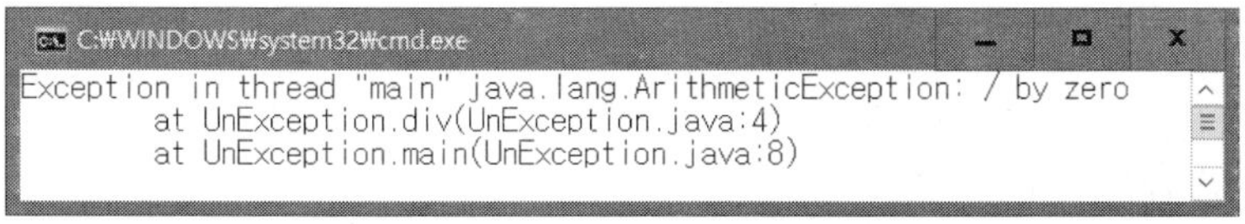

자바에서 semantic error는 예외처리를 지정하여, 예측할 수 있는 위치에 선언해서 프로그램이 강제로 끝나지 않고 계속 실행시킬 수 있다.

자바에서는 변수들의 상태를 확인해서 오류를 알아내기 위한 간접적인 방법이 아니라, 직접적으로 오류발생을 알려주는 방법으로 예외(Exception) 명령을 제공한다.

예외는 예상되지 않은 오류가 발생되었을 때 나타낸다(throw). 나타난 예외는 오류를 발생시킨 메소드에 포함된 예외처리 문이 그 나타난 예외를 인식(catch)하여 처리한다. 만일 예외가 잡히지 않으면 기본 예외처리기가 자동으로 실행된다.

자바 가상 머신(JVM)은 프로그램 실행 중에 예외가 발생하면 관련된 예외 클래스로부터 예외 객체를 생성하여 프로그램에서 지정된 예외처리 구문으로 넘긴다. 프로그램에 지정된 예외처리 구문은 예외가 발생하면 자바 가상 머신에 의해 호출되고 예외 객체를 자바 가상 머신으로부터 넘겨받아 적절한 처리를 수행한다.

7.1.2 예외(Exception) 클래스

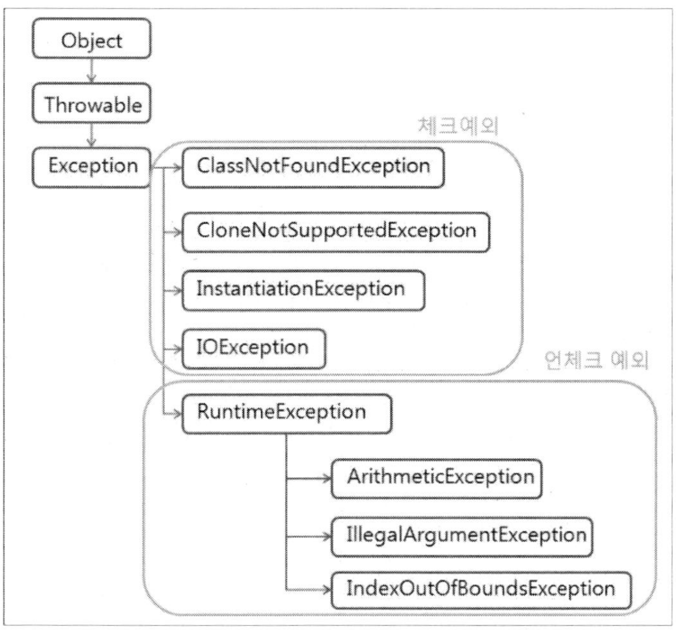

자바의 예외는 java.lang.Throwable 클래스의 하위 클래스인 java.lang.Exception 클래스에서 취급한다.

7.1.3 예외의 종류와 특징

자바에서 throw를 통해 발생시킬 수 있는 예외는 크게 세 가지가 있다.

1 Error

첫째는 java.lang.Error 클래스의 서브 클래스들이다. 에러는 시스템에 뭔가 비정상적인 상황이 발생했을 경우에 사용된다. 그래서 주로 자바 JVM에서 발생시키는 것이고 프로그램에서 잡으려고 하면 안된다.

OutofMemoryError나 ThreadDeath 같은 에러는 catch 블록으로 잡아도 대응 방법이 없다. 따라서 시스템 레벨에서 특별한 작업을 하는 것이 아니면 프로그램에서 이러한 에러에 대한 처리는 신경 쓰지 않아도 된다.

2 Exception과 체크 예외

에러가 아닌 Exception 클래스는 체크 예외와 언체크 예외로 구분된다.

체크 예외	Exception 클래스의 서브 클래스이면서 RuntimeException 클래스를 상속하지 않은 것들
언체크 예외	RuntimeException을 상속한 클래스

체크 예외가 발생할 수 있는 메소드를 사용할 경우 반드시 예외를 처리하는 코드를 함께 작성해야 한다. 사용할 메소드가 체크 예외를 던진다면 이를 catch 문으로 잡든지, 아니면 throws를 정의해서 메소드 밖으로 던져야 한다. 그렇지 않으면 컴파일 에러가 발생한다.

3 RuntimeException과 언체크/런타임 예외(RuntimeException)

java.lang.RuntimeException 클래스를 상속한 예외들은 명시적인 예외처리를 강제하지 않기 때문에 언체크 예외라고 불린다. 또는 대표 클래스 이름을 따서 **런타임 예외(RuntimeException)**라고도 한다. 에러와 마찬가지로 이 런타임 예외(RuntimeException)는 catch 문으로 잡거나 throws로 선언하지 않아도 된다.

런타임 예외는 주로 프로그램의 오류가 있을 때 발생하도록 의도된 것들이다. 이런 예외는 코드에서 미리 조건을 체크하도록 주의 깊게 만든다면 피할 수 있다. 피할 수 있지만 개발자가 부주의해서 발생할 수 있는 경우에 발생하도록 만든 것이 런타임 예외이다.

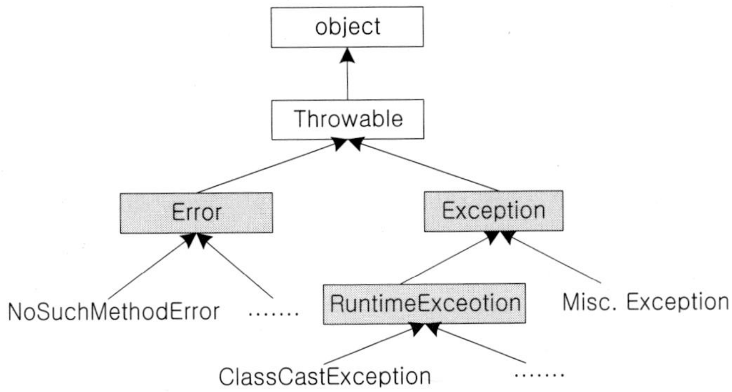

예외 형의 계층구조

RuntimeException 클래스의 서브 클래스들은 메소드의 throws 절로 선언될 수 없다. 뿐만 아니라 try~catch 블록을 사용하여 잡을 수도 없고, 단지 이 예외는 자바 런타임 시스템에 의해서만 처리될 것이다. 그리고 사용자 프로그램은 RuntimeException과 그의 서브 클래스를 확장할 수 없다. 이것들은 모두 자바 런타임 시스템에 의해 예약되어 있는 것이다.

7.2 Try-catch-finally 문장

자바 언어에서는 exception handler를 이용하여 예외 상황을 catch, try 명령문으로 처리한다. 즉 예외가 나올 수 있는 부분을 try{}로 묶고 발생 가능한 예외 상황을 catch를 이용하여 사용자가 확인 할 수 있도록 한다. catch의 매개 변수로는 Exception 클래스 변수를 넣는데 여기에 발생한 에러의 정보가 들어간다.

예외를 처리하기 위해서는 다음과 같이 try 문장, catch 문장, finally 문장을 사용한다. try는 예외와 비정상적인 종료(예를 들면 break, continue, return)인 경우에 해결 가능하다고 생각되는 경우에 사용하며 try는 범위를 지정하여 예외를 지정한다. try 뒤에는 하나 이상의 포착 블록을 붙여서 예외 상황을 처리한다.

finally 문은 일반적으로 try 다음에 사용하여 후처리를 담당한다.

형 식

```
try {
      예외가 발생할 수 있는 가능성이 있는 문의 문장
} catch  (예외 클래스 변수명 a) {
      예외를 처리하는 문
} catch  (예외 클래스 변수명 b) {
      예외를 처리하는 문
} finally {
```

```
        후 처리문
    }
```

- try문 바로 다음은 반드시 블록이어야 하고 예외를 발생시킬 수 있는 수행문을 작성하게 된다.
- catch블록은 앞의 try 블록을 수행 중 예외가 발생하면 처리할 수행문을 기술한다.
- finally블록은 코드의 내부상태를 원점으로 돌려놓는다든지 앞으로 사용하지 않을 객체가 지닌 자원들을 돌려줄 때 사용된다.

7.2.1 try 문

예외가 발생할 가능성이 있는 문을 try 문장으로 지정한다. 자바 패키지 메소드를 사용하는 경우는 예외가 발생하면 메소드에서 throw 문으로 예외를 작성한다. 사용자 정의 메소드에서 throw된 예외도 설정하는 것이 가능하다. 예외가 발생하면 다음의 catch 문장으로 지정한다. 금지되는 예외의 종류는 catch 문장으로 지정한다.

다음은 자주 나타나는 예외 사항이다.

예 외	상 황
ArithmeticException	1/0과 같은 산술적인 에러 발생
NullPointException	메모리를 할당받지 못한 변수나 객체를 조작하고자 할 때
IncompatibleClassException	다른 클래스가 참조하는 메소드나 변수를 가지고 있는 클래스가 임의로 메소드나 변수에 변화를 줄 경우
ClassCastException	캐스트가 무효화될 때
NegativeArraySizeException	배열이 음의 크기로 생성될 때
OutOfMemoryException	"new" 프로그램을 문장을 실행할 때 실제 메모리가 없는 경우
NoClassDefFoundException	클래스를 찾을 수 없을 때
ArrayIndexOutOfBoundException	지정된 범위 밖의 배열값을 조작할 때

7.2.2 catch 문

catch 문장으로 각각의 예외를 처리하는 코딩을 한다. catch 문장은 try 문장의 뒤에 나오며 복수 정의가 가능하다. 각각의 catch 문장은 각자가 붙잡고 싶은 예외의 종류를 지정한다. 만일 산술 연산의 예외가 발생하는 경우에 작성된 ArithmeticException 클래스의 예외 객체를 지정한다.

실습 7-1 산술 예외처리를 지정한 경우

```
1.  class ExpceptionSet {
2.      public static void main(String args[ ]) {
```

```
3.          System.out.println("-->산술 예외처리를 지정한 경우<--");
4.          int bunmo; int result;
5.          try {
6.              bunmo = 0;
7.              result = 100 / bunmo;
8.          }
9.          catch(ArithmeticException e) {
10.             System.out.println("에러=>분자의 수가 0으로 나누어짐 ");
11.             System.out.println(e.getMessage( ));
12.             System.out.println(e);
13.         }
14.         System.out.println( );
15.     }
16. }
```

7: 숫자 값을 0으로 나누면 Divide by Zero 에러가 발생
9: catch에서 산술처리 예외가 발생
10~12: 예외처리 출력이 실행되고 프로그램이 멈춤

실행결과

```
C:\WINDOWS\system32\cmd.exe
-->산술 예외처리를 지정한 경우<--
에러=>분자의 수가 0으로 나누어짐
/ by zero
java.lang.ArithmeticException: / by zero
```

실습 7-2 여러 예외처리를 지정한 경우

```
class InputException {
    public static void main(String[ ] args) {
        System.out.println("-->여러 예외처리를 지정한 경우<--");
        try {
            int num = Integer.parseInt(args[0]);
            System.out.println("입력된 숫자 = " + num);
        }
        catch(NumberFormatException e) {
            System.out.println("문자열을 정수로 변환할 수 없습니다!");
        }
        catch(Exception e) {
            System.out.println("인수가 입력되지 않았습니다!");
        }
        System.out.println( );
    }
}
```

5: 외부에서 데이터의 입력받는 인수 선언
6: 변환해서 숫자를 제대로 입력받은 경우 실행
8~10: 문자가 입력된 경우 발생
11~13: 아예 인수가 입력되지 않은 경우 발생

실행결과

```
명령 프롬프트

E:₩java>javac InputException.java

E:₩java>java InputException
-->여러 예외처리를 지정한 경우<--
인수가 입력되지 않았습니다!


E:₩java>java InputException 20
-->여러 예외처리를 지정한 경우<--
입력된 숫자 =  20


E:₩java>java InputException LJM
-->여러 예외처리를 지정한 경우<--
문자열을 정수로 변환할 수 없습니다!


E:₩java>
```

7.2.3 finally 문

finally 문은 필수적인 것은 아니다. 자바에서 finally 문장을 사용하는 경우에는 try 문에서 예외가 발생하든 그렇지 않든 간에 finally 문이 실행된다. try 문에서 예외가 발생되면 예외처리기 중 적절한 catch 문을 실행하고 try 문은 나머지 부분을 건너뛰게 한다.

적절한 예외처리기를 찾지 못한다면 finally 문을 실행하고 GUI 기반의 애플리케이션이 아니라면 종료하게 한다. 또한 예외처리기 안에서 예외가 발생한다면 finally 문은 여전히 실행되고 예외를 catch하기 위한 메소드로 예외가 넘겨진다.

예를 들면, 파일을 읽고 쓰는 처리를 try 문장에 기술하는 경우, 정상적으로 읽히는 경우, 예외가 발생하여 읽히지 않는 경우에도 열린 파일을 닫는 필요성이 있다. 이 처리를 finally 문장으로 기술하면 확실하게 파일을 닫는 것이 가능하다.

형 식

```
try {
      //에러가 감시될 코드 블록
} catch(예외형 예외 객체) {
      //예외형에 대한 예외처리기
            .
            .
            .
```

```
} finally {
    // finally 코드
}
```

finally 코드는 catch 문을 실행여부와 상관없이 try 문 이후에 반드시 실행한다. 만약 catch 문이 실행되면 catch 문 다음에 실행된다. finally 문이 실행되지 않는 유일한 경우는, return() 문은 상관없지만, exit() 문이 try나 catch 문에 있을 경우이다.

실습 7-3 finally 문을 지정한 경우

```
1.  class ExceptionFinally {
2.      public static void main(String args[]) {
3.          System.out.println("-->finally 문을 지정한 경우<--");
4.          int x=10, y1=0, y2=2, z=10;
5.          System.out.println("main: z = "+z);
6.          try {
7.              System.out.println("try: before 'divide by 0'");
8.              z = x / y1;
9.              System.out.println("try: after 'divide by 0'");
10.         }
11.
12.         catch(ArithmeticException e) {
13.             System.out.println("catch(ArithmeticException): " + e);
14.         }
15.         catch(Exception e) {
16.             System.out.println("catch(Exception): " + e);
17.         }
18.
19.         finally {
20.             System.out.println("finally: z = "+z);
21.         }
22.         System.out.println("main: z = "+z);
23.         System.out.println();
24.     }
25. }
```

5: z 값을 출력
8: 숫자값을 0으로 나누었기 때문에 12번 문장의 catch 문장이 수행
19: finally 문은 무조건 실행하므로 20번 문장을 수행
21: true-catch loop를 빠져나오고 22번 문장을 수행

실행결과

```
C:\WINDOWS\system32\cmd.exe
-->finally 문을 지정한 경우<--
main: z = 10
try: before 'divide by 0'
catch(ArithmeticException): java.lang.ArithmeticException: / by zero
finally: z = 10
main: z = 10
```

실습 7-4 데이터를 입력 받아 finally 문을 지정

```
import java.io.*;
import java.util.*;
class InputExceptionFinally {
   public static void main(String[] args) {
      System.out.println("-->데이터를 입력 받아 finally 문을 지정<--");
      try {
         int a = Integer.parseInt(args[0]);
         int b = Integer.parseInt(args[1]);
         int sum = a / b;  // b가 0일 경우 예외 발생

         int[] array = new int[3];
         array[0] = a;
         array[1] = b;
         array[2] = array[0] + array[1];
         System.out.println("array[2] = " + array[2]
               +", array[1] = " + array[1]
               +", array[0] = " + array[0]);
      }

      catch(NumberFormatException n) {
         System.out.println("반드시 정수만 입력해야 합니다!!");
      }
      catch(ArithmeticException n) {
         System.out.println("0으로 나눌 수 없습니다!!");
      }
      catch(ArrayIndexOutOfBoundsException n) {
         System.out.println("배열의 범위를 벗어 났습니다!!");
      }

      finally {
         System.out.println ("finally 문장은 무조건 출력합니다!!");
      }
      System.out.println ();
```

```
34.     }
35. }
```

7~8: 2개의 인수를 외부에서 입력 받아 수치로 변환 후 변수에 대입
9: a를 b로 나눔
11: 3개의 배열 변수 객체 선언
12~14: 3개의 배열에 데이터 삽입
15~17: 배열 데이터 출력
20~22: 정수 예외처리
23~25: 0으로 나눔 예외처리
26~28: 배열 범위 예외처리
30~32: finally 문 무조건 수행

실행결과

```
E:\java>javac InputExceptionFinally.java

E:\java>java InputExceptionFinally
-->데이터를 입력 받아 finally 문을 지정<--
배열의 범위를 벗어 났습니다!!
finally 문장은 무조건 출력합니다!!


E:\java>java InputExceptionFinally 6 3
-->데이터를 입력 받아 finally 문을 지정<--
array[2] = 9, array[1] = 3, array[0] = 6
finally 문장은 무조건 출력합니다!!


E:\java>java InputExceptionFinally 6 3.0
-->데이터를 입력 받아 finally 문을 지정<--
반드시 정수만 입력해야 합니다!!
finally 문장은 무조건 출력합니다!!


E:\java>java InputExceptionFinally 6 3 7
-->데이터를 입력 받아 finally 문을 지정<--
array[2] = 9, array[1] = 3, array[0] = 6
finally 문장은 무조건 출력합니다!!


E:\java>_
```

7.3 예외처리의 계층 구조

모든 예외처리 클래스는 java.lang.Exception 클래스의 서브 클래스이다. Throwable 클래스에서 상속되어 에러를 호출하는 별도의 서브 클래스인 것이다.

기본적인 예외처리는 자바에 의해 제공되지만, 자바에서 제공되지 않는 특별한 예외를 새로 만들어 사용하고자 하거나, 자바에서 제공되는 예외 상황의 처리를 자신에게 적합한 형태로 수정하여 쓰고자 하는 경우, 자신의 예외 상황 클래스를 만들 수 있다.

이 때, 예외는 반드시 Throwable 클래스나 이 클래스의 서브 클래스로부터 확장해야 한다. 일반적으로 이 클래스의 서브 클래스인 Exception 클래스를 확장한다. Exception 클래스는 IOException 클래스와 RuntimeException 클래스의 2개의 main 클래스를 가지고 있다.

Throwable 클래스의 계층 구조의 관계는 다음과 같다.

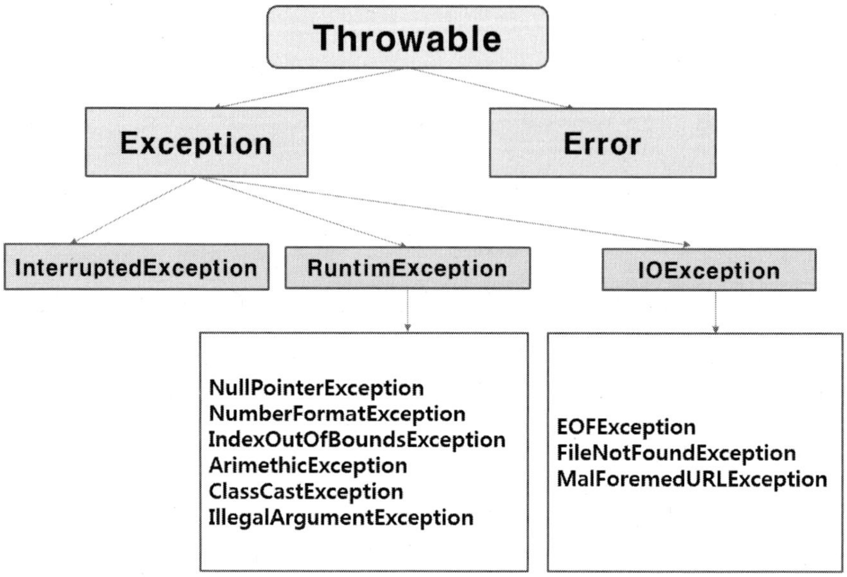

7.3.1 throw

사용자는 Exception 클래스를 상속받아서 직접 예외 클래스를 작성할 수 있다. 이때 throw 키워드를 이용해서 예외 클래스에 대한 객체를 선언해야 한다.

```
// 예외 클래스의 작성
class UnderAgeException extends Exception {
    private int age;

    public UnderAgeException(int a) { // 예외 클래스 생성자
        age = a;
    }

    public String toString( ) { // 일반 메소드
        return age + " 살은 아직 유치원에 못들어 옵니다!!";
    }
}
        .
        .
// 예외 클래스의 호출
throw new UnderAgeException(age); // 다른 문장과 묶여서 수행
```

실습 7-5 throw exception 클래스를 지정한 경우

```
1.  import java.util.*;
2.
3.  class UnderAgeException extends Exception {
4.      private int age;
5.
6.      public UnderAgeException(int a) {
7.          age = a;
8.      }
9.
10.     public String toString() {
11.         return age + " 살은 아직 유치원에 못들어 옵니다!!";
12.     }
13. }
14. class ThrowException {
15.     public static void main(String[] args) {
16.         System.out.println("-->throw exception 클래스를 지정한 경우<--");
17.         Scanner sc = new Scanner(System.in);
18.
19.         System.out.print("애가 몇살입니까 ?: ");
20.         int age = sc.nextInt();
21.
22.         try {
23.             if (age < 5)
24.                 throw new UnderAgeException(age);
25.             else
26.                 System.out.println( age + "살은 유치원에 들어 올 수 있습니다!!\n");
27.         }
28.
29.         catch(UnderAgeException e) {
30.             System.out.println(e.toString());
31.         }
32.         System.out.println();
33.     }
34. }
```

17: Scanner 클래스 선언
20: 데이터 입력
23~24: 데이터가 5보다 작으면 throw로 클래스 선언 및 수행 및 catch 수행
25~26: 5보다 크면 30~32번을 수행하고 프로그램 종료

실행결과

```
E:\java>javac ThrowException.java

E:\java>java ThrowException
-->throw exception 클래스를 지정한 경우<--
애가 몇살입니까 ?: 3
3 살은 아직 유치원에 못들어 옵니다!!

E:\java>java ThrowException
-->throw exception 클래스를 지정한 경우<--
애가 몇살입니까 ?: 5
5살은 유치원에 들어 올 수 있습니다!!


E:\java>
```

7.3.2 throws

일반적으로 예외처리를 하는 경우 try~catch 문을 사용하는 것이 일반적이나 어떤 메소드에서 호출할 경우 예외를 발생하기 위한 메소드를 예외를 던지는 메소드라 하여 throws 키워드를 사용한다.

```
// 예외를 던지는 메소드의 작성
static void go( ) throws NegativeArraySizeException {
    int[ ] a = new int[-1]
}
        .
        .
// 예외를 던짐
go( ); // 다른 문장과 섞여서 수행
```

실습 7-6 여러 개의 throw exception 클래스를 지정

```
class MyException extends Exception {
   MyException(String ErrorMessage) {
       super(ErrorMessage);
   }
}

class MultiThrow {
   static int avg(int a, int b) throws MyException {
       if(a < 0 || b < 0) throw new MyException("음수는 허용이 안됩니다!!");
           else if(a > 100 || b > 100)throw new MyException("너무 큽니다!!");
               return (a + b) / 2;
   }
   public static void main(String[ ] args) {
```

```
14.         System.out.println("-->여러 개의 throw exception 클래스를 지정<--");
15.         try {
16.             System.out.println(avg(-10, 20));
17.         }
18.         catch(MyException e) {
19.             System.out.println(e);
20.         }
21.         System.out.println( );
22.     }
23. }
```

1~5: 예외처리 클래스 선언
8~12: a와 b에 대한 데이터 검색 동적 메소드 선언
9~11: 음수 여부 입력 체크
16: AVG 메소드의 인수 동반한 메소드 호출

실행결과

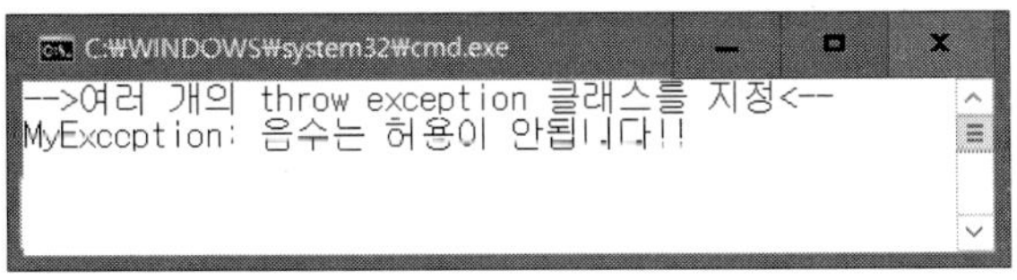

Throws 문은 발생한 Exception을 자신을 호출한 다른 메소드나 JVM에게 예외처리를 넘길 때 사용하는 키워드로서 호출을 한 메소드에서도 Exception에 대한 처리를 지정해야 한다.

```
public void fn( ) throws IOException,
    NumberFormatException {
        ....
    }
    void fn( ) throws NotNumberFormat {
        int a =  Interger.parseInt("123a");
    }
```

IOException과 같은 문장을 throws 클래스를 사용하지 않으려면 프로그램의 맨 위에 import 문을 사용해서 선언해야 예외처리가 가능하다.

실습 7-7 import 문에서 IOException 처리

```
import java.io.IOException;

class IOExceptionSet {
```

```
4.     public static void main(String[ ] args) {
5.         System.out.println("-->import문에서 IOException 처리<--");
6.         int a=0;
7.         System.out.print("문자를 누르세요>> ");
8.         try {
9.             a = System.in.read( );
10.        }
11.        catch(IOException e) {
12.            System.out.println("오류입니다!!");
13.        }
14.        System.out.println("누르신 문자는 "+ (char)a+"입니다.");
15.        System.out.println( );
16.    }
17. }
```

1: IOException의 선언
9: read 문의 처리에도 예외가 발생하지 않음
14: 입력된 문자의 출력

실행결과

```
C:\WINDOWS\system32\cmd.exe
-->import문에서 IOException 처리<--
문자를 누르세요>> A
누르신 문자는 A입니다.
```

Chapter 08

제네릭과 컬렉션 그리고 Lambda

8.1 Generic

제네릭(Generic)이란 클래스에 사용할 형을 클래스를 정의할 때 지정하는 것이 아니라 클래스를 사용할 때 작성한 다음 사용하는 기술이다.

제네릭은 J2SE 1.5 버전에 새롭게 추가된 기능으로 컴파일러에 형을 선택하도록 연결하는 방법을 제공해 준다. 컴파일러가 수집된 형의 요소들을 알고 있을 때, 컴파일러는 탁월하게 형 선택할 수 있도록 지정하고, 선택된 값을 올바른 캐스트가 이루어지도록 지원한다.

제네릭을 이용하면, List〈String〉으로 선언하여 컴파일러가 대신 형을 검사하게 한다. 자료형을 안전하게 사용할 수 있고, 리스트에서 값을 가져올 때 캐스팅도 불필요하다.

```
String a = "테스트";
String b = null;

ArrayList<String> list = new ArrayList<String>( );
list.add(a);

b = list.get(1);
// 기존 방식을 사용할 경우 : b = (String)list.get(1);
```

실습 8-1 간단한 제네릭을 이용하여 결과를 출력

```
import java.util.ArrayList;
   class GenericArrayList {
      public static void main(String[ ] args) {
         System.out.println("-->간단한 제네릭을 이용하여 결과를 출력<--");
         String[ ] Gjava = {"자바", "JAVA", "java"};
         ArrayList<String> list = new ArrayList<String>( );
         for(String a : Gjava) {
         list.add(a);
```

```
9.         }
10.
11.        for(String c : list) {
12.            System.out.print(c + "-");
13.        }
14.        System.out.println("\n");
15.    }
16. }
```

1: ArrayList를 사용하기 위해 java.util을 import 지정
6: ArrayList를 제네릭으로 객체를 선언
8: 객체의 요소를 list에 추가
12: 문장에서는 결과를 출력

실행결과

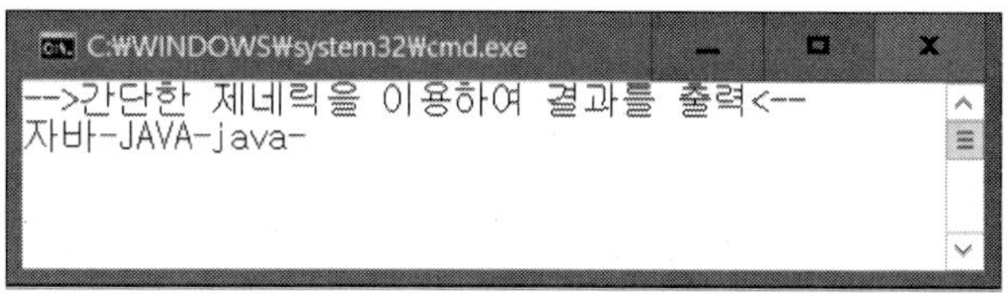

8.1.1 Generic 클래스

Generic 클래스의 일반형은 다음과 같다.

```
class class-name<type-param-list > { // ···

class-name<type-arg-list> var-name =
new class-name<type-arg-list>(cons-arg-list);
```

Generic 클래스는 하나 이상의 파라미터를 가진 클래스이다. 선언에서 E는 Element(요소)를 나타내며, T는 type을 나타내고, V는 value 그리고 K는 key를 나타낸다.

다음 예는 key와 value를 묶어서 클래스에 저장하는 예를 나타내었다.

```
public class Entry<K, V> {
    private K key;
    private V value;

    public Entry(K key, V value) {
        this.key = key;
        this.value = value;
```

```
        }
        public K getKey( ) { return key; }
        public V getValue( ) { return value; }
    }
```

K와 V 파라미터의 형은 클래스 이름 다음 〈 〉 안에 클래스 요소로 정의되며 객체 변수, 메소드 인수 그리고 반환 값의 형으로 사용된다.

형 변수의 첨자 값은 Generic 클래스에 나타난다. 예를 들어 Entry〈String, Integer〉는 getKey( )와 getValue( )의 본래 클래스를 의미한다.

Generic 클래스의 객체를 선언할 때는 생성자의 형을 생략할 수 있다.

```
Entry<String, Integer> entry = new Entry< >("Fred", 42);
// new Entry<String, Integer>("Fred", 42)와 같은 의미
```

실습 8-2 2개의 타입 선언 후 제네릭을 이용한 결과 출력

```
class Gen<T> {
    T ob; // T 형의 Generic 선언
    Gen(T o) {
        ob = o;
    }
    // ob의 반환
    T getob( ) {
        return ob;
    }
    // Show type of T 타입의 출력
    void showType( ) {
        System.out.println("T 타입 = " + ob.getClass( ).getName( ));
    }
}
class SimpleGeneric {
    public static void main(String args[ ]) {
        System.out.println("-->2개의 타입 선언 후 제네릭을 이용한 결과 출력<--");
        // integer 형의 Gen 참조
        Gen<Integer> iOb;
        iOb = new Gen<Integer>(88);
        // iOb의 데이터형 출력
        iOb.showType( );
        // iOb 값 받기
```

```
24.         int v = iOb.getob( );
25.         System.out.println("iOb 값 : " + v);
26.         System.out.println( );
27.
28.         // Gen 문자열 객체 선언
29.         Gen<String> strOb = new Gen<String> ("Generics Test");
30.         // strOb의 데이터 형 출력
31.         strOb.showType( );
32.         // strOb 값 받기
33.         String str = strOb.getob( );
34.         System.out.println("strOb 값 : " + str);
35.         System.out.println( );
36.     }
37. }
```

1: T형의 Generic 선언
8: 메소드 호출 반환
12: T 형의 출력 보이기
19: int형의 Gen 참조
20: 10b의 데이터 형 출력
22: 10b 값 받기
24: 10b의 getob 메소드 호출하여 결과 값 반환
29: Gen 문자열 객체 선언
31: strOb의 데이터 형 출력
33: strOb 값 받기

실행결과

```
C:\WINDOWS\system32\cmd.exe
-->2개의 타입 선언 후 제네릭을 이용한 결과 출력<--
T 타입 = java.lang.Integer
iOb 값 : 88

T 타입 = java.lang.String
strOb 값 : Generics Test
```

8.1.2 Generic 메소드

Generic 메소드는 Generic 클래스의 파라미터처럼 사용할 수 있는 메소드이다.

```
public class Arrays {
    public static <T> void swap(T[ ] array, int i, int j) {
        T temp = array[i];
        array[i] = array[j];
        array[j] = temp;
```

```
    }
}

// swap 메소드는 임의 배열에서 swap 요소를 사용 가능
String[ ] friends = ...;

Arrays.swap(friends, 0, 1);
```

Generic 메소드 선언되면, type 파라미터는 public 또는 static 키워드 다음과 반환 값 앞에 위치하며, type 파라미터는 나타낼 필요가 없다.

```
public static <T> void swap(T[ ] array, int i, int j)
```

Generic 클래스를 사용할 때는 객체 생성 시 타입 파라미터를 반드시 지정해야 한다. 하지만 Generic 메소드를 사용할 때는 파라미터 타입을 항상 지정할 필요는 없다. 컴파일러가 찾아 줄 수 있기 때문이다.

```
Arrays.<String>swap(friends, 0, 1);

// friends의 형은 T 타입을 참조하여 String[ ]으로 간주
```

실습 8-3 Generic 메소드를 이용한 인수 내용 탐색

```
public class GenericMethod {
    public static <T> void printArgInfo(T arg) {
        System.out.println("\n인수 형은? = " + arg.getClass());
        System.out.println("값 은? = " + arg.toString());
    }
    public static void main(String[ ] args) {
        System.out.println("-->Generic 메소드를 이용한 인수 내용 탐색<--");
        Integer i = new Integer(10);
        char c = 'A';
        float f = 3.14f;

        printArgInfo(i);
        printArgInfo(5);
        printArgInfo(c);
        printArgInfo(f);
        System.out.println();
    }
}
```

3~4: generic 메소드의 인수와 값 출력
8: int I 객체 선언
9: 문자 값 선언
10: 실수 값 선언
12~15: 여러 가지 메소드 호출

실행결과

```
C:\WINDOWS\system32\cmd.exe
-->Generic 메소드를 이용한 인수 내용 탐색<--

인수 형은? = class java.lang.Integer
값 은? =  10

인수 형은? = class java.lang.Integer
값 은? =  5

인수 형은? = class java.lang.Character
값 은? =  A

인수 형은? = class java.lang.Float
값 은? =  3.14
```

8.1.3 Generic의 타입

제네릭 타입은 매개 변수화된 클래스나 인터페이스를 의미하며, 클래스 이름 뒤에 〈T〉 형태로 표기한다. 제네릭 타입을 사용한 클래스와 메소드의 정의는 다음과 같으며, 형식 매개 변수는 여러 개를 지정할 수 있다.

형 식

```
클래스이름〈자료형〉 변수명 = new 클래스이름〈 〉( );
클래스이름〈자료형1, 자료형2, ...〉 변수명 = new 클래스이름〈자료형1, 자료형2, ...〉( );

public class 클래스이름〈T extends 자료형〉 {
     private T 변수명;
        ...
     public T 메소드명( ) {
     }
     public void 메소드명(T 변수명) {
     }
     ...
}
```

사용 예

```
List<Integer> obj1 = new ArrayList<>();

List myIntList = new LinkedList(); // 1
myIntList.add(new Integer(0)); // 2
Integer x = (Integer) myIntList.iterator().next(); // 3
```

실습 8-4 T 타입을 이용한 제네릭을 이용

```
class Gen<T> {
    private Class<T> mClass;

    public Gen(Class<T> cls) {
        mClass = cls;
    }

    public T get() {
        try {
            return mClass.newInstance();
        } catch (Exception e) {
            e.printStackTrace();
            return null;
        }
    }
}

class A {
    public String name = "A!";
}
class B {
    public String name = "B!";
}

class TtypeMain {
    public static void main(String[] args) {
        System.out.println("-->T 타입을 이용한 제네릭을 이용<--");
        Gen<A> ga = new Gen<>(A.class);
        A a = ga.get();
        System.out.println(a.name);

        Gen<B> gb = new Gen<>(B.class);
        B b = gb.get();
```

```
34.         System.out.println(b.name);
35.         System.out.println( );
36.     }
37. }
```

2: 제네릭 객체 변수 선언
4~6: 제네릭 객체 클래스 선언
10: mClass 객체 반환
28: 제네릭 〈A〉 객체 선언
29: 제네릭 a get( ) 메소드 호출
32: 제네릭 〈B〉 객체 선언
33: 제네릭 b get( ) 메소드 호출

실행결과

Generic에서 자주 사용되는 List〈T〉 클래스는 ArrayList 클래스의 Generic 버전으로 T에 지정된 형식의 데이터를 저장하므로 형식변환이 일어나지 않는다.

실습 8-5 List 클래스를 이용한 제네릭 출력

```
import java.util.ArrayList;
import java.util.List;

class ScoreClass {
    private int score;

    public ScoreClass(int score) {
        this.score = score;
    }

    public int getScore( ) {
        return score;
    }

    public void setScore(int score) {
        this.score = score;
    }
}
```

```
19.
20. public class GenericList {
21.     // List<T> 제네릭 클래스
22.     public static void main(String[ ] args) {
23.         System.out.println("-->List 클래스를 이용한 제네릭 출력<--");
24.         // List of T : 리스트 제네릭 클래스의 인스턴스 생성
25.         List<Integer> myList = new ArrayList<Integer>( );
26.         // 요소의 추가
27.         myList.add(10);
28.         myList.add(new Integer(20));
29.         myList.add(30);
30.
31.         // 컬렉션 출력 : foreach
32.         for (Integer i : myList) {
33.             System.out.println(i);
34.         }
35.
36.         // object를 이용한 리스트
37.         List<ScoreClass> myScore = new ArrayList<ScoreClass>( );
38.
39.         myScore.add(new ScoreClass(100));
40.         myScore.add(new ScoreClass(200));
41.         myScore.add(new ScoreClass(300));
42.
43.         int sum = 0;
44.         int cnt = 0;
45.
46.         for (ScoreClass sc : myScore) {
47.             sum += sc.getScore( );
48.             cnt++;
49.         }
50.         System.out.println("총점: " + sum);
51.         System.out.println( );
52.     }
53. }
```

4~18: 일반적인 ScoreClass 선언
7~9: 생성자 선언
20: 메인 클래스 선언
25: List of T : 리스트 제네릭 클래스의 인스턴스 생성
27~29: 요소의 추가
32~34: foreach 컬렉션 출력
37: 객체를 이용한 리스트 선언
39~41: 3개의 인수를 추가
46~49: 합계 구하기
50: 합계 출력

실행결과

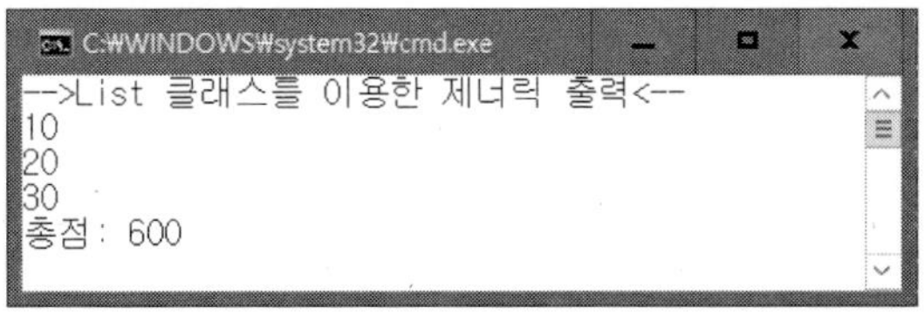

8.2 Collections Framework

자바 컬렉션 프레임워크(Java Collections Framework)는 다수의 데이터와 객체 지향적 시스템을 기반으로 한 계층적 구조이다. 여러 문제들을 해결하기 위해 서로 관련성이 있는 객체들을 통일하고 표준화된 설계들을 통해 유기적 관계들을 그룹화시키고 정형화시켜 보다 구체화된 다수의 데이터를 쉽게 처리할 수 있는 방법을 제공하는 클래스들과 재사용 할 수 있는 컬렉션 데이터 구조들을 구현하는 인터페이스들의 집합이다.

대량의 데이터를 일관된 인터페이스를 사용하게 함으로써 프로그램 작성을 쉽고, 효율적으로 할 수 있도록 도와준다. 또한 정적인 배열의 단점을 보완하여 만들어진 클래스로서 메모리 낭비를 방지하고 동적의 크기 변경이 가능하며 자료구조 방법으로 set, list, map 계열이 클래스로 구현되어 이어서 java.util을 제공한다.

Collection 클래스의 구성도는 다음과 같다.

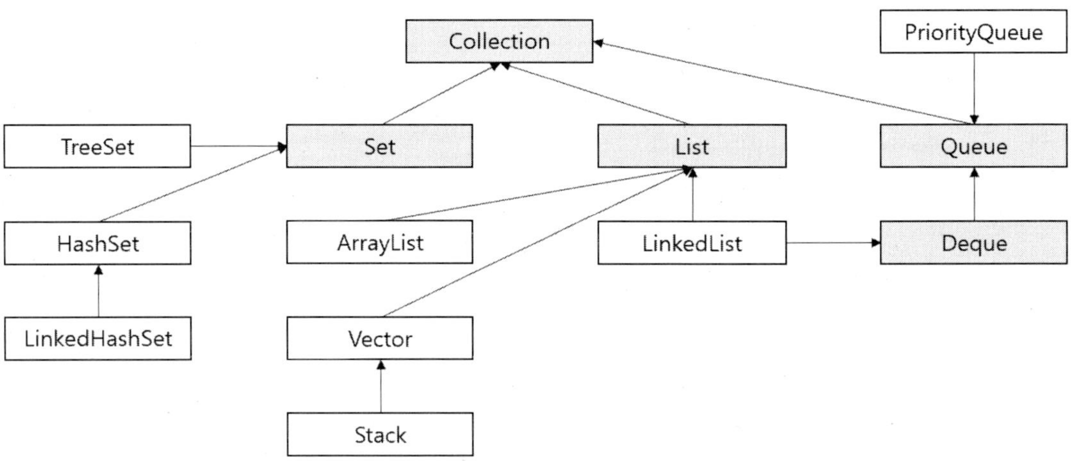

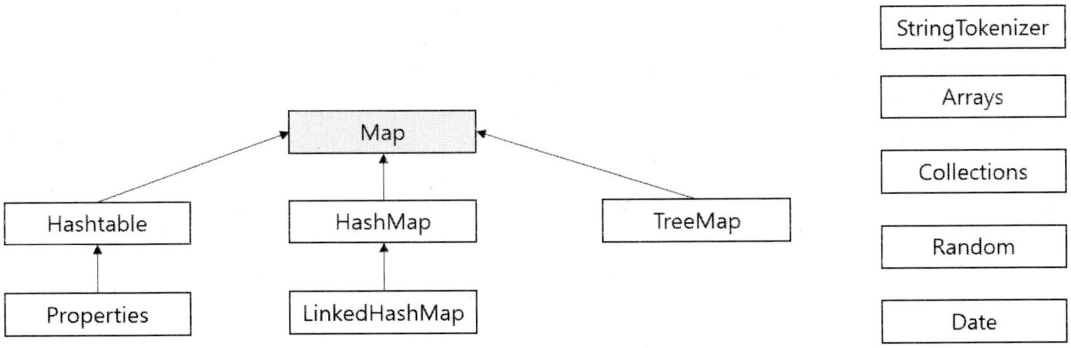

8.2.1 Set과 HashSet

요소들의 중복을 허용하지 않고 순서를 가지지 않는 요소들의 집합으로 Set 인터페이스를 구현해 가장 많이 쓰이는 대표적인 클래스이다.

Set 클래스는 중복되지 않는 객체들의 집합을 관리하기 때문에 기본적으로 구현한 클래스가 HashSet 클래스이다. 중복을 허용하지 않기 때문에 객체를 추가하는 add() 메소드는 중복된 경우, false 값을 리턴하여 중복 여부를 판단할 수 있도록 하고 있다. 또한 set은 저장 순서가 유지되지 않기 때문에 자료를 뽑을 때 저장 순서와 다를 수 있고 또한 중복이 허용되지 않으며, 한 개의 null 값만 저장할 수 있다.

```
Set set = new HashSet( );
set.add("Hello");
if (set.add("Hello")) {
      System.out.println("addition successful");
} else {
      System.out.println("addition failed");
}
```

실습 8-6 set과 Hashset을 이용한 실습

```
import java.util.ArrayList;
import java.util.HashSet;
import java.util.Iterator;
import java.util.List;
import java.util.Set;

class SetHashSet {
    public static void main( String[] args ) {
        System.out.println("-->set와 Hashset을 이용한 실습<--" );
        Set< String > words = new HashSet< String >( );
```

```
11.     long totalTime = 0;
12.     List< String > list = new ArrayList< String >();
13.     list.add( "test0" );
14.     list.add( "test0" );
15.     list.add( "test0" );
16.     for ( int i = 0 ; i < 10 ; ++i ) {
17.         list.add( "test" + i );
18.     }
19.     for ( String e : list ) {
20.         long callTime = System.currentTimeMillis();
21.         words.add( e );
22.         callTime = System.currentTimeMillis() - callTime;
23.         totalTime += callTime;
24.     }
25.     Iterator< String > iter = words.iterator();
26.     while ( iter.hasNext() ) {
27.         System.out.println( iter.next() );
28.     }
29.     System.out.println();
30.     System.out.println( words.size() + " 중복제거 크기. \n" +
31.             totalTime + " milliseconds 만큼 걸림" );
32.     System.out.println();
33.   }
34. }
```

10: HashSet 객체 선언
12: ArrayList 객체 선언
13~15: list 추가
16~18: 반복문으로 list 추가
26~28: 모든 컬렉션의 데이터 출력

실행결과

```
C:\WINDOWS\system32\cmd.exe
-->set와 Hashset을 이용한 실습<--
test4
test5
test2
test3
test8
test9
test6
test7
test0
test1

10 중복제거 크기.
0 milliseconds 만큼 걸림
```

8.2.2 SortedSet과 TreeSet

Set 인터페이스를 확장한 **SortedSet**은 이름이 의미하는 것처럼, 일정하게 정렬된 객체들을 관리하는 인터페이스로 기본 구현한 클래스가 **TreeSet**이다. SortedSet에서 반드시 유념해야 할 것은 추가되는 객체의 순서를 정해야 한다.

SortedSet을 Iteration할 때 SortedSet은 객체를 순서대로 Iteration해야 한다. SortedSet이 Iteration할 때 객체를 순서대로 Iteration하기 위해서는 SortedSet에 포함되는 객체가 Comparable 인터페이스를 구현한 객체이거나 Comparator 인터페이스를 구현한 객체이어야 한다.

실습 8-7 SortedSet과 TreeSet을 이용한 실습

```
1.  import java.util.*;
2.
3.  class SortedSetBasic {
4.      public static void main(String args[]) {
5.          System.out.println("-->SortedSet와 TreeSet을 이용한 실습<--");
6.          Set set = new HashSet();
7.          set.add("홍길동");
8.          set.add("이순신");
9.          set.add("강감찬");
10.
11.         // 문자열 데이터로 저장
12.         set.add(new Integer(30).toString());
13.         set.add("임꺽정");
14.         // 저장된 Set 객체를 가지고 정렬해서
15.         // 관리하기 위해 TreeSet 객체로 생성
16.         Set sortedSet = new TreeSet(set);
17.         //TreeSet 객체 화면 출력
18.         System.out.println("set 결과 : "+set);
19.         System.out.println("TreeSet 결과 : "+sortedSet);
20.         System.out.println();
21.     }
22. }
```

6: HashSet 객체 선언
7~13: set 객체 추가
16: Treeset 객체 선언
18: set 데이터 전체 출력
19: 정렬된 데이터 출력

실행결과

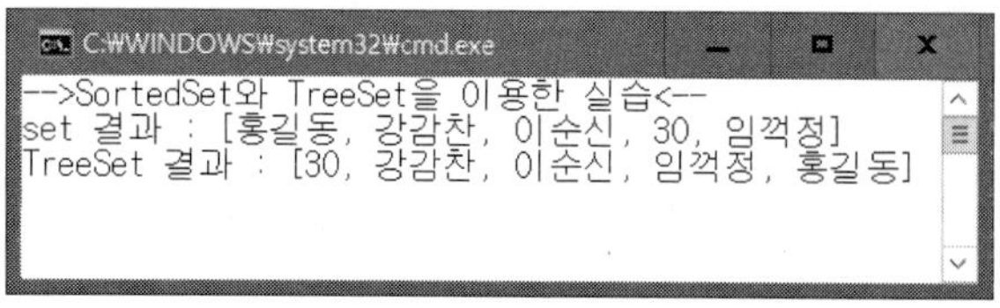

8.2.3 List와 ArrayList

List **인터페이스**는 객체를 추가하는 순서를 가지고 있는 객체를 관리하기 위한 인터페이스로 이 인터페이스를 기본 구현하는 클래스가 ArrayList 클래스이다.

이 클래스는 사실상 가변적인 객체의 배열을 관리하는 것으로 java.util.Vector 클래스와 같다. 다만, Vector 클래스와 다른 점은 한 번에 하나의 스레드만이 접근할 수 있도록 동기화가 되어 있다는 것이다.

```
List list = new List( );  // List는 인터페이스이므로 new List( ); 안됨
List list = new ArrayList( ); // 새로운 객체로 생성해서 사용 가능
ArrayList list = new ArrayList( ); // 위와 기능이 같음

ArrayList<String> al = new ArrayList<String>( ); // Generic 표현
```

실습 8-8 List와 ArratList를 이용한 실습

```
import java.util.ArrayList;
import java.util.List;

public class ListBasic {
    public static void main(String[ ] args) {
        System.out.println("-->List와 ArratList를 이용한 실습<-- ");
        List myList = new ArrayList( );
        String s1 = "Hello";
        String s2 = "Hello";
        myList.add(100);
        myList.add(s1);
        myList.add(s2);
        myList.add(s1);
        myList.add(1);
        myList.add(2, "World");
        myList.set(3, "Yes");
        myList.add(null);

        System.out.println("크기 = " + myList.size( ));
```

```
20.         for (Object object : myList) {
21.             System.out.println(object);
22.         }
23.         System.out.println( );
24.     }
25. }
```

7: ArrayList 객체 선언
10~17: list 데이터 추가
20~22: list 데이터 출력

실행결과

```
C:\WINDOWS\system32\cmd.exe
-->List와 ArratList를 이용한 실습<--
크기 = 7
100
Hello
World
Yes
Hello
1
null
```

실습 8-9 ArrayList만을 이용한 실습

```
import java.util.*;

class ArrayListArrayList {
    public static void main(String args[ ]) {
        System.out.println("-->ArrayList만을 이용한 실습<--");
        // array list 생성
        ArrayList<String> al = new ArrayList<String>( );
        System.out.println("초기 크기 = " + al.size( ));

        // array list에 요소 생성
        al.add("C");
        al.add("A");
        al.add("E");
        al.add("B");
        al.add("D");
        al.add("F");
        al.add(1, "A2");
        System.out.println("요소 추가 후 크기 = " + al.size( ));
        // array list 요소의 출력
        System.out.println("요소의 내용 = " + al);
```

```
21.         // 특정 요소의 제거
22.         al.remove("F");
23.         al.remove(2);
24.         System.out.println("제거후 요소의 크기 = " + al.size());
25.         System.out.println("제거후 요소의 내용 = " + al);
26.         System.out.println();
27.     }
28. }
```

7: ArrayList 제네릭 객체 선언
11~17 : 객체 데이터 추가
18: 데이터 크기 출력
22~23: 특정 데이터 제거
24: 제거 후 데이터 크기 출력
25: 제거 후 데이터 내용 출력

실행결과

```
C:\WINDOWS\system32\cmd.exe
-->ArrayList만을 이용한 실습<--
초기 크기 = 0
요소 추가 후 크기 = 7
요소의 내용 = [C, A2, A, E, B, D, F]
제거후 요소의 크기 = 5
제거후 요소의 내용 = [C, A2, E, B, D]
```

8.2.4 LinkedList

LinkedList 클래스는 데이터의 삽입 삭제가 빈번한 경우, ArrayList 보다 효율적으로 사용할 수 있도록 한다. 즉 이 클래스는 리스트의 맨 처음과 끝, 양쪽에서 데이터를 추가하거나 제거하는 메소드를 제공한다.

따라서 Stack(원소의 삽입과 삭제가 한쪽 끝에서만 일어나는 선형 리스트 ; 문자메시지, LIFO), Queue(원소의 삽입은 한쪽 끝에서만 일어나고 원소의 삭제는 다른 쪽 끝에서만 일어나는 자료구조 ; FIFO), Deque(리스트의 양쪽 끝에서 삽입과 삭제를 허용하는 자료구조) 등과 같은 자료구조를 쉽게 구현할 수 있도록 해 준다.

ArrayList와 달리 데이터 추가 및 삭제에 대한 연산 과정이 짧아 추가 및 삭제가 빈번하게 일어나는 자료에 유리하지만, 데이터에 대한 참조가 불편하여 탐색에는 약간 불리하다.

```
// List가 슈퍼 클래스이어서 참조타입을 List로 해도 가능
List<String> listLink = new LinkedList<String>( );
// 갱신은 빠르나 탐색이 느림

listLink.add("MINK");
listLink.add("BREAD");
```

실습 8-10 LinkedList를 이용한 실습

```
import java.util.*;

class LinkedListBasic {
    public static void main(String args[ ]) {
        System.out.println("-->LinkedList를 이용한 실습<--");
        // linked list의 생성
        LinkedList<String> ll = new LinkedList<String>( );
        // linked list에 요소 추가
        ll.add("F");
        ll.add("B");
        ll.add("D");
        ll.add("E");
        ll.add("C");
        ll.addLast("Z");
        ll.addFirst("A");
        ll.add(1, "A2");
        System.out.println("리스트의 내용 = " + ll);

        // linked list에서 요소 제거
        ll.remove("F");
        ll.remove(2);
        System.out.println("제거후 리스트의 내용 = " + ll);

        // 리스트의 처음과 마지막 요소 제거
        ll.removeFirst( );
        ll.removeLast( );
        System.out.println("처리 후 리스트의 내용 = " + ll);

        // get과 set의 값
        String val = ll.get(2);
        ll.set(2, val + " 변경");
        System.out.println("처리 후 리스트의 내용 = " + ll);
        System.out.println( );
    }
}
```

7: linkedList 제네릭 객체 선언
9~16: 객체 데이터 추가
17: List 내용 출력
20~21: List 요소 제거
22: 제거 후 List 내용 출력
25: List 처음 데이터 제거
26: List 마지막 데이터 제거
30~31: 2번째 데이터 변경
32: List 내용 출력

실행결과

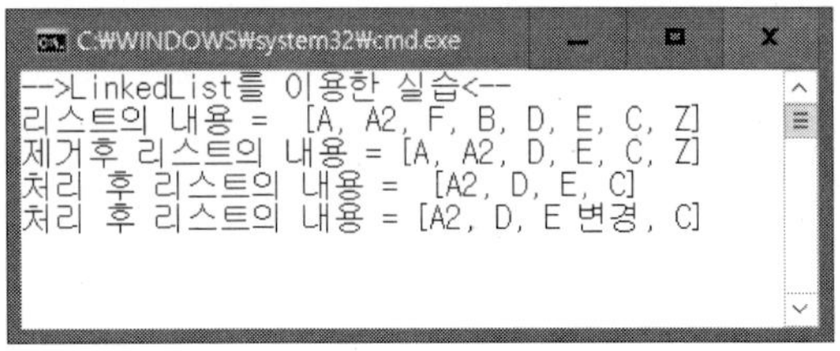

8.2.5 Map과 HashMap

Map은 키와 값의 쌍으로 된 객체를 관리하는 인터페이스로, 이를 기본 구현한 클래스가 HashMap 이다. 이 클래스는 또한 Hashtable과 유사한데, 다른 점은 HashMap이 ArrayList와 같이 동기화가 되어 있다는 것이다.

Map은 키(Key), 값(Value)을 하나의 쌍으로 묶어서 저장하는 컬렉션 클래스들을 구현하는 데 사용되는 클래스이다. 쉽게 말해 key, value 값으로 저장하는 List 형태의 유사한 기능을 가지고 있다.

Map에 종류에는 Hashtable, HashMap, LinkedHashMap, SortedMap, TreeMap 등이 있으며, 이들 객체들도 (key, value)로 데이터를 저장한다.
HashMap은 Map 인터페이스를 구현하므로 Map의 속성을 모두 가지고 있고, 저장 방식 또한 동일하다. 그리고 해싱(hashing)이란 검색 방법을 사용하기 때문에 많은 양의 데이터를 검색하는데 있어서 뛰어난 성능을 보여준다.

이 클래스는 또한 Hashtable과 유사한데, 다른 점은 HashMap이 ArrayList와 같이 동기화가 되어 있다는 것이다.

```
HashMap<String, Integer> map = new HashMap<String, String> ( );
map.put("호랑이", "힘셈")
map.put("여우, "교활")
map.put("호랑이", "힘셈")
```

```
// 최종 호랑이 key에 저장된 value는 "힘셈"으로
// 나중에 입력된 key의 value로 덮어 씌어 질 수 있다.
```

실습 8-11 HashMap을 이용한 실습

```
1. import java.util.*;
2.
3. class MapHashMap {
4.     public static void main(String args[ ]) {
5.         System.out.println("-->HashMap을 이용한 실습<--");
6.         // hash map 생성
7.         HashMap<String, Double> hm = new HashMap<String, Double>( );
8.         // map에 데이터 삽입
9.         hm.put("임정목", new Double(3434.34));
10.        hm.put("장계섭", new Double(123.22));
11.        hm.put("이종윤", new Double(1378.00));
12.        hm.put("이한우", new Double(99.22));
13.        hm.put("유병주", new Double(-19.08));
14.
15.        // 요소 set.
16.        Set<Map.Entry<String, Double>> set = hm.entrySet( );
17.        // Display the set.
18.        for (Map.Entry<String, Double> me : set) {
19.            System.out.print(me.getKey( ) + ": ");
20.            System.out.println(me.getValue( ));
21.        }
22.        System.out.println( );
23.        // 임정목의 값을 1000으로 수정
24.        double balance = hm.get("임정목");
25.        hm.put("임정목", balance + 1000);
26.
27.        System.out.println("임정목의 새로운 값 = " + hm.get("임정목"));
28.        System.out.println( );
29.    }
30. }
```

7: HashMap 제네릭 객체 선언
9~13: 객체 데이터 추가
16: Map 요소 set
18~21: Map 요소의 키와 데이터 출력
24: 특정 Map 요소의 수정
27: 수정된 요소의 출력

실행결과

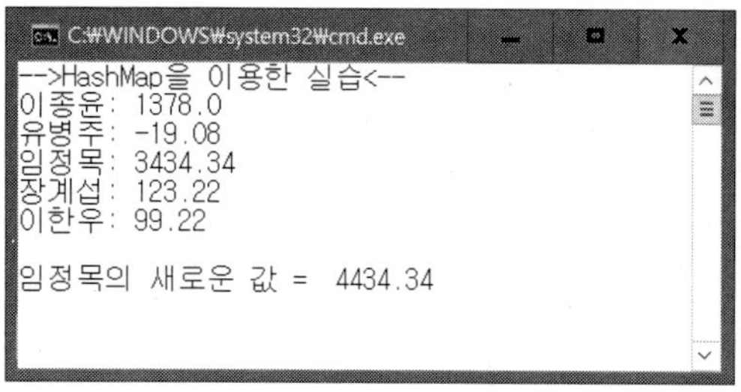

8.2.6 SortedMap과 TreeMap

SortedMap 인터페이스는 키로 정렬된 Map을 관리하는 것으로, TreeMap 클래스가 이 인터페이스를 기본 구현한 것이다. 이 클래스가 관리하는 객체는 앞에서 본 TreeSet 클래스에서와 같이 키 객체는 Comparable 인터페이스를 구현한 객체가 되어야 한다.

```
SortedMap m = Collections.synchronizedSortedMap(new TreeMap(ht));
Set s = m.keySet( );
synchronized(m) { // Synchronizing on m, not s!
    Iterator i = s.iterator( ); // Must be in synchronized block
    while (i.hasNext( )) {
        String Key = (String)i.next( );
        System.out.println( "Key : " + Key + " Value :" + ht.get(Key));
    }
}
```

실습 8-12 SortedMap과 TreeMap을 이용한 실습

```
import java.util.Iterator;
import java.util.Map;
import java.util.Set;
import java.util.SortedMap;
import java.util.TreeMap;

class SortedMapTreeMap {
    public static void main(String[ ] args) {
        System.out.println("-->SortedMap과 TreeMap을 이용한 실습<--");
        SortedMap<Integer, String> sm = new TreeMap<Integer, String>( );

        sm.put(new Integer(3), "Three");
        sm.put(new Integer(1), "One");
        sm.put(new Integer(2), "Two");

        Set s = sm.entrySet( );
```

```
17.         // SortedMap의 iterator 사용
18.         Iterator i = s.iterator( );
19.
20.         while (i.hasNext( )) {
21.             Map.Entry m = (Map.Entry) i.next( );
22.             int key = (Integer) m.getKey( );
23.             String value = (String) m.getValue( );
24.             System.out.println("키 : " + key + "  값 : " + value);
25.         }
26.         System.out.println("------------------------");
27.         for (Map.Entry<Integer, String> entry : sm.entrySet( )) {
28.             System.out.println("키 : " + entry.getKey( ) + "-" + entry.getValue( ));
29.         }
30.         System.out.println( );
31.     }
32. }
```

10: TreeMap 제네릭 객체 선언
12~14: 객체의 추가
18: SortedMap의 반복자 사용
20~25: 데이터의 요소 출력
27~29: 데이터의 키와 요소 출력

실행결과

```
C:\WINDOWS\system32\cmd.exe
-->SortedMap과 TreeMap을 이용한 실습<--
키 : 1  값 : One
키 : 2  값 : Two
키 : 3  값 : Three
------------------------
키 : 1-One
키 : 2-Two
키 : 3-Three
```

8.2.7 Iterator와 ListIterator

모아둔 어떤 객체들의 집합이 있을 때, 객체들을 순서대로 하나씩 꺼내서 사용하기 위한 용도로 자바2 이전에는 Enumeration이라는 인터페이스를 제공했다. 이 인터페이스는 한쪽 방향으로 데이터를 꺼낼 수만 있었지만, Collections API에서 추가된 Iterator 인터페이스는 마지막으로 리턴된 객체를 삭제할 수 있는 remove( ) 메소드를 가지고 있다.

이외에도 Collections API는 List 객체와 함께 사용할 수 있는 ListIterator 인터페이스를 제공하는데, 이 인터페이스는 순서가 있는 List에서 뒤쪽 방향으로 이동하면서 객체를 꺼내올 수 있도록 hasPrevious( )와 previous( ) 메소드를 추가로 제공한다.

```
// 요소의 내용 출력을 위해  Iterator 사용
Iterator<Integer> vItr = v.iterator( );
System.out.println("\nElements in vector:");
while(vItr.hasNext( ))
System.out.print(vItr.next( ) + " ");
System.out.println( );
```

실습 8-13 Iterator와 ListIterator를 이용한 실습

```
import java.util.*;

class IteratorListIterator {
   public static void main(String args[ ]) {
      System.out.println("-->Iterator와 ListIterator를 이용한 실습<--");
      // array list 생성
      ArrayList<String> al = new ArrayList<String>( );
      // array list에 요소 추가
      al.add("C");
      al.add("A");
      al.add("E");
      al.add("B");
      al.add("D");
      al.add("F");

      // iterator를 사용해서 요소의 내용 출력
      System.out.print("본래 요소의 내용 : ");
      Iterator<String> itr = al.iterator( );
      while (itr.hasNext( )) {
         String element = itr.next( );
         System.out.print(element + " ");
      }
      System.out.println( );

      // 객체의 변경
      ListIterator<String> litr = al.listIterator( );
      while(litr.hasNext( )) {
         String element = litr.next( );
         litr.set(element + "+");
      }
      System.out.print("변경된 요소의 내용 : ");
      itr = al.iterator( );
      while(itr.hasNext( )) {
         String element = itr.next( );
```

```
35.             System.out.print(element + " ");
36.         }
37.         System.out.println( );
38.
39.         // 역으로 출력
40.         System.out.print("변경된 역방향 리스트: ");
41.         while (litr.hasPrevious( )) {
42.             String element = litr.previous( );
43.             System.out.print(element + " ");
44.         }
45.         System.out.println("\n");
46.     }
47. }
```

7: ArrayList 제네릭 객체 선언
9~14: 데이터 추가
18: 객체의 반복자 선언
19~22: 객체의 출력
26: 객체의 변경
27~30: 요소의 변경 처리
33~36: 변경된 요소의 출력
41~44: 변경된 요소의 역방향 출력

실행결과

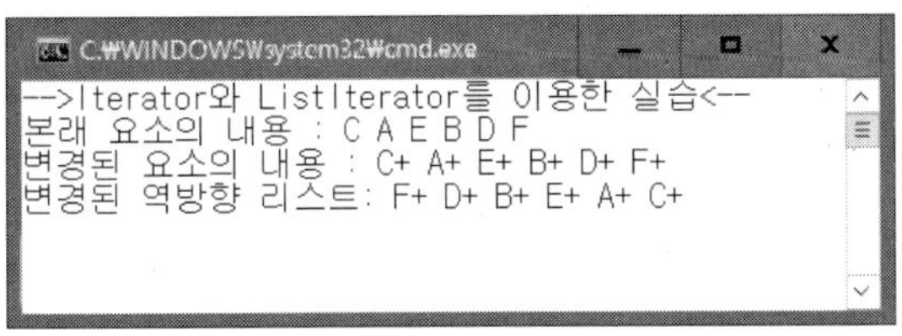

8.2.8 Comparator와 Collections

많은 데이터 중 특정 값을 기준으로 정렬해야 할 경우 인터페이스를 구현해주면 간단하게 정렬이 가능하다. 이때 정렬기준을 지정해 주는 것이 Comparator를 이용해 Collections 클래스를 이용해서 간단하게 정렬이 가능하다. 특히 **Comparator**는 인터페이스이므로 직접 그 정렬기준을 지정해 줄 수 있다.

Collections 클래스는 Java Collections Framework의 클래스들을 사용하는데 유용한 기능을 static 메소드들로 제공하는 클래스이다.

즉 List와 관계된 탐색, 복사, 정렬을 위한 메소드와 동기화된 객체로 만들어주는 메소드, 그리고 Collection 객체의 값을 조작하지 못하도록 하는 메소드들이 모두 static 메소드로 제공된다.

실습 8-14 Comparator와 Collections을 이용한 실습

```
1.  import java.util.*;
2.
3.  class ComparatorCollections {
4.      public static void main(String args[]) {
5.          System.out.println("-->Comparator와 Collections을 이용한 실습<--");
6.          // linked list 생성과 초기화
7.          LinkedList<Integer> ll = new LinkedList<Integer>();
8.          ll.add(-8);
9.          ll.add(20);
10.         ll.add(-20);
11.         ll.add(8);
12.
13.         // comparator를 이용하여 역 정렬
14.         Comparator<Integer> r = Collections.reverseOrder();
15.
16.         // Sort list by using the comparator를 사용한 정렬 리스트
17.         Collections.sort(ll, r);
18.         System.out.print("역 정렬 리스트 : ");
19.         for(int i : ll)
20.             System.out.print(i+ " ");
21.         System.out.println();
22.
23.         // 뒤섞인 리스트
24.         Collections.shuffle(ll);
25.         // 임의의 리스트 출력
26.         System.out.print("뒤섞인 리스트 : ");
27.         for(int i : ll)
28.             System.out.print(i + " ");
29.         System.out.println();
30.         System.out.println("최솟값 : " + Collections.min(ll));
31.         System.out.println("최댓값 : " + Collections.max(ll));
32.         System.out.println();
33.     }
34. }
```

7: LinkedList 제네릭 객체 선언
8~11: 데이터 추가
14: Comparator를 이용한 역 정렬 지정
19~20: 역 정렬 리스트 출력
24: 뒤섞인 리스트 지정
27~28: 뒤섞인 리스트의 출력
30~31: 리스트의 최소값과 최대값 출력

실행결과

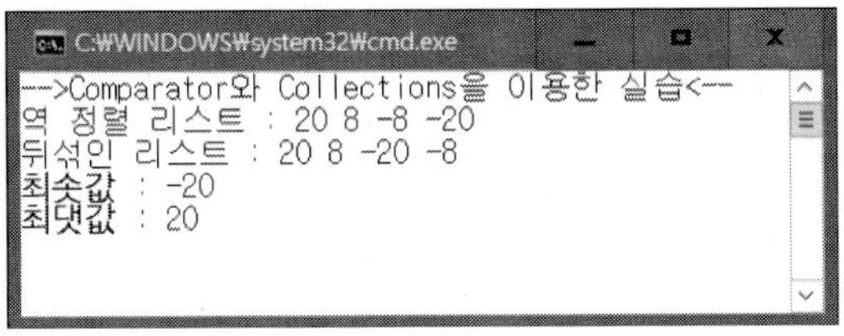

8.3 Lambda

Lambda란 이름 없는 함수이다. 다시 말하면 익명함수(Anonymous Function)이라고 할 수 있다. 익명 클래스가 이름 없이 정의되어 사용될 수 있듯이 함수도 이름 없이 사용되는 형태를 의미한다.

Lambda의 특징은 메소드의 인수로 전달될 수 있고, 변수로 저장될 수 있다는 점이다. Lambda 코드는 하나의 메소드를 가진 인터페이스를 구현한 익명 클래스에 수록된다.

Lambda 식은 새로운 구문 요소와 연산자를 Java 언어에 도입하였으며, Lambda 연산자 또는 화살표 연산자라고도 하는 새 연산자는 ->로 표시한다. Lambda 식은 두 부분으로 구분하며, 왼쪽은 Lambda 식에 필요한 매개 변수를 지정하고, 오른쪽에는 Lambda 몸체로 실행문을 나타낸다.

두 가지 유형으로 Lambda 본문을 정의하며, 하나는 단일 표현식으로 구성되고 다른 하나는 코드 블록으로 구성된다.

8.3.1 Lambda 표현식의 개요

Lambda 표현식은 익명의 함수이다. 간단하게 변수, 반환 값 등이 없는 메소드라고 할 수 있으며 필요한 곳에 메소드를 간단하게 나타낸 수 있다.

형 식

```
(인수) -> (몸체)

(인수1, 인수2 ... ) -> { 몸체 }
(인수형1 인수1, 인수형2 인수2 ... ) -> { 몸체 }
// (인수, ...)는 오른쪽 중괄호 { } 블록을 실행하기 위해 필요한 값을 제공하는 역할
```

사용 예

```
(int a, int b) -> { return a + b; }
(a) -> { System.out.println(a); }
// 인수형은 실행 시 대입되는 값에 따라 자동으로 인식될 수 있기 때문에 람다식에서는 인수형을
   일반적으로 나타내지 않음

a -> System.out.println(a)
// 하나의 인수만 선언되면 괄호( )를 생략할 수 있고, 하나의 실행문인 경우 중괄호 { }도 생략 가능

( ) -> System.out.println("Hello World");
// 인수가 없다면 인수 자리가 없어지므로 빈 괄호( )를 반드시 사용

( ) -> Math.random( ) * 100
// Math.random( )에서 난수 값에 100을 곱하고 결과를 반환

(n) -> (n % 2) == 0
// 매개 변수 n의 값이 짝수이면 true를 반환
```

1 Lambda 표현식의 특징

Lambda 표현식의 특징은 다음과 같다.

- Lambda 표현식은 인수가 없거나, 1개 이상의 인수를 가진다.
- 인수의 형은 내용을 추론해서 선언된다.
- 인수는 괄호로 감싸져 있고 콤마로 구분된다.

```
(a, b)
(int a, int b)
(String a, int b, float c)
```

- 빈 괄호는 인수를 지정해서 나타낸다(( ) -> 42).
- 한 개의 인수가 지정된 경우, 형을 참조해서 괄호를 사용하지 않는다(a -> return a*a).
- Lambda 표현식의 몸체는 1개 이상의 문장을 포함한다.
- Lambda 표현식의 몸체가 괄호로 감싸진 문장인 경우, 몸체 표현식과 같은 익명의 함수 형을 반환하나 필수는 아니다.

Lambda 표현식과 일반 메소드의 구조 비교는 다음과 같다.

Lambda 표현식	일반 메소드

(int x, int y) -> {
  return x + y;
}
	int sum(int x, int y) {
	  return x + y;
	}

(Object x) -> {
return x;
}
	Object identity(Object x) {
	return x;
	}

(int x, int y) -> {
if (x > y) {
return x;
}
else {
return y;
}
}
	int getMax(int x, int y) {
	if (x > y) {
	return x;
	}
	else {
	return y;
	}
	}

(String msg) -> {
System.out.println(msg);
}
	void print(String msg) {
	System.out.println(msg);
	}

(String msg) -> {
System.out.println(msg);
}
	void print(String msg) {
	System.out.println(msg);
	}

( ) -> {
System.out.println(LocalDate.now( ));
}
	void printCurrentDate( ) {
	System.out.println(LocalDate.now( ));
	}

( ) -> {
// 문장 없음
}
	void doNothing( ) {
	// 문장 없음
	}

2 Functional Interface

모든 인터페이스는 Lambda 식의 target type으로 사용할 수 없다. Lambda 식이 하나의 메소드를 정의하기 때문에 두 개 이상의 추상 메소드가 선언된 인터페이스는 Lambda 식을 이용해서 구현 객체를 생성할 수 없다. 하나의 추상 메소드가 선언된 인터페이스만이 Lambda 식의 target type이 될 수 있으며, 이러한 인터페이스를 **Functional Interface(함수적 인터페이스)**라고 한다.
Functional Interface는 하나의 추상 메소드만 나타내는 인터페이스로 인터페이스에서 선언된 메소드의 기본 동작을 지정한다.

```
interface MyNumber { // Functional Interface
    double getValue( );  // Interface 정의
}
```

사용 예

```
// MyNumber instance로 참조 선언
MyNumber myNum;

// 선언된 내용에서 Lambda 선언
myNum = ( ) -> 123.45;

// 앞에서 선언된 getValue( ) 호출
System.out.println("myNum.getValue( ));
```

Functional Interface를 작성할 때 두 개 이상의 추상 메소드가 선언되지 않도록 컴파일러가 검사해 주는 기능이 있는데, Interface 선언 시 @FunctionalInterface 어노테이션을 붙여 주면 된다.

```
@FunctionalInterface
public interface MyFunctionalInterface {
    public void method( );
    public void otherMethod( ); // 컴파일 에러 발생
}
```

이 어노테이션은 두 개 이상의 추상 메소드가 선언되면 컴파일 오류를 발생시킨다.

실습 8-15 메소드 호출 Lambda 식 실습

```
@FunctionalInterface
interface MyFunctionalInterface {
    public void method( );
}

class FunctionalInterfaceBasic {
    public static void main(String[ ] args) {
        MyFunctionalInterface fi;

        fi = () -> {
            String str = "메소드 호출1";
            System.out.println(str);
        };
        fi.method( );

        fi = () -> {
            System.out.println("메소드 호출2");
        };
```

```
19.         fi.method( );
20.
21.         fi = () -> System.out.println("메소드 호출3");
22.         fi.method( );
23.         System.out.println( );
24.     }
25. }
```

8: 인터페이스 변수 선언
10~14: 람다 첫 번째 메소드 출력
16~19: 람다 두 번째 메소드 출력
21~22: 람다 세 번째 메소드 출력

실행결과

```
C:\WINDOWS\system32\cmd.exe
메소드 호출1
메소드 호출2
메소드 호출3
```

실습 8-16 인수가 있는 Lambda 식 실습

```
@FunctionalInterface
interface MyFunctionalInterface {
    public void method(int x);
}

class FunctionalInterfaceArgument {
    public static void main(String[ ] args) {
        MyFunctionalInterface fi;

        fi = (x) -> {
            int result = x * 5;
            System.out.println(result);
        };
        fi.method(2);

        fi = x -> System.out.println(x * 5);
        fi.method(2);
        System.out.println( );
    }
}
```

8: 인터페이스 변수 선언
10~14: 인수가 있는 람다 첫 번째 메소드 출력
16~17: 람다 세 번째 메소드 출력

실행결과

```
C:\WINDOWS\system32\cmd.exe
10
10
```

실습 8-17 반환 값이 있는 Lambda 식 실습

```java
@FunctionalInterface
interface MyFunctionalInterface {
    public int method(int x, int y);
}

class FunctionalInterfaceReturn {
    public static void main(String[] args) {
        MyFunctionalInterface fi;

        fi = (x, y) -> {
            int result = x + y;
            return result;
        };
        System.out.println(fi.method(2, 5));

        fi = (x, y) -> {
            return x + y;
        };
        System.out.println(fi.method(3, 5));

        fi = (x, y) -> x + y;
        System.out.println(fi.method(4, 5));

        fi = (x, y) -> sum(x, y);
        System.out.println(fi.method(5, 5));

        System.out.println( );
    }
    public static int sum(int x, int y) {
        return x + y;
    }
}
```

8: 인터페이스 변수 선언
10~14: 반환 값과 인수가 있는 람다 첫 번째 메소드 출력
16~19: 반환 값이 있는 람다 두 번째 메소드 출력
21~22: 반환 값이 있는 람다 세 번째 메소드 출력
24~25: 반환 값이 있는 람다 네 번째 메소드 호출 및 출력
29~30: 호출되는 동적 메소드 선언

실행결과

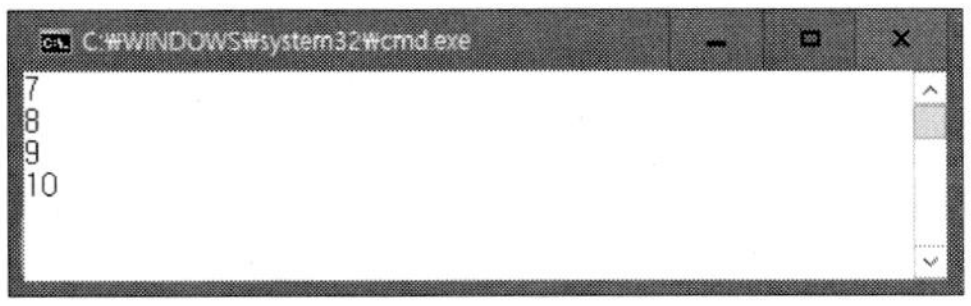

실습 8-18 getValue( ) 호출 Lambda 식 실습

```
1.  // functional interface.
2.  interface MyNumber {
3.     double getValue( );
4.  }
5.  class FunctionalLambda_1 {
6.     public static void main(String args[ ]) {
7.        MyNumber myNum; // interface 참조 선언
8.        /* 여기서 Lambda 식은 단순한 상수 식 myNum에 할당되면 Lambda 식이 MyNumber에서
9.           getValue ( ) 메소드를 구현하는 클래스 인스턴스가 구성 */
10.       myNum = () -> 123.45;
11.
12.       // 이전에 할당된 getValue( ) lambda 식 호출
13.       System.out.println("본래 값 : " + myNum.getValue( ));
14.
15.       // 아래 수식에 사용
16.       myNum = () -> Math.random( ) * 100;
17.
18.       System.out.println("random 값 : " + myNum.getValue( ));
19.       System.out.println("또 다른 random 값 : " + myNum.getValue( ));
20.       System.out.println( );
21.    }
22. }
```

7: getValue( ) 호출 인터페이스 변수 선언
10: getValue에 데이터 지정
13: getValue 데이터 출력
16: 람다에 수식 지정
18~19: 수식 지정 getValue 결과 값 출력

실행결과

```
본래 값 : 123.45
random 값 : 10.667324335026118
또 다른 random 값 : 32.17682564625828
```

실습 8-19 조건 수식 Lambda 식 실습

```
1. interface NumericTest {
2.     boolean test(int n);
3. }
4. class FunctionalLambda_2 {
5.     public static void main(String args[ ]) {
6.
7.         // 숫자가 짝수이면 Lambda 식을 수행
8.         NumericTest isEven = (n) -> (n % 2) == 0;
9.
10.        if(isEven.test(10)) System.out.println("10은 짝수");
11.        if(!isEven.test(9)) System.out.println("9는 짝수 아님");
12.        System.out.println( );
13.
14.        // 이제 숫자가 음수가 아닌지 테스트하는 Lambda 식을 사용
15.        NumericTest isNonNeg = (n) -> n >= 0;
16.        if(isNonNeg.test(1)) System.out.println("1은 음수 아님");
17.        if(!isNonNeg.test(-1)) System.out.println("-1은 음수");
18.        System.out.println( );
19.    }
20. }
```

8: 숫자가 짝수 여부를 체크하는 람다식 지정
10~11: 짝수, 홀수 여부 체크 출력
15: 숫자가 음수 여부를 체크하는 람다식 지정
16~17: 음수 여부 출력 수식

실행결과

```
10은 짝수
9는 짝수 아님

1은 음수 아님
-1은 음수
```

Lambda 식에 매개 변수가 하나만 있으면 Lambda 연산자의 왼쪽에 지정된 매개 변수 이름을 괄호로 묶을 필요가 없다.

실습 8-20 2개의 인수를 나타낸 Lambda 식 실습

```
1.  interface NumericTest2 {
2.      boolean test(int n, int d);
3.  }
4.  class FunctionalLambda_3 {
5.      public static void main(String args[ ]) {
6.
7.          // 이 Lambda 식은 한 숫자가 다른 숫자의 인수인지 결정
8.          NumericTest2 isFactor = (n, d) -> (n % d) == 0;
9.          if(isFactor.test(10, 2))
10.             System.out.println("2는 10의 인수!!");
11.         if(!isFactor.test(10, 3))
12.             System.out.println("3은 10의 인수가 아님!!");
13.         System.out.println( );
14.     }
15. }
```

8: 한 숫자가 다른 숫자의 인수 인지 결정
9~12: 숫자가 인수인지 아닌지 여부 출력

실행결과

3 Block Lambda

앞에서 설명된 Lambda의 본문은 단일 표현식으로 구성된다. 이러한 유형의 Lambda 몸체를 표현식 몸체라고 하며, 또는 표현식 Lambda라고도 한다. 표현식 본문에서 Lambda 연산자의 오른쪽 문장은 단일 표현식으로 구성되어야 한다.

표현식 Lambda는 매우 유용하지만 때로는 상황에 하나 이상의 표현이 필요할 수 있다. 이러한 경우를 처리하기 위해 Java는 Lambda 연산자의 오른쪽에 있는 코드가 다음과 같은 코드 블록으로 구성되는 두 번째 유형의 Lambda 식을 지원한다.

둘 이상의 문을 포함할 수 있는 유형의 Lambda 몸체를 블록 몸체라고 한다. Block Lambda는 Lambda의 본문에 여러 명령문이 포함될 수 있으므로 Lambda 식 내에서 처리 할 수 있는 연산 유형

을 확장한다. 예를 들어, Block Lambda에서 변수를 선언하고 Loop를 사용하며 if 및 switch를 지정할 수 있다.

명령문, 중첩된 블록 작성 등의 Block Lambda는 작성하기 쉽다. 다른 문장 블록처럼 몸체를 중괄호 안에 넣으면 된다. 여러 명령문을 허용하는 것 외에도 Block Lambda는 방금 설명한 Lambda와 매우 유사하게 사용된다. 그러나 한 가지 중요한 차이점은 명시적으로 return 문을 사용하여 값을 반환해야 한다는 것이다.

실습 8-21 Block Lambda 표현식-1 실습

```
1.  interface NumericFunc {
2.      int func(int n);
3.  }
4.
5.  class BlockLambda_1 {
6.      public static void main(String args[ ]) {
7.
8.          // 이 블록 Lambda는 int 값의 팩토리얼을 계산한다.
9.          NumericFunc factorial = (n) -> {
10.             int result = 1;
11.             for(int i=1; i <= n; i++)
12.                 result = i * result;
13.             return result;
14.         };
15.
16.         System.out.println("3! 은 " + factorial.func(3));
17.         System.out.println("5! 은 " + factorial.func(5));
18.         System.out.println( );
19.     }
20. }
```

9~14: 블록 람다 메소드 선언
11~13: 팩토리얼 계산 반복문
16~17: 팩토리얼 결과 출력

실행결과

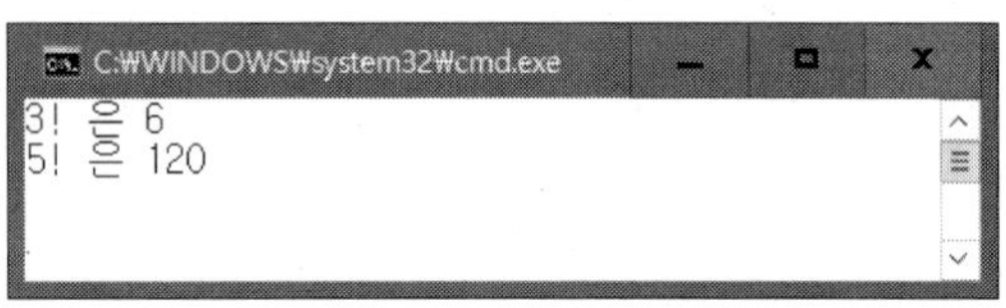

실습 8-22 Block Lambda 표현식-2 실습

```
1.  interface StringFunc {
2.      String func(String n);
3.  }
4.
5.  class BlockLambda_2 {
6.      public static void main(String args[]) {
7.
8.          // 이 블록 Lambda는 문자열의 문자를 역으로 나타낸다.
9.          StringFunc reverse = (str) -> {
10.             String result = " ";
11.             int i;
12.             for(i = str.length()-1; i >= 0; i--)
13.                 result += str.charAt(i);
14.             return result;
15.         };
16.
17.         System.out.println("Lambda 역으로 표현 -> " + reverse.func("Lambda"));
18.         System.out.println("Expression 역으로 표현 -> " + reverse.func("Expression"));
19.         System.out.println();
20. }
21. }
```

9~15: 문자열의 문자를 역으로 출력하는 블록 람다 메소드 선언
17~18: 인수의 결과를 나타낸 결과 출력

실행결과

```
C:\WINDOWS\system32\cmd.exe
Lambda 역으로 표현 -> adbmaL
Expression 역으로 표현 -> noisserpxE
```

8.3.2 Generic Functional 인터페이스

Lambda 식 자체는 형식 매개 변수를 지정할 수 없다. 그러나 Lambda와 관련된 기능적 인터페이스 표현은 일반적이다. 이 경우 Lambda 식의 대상 유형은 기능적 인터페이스 참조가 선언 될 때 지정된 유형 인수 또는 인수에 의해 부분적으로 결정된다.

메소드가 데이터 유형에서만 다른 두 개의 기능 인터페이스를 갖는 대신 두 상황을 처리하는 데 사용할 수 있는 하나의 일반 인터페이스를 선언할 수 있다.

실습 8-23 Generic Functional Interface 실습

```
1. interface SomeFunc<T> {
2.     T func(T t);
3. }
4.
5. class GenericFunctionalInterface {
6.     public static void main(String args[]) {
7.         // String-based version of SomeFunc 사용.
8.         SomeFunc<String> reverse = (str) -> {
9.             String result = " ";
10.            int i;
11.            for(i = str.length()-1; i >= 0; i--)
12.                result += str.charAt(i);
13.            return result;
14.        };
15.        System.out.println("Lambda 역순 -> " + reverse.func("Lambda"));
16.        System.out.println("Expression 역순 -> " + reverse.func("Expression"));
17.        System.out.println();
18.
19.        // Integer-based version of SomeFunc 사용.
20.        SomeFunc<Integer> factorial = (n) -> {
21.            int result = 1;
22.            for(int i=1; i <= n; i++)
23.                result = i * result;
24.            return result;
25.        };
26.        System.out.println("3! -> " + factorial.func(3));
27.        System.out.println("5! -> " + factorial.func(5));
28.        System.out.println();
29.    }
30. }
```

8: 인터페이스 func 함수의 역으로 선언
11~13: 문자열 반복문 발췌
15~16: 인수로 functional 함수 출력
20: 인터페이스 func 함수의 팩토리얼 선언
22~24: 팩토리얼 함수 연산 반복문
26~27: 인수의 팩토리얼 연산결과 출력

실행결과

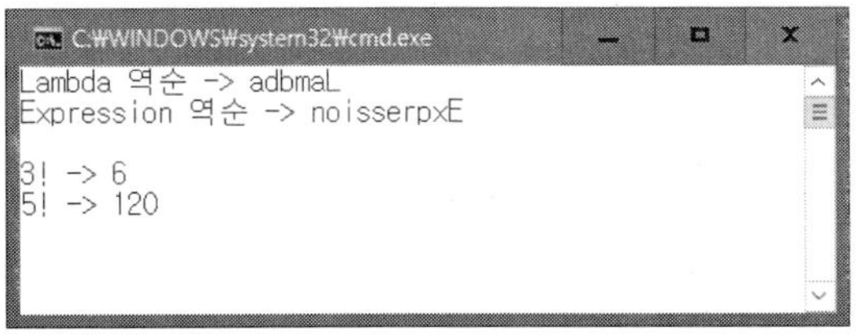

8.3.3 Lambda 식을 인수로 전달

Lambda 식은 유형을 제공하는 모든 코드에서 사용할 수 있다. 이 중 하나는 Lambda 식을 인수로 전달되는 경우이다. 실제로 Lambda 식에서 실행 가능한 코드를 메소드의 인수로 전달할 수 있는 방법을 제공한다.

Lambda 식을 인수로 전달하려면 Lambda 식 인수를 받는 매개 변수 유형이 Lambda와 호환되는 Functional Interface 형이어야 한다.

실습 8-24 Lambda를 이용한 문자열의 변환 출력 실습

```
interface StringFunc {
   String func(String n);
}

class LambdasAsArgument {
   /* 이 메소드에는 첫 번째 인수 유형으로 기능 인터페이스가 있다. 따라서 림다 식으로 만든
      인스턴스를 포함하여 해당 인터페이스의 모든 인스턴스에 대한 참조를 전달할 수 있다.
      두 번째 인수는 처리할 문자열을 지정한다. */
   static String stringOp(StringFunc sf, String s) {
      return sf.func(s);
   }

   public static void main(String args[]) {
      String inStr = "Rome was not built in a day.";
      String outStr;
      System.out.println("지정된 문자열 : " + inStr);

      /* 여기에서 문자열을 대문자로 나타내는 문자열의 간단한 표현식 람다는 stringOp()
         메소드로 전달 */
      outStr = stringOp((str) -> str.toUpperCase(), inStr);
      System.out.println("대문자로 나타난 문자열 : " + outStr);

      // 공백을 제거한 블록 람다를 전달
      outStr = stringOp((str) -> {
         String result = " ";
```

```
26.         int i;
27.         for(i = 0; i < str.length( ); i++)
28.             if(str.charAt(i) != ' ')
29.                 result += str.charAt(i);
30.         return result;
31.     }, inStr);
32.     System.out.println("여백이 제거된 문자열 : " + outStr);
33.
34.     /* 이전 람다 식으로 만든 StringFunc 인스턴스를 전달할 수도 있다.
35.         예를 들어, 이 선언이 실행 된 후 reverse는 StringFunc의 인스턴스를 나타낸다. */
36.     StringFunc reverse = (str) -> {
37.         String result = " ";
38.         int i;
39.         for(i = str.length( )-1; i >= 0; i--)
40.             result += str.charAt(i);
41.         return result;
42.     };
43.     /* stringFunc 객체를 참조하기 때문에 reverse를 첫 번째 인수로 stringOp( )
44.         메소드에 전달할 수 있다. */
45.     System.out.println("역으로 나타난 문자열 : " + stringOp(reverse, inStr));
46.     System.out.println( );
47.   }
48. }
```

9~11: 인수로 나타내는 인터페이스 메소드 선언
20: 대문자로 변환하는 람다식 호출
24~31: 공백을 제거하는 블록 람다식 선언
27~30: 공백이 있는 경우 제거하는 반복문
32: 결과 출력
36~42: 문자열을 역으로 재구성하는 람다 메소드
45: 결과 출력

실행결과

```
C:\WINDOWS\system32\cmd.exe
지정된 문자열 : Rome was not built in a day.
대문자로 나타난 문자열 : ROME WAS NOT BUILT IN A DAY.
여백이 제거된 문자열 : Romewasnotbuiltinaday.
역으로 나타난 문자열 : .yad a ni tliub ton saw emoR
```

8.3.4 Lambda 식과 예외

Lambda 식은 예외를 throw 처리할 수 있다. 그러나 예외가 발생하면 해당 예외는 functional interface에서 추상 메소드의 throws 절에 정의된 예외와 호환이 가능해야 한다.

실습 8-25 Lambda에서 예외 발생 실습

```
1.  interface DoubleNumericArrayFunc {
2.      double func(double[] n) throws EmptyArrayException;
3.  }
4.  class EmptyArrayException extends Exception {
5.      EmptyArrayException() {
6.          super("빈 배열");
7.      }
8.  }
9.
10. class LambdaException {
11.     public static void main(String args[])
12.     throws EmptyArrayException {
13.         double[] values = { 1.0, 2.0, 3.0, 4.0 };
14.
15.         // 이 블록 람다는 배열의 평균을 계산한다
16.         DoubleNumericArrayFunc average = (n) -> {
17.             double sum = 0;
18.             if(n.length == 0)
19.                 throw new EmptyArrayException();
20.             for(int i=0; i < n.length; i++)
21.                 sum += n[i];
22.             return sum / n.length;
23.         };
24.         System.out.println("평균 --> " + average.func(values));
25.         System.out.println("예외 발생!!");
26.         // 여기서 예외가 발생.
27.         System.out.println("평균 -->  " + average.func(new double[0]));
28.     }
29. }
```

1~3: 예외를 던지는 인터페이스
4~8: 예외 메소드 호출
16~23: 배열의 평균을 계산하는 블록 람다
24: 평균 결과 출력
27: 예외를 발생시키는 람다 호출

실행결과

```
C:\WINDOWS\system32\cmd.exe
평균 --> 2.5
예외 발생!!
Exception in thread "main" EmptyArrayException: 빈 배열
        at LambdaException.lambda$main$0(LambdaException.java:19)
        at LambdaException.main(LambdaException.java:27)
```

Chapter 09

자바의 입출력

자바 입출력 패키지는 서로 다른 다양한 장치에 입력과 출력을 보내고 받는 광범위한 클래스를 제공하고 있다. 이 장에서는 입출력 클래스에 대하여 설명한다.

java.io 패키지에는 키보드 또는 파일에서 데이터를 읽기 위한 클래스, 데이터를 파일에 출력하기 위한 클래스가 정의되어 있다. 데이터를 입출력하기 위해서는 먼저 스트림 클래스의 객체를 작성해야 한다. 스트림(stream)은 입력과 출력에서의 일련의 데이터의 흐름으로 입출력용 클래스가 스트림으로 구성되어 있다.

문자열, InputStream, OutputStream, Reader, Writer 클래스 등의 객체를 지정한다. 예를 들면 InputStream의 서브 클래스에는 표준 출력 System.in 및 파일의 입력을 담당하는 FileInputStream 클래스 등이 포함되어 있으며 OutputStream 클래스의 서브 클래스에는 표준 출력 System.out 및 파일에 출력을 하는 FileOutputStream 클래스 등이 있다.

입출력을 하는 스트림 클래스에는 FileReader, FileWriter, Input StreamReader, OutputStream Reader, BufferedInputStream, BufferedOutputStream 등이 있다.

Java.io 클래스의 계층 구조는 다음과 같다.

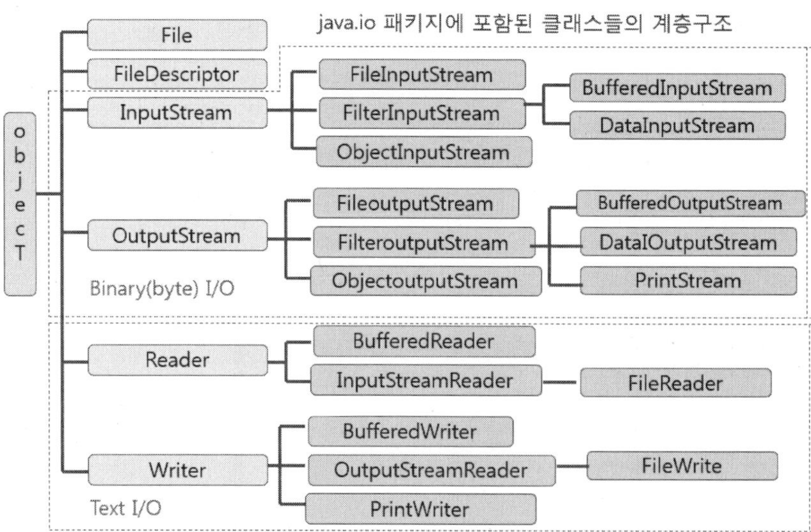

9.1 File 클래스

자바에서는 디스크에 있는 파일로부터 데이터를 입력받거나 디스크에 있는 파일에 데이터를 출력하고자 할 때 사용하는 클래스가 **File 클래스**이다. 파일 클래스는 다음의 세 가지 작성자(constructor) 중의 하나를 이용하여 객체화할 수 있다.

File 클래스는 파일 및 디렉토리를 관리할 수 있도록 기능을 제공해 주는 클래스이다. File 클래스는 파일의 복사 또는 이름 변경 등의 운영할 경우에 사용될 뿐, 파일의 내용을 입출력하기 위한 메소드를 제공해 주지는 않는다.

자바에서는 모든 데이터의 입출력을 스트림에 기반하여 수행하므로, File 클래스 내부적으로 이러한 메소드를 구현할 필요가 없다.

9.1.1 File(String path)

생성자는 파일의 전체 패스 이름을 지정하는 하나의 String 매개 변수를 갖는다. 주어진 경로(path)에 파일 객체를 작성한다.

```
File MyFile = new File("c:\Hellofirst.java");
```

9.1.2 File(String path, String name)

주어진 경로에 파일 이름을 갖는 파일 객체를 작성한다.

```
File MyFile = new File("c\javatest", test.java");
```

path와 name의 두 개의 String 매개 변수를 갖는다. path 매개 변수는 파일의 위치를 알려주는 디렉토리 패스를 지정하고, name 매개 변수는 파일의 이름을 지정한다.

9.1.3 File(File directory, String fileName)

주어진 디렉토리에 주어진 파일 이름을 갖는 파일 객체를 작성한다.

```
File MyDir = new File("c:\javatest");
File MyFile = new File(MyDir, "test.java");
```

File 클래스의 클래스 상수는 path를 구분하기 위해 사용되는데 상수의 기능은 다음과 같다.

상수	기 능
public static final char separatorChar	윈도우즈의 경우는 '₩n'이고 유닉스의 경우는 '/n'
public static final String separator	편의를 위해 문자열 형태로 상수를 제공

File 클래스에 의해서 지원되는 가장 중요한 메소드는 다음과 같다.

메소드	기 능
String getName( )	파일의 이름을 문자열로 반환하지만 디렉토리 이름은 반환하지 않음
String getPath( )	상대 경로일 수도 있는 파일의 경로를 문자열로 반환
String getAbsolutePath( )	파일의 절대 경로를 반환
boolean exists( )	파일이 실제로 존재하는지의 여부를 반환
boolean canWrite( )	파일이 존재하고 쓸 수 있는 경우에 True를 반환
boolean canRead( )	파일이 존재하고 읽을 수 있는 경우에 True를 반환
boolean isFile( )	파일이 존재하고 일반적인 파일인 경우에 True를 반환
boolean isDirectory( )	파일이 존재하고 디렉토리인 경우에 True를 반환
long lastModified( )	파일이 마지막으로 수정된 시간을 Long 값으로 반환
long length( )	파일의 전체 길이를 반환
boolean mkdir( )	디렉토리를 작성하고 성공적으로 마쳤을 경우 True 값을 출력
boolean mkdirs( )	전체 디렉토리 구조를 작성하는 데 사용될 수 있다는 점을 제외하고는 mkdir( )와 비슷
boolean renameTo(File dest)	파일의 이름을 dest 매개 변수를 통하여 전달되는 File 객체에 의해서 지정된 이름으로 변경
boolean delete( )	파일을 삭제해 주고 작업이 성공한 경우에는 True 값을 반환
String[ ] list( )	디렉토리 안의 파일들을 리스트화하며 이것은 디렉토리 안에서만 유용
String[ ] list(FilenameFilter filter)	String[ ] list( )와 같으며 다른 점은 리스트의 일부 파일들을 필터링할 수 있는 FilenameFilter 객체를 가짐

File의 메소드

실습 9-1 File 클래스의 메소드를 이용한 정보 보기

```
import java.io.File;
import java.util.Date;
import java.util.StringTokenizer;
import java.util.NoSuchElementException;

class FileClass {
```

```java
    public static void info(File f) {
        if (!f.isAbsolute())
        System.out.println("절대 경로 : " + f.getAbsolutePath());

        String parent = f.getParent();
        if (parent == null) parent = File.separator;
        System.out.println("디랙토리명 : " + parent);
        stat(f);
    }

    public static void stat(File f) {
        System.out.print("파일명 : " + f.getName());
        System.out.print("\t");
        System.out.print(f.canRead() ? "r" : "-");
        System.out.print(f.canWrite() ? "w" : "-");
        System.out.print(f.isDirectory() ? "d" : "-");
        System.out.print("\t");
        System.out.print(f.length());
        System.out.print("\t");
        System.out.print(new Date(f.lastModified()));
        System.out.print("\n");
    }

    public static void components(File f) {
        String[] flist = f.list();
        for (int i = 0; flist != null && i < flist.length; i++) {
            File subf = new File(flist[i]);
            stat(subf);
        }
    }

    public static void main(String[] args) {
        System.out.print("-->File 클래스의 메소드를 이용한 정보 보기<--\n");
        if (args.length != 1) {
            System.err.println("실행 : java FileClass ");
            System.err.println();
            System.exit(-1);
        }

        File fl = new File(args[0]);
        if (fl.exists()) {
            info(fl);
            components(fl);
        }
```

```
51.         else
52.             System.err.println(fl.getPath( ) + " 존재하지 않습니다!");
53.     };
54. }
```

11: 상위 디렉토리 명 발췌
13: 디렉토리명 출력
17~28: 파일 클래스의 메소드들을 출력
30~36: 입력되는 값에 따라 경로와 디렉토리 출력
40~44: 인수의 내용을 체크해서 인수 값이 없으면 프로그램 종료
46~50: 파일이 존재하면 info와 components 메소드 호출

실행결과

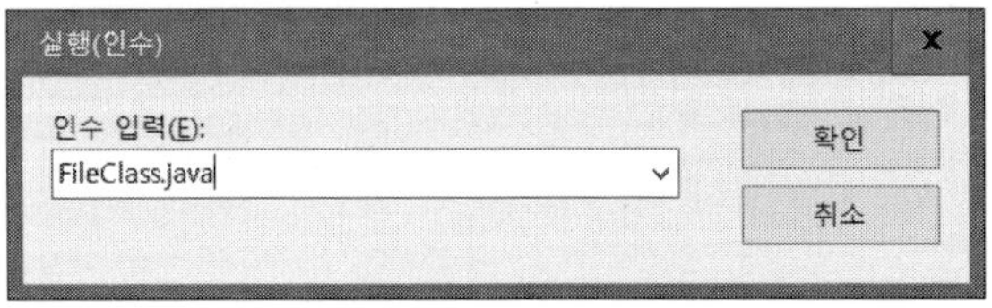

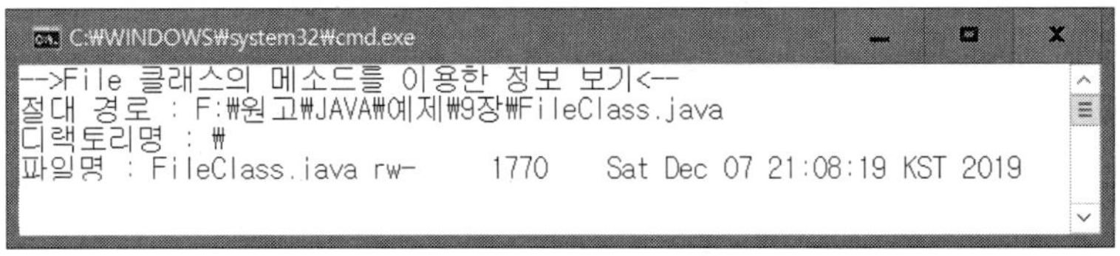

실습 9-2 File명의 메소드를 이용한 정보 보기

```
import java.io.File;

class FileMethod {
    static void p(String s) {
        System.out.println(s);
    }
    public static void main(String args[ ]) {
        System.out.println("-->File명의 메소드를 이용한 정보 보기<--");
        File f1 = new File("FileMethod.java");
        p("File Name: " + f1.getName( ));
        p("Path: " + f1.getPath( ));
        p("Abs Path: " + f1.getAbsolutePath( ));
        p("Parent: " + f1.getParent( ));
        p(f1.exists( ) ? "존재함" : "존재하지 않음");

        p(f1.canWrite( ) ? "is writeable" : "is not writeable");
        p(f1.canRead( ) ? "is readable" : "is not readable");
```

```
18.        p("is " + (f1.isDirectory() ? " " : "not" + " a directory"));
19.        p(f1.isFile() ? "is normal file" : "might be a named pipe");
20.        p(f1.isAbsolute() ? "is absolute" : "is not absolute");
21.        p("File last modified: " + f1.lastModified());
22.        p("File size: " + f1.length() + " Bytes");
23.        System.out.println();
24.    }
25. }
```

9: 파일 객체 선언
10: 파일 이름 출력
11: 파일 경로 출력
12: 파일 절대 경로 출력
13: 상위 디렉토리 출력
16: 수정 가능 여부 출력
17: 읽기 여부 출력
18: 디렉토리 여부 출력
21: 마지막 수정 정보 출력
22: 파일 크기 출력

실행결과

```
명령 프롬프트

E:₩java>java FileMethod
-->File명의 메소드를 이용한 정보 보기<--
File Name: FileMethod.java
Path: e:₩java₩FileMethod.java
Abs Path: e:₩java₩FileMethod.java
Parent: e:₩java
존재함
is writeable
is readable
is not a directory
is normal file
is absolute
File last modified: 1576048538000
File size: 1008 Bytes


E:₩java>
```

9.2 기본 입출력 스트림 클래스

입력 소스로 부터 데이터를 읽고 쓰기 위한 목적에 사용되는 것이 **입출력 스트림**이다.

스트림 클래스의 특징은 다음과 같다.

- 스트림은 FIFO(First In First Out) 구조이다.
- 스트림은 단방향이다.

- 스트림은 지연될 수 있다.
- 스트림은 유연한 구조를 가진다.

9.2.1 InputStream/OutputStream

InputStream 클래스는 다른 모든 입력 스트림 클래스의 기본 클래스로서의 역할을 하는 추상 클래스로서 모든 입력 스트림은 이 클래스에서 확장되어 간다.

```
InputStream in = ... ;
int b = in.read( );
```

InputStream은 정보의 바이트 흐름을 읽기 위한 기본적인 인터페이스를 정의하며 Input Stream 클래스에 의해 정의된 메소드들은 InputStream 클래스에 의해 파생된 모든 클래스에서 비슷한 목적으로 사용된다.

InputStream 클래스는 다음과 같은 메소드를 제공한다.

메 소 드	설 명
abstract int read( )	매개 변수가 없고 단순히 입력 스트림으로부터 한 바이트의 데이터를 읽고 그 값을 integer로 반환
int read(byte b[ ])	한 번에 여러 바이트의 데이터를 읽을 수 있도록 하기 위하여 유일한 매개 변수로 바이트의 배열을 가짐
int read(byte b[ ], int off, int len)	바이트 배열, integer 값, 크기를 매개 변수로 가짐 이 read는 정보가 바이트 배열의 어느 위치에 저장될 것인가를 지정할 수 있다는 것을 제외하고는 int read(byte b[ ])와 거의 같음
long skip(long n)	메소드는 입력 스트림 데이터 중의 몇 바이트를 건너뛰는데 사용 skip은 유일한 매개 변수로 long 타입의 n을 가지는데 이것은 입력 스트림에서 몇 바이트를 건너뛸 것인가를 지정
synchronized void mark(int readlimit), synchronized void reset( )	스트림의 현재 위치를 표시하며 이 위치는 나중에 reset 메소드를 사용해서 반환될 수 있음 mark와 reset 메소드는 스트림을 계속 읽어 나가고 싶지만 원래의 위치를 잃고 싶지 않을 때 유용
boolean markSupported( )	입력 스트림이 mark/reset 기능을 제공하는지를 나타내는 Boolean 값을 반환
void close( )	입력 스트림을 종료하고 스트림에 관련된 자원들을 반환

실습 9-3 InputStream을 이용한 데이터의 입력 및 출력

```
import java.io.*;

```

```
3.  class InputStreamClass {
4.      public static void main(String args[ ]) {
5.          System.out.println("-->InputStream을 이용한 데이터의 입력 및 출력<--");
6.          InputStream is = System.in;
7.          System.out.println("읽을 내용의 문장을 영문으로 입력하세요!!\n");
8.          try {
9.              while (true) {
10.                 int i = is.read( );
11.                 if (i == -1) break;
12.                 char c = (char) i;
13.                 System.out.print(c);
14.             }
15.         }
16.         catch (IOException e) {
17.             System.err.println(e);
18.         }
19.         System.out.println( );
20.     }
21. }
```

6: System.in ->표준입력으로 키보드에 의해서 데이터를 입력받아 InputStream 객체를 생성
10: InputStream에서 한 바이트를 읽음
11: 데이터를 다 읽어들이면 무한 루프를 빠져나옴. read( )는 데이터의 끝을 -1로 반환
12: 문자로 캐스팅

실행결과

```
C:\WINDOWS\system32\cmd.exe
-->InputStream을 이용한 데이터의 입력 및 출력<--
읽을 내용의 문장을 영문으로 입력하세요!!

Java is Good
Java is Good
```

OutputStream 클래스는 모든 출력 스트림 클래스들의 슈퍼 클래스이며, abstract 클래스이므로 new 연산자나 newInstance( ) 메소드를 이용해서 직접적으로 객체를 생성할 수 없다. 대부분의 출력 스트림 클래스는 이 클래스와 멤버가 비슷하다.

```
OutputStream out = ...;
int b = ...;
out.write(b);
byte[ ] bytes = ...;
out.write(bytes);
out.write(bytes, start, length);
```

OutputStream은 문자를 출력하기 위해 다음과 같은 메소드를 제공한다.

메 소 드	설 명
abstract void write(int b)	int b 값의 하위 한 바이트를 출력
void write(byte b[ ])	byte형 배열 b를 출력
void write(byte b[ ], int off, int len)	byte형 배열 b의 위치에서 지정된 길이만큼 출력
void flush( )	바이트 출력 스트림에 있는 버퍼의 내용을 모두 출력 스트림으로 내보냄
void close( )	바이트 출력 스트림을 닫고 사용하고 있던 시스템 자원들을 모두 반환

실습 9-4 OutputStream을 이용한 데이터의 출력

```
1.  import java.io.*;
2.
3.  class OutputStreamClass {
4.      public static void main(String args[ ]) {
5.          System.out.println("-->OutputStream을 이용한 데이터의 출력<--");
6.          OutputStream out = System.out;
7.          int ch1= 'J';
8.          int ch2= 'A';
9.          int ch3= 'V';
10.         int ch4= 'A';
11.         int ch5='\n';
12.         String ch6= "자";
13.         String ch7= "바";
14.         int ch8='\n';
15.         try {
16.             out.write(ch1);
17.             out.write(ch2);
18.             out.write(ch3);
19.             out.write(ch4);
20.             out.write(ch5);
21.             System.out.print(ch6);
22.             System.out.println(ch7);
23.             out.write(ch8);
24.             out.flush( );  // 버퍼에서 출력
25.             out.close( );
26.         } catch(IOException e) {
27.             System.out.println(e);
28.         }
29.     }
30. }
```

5: 표준 출력인 System.out 클래스를 out로 객체 선언

24: flush 메소드는 버퍼에 있는 데이터를 출력

실행결과

```
C:\WINDOWS\system32\cmd.exe
-->OutputStream을 이용한 데이터의 출력<--
JAVA
자바
```

9.2.2 Reader 클래스/Write 클래스

문자 스트림을 읽어 들이기 위한 추상 클래스이다. 하위 클래스에서 구현하기 위한 메소드는 read()와 close()이다. 다만, 대부분 하위 클래스에서는 효율성 또는 기능을 추가하기 위해 정의하기 위해 메소드의 일부를 오버라이드(override) 한다. 문자 입력 스트림 클래스의 최상위 클래스이다.

Reader 클래스는 InputStream과 사용법이 거의 비슷하며 다음과 같은 메소드들을 제공한다.

메 소 드	설 명
boolean ready( )	문자 입력 스트림이 준비여부를 반환
int read( )	눈자 입력 스트림으로부터 단일 문자를 읽으며, 더 이상 읽을 문자가 없으면 -1을 반환
int read(char[ ] cbuf)	문자 입력 스트림으로부터 문자들을 읽어 문자 배열에 저장
abstract int read (char[ ] cbuf, int off, int len)	문자 입력 스트림으로부터 문자들을 읽어 문자 배열의 지정된 위치에 저장
boolean markSupported( )	mark 여부가 가능한지를 반환
void mark(int readAheadLimit)	문자 입력 스트림의 현재 위치를 표시(mark)
void reset( )	문자 입력 스트림을 mark 된 위치로 되돌림
long skip(long n)	주어진 개수만큼 문자를 건너뜀
abstract void close( )	문자 입력 스트림을 닫음

Writer 클래스는 추상 문자 출력 스트림 클래스의 최상위 클래스로, 출력 목적지를 기억하고, 이 장치에 유니코드 형의 문자를 출력하고 제어하는 메소드를 제공하는 서브 클래스에서는 효율성 또는 기능을 추가하기 위해 정의하는 메소드의 일부를 오버라이드(override) 한다.

바이트 스트림인 경우에는 유니코드 문자를 출력할 수 있게 해주고, OutputStream 클래스와 상당히 유사하며, 다음과 같은 Writer 클래스의 메소드들을 지원한다.

메 소 드	설 명
void write(int c)	지정된 한 문자를 출력

void write(char[ ] cbuf)	문자 배열에 있는 문자들을 출력
abstract void write (char[ ] cbuf, int off, int len)	문자 배열의 주어진 위치에 있는 문자들을 출력
void write(String str)	지정된 문자열을 출력
void write(String str, int off, int len)	문자열의 지정된 위치에 있는 문자들을 출력
abstract void flush( )	문자 출력 스트림을 버퍼에서 flush
abstract void close( )	문자 출력 스트림을 닫음

9.2.3 BufferedReader

BufferedReader 클래스는 Reader 클래스의 상속을 받는다. 버퍼 기능을 이용하여, 문자, 배열 또는 줄 단위의 텍스트를 효율적으로 읽기 위해 제공되는 입력 스트림으로 부터 읽어 들이는 클래스로 사용된다.

BufferedReader 클래스의 생성자와 메소드는 다음과 같다.

생성자 또는 메소드	설 명
BufferedReader(Reader in)	기본크기의 입력버퍼를 가지는 캐릭터 입력 스트림을 생성
BufferedReader(Reader in, int sz)	주어진 sz 크기의 입력버퍼를 가지는 캐릭터 입력 스트림을 생성
close( )	스트림을 닫음
mark(int headLimit)	스트림에 현재 위치를 표시 이어서 reset( )을 호출하면 이곳에 스트림을 재설정
read( )	한 개의 문자를 읽음
read(char[ ] buf, int off, int len)	배열의 주어진 위치에 주어진 크기만큼의 문자를 읽고 그 문자수를 되돌림 -1은 스트림의 끝을 나타냄
readLine( )	'₩n', '₩r'로 끝나는 한 줄의 문자를 읽어 돌려줌 이때 '₩n'이나 '₩r' 문자는 제거
ready( )	스트림이 읽혀질 준비가 되었는지 알려줌
reset( )	최근의 표시가 있는 곳에 스트림을 설정
skip(long n)	지정한 n 수만큼의 문자를 건너뛰게 하는 메소드 실제로 건너뛴 문자 개수를 되돌림

실습 9-5 BufferedReader 클래스를 이용한 데이터의 입력과 출력

```
import java.io.*;

class BufferedReaderClass {
    public void inputChar() {
```

```
5.          try {
6.              String s;
7.              InputStreamReader ir;
8.              BufferedReader in;
9.              ir = new InputStreamReader(System.in);
10.             in = new BufferedReader(ir);
11.             while((s = in.readLine()) != null) {
12.                 System.out.println("Read: "+s);
13.             }
14.         } catch(IOException e) {
15.             System.out.println(e);
16.         }
17.     } // end of inputChar()
18.
19.     public static void main(String args[]) {
20.         System.out.println("-->BufferedReader 클래스를 이용한 데이터의 입력과 출력<--");
21.         new BufferedReaderClass().inputChar();
22.         System.out.println();
23.     }
24. }
```

9~10: streamreader의 객체 선언
11~13: 파일의 끝(Ctrl + Z)이 들어올 때까지 데이터를 입력 받고 출력
14~16: fIOException 예외 발생 시 에러 메시지 출력
21: BufferedReaderClass 클래스의 객체 선언

실행결과

9.2.4 BufferedWriter

문자를 버퍼링하기 위해, 문자, 배열, 또는 캐릭터 라인을 원활하게 수행하기 위해 문자형 출력 스트림에 저장한다. 버퍼의 사이즈는 기본값 또는 특정한 값을 지정할 수도 있다.

BufferedWriter 클래스의 생성자와 메소드는 다음과 같다.

생성자 또는 메소드	설 명
BufferedWriter(Writer out)	기본 크기의 출력 버퍼로 버퍼링된, 캐릭터형 출력 스트림을 생성

BufferedWriter(Writer out, int sz)	주어진 크기의 출력 버퍼로 버퍼링 된, 캐릭터형 출력 스트림을 생성
close( )	스트림을 닫음
flush( )	스트림을 버퍼에서 flush
newLine( )	행 단위 문자를 읽음
write(char[ ] cbuf, int off, int len)	문자 배열의 일부를 저장
write(int c)	단일 문자를 저장
write(Strings, int off, int len)	String의 일부를 저장

실습 9-6 BufferedWriter 클래스를 이용한 데이터의 입력과 출력

```
import java.io.*;
class BufferedWriterClass {
    public static void main(String[] args) {
        System.out.println("-->BufferedWriter 클래스를 이용한 데이터의 입력과 출력<--");
        FileWriter fw = null;
        BufferedWriter bw = null;
        try {
            fw = new FileWriter("BufferedWriter.txt");
            bw = new BufferedWriter(fw);
            bw.write("BufferedWriter 테스트 입니다 ");
            bw.newLine( );
            bw.write("안녕하세요\n" + System.getProperty("line.seperator"));
            bw.flush( );  //bufferedWriter할 때는 필히 flush
            System.out.println("BufferedWriter.txt 파일에 출력하였습니다");
        }
        catch (IOException ioe) {
            ioe.printStackTrace( );
        }
        finally {
            try {
                if (fw != null) fw.close( );
                if(bw != null) bw.close( );
            }
            catch (IOException ioe) {
                ioe.printStackTrace( );
            }
        }
        System.out.println( );
    }
}
```

5~6: 파일과 버퍼의 초기화
8~9: 파일과 버퍼의 객체 선언
10~12: 데이터의 수록
13: 버퍼를 밀어냄
21~22: 파일과 버퍼를 close

실행결과와 파일내용

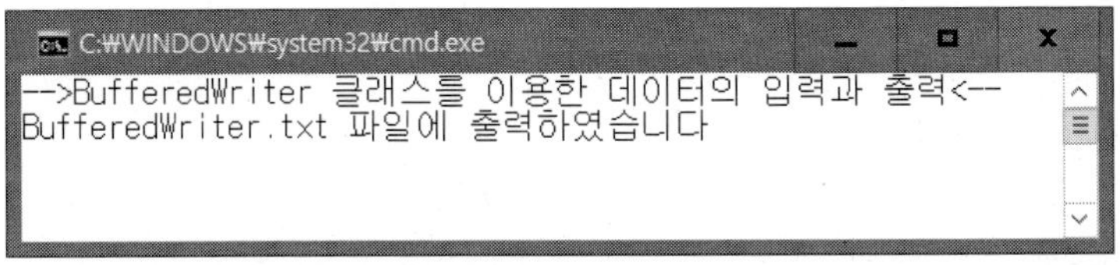

9.3 파일 입출력 스트림 클래스

9.3.1 FileInputStream/FileOutputStream

이 클래스는 오픈된 파일의 스트림을 사용하는데 상당히 자주 그리고 유용하게 쓰인다. 파일로 부터 바이트 단위로 읽기 작업을 수행하며 작성자(constructor)에 의해 작성된 클래스 객체가 오픈되지 않았다면 IOException을 발생하고 catch를 통해서 이 IOException을 처리한다.

FileInputStream 클래스의 메소드는 다음과 같다.

생성자 또는 메소드	설 명
FileInputStream(String name)	파일 이름을 인수로 받아 스트림을 생성하고 파일이 없으면 FileNotFoundException 발생
FileInputStream(File file)	File 객체를 생성자의 인수로 받음
FileInputStream(FileDescriptor fdObj)	FileDescriptor 객체를 생성자의 인수로 받음
int read(byte[ ] b)	바이트 배열만큼 크기를 File에서 읽어서 반환
int read(byte[ ] b, int off, int len)	읽어들인 데이터를 off 마크에서 시작해서 len으로 지정된 길이만큼 바이트 배열에 읽어 들임

실습 9-7 FileInputStream과 DataInputStream을 이용한 데이터의 출력

```
1.  import java.io.*;
2.  class FileInputDataInput {
3.     public static void main(String[ ] args) {
4.        System.out.println("-->FileInputStream과 DataInputStream을 이용한
          데이터의 출력<--");
5.        try {
6.           new ReadFile(args[0]);
7.        }
8.        catch(FileNotFoundException e) {
9.           System.out.println(args[0] + "발견할 수 없습니다!!");
10.          System.exit(1);
11.       }
12.       catch(IOException e) {
13.          System.out.println("IOException");
14.          System.exit(1);
15.       }
16.       System.out.println( );
17.    }
18. }
19. class ReadFile {
20.    ReadFile(String filename)
21.    throws IOException, FileNotFoundException {
22.       String line = null;
23.       FileInputStream in = new FileInputStream(filename);
24.       DataInputStream dis = new DataInputStream(in);
25.
26.       int linenum = 0;
27.
28.       while((line = dis.readLine( )) != null)
29.       System.out.println(++linenum + " : " + line);
30.       in.close( );
31.    }
32. }
```

6: 텍스트 파일 외부에서 읽기
8~11: 파일을 못 읽은 경우 프로그램 종료
20~21: readfile 생성자에서 예외 발생 시 예외처리 호출
23~24: 파일과 데이터의 객체 선언
28~29: 데이터를 읽어서 표준 화면에 출력
30: 파일 close

실행결과

```
C:\WINDOWS\system32\cmd.exe
-->FileInputStream과 DataInputStream을 이용한 데이터의 출력<--
1 : Boys be ambious
2 : Now yourself
3 : Rome was not built in a day
4 : Time and tide wait for no man
```

실습 9-8 FileInputStream을 이용한 데이터의 출력

```
1. import java.io.*;
2. class FileInputStreamClass {
3.     public static void main(String args[]) {
4.         System.out.println("-->FileInputStream을 이용한 데이터의 출력<--");
5.         byte buffer[] = new byte[500];
6.         try {
7.             FileInputStream fInput = new FileInputStream("FileInputStream.txt");
8.             fInput.read(buffer, 0, 500);
9.             String str = new String(buffer);
10.            System.out.println(str);
11.        }
12.        catch (Exception e) {
13.            String err = e.toString();
14.            System.out.println(err);
15.        }
16.        System.out.println();
17.    }
18. }
```

5: 버퍼용 배열을 생성
8: 버퍼에 500 바이트만큼 읽기
10: 읽은 버퍼의 내용을 출력

실행결과

```
C:\WINDOWS\system32\cmd.exe
-->FileInputStream을 이용한 데이터의 출력<--
Boys be ambisious
Now yourself
Rome was not built in a day
Time and tide wait for no man.
```

FileOuputStream 클래스는 순차적으로 파일에 데이터를 기록하기 위해 OutputStream 인터페이스를 제공한다. 출력하기 위해 파일이 이미 존재한다면 그 파일에 덮어쓰게 된다.

FileOutputStream 클래스는 OutputStream 클래스의 하위 클래스로서, OutputStream 클래스의 기본적인 메소드들을 상속받거나 재정의하여 사용하고 있다.

FileOutputStream 클래스의 생성자와 메소드는 다음과 같다.

생성자 또는 메소드	설 명
FileOutputStream(File file)	File 객체가 가리키는 파일을 바이트 스트림으로 쓰기 위한 FileOutput Stream 객체를 생성
FileOutputStream (FileDescriptor fdObj)	FileDescriptor 객체가 가리키는 파일을 바이트 스트림으로 쓰기 위한 FileOutputStream 객체를 생성
FileOutputStream(String name)	지정된 이름이 가리키는 파일을 바이트 스트림으로 쓰기 위한 FileOutput Stream 객체를 생성
void close( )	파일 출력 스트림을 닫아 리소스를 해제
void write(byte[ ] b)	지정된 바이트 배열의 b 길이 바이트를 이 파일 출력 스트림에 저장
void write(byte[ ] b, int off, int len)	지정된 바이트 배열로부터의 오프셋(offset) 위치 off로부터 시작되는 len 바이트를 이 파일 출력 스트림에 저장

실습 9-9 FileOutputStream을 이용한 데이터의 출력

```
import java.io.*;
class FileOutputStreamClass {
   public static void main(String arg[ ])
   throws FileNotFoundException, IOException {
      System.out.println("-->FileOutputStream을 이용한 데이터의 출력<--");
      FileOutputStream fos = null;
      try {
         fos = new FileOutputStream("FileOutputStream.txt");

         String message = "Hello FileOutputStream!!";
         fos.write(message.getBytes( ));
         fos.close( );
         System.out.println("FileOutputStream.txt 파일에 출력하였습니다\n");
      }
      catch (FileNotFoundException fnfe) {
         fnfe.printStackTrace( );
      }
      catch(IOException ie) {
         ie.printStackTrace( );
      }
      finally {
         try {
```

```
23.                 if(fos != null) fos.close();
24.             }
25.             catch(IOException ioe) {
26.                 ioe.printStackTrace();
27.             }
28.         }
29.     }
30. }
```

6: 파일과 버퍼의 초기화
8: 파일과 버퍼의 객체 선언
10~11: 데이터의 수록
12: 파일과 버퍼를 close

실행결과와 파일내용

9.3.2 FileReader/FileWriter

FileReader 클래스는 파일에 저장된 바이트를 유니코드 문자로 변환하고, 파일 쓰기 클래스인 **FileWriter 클래스**는 출력할 유니코드 문자열을 시스템에 맞는 기본 문자 인코딩의 바이트로 변환하여 파일에 저장한다.

이 클래스는 InputStreamReader 클래스를 상속한 것으로, 바이트 스트림을 읽어 그 바이트를 유니코드 문자로 변환된 정수 형의 값으로 변환하며 소스 파일과 직접 연결하여 사용한다. 이 때, 지정한 파일이 존재하지 않는 경우에는 FileNotFoundException을 발생시킨다.

FileReader 클래스의 생성자는 다음과 같다.

생성자 또는 메소드	설 명
FileReader(File file)	지정된 File 객체를 이용하여 FileReader 객체를 생성
FileReader(FileDescriptor fd)	지정된 FileDescriptor 객체를 이용하여 FileReader 객체를 생성
FileReader(String fileName)	지정된 파일을 열어 FileReader 객체를 생성

실습 9-10 FileReader를 이용한 파일 읽기

```
1.  import java.io.*;
2.  class FileReaderClass {
3.      public static void main(String[ ] args) throws Exception {
4.          System.out.println("-->FileReader를 이용한 파일 읽기<--");
5.          FileReader fr = new FileReader("FileReader.txt");
6.          BufferedReader br = new BufferedReader(fr);
7.          String s;
8.          while((s = br.readLine( )) != null)
9.          System.out.println(s);
10.         br.close( );
11.         System.out.println( );
12.     }
13. }
```

5~6: 파일과 버퍼의 객체 선언
8~9: 파일의 내용 읽어서 출력
10: 파일과 버퍼를 close

실행결과

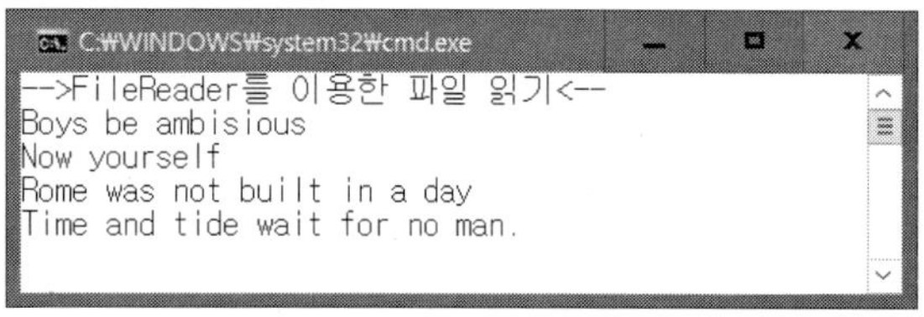

FileWriter 클래스는 출력할 문자를 기본적인 문자 인코딩의 바이트로 변환하여 파일에 저장할 때 사용한다. 이 클래스는 OutputStreamWriter 클래스의 서브 클래스로 유니코드를 바이트로 변환한다.

FileOutputStream 클래스와 마찬가지로 파일명이나 File 클래스의 객체를 이용하여 시스템에 파일을 직접 생성하게 되고, 기본적으로 파일이 이미 존재한다면 그 파일을 덮어쓰게 된다.

FileWriter 클래스의 생성자는 다음과 같다.

생성자 또는 메소드	설 명
FileWriter(File file)	지정된 File 객체를 이용하여 FileWriter 객체를 생성
FileWriter(FileDescriptor fd)	지정된 FileDescriptor 객체를 이용하여 FileWriter 객체를 생성
FileWriter(String fileName)	지정된 파일을 열어 FileWriter 객체를 생성
FileWriter(String fileName, boolean append)	지정된 파일을 append 값에 따라 읽기/추가 모드로 열어 FileWriter 객체를 생성

실습 9-11 FileReader와 FileWriter를 이용한 데이터의 입출력

```
import java.io.*;
class FileReaderWriterClass {
    public static void main(String [] args) throws IOException {
        System.out.println("-->FileReader와 FileWriter를 이용한 데이터의 입출력<--");
        // 문자열을 선언한다.
        String str = "여기는 첫 문장입니다\n";

        // 텍스트를 파일로 보낼 수 있도록 FileWriter를 만든다.
        FileWriter fw = new FileWriter("FileReaderWriter.txt");

        // 한 번에 한 문자씩 파일로 출력한다.
        for(int i=0;i<str.length( );i++) {
            fw.write(str.charAt(i));
        }

        // 파일을 닫는다.
        fw.close( );

        // 동일한 작업을 반복한다. 같은 파일에 데이터를 추가한다.
        str = "새로운 문장을 추가 하였습니다";

        fw = new FileWriter("FileReaderWriter.txt", true);
        for(int i = 0; i < str.length( ); i++) {
            fw.write(str.charAt(i));
        }
        fw.close( );

        // 텍스트를 읽어들이기 위해 FileReader를 만든다.
        FileReader fr = new FileReader("FileReaderWriter.txt");

        // 한 번에 한 문자씩 읽어들이고 StringBuffer에 추가한다.
        StringBuffer sb = new StringBuffer(" ");
        int ch = 0;
        while((ch=fr.read( )) != -1) {
            sb.append((char) ch);
        }

        // 읽어들인 텍스트를 출력한다.
        System.out.println(sb);
        System.out.println( );
    }
}
```

9: 파일을 생성하는 객체 선언
12~14: 생성한 파일에 데이터 수록
17: 파일 닫기 및 파일 생성
22: 같은 파일에 데이터를 출력하기 위해 열기
31~36: 데이터를 추가하기 위해 StringBuffer 지정
39: 읽어들인 데이터 출력

실행결과와 파일내용

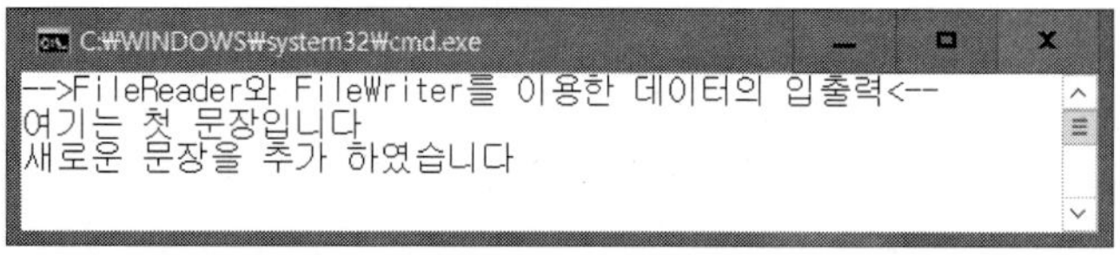

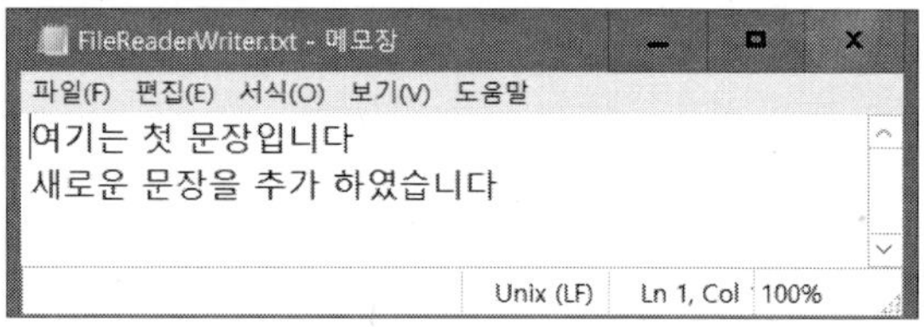

9.4 연결 입출력 스트림 클래스

9.4.1 SequenceInputStream

SequenceInputStream 클래스는 다른 입력 스트림을 논리적으로 연결하여 주는 기능을 제공한다. 이 메소드는 입력 스트림을 받은 순서대로 하나로 연결하여, 하나의 InputStream인 것처럼 읽을 수 있도록 해 준다.

이 클래스의 생성자와 메소드는 다음과 같다.

생성자 또는 메소드	설 명
SequenceInputStream (Enumeration e)	인수를 기억해 두고, 새롭게 작성된 SequenceInputStream을 초기화
SequenceInputStream (InputStream s1, InputStream s2)	2개의 인수를 기억해 두고, 새롭게 작성된 SequenceInputStream을 초기화
int available( )	현재의 스트림에 있는 바이트수를 반환
void close( )	입력 스트림을 닫아 그 스트림에 관련된 리소스를 해제
int read( )	입력 스트림으로부터 다음의 바이트를 읽어 들임
int read(byte[ ] b, int off, int len)	입력 스트림으로부터 len 바이트까지의 데이터를 바이트의 배열에 읽어 들임

SequenceInputStream 클래스

만약 여러 개의 파일을 연속해서 하나의 파일로 합쳐서 나타낼 경우 유용하다. 이때 파일의 연결 도구로 Vector( ) 유틸리티를 사용하면 손쉽게 합쳐서 나타낼 수 있다.

실습 9-12 SequenceInputStream을 이용한 데이터의 연결

```
1.  import java.io.*;
2.  import java.util.*;
3.  class SequenceInputClass {
4.     public static void main(String[ ] args)
5.     throws IOException {
6.         System.out.println("-->SequenceInputStream을 이용한 데이터의 연결<--");
7.         int bn;
8.         byte[ ] arr = { 'J', 'A', 'V', 'A', '\n', };
9.
10.        ByteArrayInputStream bi = new ByteArrayInputStream(arr);
11.        FileInputStream fi = new FileInputStream("SequenceInput.txt");
12.
13.        SequenceInputStream si = new SequenceInputStream(bi, fi);
14.        while((bn = si.read( )) != -1) {
15.            System.out.write(bn);
16.        }
17.        System.out.flush( );
18.        System.out.println("\n");
19.    }
20. }
```

6: IOException의 선언
8: 배열선언
10~11: byte와 file inputstream 객체 선언
13: 2개 객체를 연결하는 sequence inputstream 객체 선언
14~16: 2개의 객체 데이터 연결하여 데이터 출력
17: 버퍼 내보내기

실행결과

실습 9-13 Vector를 이용한 SequenceInputStream연결 데이터의 출력

```
1.  import java.io.*;
2.  import java.util.*;
```

```
3.  class SequenceInputStreamClass {
4.      public static void main(String[ ] args) throws Exception {
5.          System.out.println("-->Vector를 이용한 SequenceInputStream연결 데이터의
            출력<--");
6.          FileInputStream fis1 = new FileInputStream("SequenceData1.txt");
7.          FileInputStream fis2 = new FileInputStream("SequenceData2.txt");
8.          FileInputStream fis3 = new FileInputStream("SequenceData3.txt");
9.
10.         Vector vec = new Vector( );
11.         vec.addElement(fis1);
12.         vec.addElement(fis2);
13.         vec.addElement(fis3);
14.
15.         SequenceInputStream sis = new SequenceInputStream(vec.elements( ));
16.
17.         int i ;
18.         while( ( i = sis.read( )) != -1)
19.         System.out.write(i);
20.
21.         System.out.flush( );
22.         sis.close( );
23.         System.out.println( );
24.     }
25. }
```

6~8: 3개의 파일스트림 객체 선언
10~13: Vector를 이용해서 3개의 객체를 연결
15: Vector 요소로 sequence inputstream 객체 선언
18~19: 파일을 읽어서 출력
21: 버퍼 내보내기
22: 파일 닫기

실행결과

```
C:₩WINDOWS₩system32₩cmd.exe
-->Vector를 이용한 SequenceInputStream연결 데이터의 출력<--
이것은 첫번째 파일 데이터 내용입니다.
AAA
BBB
CCC
이것은 두번째 파일 데이터 내용입니다.
DDD
EEE
FFF
이것은 세번째 파일 데이터 내용입니다.
GGG
HHH
III
```

9.5 메모리 입출력 스트림 클래스

9.5.1 ByteArrayInputStream

ByteArrayInputStream 클래스는 입력 스트림으로 사용할 바이트 배열(protected byte[ ] buf)을 포함하고 있는 내부 버퍼를 가지고 있다. 바이트로 구성된 배열을 읽어 들인 후, 다시 그 배열을 출력하는데 사용한다.

또한 read 메소드에서 다음 읽을 바이트를 나타내기 위해 사용할 수 있는 내부 카운터(protected int count, protected int pos)들을 가지고 있다.

ByteArrayInputStream 클래스의 생성자와 메소드는 다음과 같다.

생성자 또는 메소드	설 명
ByteArrayInputStream(byte[ ] buf)	바이트 배열을 입력 버퍼로 사용하는 ByteArrayInputStream 객체를 생성
ByteArrayInputStream(byte[ ] buf, int offset, int length)	바이트 배열의 주어진 부분을 입력 버퍼로 사용하는 ByteArrayInput Stream 객체를 생성
int available( )	현재의 스트림에 있는 바이트수를 반환
void close( )	입력 스트림을 닫아 그 스트림에 관련된 리소스를 해제
int read( )	입력 스트림으로부터 다음의 바이트를 읽어 들임
int read(byte[ ] b, int off, int len)	입력 스트림으로부터 len 바이트까지의 데이터를 바이트의 배열에 읽어 들임
void reset( )	입력 스트림이 마크되어 있으면 그 위치부터 시작

실습 9-14 ByteArrayInputStream을 이용한 소문자의 대문자 변환 데이터의 출력

```
import java.io.*;
class ByteArrayInputStreamClass {
   public static void main(String args[]) {
      System.out.println("-->ByteArrayInputStream을 이용한 소문자의 대문자
      변환 데이터의 출력<--");
      String tmp = "abcdefghijklmnopqrstuvwxyz";
      byte b[] = tmp.getBytes( );
      ByteArrayInputStream in = new ByteArrayInputStream(b);

      for (int i=0; i<2; i++) {
         int c;
         while ((c = in.read( )) != -1) {
            if (i == 0) {
```

```
13.                 System.out.print((char) c);
14.             } else {
15.                 System.out.print(Character.toUpperCase((char) c));
16.             }
17.         }
18.         System.out.println( );
19.         in.reset( );
20.     }
21.     System.out.println( );
22.   }
23. }
```

6: 문자열을 읽어서 배열에 각각 대입
7: bytearraystream 객체 선언
9~20: for 반복문 선언
11~17: while 반복문 선언
12~16: I가 0이면 배열 문자 출력하고 아니면 소문자를 대문자로 변환
19: 입력 스트림이 마크되어 있으면 그 위치부터 시작

실행결과

```
C:\WINDOWS\system32\cmd.exe
-->ByteArrayInputStream을 이용한 소문자의 대문자 변환 데이터의 출력<--
abcdefghijklmnopqrstuvwxyz
ABCDEFGHIJKLMNOPQRSTUVWXYZ
```

9.5.2 ByteArrayOutputStream

ByteArrayOutputStream 클래스는 출력 스트림으로 사용하기 위해 내부적으로 바이트 배열(protected byte[ ] buf, 출력 버퍼)을 포함하고 있으며, 이 출력 버퍼는 데이터가 버퍼에 출력될 때 자동으로 증가(protected int count)하도록 되어 있다.

ByteArrayOutputStream 클래스의 객체 생성자와 주요 메소드는 다음과 같다.

생성자 또는 메소드	설 명
ByteArrayOutputStream( )	기본적인 크기의 바이트 배열을 출력 버퍼로 사용하는 ByteArrayOutput Stream 객체를 생성
ByteArrayOutputStream (int size)	주어진 크기의 바이트 배열을 출력 버퍼로 사용하는 ByteArrayOutput Stream 객체를 생성
void close( )	출력 스트림을 닫고 시스템 자원들을 반환
void reset( )	지금까지 출력된 내용을 무시하고, 출력 카운트를 0으로 초기화
int size( )	출력 버퍼의 현재 크기를 반환

byte[ ] toByteArray( )	출력 스트림에 출력된 내용을 새로운 바이트 배열을 생성하여 저장
String toString( )	출력 스트림에 출력된 내용을 플랫폼에서 사용하는 디폴트 문자 인코딩을 이용하여 문자열로 변환
void writeTo(OutputStream out)	출력 스트림에 출력된 내용을 주어진 출력 스트림에 출력

실습 9-15 ByteArrayStreamClass 클래스를 이용한 데이터의 입출력

```
import java.io.*;

class ByteArrayStreamClass {
    FileInputStream fis = null;
    ByteArrayOutputStream baos = null;
    ByteArrayInputStream bais = null;

    public ByteArrayStreamClass( ) {
        try {
            fis = new FileInputStream("ByteArrayStream.txt");
            baos = new ByteArrayOutputStream( );
            byte[ ] buffer = new byte[512];
            int readCount = 0;

            while((readCount = fis.read(buffer)) != -1) {  //파일에서 읽어서
                baos.write(buffer, 0, readCount); //메모리의 boas 객체에 쓰기
            }
            System.out.println("메모리의 boas객체에 쓰기 완료");

            byte[ ] fileArray = baos.toByteArray( ); //boas 객체로부터 byte 배열 가져오기
            System.out.println("메모리의 boas객체에서 byte배열을 가져오기 성공");
            System.out.println("총 바이트 수 : " + fileArray.length);

            bais = new ByteArrayInputStream(fileArray);
            int i = 0;
            byte b[ ] = new byte[512];
            while((i=bais.read(b)) != -1) { //바이트 배열에서 읽어서
                System.out.write(b, 0, i);// 모니터에 쓴다.
            }
            System.out.println("\n\n");
            System.out.println("바이트 내용을 모두 출력 완료!!");
        }
        catch(IOException ie) {
            System.out.println("BAIOSTest( )에서 IO예외 : " + ie);
        }
        finally {
```

```
37.          try {
38.              bais.close( );
39.              baos.close( );
40.              fis.close( );
41.          }
42.          catch(IOException ie) { }
43.      }
44.  }
45.  public static void main(String args[ ]) {
46.      System.out.println
47.      ("-->ByteArrayStreamClass 클래스를 이용한 데이터의 입출력<--");
48.      new ByteArrayStreamClass( );
49.      System.out.println( );
50.  }
51. }
```

4~6: 스트림 클래스의 초기화
10: byte stream 객체선언
12: 배열 객체 선언
15~17: 파일에서 데이터를 읽어서 메모리에 수록
20: 객체로부터 byte 배열 가져오기
24: byte input stream 객체 선언
27~29: 배열에서 데이터 읽어서 화면 출력
38~40: 모든 객체 닫기

실행결과

```
C:\WINDOWS\system32\cmd.exe
-->ByteArrayStreamClass 클래스를 이용한 데이터의 입출력<--
메모리의 boas객체에 쓰기 완료
메모리의 boas객체에서 byte배열을 가져오기 성공
총 바이트 수 : 91
Boys be ambisious
Now yourself
Rome was not built in a day
Time and tide wait for no man


바이트 내용을 모두 출력 완료!!
```

Chapter 10

스레드

컴퓨터의 속도나 처리능력을 향상시키기 위하여 두 개 이상의 CPU를 동시에 이용하는 시스템 구조가 멀티프로세서(Multi-processor)이다. 개인용 컴퓨터는 하나의 보드에 하나의 CPU를 장착하여 사용하지만 두개의 CPU를 장착하여 사용하는 듀얼(Dual)보드라는 것도 있다. 두 개의 CPU가 동시에 프로그램을 수행하면 처리속도는 두 배 이상 차이가 나게 된다.

이와 유사하게 멀티스레딩(Multi-threading)은 두 개 이상의 프로그램이 아닌 하나의 프로그램 내에서 이루어진다. 하나의 프로그램이 다중작업을 한다는 의미이다.

통신 프로그램에서 사용자로부터 자료를 입력받으면서 프린터 작업이 이루어지고 자료출력을 위한 데이터베이스 참조를 한다면 동시에 3가지 작업이 이루어지는 것이다. 따라서 하나의 프로그램에서도 두 가지 이상의 작업이 동시에 일어날 수 있는데 이러한 기능을 **멀티스레딩**이라고 한다.

● 다수개의 CPU를 가진 컴퓨터에서 다중 스레드의 실행

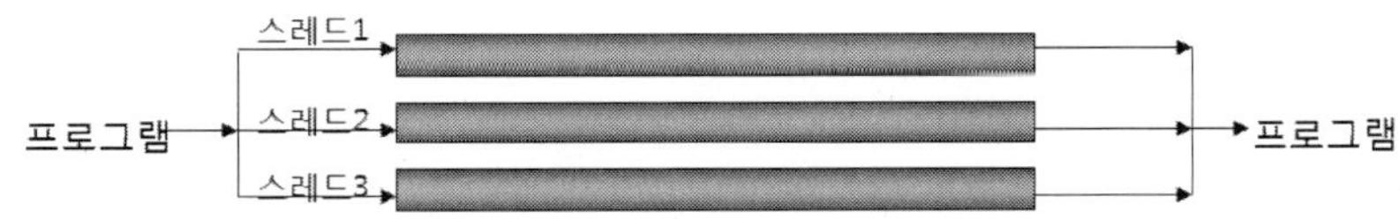

● 한 개의 CPU를 가진 컴퓨터에서 다중 스레드의 실행

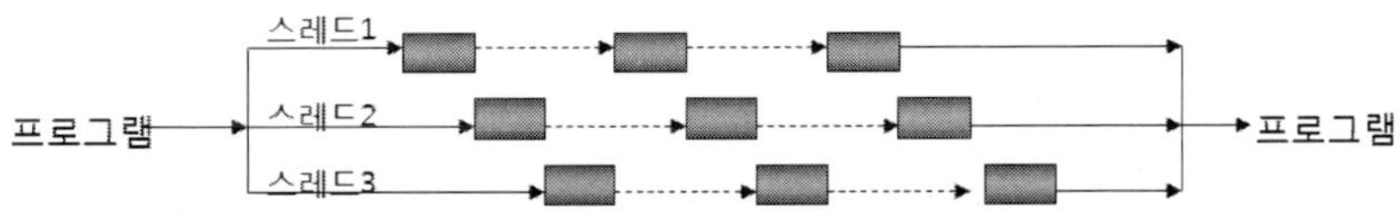

스레드는 한번 에 하나씩 순차적으로 실행되는 명령문들을 모아둔 것으로 하나의 처리단위를 의미하며 일반적인 프로그램에서 처럼 시작, 처리, 종료의 실행순서를 가진다.

그러나 스레드는 독립적인 프로그램이 아니라 프로그램 내에서 수행되는 하나의 처리단위로 하나의 프로그램 내에서 여러 개의 처리를 동시에 수행하는 멀티 스레드 기능을 제공한다.

10.1 스레드의 구현

자바에서 스레드를 정의하여 사용하는 방법은 다음과 같이 두 가지가 있다. Thread 클래스의 서브클래스를 선언하고 run( ) 메소드를 재정의하거나 Runnable 인터페이스의 run( ) 메소드를 구현하여 사용하는 것이다.

run( ) 메소드는 스레드의 실질적인 수행문을 기술하는 메소드로, 다음 보기에서와 같이 public 제어 접근자, 되돌리는 값이 없는 void, 그리고 메소드의 인수가 없이 정의된다.

Thread의 start( ) 메소드는 스레드를 시스템내의 스레드 스케줄러에 등록시키고, 해당 스레드가 수행 가능한 상태에 있게 한다. 이후에 자바 런타임 시스템이 run( ) 메소드를 자동으로 호출하게 된다.

① Thread class를 이용(extends)
② Runnable interface을 이용(implements)

주어진 수 보다 큰 소수(素數)를 계산하는 스레드의 예에 대하여 Thread 클래스를 확장한 방법으로 다음과 같이 나타내고 있다.

```
class PrimeThread extends Thread {
     long minPrime;
     PrimeThread(long minPrime) {
         this.minPrime = minPrime;
     }
     public void run( ) {
         // minPrime보다 큰 소수를 계산
         ...
     }
}

// 스레드를 생성하고 실행을 시작시키는 명령
PrimeThread p = new PrimeThread(143);
p.start( );
```

실습 10-1 스레드 지정 및 실행 실습

```
class ThreadClass {
    public static void main(String args[ ]) {
        System.out.println("-->스레드 지정 및 실행 실습<--");
        SubThread a = new SubThread("스레드1");
```

```
5.         SubThread b = new SubThread("스레드2");
6.         SubThread c = new SubThread("스레드3");
7.
8.         a.start( );  // start 메소드는 Thread 클래스에 정의된 것을 상속받음
9.         b.start( );
10.        c.start( );
11.    }
12. }
13. class SubThread extends Thread {
14.    public SubThread(String stg) {
15.        super(stg);   // 슈퍼 클래스인 Thread의 생성자 호출
16.    }
17.
18.    public void run( ) {
19.        for(int i=0; i<5; i++) {
20.            System.out.println(getName( ) + " 번호==>" + i);
21.            // 스레드의 이름과 출력 횟수 출력
22.            try { // 예외처리
23.                sleep((int)(Math.random( ) * 100));  // 잠시 휴식
24.            }
25.            catch(InterruptedException e) { }
26.        }
27.        System.out.println(getName( ) + " 끝.");
28.        System.out.println( );
29.    }
30. }
```

4~6: 3개의 스레드를 지정하고 시작
14~16: Thread의 생성자를 호출
20: 스레드의 이름과 출력 횟수를 출력

실행결과

```
C:\WINDOWS\system32\cmd.exe
-->스레드 지정 및 실행 실습<--
스레드1 번호==>0
스레드2 번호==>0
스레드3 번호==>0
스레드3 번호==>1
스레드1 번호==>1
스레드3 번호==>2
스레드3 번호==>3
스레드3 번호==>4
스레드3 끝.

스레드2 번호==>1
스레드1 번호==>2
스레드1 번호==>3
스레드1 번호==>4
스레드2 번호==>2
스레드1 끝.

스레드2 번호==>3
스레드2 번호==>4
스레드2 끝.
```

실습 10-2 Thread 클래스를 확장한 스레드 구현

```
1. class ExPongDang extends Thread {
2.     String word;
3.     int delay;
4.
5.     ExPongDang(String whatToSay, int delayTime) {
6.         word = whatToSay;
7.         delay = delayTime;
8.     }
9.
10.    public void run( ) {
11.        try {
12.            for (;;) {
13.                System.out.print(word + " ");
14.                sleep(delay); // milliseconds
15.            }
16.        }
17.        catch (InterruptedException e) {
18.            return;
19.        }
20.    }
21.
22.    public static void main(String[ ] args) {
23.        System.out.println("-->Thread 클래스를 확장한 스레드 구현<--");
24.        ExPongDang pd = new ExPongDang("Pong", 33);
25.        pd.start( );
26.        new ExPongDang("Dang", 100).start( );
27.        System.out.println( );
28.    }
29. }
```

1: 스레드 클래스의 상속
5~8 스레드 클래스의 생성자 선언
10~20: run 메소드 호출
12~15: 무한 루프 호출로 강제로 Ctrl+C로 종료
24: 스레드가 상속된 클래스 객체 선언
25: start 메소드 호출

실행결과

```
C:\WINDOWS\system32\cmd.exe
-->Thread 클래스를 확장한 스레드 구현<--

Dang Pong Pong Pong Dang Pong Pong Pong Dang Pong Pong Pong Dang
Pong Pong Pong Dang Pong Pong Pong Dang Pong Pong Pong Dang Pong
Pong Pong Dang Pong Pong Pong Dang Pong Pong Pong Dang Pong Pong
Pong Dang Pong Pong Pong Dang Pong Pong Pong Dang Pong Pong Pong
Dang Pong Pong Pong Dang Pong Pong Pong Dang Pong Pong Pong Dang
Pong Pong Pong Dang Pong Pong Pong Dang Pong Pong Pong Dang Pong
Pong Pong Dang Pong Pong Pong Dang Pong Pong Pong Dang Pong Pong
Pong Dang Pong Pong Pong Dang Pong Pong Pong Dang Pong Pong Pong
Dang Pong Pong Pong Dang Pong Pong Pong Dang Pong Pong Pong Dang
Pong Pong Pong Dang Pong Pong Pong Dang Pong Pong Dang Pong Pong
Pong Dang Pong Pong Pong Dang Pong Pong Pong Dang Pong Pong Pong
Dang Pong Pong Pong Dang Pong Pong Pong 일괄 작업을 끝내시겠습니
까 (Y/N)?
```

임의의 클래스를 확장하면서 동시에 스레드로 만들고 싶을 경우, 자바는 다중 상속을 제공하지 않기 때문에 해당 클래스와 Thread 클래스에서 동시에 확장하는 것은 불가능하다.

이때 Runnable 인터페이스는 이러한 경우에 아주 유용하게 사용될 수 있다. Runnable 인터페이스는 단 하나의 메소드 run() 만을 다음과 같이 선언하고 있기 때문에 이 인터페이스를 구현할 때, run() 메소드만을 정의하면 된다.

Runnable 인터페이스를 구현하는 클래스를 선언하면, 그 클래스는 run() 메소드를 구현해야 한다. 클래스의 객체를 할당할 수 있어서 Thread의 작성한 경우 인수로 받아 시작된다.

```
class PrimeRun implements Runnable {
    long minPrime;
    PrimeRun(long minPrime) {
        this.minPrime = minPrime;
    }

    public void run( ) {
        // minPrime보다 큰 소수를 계산
        ...
    }
}

// Runnable 인터페이스를 구현한 스레드를 생성하고  실행하는 명령
PrimeRun p = new PrimeRun(143);
new Thread(p).start( );
```

Runnable 인터페이스는 run 밖에는 없기 때문에 표준 Thread 클래스의 몸체를 상속받아서 사용하는 방법이다. 그래서 Thread 클래스를 이용하여 객체를 만들 때 Runnable 인터페이스를 Thread 생성자의 매개 변수로 넣어 준다.

Runanble은 Thread 클래스의 객체를 생성할 때 생성자의 매개 변수 형식으로 들어가서 하나의 온전한 스레드가 되는 것이다. 물론 start 메소드를 호출하는 것은 마찬가지이다.

실습 10-3 Runnable 스레드 지정 및 실행 실습

```
1. class RunnableThread implements Runnable {
2.     Thread threadex;
3.     public static void main(String args[]) {
4.         System.out.println("-->Runnable 스레드 지정 및 실행<--");
5.         RunnableThread a = new RunnableThread("스레드1");
6.         RunnableThread b = new RunnableThread("스레드2");
7.         RunnableThread c = new RunnableThread("스레드3");
8.         System.out.println();
9.     }
10.
11.    public RunnableThread(String name) {
12.        // 스레드를 만들기 위해 Thread형 변수에 메모리 할당
13.        // 이번 Thread 생성자에는 스레드를 만드는 클래스의 변수와
14.        // 스레드 이름을 매개 변수로 넘겨준다.
15.        threadex = new Thread(this, name);
16.        threadex.start(); // 스레드 동작 시작 - run 메소드 실행
17.    }
18.    public void run() {   // start 메소드로 시작하게 되는 메소드
19.        for(int i=0; i<5; i++) {
20.            System.out.println(threadex.getName() + " 번호==>" + i);
21.            try {
22.                Thread.sleep((int)(Math.random() * 1000));
23.            }
24.            catch (InterruptedException e) {}
25.        }
26.        System.out.println(threadex.getName() + " 끝");
27.        System.out.println();
28.    }
29. }
```

5~7: 3개의 스레드를 지정하고 시작
15~16: 스레드 변수를 객체 지정하고 클래스의 변수와 스레드 이름을 매개 변수로 넘김
20: 스레드의 이름과 출력 횟수를 출력

실행결과

```
C:\WINDOWS\system32\cmd.exe
-->Runnable 스레드 지정 및 실행<--

스레드2 번호==>0
스레드1 번호==>0
스레드3 번호==>0
스레드3 번호==>1
스레드1 번호==>1
스레드2 번호==>1
스레드3 번호==>2
스레드2 번호==>2
스레드1 번호==>2
스레드1 번호==>3
스레드3 번호==>3
스레드1 번호==>4
스레드2 번호==>3
스레드1 끝

스레드3 번호==>4
스레드2 번호==>4
스레드3 끝

스레드2 끝
```

실습 10-4 Runnable 인터페이스를 구현

```java
class ExRunPongDang implements Runnable {
    String word;
    int delay;

    ExRunPongDang(String whatToSay, int delayTime) {
        word = whatToSay;
        delay = delayTime;
    }
    public void run() {
        try {
            for (;;) {
                System.out.print(word + " ");
                Thread.sleep(delay);
            }
        }
        catch (InterruptedException e) {
            return;
        }
    }
    public static void main(String[] args) {
        System.out.println("-->Runnable 인터페이스를 구현<--");
        ExRunPongDang rpd1 = new ExRunPongDang("Pong", 33);
        ExRunPongDang rpd2 = new ExRunPongDang("Dang", 33);
        new Thread(rpd1).start();
        new Thread(rpd2).start();
        System.out.println();
```

```
27.     }
28. }
```

1: 사용자의 아이디와 비밀번호를 체크하여 사용자 인증 처리를 하는 예제로서 실행하면, 프로그램은 자동으로 종료되지 않고 Ctrl + C 키를 눌러 강제 종료

9: run( ) 메소드를 정의한 것은 Runnable 인터페이스를 구현

24~25: 새로운 스레드 생성자의 인수로 Runnable 인터페이스를 구현한 객체를 사용

실행결과

10.2 스레드 제어

자바에서 스레드를 정의하여 사용하는 방법은 다음과 같이 두 가지가 있다.

스레드의 상태는 다음과 같은 유기적 상태를 가지고 있다.

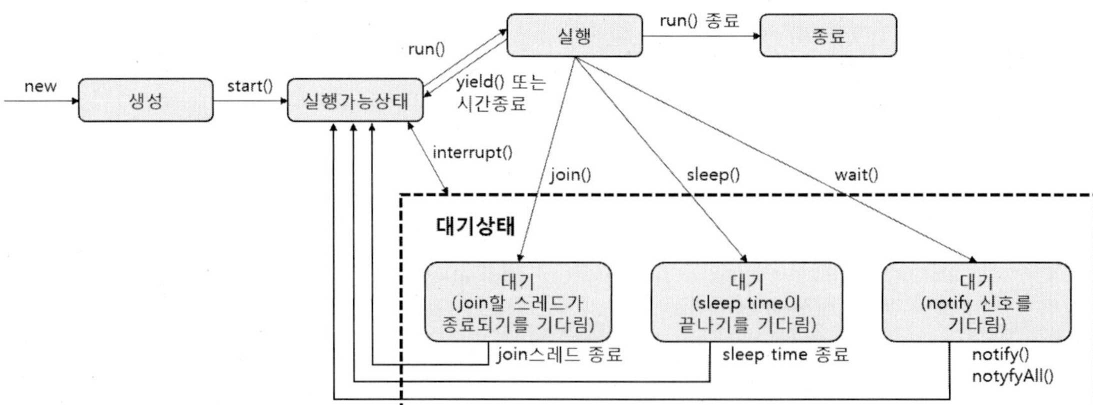

메소드 이름	설명
static void sleep(long msec) throws InterruptedException	msec에 지정된 밀리초(milliseconds) 동안 대기
String getName( )	스레드의 이름을 반환
void setName(String s)	스레드의 이름을 s로 설정
void start( )	스레드를 시작하고 run( ) 메소드를 호출
int getPriority( )	스레드의 우선순위를 반환
void setPriority(int p)	스레드의 우선순위를 p 값으로 설정
boolean isAlive( )	스레드가 시작되었고 아직 끝나지 않았으면 true를 그렇지 않으면 false를 반환
void join( ) throws InterruptedException	스레드가 끝날 때까지 대기
void run( )	스레드가 실행할 부분을 기술하는 메소드 하위 클래스에서 오버라이딩 처리를 위해 메소드 선언
void suspend( )	스레드가 일시 정지. resume( )에 의해 다시 시작
void resume( )	일시 정지된 스레드를 다시 시작

Thread 메소드의 종류

10.3 스레드 관련 메소드의 상세

10.3.1 Start( )

스레드를 실행하기 위해서는 반드시 start( ) 메소드를 호출하여야 한다. start( ) 메소드가 호출되면 스레드는 "실행가능(Runnable)" 상태가 되고, 이때 시스템 자원을 할당받게 된다.
프로그램에서 여러 개의 스레드를 사용하는 경우, 실제 어느 한 시점에 수행되는 스레드는 단 하나이기 때문에 스레드는 우선순위에 의해 스케줄링하게 된다.

10.3.2 Run( )

스레드가 동작하는 동안 계속해서 실행하는 코드를 갖고 있으며 수행중인 상태를 의미한다.

10.3.3 yield( )

다른 스레드에게 실행 상태를 양보하고 자신은 대기 상태로 전환된다.

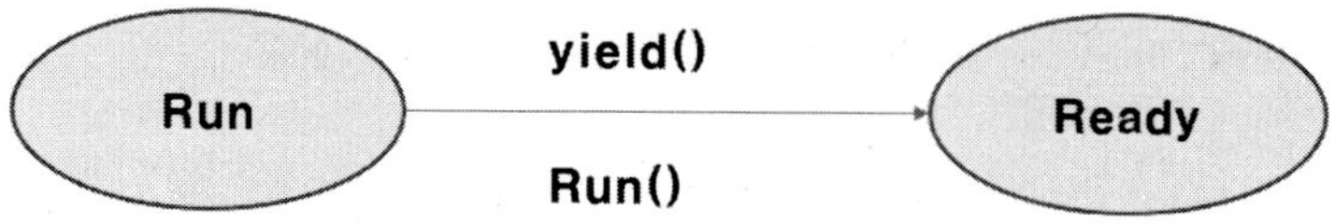

yield 메소드

yield( ) 메소드의 보기는 다음과 같다.

```
public void run( ) {
    while(true) {
        System.out.println(" In run Thread !!")
        count++
        if(count == 10) break ;
    }
}
```

이 상태는 CPU가 해당 작업만을 수행하므로 다른 작업이 중지되어 프로그램이 정지된 것처럼 보인다.

```
public void run( ) {
    while(true) {
        System.out.println(" In run Thread !!")
        count++
        if(count == 10) break ;
        yield( );
    }
}
```

위와 같이 프로그램 중간에 yield( )를 삽입하면 스레드의 병행 처리가 가능해 진다.

10.3.4 sleep( )

sleep( ) 메소드는 인수로 명시된 시간만큼 "대기" 상태에 있게 하고, 지정된 시간이 경과하면 "실행 가능" 상태로 되돌아오게 한다.

만분의 일초 단위로 시간을 지정하며 지정된 시간 동안은 아무런 동작도 하지 않게 된다. 지정된 시간이내라도 interrupt( ) 메소드를 이용하여 sleep( )을 해제할 수 있다.

한 가지 유의해야 할 것은 지정된 시간이 지나더라도 다시 시작이 되지 않는다. 그러나 다음의 조건이 만족할 때는 실행 상태로 된다.

- sleep( )이 완료된 메소드가 더 높은 우선순위 일 때

- 실행되고 있는 스레드가 더 이상 작업을 진행할 수 없을 때
- 시간 분할 처리가 가능할 때

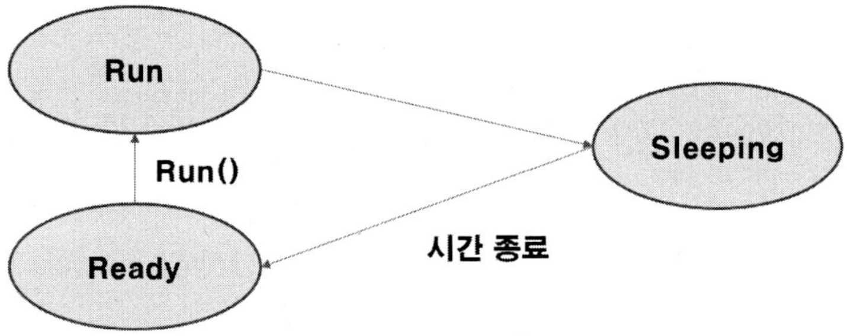

Sleeping 상태

실습 10-5 새로운 스레드 지정 및 실행 실습

```
class NewThread implements Runnable {
    // 2번째 thread의 생성
    Thread t;
    NewThread() {
        // 2번째 thread의 객체 생성
        t = new Thread(this, "Thread 시작!!");
        System.out.println("서브 thread: " + t);
        t.start(); // thread의 시작
    }

    public void run() {
        try {
            for(int i = 5; i > 0; i--) {
                System.out.println("서브 thread: " + i);
                Thread.sleep(500);
            }
        }
        catch (InterruptedException e) {
            System.out.println("서브 interrupted.");
        }
        System.out.println("서브 thread의 종료!!");
    }
}
class NewThreadCreat {
    public static void main(String args[ ] ) {
        System.out.println("-->새로운 스레드 지정 및 실행<--");
        new NewThread(); // 새로운 thread의 생성
        try {
            for(int i = 5; i > 0; i--) {
```

```
30.                 System.out.println("메인 Thread: " + i);
31.                 Thread.sleep(1000);
32.             }
33.         }
34.         catch (InterruptedException e) {
35.             System.out.println("메인 thread interrupted.");
36.         }
37.         System.out.println("메인 thread의 종료!!");
38.     }
39. }
```

3~9: 새로운 스레드의 시작
27: 새로운 스레드의 객체 생성 및 생성자 호출
28~33: 메인 스레드의 실행
13~16, 29~32: 메인과 서브 스레드의 이름과 출력 횟수를 출력

실행결과

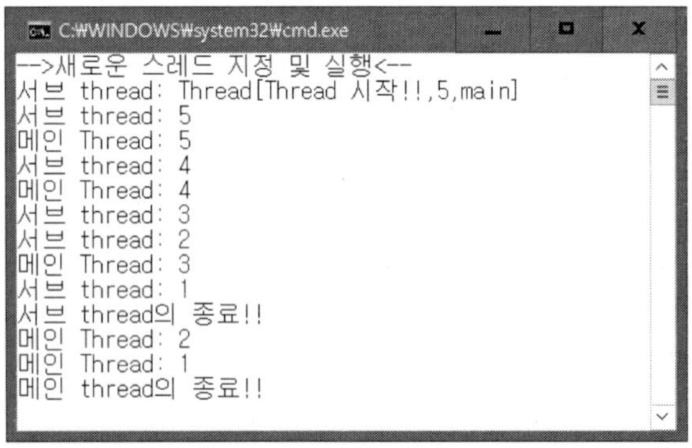

10.3.5 join( )

join **메소드**를 호출한 스레드가 종료될 때 까지 실행되던 다른 스레드를 멈추게 한다. 아울러 개발자의 의도대로 동작 순서를 정의할 수 있다.

```
a.join( )  //a 스레드가 종료될 때까지 대기

Thread t = new Thread( ){
    public void run( ){
        try {
            Thread.sleep(10000);  //10초간 대기
        } catch(Exception ex) { }
        System.out.println("Thread is over...");
    }
};
```

```
t.start( );   // 10초 대기한 다음에  Thread is over...를 출력

try {
    Thread.sleep(5000);  // 5초간 대기
    t.join( );
} catch(Exception ex) { }
    System.out.println("main is over..."); //5초 대기후 main is over... 출력.
}
```

실습 10-6 join 메소드를 이용한 스레드 대기 실습

```
class JoinMethod extends Thread {
    private int start, end;
    public int sum;

    public JoinMethod(int start, int end) {
        this.start = start;
        this.end = end;
    }

    public void run( ) {
        for(int i = start; i<=end; i++) {
            sum += i;
        }
    }

    public static void main(String[ ] args)
            throws InterruptedException {
        JoinMethod jt1 = new JoinMethod(1, 50);
        JoinMethod jt2 = new JoinMethod(51, 100);

        jt1.start( );
        jt2.start( );

        jt1.join( );
        jt2.join( );

        System.out.println("-->join 메소드를 이용한 스레드 대기<--");
        int lastTotal = jt1.sum + jt2.sum;
        System.out.println("마지막 합계 = " + lastTotal + "\njt1.sum="
                + jt1.sum   +"\njt2.sum=" + jt2.sum);
    }
}
```

10~14: 스레드의 실행
18~19: 2개의 스레드 객체 생성
21~22: 스레드의 시작
24~25: 스레드 대기 다른 스레드 시작
29~30: 마지막 합계를 출력

실행결과

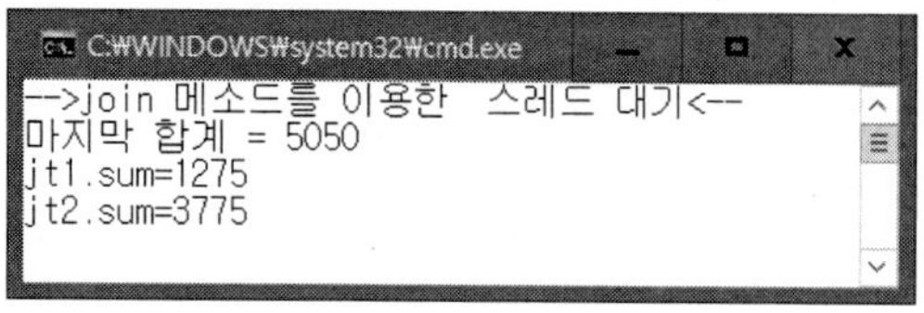

10.3.6 suspend( ), resume( )

스레드를 중지시키는 stop( ) 메소드 그리고 스레드를 대기하게 하거나 수행을 재개시키는 suspend( ), resume( ) 메소드들은 Java2에서는 사용보류(deprecated)되었다. 이 메소드들은 근본적으로 안전하지 못하기 때문이다.

suspend( )로 일시 중단시키고 resume( )으로 준비 상태로 전환된다.

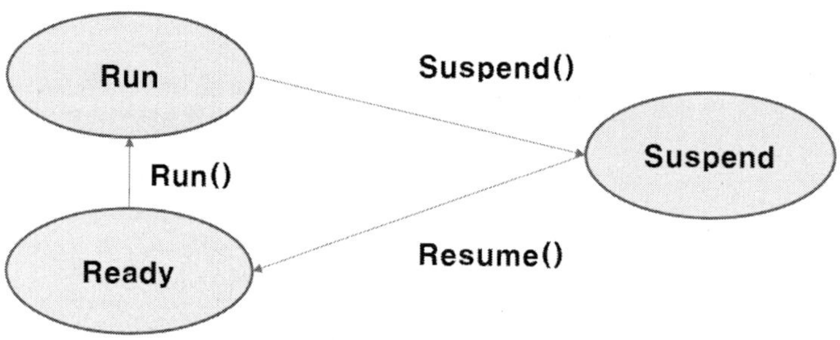

suspend( )과 resume( )

suspend( ), recume( )의 사용보기는 다음과 같다.

```
public class Whatclass implements Runnable {
    public void run( ) {
        // 어떤 일을 수행한다.
        // 그리고 나서 계속하라고 할 때까지 기다린다
        Thread.currentthread( ).suspend( );
        // 아무일도 하지 않는다.
    }
}
public class Whattest {
```

```
    public static void main(String args[ ]) {
        Runnable r = new Whatclass( );
        Thread t = new Thread(r);

        t.start( );
        Thread.sleep(1000);
        t.resume( );
        Thread.yield( );
    }
}
```

10.3.7 stop( )

스레드를 중지시키는 Thread.stop( ) 메소드는 잠긴 모든 모니터들을 ThreadDeath 예외로써 해제하게 되는데, 이때 잠금 해제되는 모니터들에 의해서 보호된 객체들은 일관성이 없는 상태에 빠지게 된다. 이러한 객체를 손상을 입은 객체라고 하는데, 이러한 손상된 객체는 무슨 행동을 하게 될지 알 수 없을 뿐만 아니라 손상된 객체의 행동을 찾아내기도 힘들다.

Thread.stop( ) 메소드는 스레드의 실행을 잠시 중단하고 다시 실행시키는데 사용되며 실행상태에서 스레드를 강제로 종료시킨다. 스레드가 종료된 후에는 실행이 안 되며 실행을 하려면 다시 생성해야 한다.

그러나 종료된 스레드의 멤버나 메소드는 호출이 가능한데 가비지 컬렉션이 일어나기 전에는 스레드 객체가 없어지지는 않기 때문이다. 그러므로 스레드를 완전하게 종료시키기 위해서는 Null 값을 할당한다.

stop( ) 사용 예는 다음과 같다.

```
public class Stoptest {
    public static void main(String args[ ]) {
        Runnable r= new Stoptest( );
        Thread t = new Thread(r);
        t.start( );
        // 어떤 일을 하는 곳
        if(time_out) {
            t.stop( );
            t = null;
        }
    }
}
```

10.3.8 isAlive( )

스레드가 stop( )되면 다시 실행시킬 수 없으므로 isAlive( ) 메소드로 생존 가능한지를 알아본 후 사용할 필요가 있다. 즉 스레드가 생존 가능한지 알아보는 메소드이다.

실습 10-7 isArive와 join을 이용한 새로운 스레드 지정 및 실행 실습

```
class NewThread implements Runnable {
    String name; // thread 이름
    Thread t;
        NewThread(String threadname) {
        name = threadname;
        t = new Thread(this, name);
        System.out.println("새로운 thread: " + t);
        t.start( ); // thread 시작
    }

    public void run( ) {
        try {
            for(int i = 5; i > 0; i--) {
                System.out.println(name + ": " + i);
                Thread.sleep(1000);
            }
        }
        catch (InterruptedException e) {
            System.out.println(name + " interrupted.");
        }
        System.out.println(name + " 종료!!");
    }
}

class IsAliveJoin {
    public static void main(String args[ ]) {
        System.out.println("-->isArive와 join을 이용한 새로운 스레드 지정<--");
        NewThread ob1 = new NewThread("One");
        NewThread ob2 = new NewThread("Two");
        NewThread ob3 = new NewThread("Three");

        System.out.println("Thread One alive: " + ob1.t.isAlive( ));
        System.out.println("Thread Two alive: " + ob2.t.isAlive( ));
        System.out.println("Thread Three alive: " + ob3.t.isAlive( ));

        try {
            System.out.println("thread 대기후 종료");
```

```
38.             ob1.t.join();
39.             ob2.t.join();
40.             ob3.t.join();
41.         }
42.         catch (InterruptedException e) {
43.             System.out.println("메인 thread Interrupted");
44.         }
45.         System.out.println("Thread One alive: " + ob1.t.isAlive());
46.         System.out.println("Thread Two alive: " + ob2.t.isAlive());
47.         System.out.println("Thread Three alive: " + ob3.t.isAlive());
48.         System.out.println("메인 thread 종료");
49.     }
50. }
```

3: 스레드 변수 선언
4~9: 스레드 생성자 선언
5~6: 스레드 객체 선언
8: 스레드의 시작
11~22: run 메소드 실행
13~16: 스레드 처리 내용을 sleep(1000) 만큼 지연 출력
21: 각각의 스레드 종료 내용 출력
28~30: 3개의 스레드 객체 선언
32~34: 3개의 스레드 존재 여부 출력

실행결과

```
C:\WINDOWS\system32\cmd.exe
-->isArive와 join을 이용한 새로운 스레드 지정<--
새로운 thread: Thread[One,5,main]
새로운 thread: Thread[Two,5,main]
새로운 thread: Thread[Three,5,main]
Thread One alive: true
Thread Two  alive: true
Thread Three  alive: true
thread 대기후 종료
One: 5
Three: 5
Two: 5
One: 4
Three: 4
Two: 4
One: 3
Three: 3
Two: 3
One: 2
Three: 2
Two: 2
One: 1
Three: 1
Two: 1
One 종료!!
Three 종료!!
Two 종료!!
Thread One alive: false
Thread Two alive: false
Thread Three alive: false
메인 thread 종료
```

10.3.9 currentThread( )

currentThread( )를 실행하는 Thread 인스턴스의 레퍼런스를 반환한다. 이 방법으로 자바 코드블록을 실행하는 쓰레드의 객체에 접근할 수 있다.

```
Thread thread = Thread.currentThread( );
```

Thread 객체를 가지게 되면 이 객체의 메소드를 호출할 수 있다.

자바에서 기본적으로 제공하는 mainThread 객체를 얻는다. 최초의 main 메소드와 코드를 실행하기 위해선 스레드가 필요하다.

```
Thread mainThread = Thread.currentThread( );
System.out.println("프로그램 시작 스레드 이름 : "+ mainThread.getName( ));
```

실습 10-8 현재 스레드의 이름 변경

```
1. class CurrentThreadMethod {
2.     public static void main(String args[ ]) {
3.         Thread t = Thread.currentThread( );
4.         System.out.println("-->현재 스레드의 이름 변경<--");
5.         System.out.println("Current thread: " + t);
6.         // thread 이름 변경
7.         t.setName("My Thread");
8.         System.out.println("변경 후: " + t);
9.         try {
10.            for(int n = 5; n > 0; n--) {
11.                System.out.println(n);
12.                Thread.sleep(1000);
13.            }
14.        }
15.        catch (InterruptedException e) {
16.            System.out.println("메인 thread interrupted");
17.        }
18.    }
19. }
```

5: 현재 스레드 이름 출력
8: 현재 스레드 이름 변경 출력
8~16: 스레드 실행

실행결과

```
C:\WINDOWS\system32\cmd.exe
-->현재 스레드의 이름 변경<--
Current thread: Thread[main,5,main]
변경 후: Thread[My Thread,5,main]
5
4
3
2
1
```

10.4 동기화(Synchronization)

10.4.1 동기화의 개념

Java에서의 스레드는 독립된 프로세스 형태가 아니므로 여러 개의 스레드가 같은 객체나 메소드들을 접근할 수 있다.

만약 하나의 자료를 두 개의 스레드가 동시에 접근하여 값을 변화시키면 둘 중 한 가지 작업은 무시되어 전혀 예상하지 못하는 결과를 초래할 수 있다. 즉, 하나의 메소드가 스레드에 의해 접근되어져 있을 때 다른 스레드가 접근하지 못하도록 하는 기법이 Synchronization이다.

자바에서는 Synchronized keyword로 동기화 시키며 두 번째로 호출한 메소드는 blocked 상태로 바뀌어 첫 번째 스레드가 소멸될 때까지 기다린다.

10.4.2 임계 영역

대부분의 응용 프로그램에서는 다수개의 스레드가 공유할 수 있는 부분을 요구하며, 공유 부분은 상호 배타적으로 사용한다.

임계 영역(critical section)이란 멀티 스레드에 의해 공유자원이 참조될 수 있는 코드의 범위를 의미하며, 상호배타적으로 사용되는 공유 부분으로 자바는 한 순간에 하나의 스레드만 실행할 수 있는 synchronized method 제공한다.

한 스레드가 synchronized method를 수행 중이면 다른 스레드는 대기하며, 멀티 스레드 프로그램에서 임계 영역을 처리하는 경우 심각한 문제가 발생할 수 있기 때문에 이러한 상황을 해결할 수 있는 방법이 동기화를 이용하는 것이다.

동기화를 처리하기 위해 모든 객체에 락(lock)을 포함한다. 락이란 공유 객체에 여러 스레드가 동시에 접근하지 못하도록 하기 위한 것으로 모든 객체가 힙 영역에 생성될 때 자동으로 만들어 진다.

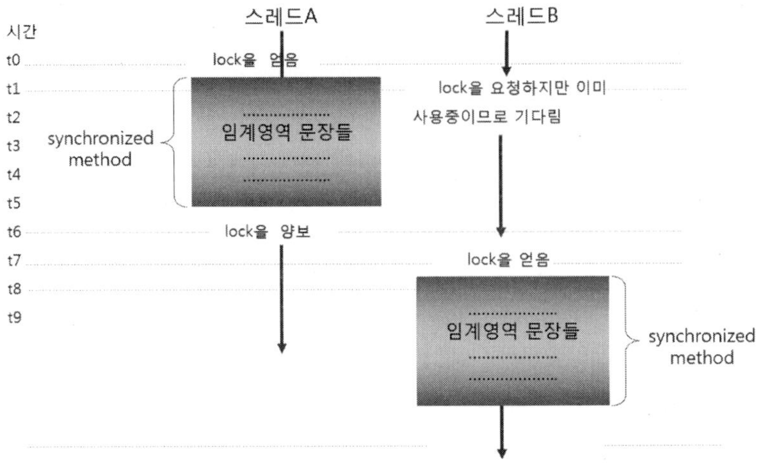

동기화(Synchronization) – synchronized method 수행

메소드의 동기화 방법의 일반 형식은 다음과 같다.

형 식

```
public synchronized void synchronizedMethod( ){
    // 임계 영역 코딩
}
```

특정 블록의 동기화 방법의 일반 형식은 다음과 같다.

형 식

```
public void nomalMethod( ){
    synchronized(동기화할 객체 또는 클래스명){
    //임계 영역 코딩
    }
}
```

동기화의 보기는 다음과 같다.

```
public void Mytest {
    Synchronized(count) {
        count++;
        System.out.println("Current Coumt = " + coumt);
    }
}
```

위의 경우 동기화된 코드 블록의 count는 Synchronized로 시작하는 코드 블록이 수행되는 동안에는 증가하지 않는다.

스레드가 동기화 메소드를 사용하기 위해서는 해당 객체의 모니터를 얻어야 하는데 monitor란 동기화된 메소드의 실행 권한으로 보면 된다. 즉, 모니터를 얻지 못한 메소드는 실행지연 상태로 전환되며 모니터를 얻을 때까지 기다리게 된다. 이때 문제가 될 수 있는 것은 모니터를 갖고 있는 메소드가 정지해 있으면 호출한 모든 메소드가 정지하게 되는 문제가 발생한다.

이때 사용하는 메소드가 wait()로 모니터를 갖고 있는 스레드를 대기 상태로 바꾸어 모니터를 해제하여 다른 스레드가 동기화 메소드를 호출할 수 있게 한다. 그리고 대기 상태로 있던 원래의 스레드는 다른 스레드가 notify()나 notifyAll() 메소드를 호출함으로 Ready 상태로 전환된다.

10.4.3 wait( ), wait(long time)

해당 객체의 lock을 놓아주고 다른 사용자가 깨울 때까지 lock을 걸어 놓고 기다린다.

wait로 대기 상태에 들어갈 경우 해당 객체의 다른 사용자가 깨우거나 입력한 시간(ms)이 경과한 경우 살아난다.

10.4.4 notify( ), notifyAll( )

wait( )는 다른 스레드가 이 객체의 notify( )를 불러줄 때까지 대기하며, notify( )는 해당 객체의 대기 상태 객체를 한 개만 풀어주고, notifyAll( )은 대기 상태인 객체 전체를 풀어준다.

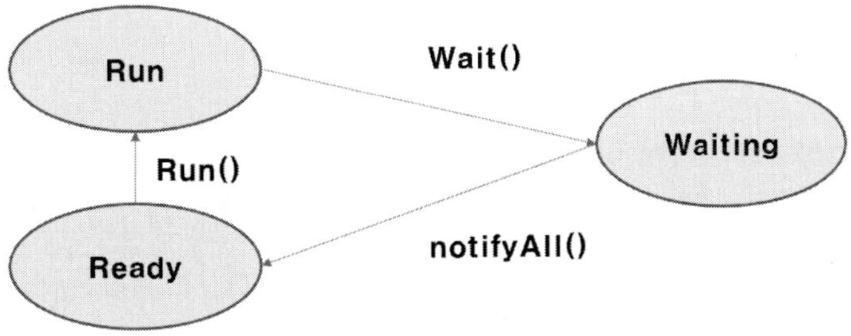

동기화 메소드 호출

실습 10-9 2개의 스레드 동기화

```
class NewThread implements Runnable {
    String name; // thread 이름
    Thread t;
    boolean suspendFlag;
```

```
    NewThread(String threadname) {
        name = threadname;
        t = new Thread(this, name);
        System.out.println("New thread: " + t);
        suspendFlag = false;
        t.start( ); // thread 시작
    }

    public void run( ) {
        try {
            for(int i = 15; i > 0; i--) {
                System.out.println(name + ": " + i);
                Thread.sleep(200);
                synchronized(this) {
                    while(suspendFlag) {
                        wait( );
                    }
                }
            }
        }
        catch (InterruptedException e) {
            System.out.println(name + " interrupted.");
        }
        System.out.println(name + " 종료!!");
    }

    synchronized void mysuspend( ) {
        suspendFlag = true;
    }

    synchronized void myresume( ) {
        suspendFlag = false;
        notify( );
    }
}

class SuspendResume {
    public static void main(String args[ ]) {
        System.out.println("-->2개의 스레드 동기화<--");
        NewThread ob1 = new NewThread("One");
        NewThread ob2 = new NewThread("Two");
        try {
            Thread.sleep(1000);
            ob1.mysuspend( );
```

```
50.             System.out.println("Suspending thread One");
51.             Thread.sleep(1000);
52.             ob1.myresume( );
53.             System.out.println("Resuming thread One");
54.
55.             ob2.mysuspend( );
56.             System.out.println("Suspending thread Two");
57.             Thread.sleep(1000);
58.             ob2.myresume( );
59.             System.out.println("Resuming thread Two");
60.         }
61.         catch (InterruptedException e) {
62.             System.out.println("메인 thread Interrupt");
63.         }
64.         // threads 대기후 종료
65.         try {
66.             System.out.println(" thread 대기 후 종료!!");
67.             ob1.t.join( );
68.             ob2.t.join( );
69.         }
70.         catch (InterruptedException e) {
71.             System.out.println("메인 thread Interrupt");
72.         }
73.         System.out.println("메인 thread 종료!!");
74.     }
75. }
```

3: 스레드 변수 선언
6~12 스레드 클래스 생성자 선언
7~8: 스레드 객체 선언
11: 스레드 시작
14~25: run 메소드 실행
18: 스레드 대기 시간 지정
20~22: 대기 메소드 지정
26~28: 인터럽트 처리
29: 종료 내용 출력
32~34: 동기화 메소드 활성화
36~39: 동기화 메소드 비활성화
45~46: 2개의 스레드 객체 선언
48~50: 첫 번째 스레드 일시 중단
51~53: 첫 번째 스레드 준비 상태로 전환
55~57: 두 번째 스레드 일시 중단
58~59: 첫 번째 스레드 준비 상태로 전환
62: 스레드 인터럽트 처리
66~68: 2개의 스레드 대기 후 종료

실행결과

```
C:\WINDOWS\system32\cmd.exe
-->2개의 스레드 동기화<--
New thread: Thread[One,5,main]
New thread: Thread[Two,5,main]
Two: 15
One: 15
Two: 14
One: 14
One: 13
Two: 13
Two: 12
One: 12
One: 11
Two: 11
Suspending thread One
Two: 10
Two: 9
Two: 8
Two: 7
Two: 6
Resuming thread One
One: 10
Suspending thread Two
One: 9
One: 8
One: 7
One: 6
Resuming thread Two
Two: 5
 thread 대기 후 종료!!
One: 5
Two: 4
One: 4
Two: 3
One: 3
Two: 2
One: 2
Two: 1
One: 1
Two 종료!!
One 종료!!
메인 thread 종료!!
```

10.5 우선권 제어

스레드의 실행을 예측할 수 없으므로 프로그래머는 곤란한 경유를 당할 때가 있다. 즉 먼저 수행이 끝나야 하거나 많은 처리를 해야 하는 스레드를 프로그래머가 정하지 못하고 스케줄러에 의해 결정되므로 예측 불가능한 수행 상태를 갖게 되는 것이다.

이러한 문제를 보완하기 위해 java에서는 스레드에 우선권을 주는 방법을 제공한다.

상수 값	설 명
java.long.Thread.MAX_PRIORITY	최대 우선권
java.long.Thread.NORM_PRIORITY	보통 우선권
java.long.Thread.MIN_PRIORITY	최소 우선권

실습 10-10 우선순위가 높은 스레드 지정 및 출력

```
class BPtimer {
    public static void delay(long n) {
        long t1,t2;
        t1 = System.currentTimeMillis( );
        t1 = t1 + n;
        t2 = System.currentTimeMillis( );
        while ( t2 < t1 )
        t2= System.currentTimeMillis( );
    }
}

class A extends Thread {
    public void run( ) {
        for (int i = 1; i< 5;i++) {
            BPtimer.delay(500);
            System.out.println("thread A = " + i );
        }
        System.out.println("A 스레드 빠져나감!!");
    }
}

class B extends Thread {
    public void run( ) {
        for (int j = 1; j< 5;j++) {
            BPtimer.delay(500);
            System.out.println("thread B = " + j );
        }
        System.out.println("B 스레드 빠져나감!!");
    }
}

class C extends Thread {
    public void run( ) {
        for (int k = 1; k< 5;k++) {
            BPtimer.delay(500);
            System.out.println("thread C = " + k );
        }
        System.out.println("C 스레드 빠져나감!!");
    }
}

class ThreadPriority {
```

```
43.    public static void main( String args[] ) {
44.        System.out.println("-->우선순위가 높은 스레드 지정 및 출력<--");
45.        A th1= new A();
46.        th1.setPriority(Thread.MIN_PRIORITY);
47.        th1.start();
48.        B th2 = new B();
49.        th2.setPriority(Thread.NORM_PRIORITY);
50.        th2.start();
51.        C th3 = new C();
52.        th3.setPriority(Thread.MAX_PRIORITY);
53.        th3.start();
54.    }
55. }
```

45, 48, 51: 3개의 스레드를 지정하고 객체를 선언

46, 49, 52: 3개의 스레드에 우선순위를 부여

18, 28, 38: 3개의 스레드를 시작하면 우선순위가 높은 스레드부터 실행하여 결과가 출력

실행결과

```
C:\WINDOWS\system32\cmd.exe
-->우선순위가 높은 스레드 지정 및 출력<--
thread C = 1
thread A = 1
thread B = 1
thread C = 2
thread B = 2
thread A = 2
thread C = 3
thread B = 3
thread A = 3
thread C = 4
C 스레드 빠져나감!!
thread B = 4
thread A = 4
B 스레드 빠져나감!!
A 스레드 빠져나감!!
```

Chapter 11

AWT

11.1 AWT의 개요

자바는 다양한 플랫폼에서 동작할 수 있는 GUI(Graphic User Interface)를 구현하기 위해 **추상 윈도우 툴킷(AWT : Abstract Windowing Toolkit)**을 제공하고 있다. AWT는 GUI를 작성하는데 사용하는 컴포넌트 및 레이아웃이 들어 있는 패키지이다.

java.awt(Abstract Window Toolkit) 패키지는 여러 컴퓨터 플랫폼에서 공통적으로 사용할 수 있는 GUI(Graphic User Interface) 요소들을 제공한다.

컴포넌트(Component)가 생성되면, 생성된 컴포넌트는 컨테이너(Container)에 추가된다. 즉 컨테이너는 컴포넌트들 혹은 다른 컨테이너들을 위치시키는 화면상의 하나의 영역으로 볼 수 있다. 컴포넌트는 하나의 컨테이너에 추가되고, 그것은 또 다른 컨테이너에 추가되는 방식으로 중첩된 포함관계가 이루어질 수 있다.

컴포넌트들은 그 컴포넌트가 속한 컨테이너의 어떤 절대 위치에 존재하는 것이 아니라 상대적 위치에 존재하게 된다. 즉 컴포넌트를 추가할 때 화면상의 절대 위치를 가리키는 좌표를 사용하지 않는다.

AWT의 주요 구성요소는 다음과 같다.

- **컴포넌트(component)**

  java.awt.component의 최상위 클래스로서 크게 컨테이너와 비컨테이너로 구분한다 하위 클래스들은 상속을 통해 구분된다.

- **컨테이너(container)**

  container 클래스를 상속받는 하위 클래스들 쉽게 구분하여 컴포넌트 안에 컴포넌트 배치가 가능하다.

- **프레임(frame)**

  window 클래스를 상속함으로서 GUI 프로그래밍을 구현하기 위한 기본창을 제공한다.

컴포넌트(Component)가 생성되면, 생성된 컴포넌트는 컨테이너(Container)에 추가된다. 즉 컨테이너는 컴포넌트들 혹은 다른 컨테이너들을 위치시키는 화면상에 하나의 영역으로 볼 수 있다. 컴포넌트는 하나의 컨테이너에 추가되고, 그것은 또 다른 컨테이너에 추가되는 방식으로 중첩된 포함관계가 이루어질 수 있다.

이 AWT 패키지를 사용하려면 프로그램의 시작 부분에 아래와 같이 작성하면 된다.

```
import java.awt.*;
```

이 AWT를 사용하여 메뉴나 버튼과 같이 자신이 원하는 GUI 구성요소들을 추가할 수 있게 된다.

패키지의 모든 컴포넌트는 그림 컴포넌트 아이템에서 볼 수 있는 바와 같이, java.lang.Object 클래스를 확장한 java.awt.Component 클래스를 다시 확장하고 있다.

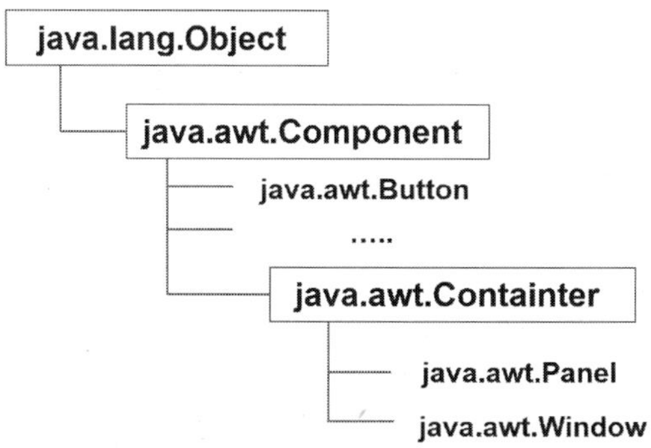

즉, awt의 모든 컴포넌트 아이템들은 모두 Component 클래스의 특성을 그대로 상속하고 있음을 의미한다. 이 말은 곧 GUI 컴포넌트들의 공통적인 특성을 모아서 일반화한 것이 바로 Component 클래스라는 것을 의미하게 된다.

이 Component 클래스를 익히는 것은 Button, Checkbox, List 등과 같은 사용자 입력과 선택을 받아들이는 컴포넌트를 익히는 것을 의미한다.

11.2 그래픽 사용

그래픽 출력 이벤트라는 것은 말 그대로 자바에서 그래픽을 그릴 때 발생하는 이벤트이다. 그래픽은 문자나 숫자보다 더 빠르고 쉽게 정보를 전달할 수 있다. 자바에서 제공하는 그래픽으로는 색상, 폰트, 도형 그리기, 텍스트 출력, java2D 기초 등이 포함된다.

paint 메소드의 매개 변수를 통해 전달받은 Graphics 객체를 통해야만 그래픽을 애플릿에 그릴 수 있다. 이 Graphics 클래스 안에 그래픽을 그리기 위한 모든 메소드가 정의되어 있다.

```
java.awt.Graphics;
```

11.2.1 그래픽 메소드의 종류

그래픽 이벤트가 발생하였을 때 호출하는 메소드가 있는데 그것이 바로 paint()이다. 만약 Frame 위에 무엇인가 그리고 싶다면 이 paint 메소드를 재정의하면 된다.
그래픽 메소드의 종류는 다음과 같다.

그래픽 메소드	설 명
drawArc	원호 또는 타원호의 윤곽을 그림
drawImage	지정된 이미지를 선언된 좌표에 그림
drawLine	좌표의 점 (x1, y1)과 점 (x2, y2)과의 사이에 현재의 색을 사용해 선을 그림
drawOval	타원을 그림
drawPolygon	x 좌표와 y 좌표의 배열로 정의된 닫은 다각형을 그림
drawRect	지정된 사각형의 윤곽을 그림
drawRoundRect	지정된 둥근 사각형의 윤곽을 그림
drawString	현재의 폰트와 색을 사용해서 지정된 좌표의 위치에 문자열을 그림
fillArc	원호의 채움 색 또는 도형을 그림
fillOval	타원의 채움 색 또는 도형을 그림
fillPolygon	x 좌표와 y 좌표의 배열로 정의되는 닫은 다각형을 전부 색으로 채움
fillRect	지정된 사각형의 내부를 색으로 채움
fillRoundRect	지정된 둥근 사각형의 내부를 색으로 채움

그래픽 프로그램에서 모든 창에 자료나 도형을 입출력하기 위한 틀을 프레임이라고 한다. 만일 이 프레임을 프로그램 내에서 정의할 경우 주 클래스는 반드시 Frame 클래스로 부터 시작해야 하고 정의하는 기본 형식은 다음과 같다.

형 식

```
public class 프로그램이름 extends Frame {
    .......
}
```

다음으로 그래픽 입출력을 수행하려면 다음과 같이 Frame 개체를 생성해야 한다.

```
Frame frm = new 프로그램이름( );
```

11.2.2 문자열 그리기

Frame에 문자열을 그리기 위해서는 drawString( ) 메소드를 사용하며, 현재 선택된 색상으로 시작점의 좌표에 문자열을 그린다. 이때 문자열의 색상은 현재 설정된 색을 사용한다.

메소드 정의	drawString(문자열, int x1, int y1)
매개 변수	x1, y1 : 문자열 시작점의 x, y 좌표

drawString( ) 메소드

실습 11-1 각종 칼라 폰트를 이용한 문자열 출력

```
import java.awt.*;

public class ColorFont extends Frame {
    public ColorFont( ) {
        setTitle("문자열 칼라/폰트 출력 실습");
    }

    public void paint(Graphics g) {
        // 폰트를 객체를 만들고 폰트를 설정한다.
        Font fntPlain = new Font("TimesRoman", Font.PLAIN, 18);
        Font fntBold = new Font("TimesRoman", Font.BOLD, 18);
        Font fntItalic = new Font("TimesRoman", Font.ITALIC, 18);
        Font fntBoldItalic = new Font("TimesRoman", Font.BOLD + Font.ITALIC, 18);

        g.setColor(Color.red);                    // 빨간색으로 설정
        g.setFont(fntPlain);                          // 폰트를 fntPlain으로 설정
        g.drawString("This style is a plain font", 20, 75); // 문자열 출력

        g.setColor(Color.green);                 // 녹색으로 설정
        g.setFont(fntBold);                             // 폰트를 fntBold로 설정
        g.drawString("This style is a bold font", 20, 100);  // 문자열 출력

        g.setColor(new Color(255, 0, 0));  // 빨간색으로 설정
        g.setFont(fntItalic);                  // 폰트를 fntItalic으로 설정
        g.drawString("This style is an italic font", 20, 125); // 문자열 출력

        g.setColor(new Color(95, 0, 255)); // 보라색으로 설정
        g.setFont(fntBoldItalic);         // 폰트를 BoldItalic으로 설정
        g.drawString("this style is a bold italic fond", 20, 150); // 문자열 출력
    }
```

```
31.
32.     public boolean handleEvent(Event e) {  // 종료 버튼 클릭
33.         if (e.id == Event.WINDOW_DESTROY)
34.             System.exit(0);  // 실행끝
35.             return super.handleEvent(e);  // 상위 클래스에서 작업을 처리
36.     }
37.
38.     public static void main(String[ ] args) {
39.     Frame frm = new ColorFont( );  // 프레임 생성
40.     frm.resize(350, 200); // 프레임 크기
41.     frm.show( );   // 프레임 표시
42. }
43. }
```

5: 화면의 제목 내용 선언
10~13: 폰트 객체 선언
15~29: 각각 폰트 색상, 종류, 문자열 지정
32~36: 종료 버튼을 누르면 프로그램 종료
39: 프레임 객체 선언
40: 화면 크기 지정
41: 화면 출력

실행결과

실습 11-2 한글 문자열 출력

```
import java.awt.*;

public class ColorFontFrame extends Frame {
    public ColorFontFrame( ) {
        setTitle("한글 문자열 출력 실습");
    }

    public void paint(Graphics g) {
        setBackground(Color.white); // 프레임 바탕색을 하얀색으로 변경
        g.drawString("문자열 출력", 10, 50);
```

```
11.
12.         Font fnt = new Font("굴림체", Font.BOLD, 70);
13.         g.setFont(fnt);
14.         g.drawString("자바를 공부하자!", 10, 110);
15.
16.         g.setFont(new Font("궁서체", Font.BOLD + Font.ITALIC, 50));
17.         String str = "JAVA Java 자바";
18.         g.drawString(str, 10, 170);
19.     }
20.
21.     public boolean handleEvent(Event e) {  // 종료 버튼 클릭
22.         if (e.id == Event.WINDOW_DESTROY)
23.             System.exit(0);  // 실행끝
24.             return super.handleEvent(e);  // 상위 클래스에서 작업을 처리
25.     }
26.
27.     public static void main(String[ ] args) {
28.         Frame frm = new ColorFontFrame( );  // 프레임 생성
29.         frm.resize(600, 200); // 프레임 크기
30.         frm.show( );  // 프레임 표시
31.     }
32. }
```

5: 화면의 제목 내용 선언
9: 화면의 바탕색을 흰색으로 지정
10: 문자열 출력
12~13: 폰트 글꼴과 크기 지정
21~25: 종료 버튼을 누르면 프로그램 종료
28: 화면 생성 객체 선언
29: 화면 크기 지정
30: 화면 출력

실행결과

11.2.3 선 그리기

선을 그리기 위해서는 drawLine( ) 메소드를 사용하여 현재 선택된 색상으로 시작점과 끝점으로 직선을 그린다. 선을 그릴 때 주의해야 할 점은 원점 좌표는 좌측 상단에 있다는 사실이다.

이때 선의 색상은 현재 설정된 색을 사용한다.

메소드 정의	drawLine(int x1, int y1, int x2, int y2)
매개 변수	x1, y1 : 선 시작점의 x, y 좌표 x2, y2 : 선 끝점의 x, y 좌표

drawLine( ) 메소드

실습 11-3 직선 그리기

```
1.  import java.awt.*;
2.
3.  public class DrawLine extends Frame {
4.      public DrawLine( ) {
5.          setTitle("선 그리기 실습");
6.      }
7.      public void paint(Graphics g) {    // X자 그리기
8.          g.setColor(Color.blue);  // 파란색을 선택
9.          g.drawLine(-75, 0, 300, 150);
10.         g.setColor(new Color(255, 0, 0));      // 빨간색을 선택
11.         g.drawLine(375, 0, 0, 150);
12.     }
13.     public boolean handleEvent(Event e) {    // 종료 버튼 클릭
14.         if (e.id == Event.WINDOW_DESTROY)
15.             System.exit(0);  // 실행끝
16.             return super.handleEvent(e);      // 상위 클래스에서 작업을 처리
17.     }
18.     public static void main(String[ ] args) {
19.         Frame frm = new DrawLine( );  // 프레임 생성
20.         frm.resize(300, 155);    // 프레임 크기
21.         frm.show( );                 // 프레임 표시
22.     }
23. }
```

5: 화면의 제목 내용 선언
8: 색상 지정
9: 선 출력
10: 다른 색상 지정
11: 선 출력
13~17: 종료 버튼을 누르면 프로그램 종료
19: 화면 생성 객체 선언
20: 화면 크기 지정
21: 화면 출력

실행결과

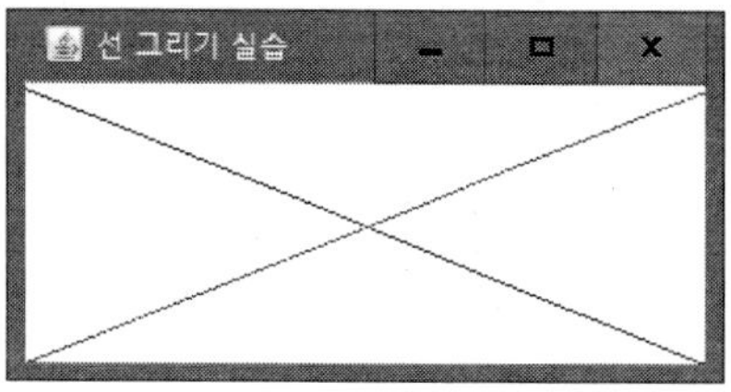

11.2.4 사각형 그리기

사각형을 그리기 위해서는 drawRect( )나 fillRect( ) 메소드를 사용한다. 또한 둥근 사각형을 나타내기 위해서는 drawRoundRect( )나 fillRoundRect( ) 메소드를 사용한다.

사각형을 그릴 때 선의 두께를 1로 하기 때문에 결과적으로 이 사각형은 (width+1) 너비와 (height+1) 높이의 영역을 차지하게 된다.

메소드 정의	drawRect(int x, int y, int width, int height) fillRect(int x, int y, int width, int height) clearRect(int x, int y, int width, int height) draw3DRect(int x, inty, int width, int height, boolean raised) fill3DRect(int x, int y, int width, int height, boolean raised) drawRoundRect(int x, int y, int width, int height, int arcWidth, int arcHeight) fillRoundRect(int x, int y, int width, int height, int arcWidth, int arcHeight)
매개 변수	x, y : 사각형 시작점의 x, y 좌표 width : 사각형의 가로 길이 height : 사각형의 세로 길이 raised : 사각형의 돌출 효과를 줄지의 여부 arcWidth : 4개 모퉁이의 수평 지름 arcHeight : 4개 모퉁이의 수직 지름

사각형 그리기 메소드

drawRect( ) 메소드는 사각형의 외곽선을 현재 선택된 색상으로 그리는 것이고 fillRect( ) 메소드는 현재 설정된 색상으로 속이 채워진 사각형을 그리는 것이다.

실습 11-4 둥근 모서리 사각형 만들기

```
import java.awt.*;
import java.awt.Graphics;

public class DrawRoundRect extends Frame {
    public DrawRoundRect( ) {
        setTitle("둥근 사각형 그리기 실습");
```

```
7.      }
8.      public void paint(Graphics g) {
9.          g.drawRoundRect(50, 50, 150, 150, 10, 10);
10.         // (0, 0)에서 너비 150, 높이 150인 사각형 그리기, 모서리 지름 10
11.
12.         g.fillRoundRect(200, 200, 150, 150, 20, 20);
13.         // (200, 200)에서 너비 150, 높이 150인 채워진 사각형 그리기, 모서리 지름 20
14.     }
15.     public boolean handleEvent(Event e) {
16.         if (e.id == Event.WINDOW_DESTROY)
17.             System.exit(0);  // 실행끝
18.             return super.handleEvent(e);  // 상위 클래스에서 작업을 처리
19.     }
20.     public static void main(String[ ] args) {
21.         Frame frm = new DrawRoundRect( );  // 프레임 생성
22.         frm.resize(400, 400); // 프레임 크기
23.         frm.show( );  // 프레임 표시
24.     }
25. }
```

6: 화면의 제목 내용 선언
9: 둥근 사각형 출력
12: 채워진 둥근 사각형 출력
15~19: 종료 버튼을 누르면 프로그램 종료
20: 화면 생성 객체 선언
22: 화면 크기 지정
23: 화면 출력

실행결과

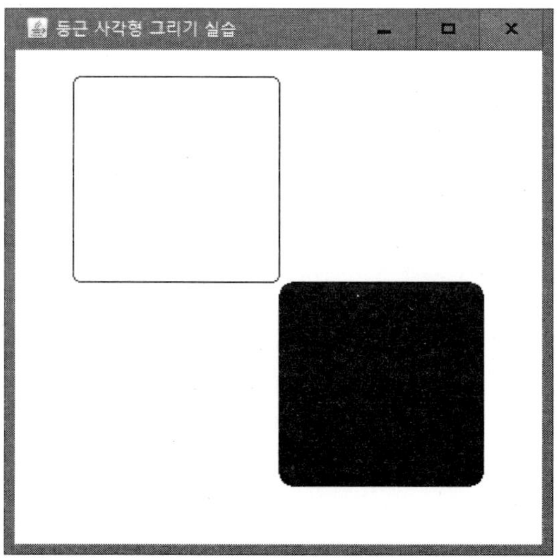

실습 11-5 색상이 지정된 사각형 겹쳐서 만들기

```
1.  import java.awt.*;
2.  import java.awt.Graphics;
3.
4.  public class DupleColorRect extends Frame {
5.      public DupleColorRect( ) {
6.          setTitle("겹친 사각형 그리기 실습");
7.          Graphics g;
8.          Color color;
9.      }
10.
11.     public void paint(Graphics g) {          // 현재 색상을 검정색으로 설정
12.         // g.setColor(color);
13.         g.fillRect(50, 50, 100, 100);        // 검정색으로 채워지는 사각형 그리기
14.         g.setColor(Color.orange);            // 현재 색상을 흰색으로 설정
15.         g.fillRect(80, 80, 110, 110);        // 흰색으로 채워지는 사각형 그리기
16.     }
17.     public boolean handleEvent(Event e) {
18.         if (e.id == Event.WINDOW_DESTROY)
19.             System.exit(0);  // 실행끝
20.             return super.handleEvent(e);  // 상위 클래스에서 작업을 처리
21.     }
22.     public static void main(String[ ] args) {
23.         Frame frm = new DupleColorRect( );  // 프레임 생성
24.         frm.resize(350, 250); // 프레임 크기
25.         frm.show( );   // 프레임 표시
26.     }
27. }
```

6: 화면의 제목 내용 선언
7~8: 그래픽 변수와 칼라 변수 지정
13: 검은색으로 채워진 사각형 지정
14: 색상을 오렌지색으로 지정
15: 오렌지색으로 채워진 사각형 지정
17~21: 종료 버튼을 누르면 프로그램 종료
23: 화면 생성 객체 선언
24: 화면 크기 지정
25: 화면 출력

실행결과

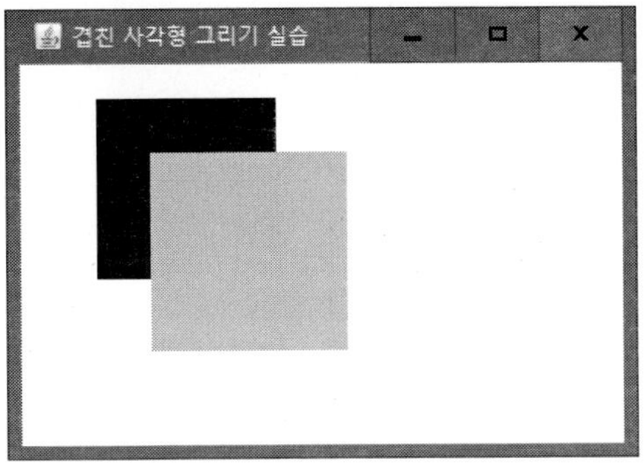

실습 11-6 배열을 이용한 16 칼라의 출력

```
import java.awt.* ;

class Z {
    public int x0, y0, xdist, ydist ;
    public Z(int a, int b, int width, int hight ) {
        x0=a; y0 = b;
        xdist=width; ydist= hight ; };
    }

    class VIEWPORT extends Frame {
        Z z ;
        VIEWPORT (Color col, Z z1) {
            z = z1 ;
            setSize(z.xdist, z.ydist);
            setBackground(col);
            setVisible(true);
        }
        public void paint (Graphics g) {
            // 색상 종류의 배열 선언
            Color[] col = { Color.black, Color.blue, Color.cyan,
                            Color.gray, Color.green, Color.magenta,
                            Color.orange, Color.pink, Color.red,
                            Color.yellow } ;
            // 색상 이름 배열 선언
            String[] name = { "black", "blue", "cyan",
                              "gray", "green", "magenta",
                              "orange", "pink", "red",
                              "yellow" } ;
            int i;
            for (i=0;i<10;i++) {  // 색상 배열의 반복 출력
```

```
31.                 g.setColor(col[i]);
32.                 g.fillRect(30, 60+i*20, 100, 20);
33.                 g.drawString(name[i], 30+100+30, 60+20 +i*20);
34.             }
35.         }
36.
37.         public boolean handleEvent(Event e) {
38.             if (e.id == Event.WINDOW_DESTROY)
39.                 System.exit(0);  // 실행끝
40.                 return super.handleEvent(e);  // 상위 클래스에서 작업을 처리
41.         }
42.     }
43.
44.     class ArrayColor {
45.         public static void main(String[ ] args) {
46.             char x1 ;
47.             Z za = new Z(50, 50, 250, 300);
48.             VIEWPORT win1= new VIEWPORT(Color.white, za);
49.             // 색상의 정보를 선언하는 클래스
50.     }
51. }
```

10: 프레임에서 상속된 VIEWPORT 클래스 선언
12~17: 생성자 선언
14~16: 사각형 크기와 배경색, 그리고 출력 지정 선언
20~23: 색상 종류 배열 선언
25~28: 색상 이름 배열 선언
30~34: 색상 배열의 반복 출력
37~41: 종료 버튼을 누르면 프로그램 종료
47~48: 색상의 정보를 선언하는 클래스

실행결과

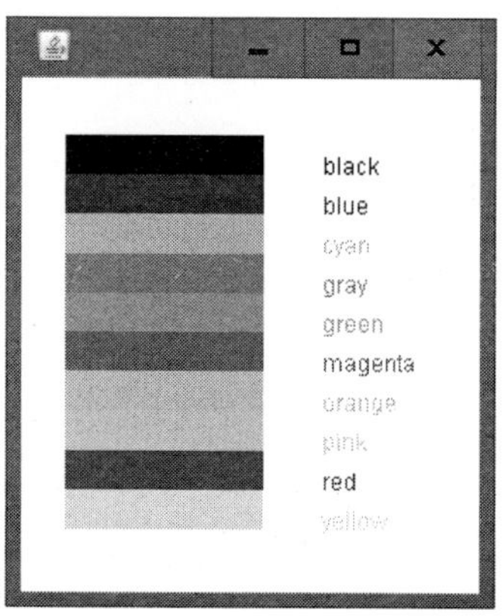

11.2.5 원호 그리기

애플릿에서 원이나 호를 그리기 위해서는 drawArc()와 fillArc() 메소드를 사용한다. 각도의 원점은 시계로 보면 3시 위치이며 양의 각도는 시계 반대 방향으로 돌게 되고 음의 각도는 시계 방향으로 돌게 된다.

예를 들어 0도라 하면 3시 방향을 가리키게 되고, 90도라 하면 0시 방향을 가리키게 되며, -90도라 하면 6시 방향을 가리키게 되는 것이다.

메소드 정의	drawArc(int x, int y, int width, int height, int startAngle, int arcAngle) fillArc(int x, int y, int width, int height, int startAngle, int arcAngle)
매개 변수	x, y : 원호의 시작점 x, y 좌표 width : 원호를 그릴 사각형의 가로 길이 height : 원호를 그릴 사각형의 세로 길이 startAngle : 시각 각도 arcAngle : 시작 각도를 기준으로 끝 각도

원호 그리기 메소드

drawArc() 메소드는 원호를 선으로 그려주며 fillArc() 메소드는 속이 채워진 원호를 그려준다. 그리고 가로 길이와 세로 길이에 해당하는 사각형의 크기에 맞는 원호를 그려준다.

다음은 원호 그리기의 간단한 예이다.

```
public void paint(Graphics g) {
    g.drawArc(100, 100, 50, 50, 0, 360);
    /* 100, 100을 시작점으로 하고 지름이 50(가로, 세로길이가 50)인 원(0도에서 360도)을
       그린다. */
}
```

실습 11-7 각종 다각형 및 원호 만들기

```
import java.awt.*;
import java.awt.Graphics;

public class DrawArcs extends Frame {
    public DrawArcs() {
        setTitle("다각형 및 원호 그리기 실습");
        Color color;
        Graphics g;
    }

```

```
11.     public void paint( Graphics g ) {
12.         g.drawArc( 30, 40, 210, 210, 0, 180 );
13.         g.fillArc(50, 100, 70, 80, 20, 320 );
14.         g.fillArc(130, 100, 100, 80, 20, 120);
15.         g.setColor(Color.red);
16.         g.drawString( "drawArc & fillArc", 80, 80 );
17.     }
18.
19.     public boolean handleEvent(Event e) {
20.         if (e.id == Event.WINDOW_DESTROY)
21.             System.exit(0);  // 실행끝
22.             return super.handleEvent(e);  // 상위 클래스에서 작업을 처리
23.     }
24.
25.     public static void main(String[] args) {
26.         Frame frm = new DrawArcs(); // 프레임 생성
27.         frm.resize(350, 200); // 프레임 크기
28.         frm.show();  // 프레임 표시
29.     }
30. }
```

6: 화면 제목 내용 지정
12: 다각형 지정
13~14: 채워진 다각형 지정
15: 색상 지정
16: 문자열 출력
19~23: 종료 버튼을 누르면 프로그램 종료
26: 화면 객체 생성
27: 화면 크기 지정
28: 화면 출력

실행결과

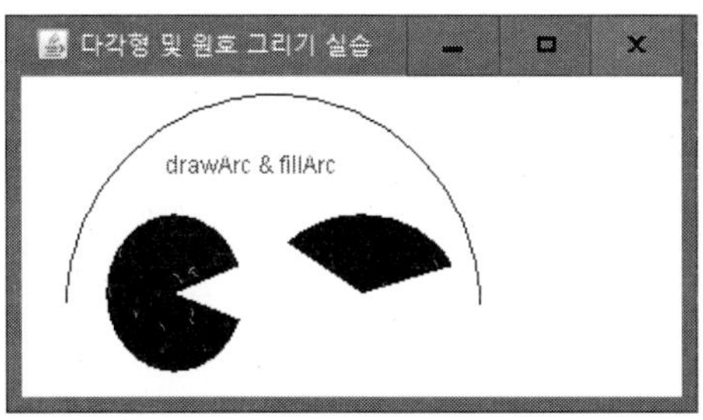

11.2.6 타원 그리기

자바에서 타원을 그리는 메소드는 Graphics 클래스에 정의되어 있는 drawOval( ) 메소드이다. 이 메소드는 (x, y)를 시작점으로 width에 해당하는 너비와 height에 해당하는 높이로 사각형을 지

정한 후, 이 사각형에 둘러싸인 타원을 그리게 된다. 그리고 타원을 그린 후에 내부를 채워주는 fillOval() 메소드도 있다.

메소드 정의	public abstract void drawOval(int x, int y, int width, int height public abstract void fillOval(int x, int y, int width, int height
매개 변수	x : 타원을 그릴 사각형 시작점의 x 좌표 y : 타원을 그릴 사각형 시작점의 y 좌표 width : 타원을 그릴 사각형의 너비 height : 타원을 그릴 사각형의 높이

타원 그리기 메소드

다음은 타원 그리기의 간단한 예이다.

```
public void paint(Graphics g) {
    // 가로가 긴 타원 그리기
    g.drawOval(0, 0, 100, 50);
    // 세로가 길고 내부가 채워진 타원 그리기
    g.fillOval(100, 100, 50, 100);
}
```

실습 11-8 각종 타원 만들기

```
import java.awt.*;

public class DrawOvalArc extends Frame {
   public DrawOvalArc() {
       setTitle("타원/호/부채꼴");
   }

   public void paint(Graphics g) {
       g.drawOval(10, 30, 150, 250);  // 타원
       g.drawArc(200, 30, 150, 250,  30, 270);  // 호
       g.fillArc(400, 30, 150, 250,  30, 270);  // 채색된 부채꼴
   }

   public boolean handleEvent(Event e) {
       if (e.id == Event.WINDOW_DESTROY)
           System.exit(0);                    // 실행끝
           return super.handleEvent(e); // 상위 클래스에서 사건을 처리
   }

   public static void main(String[] args) {
```

```
21.         Frame frm = new DrawOvalArc();        // 프레임 생성
22.         frm.resize(600, 300);  // 프레임 크기 :  600*300(화소)
23.         frm.show();                     // 프레임 표시
24. }
25. }
```

5: 화면 제목 내용 지정
9: 타원 지정
10: 호 지정
11: 채워진 호 지정
14~18: 종료 버튼을 누르면 프로그램 종료
21: 화면 객체 생성
22: 화면 크기 지정
23: 화면 출력

실행결과

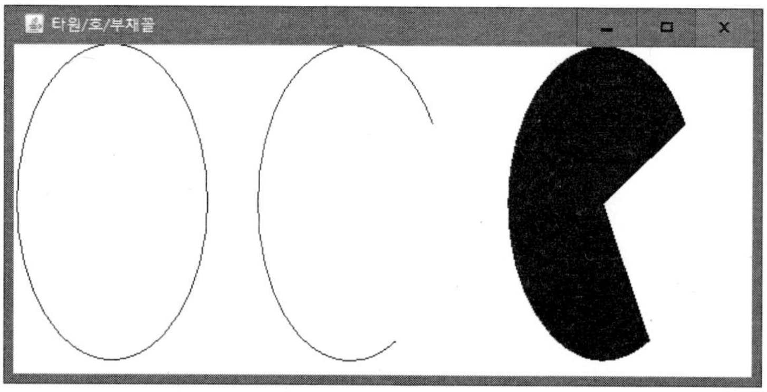

11.2.7 다각형 그리기

애플릿에서 다각형을 그리기 위해서는 drawPolygon()이나 fillPolygon() 메소드를 사용한다.

메소드 정의	drawPolygon(int xPoints[ ], int yPoints[ ], int nPoints) fillPolygon(int xPoints[ ], int yPoints[ ], int nPoints)
매개 변수	xPoints[ ] : 다각형 점들의 x 좌표 배열 yPoints[ ] : 다각형 점들의 y 좌표 배열 nPoints : 다각형 점(x, y 좌표쌍)의 개수

다각형 그리기 메소드

drawPolygon() 메소드는 선으로 연결된 다각형을 그리는 것이고, fillPolygon() 메소드는 속이 채워진 다각형을 그리는 것이다.

다음은 다각형 그리기의 간단한 예이다.

```
public void paint(Graphics g) {
    int x[ ] = new int[5];
    int y[ ] = new int[5];
    int nPoints = 3;

    x[0] = 100; y[0] = 0;
    x[1] = 200; y[1] = 100;
    x[2] = 0;    y[2] = 100;

    g.drawPolygon(x, y, nPoints);
    // x, y 좌표 배열들로 삼각형을 그린다.
}
```

또한 다각형을 그릴 때 Polygon이라는 객체를 이용하여 그릴 수도 있다. 이 Polygon은 java.awt 패키지에 정의되어 있다.

다음은 Polygon 객체를 이용한 drawPolygon( ) 메소드의 원형이다.

메소드 정의	public abstract void drawPolygon(Polygon p)
매개 변수	p : Polygon 클래스 객체, 다각형의 꼭지점

drawPolygon( ) 메소드

다음은 Polygon 객체를 이용한 간단한 예이다.

```
public void panit(Graphics g) {
    int x( ) = new int(20);
    int Y( ) = new int(20);
    int npoint = 0;

    x(npoint) = 0;        y(npoint) = 0;        npoint++;
    x(npoint) = 50;       y(npoint) = 50;       npoint++;
    x(npoint) = 50;       y(npoint) = 50;       npoint++;
    x(npoint) = 100;      y(npoint) = 100;      npoint++;
    x(npoint) = 100;      y(npoint) = 100;      npoint++;

    Polygon polygon = new Polygon(x, y, npoints);
    // 다각형 그리기
    g.drawPolygon(polygon);
}
```

그런데 이 drawPolygon( ) 메소드는 처음 좌표값과 마지막 좌표값이 다른 경우 자동으로 두 점을 연결하여 폐다각형을 만들게 된다.

만약 폐다각형을 만들지 않고 점들만 연결한 선을 만들고 싶다면 drawPolygonLine( ) 메소드를 사용하면 된다.

메소드 정의	public abstract void drawPolygonLine(int xPoints[ ], int ypoints[ ], int npoints)
매개 변수	xPoints : 선을 그리는데 사용되는 점들의 x 좌표(배열) yPoints : 선을 그리는데 사용되는 점들의 y 좌표(배열) nPoints : 선을 그리는데 사용되는 점의 개수

drawPloygonLine( ) 메소드

실습 11-9 각종 다각형 만들기

```
import java.awt.*;

public class DrawPolygon extends Frame {
    public DrawPolygon( ) {
        setTitle("각종 다각형 그리기");
    }

    public void paint( Graphics g ) {
        int x[ ] = { 40, 60, 70, 100, 120 };
        int y[ ] = { 120, 70, 120, 40, 120 };

        Polygon ExPolygon = new Polygon( x, y, x.length );
        g.drawPolygon( ExPolygon );
        g.setColor( Color.red );
        g.drawString( "Polygon", 130, 75 );
    }

    public boolean handleEvent(Event e) {
        if (e.id == Event.WINDOW_DESTROY)
            System.exit(0);                    // 실행끝
            return super.handleEvent(e);  // 상위 클래스에서 사건을 처리
    }

    public static void main(String[ ] args) {
        Frame f = new DrawPolygon( );      // 프레임 생성
        f.setSize(300, 200);
        f.show( );
```

```
28.     }
29. }
```

5: 화면 제목 내용 지정
9~10: 배열 좌표 선언
12: 다각형 객체 지정
13: 다각형 지정
14: 색상 지정
15: 문자열 출력
18~22: 종료 버튼을 누르면 프로그램 종료
25: 화면 객체 생성
26: 화면 크기 지정
27: 화면 출력

실행결과

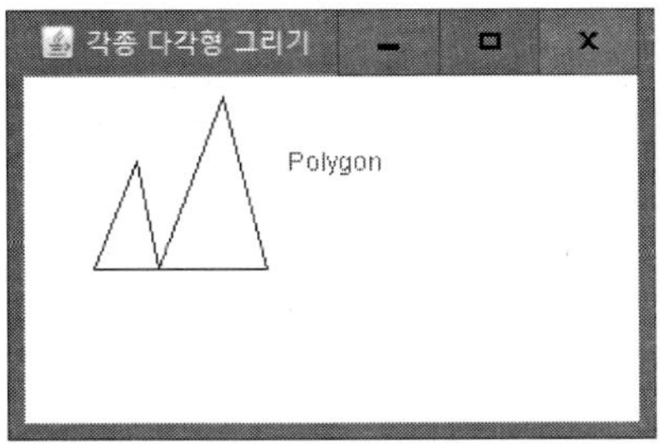

실습 11-10 각종 도형 만들기

```
import java.awt.*;
import java.applet.Applet;

public class DrawTotal extends Frame {
    public DrawTotal() {
        setTitle("각종 도형 그리기");
    }

    public void paint (Graphics g) {     // paint() 메소드에서 그린다.
        int xPoint[] = {120, 20, 180};   // 다각형에서 사용하는 x 좌표의 배열
        int yPoint[] = {150, 160, 180}; // 다각형에서 사용하는 y 좌표의 배열

        g.drawRect(10, 40, 130, 30);       // 사각형
        g.fillRect(100, 80, 50, 50);         // 내부가 채워진 사각형을 그린다.
        g.fillPolygon(xPoint, yPoint, 3);    // 내부가 채워진 다각형을 그린다.
        g.setColor( Color.red );
        g.drawString("그래픽스, 오브젝트", 10, 200); // 문자열
    }
```

```
19.
20.     public boolean handleEvent(Event e) {
21.         if (e.id == Event.WINDOW_DESTROY)
22.             System.exit(0);                          // 실행끝
23.             return super.handleEvent(e);  // 상위 클래스에서 사건을 처리
24.     }
25.
26.     public static void main (String args[ ]) {
27.         Frame f = new DrawTotal( );       // 프레임 생성
28.         f.setSize(300, 245);
29.         f.show( );
30.     }
31. }
```

6: 화면 제목 내용 지정
10~11: 배열 좌표 선언
13: 사각형 지정
14: 채워진 사각형 지정
15: 채워진 다각형 지정
16: 색상 지정
17: 문자열 출력
20~24: 종료 버튼을 누르면 프로그램 종료
27: 화면 객체 생성
28: 화면 크기 지정
29: 화면 출력

실행결과

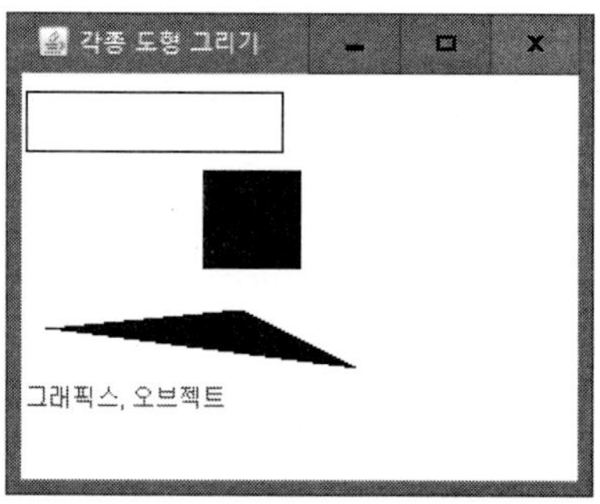

11.2.8 이미지 출력

자바에서 사용할 수 있는 이미지는 JPG와 GIF의 두 가지로 제한되어 있다. 이미지를 사용하기 위해서는 이미지 객체 선언과 이미지 불러오기 그리고 이미지를 해당 좌표에 그려주는 메소드 호출과 같은 과정이 필요하다.

이미지 데이터를 사용하기 위해서는 Image 클래스의 인스턴스에서 Toolkit 클래스의 getImage() 메소드로 그림 정보를 읽은 다음에 Graphics 클래스의 drawImage() 메소드로 표시한다.

메소드	설 명
getImage(URL url)	url에서 지정된 파일을 이미지 오브젝트(객체)로 얻음
getImage(URL url, String name)	url에서 지정된 절대 경로명인 이미지 파일 이름(name)을 Image 오브젝트(객체)로써 얻음

getImage( ) 메소드

사용 방법은 다음과 같다.

```
Image im = getImage( getDocumentBase( ), "image.gif");
     또는
Image im = getImage( getCodeBase( ), "image.gif");
```

getDocumentBase() 메소드는 Applet에서 읽혀지는 도큐멘트의 URL(웹페이지의 장소)로 반환한다. getCodeBase() 메소드는 애플릿 자신의 URL(애플릿 코드가 로드된 장소)로 반환한다.

실습 11-11 Image를 나타내는 실습

```
import java.awt.*;
import java.awt.image.*;

public class ImageDisplay extends Frame {
   Image img;

   ImageDisplay(String s) {
      // Frame 클래스 생성자를 호출한다. 프레임창의 제목 설정
      super(s + " 파일 보여주기");

      img = Toolkit.getDefaultToolkit( ).getImage(s);
      setSize(400, 400);
      show( );
   }

   public void paint(Graphics g) {
      int x = 100;
      int y = 100;

      // 이미지 크기 알아내기
      int w = img.getWidth(this);
      int h = img.getHeight(this);
```

```
23.
24.         // 이미지 그리기
25.         g.drawImage(img, 100, 100, this);
26.
27.         // 이미지 확대
28.         g.drawImage(img, x+w, y, w*2, h*2, this);
29.     }
30.
31.     public boolean handleEvent(Event e) {
32.         if (e.id == Event.WINDOW_DESTROY)
33.             System.exit(0);                    // 실행끝
34.             return super.handleEvent(e);  // 상위 클래스에서 사건을 처리
35.     }
36.
37.     public static void main(String args[ ]) {
38.         ImageDisplay iv = new ImageDisplay("Flower.gif");
39.     }
40. }
```

9: 화면 제목 내용 지정
11: 이미지 메소드 지정
12: 크기 지정
13: 이미지 나타내기
17~18: 이미지 좌표 지정
21~22: 이미지 크기 알아내기
25: 이미지 그리기
28: 이미지 확대
31~35: 종료 버튼을 누르면 프로그램 종료
38: 이미지 파일을 인수로 나타낸 이미지 객체 선언

실행결과

getCodeBase( )라는 것은 이미지 파일이 어느 위치로 부터 읽을 것인지 가리킨다. 또한 getDocumentBase( )라는 것도 있다. 두 가지의 차이점은 다음과 같다.

메소드	설 명
getCodeBase( )	자바 클래스 파일이 있는 경로를 가리킴
getDocumentBase( )	자바 클래스를 부르는 HTML 파일이 있는 경로를 가리킴

getCodeBase( )와 getDocumentBase( )의 차이점

drawImage( )라는 메소드는 애플릿 화면에 이미지를 나타낼 때 사용한다. 다음과 같이 가로와 세로의 길이를 설정해주면 설정된 크기로 확대 또는 축소되어 표시된다.

형 식

```
drawImage(이미지객체, x 좌표, y 좌표, this);
drawImage(이미지객체, x 좌표, y 좌표, 가로길이, 세로길이, this);
```

실습 11-12 Image 로고들을 나타내기

```
import java.awt.*;
import java.awt.image.*;

class ImagesDisplay extends Frame {
   Image img1, img2, img3;
   String daum, naver, nate;
   ImagesDisplay(String s) {
      // Frame 클래스 생성자를 호출한다. 프레임창의 제목 설정
      super(s + " 로고 보여주기");
      daum = "다음.jpg";
      naver = "네이버.jpg";
      nate = "네이트.jpg";
      img1 = Toolkit.getDefaultToolkit( ).getImage(daum);
      img2 = Toolkit.getDefaultToolkit( ).getImage(naver);
      img3 = Toolkit.getDefaultToolkit( ).getImage(nate);
      setSize(450, 150);
      show( );
   }

   public void paint(Graphics g) {
      g.drawImage(img1, 10, 50, 140, 45, this);
      g.drawImage(img2, 150, 50, this);
      g.drawImage(img3, 300, 50, this);
   }
```

```
25.
26.     public boolean handleEvent(Event e) {
27.         if (e.id == Event.WINDOW_DESTROY)
28.             System.exit(0);                          // 실행끝
29.             return super.handleEvent(e);  // 상위 클래스에서 사건을 처리
30.     }
31.
32.     public static void main(String args[ ]) {
33.         ImagesDisplay iv = new ImagesDisplay("포탈 ");
34.     }
35. }
```

9: 화면 제목 내용 지정
13~15: 이미지 메소드 지정
16: 크기 지정
21~23: 이미지 그리기
26~30: 종료 버튼을 누르면 프로그램 종료
33: 이미지 제목을 인수로 나타낸 이미지 객체 선언

실행결과

11.3 Component

컴포넌트는 각각 독립된 모듈을 뜻하며, 이는 JAVA 언어에서 class 등의 개념과는 다르다. 하나의 컴포넌트는 하나의 클래스로만 작성될 수 도 있지만, 여러 개의 클래스로도 작성될 수 있기 때문이다. 컴포넌트 개념을 잘 적용한 소프트웨어란 부품(인터페이스를 구현받은 클래스)만 바꾸었을 때 오류 없이 잘 작동되는 것을 의미한다.

AWT를 이용하여 작성하는 프로그램의 기본 요소로 다음과 같은 특성을 가지고 있다.

- 모든 컴포넌트는 화면상의 위치와 크기가 있다.
- 모든 컴포넌트는 전경색과 배경색을 갖고 있다.
- 컴포넌트는 활성화 될 수도 있고 비활성화 될 수도 있다.
- 컴포넌트는 이벤트를 처리하는 표준 인터페이스를 가지고 있다.

이러한 특성들을 관리할 수 있는 메소드가 모두 Component 클래스에 정의되어 있다. 그리고 AWT 컴포넌트들을 개념적으로 구분해 볼 때 다음과 같이 크게 세 가지 범주로 볼 수 있다.

- 인터페이스 컴포넌트 : 버튼, 문자 레이블, 스크롤 바, 문자입력 필드 등 사용자에게 정보를 전달해 주거나, 사용자로부터 정보를 받기 위해 사용하는 컴포넌트이다.
- 컨테이너 : 여러 가지 컴포넌트를 그룹화 하는 목적으로 사용하는 것으로 각 컴포넌트의 위치와 영역을 포함한다.
- 윈도우 : 다른 모든 컴포넌트는 존재하는 컨테이너 위에 추가되는 반면 윈도우도 컴포넌트의 일종이기는 하지만 완전히 새로운 영역을 갖는 특별한 컴포넌트이다.

다음은 AWT에서 제공하는 Component 클래스들의 계층 구조이다.

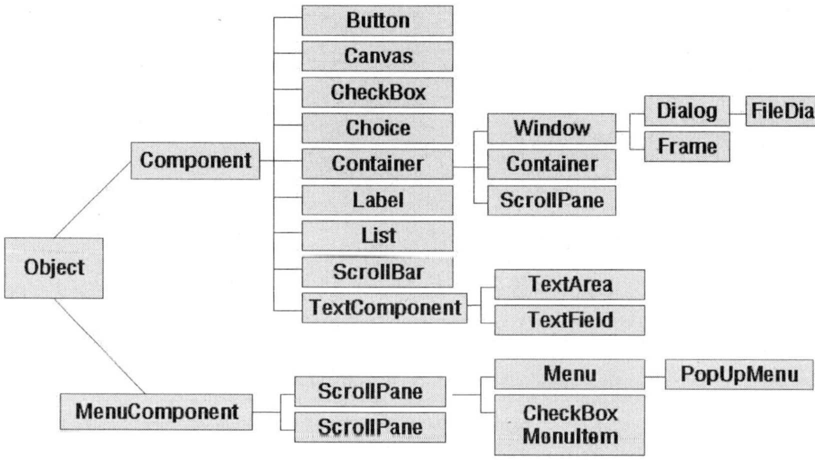

AWT는 Component를 최상위 클래스로 가지고 있으며, 그 아래로 GUI의 기본적인 요소들인 Button, Canvas, Checkbox, Choice, Label, List, Scrollbar, TextArea, TextField 클래스들과 GUI들을 배치하는 데 사용하는 Container 클래스가 상속되고 있다.

Container 클래스 밑으로 Window와 Panel, ScrollPane 클래스가 있다. Window 클래스는 다이얼로그 박스나 프레임과 같은 윈도우 요소를 만들 때 사용하게 되고, Panel 클래스는 윈도우 안에서 GUI 컴포넌트들을 배치시키는 역할을 하게 된다.

각각의 클래스에 대한 설명은 다음과 같다.

클래스	설 명
Component	대부분의 GUI 컴포넌트의 슈퍼 클래스
Container	다른 컴포넌트를 넣는 컨테이너
Window	윈도우 영역을 작성

Frame	경계선을 가진 윈도우. 제목과 메뉴바가 연결
Panel	Panel 자신을 포함하여 다른 컴포넌트가 들어감
Dialog	다이얼로그 사용자에서의 입력을 얻음
FileDialog	파일 선택 다이얼로그를 표시
Button	버튼을 작성
Canvas	그림을 그리는 영역을 작성
Checkbox	Checkbox를 작성
Choice	dropdownlistbox를 작성
Label	문자열을 작성하고 표시
List	스크롤을 하는 리스트를 작성
MenuBar	메뉴바를 작성
Menu	메뉴를 작성
MenuItem	메뉴 항목을 작성
CheckboxMenuItem	CheckboxMenuItem을 작성
PopupMenu	PopupMenu를 작성
ScrollBar	ScrollBar를 작성
TextField	1행의 Text 입력용 Field를 작성
TextArea	복수행의 Text 입력용 영역을 작성

클래스들의 기능 설명

다음 표는 Component 클래스의 기본 메소드들로, Component 클래스로부터 확장되는 모든 클래스가 계승받아 사용할 수 있는 메소드이다. 즉 Button, Scrollbar, TextField 등의 Component클래스로부터 확장된 모든 서브 클래스가 공통으로 사용할 수 있는 메소드들인 것이다.

분 류	멤버 명	기 능
가용 메소드	void setEnabled(boolean cond)	가용, 불가를 설정
	boolean isEnabled( )	현재 가용한지 결정
가시 메소드	void setVisible(boolean cond)	보이게 할지 그렇지 않게 할지를 설정
	boolean isVisible( )	현재 보여지고 있는지 결정
색상 메소드	Color getBackground( )	배경색상 얻기
	ColorModel getColorModel( )	색상모델 얻기
	Color getForeground( )	전경색상 얻기
	void setBackground(Color c)	배경색상 설정
	void setForeground(Color c)	전경색상 설정

글꼴 메소드	Font getFont()	폰트 얻기
	FontMetrics getFontMetrics( )	폰트의 메트릭스 얻기
	void setFont(Font f)	글꼴의 설정
그래픽 메소드	Graphics getGraphics( )	그래픽 컨텍스트 생성
배치 메소드	boolean contains(int x, int y)	한 점이 컴포넌트 내에 있는지 결정
	void doLayout( )	배치관리자 호출 수행
	Rectangle getBounds( )	위치와 크기 정보 얻기
	Component getComponentAt(int x, int y)	어떤 지점에 하위 컴포넌트를 배치
	Point getLocation( )	위치정보 얻기
	Dimension getMinimumSize( )	최소 크기의 계산
	Dimension getPreferredSize( )	사전 크기의 계산
	Dimension getSize( )	크기 정보 얻기
	void invalidate( )	컴포넌트를 무효화 (갱신 필요)
	boolean isValid( )	컴포넌트의 무·유효 상태(valid state) 얻기
	void requestFocus( )	포커스를 얻기 위해 요청
	void setLocation(int x, int y)	위치 이동
	void setBounds(int x, int y, int w, int h)	위치와 크기 설정
	void setSize(int w, int h) void setSize(Dimension d)	크기 설정
	void transferFocus( )	다음 컴포넌트로 포커스 설정
	void validate( )	컴포넌트를 유효화 (갱신 불필요)
이미지 메소드	int checkImage(Image image, ImageObserver obs) int checkImage(Image i, int w, int h, ImageObserver o)	이미지 구축 상태 정보 얻기
	Image createImage(int w, int height) Image createImage(ImageProducer prod)	이미지의 생성
그리기 메소드	boolean imageUpdate(Image img, int flag, int x, int y, int w, int h)	이미지로딩에 대한 상태 정보 전송을 위해 호출
	boolean prepareImage(Image img, ImageObserver obs) boolean prepareImage(Image I, int w, int h, ImageObserver o)	이미지 데이터의 로딩을 시작
	void paint(Graphics g)	컴포넌트를 다시 그리기 위해 호출됨
	void paintAll(Graphics g)	컴포넌트와 하위 컴포넌트들을 다시 그리기 위해 호출됨
	void repaint()	컴포넌트를 다시 그릴 것을 요청
	void update(Graphics g)repaint( )	메소드를 호출하면 이 메소드가 호출됨

인쇄 메소드	void print(Graphics g)	그래픽 콘텍스트상에 컴포넌트를 인쇄
	void printAll(Graphics g)	그래픽 콘텍스트상에 모든 컴포넌트를 인쇄
디버깅 메소드	void list( ) void list(PrintStream out) void list(PrintStream out, int indent)	컴포넌트에 대한 정보를 인쇄
	String paramString( )	컴포넌트의 상태 정보를 문자열로 표현
	String toString( )	컴포넌트의 상태 정보를 문자열로 표현
기타 메소드	Container getParent( )	컴포넌트의 상위 콘테이너 얻기
	void addNotify( )	컴포넌트 피어 생성
	ComponentPeer getPeer( )	컴포넌트 피어 얻기
	Toolkit getToolkit( )	컴포넌트 툴킷 얻기
	void removeNotify( )	컴포넌트 피어 소멸

Component 클래스 멤버

11.4 Container

컨테이너는 다른 컴포넌트를 포함할 수 있는 컴포넌트의 하나이다. 컨테이너는 포함하고 있는 하위 컴포넌트(child component)의 리스트와 그 하위 컴포넌트의 위치와 크기를 관리하는 배치 관리자(Layout Manager)를 가지고 있다.

컨테이너는 하위 컴포넌트가 적당히 위치하고 있는지 어떤지를 가리키는 유·무효 상태를 관리한다.

컴포넌트 갱신상태의 종류는 다음과 같다.

- 유·무효상태(valid state) : 컨테이너의 하위 컴포넌트들이 적당히 위치하고 있는지를 가리키는 상태를 의미한다.
- 유효상태(valid) : 적당한 크기와 위치에 있으므로 갱신(다시 그리기)이 필요하지 않은 상태를 의미한다.
- 무효상태(invalid) : 컴포넌트를 다시 그려야 하는 상태를 의미한다.

컴포넌트를 추가, 삭제하는 것은 컨테이너를 무효상태로 한다. 사용자가 윈도우의 크기를 조정함에 따라 컨테이너의 크기가 조정되어야 할 때 배치관리자는 자동으로 실행된다. 그렇지 않은 경우(예를 들어, 새로운 버튼을 추가한 경우) 명시적으로 배치관리자 doLayout( )을 호출해야 한다.

배치관리자가 불려 나온 경우, 배치관리자는 먼저 컨테이너가 유효상태인지 조사한다. 만약, 무효상태라면 모든 하위 컴포넌트를 다시 배치시키고 하위 컴포넌트의 배치관리자를 부른다. 그렇지 않고 유효상태라면 아무 일도 하지 않는다.

모든 컴포넌트가 유효상태가 될 때까지 이러한 과정을 반복한다(유효상태의 컨테이너에 있는 어떤 컴포넌트가 무효상태라면 배치 관리자는 그 컴포넌트에게 아무런 영향을 주지 않는다.).

다음은 Container 클래스의 기본 메소드들의 종류이다. Container 클래스로부터 확장된 Panel, Window 등의 클래스로 상속되는 메소드이다.

분 류	멤버 명	기 능
컴포넌트 관련	Component add(Component c) Component add(Component c, int pos) Component add(String n, Component c)	컨테이너에 컴포넌트 추가
	int getComponentCount( )	컴포넌트의 개수 얻기
	Component getComponent(int n)	컨테이너의 n번째 컴포넌트 얻기
	Component[ ] getComponents( )	컨테이너의 모든 컴포넌트 얻기
	Component getComponentAt(int x, int y)	지정된 위치의 컴포넌트 얻기
	void paintComponents(Graphics gc)	그래픽 콘텍스트 상에 컴포넌트들을 그리기
	void printComponents(Graphics gc)	그래픽 콘텍스트 상에 컴포넌트들을 인쇄
	void remove(Component comp)	컨테이너에서 컴포넌트를 삭제
	void removeAll( )	컨테이너의 모든 컴포넌트들을 삭제
배치관리 관련	void doLayout( )	컨테이너의 배치관리자 호출 수행
	Insets getInsets( )	가장자리 들여쓴 크기 얻기
	LayoutManager getLayout( )	컨테이너의 배치관리자 얻기
	Dimension getMinimumSize( )	최소 크기의 계산
	Dimension getPreferredSize( )	사전 크기의 계산
	void setLayout( )	컨테이너의 배치관리자 설정
	void validate( )	컴포넌트들을 재배치함으로써 유효상태로 설정
기타 메소드	addNotify(Graphics g)	컨테이너와 하위 컴포넌트의 피어 생성
	removeNotify(Graphics g)	컨테이너와 하위 컴포넌트의 피어 구조 파괴
	void list(PrintStream out, int indent)	컨테이너의 컴포넌트 구조에 대한 정보를 인쇄
	String paramString( )	컨테이너의 상태 정보를 문자열로 표현

11.4.1 GUI 컴포넌트의 추가

GUI 컴포넌트를 나타내려면 각 GUI 클래스의 생성자를 호출하여 객체를 만든 후 Frame에 삽입하면 된다. 이 때 컴포넌트를 Frame에 삽입하기 위해 사용되는 메소드가 바로 Container 클래스에 정의되어있는 add( ) 메소드이다.

add( ) 메소드의 원형은 다음과 같다.

메소드 정의	public Component add(Component comp) public synchronized Component add(Component comp, int pos) public synchronized Component add(String name, Component comp)
설 명	그래픽 사용자 인터페이스 요소인 컴포넌트를 삽입하는 메소드
매개 변수	comp : 삽입될 그래픽 사용자 인터페이스 요소 pos : 요소의 위치, -1일 경우 마지막에 추가 name : 삽입될 그래픽 사용자 인터페이스 요소의 이름, 이 이름은 나중에 요소들을 배열할 때 사용

add( ) 메소드

add( ) 메소드는 3개의 메소드로 중복 정의(Overloading)되어 있다. 첫 번째 add( ) 메소드는 그냥 그래픽 사용자 인터페이스만을 매개 변수로 입력받고 있다. 이 때 comp는 Component 클래스형 변수로서 Component 클래스를 상속받은 서브 클래스인 경우에는 모두 들어갈 수 있다.

예를 들어 버튼을 삽입하기 위해 Button 객체를 넣을 수도 있고 리스트 박스를 넣기 위해 List 객체를 넣을 수도 있다. 이와 같이 GUI의 모든 요소들을 포괄하기 위해 Component 클래스가 매개 변수로 사용된다.

두 번째 add( ) 메소드도 첫 번째 add( ) 메소드처럼 GUI 컴포넌트를 삽입하는 데 사용되며 여기에는 요소의 위치를 지정하기 위한 매개 변수가 하나 더 들어감으로써 컴포넌트의 순서를 마음대로 지정할 수 있다.

또한 세 번째 add( ) 메소드도 다른 add( ) 메소드처럼 GUI 컴포넌트를 추가하는 데 사용되지만 여기에 컴포넌트의 이름을 지정하기 위한 매개 변수가 하나 더 들어간다. 이 요소의 이름은 나중에 GUI 컴포넌트들을 배열할 때 사용한다.

다음은 버튼 클래스 Button의 생성자를 이용하여 애플릿에 "Click"이라는 이름을 가진 버튼을 추가하는 예이다.

```
add(new Button("Click"));
      또는
Button but = new Button("Click");
add(but);
```

만약 애플릿이 아닌 다른 Panel이나 Window 내에 컴포넌트를 추가하려면 그 객체를 add( ) 메소드 앞에 지정해 주면 된다.

11.4.2 GUI 요소의 삭제

GUI 컴포넌트를 삽입한 후에 Container 클래스에 정의되어 있는 remove( ) 메소드를 이용하여 현재 삽입되어 있는 GUI 컴포넌트를 삭제하려면 removeAll( ) 메소드를 사용하면 된다.

메소드 정의	public synchronized void remove(Component comp) public synchronized void removeAll( )
설 명	그래픽 사용자 인터페이스 요소(comp)를 하나 또는 전부 삭제하는 메소드
매개 변수	comp : 삭제될 그래픽 사용자 인터페이스 요소

remove( ) 메소드

remove( ) 메소드에 입력되는 매개 변수는 add( ) 메소드를 통해 추가했던 컴포넌트 객체가 된다. 앞에서 추가하였던 Click 버튼을 제거하려면 다음과 같이 하면 된다.

```
Button but = new Button("Click");
add(but);
.....
remove(but);
```

11.5 이벤트(Event)

11.5.1 이벤트 모델

모든 컴포넌트 아이템들의 처리는 이벤트에 의해서 처리된다. 즉, 사용자의 행동(이벤트 발생)에 반응하는 형태로 프로그램이 진행된다는 것이다.

이벤트란 외부(프로그램에 대해), 즉 사용자로부터 프로그램에게 어떠한 일이 발생했다는 것을 알리는 전달 수단이다. 이벤트의 기본적인 형태의 예를 들면 다음과 같다.

- 마우스 클릭 : 버튼 위에 마우스 포인터를 위치한 상태에서 마우스의 왼쪽 버튼을 누른다.
- 마우스 이동 : 마우스가 컴포넌트 사이를 이동한다.

하나의 이벤트는 이벤트를 발생시키는 소스 객체로 부터 이벤트를 기다리는 리스너 객체로 전달된다. 즉, 소스 객체에서 이벤트가 발생되면 리스너 객체의 지정된 메소드를 호출한다.

이 때 발생된 이벤트의 유형을 정의하는 클래스의 인스턴스가 인수로 넘겨지게 되는데 이러한 이벤트 처리 모델을 이벤트 모델이라 하고 JDK 버전 1.1에서 도입되었다.

실습 11-13 Frame의 Window 이벤트 처리

```
1.  import java.awt.Frame;
2.  import java.awt.event.*;
3.
4.  public class FrameEvent extends Frame
5.      implements WindowListener {
6.
7.      FrameEvent( ) {
8.          addWindowListener(this);
9.          setTitle("윈도우 프레임");
10.     }
11.
12.     public void windowClosing(WindowEvent we) {
13.         System.out.println("앞에서 윈도우즈 화면이 닫혔습니다!!\n");
14.         System.exit(0);
15.     }
16.     public void windowIconified(WindowEvent we) { }
17.     public void windowDeiconified(WindowEvent we) { }
18.     public void windowActivated(WindowEvent we) { }
19.     public void windowDeactivated(WindowEvent we) { }
20.     public void windowOpened(WindowEvent we) { }
21.     public void windowClosed(WindowEvent we) { }
22.
23.     public static void main(String[ ] args) {
24.         FrameEvent win = new FrameEvent( );
25.         win.setBounds(0, 0, 300, 250);
26.         win.setVisible(true);
27.     }
28. }
```

13: 실행시킨 화면에서, 우측 상단의 닫기 버튼을 클릭하면 프로그램이 종료되면서 "앞에서 윈도우즈 화면이 닫혔습니다!!" 메시지를 출력

14: System 클래스의 exit( ) 메소드를 호출하는 것으로 자바 애플리케이션을 종료

실행결과

〈프로그램 실행 상태〉

〈종료 버튼을 누른 상태〉

11.5.2 Layout의 개요

Panel을 최상층의 컨테이너로 하여 Panel 안에 컴포넌트를 배치한 후 Panel을 Frame에 추가하는 순서로 하여도 상관없다.

컨테이너에 컴포넌트를 추가하기 위해서는 add( ) 메소드를 사용한다. 추가한 컴포넌트를 어떤 식으로 정렬하는가는 Container 클래스의 setLayout( ) 메소드에서 설정하는 Layout manager에 의하여 결정된다. Layout manager에는 다음의 5개의 Layout 클래스가 있다.

이들 클래스는 java.awt 패키지에 정의되어 있다.

종 류	설 명
FlowLayout	패널 내에서 좌측에서 우측으로 버튼을 배치 Panel 클래스의 기본 지정 Layout manager
GridLayout	Grid를 배치하고 격자형으로 나열
GridBagLayout	크기가 틀린 컴포넌트를 Grid위에 나열
BorderLayout	상, 하, 좌, 우, 중앙의 영역에 배치 Framc의 Dcfault Layout manager
CardLayout	여러 개의 카드를 배치

GUI 컴포넌트를 컨테이너인 Frame 및 Panel에 넣기 위해서는 기본적으로 다음과 같은 순서로 한다.

① Component 클래스의 변수를 선언한다.
② 선언한 변수의 객체(인스턴스)를 작성한다.
③ 작성한 객체(인스턴스)를 컨테이너에 넣는다.
④ 컴포넌트의 사건 처리(이벤트)를 정의한다.

실습 11-14 Frame에서 Button 나타내기

```
import java.awt.*;

public class FrameButton extends Frame {
   FrameButton( ) {
       setLayout(new BorderLayout( ));
       add("Center", new Button("클릭하세요!!"));
   }

   public boolean handleEvent(Event e) {
       if (e.id == Event.WINDOW_DESTROY)
           System.exit(0);                        // 실행끝
           return super.handleEvent(e);  // 상위 클래스에서 사건을 처리
```

```
13.     }
14.
15.     public static void main(String[] args) {
16.         FrameButton win = new FrameButton();
17.         win.setBounds(0, 0, 200, 200);
18.         win.setVisible(true);
19.     }
20. }
```

5: 보더레이아웃 지정
6: 중간에 위치한 버튼 지정
9~13: 종료 버튼을 누르면 프로그램 종료
16: 프레임 버튼 객체 생성
17: 크기 지정
18: 화면 출력

실행결과

11.5.3 리스너(Listener) 객체

이벤트를 일으키거나 만들어 보내는 객체이다. 이러한 소스 객체는 전형적으로 아래와 같이 Button이거나 Scrollbar와 같은 GUI 구성요소들이다. 소스 객체는 각 이벤트들에 해당하는 특정한 리스너 객체를 등록하는데 사용되는 set(이벤트 유형) Listener나 add(이벤트유형) Listener 메소드를 제공하는 이벤트 집합을 정의하는 이벤트 모형은 다음과 같다.

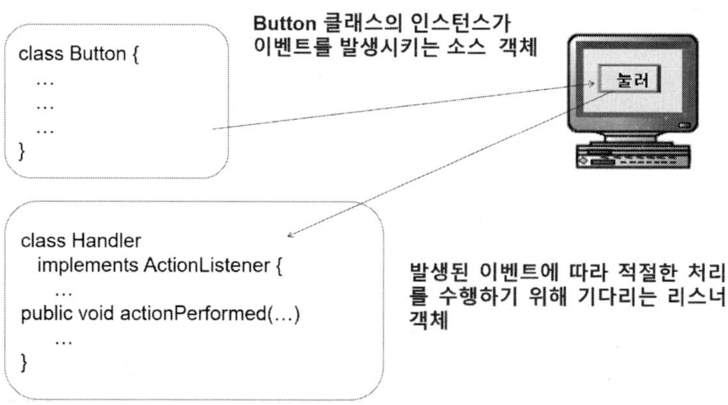

일반적으로 리스너 객체는 소스 객체로부터 만들어지는 특정 이벤트를 처리하기 위하여 적절한 Listener 인터페이스를 실제로 구현하는 어댑터(adapter) 객체이다. 즉, java.util.EventListener로부터 상속된 인터페이스를 구현하는 객체를 의미한다.

11.5.4 이벤트 처리

버튼을 누르는 경우나 윈도우를 닫는 경우에 사건(이벤트)이 발생한다. 자바에서 사건은 그 자체가 객체이며, 사건을 처리하는 부분도 객체이다. 버튼을 클릭하면 이벤트 오브젝트(사건 객체)가 작성된다. 사건 객체는 그것을 처리할 객체에 전달되고 정의되어 있는 메소드가 실행되어 사건 처리를 한다.

JDK에서의 사건 처리(이벤트)는 [사건 위임 모델]로써 정의되어 있다. 사건은 사건 소스(사건이 발생한 곳, 통상적으로는 GUI 컴포넌트)에서 사건을 처리하는 곳(리스너)에 위임(delegation)된다. 그리고 위임된 측에서는 그 사건을 처리할 메소드가 실행된다. 이 사건 처리 메소드의 내용은 사용자가 정의한다.

사건 처리를 정의하기 위해서는 사건을 발생시키는 컴포넌트에 사건 고유의 리스너를 등록한다. 이것에 의하여 등록되어 있는 리스너가 처리할 사건이 발생한 경우에 그 사건 객체가 리스너에 전달되어 사건을 처리하도록 된다. 등록되어 있지 않는 리스너의 사건은 처리되지 않는다.

클래스에 리스너 기능을 갖고 있도록 하기 위해서는 〈EventType〉 Listener 인터페이스를 구현한다.

예를 들면 다음과 같다.

```
class Myclass implements ActionListener {
    // 클래스의 정의
}
```

ActionListener 인터페이스에는 actionPerformed( ) 메소드가 정의되어 있다. 이 메소드는 Action Event(버튼이 눌러진 경우나 항목이 선택된 경우에 발생하는 사건)를 받은 경우에 실행되는 메소드이다.

따라서 다음의 메소드를 ActionListener가 구현된 클래스로 정의한다.

```
public void actionPerformed(Action Event e) {
    // 사건의 처리
}
```

사건을 발생시키기 위해서는 컴포넌트에 사건을 처리하기 위한 고유의 리스너를 등록시키지 않으면 안 된다. 예를 들면, 버튼이 눌러진 경우에 사건 처리를 하고 싶은 경우에는 버튼에 리스너를 등록한다.

```
Button b = new Button("닫는다");
b.addActionListener(this);          // this는 버튼이 있는 클래스
```

실습 11-15 리스너를 이용한 1개의 버튼을 가진 윈도우 표시

```
import java.awt.*;
import java.awt.event.*;

public class ButtonAction extends Frame implements ActionListener {
   Button b;
   ButtonAction( ) {  // 생성자(constructor)
      b = new Button("닫는다");

      // 버튼의 이벤트를 처리하는 리스너를 등록(this는 이 클래스)
      b.addActionListener(this);
      add(b);    // 버튼을 Frame에 등록
   }

   // 버튼이 클릭되는 경우에 메소드를 정의
   public void actionPerformed(ActionEvent e) {
      if (e.getSource( ) == b) {  // 버튼이 눌러지는 경우
         System.exit(0);              // 프로그램을 종료
      }
   }

   // 종료 버튼이 클릭되는 경우에 프로그램 종료
   public boolean handleEvent(Event e) {
      if (e.id == Event.WINDOW_DESTROY)
         System.exit(0);  // 실행끝
         return super.handleEvent(e);  // 상위 클래스에서 작업을 처리
   }

   public static void main (String args[ ]) {
      ButtonAction f = new ButtonAction( );
      f.setSize(300, 100);
      f.setTitle("사건처리 실습");
      f.show( );
   }
}
```

10: 버튼을 클릭하면 ActionListener에 등록되고 이벤트가 발생
15~19: actionPerformed 메소드가 작동되고, System.exit(0) 문에 의해 프로그램이 종료

실행결과

11.5.5 이벤트 구조와 종류

이벤트는 로우레벨(lowlevel) 이벤트와 의미적(semantic) 이벤트의 2가지로 분류된다.

로우레벨 이벤트는 GUI 컴포넌트의 로우레벨 입력 및 윈도우 시스템에서의 이벤트 발생을 나타내는 것이다. 의미적 이벤트는 이벤트의 상위 레벨에서의 정의이다.

1 LowLevel 이벤트 및 인터페이스

LowLevel 이벤트는 키 입력이 일어난 경우이나 마우스 버튼을 누르는 경우, 마우스가 이동한 경우 등에 발생하는 이벤트이다.
이들 이벤트는 java.awt.event 패키지에서 정의되어 있다.

```
java.util.EventObject
 └─ java.awt.AWTEvent
     └─ java.awt.event.ComponentEvent (컴포넌트의 크기 조정, 이동 등)
         ├─ java.awt.event.FocusEvent (포커스를 가지거나 잃어버림)
         ├─ java.awt.event.InputEvent
         │   ├─ java.awt.event.KeyEvent (키를 누름)
         │   └─ java.awt.event.MouseEvent (마우스 버튼을 누름)
         ├─ java.awt.event.ContainerEvent
         └─ java.awt.event.WindowEvent
```

LowLevel 이벤트 종류

종 류	이벤트가 일어나는 경우
ComponentEvent	컴포넌트의 이동, 크기(Size) 변경 등으로 일반적으로 이 이벤트는 자동으로 처리
ContainerEvent	컨테이너에서 일어나는 이벤트로써 컴포넌트에 추가되는 경우 및 삭제되는 경우
FocusEvent	컴포넌트가 포커스를 획득한 경우 및 잃어버린 경우
KeyEvent	키보드에서 입력이 있는 경우

InputEvent	마우스 조작 및 키보드에서 입력이 있는 경우
MouseEvent	마우스 버튼의 클릭 및 마우스의 이동이 있는 경우
WindowEvent	윈도우의 상태가 변화한 경우

(1) ComponentListener

componentHidden(ComponentEvent e)	컴포넌트가 감추어져 있는 경우
componentMoved(ComponentEvent e)	컴포넌트가 이동된 경우
componentResized(ComponentEvent e)	컴포넌트의 크기가 변화한 경우
componentShown(ComponentEvent e)	컴포넌트가 표시되는 경우

실습 11-16 컴포넌트의 상황을 나타내는 실습

```
import java.awt.*;
import java.awt.event.*;

class ComponentState extends Frame
        implements ComponentListener, ActionListener {
    TextArea txt;
    Button btn;
    public ComponentState(String str) {
        super(str);
        btn = new Button("화면에서 잠시 사라짐");
        btn.addActionListener(this);
        add("South", btn);
        txt =new TextArea( );
        add("Center", txt);
        addComponentListener(this);
        setSize(300, 300);
        setVisible(true);
    }

    public void actionPerformed(ActionEvent e) {
        try {
            this.hide( );
            Thread.sleep(3000);
        }
        catch(InterruptedException ex) {
            System.out.println(e);
        }
        this.show( );
    }
```

```
30.
31.     public void componentHidden(ComponentEvent e) {
32.         txt.append("컴포넌트가 화면에서 숨겨짐!\n");
33.     }
34.     public void componentMoved(ComponentEvent e) {
35.         txt.append("컴포넌트가 이동함\n");
36.     }
37.     public void componentShown(ComponentEvent e) {
38.         txt.append("컴포넌트가 화면에 보임\n");
39.     }
40.     public void componentResized(ComponentEvent e) {
41.         txt.append("컴포넌트의 크기 변경\n");
42.     }
43.
44.     public static void main(String[ ] args) {
45.         ComponentState f = new ComponentState("컴포넌트 예제");
46.         f.addWindowListener (
47.             new WindowAdapter( ) {
48.                 /* 종료 이벤트 처리 */
49.                 public void windowClosing(WindowEvent ev) {
50.                     System.exit(0);
51.                 }
52.             }
53.         );
54.     }
55. }
```

4~5: 프레임과 컴포넌트리스너 그리고 액션리스너에서 상속받은 메인 클래스 선언
6~7: 객체 변수 선언
9: 제목 지정
10~11: 버튼 객체 선언과 액션리스너 연결
12: 버튼 위치를 위쪽 지정
13~15: 텍스트에어리어 객체 선언과 위치를 중간 선언 그리고 컴포넌트 연결
16: 크기 지정
17: 화면 출력
20: 액션리스너 내용 지정
22: 객체 감추기
23: 3000분의 1초 정지
28: 출력
31~33: 컴포넌트 감추기 메소드 지정
34~36: 컴포넌트 이동 메소드 지정
37~39: 컴포넌트 보이기 메소드 지정
40~42: 컴포넌트 크기 변경 메소드 지정
45: 메인 클래스 객체 생성
46~53: 윈도우리스너 선언
49~51: 종료 단추 누르면 프로그램 종료

실행결과

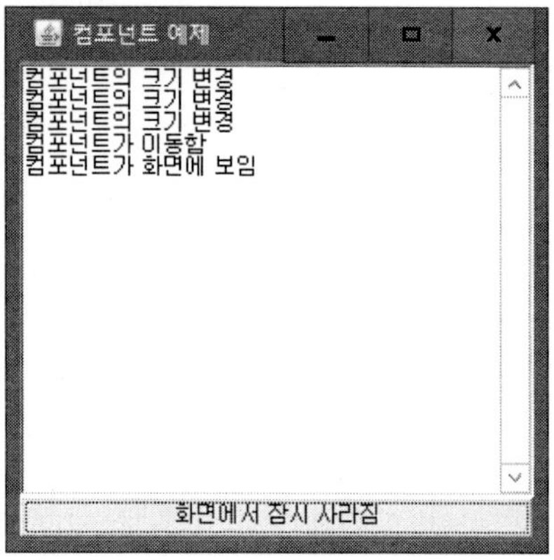

(2) ContainerListener

componentAdded(ContainerEvent e)	컴포넌트가 컨테이너에 들어가는 경우
componentRemoved(ContainerEvent e)	컴포넌트가 컨테이너에서 제거되는 경우

(3) FocusListener

focusGained(FocusEvent e)	컴포넌트가 키보드 포커스를 얻는 경우
focusLost(FocusEvent e)	컴포넌트가 키보드 포커스를 잃어버리는 경우

(4) KeyListener

keyPressed(KeyEvent e)	키가 눌려지는 경우
keyReleased(KeyEvent e)	키가 떼어지는 경우
KeyTyped(KeyEvent e)	키가 눌려서 떼어지는 경우

(5) MouseListener

mouseClicked(MouseEvent e)	컴포넌트 위에 마우스가 클릭되는 경우
mouseEntered(MouseEvent e)	컴포넌트에 마우스 포인터가 들어오는 경우
mouseExited(MouseEvent e)	컴포넌트에서 마우스 포인터가 나가는 경우
mousePressed(MouseEvent e)	컴포넌트 위에서 마우스 버튼이 눌려지는 경우
mouseReleased(MouseEvent e)	컴포넌트에서 마우스 버튼이 떨어지는 경우

(6) MouseMotionListener

mouseDragged(MouseEvent e)	컴포넌트 위에서 마우스 버튼이 눌러져 드래그되는 경우
mouseMoved(MouseEvent e)	컴포넌트 위에서 마우스가 움직이는 경우

(7) WindowListener

windowActivated(WindowEvent e)	Window가 Activated가 되는 경우
windowClosed(WindowEvent e)	window가 Close되는 경우
windowClosing(WindowEvent e)	window가 Closing인 경우
windowDeactivated(WindowEvent e)	window가 Deactivate가 없어지는 경우
windowDeiconified(WindowEvent e)	윈도우가 비아이콘화 되는 경우
windowIconified(WindowEvent e)	윈도우가 아이콘화 되는 경우
windowOpened(WindowEvent e)	윈도우가 Open되는 경우

실습 11-17 WindowListener의 상황을 나타내는 실습

```
import java.awt.*;
import java.awt.event.*;

class WindowListenerTest extends Frame
    implements ActionListener, WindowListener {

    private Button b1 = new Button("Button1 Test");
    private Button b2 = new Button("Button2 Test");
    private Button b3 = new Button("취소");
    private Label l = new Label("Label Test");
    private TextField tf = new TextField(20);

    WindowListenerTest( ) {
        this.setLayout(new FlowLayout( ));
        this.add(l);
        this.add(b1);
        this.add(tf);
        this.add(b2);
        this.add(b3);
        this.setTitle("WindowListenerTest");

        b1.addActionListener(this);         // button b1에 ActionListener 접속
        b2.addActionListener(this);         // button b2에 ActionListener 접속
        b3.addActionListener(this);         // botton b3에 ActionListenr 접속
        this.addWindowListener(this);       // frame에 WindowListener 접속
```

```
26.     }
27.
28.     public void actionPerformed(ActionEvent e) { // ActionListener 구현
29.         if (e.getSource( ) == b1)
30.             tf.setText("Button 1 번을 누름.");
31.         else if(e.getSource( ) == b2)
32.             tf.setText("Button 2번을 누름.");
33.         else if (e.getSource( ) == b3)
34.             tf.setText(" ");
35.     }
36.
37.     public void windowClosing(WindowEvent e) { // WindowListenr 구현
38.         System.exit(0);
39.     }
40.
41.     public void windowActivated(WindowEvent e) { }
42.     public void windowClosed(WindowEvent e) { }
43.     public void windowDeactivated(WindowEvent e) { }
44.     public void windowDeiconified(WindowEvent e) { }
45.     public void windowIconified(WindowEvent e) { }
46.     public void windowOpened(WindowEvent e) { }
47. }
48.
49. class WindowListenerMain {
50.     public static void main(String[ ] args) {
51.         WindowListenerTest f = new WindowListenerTest( );
52.         f.setSize(350, 150);
53.         f.show( );
54.     }
55. }
```

4~5: 프레임과 리스너로부터 상속 받은 클래스 선언
7~9: 버튼 객체 선언
10: 레이블 객체 선언
11: 텍스트필드 객체 선언
13~17 클래스의 생성자
14: FlowLayout 객체 지정
15~20: 객체들의 추가
22~25: 각종 객체의 ActionListaner 접속
28~35: 버튼 선택에 따른 ActionListaner 구현
37~39: 종료 버튼을 누르면 프로그램 종료
41~46: 각종 WindowEvent 메소드 선언
51: 윈도우 클래스 객체 선언
52: 윈도우 크기 선언
53: 윈도우 나타내기

실행결과

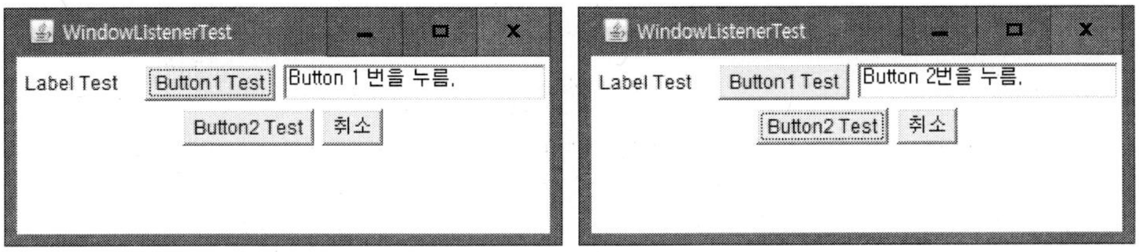

2 사건발생 이벤트와 인터페이스

(1) 사건발생 이벤트의 구조

사건발생 이벤트는 GUI 컴포넌트에 어떤 동작이 일어나는 경우에 작성되는 이벤트이다. 예를 들면, 버튼을 클릭한다든지, 메뉴 항목을 선택한다든지 하면 사건발생 이벤트가 작성된다.

이러한 이벤트는 LowLevel 이벤트와 다르며 특정의 컴포넌트와 연결되어 있지는 않다. 사건발생과 비슷한 이벤트 예를 들면, [TextField 및 TextArea 내에 Text가 변경되었다]의 경우에 이벤트는 컴포넌트에 공통의 이벤트로써 사용된다.

(2) 사건발생 이벤트의 종류

종 류	이벤트가 발생하는 경우
ActionEvent	특정의 처리(예를 들어, 마우스 조작) 등이 일어나는 경우
AdjustmentEvent	스크롤바 등의 조절 가능한 객체의 값이 변화하는 경우
ItemEvent	메뉴 항목의 선택 등 ItemSelectable인 객체의 상태가 변화한 경우
TextEvent	TextField 및 TextArea 내에 Text가 변화된 경우

(3) 사건발생 리스너 인터페이스

이벤트	리스너	메소드	소스 객체
ActionEvent	ActionListener	actionPerformed( )	Button, List, MenuItem, TextField
AdjustmentEvent	AdjustmentListener	adjustmentValueChanged( )	Scrollbar

ComponentEvent	ComponentListener	componentResized( )	Component
		componentMoved( )	
		componentShown( )	
		componentHidden( )	
FocusEvent	FocusListener	focusGained( )	Component
		focusLost( )	
ItemEvent	ItemListener	itemStateChanged( )	Choice, Checkbox, List
KeyEvent	KeyListener	keyTyped( )	Component
		keyPressed( )	
		keyReleased( )	
MouseEvent	MouseEvent	MouseListenermouseClicked( )	Component
		mouseEntered( )	
		mouseExited( )	
		mousePressed( )	
		mouseReleased( )	
	MouseMotionListener	mouseDragged( )	
		mouseMoved( )	
WindowEvent	WindowListener	windowClosed( )	Dialog, Frame
		windowClosing( )	
		windowDeiconified( )	
		windowIconified( )	
		windowActivated( )	
		windowDeactivated( )	
		windowOpened( )	

실습 11-18 사건 발생 ActionEvent 실습

```
import java.awt.*;
import java.awt.event.*;

class ActionEventTest extends Frame {
   Button b1, b2;   // 2개의 버튼 변수
   TextField tf1;   // 1개의 텍스트필드

   public ActionEventTest() {
```

```
        setLayout(new FlowLayout( ));
        ActionListener al = new ActionListener( ) {
            // ActionListener 객체 선언
            public void actionPerformed(ActionEvent ae) {
                if(ae.getSource( ) == b1) {
                    b1.setEnabled(false); // 버튼 비활성화
                    b2.setEnabled(true);
                    tf1.setBackground(Color.yellow);
                    // 비활성화인 경우 바탕색을 노랑으로 지정
                    tf1.setText(ae.getActionCommand( ));
                }
                else {
                    b1.setEnabled(true); // 버튼 활성화
                    b2.setEnabled(false);
                    tf1.setBackground(Color.white);
                    // 활성화인 경우 바탕색을 흰색으로 지정
                    tf1.setText(ae.getActionCommand( ));
                }
            }
        };

        this.b1 = new Button("Enable"); // 2개의 버튼 객체 지정
        this.b2 = new Button("Disable");
        this.b2.setEnabled(false);

        this.tf1 = new TextField(4);
        this.b1.addActionListener(al);
        this.b2.addActionListener(al);

        this.add(b1); // 레이아웃에 버튼 객체 등록
        this.add(b2);
        this.add(tf1);
    }

    public static void main(String args[ ]) {
        ActionEventTest f = new ActionEventTest( );
        f.pack( );
        f.setVisible(true);
    }
}
```

4: 프레임으로 부터 상속 받은 클래스 선언
5: 버튼 객체 선언
6: 텍스트필드 객체 선언
8~28 클래스의 생성자
9: FlowLayout 객체 지정
10: ActionListener 객체 선언
13~19: 버튼을 누를 때 활성화와 비활성화 구분 지정
30~31: 2개의 버튼 지정
32: 2번째 버튼 비활성화
34: 텍스트필드 지정
35~36: 2개 버튼의 ActionListener 연결
38~40: 레이아웃에 버튼 객체 등록
44: 윈도우 클래스 객체 선언
46: 윈도우 나타내기

실행결과

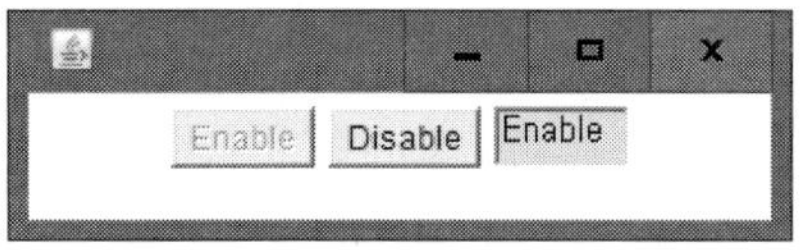

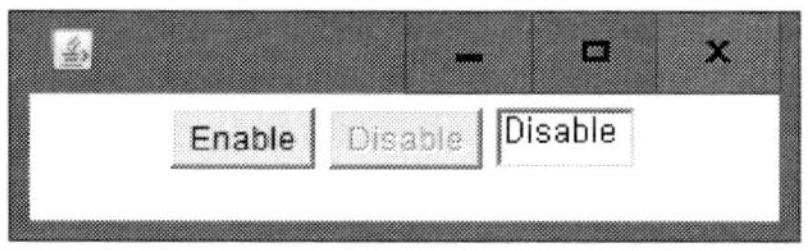

11.5.6 이벤트 리스너 메소드

다음은 클래스와 작성되는 이벤트의 종류, 클래스에 설정되는 이벤트 리스너, 이벤트 리스너가 이벤트를 받는 경우, 이벤트에 의하여 수행되는 메소드의 종류들이다.

1 Component 클래스

작성되는 이벤트와 타입	이벤트 리스너 설정 및 메소드	이벤트를 받은 경우의 수행 메소드
ComponentEvent COMPONENT_MOVED COMPONENT_RESIZED COMPONENT_SHOWN COMPONENT_HIDDEN	addComponentListener( )	componentMoved( ) componentResized( ) componentShown( ) componentHidden( )
FocusEvent FOCUS_GAINED FOCUS_LOST	addFocusListener( )	focusGained( ) focusLost( )
KeyEvent KEY_PRESSED KEY_RELEASED KEY_TYPED	addKeyListener( )	KeyPressed( ) KeyReleaed( ) KeyTyped( )

MouseEvent MOUSE_CLICKED MOUSE_DRAGGED MOUSE_ENTERED MOUSE_EXITED MOUSE_MOVED MOUSE_PRESSED MOUSE_RELEASED	addMouseListener( ) addMouseMotionalListener( )	mouseClicked( ) mouseDragged( ) mouseEntered( ) mouseExited( ) mouseMoved( ) mousePressed( ) mouseReleased( )

2 Button 클래스

작성되는 이벤트와 타입	이벤트 리스너 설정 메소드	이벤트를 받은 경우의 수행 메소드
ActionEvent ACTION_PERFORMED	addActionListener( )	actionPerformed( )

3 MenuItem 클래스

작성되는 이벤트와 타입	이벤트 리스너	이벤트를 받은 경우의 수행 메소드
ActionEvent ACTION_PERFORMED	addActionListener( )	actionPerformed( )

4 Choice 클래스

작성되는 이벤트와 타입	이벤트 리스너	이벤트를 받은 경우의 수행 메소드
ItemEvent SELECTED DESELECTION	addActionListener( )	itemStateChanged( )

5 List 클래스

작성되는 이벤트와 타입	이벤트 리스너	이벤트를 받은 경우의 수행 메소드
ActionEvent ACTION_PERFORMED	addActionListener( )	actionPerformed( )
ItemEvent SELECTED DESELECTED	addItemListener( )	itemStateChanged( )

6 Checkbox 클래스

작성되는 이벤트와 타입	이벤트 리스너	이벤트를 받은 경우의 수행 메소드
ItemEvent SELECTED DESELECTED	addItemListener( )	itemStateChanged( )

7 CheckboxMenuItem 클래스

작성되는 이벤트와 타입	이벤트 리스너	이벤트를 받은 경우의 수행 메소드
ItemEvent SELECTED DESELECTED	addItemListener( )	itemStateChanged( )

8 Scrollbar 클래스

작성되는 이벤트와 타입	이벤트 리스너	이벤트를 받은 경우의 수행 메소드
AdjustmentEvent BLOCK_DECREMENT BLOCK_INCREMENT TRACK UNIT_DECREMENT UNIT_INCREMENT	addAdjustmentListener( )	adjustmentValueChanged( )

9 TextComponent 클래스

작성되는 이벤트와 타입	이벤트 리스너	이벤트를 받은 경우의 수행 메소드
TextEvent TEXT_VALUE_CHANGED	addTextListener( )	textValueChanged( )

10 TextField 클래스

작성되는 이벤트와 타입	이벤트 리스너	이벤트를 받은 경우의 수행 메소드
ActionEvent ACTION_PERFORMED	addActionListener( )	actionPerformed( )

11 Window 클래스

작성되는 이벤트와 타입	이벤트 리스너	이벤트를 받은 경우의 수행 메소드
WindowEvent WINDOW_ACTIVATION WINDOW_CLOSED WINDOW_CLOSING WINDOW_DEACTIVATION WINDOW_DEICONIFIED WINDOW_ICONIFIED WINDOW_OPENED	addWindowListener( )	 windowActivated( ) windowClosed( ) windowClosing( ) windowDeactived( ) windowDeiconified( ) windowIconified( ) windowOpened( )

11.5.7 이벤트의 식별

ActionEvent와 같이 여러 개의 컴포넌트가 이벤트를 발생시키는 경우에, 어떤 컴포넌트가 이벤트의 발생 원인을 찾는 일이 필요하게 된다. 또한 MouseEvent와 같이 클릭되었는지, 이동되었는가를 구별할 필요가 있는 경우도 있다.

이러한 이벤트의 식별을 하기 위해서는 다음과 같은 메소드를 사용한다.

① 이벤트를 발생시킨 객체를 식별한다(util.EventObject).
getSource( ) 메소드 : 이벤트를 발생시킨 객체를 돌려준다.

② 이벤트의 타입을 돌려준다(awt.AWTEvent).
gedId( ) 메소드 : 이벤트의 타입(Type)을 int로 돌려준다.

③ 액션(Action)을 일으킨 명령어명을 얻는다(java.awt.event.ActionEvent).
getActionCommand( ) 메소드 : Action을 일으킨 명령어명을 String으로 돌려준다.
여기에서 명령어명이라는 것은 버튼의 라벨 등을 의미한다.

11.5.8 Adapter

해당 이벤트를 처리하기 위해서 Listener 인터페이스의 모든 메소드를 구현해야 하므로 불필요한 코드가 발생하게 되는데, 이러한 비합리적인 코드를 없애기 위해 어댑터 클래스를 제공한다. 즉 인터페이스를 구현하면 각 메소드 모두를 구현해야 하지만, 이미 아무런 구현 몸체가 없는 Adapter 클래스를 상속하면 필요한 메소드만 재정의하면 되는 것이다. 어떤 클래스 내에 정의되어 있거나 어떤 메소드 블록의 내부에 정의된 클래스 등은 컴파일러가 별도의 클래스로 분리하여 $ 기호를 포함한 이름의 다른 클래스 파일로 컴파일한다.

LowLevel 이벤트를 처리하기 위해서 LowLevel 인터페이스를 가지고 있는 경우에 인터페이스에서 정의되어 있는 abstract 메소드 전체를 사용하지 않는 경우에도 다시 정의할 필요가 있다. 이것은 번

거로운 일이므로, 사용하는 메소드만을 정의하면 좋은 클래스로써 **어댑터 클래스**가 있다.

또한, 사건발생 이벤트에는 어댑터 클래스가 없다. 사건발생 이벤트의 리스너 인터페이스는 이벤트를 처리하는 메소드를 1개만 가지고 있기 때문이다.

Adapter 클래스에는 다음과 같은 것들이 있다.

Adapter 클래스명	인터페이스
ComponentAdapter	ComponentListener
ContainerAdapter	ContainerListener
FocusAdater	FocusListener
KeyAdapter	KeyListener
MouseAdapter	MouseListener
MouseMotionAdapter	MouseMotionListener
WindowAdapter	WindowListener

Adapter 클래스 종류

실습 11-19 WindowEvent를 처리하기 위하여 서브 클래스를 정의

```
import java.awt.*;
import java.awt.event.*;

public class WinClose extends Frame {
    WinClose( ) {  //작성자(constructor)
        // WindowEvent를 받는 리스너를 지정
        addWindowListener(new MyListener( ));
    }

    public static void main (String args[ ]) {
        WinClose f = new WinClose( );
        f.setSize(200, 100);
        f.setTitle("WinClose");
        f.show( );
    }
}

// WindowEvent를 처리할 Adapter 클래스를 상속
class MyListener extends WindowAdapter {
    public void windowClosing(WindowEvent e) {
        System.exit(0);
    }
}
```

7: WindowEvent를 처리하기 위하여 WindowAdapter 클래스의 서브 클래스로써 MyListener 클래스를 정의
5~8: MyListener 클래스에서는 windowClosing( ) 메소드만을 재정의
19~23: WinClose 클래스에서는 addWindowListener( ) 메소드에 어댑터 클래스 인스턴스를 리스너로 지정

실행결과

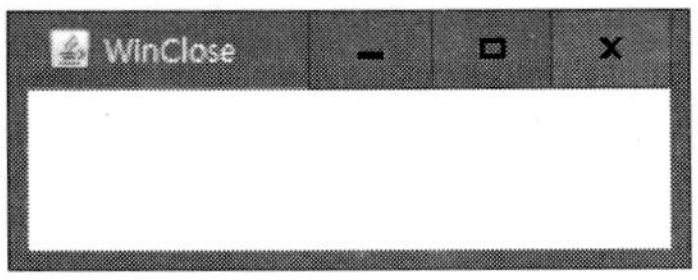

실습 11-20 클래스 멤버를 사용하여 구현한 WindowAdapter

```
1.  import java.awt.Frame;
2.  import java.awt.event.*;
3.
4.  public class FrameEventAdapter extends Frame {
5.      FrameEventAdapter( ) {
6.          addWindowListener(new TestWindowAdapter( ));
7.      }
8.      public static void main(String[ ] args) {
9.          FrameEventAdapter win = new FrameEventAdapter( );
10.         win.setTitle("Window Adapter 실습");
11.         win.setBounds(0, 0, 400, 200);
12.         win.setVisible(true);
13.     }
14.
15.     class TestWindowAdapter extends WindowAdapter {
16.         public void windowClosing(WindowEvent we) {
17.             System.out.println("먼저 나타난 윈도우가 닫혔습니다!!\n");
18.             System.exit(0);
19.         }
20.     }
21. }
```

4: 프레임으로 부터 상속 받은 클래스 선언
5~7: 클래스의 생성자
9: 클래스의 객체 선언
10: 제목 내용 선언
11: 화면의 크기
12: 화면 나타내기
15~20: 윈도우어댑터 선언
17: 콘솔 화면에 문자열 출력
18: 프로그램 종료

실행결과

〈프로그램 실행 상태〉

〈윈도우즈를 닫은 상태〉

11.6 컴포넌트(Component)의 종류

컴포넌트는 애플릿이 실행될 때 화면을 구성하는 구성 요소이다. 컴포넌트에는 앞으로 살펴 볼 버튼, 텍스트필드, 대화상자 등으로 그 종류가 다양하다.

이러한 컴포넌트들은 java.awt.Component 클래스의 하위 클래스로 정의되어 있다.

11.6.1 Component 클래스

Component 클래스는 메뉴를 제외한 GUI 컴포넌트의 슈퍼 클래스이다. 윈도우에서의 가상 오브젝트(객체) 전부는 이 클래스에서 파생하고 있다. Component 클래스는 abstract 클래스이다. 인스턴스는 작성되지 않으므로 새로운 클래스를 파생시켜 사용한다.

다음의 표는 Component 클래스의 중요한 메소드의 일부분이다.

메소드	설 명
add(popupMenu popup)	Popup menu를 컴포넌트에 추가
addComponentListener(ComponetListener l)	Component 이벤트를 받을 컴포넌트 리스너를 지정
addFocusListener(FocusListener l)	Fouse 이벤트를 받을 Fouse 리스너를 지정
addKeyListener(KeyListener l)	키 이벤트를 받을 키 리스너를 지정
addMouseListener(MouseListener l)	마우스 이벤트를 받는 마우스 리스너를 지정
addMouseMotionListener(MouseMotionListener l)	마우스 모션 이벤트를 받는 마우스 모션 리스너를 지정
getBackground( )	현재의 배경색을 얻음
getFont( )	컴포넌트의 font를 얻음
getForeground( )	현재의 전경색을 얻음

getMaximumSize( )	컴포넌트의 최대 Size를 얻음
getMimimumSize( )	컴포넌트의 최소 Size를 얻음
getPreferredSize( )	컴포넌트의 장려 Size를 얻음
paint(Graphics g)	컴포넌트를 칠함
repaint( )	컴포넌트를 다시 칠함. update( ) 메소드를 호출
requesFocus( )	fouse를 할당
setBackground(Color c)	배경색을 c로 설정
setBounds(int x, int y, int width, int height)	지정한 위치에 지정한 크기로 컴포넌트를 재형성
setEnabled (boolean b)	컴포넌트를 사용 가능으로 설정
setFont (Font f)	컴포넌트의 폰트를 설정
setForeground(Color c)	배경색을 c로 설정
setLocation(int x, int y)	컴포넌트를 지정 위치로 이동
setSize(int width, int height)	컴포넌트의 크기를 지정한 폭과 높이로 함
setVisible(boolean b)	b가 true인 경우에는 컴포넌트로 표시하며 false인 경우에는 감춤
update(Graphics g)	컴푸넌트를 칠함. repaint( )에서 호출

Component의 메소드

11.6.2 버튼(Button)

버튼은 사용자의 요구에 따라서 새로운 윈도우를 보이거나 문자열을 출력하려고 할 때 등 여러 가지 경우의 문제를 해결하는데 필요한 컴포넌트이다.

버튼은 라벨을 가지면서 버튼을 클릭하였을 때 이벤트를 생성시키게 된다. 따라서 사용자의 선택 행위에 따라 어떤 명령을 수행시키고자 할 때 주로 사용된다.

버튼은 클릭될 때마다 ActionEvent를 발생시킨다.

생성자	설 명
Button ( )	라벨이 없는 버튼을 작성
Button (String label)	지정된 Label 문자열이 부착된 버튼을 작성

Button의 생성자

메소드	설 명
addActionListener(ActionListener 1)	버튼에서 ActionEvent를 받는 리스너를 지정
setActionCommand(String command)	이 버튼의 클릭으로 발생하는 액션 이벤트의 명령어명을 설정 Default는 버튼의 라벨

getActionCommand( )	이 버튼의 클릭으로 발생하는 액션 이벤트의 명령어명을 돌려줌
getLabel( )	버튼의 라벨을 돌려줌
setLabel(String label)	지정한 label을 버튼의 라벨로 설정

Button의 메소드

실습 11-21 버튼 클릭 실습

```
1.  import java.awt.*;
2.  import java.awt.event.*;
3.
4.  public class ExButton extends Frame
5.          implements ActionListener {
6.      Button b;
7.
8.      ExButton( ) {
9.          super("Button 테스트");
10.         add("Center", b = new Button("클릭하세요!!"));
11.         b.addActionListener(this);
12.
13.         pack( );
14.         setVisible(true);
15.         addWindowListener(new ExAdapter( ));
16.     }
17.
18.     public void actionPerformed(ActionEvent e) {
19.         if (e.getSource( ) == b) {
20.             System.out.println("버튼이 클릭되었습니다!");
21.         }
22.     }
23.
24.     class ExAdapter extends WindowAdapter {
25.         public void windowClosing(WindowEvent e) {
26.             System.exit(0);
27.         }
28.     }
29.
30.     public static void main(String[] args) {
31.         new ExButton( );
32.     }
33. }
```

11: 버튼 객체의 이벤트 처리를 위한 리스너 객체가 이 객체임을 등록
18: ActionEvent를 처리하는 수행문으로 버튼 객체를 마우스로 클릭하면 이 메소드에 정의된 코드를 수행

실행결과

11.6.3 캔버스(Canvas)

캔버스는 사용자로부터 입력되는 사건들이 발생하는 화면상의 빈 사각형 영역을 말한다. 캔버스 위에 그래픽 컴포넌트를 그리기 위해서는 paint() 메소드를 이용한다. 캔버스를 생성하려면 Canvas() 생성자를 사용하면 된다.

캔버스에서 사용되는 생성자와 메소드는 다음과 같다.

생성자	설 명
Canvas( )	새로운 Canvas를 작성

Canvas의 생성자

메소드	설 명
paint (Graphics g)	Canvas를 그림

Canvas의 메소드

실습 11-22 캔버스에서 그림 그리기

```
import java.awt.Canvas;
import java.awt.Frame;
import java.awt.Graphics;
import java.awt.event.*;

class DrawCanvas extends Canvas implements MouseMotionListener {
    public DrawCanvas( ) {
        this.addMouseMotionListener(this);
    }

    public void mouseDragged(MouseEvent e) {
        Graphics g = this.getGraphics( );
        g.fillRect(e.getX( ), e.getY( ), 3, 3);
        g.dispose( );
    }

    public void mouseMoved(MouseEvent e) { }
}

```

```
20. public class CanvasFrame extends Frame {
21.     public CanvasFrame() {
22.         this.add("Center", new DrawCanvas());
23.         this.addWindowListener(new WindowAdapter() {
24.             public void windowClosing(WindowEvent e) {
25.                 System.exit(0);
26.             }
27.         });
28.     }
29.
30.     public static void main(String[] args) {
31.         Frame f = new CanvasFrame();
32.         f.setTitle("Canvas Frame");
33.         f.setSize(300, 200);
34.         f.setVisible(true);
35.     }
36. }
```

8: 마우스리스너 연결
11~15: 마우스 드래스 메소드 선언으로 그림 그리기 준비
20~27: 캔버스를 프레임에 등록

실행결과

11.6.4 체크박스(Checkbox)

체크박스는 여러 선택 항목 중에서 하나 이상을 선택해야 할 때 쓰이는 컴포넌트이다. 또한 몇 개의 체크박스를 모아서 하나의 체크박스그룹으로 묶을 수도 있다. 이 경우에는 여러 체크박스 중에서 하나만 선택 가능하다.

Checkbox의 생성자와 메소드는 다음과 같다.

생성자	설 명
Checkbox( )	라벨이 없는 비어있는 Checkbox를 작성

Checkbox(String label)	지정된 라벨의 Checkbox를 작성
Checkbox (String label, boolean state)	지정된 state(true 또는 false)의 상태에서 지정된 라벨의 Checkbox를 작성
Checkbox(String label, boolean state, CheckboxGroup group)	지정된 Checkbox group 내에 지정된 상태에서 지정된 라벨의 Checkbox를 작성

Checkbox의 생성자

메소드	설 명
addItemListener(ItemListener l)	이 Checkbox에서 ItemEvent를 받을 리스너를 설정
getState( )	Checkbox의 상태를 boolean형으로 반환
setState(boolean b)	Checkbox의 상태를 설정

Checkbox의 메소드

Checkbox를 클릭하면 ON/OFF의 상태가 변화하는 동시에 ItemEvent 객체가 발생한다.

이 이벤트를 처리하기 위해서는 Checkbox에 addItemLister( ) 메소드를 사용하여 ItemEvent 리스너를 설정하며, ItemEvent 리스너에서 ItemChange( ) 메소드를 정의한다.

실습 11-23 Checkbox를 이용한 실습

```
import java.awt.*;
import java.awt.event.*;

public class ExCheckbox extends Frame implements ItemListener {
    String[] alignLabels = { "LEFT", "CENTER", "RIGHT" };
    int[] alignValues = { Label.LEFT, Label.CENTER, Label.RIGHT };
    Label label = new Label("CENTER", Label.CENTER);
    Checkbox simple;

    ExCheckbox() {
        super("Checkbox Example");
        setBackground(Color.lightGray);

        simple = new Checkbox("Simple Checkbox");
        simple.addItemListener(this);
        add("North", simple);

        CheckboxGroup cg = new CheckboxGroup();
        Panel p = new Panel();
```

```
20.         p.setLayout(new GridLayout(3, 0));
21.         for (int i = 0; i < alignLabels.length; i++) {
22.             Checkbox cb = new Checkbox(alignLabels[i], cg, label.getAlignment
23.                     () == alignValues[i]);
24.             cb.addItemListener(this);
25.             p.add(cb);
26.         }
27.         add("Center", p);
28.         add("South", label);
29.
30.         setBounds(0, 0, 240, 240);
31.         setVisible(true);
32.         addWindowListener(new ExAdapter( ));
33.     }
34.
35.     public void itemStateChanged(ItemEvent e) {
36.         if (e.getSource( ) == simple) {
37.             System.out.println("Simple Checkbox is checked : " + simple.getState( ));
38.         }
39.         else {
40.             String selected = (String)e.getItem( );
41.             for (int i = 0; i < alignLabels.length; i++) {
42.                 if (alignLabels[i].equals(selected)) {
43.                     label.setAlignment(alignValues[i]);
44.                     label.setText(alignLabels[i]);
45.                 }
46.             }
47.         }
48.     }
49.
50.     class ExAdapter extends WindowAdapter {
51.         public void windowClosing(WindowEvent e) {
52.             System.exit(0);
53.         }
54.     }
55.
56.     public static void main(String[ ] args) {
57.         new ExCheckbox( );
58.     }
59. }
```

5: 문자열 배열 선언 및 초기화
6: 배치 상수 배열 값 선언
7: 라벨 객체 선언

8: 객체 변수 선언
11: 제목 내용 지정
12: 배경색 지정
14~16: 체크박스 객체 선언과 아이템리스너 연결 그리고 위치 추가
18: 체크박스그룹 추가
19: 패널 객체 선언
20: 그리드레이아웃 지정
21~26: 체크박스를 객체 선언해서 위치와 내용 선언 후 아이템리스너에 연결하는 반복문 선언
27~28: 패널과 라벨 위치 지정
30: 크기 지정
31: 화면 출력
32: 어댑터 객체 선언
36~38: 체크박스가 지정되면 콘솔화면에 결과 내용 출력
40: 문자열 항목 지정
41~46: 지정된 내용 같으면 배치값과 배치 내용을 출력하는 반복문 선언

실행결과

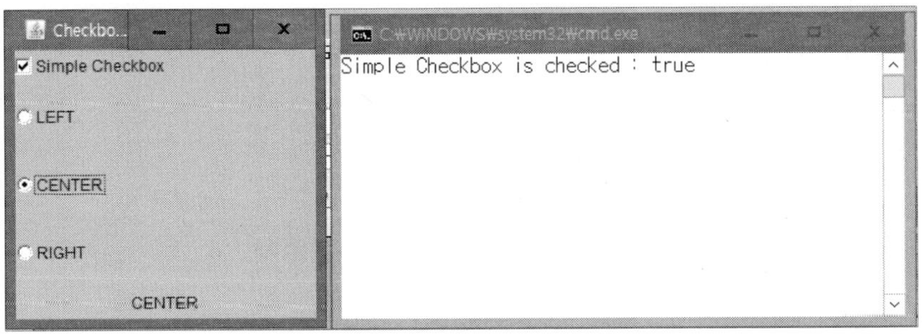

11.6.5 체크박스그룹(CheckboxGroup)

CheckboxGroup는 여러 개의 Checkbox를 그룹화하여 그 중에 1개의 Checkbox만을 ON으로 한다. 다른 Checkbox를 ON으로 하면 지금까지 ON이었던 Checkbox는 OFF가 된다. CheckboxGroup 클래스와 Checkbox 클래스를 조합하여 버튼을 작성할 수 있다.

CheckboxGroup 클래스의 생성자와 메소드는 다음과 같다.

생성자/메소드	설 명
CheckboxGroup( )	새로운 Checkboxgroup을 작성
getSelectedCheckbox( )	group 내에 ON의 상태의 checkbox를 반환
setSelectedCheckbox (Checkbox box)	지정된 checkbox를 ON으로 설정

CheckboxGroup의 생성자와 메소드

실습 11-24 Checkbox 그룹변수를 이용한 실습

```java
import java.awt.*;
import java.awt.event.*;

class CheckboxGroupAdvance {
    public static void main(String args[ ]) {
        // 프레임을 만든다.
        Frame mf = new Frame("CheckboxGroupAdvance");
        mf.setLayout(new GridLayout(0, 1));

        // 라벨을 만든다.
        mf.add(new Label("좋아하는 언어를 선택하세요."));

        // 체크박스그룹을 만들고 체크박스를 더한다.
        CheckboxGroup chbgrp = new CheckboxGroup( );
        mf.add(new Checkbox("Asp.net", false, chbgrp));
        mf.add(new Checkbox("C#", false, chbgrp));
        mf.add(new Checkbox("JSP", false, chbgrp));

        // 체크박스를 선택된 상태로 만들어 그룹에 포함시킨다.
        Checkbox chbbox = new Checkbox("자바", true, chbgrp);
        mf.add(chbbox);

        // 체크박스의 메소드를 통해서 선택된 상태로 만들 수 있다.
        chbbox.setState(true);

        // 체크박스그룹을 통해서 체크박스를 선택할 수도 있다.
        chbgrp.setSelectedCheckbox(chbbox);

        // 윈도우 이벤트 핸들러 등록
        mf.addWindowListener (
            new WindowAdapter( ) {
                // 종료 이벤트 처리
                public void windowClosing(WindowEvent ev) {
                    System.exit(0);
                }
            }
        );

        mf.setSize(200, 200);
        mf.setVisible(true);
    }
}
```

7~11: 프레임과 라벨을 선언
14~17: 체크박스그룹을 만들고 3개의 체크박스를 삽입
30~37: 윈도우 이벤트 핸들러를 등록

실행결과

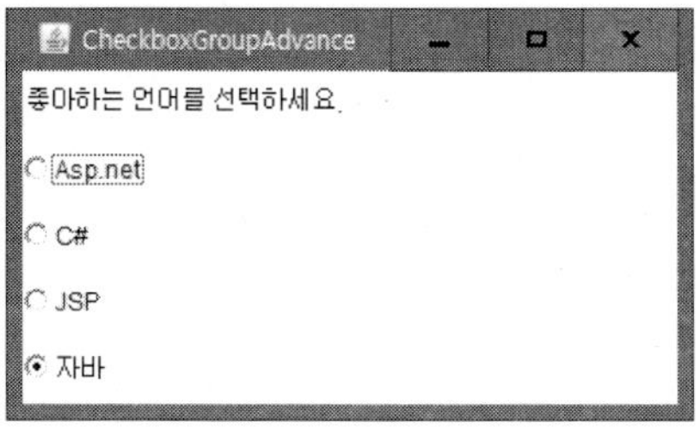

11.6.6 Choice

Choice는 여러(복수) 개 선택 중에서 1개를 선택하는 경우에 사용한다. 수행 시에 화면에 표시되는 것은 선택 리스트 중에서 하나의 행이다. Choicebox의 우측 아래 방향을 클릭하면 선택 리스트가 표시된다. 톱 다운 리스트박스(Top down listbox)이다.

add( ) 메소드는 addItem( ) 메소드로 선택 리스트에 항목을 추가한다. 추가된 항목은 위에서 아래로 순서대로 추가된다.

생성자	설 명
Choice( )	새로운 Choicebox를 작성

Choice의 생성자

메소드	설 명
addItemListener(ItemListener l)	이 Choicebox에서 ItemEvent를 받을 리스너를 설정
add(String item)	Choice의 선택 리스너에 항목을 추가. item이 항목명
addItem(String item)	add( )와 같음
getItem(int index)	선택 리스너에 지정된 index의 String을 반환
getItemCount( )	선택 리스너의 항목수를 반환
getSelectedIndex( )	선택된 항목의 index를 반환
getSelectItem( )	선택된 항목의 String을 반환
select(int pos)	지정된 위치의 항목을 선택
select(string str)	지정된 String의 항목을 선택

Choice의 메소드

리스너 기능을 사용할 경우 선택 리스트의 항목을 선택하면 ItemEvent 오브젝트(객체)가 생성되어, addItem Listener( )에서 설정되어 있는 리스너에 보내어진다.

리스너에는 itemStateChange( ) 메소드가 수행되어 정의되어 있는 처리를 실행한다. ItemEvent 오브젝트(객체)를 발생시킨 객체를 찾는 데는 java.util.EventObject 클래스의 getSource( ) 메소드를 사용한다. 선택 리스트의 첫 번째 인덱스는 0에서부터 시작된다.

실습 11-25 choice를 이용한 실습

```
import java.awt.*;
import java.awt.event.*;  // ItemListener를 실체화

public class ChoiceAdvance extends Frame
        implements ItemListener, ActionListener {
    Choice choice1;     // Choice형의 변수 선언
    Button button1;
    Label label1;

    ChoiceAdvance( ) {
        choice1 = new Choice( );                // Choice의 인스턴스를 작성
        choice1.addItem("New York");       // 선택 리스너의 항목을 작성
        choice1.addItem("LA");
        choice1.addItem("Paris");
        choice1.addItem("Seoul");
        choice1.addItem("Taipei ");

        choice1.addItemListener(this);  // ItemListener를 지정

        button1 = new Button("종료");
        button1.addActionListener(this);
        label1 = new Label( );
        label1.setText("선택 항목의 Index는 " + choice1.getSelectedIndex( )
                + " 선택 항목명은" + choice1.getSelectedItem( ) );

        add(label1, "North");
        add(button1, "East");
        add(choice1, "West");
        addWindowListener(new MyListener( ));
    }

    public void itemStateChanged(ItemEvent e) {
        // 이벤트가 전달되면 수행하며 Choice의 선택 리스너를 클릭하는 경우에 실행하는 처리
        if (e.getSource( ) == choice1) {
            label1.setText("선택항목의 Index : " + choice1.getSelectedIndex( )
```

```
36.                    + ", 선택 항목명 : " + choice1.getSelectedItem());
37.         }
38.     }
39.     public void actionPerformed(ActionEvent e) {
40.         if (e.getSource() == button1) {
41.             System.exit(0);
42.         }
43.     }
44.     class MyListener extends WindowAdapter {
45.         public void windowClosing(WindowEvent e) {
46.             System.exit(0);
47.         }
48.     }
49.     public static void main (String args[]) {
50.         ChoiceAdvance f = new ChoiceAdvance();
51.         f.setTitle("ChoiceAdvance");
52.         f.pack();
53.         f.show();
54.     }
55. }
```

4~5: 프레임과 아이템리스너와 액션리스너로 부터 상속 받은 클래스 선언
6~8: 초이스, 버튼 레이블 변수 선언
10~30: 클래스 생성자 선언
11: 초이스 객체 선언
12~16: 초이스 항목 추기
18: 아이템리스너 지정
20~21: 버튼 객체 선언 및 항목 추가
22~23: 레이블 객체 선언 항목 구성
26~28: 레이블, 버튼, 초이스 위치 연결
29: 리스너 객체 선언
32: 아이템 상태 선언
34~37: 선언되면 항목 구성
39~43: 종료 버튼을 누르면 프로그램 종료
50: 클래스 객체 선언
51: 제목 내용 지정
53: 화면 출력

실행결과

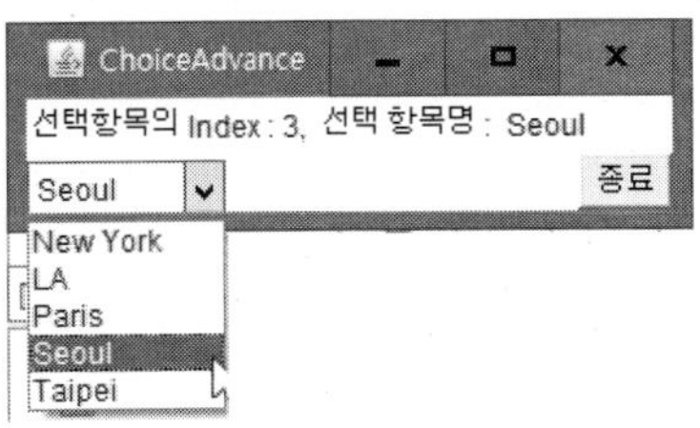

11.6.7 레이블(Label)

레이블은 제목이나 안내문을 붙이는 경우와, Label 클래스는 문자열의 1행을 패널 등의 컨테이너에 표시하는 경우에 사용한다. 레이블 자체의 이벤트는 생성시키지 않는다. 단, 컴포넌트에서 파생되었으므로, 마우스 클릭 등의 이벤트를 생성할 수 있다.

한 줄의 문자들을 화면에 나타내기 위한 컴포넌트로 표시된 문자는 언제든지 프로그램에 의해 바꿀 수가 있다. 이러한 Label 객체는 문자를 입력받는 TextField 객체나 다른 컴포넌트와 함께 사용되는 것이 일반적이다.

생성자	설 명
Label( )	문자열이 없는 라벨을 생성
Label(Srtring text)	지정된 문자열의 라벨을 생성
Label(String text, int alignment)	지정된 배치 방법으로 지정된 문자열의 라벨을 생성

Label의 생성자

한 줄의 문자에 대해 정해진 영역 내에서 수직으로는 항상 가운데에 나타나게 하지만, 수평으로는 나타낼 문자를 정렬하는 모드를 가지고 있어 왼쪽(LEFT), 오른쪽(RIGHT), 가운데(CENTER)로 임의로 정렬시킬 수 있다.

인수 alignment는 클래스 변수에서 정의되어 있는 문자의 정렬 방법이다. Label.CENTER에서는 중앙, Label.LEFT에서는 좌측, Label.RIGHT에서는 우측이 된다. 디폴트는 Label.LEFT이다.

메소드	설 명
setAlignment(int alignment)	라벨을 지정된 방법으로 배치
setText(String text)	라벨의 문자열을 지정된 문자열로 변경

Label의 메소드

실습 11-26 Label 생성자를 이용한 실습

```
import java.awt.*;
import java.awt.event.*;

class LabelTest extends Frame {
   public LabelTest() {
        addWindowListener(new TestWindowAdapter());
        setLayout(new FlowLayout());

        Label label1 = new Label();                    // Label 객체 생성
        // Label(String text) : Label에 나타날 문자열을 설정하고 생성
```

```
        // Label(String text, int alignment): 문자열과 정렬 방식을 설정하고 생성
        label1.setText("Left");    //레이블의 텍스트를 주어진 텍스트로 설정
        //String getText(): 레이블의 텍스트를 얻음
        label1.setSize(50, 25);              // Label 객체의 크기 설정
        label1.setBackground(Color.cyan); // Label 객체의 배경색을 설정

        Label label2 = new Label("Center");
        label2.setAlignment(Label.CENTER);
        // Label 객체에 나타날 문자열의 정렬방식을 설정. 기본값은 왼쪽 정렬
        // 왼쪽 정렬: Label.LEFT
        // 가운데 정렬: Label.CENTER
        // 오른쪽 정렬: Label.RIGHT
        // int getAlignment(): 현재 정렬 방식을 얻음
        label2.setSize(50, 25);
        label2.setBackground(Color.yellow);

        Label label3 = new Label("Right", Label.RIGHT);
        label3.setSize(50, 25);
        label3.setBackground(Color.green);

        add(label1); //객체를 추가
        add(label2);
        add(label3);
    }

    // WindowEvent를 처리할 Adapter 클래스를 계승
    class TestWindowAdapter extends WindowAdapter {
        public void windowClosing(WindowEvent e) {
            System.exit(0);
        }
    }

    public static void main(String args[]) {

        LabelTest f = new LabelTest();

        f.setTitle("Label Example"); //창(Frame)의 제목줄에 나타낼 문자열 설정
        // new Frame("문자열") 방식으로 객체를 생성하면서 정해주는 것도 가능

        f.setSize(300,100);        //창의 크기를 지정
        // pack()을 사용하면 창에 담긴 컴포넌트에 맞춰 적절한 크기가 형성

        f.setVisible(true);
        // 초기에는 창이 보이지 않는 상태로 되어 있기에 꼭 보이도록 지정
```

```
55.     }
56. }
```

4: 프레임으로 부터 상속 받은 클래스 선언
5~35: 클래스 생성자
6: 리스너 객체 추가
7: 레이아웃 지정
9: 레이블1 객체 선언
12: 레이블1 내용 지정
14: 레이블1 크기 지정
15: 레이블1 배경색 지정
17: 레이블2 객체 선언
18: 레이블2 위치 지정
24: 레이블2 크기 지정
25: 레이블2 배경색 지정
27: 레이블3 객체 지정
28: 레이블3 크기 지정
29: 레이블3 배경색 지정
31~34: 레이블 객체 추가
37~41: 종료 버튼을 누르면 프로그램 종료
45: 클래스 선언
47: 클래스 제목 선언
50: 화면 크기 지정
53: 화면 출력

실행결과

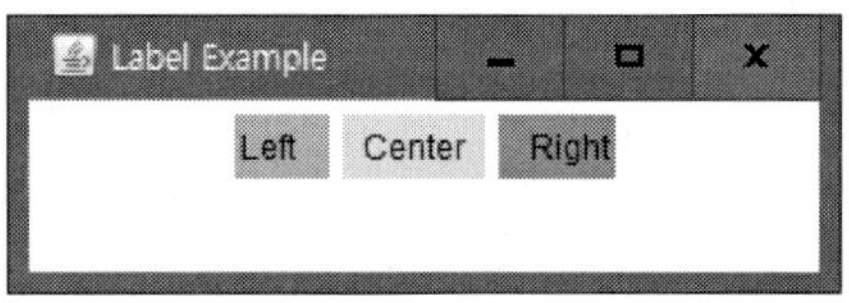

11.6.8 리스트(List)

리스트는 사용자에게 스크롤되는 텍스트 항목을 작성할 때 사용한다. List 클래스는 항목 리스트에서 1개 또는 여러(복수) 개의 항목을 선택하기 위한 컴포넌트이다.

리스트 객체는 사용자가 문자열 항목을 선택할 수 있도록 해주는 스크롤 가능한 수직형의 리스트이다. 리스트 컴포넌트는 한 개의 항목 또는 여러 개 항목을 선택할 수 있고, 다중 선택 모드에서 한 개 이상의 항목을 선택할 수 있다.

List()에서 인스턴스를 작성한 후에, add() 메소드가 addItem() 메소드에서 선택 리스트에 항목을 추가한다. 추가된 항목은 위에서부터 밑으로 순서대로 추가된다.

List의 생성자와 메소드는 다음과 같다.

생성자	설 명
List( )	항목 수가 0인, 복수 선택되지 않는 리스트를 작성
List(int rows)	지정된 수의 표시행을 가지고 있는 리스트를 작성 복수 선택은 되지 않음
List(int rows, boolean multipleMode)	지정된 수의 표시행을 가지고 있는 리스트를 작성 복수 선택의 가부는 부울값으로 지정. 디폴트는 false

List의 생성자

메소드	설 명
addActionListener(ActionListener l)	리스트에서 ActionEvent를 받을 리스너를 설정 double click으로 이벤트가 발생
addItemListener(ItemListener l)	리스트에서 ItemEvent를 받을 리스너를 설정
add(String item)	리스트의 선택 리스트에 항목을 추가. item이 항목명이 됨
addItem(String item)	add( )와 같음
add(String item, int index)	index로 지정된 위치에 항목을 추가
addItem(String item, int index)	addItem( )와 같음
getItem(int index)	index에 대응하는 항목명을 반환
getSelectedIndex( )	선택된 항목의 index를 반환
getSelectedIndexes( )	복수로 선택된 항목의 index를 반환
getSelectedItem( )	선택된 항목명을 반환
getSelectedItems( )	복수로 선택된 항목명을 반환
paramString( )	리스트에서 파라미터를 반환
select(int index)	index에서 항목을 선택

List의 메소드

선택 리스트의 항목을 선택하면 ItemEvent 오브젝트(객체)가 생성되어 addItem Listener( )에서 설정되어 있는 리스너에 보내진다. 이 리스너에서는 Item State Change( ) 메소드가 실행되어 정의되어 있는 처리를 실행된다.

또한 선택 리스트의 항목을 더블 클릭하면 Action Event 오브젝트(객체)가 생성되어, addAction Listener( )에서 설정되어 있는 리스너에 보내진다. 리스너에서는 action Performed( ) 메소드가 실행되어 정의되어 있는 처리를 실행한다.

이벤트 객체를 발생시킨 객체를 찾기 위해서는 java.util.EventObject 클래스의 getSource( ) 메소드를 사용한다. 인덱스 값을 얻기 위해서는 getSelectedIndex( ) 메소드를, 항목명을 얻기 위해서는 getSelectedItem( ) 메소드를 사용한다.

선택 리스트의 첫 번째 인덱스는 0에서부터 시작된다. 실행 직후에 항목이 선택되지 않은 경우에는 인덱스는 −1, 항목명은 null이 된다.

실습 11-27 리스트를 이용한 실습

```
import java.awt.*;
import java.awt.event.*;

// ItemListener, ActionListener를 구현
public class ListAdvance extends Frame
        implements ItemListener, ActionListener {
    Panel panel1, panel2, panel3;
    List list1;          // List형의 변수 선언
    Label label1;
    Button button1;

    ListAdvance( ) {
        panel1 = new Panel( );                        // 패널을 3개 작성하고
        add(panel1, "South");                         // 1번째의 패널에 프레임을 놓는다.
        panel1.setLayout(new BorderLayout( )); // 남은 2개 패널을 1번째에
        panel2 = new Panel( );                        // 패널 위에 얹어놓는다.
        panel1.add(panel2, "North");
        panel2.setBackground(Color.lightGray);
        panel3 = new Panel( );
        panel3.setLayout(new BorderLayout( )); // 3번째 패널은 BorderLayout
        panel1.add(panel3, "South");                  // 밑에 배열
        panel3.setBackground(Color.lightGray);

        list1 = new List(5, false);                   // List의 인스턴스를 작성
        list1.addItem("New York");                    // 항목을 추가
        list1.addItem("LA");
        list1.addItem("Paris");
        list1.addItem("Taipei");
        list1.addItem("Seoul");
        list1.addItem("Pusan");
        list1.addItem("Inchon");
        list1.addItem("Suwon");
        list1.addItem("Taeku");

        list1.addActionListener(this); // ActionListener를 설정
```

```
        list1.addItemListener(this);          // ItemListener를 설정
        panel3.add(list1, "West");   // 3번째의 패널에 추가, 위치는 좌측 list1.select(1);
        // 선택 리스트의 2번째를 선택
        button1 = new Button("종료");        // 버튼을 작성하고
        panel3.add(button1, "East");  // 3번째의 패널에 추가, 위치는 우측
        button1.addActionListener(this);
        label1 = new Label( );
        label1.setBackground(Color.lightGray);
        showSelectedItem( );
        panel1.add(label1);
        addWindowListener(new MyListener( ));
    }
    void showSelectedItem( ) {
        label1.setText("선택 항목의Index : " + list1.getSelectedIndex( )
                + ", 선택 항목명 : " + list1.getSelectedItem( ));
    }

    public void itemStateChanged(ItemEvent e) {
        // 이벤트가 전달되면 수행
        // 리스트를 클릭하는 경우에 실행할 처리
        System.out.println("리스트를 클릭");
        System.out.println(e.paramString( ));
        showSelectedItem( );
    }

    public void actionPerformed(ActionEvent e) {
        if (e.getSource( ) == list1) {
            // 리스트를 더블 클릭하는 경우에 실행할 처리
            System.out.println("리스트를 더블 클릭");
            System.out.println(e.paramString( ));
            showSelectedItem( );
        }
        else if (e.getSource( ) == button1) {
            System.exit(0);
        }
    }

    class MyListener extends WindowAdapter {
        public void windowClosing(WindowEvent e) {
            System.exit(0);
        }
    }

    public static void main (String args[ ]) {
        ListAdvance f = new ListAdvance( );
```

```
81.         f.setTitle("ListAdvance");
82.         f.pack( );
83.         f.show( );
84.     }
85. }
```

5~6: 프레임과 아이템리스너 그리고 액션리스너로 부터 상속 받은 클래스 선언
12~47: 클래스 생성자
13~22: 패널 3개 지정 및 위치 그리고 보더 레이아웃 지정
24~33: 리스트 객체 선언 및 항목 추가
35~36: 리스트 액션리스너 및 아이템리스너 설정
37: 3번째 패널 추가
39~40: 버튼 작성 및 패널 추가
41: 액션리스너를 버튼에 연결
42~43: 레이블 객체 선언 및 배경색 지정
44: 선택 메소드 호출
48~51: 항목 선택 메소드 내역
53~59: 아이템 이벤트 선언
61~67: 리스트를 더블 클릭하는 경우 실행 처리 내용
73~77: 종료 버튼을 누르면 프로그램 종료
80: 클래스 선언 객체 생성
81: 제목 지정
83: 화면 출력

실행결과

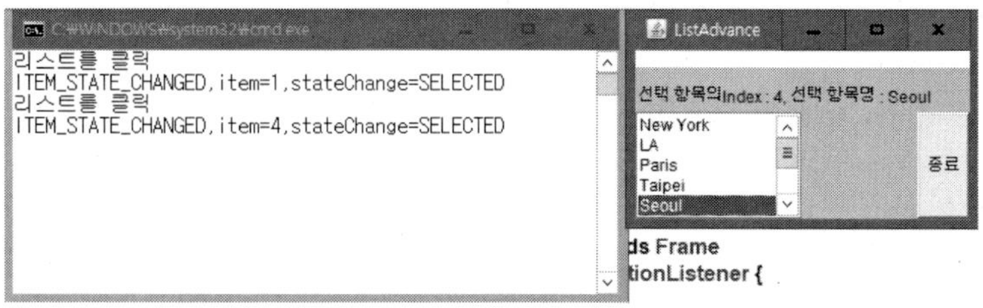

11.6.9 스크롤바(Scrollbar)

스크롤바는 텍스트를 나타내는 화면이 너무 작을 때 나머지 부분을 보여주기 위해 사용한다. 사용자는 스크롤바를 이용하여 원하는 위치로 이동할 수 있다. 일정한 길이를 등분으로 나누어 각 등분마다 값을 지정한 것을 의미하는 스크롤바로 그림과 같이 LineUp/Down, PageUp/Down 영역을 마우스로 클릭하거나 ScrollBox를 드래깅 함으로써 원하는 값을 지정할 수 있다.

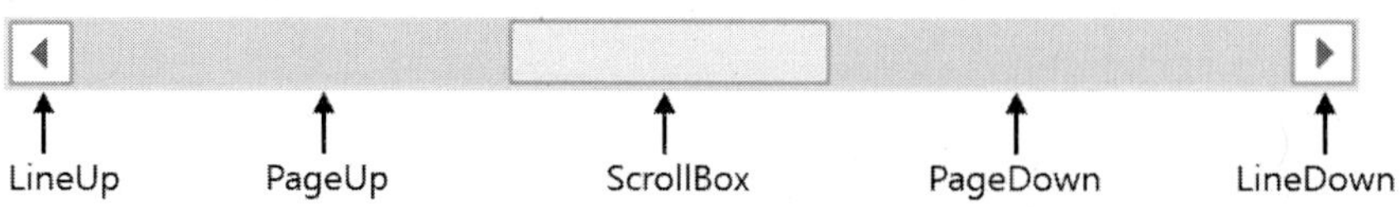

스크롤바

키보드를 통하여 직접 입력하는 것이 아니라 마우스를 움직여 주어진 범위내의 값만을 지정하게 함으로써 보다 쉽고, 입력 값 범위 이탈의 오류를 줄여줄 수 있다. Scrollbar는 최솟값과 최댓값을 가지고 있는 Scrollar bar를 만들기 위하여 사용한다. 생성자의 인수는 수직 또는 수평 방향을 지정한다.

Scrollbar는 최솟값과 최댓값을 가지고 있는 Scrollar bar를 만들기 위하여 사용한다. 생성자의 인수는 수직 또는 수평 방향을 지정한다.

다음은 Scrollbar를 생성하는데 필요한 생성자와 메소드이다.

생성자	설 명
Scrollar( )	새로운 수직 스크롤바를 생성
Scrollbar(int orientation)	지정된 방향의 스크롤바를 생성 Scrollbar.HORIZONTAL은 수평, Scrollbar.VERTICAL은 수직
Scrollbar(int orientation, int value, int visible, int minimum, int maximum)	지정된 방향, 값, 페이지 크기, 최솟값, 최댓값을 갖는 스크롤바를 작성 orientation　　Scrollbar.HORIZONTAL은 수평 　　　　　　　Scrollbar.VERTICAL은 수직 value　　Scrollbar의 값 visible　　페이지의 크기 minimum　　Scrollbar의 최솟값 maximum　　Scrollbar의 최댓값

Scrollbar의 생성자

메소드	설 명
addAdjustmentListener (AdjustmentListener l)	스크롤바에서 AdjustmentEvent를 받을 리스너를 지정
getValue( )	Scrollbar의 현재 값을 반환
setValue(int newValue)	Scrollbar의 값을 설정

Scrollbar의 메소드

orientation은 수직 스크롤바인지 수평 스크롤바 인지를 나타내는데, VERTICAL은 수직 스크롤바를 나타내고 HORIZONTAL은 수평 스크롤바를 나타낸다. 스크롤바는 action( ) 메소드를 가지고 있지 않은 유일한 컴포넌트로 action( ) 메소드를 사용하지 않는 대신에 handleEvent( ) 메소드를 사용한다.

스크롤바에서 발생하는 이벤트는 handleEvent( ) 메소드를 사용하여 처리한다.

스크롤바에서 처리를 하면 AdjustmentEvent가 발생한다. 발생한 이벤트는 add AdjustmentListener( ) 메소드에서 지정된 리스너에게 전달되어 리스너에서는 adjustmentValueChanged( ) 메소드가 수행된다. 이 메소드에 처리를 정의한다.

Scrollar bar를 클릭, 트랙(track)하는 것에 의하여 작성되는 이벤트 오브젝트(객체)의 타입은 다음과 같이 다르다. 타입별로 처리를 하고자 하는 경우에는 AdjustmentEvent 클래스의 getAdjustmentType() 메소드에서 타입을 찾아본다.

Adjustment 타입	설 명
AdjustmentEvent.BLOCK_DECREMENT	클릭되면 값이 감소하는 경우
AdjustmentEvent.BLOCK_INCREMENT	클릭되면 값이 증가하는 경우
AdjustmentEventTRACK	Track되는 경우
AdjustmentEvent.UNIT_DECREMENT	클릭되면 값이 감소되는 경우
AdjustmentEventUNIT_INCREMENT	클릭되면 값이 증가되는 경우

AdjustmentEvent의 타입

실습 11-28 스크롤바를 이용한 실습

```
import java.awt.*;
import java.awt.event.*;              // AdjustmentListener?을 구현

public class ScrollbarAdvance
extends Frame implements AdjustmentListener {
    Panel panel1, panel2, panel3;
    Label label1, label2, label3;
    Scrollbar scrollbar1, scrollbar2, scrollbar3;

    ScrollbarAdvance() {
        addWindowListener(new MyListener());
        panel1 = new Panel();             // 패널을 3개 작성하고
        panel1.setLayout(new BorderLayout());
        // 1번째의 패널을 프레임에 놓는다.
        add(panel1, "Center");   // 나머지 2개의 패널을 1번째의

        panel2 = new Panel();             // 패널 위에 놓는다.
        panel2.setBackground(new Color(125, 125 ,125));   // panel2의 색
        panel1.add(panel2, "Center");

        panel3 = new Panel();
        panel3.setLayout(new GridLayout(3, 2));
        // 3번째의 패널은 Grid Layout
        panel1.add(panel3, "South");
        //1번째의 라벨과 스크롤바를 작성
        label1 = new Label("빨강125", Label.CENTER);
        panel3.add(label1);
```

```
        //방향, 초기값, Size, 최솟값, 최댓값

        scrollbar1 = new Scrollbar(Scrollbar.HORIZONTAL, 125, 0, 0, 256);

        scrollbar1.addAdjustmentListener(this);
        //이벤트 리스너 설정
        panel3.add(scrollbar1);
        // 2번째의 라벨과 스크롤바의 작성
        label2 = new Label("녹색 F125", Label.CENTER);
        panel3.add(label2);

        scrollbar2 = new Scrollbar(Scrollbar.HORIZONTAL, 125, 0, 0, 256);
        scrollbar2.addAdjustmentListener(this);
        panel3.add(scrollbar2);
        // 3번째의 라벨과 스크롤바의 작성
        label3 = new Label("청색125", Label.CENTER);
        panel3.add(label3);
        scrollbar3 = new Scrollbar(Scrollbar.HORIZONTAL, 125, 0, 0, 256);
        scrollbar3.addAdjustmentListener(this);
        panel3.add(scrollbar3);
    }   // 스크롤바의 변화가 있는 경우에 수행되는 메소드

    public void adjustmentValueChanged(AdjustmentEvent e) {
        System.out.println(e.paramString( ));
        if (e.getSource( ) == scrollbar1) {
            //스크롤바의 값을 설정
            scrollbar1.setValue(scrollbar1.getValue( ));
            //라벨의 문자열을 변경
            label1.setText("빨강"+Integer.toString (scrollbar1.getValue( )));
        } else if (e.getSource( ) == scrollbar2) {
            scrollbar2.setValue(scrollbar2.getValue( ));
            label2.setText("녹색"+Integer.toString (scrollbar2.getValue( )));
        } else if (e.getSource( ) == scrollbar3) {
            scrollbar3.setValue(scrollbar3.getValue( ));
            label3.setText("청색"+Integer.toString (scrollbar3.getValue( )));
        }
        // 패널의 색을 변경
        panel2.setBackground(new Color(scrollbar1.getValue( ),
        scrollbar2.getValue( ), scrollbar3.getValue( )));
    }

    class MyListener extends WindowAdapter {
        public void windowClosing(WindowEvent e) {
            System.exit(0);
```

```
        }
    }

    public static void main (String args[ ]) {
        ScrollbarAdvance f = new ScrollbarAdvance( );
        f.setTitle("ScrollbarAdvance");
        f.setSize(300, 150);
        f.show( );
    }
}
```

- 스크롤바를 3개 가진 윈도우이며 각각의 스크롤바의 값을 변화시키면 그것에 대응하는 패널 색과 라벨의 수치가 변화
- 각 스크롤바의 인스턴스는 addAdjustmentListener( ) 메소드에서 리스너를 지정하여 adjustmentValue Changed( ) 메소드에서 이벤트를 처리

실행결과

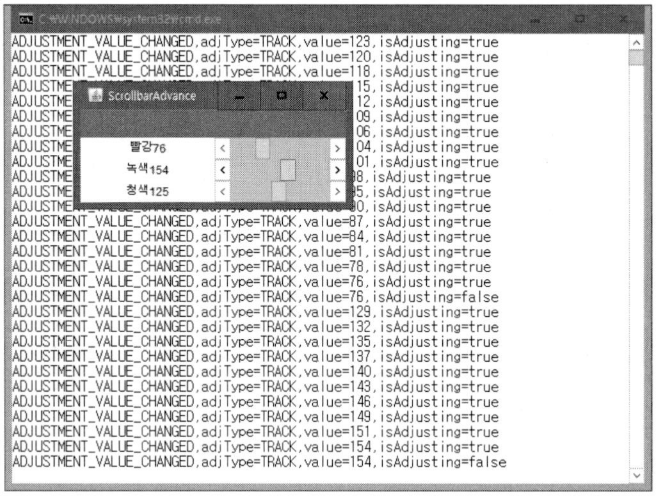

11.6.10 텍스트필드(TextField)

텍스트필드는 한 줄짜리 텍스트 입력 창을 만들 때 사용하는 컴포넌트이고 입력과 표시용으로 사용 가능하나 편집 금지로 하는 것에 의하여 표시 전용으로 사용하는 것도 가능하다.

문자를 편집하거나 편집한 문자를 표시할 수 있도록 하는 컴포넌트로, 단지 한 줄의 문자를 가지는데 사용자로부터 문자정보를 입력받을 때 주로 사용된다.

TextField 객체는 입력된 모든 문자를 반향(echo) 문자로 불리는 다른 문자로 대체하여 화면에 나타나도록 할 수 있다. 내부적으로는 실제 입력되는 문자를 처리하고 화면에만 위장된 문자로 나타나게 하는데, 이러한 위장된 문자는 에코문자를 '0'으로 함으로써 없앨 수 있다.

다음 표는 TextField의 생성자와 메소드에 대한 설명이다.

생성자	설 명
TextField( )	비어 있는 TextField를 생성
TextField(int columns)	지정된 열 수(행 수)의 폭을 가진 비어 있는 TextField를 작성
TextField(String text)	지정된 문자열에서 초기화된 TextField를 작성
TextField(String text, int columns)	지정된 열 수(행 수)의 폭으로, 지정된 문자열에서 초기화된 TextField를 생성

TextField의 생성자

메소드	설 명
addActionListener(ActionListener l)	TextField에서 ActionEvent를 받을 리스너를 지정
setColumns(int columns)	TextField의 열 수(행 수)를 설정
setEchoChar(char c)	입력된 문자를 Echo 문자 c로 표시

TextField의 메소드

Echo 문자를 설정하면 키보드에서 입력되는 문자가 그 상태로 표시되시 않고, 인수 c로 지정한 문자가 디스플레이에 표시된다. 이것은 패스워드(Password) 등 다른 사람에게는 비밀로 하는 데이터를 입력하는 경우에 사용한다.

실습 11-29 텍스트필드를 설정하고 데이터를 입력받는 실습

```
import java.awt.*;
import java.awt.event.*;

public class TextFieldAdvance extends
Frame implements ActionListener {
   TextField textField1, textField2, textField3;// TextField 변수 선언
   Button button1, button2, button3;

   TextFieldAdvance( ) {
      setLayout(new GridLayout(6, 1));
      textField1 = new TextField(20);   // 인스턴스를 작성
      textField1.setEchoChar('*');               // Echo 문자를 설정
      textField1.addActionListener(this);// 이벤트 리스너 설정
      textField2 = new TextField(20);
      textField2.setEditable(false);       // 편집을 금지
      textField3 = new TextField(20);

```

```
18.         add(textField1);
19.         add(textField2);
20.         add(textField3);
21.
22.         button1 = new Button("복사");
23.         add(button1);
24.         button2 = new Button("Clear");
25.         add(button2);
26.         button3 = new Button("닫는다");
27.         add(button3);
28.
29.         button1.addActionListener(this);
30.         button2.addActionListener(this);
31.         button3.addActionListener(this);
32.     }
33.
34.     public void actionPerformed(ActionEvent e) {
35.         if (e.getSource( ) == textField1) {
36.             // textField에서 [Enter]키가 눌러지는 경우
37.             textField2.setText(textField1.getText( ));
38.         } else if (e.getSource( ) == button1) {
39.             textField3.setText(textField1.getText( ));
40.             // 입력 내용을 전환하여 기술
41.         } else if (e.getSource( ) == button2) {
42.             textField1.setText(" ");
43.             // 입력 내용을 Clear
44.             textField2.setText(" ");
45.             textField3.setText(" ");
46.         } else if (e.getSource( ) == button3) {
47.             System.exit(0);
48.         }
49.     }
50.
51.     public static void main(String args[ ]) {
52.         TextFieldAdvance f = new TextFieldAdvance( );
53.         f.setTitle("TextFieldAdvance");
54.         f.pack( );
55.         f.show( );
56.     }
57. }
```

12~13: 가장 위에 있는 TextField에서는 setEchoChar( ) 메소드를 사용하여 Echo 문자를 설정
35~45: addActionListener( ) 메소드에서는 ActionEvent를 클래스 자신이 받도록 하고 있음
16: TextField에서 Enter 키를 누르면 입력한 내용이 3번째의 TextField에 출력

실행결과

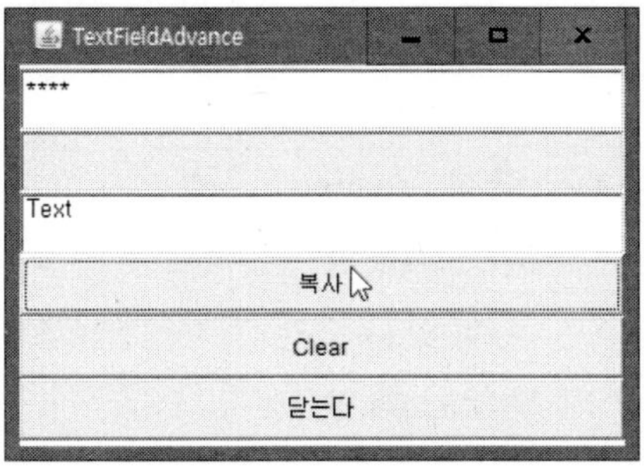

11.6.11 텍스트에어리어(TextArea)

텍스트에어리어는 여러 줄(복수)의 텍스트를 표시하거나 입력하기 위한 클래스이다. TextField 클래스와 같이 편집이 불가능하게 하여 표시 전용만으로도 사용할 수 있다.

TextField와 마찬가지로 문자를 편집할 수 있는 컴포넌트로 TextField가 한 라인의 자료만을 입력할 수 있는 것과 달리 여러 줄의 문자를 입력할 수 있다. 화면의 TextArea 영역이 상대적으로 작으면, 여러 줄의 문자를 입력할 수 있도록 수평과 수직으로 스크롤 바를 표시하여 사용할 수 있다.

TextArea 클래스의 생성자와 메소드는 다음과 같다.

생성자	설 명
TextArea( )	비어있는 새로운 TextArea를 생성
TextArea(int rows, int columns)	지정된 행 수와 열 수의 비어 있는 TextArea를 생성
TextArea(String text)	지정된 Text가 입력된 TextArea를 생성
TextArea (String text, int rows, int columns)	지정된 Text와 지정된 행 수 및 열 수의 비어 있는 TextArea를 작성
TextArea(String text, int rows, int columns, int scrollbars)	지정된 Text와 지정된 행 수와 열 수의 비어 있는 TextArea를 작성 클래스 변수 scrollbars에서 Scrollbar의 모드 지정이 가능

TextArea의 생성자

메소드	설 명
append(String str)	표시된 Text의 맨 끝에 str을 추가
insert (String str, nt pos)	지정된 위치에 str을 넣음
replaceRange(String str, int start int end)	지정된 시점에서 종점간의 문자열을 str로 바꿈

TextArea의 메소드

인수에서는 행 수와 열 수로 지정할 수 있다. 문자열을 전달하면 TextArea 작성 시에 그 문자열이 표시한다. 클래스 변수에서 스크롤바의 모드를 지정하면 스크롤바의 표시 방법을 지정할 수 있다.

클래스 변수	설 명
TextArea.SCROLLBARS_BOTH	수직 /수평 Scrollbar
TextArea.SCROLLBARS_HORIZONTAL_ONLY	수평 Scrollbar만
TextArea.SCROLLBARS_NONE	없음
TextArea.SCROLLBARS_VERTICAL_ONLY	수직 Scrollbar만

스크롤바의 모드

실습 11-30 텍스트 영역을 설정

```
import java.awt.*;
import java.awt.event.*;

public class TextAreaAdvance {
    public static void main(String args[ ]) {
        /* 프레임을 작성 */
        Frame mf = new Frame("TextAreaAdvance");
        mf.setLayout(new GridLayout(0, 1));

        /* 수직 스크롤바의 텍스트 영역 객체를 작성 */
        TextArea ta1 = new TextArea
            ( " ", 10, 20, TextArea.SCROLLBARS_VERTICAL_ONLY);
        ta1.append(
            "자바 언어의 탄생\n"
            + "1995년 5월에 Sun 사가 발표한 객체 지향 프로그래밍 언어인"
            + "자바는 인터넷 및 분산 환경 시스템에서"
            + "응용 프로그램을 작성할 수 있도록 만든 언어로 "
            + "객체 지향의 특성 및 다양한 개발 환경을 지원하고 있다. "
        );
        mf.add(ta1);

        /* 이전 텍스트 영역 객체의 내용을 가지는 기본 설정을 사용하는
            텍스트 영역 객체를 만든다.*/
        TextArea ta2 = new TextArea( );
        ta2.append(ta1.getText( ));
        mf.add(ta2);

        /* 윈도우 이벤트 핸들러 작성 */
        mf.addWindowListener(
            new WindowAdapter( ) {
```

```
31.                 /* 종료 이벤트 처리 */
32.                 public void windowClosing(WindowEvent ev) {
33.                     System.exit(0);
34.                 }
35.             }
36.         );
37.
38.         mf.setSize(400, 300);
39.         mf.setVisible(true);
40.     }
41. }
```

11~12: 영역 변수를 설정하고 객체를 지정
13~19: 명령으로 사전에 문자열의 내용을 입력
24~26: 설정을 사용하는 텍스트 영역 객체를 작성
29~30: 윈도우 이벤트 핸들러를 등록하고 프레임을 설정

실행결과

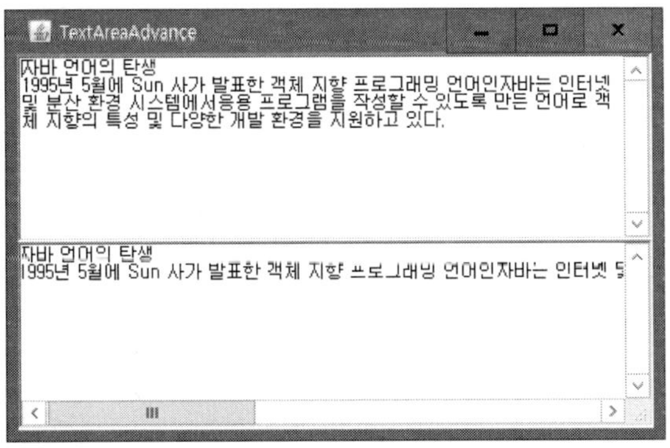

11.6.12 Menu

프레임에서는 풀다운 메뉴를 사용할 수 있다. 풀다운 메뉴는 메뉴 항목들을 구분하기 위한 분리선(Separator)을 가질 수 있다. 또한 메뉴의 각 항목은 MenuItem 클래스에 속하게 되며 각각 하위 메뉴 또는 체크박스를 가질 수 있다.

풀다운 메뉴는 3가지 객체로 구성된다. 먼저 메뉴가 들어갈 자리를 만들어주는 메뉴바(MenuBar) 객체가 있고, 메뉴바 안에 들어가는 메뉴(Menu) 객체가 있다. 그리고 메뉴를 마우스로 클릭했을 때 풀다운 되어 나타나는 메뉴아이템(MenuItem) 객체가 있다.

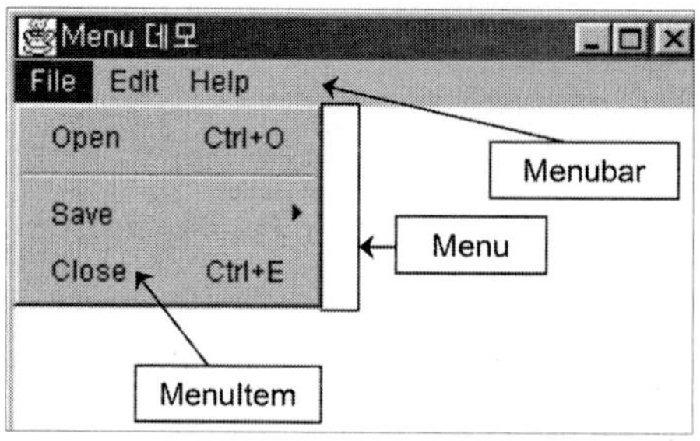

풀다운 메뉴의 구성

메뉴바는 메뉴가 삽입될 자리를 잡아주는 일종의 컴포넌트로서, 프레임의 상단에 위치하게 된다. 프로그램에서 정의하고자 하는 모든 메뉴들은 이 메뉴바 안에 들어가야 한다. 이 메뉴바는 프레임 안에만 들어갈 수 있고 애플릿에는 들어갈 수 없다.

메뉴를 표시하기 위해서는 Menubar 클래스, Menu 클래스, MenuItem 클래스, Check BoxMenu Item 클래스 등을 필요에 따라서 사용한다.

기본적인 메뉴의 작성 순서는 다음과 같다.

① MenuBar 클래스의 인스턴스를 작성한다.
② Menu 클래스의 인스턴스를 작성하고 Menubar 클래스의 인스턴스를 추가한다.
③ MenuItem 클래스, CheckboxMenuItem, Menu의 인스턴스를 작성하여 Menu 클래스의 인스턴스에 추가한다.
④ Frame 클래스의 인스턴스에 MenuBar 클래스의 인스턴스를 설정한다.

이상의 순서로 풀다운 메뉴(full down menu)가 작성된다. 또한 MenuShortCut 클래스를 사용하여 각 메뉴 항목에 키보드 단축키(keyboard shoutcut)을 설정하는 것도 가능하다.

1 MenuBar 클래스

메뉴바는 프레임에 표시되는 메뉴바를 작성하는 경우에 사용한다. 메뉴바에 표시되는 메뉴는 Menu 클래스의 인스턴스로 그 메뉴에서 풀다운하여 표시되는 항목이 MenuItem의 인스턴스이다. 프레임에 메뉴바를 추가하기 위해서는 Frame 클래스의 setMenuBar( ) 메소드를 사용한다.

다음은 MenuBar를 만드는데 필요한 생성자와 메소드에 대한 설명이다.

생성자	설 명
MenuBar( )	새로운 메뉴바를 작성

MenuBar의 생성자

메소드	설　명
add (Menu m)	지정된 메뉴를 메뉴바에 추가

MenuBar의 메소드

여러 개의 메뉴를 추가하면 메뉴바의 좌측에서 차례대로 표시된다. 메뉴바에서 메뉴를 클릭해도 이벤트는 발생하지 않는다.

2 Menu 클래스

메뉴는 메뉴바에 표시되는 메뉴를 작성한다. 이 Menu 클래스의 인스턴스에 MenuItem 클래스 및 CheckboxMenuItem 클래스의 인스턴스를 추가하면 풀다운 메뉴가 된다. 또한, Menu 클래스의 인스턴스를 추가하면 서브 메뉴가 된다.

다음은 Menu를 만드는데 필요한 생성자와 메소드에 대한 설명이다.

생성자	설　명
Menu( )	비어 있는 새로운 메뉴바를 생성
Menu(String label)	지정된 라벨의 새로운 메뉴를 생성
Menu(String label, boolean tearOff)	지정된 라벨의 새로운 메뉴를 생성 tearOff가 true인 경우에는 분리되는 메뉴가 됨

Menu의 생성자

메소드	설　명
add (MenuItem mi)	지정된 메뉴 항목을 메뉴에 추가
add (String label)	지정된 라벨의 메뉴 항목을 메뉴에 추가
addSeparator( )	Separator line(메뉴를 구별하는 선)을 추가
insert(MenuItem menuitem, int index)	지정된 위치에 menuitem을 집어넣음
insert(String label, int index)	지정된 위치에 지정된 라벨의 항목을 집어넣음

Menu의 메소드

add( ) 메소드로 추가하는 경우에는, 위에서부터 차례대로 표시된다. 특정한 위치에 추가하는 경우에는 insert( ) 메소드를 사용한다. MenuBar 클래스와 같이 Menu 클래스에서도 이벤트는 발생하지 않는다.

3 MenuItem 클래스

메뉴아이템은 메뉴에 추가되는 메뉴 항목을 생성한다. 메뉴 항목을 클릭하여 선택하면 이벤트가 발생한다. 또한 키보드 단축키의 설정도 가능하다.

다음은 MenuItem을 만드는데 필요한 생성자와 메소드에 대한 설명이다.

생성자	설 명
MenuItem( )	비어 있는 새로운 메뉴 항목을 생성
MenuItem(String label)	지정된 라벨의 새로운 메뉴 항목을 생성 label에 [-]를 지정하면 분리자가 됨
MenuItem(String label, MenuShortcut s)	지정된 라벨을 가지고 있으며 지정된 키보드 단축키를 가지고 있는 새로운 항목을 생성

MenuItem의 생성자

메소드	설 명
addActionListener(ActionListener 1)	메뉴 항목에서 ActionEvent를 받을 리스너를 지정
setEnabled(boolean b)	메뉴 항목의 선택가능상태를 설정 true인 경우에는 선택 가능, false인 경우는 선택 불가능
setLabel(String label)	메뉴 항목의 라벨을 변경
setShortcut(MenuShortcut s)	메뉴 항목의 단축키를 설정. 있었던 경우에는 바꿈

MenuItem의 메소드

키보드 단축키를 지정하기 위해서는 MenuShortcut 클래스의 오브젝트를 인수로 할당한다.

예를 들어, 키보드 단축키를 Ctrl 키와 문자 A 키의 조합으로 하기 위해서는 다음과 같이 한다.

```
menuItem = new MenuItem("항목1", new MenuShortcut ('A', false);
```

Ctrl + Shift + A 키의 조합으로 하고 싶은 경우에는 true로 지정한다.

실습 11-31 풀다운 메뉴를 이용하여 도형을 작성

```
import java.awt.*;

public class MenuGraphic extends Frame {
    static final int NEMO = 0;
    static final int WON  = 1;
    static final int TAWON= 2;
    int     dhyung;
    Color   saek;

    public MenuGraphic() {
```

```
        setTitle("MenuGraphic");

        // 주메뉴줄 개체 jumenu를 만든다
        MenuBar jumenu = new MenuBar( );

        // 주메뉴 <색상>을 만든다
        Menu m = new Menu("색상", true);

        m.add(new MenuItem("빨강")); // m에 메뉴 항목으로 등록
        m.add(new MenuItem("초록"));
        m.add(new MenuItem("파랑"));

        m.addSeparator( );     // 메뉴 항목 분리선
        m.add(new MenuItem("종료"));

        // jumenu에 m 메뉴를 추가
        jumenu.add(m);

        // 주메뉴 <도형>을 만든다
        m = new Menu("도형");

        m.add(new MenuItem("네모"));
        m.add(new MenuItem(" 원 "));
        m.add(new MenuItem("타원"));

        // jumenu에 m 메뉴를 추가
        jumenu.add(m);

        // jumenu를 프레임에 표시
        setMenuBar(jumenu);
    }

    public boolean action(Event evt, Object arg) {
        // 메뉴를 선택했으면
        if (evt.target instanceof MenuItem) {
            if (arg.equals("빨강")) saek = Color.red;
                else if (arg.equals("초록"))  saek = Color.green;
                else if (arg.equals("파랑"))  saek = Color.blue;
                else if (arg.equals("네모"))  dhyung = NEMO;
                else if (arg.equals(" 원 "))  dhyung = WON;
                else if (arg.equals("타원"))  dhyung = TAWON;
                else if (arg.equals("종료"))  System.exit(0);
        }
        else
```

```
            return false;

        repaint();                      // paint()를 호출
        return true;
    }

    public void paint(Graphics g) {
        g.setColor(saek);
        switch (dhyung) {
            case NEMO: g.fillRect(100, 50, 300, 200);  break;
            case WON: g.fillOval(100, 50, 200, 200);  break;
            case TAWON: g.fillOval(100, 50, 300, 200);  break;
        }
    }

    public boolean handleEvent(Event evt) {
        if (evt.id == Event.WINDOW_DESTROY)
            System.exit(0);         // 실행끝
        return super.handleEvent(evt);      // 상위 개체에서 사건을 처리
    }

    public static void main(String[] args) {
        Frame frm =  new MenuGraphic();            // 프레임 생성
        frm.resize(500, 300);     // 프레임 크기 : 500*300(화소)
        frm.show();     // 프레임 표시
    }
}
```

- 메뉴 개체를 선언하고 주 메뉴와 하위메뉴의 내용을 등록
- 메뉴가 선택되었을 경우 지정된 도형을 나타냄

실행결과

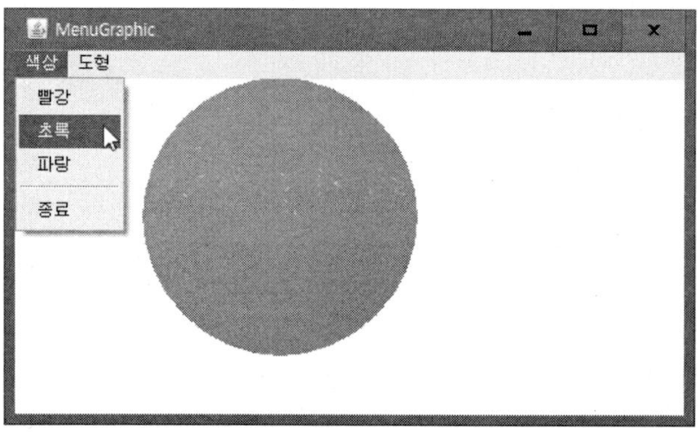

4 CheckboxMenuItem 클래스

체크박스메뉴아이템은 Check가 앞에서 표시되는 메뉴 항목을 생성한다. 이 메뉴 항목을 Check하면 상태가 변화한다. ON, OFF 상태에 대해서는 getState( ) 메소드로 알 수 있다.

CheckboxMenuItem의 클래스에 대한 생성자와 메소드는 다음과 같다.

생성자	설 명
CheckboxMenuItem( )	비어 있는 라벨의 초기 상태가 off인 CheckboxMenu 항목을 생성
CheckboxMenuItem(String label)	지정된 라벨의 초기 상태가 off인 CheckboxMenu 항목을 생성
CheckboxMenuItem (String label, boolean state)	지정된 라벨이 부착된 지정된 초기 상태의 CheckboxMenuItem을 생성 true인 경우에는 Check가 있으며 false인 경우에는 Check가 없음

CheckboxMenuItem의 생성자

메소드	설 명
addItemListener(ItemListener l)	CheckboxMenu 항목에서 ItemEvent를 받을 리스너를 지정
getState( )	CheckboxMenu 항목의 상태로 반환
setState(boolean b)	CheckboxMenu 항목의 상태로 설정

CheckboxMenuItem의 메소드

CheckboxMenu 항목을 클릭하면 ON/OFF의 상태가 변화하는 동시에 ItemEvent가 발생한다. 이 이벤트를 처리하기 위해서는 CheckboxMenu 항목에 addItemListener( ) 메소드를 사용하여 ItemEvent 리스너를 설정하고 ItemEvent 리스너에서 itemStateChange( ) 메소드를 정의한다.

5 PopupMenu 클래스

팝업메뉴는 컴포넌트 내에 지정한 위치에 팝업(popup)하는 메뉴를 생성한다. 메뉴바를 사용하는 메뉴에서는 MenuItem 클래스의 인스턴스(메뉴 항목)를 메뉴에 추가하고 있다.

PopupMenu에서는 메뉴 항목을 PopupMenu에 추가하여 Popup 메뉴(Menu)를 프레임 등의 컴포넌트에 추가시킨다. PopupMenu를 표시하고 싶은 컴포넌트에서는 마우스 오른쪽 버튼 클릭 등의 이벤트를 처리하고 PopupMenu를 show( ) 메소드에서 표시한다.

생성자	설 명
PopupMenu( )	새로운 팝업 메뉴를 생성
PopupMenu(String title)	지정한 타이틀의 팝업 메뉴를 생성

PopupMenu의 생성자

메소드	설 명
show (Component origin, int x, int y)	원래의 컴포넌트(origin)에서 절대 위치 x, y로 Popup 메뉴를 표시 origin은 Popup 메뉴의 컴포넌트 계층 내에 조상 오브젝트가 아니면 안됨

PopupMenu의 메소드

마우스 오른쪽 버튼 클릭 등으로 PopupMenu를 표시하기 위해서는 Mouse Adapter 어댑터 클래스를 상속한 클래스를 MouseListener로서 컴포넌트에 지정한다.

MouseAdapter 어댑터 클래스를 상속한 클래스의 정의에서는 mouseClicked( ) 메소드 등을 정의하고 MouseEvent를 처리한다.

또한 PopupMenu에서 선택한 메뉴를 처리하기 위해서는 메뉴 항목에 Action Listener를 설정하며 리스너에서 actionPerformed( ) 메소드를 정의하여 ActionEvent를 처리한다.

어떤 메뉴 항목이 선택되었는가는 EventObject 클래스의 getSource( ) 메소드 및 MenuItem 클래스의 getActionCommand( ) 메소드를 사용하여 알아본다.

실습 11-32 PopupMenu 메뉴를 이용한 메뉴

```
import java.awt.*;
import java.awt.event.*;

class PopupMenuTest extends Frame implements MouseListener {
   PopupMenu popup;
   TextArea txt;

   public PopupMenuTest(String title) {
      super(title);

      popup = new PopupMenu("팝업메뉴");
      txt = new TextArea("텍스트");

      MenuItem cut = new MenuItem("오려두기");
      MenuItem paste = new MenuItem("붙이기");
      MenuItem copy = new MenuItem("복사하기");

      popup.add(cut);
      popup.add(paste);
      popup.add(copy);

```

```
22.         txt.addMouseListener(this);  //위에서 상속 받음
23.         txt.add(popup);
24.         add(txt);
25.
26.         setSize(300, 300);
27.         setVisible(true);
28.
29.         addWindowListener(new WE( ));
30.     }
31.
32.     public static void main(String[ ] args) {
33.         new PopupMenuTest("팝업메뉴테스트");
34.     }
35.
36.     public void mousePressed(MouseEvent e) {
37.         popup.show(txt, e.getX( ), e.getY( ));
38.     }
39.
40.     public void mouseEntered(MouseEvent e) { }
41.     public void mouseExited(MouseEvent e) { }
42.     public void mouseClicked(MouseEvent e) { }
43.     public void mouseReleased(MouseEvent e) { }
44. }
45.
46. class WE extends WindowAdapter {
47.     public void windowClosing(WindowEvent e) {
48.         System.exit(0);
49.     }
50. }
```

4: 프레임과 마우스리스너에서 상속 받아 클래스 선언
8~30: 생성자 선언
9: 제목 내용 지정
11: 팝업 메뉴 객체 선언
14~16: 메뉴아이템 객체 선언
18~20: 팝업 객체에 추가
22~24: 상속받은 내용 추가
26: 크기 지정
27: 화면 출력
29: 윈도우리스너 객체 선언
33: 메인 클래스 객체 선언
36~37: 마우스 이벤트 선언
40~43: 마우스 메소드들 선언
46~50: 종료 버튼을 누르면 프로그램 종료

실행결과

Chapter 12

컨테이너와 레이아웃

12.1 컨테이너

컨테이너란 다른 컴포넌트를 포함할 수 있는 컴포넌트를 의미하며, java.awt.Container에서 상속받는다. 대표적인 컨테이너로 Window와 Pannel이 있으며, 차이점은 Window는 스스로 실행할 수 있는 기능을 가지고 있고, Panel은 다른 컨테이너가 포함되어야 한다.

12.1.1 프레임(Frame)

버튼 등의 GUI 컴포넌트를 사용하기 위해서는 추가할 컨테이너를 먼저 작성한 다음 컨테이너 내부에 필요한 컴포넌트를 배치한다. 윈도우 프로그램을 작성할 경우에는 먼저, Frame 클래스의 객체를 최상위 컨테이너로 등록한다. 다음에 Button 및 TextArea 등의 컴포넌트를 배치하여 사건(이벤트) 처리 메소드를 기술한다.

프레임(Frame)은 타이틀과 테두리를 가진 윈도우로서 프레임은 메뉴를 가질 수 있다. 자바 AWT는 프레임에서 발생 할 수 있는 마우스, 키보드, 포커스와 관련된 모든 이벤트를 설정하기 위해 애플리케이션은 반드시 1개 이상의 프레임을 가지고 있다.

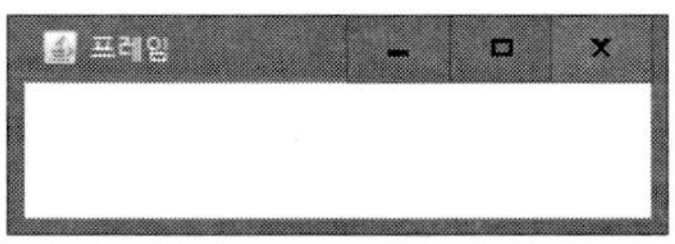

Frame의 기본

프레임은 메뉴바를 삽입하는 것이 가능하며, 프레임의 디폴트 레이아웃(layout)는 BoorderLayout이다. 또한 show( ) 메소드를 사용하여 윈도우를 보이게 하거나 hide( ) 메소드를 사용하여 윈도우를 감출 수도 있다.

Panel을 최상층의 컨테이너로 하여 Panel 안에 컴포넌트를 배치한 후 Panel을 Frame에 추가하는 순서로 하여도 상관없다.

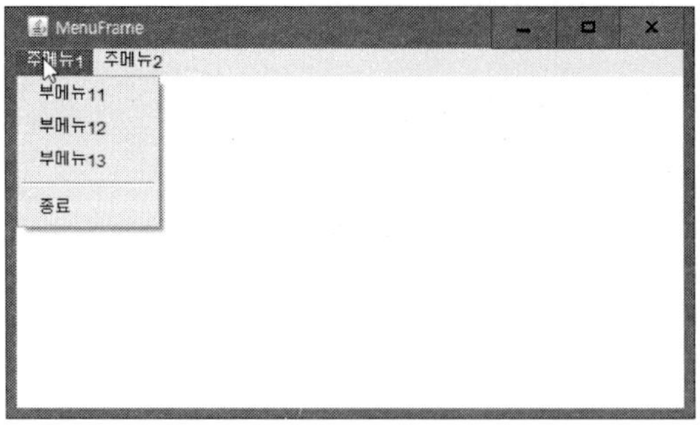

메뉴를 삽입한 Frame

프레임의 생성자와 메소드는 다음과 같다.

생성자	설 명
Frame( )	타이틀 없는 프레임을 생성
Frame(String title)	지정한 타이틀의 프레임을 생성

Frame의 생성자

메소드	설 명
dispose( )	프레임을 파기 프레임 내에 컴포넌트와 소유하고 있는 윈도우가 파기되어 자원(리소스)은 해제
setIconImage (Image image)	프레임이 아이콘화되는 경우에 이미지를 설정
setMenuBar (MenuBar mb)	프레임에 메뉴바를 삽입
setResizable (boolean resizable)	프레임 크기 등의 변경을 설정 인수 resizable이 true인 경우에만 변경이 가능하고 false인 경우에는 변경이 불가능

Frame의 메소드

실습 12-1 Frame을 작성하고 안에 버튼 2개 삽입

```
import java.awt.*;
import java.awt.event.*;

class Button2Frame extends Frame implements ActionListener { // Frame 클래스를 계승
   Button button1, button2;              // 변수 선언
   Button2Frame( ) {    // 작성자(constructor)

      button1 = new Button(" 버튼 1 ");          // 객체를 작성
      button2 = new Button(" 버튼 2 ");          // 객체를 작성

```

```
11.         button1.addActionListener(this);
12.         button2.addActionListener(this);
13.
14.         add(button1, "West");     // 컨테이너의 왼쪽에 배치
15.         add(button2, "South");   // 컨테이너의 아래쪽에 배치
16.     }
17.     // 버튼이 클릭되는 경우에 메소드를 정의
18.     public void actionPerformed(ActionEvent e) {
19.         if (e.getSource( ) == button1) { // 버튼이 눌러지는 경우
20.             System.exit(0);          // 프로그램을 종료
21.         }
22.     }
23.     // 종료 버튼이 클릭되는 경우에 프로그램 종료
24.     public boolean handleEvent(Event e) {
25.         if (e.id == Event.WINDOW_DESTROY)
26.             System.exit(0);  // 실행끝
27.         return super.handleEvent(e);  // 상위 클래스에서 작업을 처리
28.     }
29.     public static void main (String args[ ]) {
30.         System.out.println("-->프레임에 버튼 선언<--");
31.         Button2Frame b2f = new Button2Frame( );
32.         b2f.setTitle("버튼 테스트");
33.         b2f.setSize(300, 100);
34.         b2f.show( );
35.     }
36. }
```

4: Frame 클래스 상속 및 선언
6: 생성자 메소드 선언
8~9: 2개의 버튼 객체 선언
11~12: 액션리스너에 추가
14~15: 2개의 버튼을 위치를 지정해서 Frame에 추가
18~22: 버튼1이 눌러지는 경우 프로그램 종료
24~28: 종료 버튼이 눌러지는 경우 프로그램 종료
30: 메인 클래스 선언
31: 클래스 객체 선언
32: 화면 제목 선언
33: 화면 크기 선언
34: 화면 보이기

실행결과

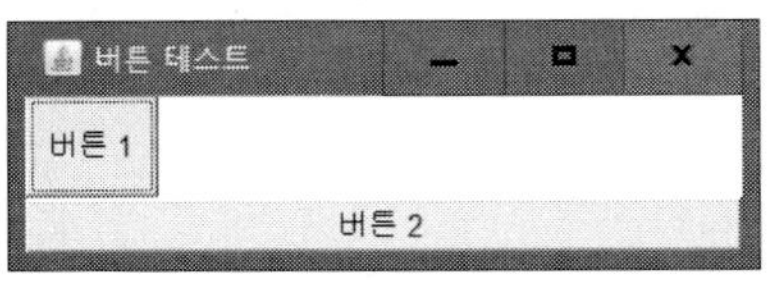

12.1.2 패널(Panel)

패널은 Frame과 같이 다른 컴포넌트를 자신의 영역 내에 포함시킬 수 있는 컨테이너이다. 동시에 Panel 자신이 다른 컨테이너에 포함될 수 있기도 하다. 심지어는 Panel이 Panel에 포함되는 것도 가능하다.

패널은 Frame과는 달리 제목바 또는 버튼도 없고, 단지 비어있는 평면 공간만을 갖는다. 패널도 컨테이너이므로 자신만의 레이아웃(Layout)을 유지할 수 있어서, 패널을 이용하면 Frame내에서 컴포넌트들의 배치를 다양하게 할 수 있다.

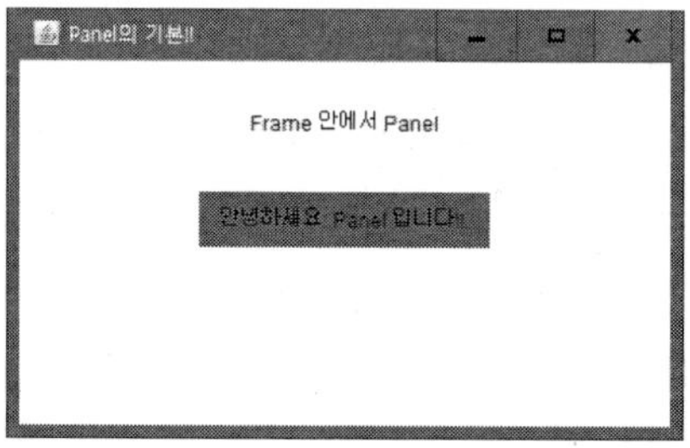

Panel 선언

패널은 GUI 요소들을 담은 컨테이너 형태로 프레임 윈도우 안에 존재한다. 패널을 통해 GUI 요소들을 체계적으로 배열시킬 수 있다. Panel 클래스는 컨테이너 클래스의 서브 클래스이다. Button 등의 컴포넌트에 사용한다.

패널을 사용하기 위해서는 첫째로 Panel 클래스의 서브 클래스를 정의한 후 인스턴스를 생성시켜 사용한다. 둘째로 Panel 클래스의 인스턴스를 직접 생성하여 사용하는 방법 등이 있다.

다음은 Panel에 대한 생성자와 메소드의 설명이다.

생성자	설 명
Panel( )	새로운 패널을 작성 인수가 없는 경우에는 default의 layout인 FlowLayout가 지정
Panel(LayoutManager layout)	새로운 패널을 작성 Layout manager를 지정하고 싶은 경우에는 인수에 Layout 방법을 지정

Panel의 생성자

메소드	설 명
add(Component c)	지정된 컴포넌트를 패널에 추가
remove(Component c)	지정된 컴포넌트를 패널에서 제거
setLayout(Layoutmanager layout)	배치 관리자를 지정. 디폴트는 FlowLayout

setLocation(int x, int y) (Layoutmanager layout)	패널의 위치를 지정
setToolTipText(String text)	사용자가 마우스를 패널의 빈 곳에 올려놓으면 툴팁을 표시

Panel의 메소드

실습 12-2 3개의 Panel 선언 실습

```
import java.awt.*;
import java.awt.event.*;

public class PanelBasic
        extends Frame implements ActionListener {   // Frame 클래스를 계승
    Panel northPanel, westPanel, centerPanel; // 패널 변수 선언
    Button button1, button2;
    PanelBasic() {
        // 레이아웃을 BorderLayout으로 설정
        setLayout(new BorderLayout());

        Panel northPanel = new Panel();    // 패널 생성
        button1 = new Button("확인");        // 객체를 작성
        button2 = new Button("종료");        // 객체를 작성

        button1.addActionListener(this);
        button2.addActionListener(this);

        // 패널에 두 개의 버튼 추가
        northPanel.add(button1);
        northPanel.add(button2);
        // 패널의 배경색을 노란색으로 설정
        northPanel.setBackground(Color.yellow);
        // 패널을 애플릿의 북쪽에 추가
        add(northPanel, BorderLayout.NORTH);

        Panel westPanel = new Panel();   // 패널 생성
        // 패널에 두 개의 레이블 추가
        westPanel.add(new Label("1학년", Label.CENTER));
        westPanel.add(new Label("2학년", Label.CENTER));
        // 패널의 배경색 지정
        westPanel.setBackground(Color.blue);
        // 패널을 애플릿의 서쪽에 추가
        add(westPanel, BorderLayout.WEST);

        Panel centerPanel = new Panel(); // 패널 생성
```

```
37.         // 패널에 초이스 추가
38.         Choice choice1 = new Choice( );
39.         choice1.add("야채");
40.         choice1.add("과일");
41.
42.         centerPanel.add(choice1);
43.         // 패널에 초이스 추가
44.         Choice choice2 = new Choice( );
45.         choice2.add("큰 것");
46.         choice2.add("작은 것");
47.         centerPanel.add(choice2);
48.         // 패널의 배경색을 녹색으로 설정
49.         centerPanel.setBackground(Color.green);
50.         // 패널을 애플릿의 가운데에 추가
51.         add(centerPanel, BorderLayout.CENTER);
52.     }
53.     // 버튼이 클릭되는 경우에 메소드를 정의
54.     public void actionPerformed(ActionEvent e) {
55.         if (e.getSource( ) == button2) { // 버튼이 눌러지는 경우
56.             System.exit(0);         // 프로그램을 종료
57.         }
58.     }
59.
60.     // 종료 버튼이 클릭되는 경우에 프로그램 종료
61.     public boolean handleEvent(Event e) {
62.         if (e.id == Event.WINDOW_DESTROY)
63.             System.exit(0);  // 실행끝
64.         return super.handleEvent(e);  // 상위 클래스에서 작업을 처리
65.     }
66.     public static void main (String args[ ]) {
67.         System.out.println("-->3개의 패널 선언 실습<--");
68.         PanelBasic b2f = new PanelBasic( );
69.         b2f.setTitle("패널 테스트");
70.         b2f.setSize(400, 250);
71.         b2f.show( );
72.     }
73. }
```

4~5: Frame 클래스 상속 및 선언
6~7: 패널과 버튼 선언
8: 생성자 선언
10: 레이아웃 지정
12, 27, 36: 3개의 패널 객체 선언
29~30: 패널에 2개의 레이블 추가

32: 패널에 색상 지정(파랑)
34: 패널에 위치 지정(좌측)
38~40: 1번째 초이스 선언 및 2개의 문자열 추가
42: 1번째 초이스 객체를 패널에 추가
44~46: 2번째 초이스 선언 및 2개의 문자열 추가
47: 2번째 초이스 객체를 패널에 추가
49: 2번째 패널에 색상(녹색) 지정
51: 패널의 위치를 가운데 지정
54~58: 종료 버튼 누르면 프로그램 종료
61~65: X 버튼 누르면 프로그램 종료
67~68: 메인 클래스와 객체 선언
69: 제목 선언
70: 크기 지정
71: 화면 나타내기

실행결과

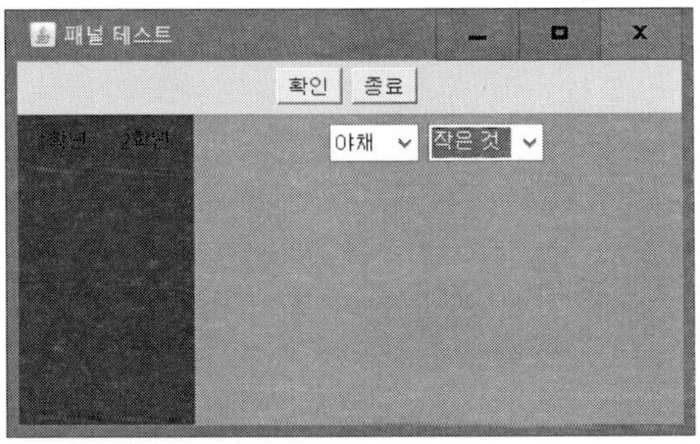

12.1.3 다이얼로그(Dialog)

Dialog 클래스는 사용자에게서 입력을 받기 위한 윈도우를 작성한다. 즉, 대화상자를 만드는 것이다. Frame 클래스와 동일한 Window 클래스의 서브 클래스이나 Frame 클래스에 속해 있으므로 그 내부에서 호출된다는 점이 다르다. 호출원인 Frame 클래스의 윈도우가 닫히는 경우에는 Dialog도 닫히게 되며 최소화되면 Dialog도 최소화된다.

다이얼로그에는 모델(modal) 다이얼로그와 모델리스(modaless) 다이얼로그 2가지가 있다. 모델(modal)이 있는가 없는가의 지정은 작성자(constructor)에서 지정하는 방법과 setModal( ) 메소드를 사용하는 방법이 있다.

다이얼로그 인스턴스는 작성한 것만으로는 표시되지 않는다. 다이얼로그를 표시하기 위해서는 show( ) 메소드를 사용한다. 표시된 다이얼로그를 닫기 위해서는 윈도우 클래스의 dispose( ) 메소드를 사용한다.

인수의 Frame parent는 다이얼로그의 오너 Window이다. String title은 다이얼로그의 타이틀이 된다. boolean modal이 true이면 modal이 있는 다이얼로그로, false에서는 모드(mode)가 없는 다이얼로그를 나타낸다. modal을 지정하지 않으면 modal이 없는 것으로 간주한다.

Modal Dialog

다이얼로그의 생성자와 메소드는 다음과 같다.

생성자	설 명
Dialog(Frame parent)	타이틀이 없는 Dialog을 작성
Dialog (Frame parent, boolean modal)	타이틀이 없는 Dialog을 작성 modal이 true인 경우에는 modal이 있는, false인 경우에는 modal이 없는 것으로 간주
Dialog(Frame parent, String title)	타이틀이 있는 Dialog을 작성
Dialog (Frame parent, String title, boolean model)	타이틀이 있는 Dialog을 작성 modal이 true인 경우에는 modal이 존재하며, false인 경우에는 modal이 없는 것으로 간주

Dialog의 생성자

메소드	설 명
show( )	다이얼로그를 표시
setModal(boolean b)	true로 지정하면 modal이 있는 것이고, false이면 modal이 없는 것으로 지정
setResizable(boolean b)	true이면 크기가 변경되는 다이얼로그가 되고 false에서는 크기가 변경되지 않음

Dialog의 메소드

실습 12-3 Dialog 설정 실습

```
1.  import java.awt.*;
2.
3.  class  DialogBasic {
4.     public static void main(String[ ] args) {
5.         Frame frm = new Frame("Dialog 실습");
6.         Dialog dlg = new Dialog(frm, "대화상자", true);
7.         Panel p = new Panel( );
8.         p.setLayout(new GridLayout(1,2));
9.
10.        p.add(new Button("예"));
11.        p.add(new Button("아니오"));
12.
13.        dlg.add(new Label("자바를 좋아하세요?"), "Center");
14.        dlg.add(p, "South");
15.
16.        frm.setBounds(100, 100, 200, 100);
17.        dlg.setBounds(150, 200, 200, 100);
18.        frm.setVisible(true);
19.        dlg.setVisible(true);
20.
21.        System.out.println("안녕!!");
22.    }
23. }
```

5: Frame 객체 선언
6: 다이얼로그 객체 선언
7: 패널 선언
8: 패널에 그리드레이아웃 지정
10~11: 패널에 2개의 버튼 추가
13~14: 다이얼로그에 2개의 레이블 추가
16~17: 프레임과 다이얼로그의 영역 지정
18~19: 화면 나타내기

실행결과

12.1.4 파일다이얼로그(FileDialog)

FileDialog 클래스는 파일을 여는 경우, 저장하는 경우, 파일명 등을 선택하는데 사용한다. 실제적으로 읽고 쓰기 등의 이벤트 처리는 메소드에서 사용자가 정의한다. FileDialog 클래스에서 작성된 Dialog는 플랫폼이 고유하다.

FileDialog을 read 모드로 열거나 또는 write 모드로 열기는 생성자의 인수로 지정한다. 디폴트에서는 read 모드의 다이얼로그가 표시된다.

생성자	설 명
FileDialog(Frame parent)	파일을 열기 위한 파일 Dialog을 작성 인수 parent는 파일 Dialog의 오너
FileDialog (Frame parent, String title)	파일을 열기 위한 파일 Dialog을 작성 인수 parent는 파일 Dialog의 오너, title은 Dialog 타이틀
FileDialog(Frame parent, String title, int mode)	파일을 열기 위한 파일 Dialog을 작성 인수의 parent는 파일 Dialog의 오너, title은 Dialog의 타이틀, mode는 Open용인가 Save용인가를 지정

FileDialog의 생성자

인수의 Frame parent는 다이얼로그의 오너 Window이다. title에서 지정한 문자열은 파일다이얼로그의 타이틀이 된다.

모드	설 명
FileDialog.LOAD	FileDialog를 읽기 로드로 열기
FileDialog.SAVE	FileDialog를 쓰기 로드로 열기

인수 mode

메소드	설 명
getDirectory( )	FileDialog에서 선택된 디렉토리를 반환
getFile( )	FileDialog에서 선택된 파일명을 반환
setDirectory(String dir)	FileDialog가 표시하는 디렉토리를 설정
setFile(String file)	FileDialog에서 선택된 파일을 설정
setFilenameFilter(FilenameFilter filter)	FileDialog을 표시하는 파일의 종류를 제한하는 필터를 설정
setMode (int mode)	FileDialog의 mode를 설정

FileDialog의 메소드

실습 12-4 FileDialog를 이용하여 파일 열기와 닫기

```
import java.awt.*;
import java.awt.event.*;

```

```
class FileDialogBasic extends Frame implements ActionListener {
    Button bopen,bsave,bexit;
    Panel pn,ps;

    public FileDialogBasic( ) {
        super("FileDialogBasic");

        bopen = new Button("파일 열기");
        bsave = new Button("파일 저장");
        bexit = new Button("종료");
        pn = new Panel( );
        ps = new Panel( );

        pn.setBackground(Color.pink);
        ps.setBackground(Color.pink);

        add("North",pn);
        add("South",ps);

        bopen.addActionListener(this);
        bsave.addActionListener(this);
        bexit.addActionListener(this);

        pn.add(bopen);
        pn.add(bsave);
        ps.add(bexit);

        setSize(300,300);

        setVisible(true);

        addWindowListener(new MyWin( ));
    }

    class MyWin extends WindowAdapter  {
        public void windowClosing(WindowEvent we) {
            System.exit(0);
        }
    }

    public void actionPerformed(ActionEvent ae)  {
        FileDialog load,save;
        if (ae.getSource( ) == bopen) {
            load = new FileDialog(this,"파일 열기",FileDialog.LOAD);
            load.show( );
```

```
49.         } else if (ae.getSource( ) == bsave) {
50.             save = new FileDialog(this,"파일 저장",FileDialog.SAVE);
51.             save.show( );
52.         } else if (ae.getSource( ) == bexit) {
53.             System.exit(0);
54.         }
55.     }
56.
57.     public static void main(String[ ] args) {
58.         new FileDialogBasic( );
59.     }
60. }
```

4: 액션리스너와 Frame이 상속된 클래스 선언
5: 버튼 선언
6: 패널 선언
8: 생성자 선언
9: 제목 지정
11~13: 3개의 버튼 선언
14~15: 2개의 패널 선언
17~18: 2개의 패널에 색상 지정
20~21: 2개의 패널의 위치 지정
23~25: 3개 버튼을 액션리스너에 연결
27~29: 3개 버튼을 패널에 연결
31, 33: 위치와 영역 지정해서 나타내기
35: 윈도우어댑터를 객체 선언해서 윈도우리스너에 연결
38~42: X버튼 누르면 윈도우 종료
44~55: 액션실행 메소드 지정
45: 파일다이얼로그 변수 선언
47~48: 파일 열기 다이얼로그 버튼을 누르면 파일열기 상자 나타남
50~51: 파일 닫기 다이얼로그 버튼을 누르면 파일닫기 상자 나타남
52~53: 종료 버튼 누르면 프로그램 종료

실행결과

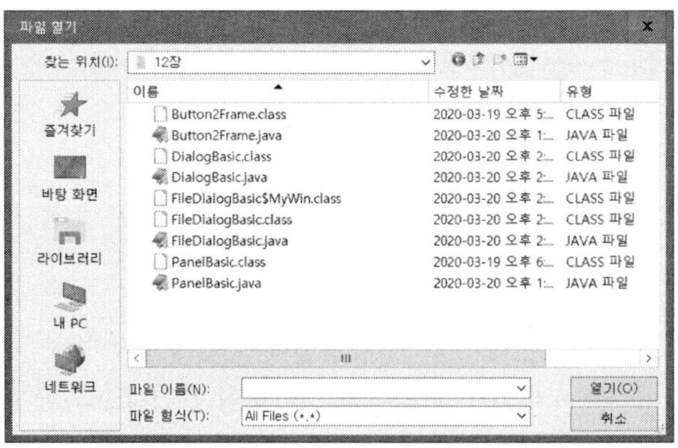

12.1.5 스크롤팬(ScrollPane)

ScrollPane은 수평이나 수직으로 자동 스크롤되는 Panel 컨테이너로서, ScrollPane 클래스는 1개의 컴포넌트를 넣을 수 있는 컨테이너이다.

ScrollPane 선언

컴포넌트의 크기가 스크롤 패인(pane)보다 큰 경우에 스크롤 패인(pane)에 표시되는 수평 스크롤바 또는 수직 스크롤바에서 컴포넌트를 이동시키는 것이 가능하다. 스크롤바의 표시 여부 등은 스크롤 패인(pane)의 작성 시에 설정한다.

다음은 ScrollPane 클래스의 생성자와 설명이다.

생성자	설 명
ScrollPane( )	필요에 따라 ScrollBar에 삽입되는 ScrollPane을 생성
ScrollPane (int scrollbarDisplayPolicy)	인수로 지정한 Mode에서 ScrollPane을 생성(모드는 다음 스크롤 패널의 모드를 참고)

ScrollPane의 생성자

모드	설 명
ScrollPane.SCROLLBAR_AS_NEEDED	이 컴포넌트의 크기는 ScrollPane의 크기를 초과하는 경우에는 Scrollbar를 표시
ScrollPane.SCROLLBARS_ALWAYS	평상시에 수평/수직 스크롤바를 표시
ScrollPane.SCROLLBARS_NEVER	평상시에 Scrollbar를 표시하지 않음

ScrollPane의 모드

메소드	설 명
printComponents(Graphics g)	ScrollPane 안의 컴포넌트를 인쇄
setScrollPosition(int x, int y)	x위치, y위치로 Scroll
setScrollPosition(Point p)	지정된 위치로 Scroll

ScrollPane의 메소드

실습 12-5 Scrollpane을 이용한 기본 실습

```
1. import java.awt.*;
2. import java.awt.event.*;
3. class  ScrollPaneBasic {
4.     public static void main(String[] args) {
5.         Frame f = new Frame("스크롤페인 실습");
6.         f.setSize(150, 100);
7.         ScrollPane sp = new ScrollPane();
8.
9.         Panel p = new Panel();
10.
11.        p.setBackground(Color.gray);
12.        p.add(new Button("확인1"));
13.        p.add(new Button("확인2"));
14.        p.add(new Button("확인3"));
15.        p.add(new Button("확인4"));
16.        p.add(new Button("확인5"));
17.        p.add(new Button("확인6"));
18.
19.        sp.add(p); // 패널을 스크롤바에 넣기
20.        f.add(sp); // 스크롤바 패널을 프레임에 넣기
21.
22.        f.setVisible(true);
23.
24.        f.addWindowListener(new WindowAdapter() {
25.            public void windowClosing(WindowEvent e) {
26.                System.exit(0);
27.            }
28.        });
29.    }
30. }
```

5: 프레임 객체 선언
6: 크기 지정
7, 9: 스크롤페인과 패널 객체 선언
11: 바탕색 선언
12~17: 버튼을 패널에 추가
19: 패널을 스크롤페인에 추가
20: 스크롤페인을 프레임에 추가
22: 화면 나타내기
24~28: X버튼 누르면 프로그램 종료

실행결과

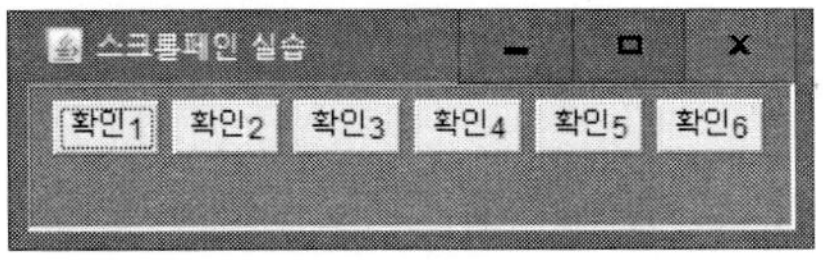

실습 12-6 ScrollpaneBasic을 이용한 응용 실습

```
import java.awt.*;
import java.awt.event.*;

class ScrollPanelAdvance {
    public static void main(String[ ] args) {
        Frame ff = new Frame( );
        ScrollPane srp = new ScrollPane( );
        ScrollPane srp2 = new ScrollPane( );

        Panel pp = new Panel( );
        Panel pp2 = new Panel( );

        pp.setBackground(Color.green);
        pp.add(new Button("One"));
        pp.add(new Button("Two"));
        pp.add(new Button("Three"));
        pp.add(new Button("Four"));

        pp2.add(new Checkbox("임정목",true));
        pp2.add(new Checkbox("이종윤",false));
        pp2.add(new Checkbox("이대우",false));
        pp2.add(new Checkbox("김종민",false));
        pp2.add(new Checkbox("박대성",false));

        srp.add(pp);
        srp2.add(pp2);

        ff.add("North", srp);
        ff.add("Center", new TextArea("korea",10,20));
        ff.add("South", srp2);

        ff.setVisible(true);
        ff.setSize(300, 300);
        ff.setTitle("스크롤페인");

        ff.addWindowListener(new WindowAdapter( ) {
```

```
37.             public void windowClosing(WindowEvent e) {
38.                 System.exit(0);
39.             }
40.         });
41.     }
42. }
```

6: 프레임 객체 선언
7~8: 스크롤페인 객체 선언
10~11: 패널 객체 선언
13: 바탕색 선언
14~17: 버튼을 패널1에 추가
19~23: 체크박스를 패널2에 추가
25~26: 패널들을 스크롤페인에 추가
28~30: 프레임에 스크롤페인들을 추가
36~40: X버튼 누르면 프로그램 종료

실행결과

12.2 레이아웃

레이아웃은 컨테이너를 배치하기 위해 사용된다. 즉, 윈도우 또는 패널을 배치하고자 할 때 레이아웃을 이용하여 배치를 설정할 수 있다.

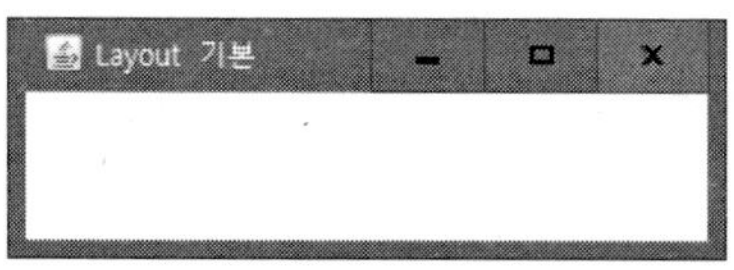

Layout의 기본

프레임 또는 패널 등의 컨테이너에 배치한 컴포넌트를 어떤 식으로 나열할 것인가는 Container 클래스의 setLayout() 메소드를 사용한다. 이 메소드의 인수에는 위치를 조절하는 기능을 가진 Layout Manager이라는 인터페이스 클래스의 오브젝트(객체)를 지정한다.

JDK에는 LayoutManager 인터페이스 및 LayoutManager2 인터페이스를 가진 다음의 5개의 Layout 클래스가 준비되어 있다. 자바 프로그램에서는 setLayout() 메소드의 인수로 다음과 같은 Layout을 지정한다.

클래스명	설 명
FlowLayout	패널 내에 버튼을 배치하는 경우에 사용 수평1행에서 좌측에서 우측으로 향하여 버튼을 배치 Panel 클래스의 디폴트 Layout manager
BorderLayout	North(상), South(하), East(좌측), West(우측), Center(중앙)의 5개의 영역중의 하나의 영역에 컴포넌트를 배치 Frame 클래스의 디폴트 Layout manager
GridLayout	격자형으로 수직, 수평으로 컴포넌트를 배치
GridBagLayout	GridLayout와 용도는 같으나 크기가 틀린 컴포넌트인 경우에도 수직, 수평으로 배치
CardLayout	여러 개의 카드에 컴포넌트를 배치

Layout의 종류

버튼 등의 컴포넌트는 Component 클래스에서 setBounds() 메소드를 사용하는 것을 의미하므로 절대위치를 지정하고 배열하는 것이 가능하다. 다수의 GUI 컴포넌트를 배열하는 경우, 절대 위치 지정은 필요하지만 상당히 귀찮은 작업이기도 하다.

그러나 개발 툴을 사용하면 복잡한 배치도 간단하게 하는 것이 가능하다. 단, 플랫폼의 차이에 의하여 컴포넌트의 크기 등 다른 것이 있으므로 레이아웃 매니저를 사용하는 것을 장려하고 있다.

실습 12-7 기본적인 Layout 설정

```
import java.awt.*;
import java.awt.event.*;

public class LayoutBasic extends Frame {
   LayoutBasic() {
        setLayout(new GridLayout(3,1));
        Panel panel1 = new Panel(new BorderLayout());

        add(panel1);
        Button button1 = new Button("버튼");
```

```
11.         panel1.add(button1, "East");
12.     }
13.
14.     public static void main(String args[]) {
15.         LayoutBasic f = new LayoutBasic();
16.         f.setTitle("LayoutBasic");
17.         f.setSize(250, 100);
18.         f.show();
19.     }
20. }
```

6: 레이아웃을 GridLayout으로 지정
7: 패널을 BorderLayout 으로 지정
15: LayoutBasic 객체 선언

실행결과

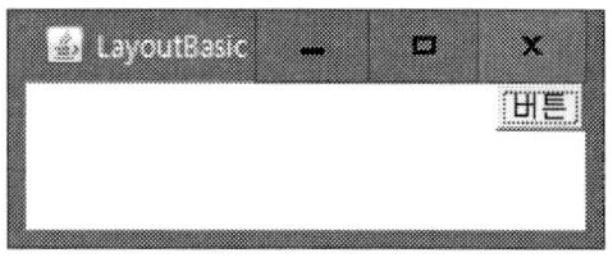

또한 윈도우의 크기가 변경되어 컨테이너의 크기가 변화되면 컨테이너가 다시 그림을 그리게 한다. 이 경우에 레이아웃 매니저가 컨테이너의 getMinimumSize() 메소드와 getPreferredSize() 메소드를 호출하여 컨테이너를 적당한 크기를 자동적으로 설정한다.

컨테이너에 컴포넌트를 추가하기 위해서는 Container 클래스의 add() 메소드를 사용한다. 이 경우에 추가하는 위치, 장소를 지정하는 것도 가능하다.

메소드	설 명
add(Component comp)	지정된 컴포넌트를 컨테이너에 추가
add (Component comp, int index)	지정된 컴포넌트를 컨테이너의 지정된 위치에 추가 index에 -1을 지정하면 맨 마지막으로 들어감
add(Component comp, Object constraints)	지정된 컴포넌트를 지정된 배치 조건으로 컨테이너에 추가
add(Component comp, Object constraints, int index)	지정된 컴포넌트를 컨테이너에 지정된 배치조건으로, 지정된 위치에 추가 index에-1을 지정하면 맨 마지막으로 들어감
setLayout(LayoutManagermgr)	컨테이너의 레이아웃 매니저를 설정

Container 클래스의 add( ) 메소드와 setLayout( ) 메소드

12.2.1 FlowLayout

FlowLayout 클래스는 수평 1행으로, 같은 행에서는 좌측에서 우측으로 버튼을 배치하는 레이아웃 매니저로, Panel 클래스의 디폴트 레이아웃 매니저이다. 1행에 입력을 하여 남은 컴포넌트는 다음 행에 표시된다.

컨테이너에 컴포넌트를 추가하기 위해서는 Container 클래스의 add() 메소드를 사용한다.

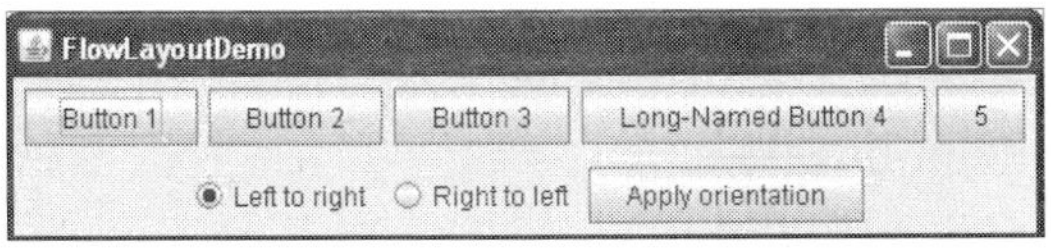

생성자	설 명
FlowLayout( )	디폴트(5pixel)의 수평 간격과 수직 간격을 가지고 있는 Flow Layout을 생성
FlowLayout(int align)	디폴트의 수평 간격과 수직 간격을 가지고 있으며 지정된 방법에 따라 FlowLayout을 생성
FlowLayout(int align, int hgap, int vgap)	지정된 간격값을 가지고 있으며, 지정된 방법에 따라 FlowLayout을 생성 hgap는 수평 방향, vgap는 수직 방향의 간격값

FlowLayout의 생성자

메소드	설 명
void addLayoutComponent (String name, Component comp)	지정된 컴포넌트를 레이아웃에 추가
int getAlignment( )	레이아웃의 배치정보를 얻음
void layoutContainer (Container target)	컨테이너 배치
void removeLayoutComponent (Component comp)	레이아웃에서 지정된 구성 요소를 제거
void setAlignment(int align)	레이아웃의 정렬을 설정

FlowLayout의 메소드

인수 align에는 FlowLayout 클래스의 클래스 변수로써 정의되어 있는 다음 표의 값을 지정한다.

클래스 변수	설 명
FlowLayout.LEFT	컴포넌트를 좌측으로 정렬
FlowLayout.CENTER	컴포넌트를 중앙으로 정렬
FlowLayoutRIGHT	컴포넌트를 우측으로 정렬

FLowLayout 클래스의 정렬 방법을 지정하는 클래스 변수

실습 12-8 FlowLayout의 기본 설정 실습

```
1. import java.awt.*;
2. import java.awt.event.*;
3.
4. public class FlowLayoutBasic {
5.    public static void main(String[ ] args) {
6.        Frame f = new Frame("FlowLayoutBasic");
7.        f.setSize(200, 150);
8.        f.setLayout(new FlowLayout(FlowLayout.LEFT));
9.        f.add (new Button("첫 번째"));
10.       f.add (new Button ("두 번째"));
11.       f.add (new Button ("세 번째"));
12.       f.add (new Button ("네 번째"));
13.       f.add (new Button("다섯 번째"));
14.       f.add (new Button("여섯 번째"));
15.       f.show( );
16.
17.       f.addWindowListener(new WindowAdapter( ) {
18.           public void windowClosing(WindowEvent e) {
19.               System.exit(0);
20.           }
21.       });
22.   }
23. }
```

6~7: 프레임 객체 선언과 크기 지정
8: 플로우레이아웃 왼쪽 지정
9~14: 플로우레이아웃 버튼 6개 추가
17~21: X 버튼 누르면 프로그램 종료

실행결과

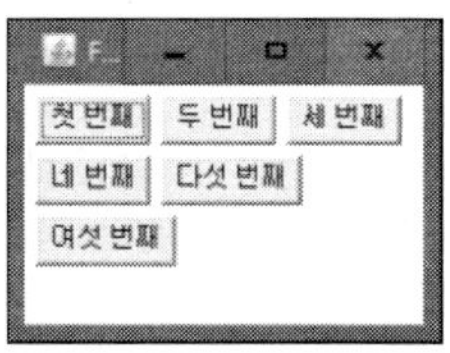

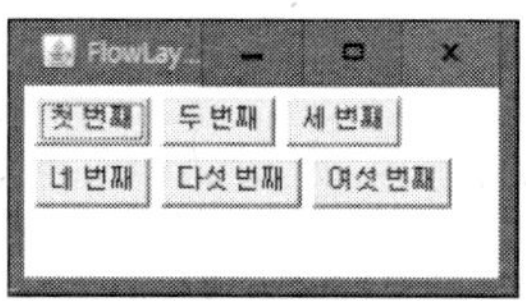

실습 12-9 FlowLayout을 이용한 응용 실습

```
1. import java.awt.*;
2. import java.awt.event.*;
3.
4. public class FlowLayoutAdvance  {
```

```
5.     public static void main(String args[ ]) {
6.         // 프레임을 작성
7.         Frame mf = new Frame("FlowLayoutAdvance");
8.
9.         // 플로우 레이아웃 매니저를 작성
10.        mf.setLayout(new FlowLayout(FlowLayout.LEFT, 10, 5));
11.
12.        // 자식 컴포넌트들을 추가
13.        mf.add(new Button("새파일"));
14.        mf.add(new Button("저장"));
15.        mf.add(new Button("읽기"));
16.        mf.add(new TextField(10));
17.        mf.add(new Button("찾기"));
18.
19.        // 윈도우 이벤트 핸들러 작성
20.        mf.addWindowListener(
21.            new WindowAdapter( ) {
22.                // 종료 이벤트 처리
23.                public void windowClosing(WindowEvent ev) {
24.                    System.exit(0);
25.                }
26.            }
27.        );
28.
29.        mf.setSize(350, 200);
30.        mf.setVisible(true);
31.    }
32. }
```

7: 프레임 객체 선언
10: 플로우레이아웃 왼쪽 지정
13~17: 프레임에 4개 버튼과 텍스트필드 추가
20~27: X 버튼 누르면 프로그램 종료
29: 프레임 크기 지정
30: 화면 보이기

실행결과

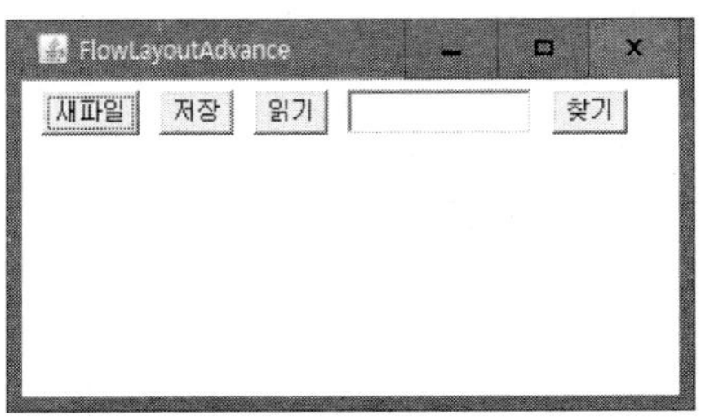

12.2.2 BorderLayout

가장 일반적으로 사용되는 배치 관리자이며 프레임이나 다이얼로그와 같은 윈도우들을 위한 디폴트 레이아웃이다.

동, 서, 남, 북 그리고 중앙에 컴포넌트를 배치할 수 있다. 배치되는 순서는 동서남북에 해당하는 요소들이 윈도우의 크기와 컨테이너 윈도우의 크기에 따라 우선적으로 배치되며 중앙에 해당하는 요소는 남은 공간에 배치된다.

배치할 위치는 add() 메소드에서 지정해 주면 된다. 예를 들어 버튼을 북쪽에 추가하려면 add("North", button); 과 같이 작성하면 된다.

다음은 BorderLayout에 컴포넌트를 배치하는 모습이다.

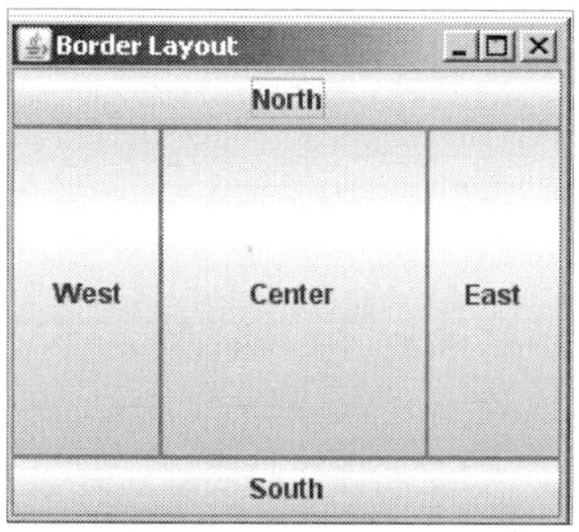

BorderLayout의 컴포넌트 배치

생성자	설 명
BorderLayout( )	컴포넌트간에 비어 있는 스페이스가 0인 BorderLayout을 생성
BorderLayout(int hgap,int vgap)	컴포넌트간에 수평(hgap), 수직(vgap)의 비어있는 스페이스를 지정하는 BorderLayout을 생성

BorderLayout의 생성자

인수를 지정하지 않는 경우에는 컴포넌트간에 비어 있는 공간은 0이 된다. 컴포넌트를 컨테이너에 넣기 위해서는 Container 클래스의 add( ) 메소드를 사용한다. 이 경우에 BorderLayout 클래스의 클래스 변수를 인수로 하는 것에 의하여 추가되는 위치를 지정할 수 있다.

또한 위치를 지정하지 않는 경우에 중앙(Center)에 놓여진다. 다수의 컴포넌트를 같은 위치에 추가하는 경우, 마지막에 추가한 컴포넌트가 표시된다.

클래스 변수	설 명
BorderLayout.CENTER	중앙 영역에 컴포넌트를 배치
BorderLayout.EAST	우측 영역에 컴포넌트를 배치
BorderLayout.NORTH	상단 영역에 컴포넌트를 배치
BorderLayout.SOUTH	하단 영역에 컴포넌트를 배치
BorderLayout.WEST	좌측 영역에 컴포넌트를 배치

add( ) 메소드에서 지정되는 클래스 변수

실습 12-10 BorderLayout을 이용한 기본 실습

```
1.  import java.awt.*;
2.  import java.awt.event.*;
3.
4.  public class BorderLayoutBasic {
5.      public static void main(String[ ] args) {
6.          Frame f = new Frame("BorderLayoutBasic");
7.          f.setSize(300, 200);
8.          // BorderLayout 레이아웃 매니저 설정
9.          f.setLayout(new BorderLayout(10, 10));
10.
11.         // 버튼 추가
12.         f.add(new Button("East"), BorderLayout.EAST);
13.         f.add(new Button("West"), BorderLayout.WEST);
14.         f.add(new Button("South"), BorderLayout.SOUTH);
15.         f.add(new Button("North"), BorderLayout.NORTH);
16.         f.add(new Button("Center"), BorderLayout.CENTER);
17.         f.show( );
18.
19.         f.addWindowListener(new WindowAdapter( ) {
20.             public void windowClosing(WindowEvent e) {
21.                 System.exit(0);
22.             }
23.         });
24.
25.     }
26. }
```

9: 보더레이아웃을 설정하고 수평, 수직 간격을 10으로 설정
12~16: 다음으로 동, 서, 남, 북과 중앙 버튼을 삽입

실행결과

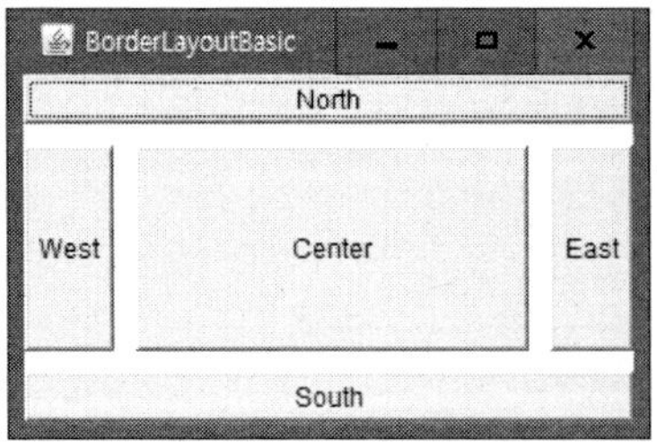

실습 12-11 BorderLayout을 이용한 응용 실습

```
import java.awt.*;
import java.awt.event.*;

public class BorderLayoutAdvance  {
    public static void main(String args[ ]) {
        // 프레임을 작성
        Frame bf = new Frame("BorderLayoutAdvance");

        // BorderLayout 매니저를 지정
        bf.setLayout(new BorderLayout( ));

        // 자식 컴포넌트들을 추가
        bf.add("East", new Button("동"));
        bf.add(new Button("서"), BorderLayout.WEST);
        bf.add(new Button("남"), BorderLayout.SOUTH);
        bf.add(new Button("북"), BorderLayout.NORTH);

        bf.add(new TextArea("중앙 영역"), BorderLayout.CENTER);

         // 윈도우 이벤트 핸들러 등록
         bf.addWindowListener(
             new WindowAdapter( ) {
                 // 종료 이벤트 처리
                 public void windowClosing(WindowEvent ev) {
                     System.exit(0);
                 }
             }
         );
         bf.setSize(330, 200);
         bf.setVisible(true);
    }
}
```

7~10: 프레임을 작성하고 보더레이아웃을 지정
13~18: 하위 컴포넌트로 4개의 버튼과 1개의 텍스트에어리어 중앙영역을 삽입
21~28: 프레임을 작성하기 위해 윈도우 이벤트 핸들러를 등록

실행결과

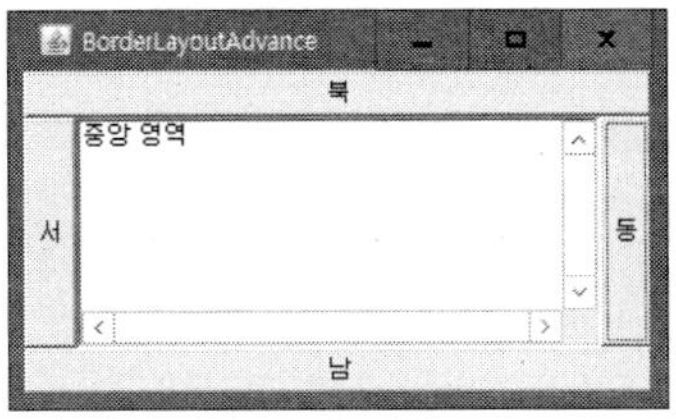

12.2.3 GridLayout

같은 크기의 객체요소들을 표와 같은 모양으로 나타낼 수 있는 레이아웃 매니저로 컴포넌트 배치 시 왼쪽부터 오른쪽으로, 위에서 아래로 차례대로 배치한다. 생성자의 인수로 행 수, 열 수를 지정할 수 있다.

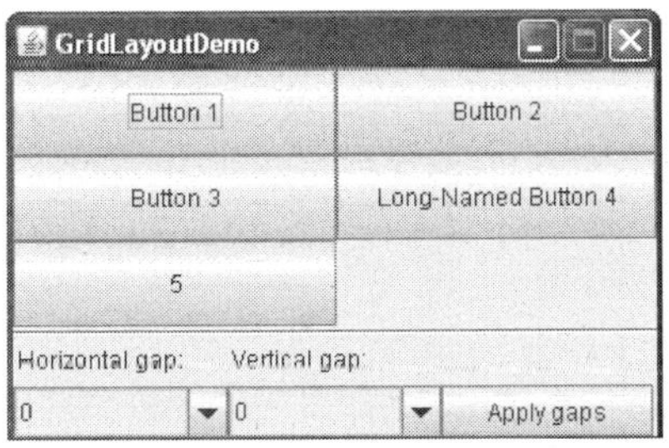

GridLayout의 컴포넌트 배치

다음은 GridLayout의 생성자이다.

생성자	설 명
GridLayout( )	1열의 GridLayout을 생성
GridLayout(int rows, int cols)	지정된 행과 열의 GridLayout을 생성 rows과 cols의 어느 쪽이든지 0이 될 수 있음. 0의 지정은 임의의 수를 의미
GridLayout(int rows, int cols, int hgaps, int vgap)	지정된 행과 열, 지정된 수평 간격과 수직 간격의 GridLayout을 작성 row과 cols의 어느 쪽이든지 0이 될 수 있음 0의 지정은 임의의 수를 의미 hgap는 수평 간격, vgap는 수직 간격이며 단위는 픽셀

GridLayout의 생성자

행 수 또는 열 수의 어느 쪽인가를 0으로 지정하는 경우에는 0이 아닌 지정이 우선으로 수행된다. 예를 들어, 다음의 지정에서 2개의 열로, 행 수는 추가되는 컴포넌트의 수에 의하여 변화하는

GridLayout를 나타내면 다음과 같다.

```
setLayout(new GridLayout (0.2));
```

실습 12-12 GridLayout을 사용한 기본 실습

```
1. import java.awt.*;
2. import java.awt.event.*;
3.
4. public class GridLayoutBasic extends Frame {
5.    public static void main(String args[ ]) {
6.        // 프레임을 작성
7.        Frame gl = new Frame("GridLayoutBasic");
8.        // GridLayoutBasic 클래스에 3열의 GridLayout을 설정
9.        gl.setSize(350, 200);
10.       gl.setVisible(true);
11.       gl.setLayout(new GridLayout(0,3));
12.
13.       // 버튼을 추가
14.       gl.add(new Button("1번째의 버튼"));
15.       gl.add(new Button("2번째의 버튼"));
16.       gl.add(new Button("3번째의 버튼"));
17.       gl.add(new Button("4번째의 버튼"));
18.       gl.add(new Button("5번째의 버튼"));
19.       gl.add(new Button("6번째의 버튼"));
20.
21.       gl.addWindowListener(new WindowAdapter( ) {
22.           public void windowclosing(WindowEvent e) {
23.               System.exit(0);
24.           }
25.       });
26.
27.       gl.setSize(new Dimension(300, 220));
28.       gl.pack( );
29.       gl.show( );
30.   }
31. }
```

7: 그리드레이아웃 프레임 작성
11: 그리드레이아웃 0행 3열 지정
14~19: 6개의 버튼을 추가

실행결과

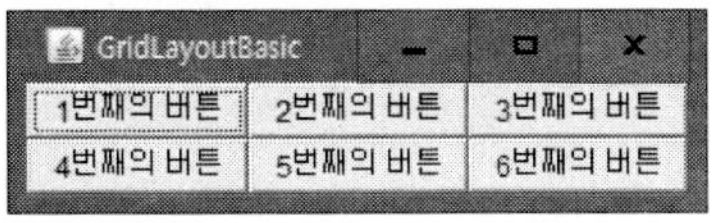

실습 12-13 GridLayout을 이용한 응용 실습

```
1.  import java.awt.*;
2.  import java.awt.event.*;
3.
4.  public class GridLayoutAdvance extends Frame {
5.      public static void main(String args[ ]) {
6.          // 프레임을 작성
7.          Frame gl = new Frame("GridLayoutAdvance");
8.          gl.setSize(new Dimension(300, 220));
9.          final int n = 4;
10.         gl.setLayout(new GridLayout(n, n));
11.         gl.setFont(new Font("SansSerif", Font.BOLD, 24));
12.         for(int i = 0; i < n; i++) {
13.             for(int j = 0; j < n; j ++) {
14.                 int k = i * n + j;
15.                 if(k > 0)
16.                     gl.add(new Button(" "  + k));
17.             }
18.         }
19.
20.         gl.addWindowListener(new WindowAdapter( ) {
21.             public void windowclosing(WindowEvent e) {
22.                 System.exit(0);
23.             }
24.         });
25.
26.         gl.setVisible(true);
27.     }
28. }
```

7: 그리드레이아웃 프레임 작성
8: 그리드레이아웃 영역 지정
9: 첨자변수 4를 선언
10: 그리드레이아웃 4행 4열 지정
11: 글꼴 지정
12~18: 반복문으로 그리드 객체에 숫자 지정

실행결과

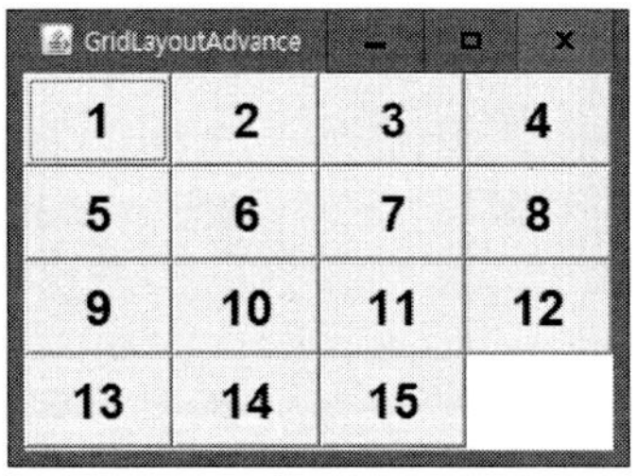

12.2.4 GridBagLayout

GridBagLayout 클래스는 GridLayout을 확장한 것으로 GridBagConstraints 클래스를 사용하여 각각의 컴포넌트에 대해 위치, 크기, 공간의 활용에 관한 속성 등을 명시해 주는 것이 가능하며 크기가 서로 다른 컴포넌트들도 수평, 수직으로 배치되는 레이아웃 매니저이다.

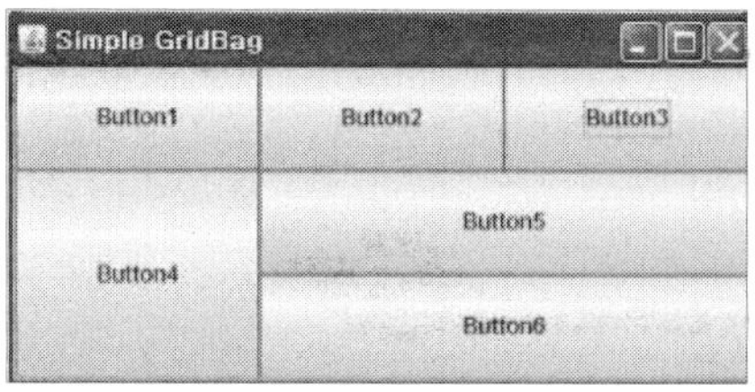

GridBagLayout의 선언

GridBagLayout에서의 지정은 다음과 같이 GridBagConstraints 클래스의 클래스 변수 및 인스턴스 변수를 사용하므로 조금 복잡하다.

작성 순서는 다음과 같다.

① 컨테이너의 레이아웃 매니저에 GrigBagLayout을 설정한다.

② GridBagConstraints 클래스의 인스턴스를 작성하여 클래스 변수와 인스턴스 변수를 사용하여 컴포넌트의 배치 방법 등을 설정한다.

③ 컨테이너의 setConstraints( ) 메소드를 사용하여 컴포넌트에 GridBagConstraints 클래스의 인스턴스를 설정한다.

④ 컴포넌트를 컨테이너에 추가한다.

GridBagLayout 클래스의 생성자와 메소드는 다음과 같다.

생성자	설 명
GridBagLayout( )	GridBagLayout을 생성

GridBagLayout의 생성자

메소드	설 명
setConstraints (Component comp, GridBagConstraints constraints)	지정된 컴포넌트의 표시방법 등의 제약을 설정

GridBagLayout의 메소드

GridBagConstraints 클래스에는 다음과 같은 클래스 및 인스턴스 변수가 있다. 인스턴스 변수의 값을 변경하여 그 인스턴스 변수가 갖는 GrisBagConstrants 클래스 인스턴스를 컴포넌트에 설정하는 것에 의하여 여러 가지 표시 방법의 설정이 가능하다.

인스턴스 변수	설 명
anchor	컴포넌트가 표시 영역보다 작은 경우, 표시 영역의 어느 쪽에 컴포넌트를 배치하는가를 클래스 변수로 지정

GridBagConstraints 클래스의 인스턴스 변수와 클래스 변수

클래스 변수	설 명
GridBagConstraints.CENTER	중앙에 배치(디폴트)
GridBagConstraints.NORTH	상단 중앙에 배치
GridBagConstraints.NORTHEAST	상단 우측에 배치
GridBagConstraints.EAST	우측에 배치
GridBagConstraints.SOUTHEAST	하단 우측에 배치
GridBagConstraints.SOUTH	하단 중앙에 배치
GridBagConstraints.SOUTHWEST	하단 좌측에 배치
GridBagConstraints.WEST	좌측에 배치
GridBagConstraints.NORTHWEST	상단 좌측에 배치

anchor의 지정에서 사용되는 클래스 변수

인스턴스 변수	설 명
gridx, gridy	컴포넌트의 놓을 위치를 셀(cell)의 번호로 지정 행, 열의 번호는 0에서 시작 GridBagConstraints.RELATIVE을 지정하면 직전에 놓여진 컴포넌트의 우측 수평 또는 중앙 밑에 배치
gridwidth, gridheight	컴포넌트의 표시 영역에서, 1행(gridwidth) 또는 1열(gridheight) 셀(cell)의 수를 지정 디폴트는 1 컴포넌트가 행 또는 열의 맨 마지막에 있는 것으로 지정하는 경우에는 GridBagConstraints.REMAINDER를 사용하여 설정 맨 마지막이 아닌 경우에는 GridBagConstraint.RELATIVE로 설정
fill	컴포넌트를 표시하는 영역이 필요 이상의 크기인 경우에 컴포넌트의 크기 등을 지정

기타 인스턴스 변수

fill의 지정으로 사용할 수 있는 변수에는 다음과 같은 것이 있다.

클래스 변수	설 명
GridBagConstraints.NONE	크지 않음(디폴트)
GridBagConstraints.HORIZONTAL	높이는 변화시키지 않고 폭을 표시영역 전부 확대
GridBagConstraints.VERTICAL	폭은 변화시키지 않고 높이를 표시영역 전부 확대
GridBagConstraints.BOTH	폭, 높이 양쪽을 표시 영역 전부로 확대

fill 지정 클래스 변수

인스턴스 변수	설 명
ipadx, ipady	컴포넌트 내측에 집어넣을 변수를 픽셀 단위로 지정
insets	컴포넌트와 표시영역의 단과의 간격을 지정
weightx, weighty	Resize의 경우 스페이스의 배분 방법을 지정(0~1의 사이)

fill 지정 인스턴스 변수

실습 12-14 GridBagLayout을 이용한 애플릿 실습

```
import java.awt.*;
import java.awt.event.*;

class GridBagLayoutBasic extends Frame {
   public GridBagLayoutBasic( ) {
      setTitle("GridBagLayoutBasic");
      setSize(300,100);
      GridBagLayout gridbag = new GridBagLayout( );
      GridBagConstraints cons = new GridBagConstraints( );

      setLayout(gridbag);
      cons.fill = GridBagConstraints.BOTH;
      cons.weightx = 1.0;
      add("1번",gridbag,cons); //정의된 메소드
      add("2번",gridbag,cons);
      cons.gridwidth = GridBagConstraints.REMAINDER;
      // 마지막 컴포넌트를 의미
      add("3번",gridbag,cons);
      cons.gridwidth = 2;
      cons.gridheight = 2;
      add("4번",gridbag,cons);
      cons.gridheight = 1;
      cons.gridwidth = GridBagConstraints.REMAINDER;
```

```
24.         add("5번",gridbag,cons);
25.         add("6번",gridbag,cons);
26.     }
27.     public void add(String name, GridBagLayout gridbag,
28.             GridBagConstraints cons) {
29.         Button button = new Button(name);
30.         gridbag.setConstraints(button,cons);
31.         add(button);
32.     }
33.     public static void main (String args[]) {
34.         GridBagLayoutBasic obj = new GridBagLayoutBasic( );
35.         obj.setVisible(true);
36.     }
37. }
```

5: 그리드백레이아웃을 지정하고, 생성자 선언
6~7: 제목과 크기 지정
8: GridBagLayout 객체 선언
9: GridBagConstants 객체 선언
11: 레이아웃 지정
12: 폭과 높이를 전부 확대
13: 재정의 배분을 1로 지정
14~15: 1번, 2번 메소드 추가
16: 현재 행의 마지막 셀 지정
19~21: 4번의 셀을 2개로 지정
22: 현재 행을 1로 지정
23: 현재 행의 마지막 셀 지정
24~25: 5번, 6번 메소드 추가
27~32: 그리드백 요소를 모두 선언하는 메소드
34: 메인 클래스의 객체 선언

실행결과

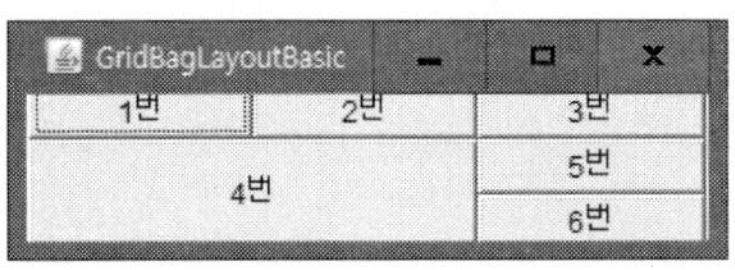

실습 12-15 GridBagLayout을 이용한 응용 실습

```
import java.awt.*;
import java.awt.event.*;

class GridBagLayoutAdvance extends Frame {
    public GridBagLayoutAdvance( ) {
```

```
        GridBagLayout gridbag = new GridBagLayout();
        GridBagConstraints c = new GridBagConstraints();

        setLayout(gridbag);
        c.ipadx = 8;

        c.fill = GridBagConstraints.BOTH;
        c.weightx = 1.0; c.weighty = 1.0;

        makebutton("버튼1", gridbag, c);
        makebutton("버튼2", gridbag, c);
        makebutton("버튼3", gridbag, c);

        c.gridwidth = GridBagConstraints.REMAINDER; // 열의 끝
        c.weightx = 0.5; c.weighty = 0.5;
        makebutton("버튼4", gridbag, c);

        c.fill = GridBagConstraints.BOTH;
        c.weightx = 0.0; c.weighty = 0.0; // 기본 재지정
        makebutton("버튼5", gridbag, c); // 다음 열
        c.gridwidth = GridBagConstraints.RELATIVE; // 다음의 마지막 열
        makebutton("버튼6", gridbag, c);

        c.gridwidth = GridBagConstraints.REMAINDER; // 열의 끝
        c.weightx = 0.75; c.weighty = 0.75;
        makebutton("버튼7", gridbag, c);

        c.gridwidth = 1;        // 기본 재지정
        c.gridheight = 2;
        c.weightx = 0.25; c.weighty = 0.25;
        makebutton("버튼8", gridbag, c);

        c.weighty = 0.0;       // 기본 재지정
        c.gridwidth = GridBagConstraints.REMAINDER; // 열의 끝
        c.gridheight = 1;   // 기본 재지정
        makebutton("버튼9", gridbag, c);
        makebutton("버튼10", gridbag, c);

        setSize(350, 150);
    }

    protected void makebutton(String name, GridBagLayout gridbag,
            GridBagConstraints c) {
        Button button = new Button(name);
```

```
50.         gridbag.setConstraints(button, c);
51.         add(button);
52.     }
53.
54.     public static void main(String args[]) {
55.         GridBagLayoutAdvance f = new GridBagLayoutAdvance();
56.         f.pack();
57.         f.setTitle("GridBagLayoutAdvance");
58.         f.setVisible(true);
59.     }
60. }
```

5: 그리드백레이아웃을 지정하고, 생성자 선언
6: GridBagLayout 객체 선언
7: GridBagConstants 객체 선언
9: 레이아웃 지정
10: 픽셀을 8로 지정
12: 폭과 높이를 전부 확대
13: 재정의 배분을 1로 지정
15~17, 21: 4개의 버튼을 추가
19: 현재 행의 마지막 셀 지정
20: 셀의 높이와 넓이를 0.5로 지정
23: 폭과 높이를 전부 확대
24: 기본 재지정
25: 다음 열에 버튼5를 추가
26: 다음의 마지막 열 지정
27: 다음 줄에 버튼6 추가
29: 현재 행의 마지막 셀 지정
30: 셀의 높이와 넓이를 0.75로 지정
31: 버튼7 추가
33~34: 컴포넌트의 넓이와 높이를 1과 2로 지정
35: 셀의 높이와 넓이를 0.25로 지정
36: 다음 줄에 버튼8 추가
38: 높이의 기본 재지정
39: 현재 행의 마지막 셀 지정
40: 넓이의 기본 재지정
41~42: 옆에 버튼9와 버튼10 지정
47~52: 버튼 작성 메소드 선언
49: 버튼 객체 선언
50: 그리드백 값의 지정
51: 버튼 추가
55: 메인 클래스의 객체 선언
57~58: 제목지정과 화면 보이기

실행결과

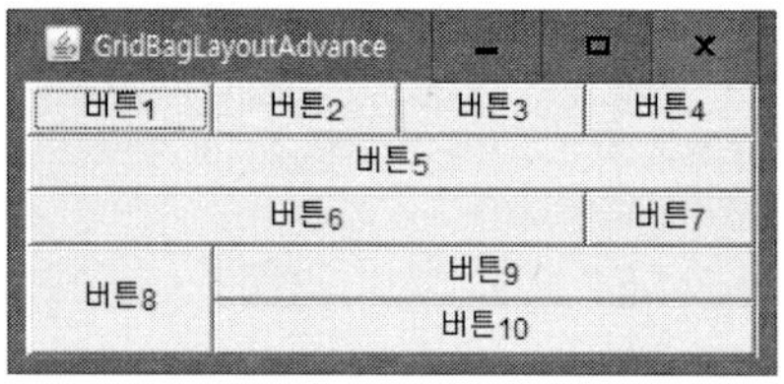

12.2.5 CardLayout

CardLayout은 여러 개의 GUI 패널을 작성한 후 카드처럼 원하는 하나의 패널만 보여 주면서 다른 컴포넌트는 숨길 수 있도록 한다. 이때 나타내지는 컴포넌트를 현재 컴포넌트라 하고, 컨테이너의 가시적인 전체 영역을 가지고 보여진다.

카드형 배치관리자는 가시적인 상태의 컴포넌트를 현재 컴포넌트로 한다. 따라서 카드형 배치관리자의 통제하에 있는 컴포넌트는 setVisible( ) 메소드를 사용하여 직접 가시 상태를 바꾸어서는 안된다.

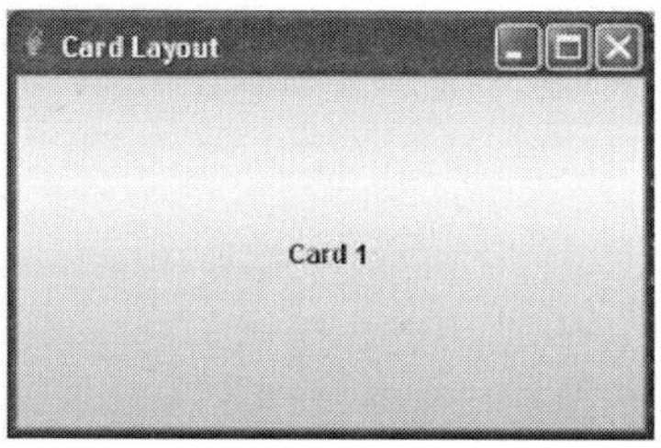

CardLayout 선언

다음은 CardLayout의 생성자와 메소드이다.

생성자	설 명
CardLayout( )	새로운 CardLayout을 생성. 컨테이너와 간격은 0
CardLayout(int hgap, int vgap)	새로운 CardLayout을 생성 hgap는 컨테이너와 수평 방향의 간격, vgap는 수직 방향의 간격

CardLayout의 생성자

메소드	설 명
add(Container parent, String name)	name : 주어진 이름으로, parent : 지정된 컨테이너에 추가
first(Container parent)	최초의 카드로 전환
last(Container parent)	맨 마지막의 카드로 전환
next(Container parent)	다음의 카드로 전환
previous(Container parent)	앞의 카드로 전환
show(Container parent)	name으로 지정된 컴포넌트로 전환

CardLayout의 메소드

실습 12-16 CardLayout을 이용한 기본 실습

```
import java.awt.*;
import java.awt.event.*;

class CardLayoutBasic {
   public static void main(String args[]) {
      Frame f = new Frame("CardLayoutBasic");
      CardLayout card = new CardLayout(10, 10);

      f.setLayout(card);
      Panel card1 = new Panel( );
      card1.setBackground(Color.yellow);
      card1.add(new Label("카드 1"));

      Panel card2 = new Panel( );
      card2.setBackground(Color.orange);
      card2.add(new Label("카드 2"));

      Panel card3 = new Panel( );
      card3.setBackground(Color.cyan);
      card3.add(new Label("카드 3"));

      f.add(card1, "1");
      f.add(card2, "2");
      f.add(card3, "3");

      class Handler extends MouseAdapter {
         public void mouseClicked(MouseEvent e) {
            // 마우스 오른쪽 버튼을 눌렀을 때
            if(e.getModifiers( ) == e.BUTTON3_MASK) {
               // CardLayout의 이전 Panel을 보여준다.
               card.previous(f);
            }
            else {
               // CardLayout의 다음 Panel을 보여준다.
               card.next(f);
            }
         }
      }

      card1.addMouseListener(new Handler( ));
      card2.addMouseListener(new Handler( ));
      card3.addMouseListener(new Handler( ));
```

```
43.
44.         f.setSize(200,200);
45.         f.setLocation(200, 200);
46.         f.setVisible(true);
47.     }
48. }
```

6: 프레임 객체 선언
7: CardLayout 객체 선언
9: 카드 레이아웃 지정
10: 첫 번째 패널 객체 선언
11: 패널 배경색을 노란색으로 지정
12: 패널 중간에 "카드1"을 출력
14: 두 번째 패널 객체 선언
15: 패널 배경색을 오렌지색으로 지정
16: 패널 중간에 "카드2"을 출력
18: 세 번째 패널 객체 선언
19: 패널 배경색을 하늘색으로 지정
20: 패널 중간에 "카드3"을 출력
22~24: 3개의 카드를 프레임에 추가
26~38: 마우스 핸들러 선언
29~32: 패널에 마우스 오른쪽 버튼을 클릭하면 이전 패널이 나타남
33~36: 패널에 마우스 왼쪽 버튼을 클릭하면 다음 패널이 나타남
40~42: 3개의 카드 객체를 액션리스너에 추가
44~46: 프레임 크기와 위치 그리고 화면 보이기 선언

실행결과

실습 12-17 CardLayout을 이용한 응용 실습

```
import java.awt.*;
import java.awt.event.*;

public class CardLayoutAdvance extends Frame implements ActionListener {
    Panel panel1;                // 버튼을 추가하는 패널 선언
    MakeCard makeCard1;          // 카드를 작성하는 클래스 변수

```

```
    CardLayoutAdvance( ) {
        panel1 = new Panel(new GridLayout(0,5,10,0));
        panel1.setBackground(Color.lightGray);

        addButton("| <", panel1);           // 사용자 정의 메소드에서
        addButton("<", panel1);  // 5개의 버튼을 패널에
        addButton(">", panel1);  // 등록한다.
        addButton(">|", panel1);
        addButton("닫는다", panel1);
        add(panel1, "North");    // 패널에 프레임을 등록한다.

        makeCard1 = new MakeCard( );  // 카드를 작성한다.
        add(makeCard1, "Center");          // 카드를 프레임에 등록한다.
    }

    class MakeCard extends Panel {     // 카드를 작성하는 클래스
        CardLayout layout;                 // CardLayout 변수 선언
        public MakeCard( ) {
            layout = new CardLayout( ); // 인스턴스를 작성
            setLayout(layout);
            setFont(new Font("Dialog", Font.PLAIN, 14));

            // 1Page째의 카드
            add(new Label("위의 버튼을 클릭하여 주세요.", Label.CENTER), "Center");
            for (int i = 1; i <= 20; i++) {
                // Textarea를 갖는 20장의 카드
                add(new TextArea("TextArea "+i), "Center");
            }
        }
    }

    // 사용자 정의 메소드 addButton( )
    void addButton(String str, Container target) {
        Button button = new Button(str);
        button.addActionListener(this);
        target.add(button);
    }

    public void actionPerformed(ActionEvent e) {
        if (e.getActionCommand( ).equals("닫는다")) {
            System.exit(0);
        } else if (e.getActionCommand( ).equals("|<")) {  // 선두
            makeCard1.layout.first(makeCard1);
        } else if (e.getActionCommand( ).equals("<")) {   // 앞에
```

```
52.             makeCard1.layout.previous(makeCard1);
53.         } else if (e.getActionCommand().equals(">")) {   // 다음에
54.             makeCard1.layout.next(makeCard1);
55.         } else if (e.getActionCommand().equals(">|")) {  // 맨 마지막
56.             makeCard1.layout.last(makeCard1);
57.         }
58.     }
59.
60.     public static void main (String args[]) {
61.         CardLayoutAdvance f = new CardLayoutAdvance();
62.         f.setTitle("CardLayoutAdvance");
63.         f.setSize(300, 150);
64.         f.show();
65.     }
66. }
```

5: 버튼을 추가하는 패널 선언
6: 카드를 작성하는 클래스 변수
9: 패널에 그리드레이아웃 선언
10: 패널 배경색을 회색으로 지정
12~16: 패널에 5개의 버튼 추가
17: 패널에 프레임을 등록
19: 카드 작성
20: 카드를 프레임에 등록
23: 카드를 작성하는 클래스 선언
24: 카드레이아웃 변수 선언
25: 생성자 선언
27: 카드레이아웃 지정
31: 레이블을 중간에 출력
32~35: 반복문으로 텍스트에어리어 추가
40~44: 사용자 정의 메소드 addButton( ) 선언
41: 버튼 객체 선언
42: 버튼을 액션리스너에 연결
43: 컨테이너에 버튼 추가
46~58: 각각의 버튼을 누를 때 마다 각각의 액션이 실행
61: 메인 클래스 객체 선언
62~63: 제목과 크기 선언
64: 화면 출력

실행결과

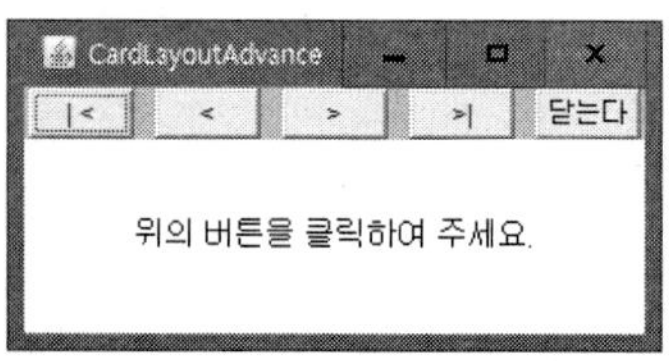

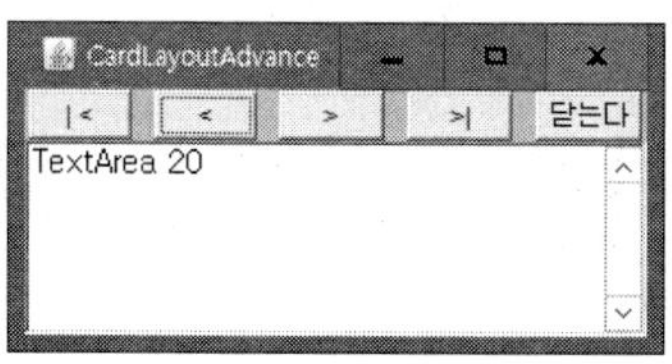

Chapter 13

SWING

13.1 JFC(Java Foundation Class)와 스윙의 개요

JFC는 클래스 라이브러리 형태로 자바 프로그래밍 언어를 사용해 미리 작성해 놓은 코드 모음을 말한다. JFC는 그래픽 유저 인터페이스를 구축하는 데 도움을 주는 일련의 기능 요소들을 모아 놓은 것으로 JFC의 API를 "**스윙 API**"라고 부르기도 한다. 자바 플랫폼 역시 AWT 컴포넌트들을 지원하긴 하지만, AWT보다는 스윙 컴포넌트들을 사용하는 것이 좋다.

스윙 컴포넌트들은 모두 J로 시작하므로 AWT 컴포넌트들과 쉽게 구분할 수 있다. 예를 들어서, AWT의 버튼 클래스는 Button이지만, 스윙의 버튼은 JButton이다. 그리고 AWT 컴포넌트들은 java.awt 패키지에 들어 있는 반면, 스윙 컴포넌트들은 javax.swing 패키지에 들어 있다.

스윙을 이용하면 프로그램의 GUI가 사용하는 외양을 프로그래머가 임의대로 선택하거나 변경할 수 있는 반면, AWT 컴포넌트들은 해당 플랫폼 고유의 외관을 따라야만 한다.

스윙의 구성 요소는 다음과 같다.

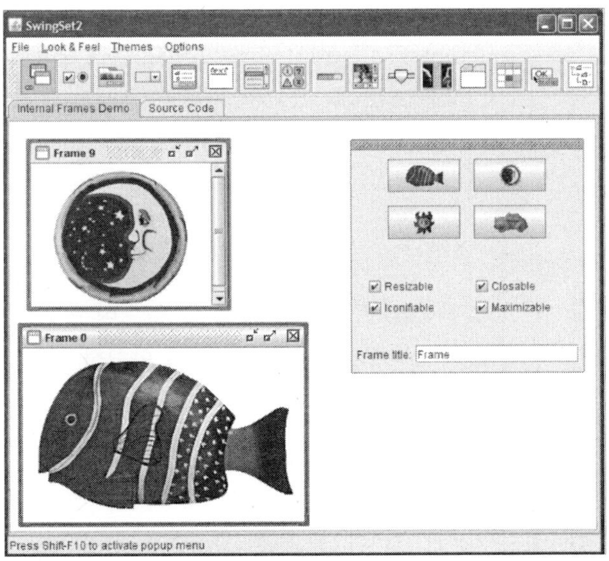

13.1.1 스윙 컴포넌트와 AWT 컴포넌트의 차이점

- 스윙 컴포넌트는 'J'로 시작한다.(Button, JButtion)
- AWT 컴포넌트는 java.awt 패키지 안에, Swing 컴포넌트는 javax.swing 패키지 내에 존재한다.
- 모든 스윙 컴포넌트는 javax.swing.Jcomponent를 상속한다.
- 스윙 컴포넌트는 특정 플랫폼에 의존적인 코드가 전혀 포함되지 않고 구현되므로 그들이 수행될 때 플랫폼으로부터 어떠한 native code도 사용하지 않는다.
- 스윙의 버튼은 텍스트뿐만 아니라 이미지도 표시할 수 있다.
- 스윙 컴포넌트는 직사각형 이외의 모양도 가능하다.
- 프로그램 내에서 스윙 컴포넌트와 중량(heavy weight) 컴포넌트를 사용할 수 없다. 즉시 사용가능한 AWT 컴포넌트나 AWT Canvas, Panel을 상속한 클래스는 중량 컴포넌트이다. 경량과 중량이 중복되는 경우에는 경량 컴포넌트가 가려지기 때문이다.
- JFrame와 같은 최상위 컨테이너에 직접 컴포넌트를 추가하지 않는다. 대신 Jframe에 포함된 다른 컨테이너에 컴포넌트를 추가할 수 있다.
- 스윙에서는 Border를 그릴 수 있다. AWT는 Peer를 거치므로 모양에 관여할 수 없었지만, 스윙은 직접 그리는 것을 담당하므로 Border를 쉽게 그릴 수 있다.
- 컴포넌트의 최대/최소 크기와 가장 적절한 크기를 지정할 수 있다. AWT에서는 Peer에 의해 제어되므로 마음대로 크기를 제어하기가 어렵다.
- ToolTip을 만들기가 쉽다.
- 투명한 Component가 가능하다.

Jframe은 윈도우 이벤트 핸들링을 하지 않아도 윈도우를 종료할 수 있다. 이는 내부적으로 이벤트 핸들링 코드가 존재하기 때문인데 개발자가 바꿀 수 있도록 설정이 가능하다. setDefaultClose Operation(int)이라는 메소드를 이용한다.

파라미터로 java.swing.WindowConstants의 DO_NOTHING_ON_CLOSE, HIDE_ON_CLOSE, DISPOSE_ON_CLOSE 값을 이용할 수 있으며 DISPOSE_ON_CLOSE가 기본값이다.

13.1.2 스윙의 특징

1 교체 가능한 외관(Look&Feel)

Look&Feel은 각 운영체제마다 동일한 GUI 모양을 제공할 수 있으며 필요에 따라 적절하게 바꿀 수 있는데, 이러한 GUI 모양을 동적으로 교체가 가능하다. 자바의 확실한 멀티플랫폼 지원의 일부 현재 Window, java, Motif 세 가지 외관이 지원된다.

2 MVC(Model View Controller) 모델

MVC 구조는 Alan Kay라는 사람이 만든 객체 지향 언어인 Smalltalk-80 version에서 소개된 컴포넌트 디자인 모델의 하나로 각각의 컴포넌트를 Model, View, Controler로 구분하여 추상화 한 것이다.

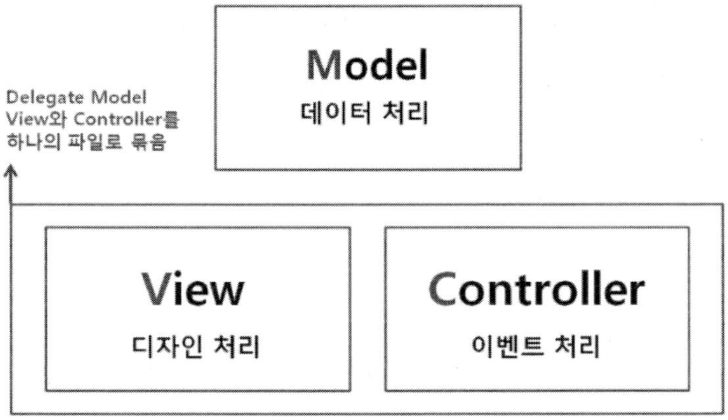

① 모델(Model) : 프로그램의 상태에 대한 논리적인 데이터를 표현, 또한 모델의 데이터가 변경되었을 경우 이를 뷰 객체에게 알려주는 역할을 하는 객체이다.

② 뷰(View) : 모델에 의해서 표현된 데이터에 대한 시각적인 화면 출력을 관리하는 객체이다. 뷰는 응답 메커니즘을 기술하기 위하여 컨트롤러를 이용한다. 즉, 컨트롤러의 입력에 응답하여 그 결과를 화면으로 출력해 준다.

③ 컨트롤러(Controller) : 모델에 의해서 표현된 데이터를 사용자가 변경할 수 있도록 사용자 상호작용(User Interaction)을 제공하는 객체이다. JFC의 Swing에서의 MVC의 구조는 상태 부분(Model)과 표현 부분(View+Controller=UI)으로 구분함으로써 다음과 같은 특징을 갖는다.

- 같은 모델을 가지고 쉽게 동시에 여러 개의 뷰를 만들 수 있다.
- 모델에는 표현 부분이 없기 때문에 모델의 영향을 주지 않고 필요에 따라 뷰를 자유롭게 수정할 수 있다.
- Swing 일반적인 MVC 구조에서 공통적으로 약간 변형시킨 형태로 컴포넌트를 표현한다. 즉, 뷰와 컨트롤러를 하나로 묶어서 델리게이트라는 커다란 컴포넌트를 형성하여 모델은 바꾸지 않고 프로그램 실행 중간에 Delegate(view+Controller)를 통해 Java Look&Feel을 윈도우 Look&Feel로 바꿀 수 있다.

13.1.3 경량 컴포넌트(lightweight Component)

시스템의 Native Component와 연계되지 않은 컴포넌트로 이와는 반대로 AWT의 모든 컴포넌트는 Peer라는 것을 통하여 시스템의 Native Component와 연계되어 있다. Native Component를 사용하지 않으므로 자원을 적게 소모하며 플랫폼에 독립적인 컴포넌트를 만들 수 있다.

스윙 컴포넌트는 **경량 컴포넌트**라고 표현할 수 있다. 그렇다고 스윙 컴포넌트가 모두 경량 컴포넌트라는 표현은 아니고, 경량 컴포넌트는 완전히 Java 만으로 작성되어야 하고, 사용자가 임의로 룩앤필을 바꿀 수 있는 것이라야 한다.

중량 컴포넌트란 그 플랫폼이 제공하는 컴포넌트로 사용자가 변화를 모색할 수 없는 매우 경직된 컴포넌트, AWT 컴포넌트는 중량 컴포넌트이다.

스윙은 모든 플랫폼에서 동일한 외형을 갖고, 동일한 작동을 하며, 최대한 유연성을 갖는 완전히 Java만으로 작성된 "경량형lightweight" 컴포넌트를 제공한다는 목적으로 시작된 것이다.

13.2 스윙 프로그램의 실행과 명령어

13.2.1 스윙 프로그램의 컴파일과 실행 단계

다음은 자바 플랫폼에서 스윙 프로그램을 컴파일하고 실행하는 단계이다.

1단계	자바 플랫폼의 최신 릴리즈를 설치
2단계	스윙 컴포넌트들을 사용하는 프로그램을 작성
3단계	javac를 이용하여 소스 프로그램을 컴파일
4단계	java를 이용하여 컴파일된 바이트 코드를 실행

13.2.2 스윙 명령어의 종류

스윙 명령어들은 대부분 AWT 명령어와 그 기능이 비슷하며, 명령어의 앞에 J 글자가 붙어 있으며, 명령어와 그 기능들은 다음과 같다.

명령어	기 능 설 명
JButton	텍스트 이미지를 나타낼 수 있는 버튼
JCheckBox	선택과 선택되지 않은 상태를 나타낼 때 사용하는 컴포넌트
JCheckBoxMenuItem	체크박스 형태의 메뉴 컴포넌트
JComboBox	여러 데이터를 나열할 때 사용하는 컴포넌트
JDialog	다이얼로그 컨테이너
JFrame	외부 프레임 컨테이너
JLabel	텍스트를 나타낼 때 사용하는 컴포넌트
JList	여러 데이터를 나열할 때 사용하는 컴포넌트
JMenu	메뉴 컴포넌트

JMenuBar	메뉴를 배치하는 컴포넌트
JMenuItem	메뉴를 구성하는 컴포넌트
JPanel	일반적으로 컴포넌트를 담을 때 사용하는 컨테이너
JPopupMenu	팝업 형태로 나타나는 메뉴
JRadioButton	선택과 선택되지 않은 상태를 나타낼 때 사용하는 컴포넌트
JScrollBar	화면을 이동시키거나 값을 변경할 때 사용하는 컴포넌트
JScrollPane	스크롤 되는 화면을 만들어주는 컨테이너
JTextArea	여러 줄 텍스트를 입력할 때 사용하는 컴포넌트
JTextComponent	텍스트 컴포넌트의 기반이 되는 컴포넌트
JTextField	한줄 텍스트를 입력할 때 사용하는 컴포넌트
JWindow	외부 창을 만드는 컨테이너
JComponent	스윙에서 사용하는 가벼운 컴포넌트의 기반이 되는 컴포넌트
JDesktopPane	여러 개의 프레임을 담을 때 사용하는 컨테이너
JEditorPane	다양한 텍스트를 처리할 수 있는 텍스트 패인
JInternalFrame	JDesktopPane에 들어가는 내부 프레임 컨테이너
JLayeredPane	여러 층으로 컴포넌트를 배치할 수 있는 컨테이너
JOptionPane	표준 다이얼로그를 만들 때 사용
JPasswordField	암호를 표시할 때 사용하는 텍스트 입력 컴포넌트
JProgressBar	진행상태를 나타낼 때 사용하는 컴포넌트
JRootPane	스윙에서 사용하는 최상위 컨테이너
JSeparator	구분할 때 사용하는 컴포넌트
JSlider	슬라이더 형태로 값을 변경할 때 사용하는 컴포넌트
JSplitPane	화면을 두 영역으로 나눌 때 사용하는 컨테이너
JTabbedPane	탭 형식으로 여러 화면을 관리하는 컨테이너
JTabel	테이블 컴포넌트
JTextPane	텍스트를 처리하는 컴포넌트
JToggleButton	JRadioButton과 JCheckBox의 기반이 되는 컴포넌트
JToolBar	툴바를 나타내는 컨테이너
JToolTip	툴팁을 나타내는 컴포넌트
JTree	구조적인 데이터를 트리 형식으로 나타내주는 컴포넌트
JViewPort	스크롤 할 수 있는 컴포넌트를 보여주는 컴포넌트

13.2.3 스윙의 컨테이너와 컴포넌트

Swing에서 Top-level 컨테이너는 JFrame, JApplet, JDialog, JWindow이다. Swing에서 Light weight 컴포넌트는 앞에 설명한 JButton, JPanel, JMenu 등의 컴포넌트 들이다.

Top-level 컨테이너는 lightweight 컴포넌트가 존재하는 framework을 제공한다. 다시 말해서 top-level Swing 컨테이너는 lightweight Swing 컴포넌트가 그려질 수 있는 영역을 제공하는 것으로 컨테이너의 heavy weight AWT 컴포넌트의 Swing subclass이다.

모든 Swing 컴포넌트들은 top-level Swing 컨테이너를 가지고 있다. 비슷하게 Swing 컴포넌트를 가지고 있는 모든 main window는 JFrame으로부터 상속된다.

일반적으로 Swing 컴포넌트를 사용하기 위해서는 Swing 컴포넌트와 Swing 컨테이너를 같이 사용해야 한다. Swing은 Top-level 컨테이너에 바로 추가될 수 없고, Top-level 컨테이너와 연관되어 있는 content pane에 추가할 수 있다. contenet pane은 JPanel과 같은 lightweight Swing 컴포넌트이다.

13.3 스윙 컴포넌트

스윙 프로그램에서 주로 사용되는 **스윙 컴포넌트**로는 프레임(frame) 또는 메인 윈도우 역할을 하는 JFrame, 패널(panel) 또는 창(pane)이라고 하는 JPanel, 버튼에 해당하는 JButton, 레이블에 해당하는 JLabel 등이 있다.

이중에서 프레임은 최상위 컨테이너로 다른 스윙 컴포넌트들이 그려질 바탕화면에 해당한다. 그 외에 자주 쓰이는 최상위 컨테이너로는 대화상자(JDialog)가 있다.

패널은 중간 단계 컨테이너이다. 패널의 유일한 목적은 버튼과 레이블의 위치를 잡아주는 것이다. 스크롤창(JScrollPane)이나 탭창(JTabbedPane) 같은 다른 중간 단계 스윙 컨테이너들은 좀 더 시각적이고 상호작용 역할을 한다.

버튼과 레이블은 최소 단위 컴포넌트 즉, 다른 컴포넌트들은 담기 위한 것이 아니라 자기 자체로 완결적이며 사용자에게 정보를 제공하기 위한 컴포넌트이다. 최소 단위 컴포넌트들은 사용자로부터 입력을 받기도 한다. 스윙 API는 콤보상자(JComboBox)나 텍스트필드(JTextField), 테이블(JTable) 등 여러 가지 최소 단위 컴포넌트들을 제공한다.

만약, 어떤 프레임이나 윈도우의 포함 관계 계통 구조를 보려면 프레임이나 윈도우의 테두리를 클릭해서 선택한 다음 Ctrl + Shift + F1 키를 누르면 된다. 그러면 표준 출력 스트림에 포함 관계 계통 구조가 출력된다.

다음은 Swing Application 윈도우의 계층 구조이다.

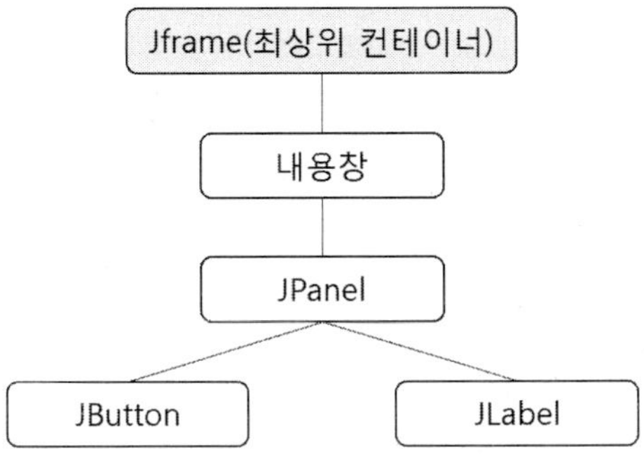

계층 구조의 루트는 항상 최상위 컨테이너가 위치한다. 내용 창(content pane)은 자신의 최상위 컨테이너에 포함되는 모든 컴포넌트를 담게 된다. 대부분의 프로그램에서 최상위 컨테이너와 내용창을 굳이 구분하지 않아도 된다.

다음은 스윙을 설치했을 때 이용할 수 있는 컴포넌트 들이다. 컴포넌트들은 최상위 컨테이너, 범용 컨테이너, 특수용 컨테이너, 기본 컨트롤, 편집할 수 없는 정보 표시용, 편집할 수 있는 특정 형식의 정보 표시용 컴포넌트의 여섯 범주로 구분할 수 있다.

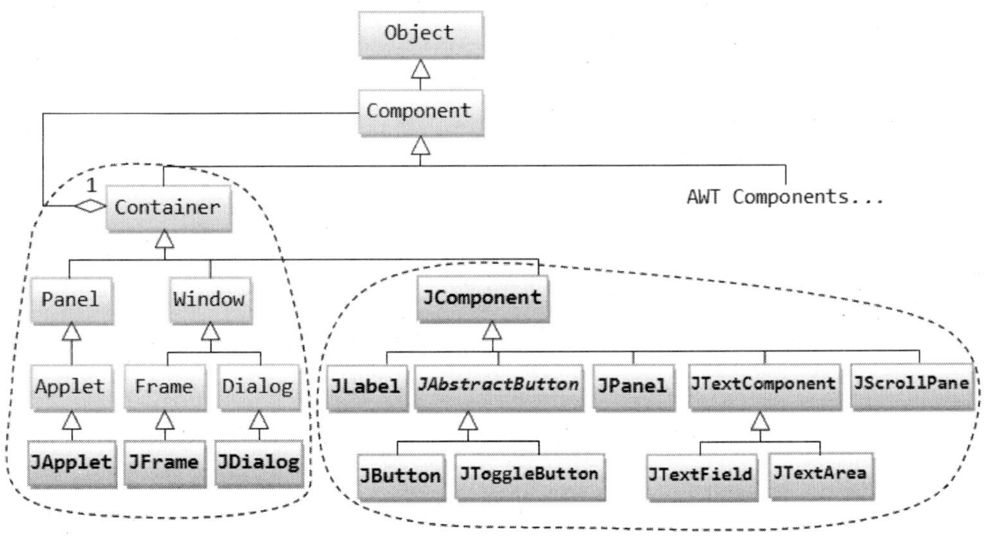

13.3.1 최상위 컨테이너

스윙 포함 관계 계층 구조의 최상위에 있는 컴포넌트들로 JWindow, JDialog, JFrame 등이 있다. JWindow나, JFrame, JDialog에 컴포넌트를 추가하려면 다음과 같은 형식으로 추가해야 한다.

```
JFrame f = new JFrame( );
JButton b = new JButton("버튼");
Container c = f.getContentPane( );
c.add(b);
```

Swing에서는 JFrame의 getContentPane( )를 이용해서 Content Panel 이라는 것을 먼저 사용하기 위해 이곳에 버튼을 추가한다. Content Panel는 Main Panel의 부분으로 여기에 실제로 컴포넌트를 연결한다.

따라서 Swing의 최상위 컨테이너에 컴포넌트를 추가할 경우에는 반드시 getContentPane( )를 이용해서 Root Panel의 한 부분인 Content Panel을 얻은 다음 여기에 컴포넌트를 추가해야 한다.

1 JFrame

JFrame은 Swing 윈도우에서 타이틀과 테두리를 가진 윈도우이다. 또한 JFrame은 메뉴를 가질 수 있다. Swing의 프레임에서 발생할 수 있는 마우스, 키보드, 포커스와 관련된 모든 이벤트를 설정한다.

AWT의 Frame과 비슷한 기능으로 다음과 같은 생성자와 메소드가 있다.

생성자	설 명
JFrame( )	타이틀 없는 프레임을 생성
JFrame(String title)	지정한 타이틀의 프레임을 생성
JFrame(String title)	지정한 타이틀의 프레임을 생성

JFrame의 생성자

메소드	설 명
dispose( )	프레임을 파기. 프레임 내에 컴포넌트와 소유하고 있는 윈도우가 파기되어 자원(리소스)은 메모리 해제
setIconImage(Image image)	프레임이 아이콘화되는 경우에 이미지를 설정
setMenuBar(MenuBar mb)	프레임에 메뉴바를 부착
setResizable(boolean resizable)	프레임 크기 등의 변경을 설정. 인수 resizable이 true인 경우에만 변경이 가능하고 false인 경우에는 변경이 불가능
setTitle (String title)	프레임의 타이틀을 설정

JFrame의 메소드

실습 13-1 JFrame 기본 실습

```
1.  import javax.swing.*;
2.
3.  public class JFrameBasic {
4.      private JFrame frame;
5.
6.      public JFrameBasic() {
7.          frame = new JFrame( "JFrame" );
8.          frame.setSize( 200, 200 );
9.          frame.setVisible( true );
10.     }
11.
12.     public static void main( String[] args ) {
13.         JFrameBasic jb = new JFrameBasic();
14.     }
15. }
```

7: JFrame 객체 선언
8: 화면 크기 지정
9: 화면 출력
13: 메인 클래스 객체 생성

실행결과

실습 13-2 JFrame 응용 실습

```
import java.awt.FlowLayout;
import javax.swing.*;

public class JFrameAdvance {
    public static void main(String s[]) {
        JFrame frame = new JFrame("JFrame 응용");
        JPanel panel = new JPanel();

```

```
9.          panel.setLayout(new FlowLayout( ));
10.         JLabel label = new JLabel("JFrame 응용에서 지정");
11.         JButton button = new JButton( );
12.
13.         button.setText("버튼");
14.         panel.add(label);
15.         panel.add(button);
16.         frame.add(panel);
17.
18.         frame.setSize(300, 200);
19.         frame.setLocationRelativeTo(null);
20.         frame.setDefaultCloseOperation(JFrame.EXIT_ON_CLOSE);
21.         frame.setVisible(true);
22.     }
23. }
```

6: JFrame 객체 선언
7: Jpanel 객체 선언
9: 패널 레이아웃을 FlowLayout으로 지정
10~11: JLabel과 JButton 객체 선언
13: 버튼에 텍스트 지정
14~15: 패널에 레이블과 버튼 추가
16: 프레임에 패널 추가
18: 프레임 크기 지정
20: 종료 버튼을 누르면 프로그램 종료
21: 화면 출력

실행결과

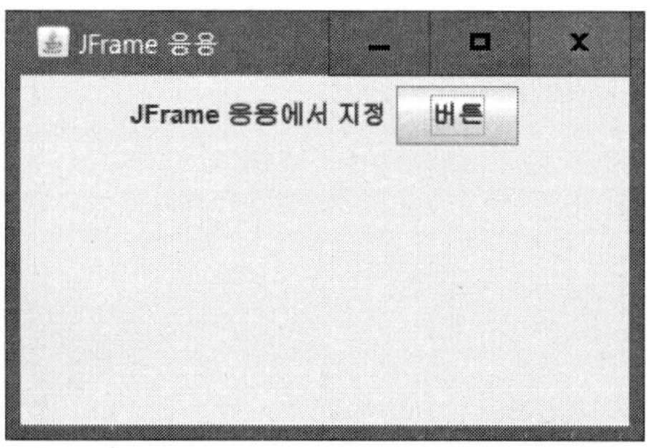

2 JDialog

JDialog는 사용자에게서 입력을 받기 위한 윈도우를 작성한다. 즉, 대화상자를 만드는 것이다. JFrame 클래스와 동일한 JWindow 클래스의 서브 클래스이나, JFrame 클래스에 속해 있으므로 그 내부에서 호출된다는 점이 다르다. 호출 객체인 JFrame 클래스의 윈도우가 닫히는 경우에는 Dialog도 닫히게 되며 최소화되면 Dialog도 최소화된다.

JDialog의 생성자와 메소드는 다음과 같다.

생성자	설 명
JDialog( )	다이얼로그를 타이틀 및 지정된 Frame 없이 생성
JDialog(Dialog owner)	다이얼로그를 타이틀 없이 지정된 Dialog의 소유자로서 생성
JDialog(Dialog owner, String title)	다이얼로그를 지정된 타이틀과 소유자 다이얼로그로 생성
JDialog (Dialog owner, String title, boolean modal)	modal 여부의 다이얼로그를 지정된 타이틀과 소유자 프레임으로 생성

JDialog의 생성자

메소드	설 명
void dialogInit( )	JDialog를 초기화하기 위해서 constructor를 호출
Container getContentPane( )	다이얼로그의 contentPane 객체를 반환
JMenuBar getJMenuBar ( )	다이얼로그에 설정되어 있는 도구모음을 반환
String paramString( )	JDialog의 캐릭터 라인을 반환
void remove(Component comp)	컨테이너로부터 지정된 컴포넌트를 제거
void setJMenuBar(JMenuBar menu)	다이얼로그의 도구모음을 설정
void update(Graphics g)	paint(g)를 호출

JDialog의 메소드

실습 13-3 JDialog 기본 실습

```
import java.awt.*;
import java.awt.event.*;
import javax.swing.*;
import javax.swing.event.*;

class MyDialog extends JDialog {
   JTextField tf = new JTextField(10);
   JButton okButton=new JButton("OK");
   MyDialog(JFrame frame, String title) {
       super(frame, title);
       this.setLayout(new FlowLayout( ));
       this.add(tf);
       this.add(okButton);
       this.setSize(300, 200);

       okButton.addActionListener(new ActionListener( ) {
           public void actionPerformed(ActionEvent ae) {
```

```
18.                 setVisible(false);
19.             }
20.         });
21.     }
22. }
23.
24. class DialogEx extends JFrame {
25.     MyDialog dialog;
26.     DialogEx() {
27.         super("JDialog 기본 실습");
28.         this.setDefaultCloseOperation(JFrame.EXIT_ON_CLOSE);
29.         JButton btn=new JButton("다이얼로그 보이기 클릭");
30.
31.         dialog=new MyDialog(this, "새로운 다이얼로그");
32.         btn.addActionListener(new ActionListener() {
33.             public void actionPerformed(ActionEvent ae) {
34.                 dialog.setVisible(true);
35.             }
36.         });
37.
38.         this.add(btn);
39.         this.setSize(350, 200);
40.         this.setVisible(true);
41.     }
42. }
43. public class JDialogBasic {
44.     public static void main(String[] args) {
45.         new DialogEx();
46.     }
47. }
```

7~8: 텍스트필드와 버튼 객체 생성
9: 클래스 생성자 선언
10: 프레임 제목 선언
11: 레이아웃 지정
12: 텍스트 추가
13: 버튼 추가
14: 화면 크기 지정
16~20: 버튼을 누르면 화면이 사라지는 액션리스너 지정
26: 메소드 호출
27: 제목 지정
28: 종료 버튼을 누르면 프로그램 종료
29: 버튼 객체 선언
31: 새로운 다이얼로그 생성
32~36: 다이얼로그 나타나는 액션리스너 선언

38: 다이얼로그에 버튼 추가
39: 화면 크기 지정
40: 윈도우 출력
45: 다이얼로그 객체 선언

실행결과

실습 13-4 JDialog 응용 실습

```
import java.awt.event.*;
import java.awt.*;
import javax.swing.*;
class JDialogAdvance extends JFrame
implements ActionListener {

    // 프레임
    static JFrame f;
    // 다이얼로그 변수
    static JDialog d, d1;

    public static void main(String[] args) {
        // 새로운 프레임 추가
        f = new JFrame("다이얼로그 응용");
        // 객체 생성
        JDialogAdvance s = new JDialogAdvance( );

        // 패널 생성
        JPanel p = new JPanel( );
        JButton b = new JButton("click");

        // 버튼 actionlistener 추가
        b.addActionListener(s);
        // 버튼을 패널에 추가
        p.add(b);
        f.add(p);
        // 프레임 크기 지정
        f.setSize(400, 400);
```

```
29.         f.show( );
30.     }
31.     public void actionPerformed(ActionEvent e) {
32.         String s = e.getActionCommand( );
33.         if (s.equals("click")) {
34.             // 다이얼로그 박스 생성
35.             d = new JDialog(f, "dialog Box");
36.             // 레이블 생성
37.             JLabel l = new JLabel("첫번째 다이얼로그 박스");
38.             // 버튼 생성
39.             JButton b = new JButton("click me");
40.
41.             // ActionListener 추가
42.             b.addActionListener(this);
43.             // 패널 생성
44.             JPanel p = new JPanel( );
45.             p.add(b);
46.             p.add(l);
47.
48.             // 다이얼로그를 패널에 추가
49.             d.add(p);
50.             // 다이얼로그 크기 지정
51.             d.setSize(200, 200);
52.             // 다이얼로그 보이기 지정
53.             d.setVisible(true);
54.         }
55.         else { // 다이얼로그 박스 생성
56.             d1 = new JDialog(d, "dialog Box");
57.             // 레이블 생성
58.             JLabel l = new JLabel("            두번째 다이얼로그 박스");
59.             d1.add(l);
60.             // 다이얼로그 크기 지정
61.             d1.setSize(200, 200);
62.             // 다이얼로그 위치 지정
63.             d1.setLocation(200, 200);
64.             // 다이얼로그 보이기 지정
65.             d1.setVisible(true);
66.         }
67.     }
68. }
```

8: 프레임 변수 선언

10: 다이얼로그 변수 선언

14: 프레임 객체 선언

16: 메인 클래스 객체 선언
19~20: 패널과 버튼 객체 선언
23: 버튼 액션리스너 추가
25: 버튼을 패널에 추가
26: 패널을 프레임에 추가
27: 프레임 크기 지정
33~35: 버튼을 누른 경우 다이얼로그 생성
37~39: 다이얼로그에 버튼 생성
42: 액션리스너 추가
44: 패널 생성
45: 패널에 버튼 추가
49: 다이얼로그를 패널에 추가
51: 다이얼로그 크기 지정
53: 다이얼로그 보이기 지정
56: 다이얼로그 박스 생성
57: 두 번째 레이블 생성
61: 다이얼로그 크기 지정
63: 다이얼로그 위치 지정
65: 다이얼로그 보이기 지정

실행결과

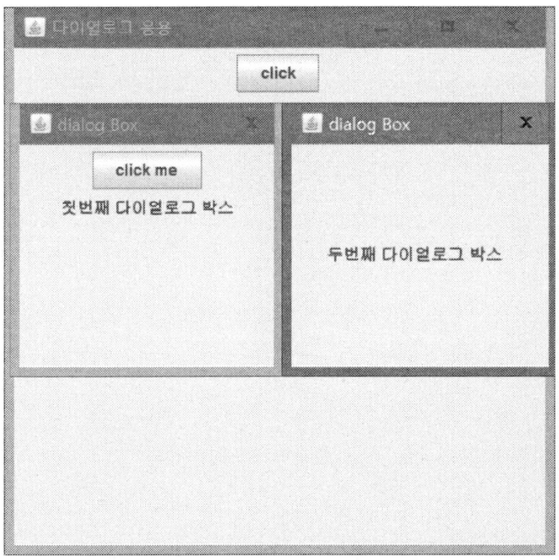

13.3.2 독립된 컨테이너 JWindow

JWindow는 Java Swing의 일부이며 사용자 데스크탑의 어느 부분에도 나타날 수 있다. JWindow에는 JFrame의 최소화, 최대화 및 닫기와 같은 제목 표시 줄 또는 창 관리 단추가 없다는 점에서 JFrame과 다르다. 하지만 JWindow에는 버튼 및 레이블과 같은 여러 구성 요소가 포함될 수 있다. JWindow 클래스는 표시 할 수 있지만 제목 표시 줄 또는 창 관리 단추가 없는 컨테이너이다.

실습 13-5 JFrame과 JWindow의 표시 실습

```
1. import javax.swing.JFrame;
2. import javax.swing.JWindow;
3.
4. public class JFrameJWindow {
5.     public static void main(String[ ] args) {
6.         JFrame f = new JFrame("JFrame");
7.         f.setSize(300, 300);
8.         f.setLocation(100, 100);
9.
10.        JWindow w = new JWindow( );
11.        w.setSize(300, 300);
12.        w.setLocation(500, 100);
13.
14.        f.setVisible(true);
15.        w.setVisible(true);
16.    }
17. }
```

6: JFrame 객체 선언
7: 크기 지정
8: 위치 지정
10: JWindow 객체 선언
11: 크기 지정
12: 위치 지정
14~15: 2개 윈도우 출력

실행결과

JWindow는 Swing의 Window 버전이며 해당 클래스에서 직접 상속받으며, Window와 마찬가지로 기본적으로 BorderLayout을 사용한다.

JWindow의 상속 관계는 다음과 같다.

```
java.lang.Object
    java.awt.Component
        java.awt.Container
            java.awt.Window
                javax.swing.JWindow
```

JWindow 또는 JFrame에 직접 테두리를 나타낼 수 없으나 기본 JWindow/JFrame LayouManager (BorderLayout)를 사용하여 테두리가 있는 JPanel을 사용해야 한다. 그런 다음 JPanel을 이용해서 테두리가 JWindow라는 모양을 나타낼 수 있다.

실습 13-6 JFrame에서 JPanel의 표시 실습(1)

```
1.  import javax.swing.*;
2.  import javax.swing.border.*;
3.  import java.awt.event.*;
4.  import java.awt.*;
5.
6.  public class JWindowJPanel {
7.      public static void main(String s[]) {
8.          JWindow win = new JWindow( );
9.          JPanel pan = new JPanel( );
10.
11.         pan.setBorder(new LineBorder(Color.blue));
12.         win.getContentPane( ).add(pan,"Center");
13.
14.         pan.setLayout(new FlowLayout( ));
15.         pan.add(new JButton("Hello"));
16.         pan.add(new JButton("World"));
17.
18.         win.setSize(200,200);
19.         win.setVisible(true);
20.     }
21. }
```

8: JFrame 객체 선언
9: Jpanel 객체 선언
11: 패널 테두리색에 파랑으로 지정
15~16: 2개의 JButton 추가
18: 화면 크기 지정
19: 화면 출력

실행결과

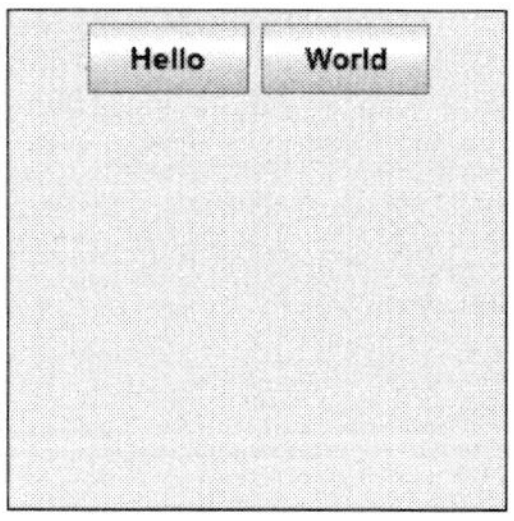

실습 13-7 JFrame에서 JPanel의 표시 실습(2)

```
import java.awt.event.*;
import java.awt.*;
import javax.swing.*;

class JWindowJFrame extends JFrame implements ActionListener {
    static JFrame f;
    JWindow w, w1;
    static JWindowJFrame s;

    public static void main(String[ ] args) {
        f = new JFrame("프레임");
        s = new JWindowJFrame( );

        JPanel p = new JPanel( );
        JButton b = new JButton("클릭");

        b.addActionListener(s);
        p.add(b);
        f.add(p);

        f.setSize(500, 350);
        f.show( );
    }

    public void actionPerformed(ActionEvent e) {
        String s1 = e.getActionCommand( );
        if (s1.equals("클릭")) {
            w = new JWindow(f);
            JPanel p = new JPanel( );
            JLabel l = new JLabel("첫 번째 윈도우");

            JButton b = new JButton("클릭하세요!");
            b.addActionListener(s);
```

```
34.
35.             p.setBorder(BorderFactory.createLineBorder(Color.black));
36.             p.add(l);
37.             p.add(b);
38.             w.add(p);
39.
40.             p.setBackground(Color.pink);
41.             w.setSize(200, 100);
42.
43.             w.setVisible(true);
44.             w.setLocation(100, 100);
45.         }
46.         else {
47.             w1 = new JWindow(w);
48.             JPanel p = new JPanel( );
49.             JLabel l = new JLabel("두 번째 윈도우");
50.
51.             p.setBorder(BorderFactory.createLineBorder(Color.black));
52.             p.add(l);
53.             w1.add(p);
54.             p.setBackground(Color.yellow);
55.             w1.setSize(200, 100);
56.             w1.setVisible(true);
57.             w1.setLocation(210, 210);
58.         }
59.     }
60. }
```

5: 메인 클래스에 JFrame과 액션리스너 상속
11: JFrame 객체 선언
12: 메인 클래스의 객체 선언
14~15: 패널과 버튼 객체 선언
17: 액션리스너 추가
18~19: 패널과 프레임 버튼 추가
21: 프레임 크기 지정
25: 버튼이 눌러졌을 때 실행
28: JWindow 생성
29~30 JPanel과 Jlabel 객체 생성
32: JButon 객체 생성
33: 버튼에 액션리스너 추가
40: 배경색 지정
43: 화면 출력
44: 윈도우 위치 지정
47: 두 번째 윈도우 생성
48~49: 패널과 레이블 객체 생성
51: 테두리선 색 지정

54: 배경색 지정
56: 화면 출력
57: 노란색 윈도우 위치 지정

실행결과

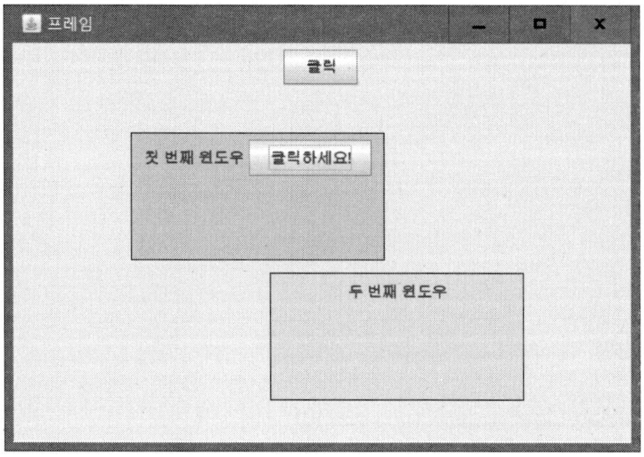

13.4 범용 컨테이너

여러 상황에서 사용될 수 있는 중간 단계 컨테이너들로 JPanel, JScrollPane, JSplitPane, JTabbedPane, JToolBar 등이 있다.

13.4.1 JPanel

JPanel은 가장 많이 사용하는 컨테이너로서 다른 JPanel을 포함하여 GUI 컴포넌트를 덧붙이는 공간을 제공하고 있으며, 컨테이너의 특성만 가지고 있다. 또한 JPanel은 컴포넌트를 배치하는 이외에, GUI 컴포넌트가 아닌 도형이나 이미지를 그리는 공간으로도 사용된다.

JPanel의 생성자와 메소드는 다음과 같다.

생성자	설 명
JPanel( )	더블 버퍼 및 플로우(flow) 레이아웃으로 새로운 JPanel을 생성
JPanel(boolean isDoubleBuffered)	FlowLayout 및 지정된 버퍼링 방식의 새로운 JPanel을 생성
JPanel(LayoutManager layout)	지정된 레이아웃 매니저로 새로운 JPanel을 생성
JPanel(LayoutManager layout, boolean isDoubleBuffered)	지정된 레이아웃 매니저 및 버퍼링 방식의 새로운 JPanel을 생성

JPanel의 생성자

메소드	설 명
PanelUI getUI( )	컴포넌트를 나타내는 Look&Feel(L&F) 객체를 반환
String getUIClassID( )	컴포넌트를 나타내는 L&F 클래스의 이름을 캐릭터 라인으로 반환
protected String paramString ( )	JPanel의 캐릭터 라인 표현을 반환
void setUI(PanelUI ui)	컴포넌트를 나타내는 Look&Feel(L&F) 객체를 설정

JPanel의 메소드

실습 13-8 JPanel 기본 실습

```
1.  import javax.swing.*;
2.  import java.awt.*;
3.
4.  public class JPanelBasic extends JPanel {
5.      public static void main(String[ ] args) {
6.          JFrame frame = new JFrame("JPanel 기본");
7.          JPanel panel = new JPanel( );
8.          panel.setPreferredSize(new Dimension(300, 100));
9.          panel.setBackground(Color.white);
10.         frame.getContentPane( ).add(panel);
11.         frame.pack( );
12.         frame.setVisible(true);
13.     }
14. }
```

6: 프레임 객체 생성
7: 패널 객체 생성
8: 화면 크기 지정
9: 배경색 지정
12: 화면 출력

실행결과

실습 13-9 JPanel 응용 실습

```
Import java.awt.event.*;
import java.awt.*;
```

```
import javax.swing.*;

class JpanelAdvance extends JFrame {
    // JFrame
    static JFrame f;

    // JButton
    static JButton b, b1, b2, b3;

    // 레이블 표시
    static JLabel l;

    // 주 클래스
    public static void main(String[ ] args) {
        // 버튼과 문자열을 새 프레임에 생성
        f = new JFrame("panel");

        // 문자열을 나타내기 위한 레이블 생성
        l = new JLabel("패널 레이블");

        // 새로운 버튼들을 생성
        b = new JButton("버튼1");
        b1 = new JButton("버튼2");
        b2 = new JButton("버튼3");
        b3 = new JButton("버튼4");

        // 특정 레이아웃에 버튼을 추가하기 위해 패널을 생성
        JPanel p = new JPanel(new BorderLayout( ));

        // 버튼과 텍스트필드를 패널에 추가
        p.add(b, BorderLayout.NORTH);
        p.add(b1, BorderLayout.SOUTH);
        p.add(b2, BorderLayout.EAST);
        p.add(b3, BorderLayout.WEST);
        p.add(l, BorderLayout.CENTER);

        // 패널의 배경색 지정
        p.setBackground(Color.red);
        // 프레임에 패널 추가
        f.add(p);
        // 프레임의 크기 지정
        f.setSize(300, 300);
        f.show( );
    }
}
```

7: 프레임 변수 선언
10: 4개의 버튼 변수 선언
13: 레이블 변수 선언
18: 프레임 객체 선언
21: 문자열을 나타내기 위한 레이블 생성
24~27: 새로운 버튼들 생성
30: 특정 레이아웃에 버튼을 추가하기 위해 패널을 생성
33~37: 버튼과 텍스트필드를 패널에 추가
40: 패널의 배경색 지정
42: 프레임에 패널 추가
44: 프레임의 크기 지정

실행결과

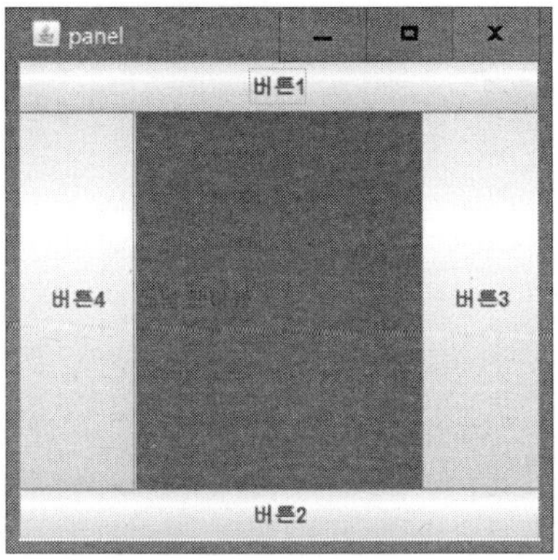

13.4.2 JScrollPane

JScrollPane은 큰 영역을 갖는 컴포넌트의 일부분을 창으로 보여주는 컨테이너로서 보이지 않는 부분은 JScrollPane의 우측과 하단에 있는 JScrollBar를 좌우상하로 이동하면 창에 나타난다.

JScrollPane은 커다란 한 개의 컴포넌트인 JPanel, JTextArea, JList, JTable 등을 생성자 매개 변수로 지정할 수 있으며, row header와 column header를 지정할 수 있다.

JScrollPane의 생성자와 메소드는 다음과 같다.

생성자	설 명
JScrollPane( )	수평 및 수직 양쪽 모두의 스크롤바가 표시되는 JScrollPane을 작성
JScrollPane(Component view)	지정된 컴포넌트의 콘텐츠를 나타내는 JScrollPane을 작성

JScrollPane의 생성자

메소드	설 명
JViewport getColumnHeader( )	열 헤더를 반환
int getHorizontalScrollBarPolicy ( )	수평 스크롤바의 현재 값을 반환
void setColumnHeaderView (Component view)	열 헤더의 뷰포트를 작성하고 뷰를 설정한 다음, 열 헤더의 뷰포트를 스크롤 영역에 삽입
void setRowHeaderView (Component view)	행 헤더의 뷰포트를 작성하고 뷰를 설정한 다음, 행 헤더의 뷰포트를 스크롤 영역에 삽입

JScrollPane의 메소드

실습 13-10 JScrollPane 기본 실습

```
1.  import javax.swing.*;
2.  import java.awt.*;
3.
4.  public class JScrollPaneBasic {
5.      public static void main(String[] args) {
6.          JFrame frame = new JFrame("JScrollPane");
7.          JTextArea area = new JTextArea("JScrollPane", 10, 40);
8.          JScrollPane scroll = new JScrollPane(area);
9.
10.         scroll.setColumnHeaderView(new JLabel("Column Header"));
11.         scroll.setRowHeaderView(new JLabel("Row"));
12.         frame.getContentPane( ).add(scroll);
13.         frame.setSize(300, 150);
14.         frame.setVisible(true);
15.     }
16. }
```

6: 프레임 생성
7: 텍스트에어리어 생성
8: 스크롤페인 생성
10: 컬럼 레이블 제목선언
12: 프레임에 콘텐츠페인의 스크롤 추가
13: 화면 크기 지정
14: 화면 출력

실행결과

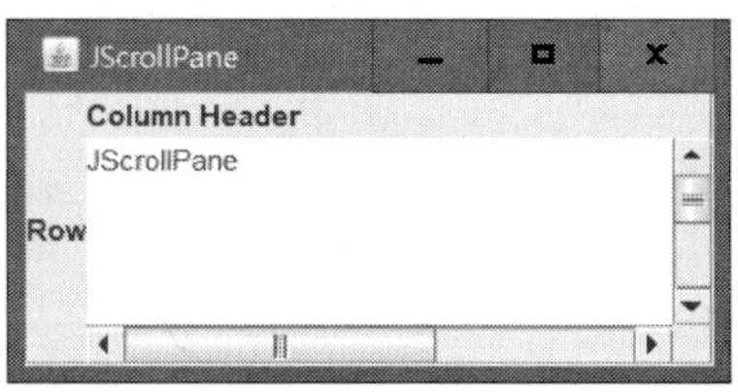

실습 13-11 JScrollPane 응용 실습

```java
import java.awt.Color;
import java.awt.Component;
import java.awt.GridBagConstraints;
import java.awt.GridBagLayout;
import java.awt.event.ActionEvent;
import java.awt.event.ActionListener;

import javax.swing.JButton;
import javax.swing.JFrame;
import javax.swing.JLabel;
import javax.swing.JPanel;
import javax.swing.JScrollPane;

class JScrollPaneAdvance {

    JFrame frame;
    JPanel jp_label, jp_btn;
    JScrollPane scroll;
    JLabel label;
    JButton btn ;
    int count =1;
    GridBagLayout Gbag = new GridBagLayout( );
    GridBagConstraints gbc1;

    JScrollPaneAdvance( ) {

        frame = new JFrame( );
        frame.setTitle("JscrollPane 고급");
        frame.setLayout(null);     // 레이아웃을 NULL로 설정
        frame.setSize(300, 200);

        jp_label = new JPanel( );

        // 라벨이 들어갈 panel은 레이아웃을 GridBag을 사용
        jp_label.setLayout(Gbag);

        jp_label.setBackground(Color.green);

        label = new JLabel("0");
        create_form(label, 0, 0, 30, 10);  // GridBagLayout을 위한 함수호출

        scroll = new JScrollPane(jp_label);  // 스크롤패널을 선언
```

```
        scroll.setBounds(0, 0, 160, 160);  // 프레임에 스크롤패널의 위치를 지정

        jp_btn = new JPanel( );       // 버튼 패널
        jp_btn.setBounds(160, 0, 80, 80);
        btn = new JButton("추가");  // 버튼 생성
        btn.addActionListener(new Add( ));
        jp_btn.add(btn);

        frame.add(scroll);  // 스크롤패널 추가
        frame.add(jp_btn);  // 버튼 패널 추가

        frame.setDefaultCloseOperation(JFrame.EXIT_ON_CLOSE);
        frame.setVisible(true);
    }

    // 버튼 리스너

    class Add implements ActionListener {
        public void actionPerformed(ActionEvent arg0) {
            JLabel label1 = new JLabel(" "+count);
            JLabel label2 = new JLabel(" "+count);
            create_form(label1, count*30, 0, 30, 10);
            create_form(label2, 0, count++*30, 30, 10);
        }
    }

    // 라벨 추가
    public void create_form(Component cmpt, int x, int y, int w, int h) {
        GridBagConstraints gbc = new GridBagConstraints( );
        gbc.fill = GridBagConstraints.BOTH;
        gbc.gridx = x;
        gbc.gridy = y;
        gbc.gridwidth = w;
        gbc.gridheight = h;
        this.Gbag.setConstraints(cmpt, gbc);
        jp_label.add(cmpt);
        jp_label.updateUI( );
    }

    public static void main(String[ ] args) {
        JScrollPaneAdvance bar = new JScrollPaneAdvance( );
    }
}
```

16~20: 각종 변수 선언
22: 그리드백레이아웃 선언
25: 클래스 생성자 선언
27: 프레임 지정
28: 프레임 제목 선언
29: 레이아웃을 NULL로 설정
32: 패널 생성
35: 라벨이 들어갈 패널은 레이아웃을 그리드백을 사용
37: 레이블 배경색을 녹색으로 지정
39: 레이블 추가
40: 그리드백을 위한 함수호출
42: 스크롤패널을 선언
43: 프레임에 스크롤패널의 위치를 지정
45: 버튼 패널
47: 버튼 생성
51: 스크롤 패널 추가
52: 버튼 패널 추가
60~67: 버튼 리스너 클래스 선언
70~80: 레이블 추가
83: 메인 클래스의 객체 추가

실행결과

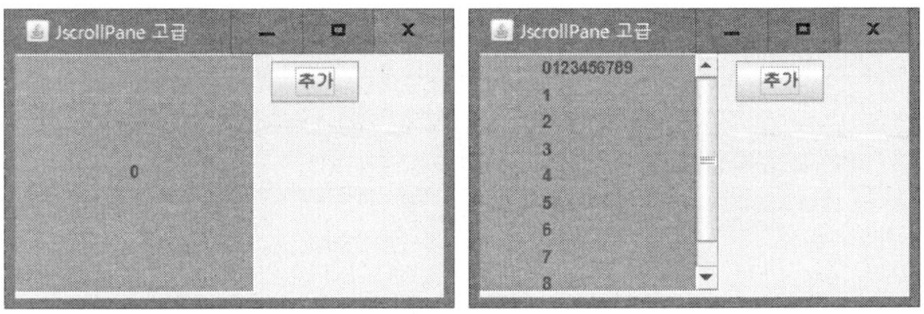

13.5 기본 컨트롤

기본적으로 사용자로부터 입력을 받거나 간단한 상태를 표시하는 최소 단위 컴포넌트들로 버튼(JButton, JRadioButton), 콤보상자(JComboBox), 목록상자(JList), 메뉴(JMenu, JMenuBar, JMenuItem), 슬라이더(JSlider), 텍스트(JTextField, JTextArea) 등이 있다.

13.5.1 JButton

JButton은 스윙에서 버튼 처리를 위한 클래스로 AWT의 Button과 기능이 비슷하며 버튼에 아이콘을 넣을 수 있다.

① 버튼의 이미지를 설정할 수 있다. 누르지 않았을 때, 눌렀을 때 그리고 선택되었을 때, 마우스가 버튼 위로 왔을 때 이미지를 각각 지정할 수 있다.

② 버튼의 내용물을 왼쪽, 오른쪽, 가운데를 지정하여 배치할 수 있다. 그리고 버튼의 테두리와 내용물 사이의 공간을 픽셀단위로 설정할 수도 있다.

③ 버튼을 클릭한 것과 동일한 효과를 갖는 키보드의 키를 설정하거나 얻을 수 있다.

JButton의 생성자와 메소드는 다음과 같다.

생성자	설 명
JButton( )	텍스트 및 아이콘 없는 버튼을 생성
JButton(Icon icon)	아이콘이 들어있는 버튼을 생성
JButton(String text)	텍스트 버튼을 생성
JButton(String text, Icon icon)	텍스트 및 아이콘 첨부의 버튼을 생성

JButton의 생성자

메소드	설 명
void setMnemonic(String string)	JButton의 String 문자의 단축키를 설정
Icon getIcon( )	버튼에 나타나있는 아이콘을 반환
void setIcon(Icon icon)	아이콘을 버튼에 지정
string getLabel( )	버튼에 나타나있는 라벨을 반환
void setLabel(String s)	버튼에 문자열을 설정

JButton의 메소드

실습 13-12 JButton 기본 실습

```
import javax.swing.*;
import java.awt.*;
import java.awt.event.*;

class JButtonBasic {
    public static void main(String[ ] args) {
        // JFrame 클래스의 인스턴스 생성
        JFrame myFrame = new JFrame("버튼 기본");
        // JButton 클래스의 인스턴스 생성
        JButton myButton = new JButton("버튼 작성");

        // 프레임에 버튼 추가
        /* JFrame에는 직접 컴포넌트를 추가할 수 없으므로,
```

```
14.         ContentPane을 취하여 그곳에 추가 */
15.     myFrame.getContentPane( ).add(myButton);
16.
17.     // 프레임(윈도우)이 닫힐 때의 처리를 정의
18.     myFrame.addWindowListener(new WindowAdapter( ) {
19.         public void windowClosing(WindowEvent e) {
20.             System.exit(0);
21.         }
22.     });
23.
24.     // Look&Feel의 설정
25.     try {
26.         //Windows 스타일의 Look&Feel로 설정
27.         UIManager.setLookAndFeel (
28.             "com.sun.java.swing.plaf.windows.WindowsLookAndFeel");
29.         /*
30.             # Metal 스타일로 할 경우:
31.             "javax.swing.plaf.metal.MetalLookAndFeel"
32.             # Motif 스타일로 할 경우
33.             "com.sun.java.swing.plaf.motif.MotifLookAndFeel"
34.          */
35.         // 설정에 반영
36.         SwingUtilities.updateComponentTreeUI(myFrame) ;
37.         // 에러 처리 블록
38.     } catch(Exception e) {
39.             System.out.println(e + "오류 발생");
40.     }
41.
42.     // 프레임의 크기를 설정하여 표시
43.     myFrame.setSize(250, 100);
44.     myFrame.setVisible(true);
45.   }
46. }
```

8: 프레임 객체 선언
10: 버튼 객체 선언
15: 프레임에 버튼 추가하는데 직접 컴포넌트를 추가할 수 없어서 Content를 이용 추가
18~22: 종료 버튼 누르면 프로그램 종료
27: 윈도우 스타일을 Look&Feel로 설정
36: 스타일을 설정 반영
38~39: 에러 처리 블록
43: 프레임 크기 지정
44: 화면 출력

실행결과

실습 13-13 JButton 응용 실습

```
import javax.swing.*;
import java.awt.*;

class JButtonAdvance {  // 메인 클래스
    public static void main(String[ ] args) {  // 메인 메소드
        // TODO Auto-generated method stub
        MyFrame f = new MyFrame( );
    }
}
class MyFrame extends JFrame {
    // JFrame을 상속받은 MyFrame 클래스
    /* 생성자에서 초기화후 프레임 생성(최상위 컨테이너)*/
    public MyFrame( ) { // 생성자
        setSize(400, 150); // 프레임 크기 설정
        setDefaultCloseOperation(JFrame.EXIT_ON_CLOSE);
        setTitle("JButton 응용"); // 프레임 제목 설정
        /* 패널 객체 생성 */
        JPanel panel = new JPanel( );
        JPanel panelA = new JPanel( );
        JPanel panelB = new JPanel( );
        /* 패널 색상 변경 */
        panel.setBackground(Color.YELLOW);
        panelA.setBackground(Color.CYAN);
        panelB.setBackground(Color.GREEN);
        /* 라벨 객체 생성, panelA에 label추가 */
        JLabel label = new JLabel("좋아하는 프로그램의 종류를 선택하세요");
        panelA.add(label);
        /* 버튼 객체 생성 */
        JButton button1 = new JButton("자바");
        JButton button2 = new JButton("C++");
        JButton button3 = new JButton("파이썬");
        /* panelB에 button1, 2, 3 추가 */
        panelB.add(button1);
        panelB.add(button2);
        panelB.add(button3);
        /* panel에 panelA, B 추가 */
```

```
37.         panel.add(panelA);
38.         panel.add(panelB);
39.         /* 프레임에 panel을 추가 */
40.         add(panel);
41.         setVisible(true);
42.     }
43. }
```

4: 메인 클래스
5~8: 메인 클래스의 생성자
10: JFrame을 상속받은 MyFrame
13: MyFrame 클래스의 생성자
14: 프레임 크기 설정
16: 프레임 제목 설정
18~20: 3개의 패널 객체 생성
22~24: 3개의 패널 색상
26: 라벨 객체 생성
27: 패널에 라벨 객체 추가
29~31: 버튼 객체 생성
33~35: 2번째 패널에 3개의 버튼 추가
37~38: 첫 번째 패널에 2개의 패널 추가
40 프레임에 패널 추가
41: 화면 출력

실행결과

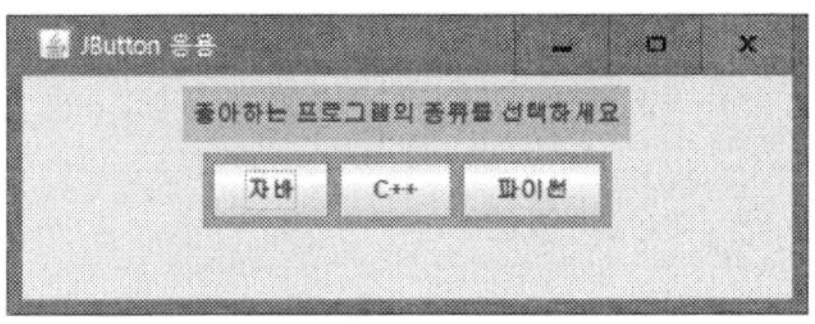

13.5.2 JRadioButton

JRadioButton은 여러 개를 설정할 경우 오직 한 개만 선택할 수 있으며, ButtonGroup 클래스에 등록해서 사용할 수 있다.

① 하나의 그룹으로 묶인 버튼들 중 단 하나의 버튼만을 선택할 수 있게 하는 버튼을 라디오 버튼이라고 부른다.
② 라디오 버튼은 JRadioButton과 ButtonGroup 클래스를 사용해서 라디오 버튼을 구현한다.
③ JRadioButton도 AbstractButton 버튼을 확장하므로 스윙의 라디오 버튼들은 JButton에서 설명한 일반적인 버튼의 기능을 모두 지원한다.

JRadioButton의 생성자와 메소드는 다음과 같다.

생성자	설 명
JRadioButton( )	선택이 해제되어 있는 라디오 버튼을 텍스트의 지정 없이 작성
JRadioButton(Icon icon)	선택이 해제되어 있는 라디오 버튼을 이미지를 지정하여 작성
JRadioButton (Icon icon, boolean selected)	선택 상태와 이미지를 지정하여 작성
JRadioButton(String text)	선택이 해제되어 있는 라디오 버튼을 텍스트로 지정하여 작성
JRadioButton (String text, boolean selected)	라디오 버튼을 선택 상태와 텍스트의 지정으로 작성
JRadioButton(String text, Icon icon)	선택이 해제되어 있는 라디오 버튼을 텍스트와 이미지로 지정하여 작성
JRadioButton(String text, Icon icon, boolean selected)	라디오 버튼을 텍스트, 이미지 및 선택 상태로 지정하여 작성

JRadioButton의 생성자

메소드	설 명
void configurePropertiesFromAction (Action a)	Action 값에 따라 ActionEvent 소스의 속성을 설정하는 메소드
createActionPropertyChangeListener (Action a)	지정된 Action 객체로 속성을 변경하여 ActionEvent 소스를 수정하는 데 사용하는 PropertyChangeListener를 생성하는 메소드
getAccessibleContext( )	JRaioButton의 AccessibleContext를 반환
getUIClassID( )	컴포넌트를 표현하는 L&F 클래스의 이름을 반환
paramString( )	JRadioButton의 문자열을 빈환
updateUI( )	Look&Feel로부터의 값을 가지는 UI 속성을 설정

JRadioButton의 메소드

실습 13-14 JRadioButton 기본 실습

```
import javax.swing.*;
import java.awt.event.*;
class JRadioButtonBasic extends JFrame
        implements ActionListener {
    JRadioButton rb1, rb2;
    JButton b;
    JRadioButtonBasic( ) {
        rb1 = new JRadioButton("남성");
        rb1.setBounds(100, 50, 100, 30);
        rb2 = new JRadioButton("여성");
        rb2.setBounds(100, 100, 100, 30);
```

```
12.
13.         ButtonGroup bg = new ButtonGroup( );
14.         bg.add(rb1);
15.         bg.add(rb2);
16.
17.         b = new JButton("클릭");
18.         b.setBounds(100, 150, 80, 30);
19.         b.addActionListener(this);
20.
21.         add(rb1);
22.         add(rb2);
23.         add(b);
24.         setSize(300, 300);
25.         setTitle("JRadioButton 기본");
26.         setLayout(null);
27.         setVisible(true);
28.     }
29.
30.     public void actionPerformed(ActionEvent e) {
31.         if(rb1.isSelected( )) {
32.             JOptionPane.showMessageDialog(this, "남성을 선택했습니다.");
33.         }
34.         if(rb2.isSelected( )) {
35.             JOptionPane.showMessageDialog(this, "여성을 선택했습니다.");
36.         }
37.     }
38.     public static void main(String args[ ]) {
39.         new JRadioButtonBasic( );
40.     }
41. }
```

3~4: 메인 클래스에 JFrame과 ActionListner를 상속
7~28: 메인 클래스의 생성자
8~11: 라디오 버튼과 위치를 지정
17~19: 버튼 객체 생성과 위치를 지정하고, ActionListner를 등록
21~23: 버튼들을 추가
24~25: 크기와 제목을 지정
27: 화면을 출력
30: 버튼을 선택하고 선택 결과의 다이얼로그 상자를 나타내는 실행 메소드 내용 선언
39: 메인 클래스의 객체를 선언

실행결과

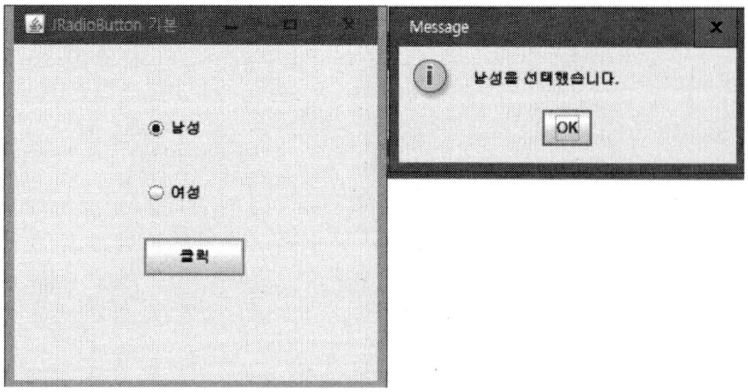

실습 13-15 JRadioButton 응용 실습

```java
import java.awt.*;
import javax.swing.*;
import javax.swing.border.*;

class JRadioButtonAdvance extends JFrame {
    JRadioButton rbtnKorean;
    JRadioButton rbtnEnglish;
    JRadioButton rbtnJapaness;

    JRadioButton rbtnMan;
    JRadioButton rbtnWoman;


    JRadioButtonAdvance(String title) {
        super(title);
        this.initFrame( );
    }

    private void initFrame( ) {
        rbtnKorean = new JRadioButton("한국");
        rbtnEnglish = new JRadioButton("미국");
        rbtnJapaness = new JRadioButton("일본");

        ButtonGroup bg = new ButtonGroup( );
        bg.add(rbtnKorean);
        bg.add(rbtnEnglish);
        bg.add(rbtnJapaness);

        rbtnMan = new JRadioButton("남자");
```

```
30.         rbtnWoman = new JRadioButton("여자");
31.
32.         ButtonGroup bg2 = new ButtonGroup( );
33.         bg2.add(rbtnMan);
34.         bg2.add(rbtnWoman);
35.
36.         JPanel pnl = new JPanel(new GridLayout(3, 1));
37.         pnl.add(rbtnKorean);
38.         pnl.add(rbtnEnglish);
39.         pnl.add(rbtnJapaness);
40.
41.         pnl.setBorder(new TitledBorder("가고 싶은 나라는 어디 입니까?"));
42.
43.         this.setLayout(new GridLayout(2, 1));
44.
45.         this.getContentPane( ).add(pnl);
46.
47.         JPanel pnl2 = new JPanel(new GridLayout(1, 2));
48.         pnl2.add(rbtnMan);
49.         pnl2.add(rbtnWoman);
50.         pnl2.setBorder(new TitledBorder("성별은?"));
51.
52.         this.getContentPane( ).add(pnl2);
53.
54.         this.setDefaultCloseOperation(JFrame.EXIT_ON_CLOSE);
55.         setSize(300, 300);
56.         this.pack( );
57.         this.setVisible(true);
58.     }
59.
60.     public static void main(String[ ] args) {
61.         new JRadioButtonAdvance("라디오 버튼 응용");
62.     }
63. }
```

5: 메인 클래스에 JFrame을 상속
6~11: 버튼과 라디오 버튼의 변수 선언
14~17: 라디오 버튼의 제목과 메소드 호출
20~22: 3개의 라디오 버튼 객체 선언
24~27: 버튼 그룹 생성과 3개의 버튼 추가
29~30: 2개의 버튼 객체 생성
32~34: 버튼 그룹 생성과 2개의 버튼 추가
36: Gridlayout의 패널 객체 생성
37~39: 3개의 버튼 추가

41: 보더에 제목 추가
43: 레이아웃 지정
45: 패널 추가
47: 패널 생성과 2개의 버튼 추가
54: 종료 버튼을 누르면 프로그램 종료

실행결과

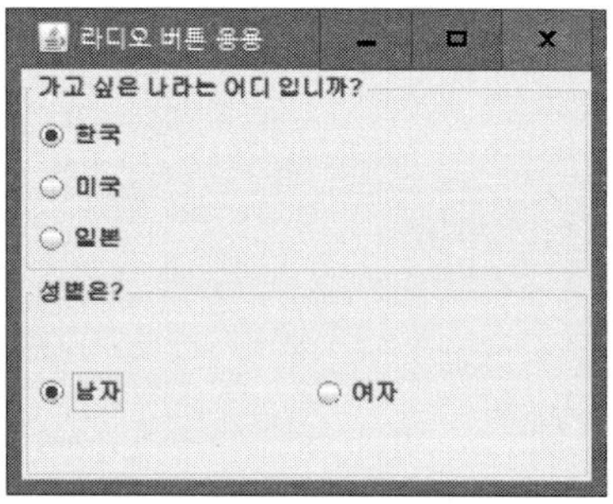

13.5.3 JComboBox

JComboBox는 여러 개의 항목을 설정하여 하나를 선택하기 위한 클래스이다. 또한 리스트에 새로운 항목을 추가할 수 있다.

① AWT의 Choice 클래스와 기본 용도는 같다. 즉 미리 정해진 값 중에서 하나를 선택하게 하여, 데이터 입력시간을 줄일 수 있는 것이다.
② 일반적으로 콤보박스의 항목은 수정할 수 없지만, 수정 가능한 콤보박스를 만들 수도 있다.
③ 콤보박스 항목에 아이콘을 넣을 수도 있고, 사용자가 정의하는 다른 객체를 삽입할 수도 있다. 이 경우 커스텀 렌더러를 작성해야 한다.

렌더러(renderer)

콤보박스의 각 항목을 화면에 그려주는 기능을 하는 클래스를 의미한다. 콤보박스에 쓰이는 렌더러는 ListCellRenderer 인터페이스를 구현하여 사용된다.

JComboBox의 생성자와 메소드는 다음과 같다.

생성자	설 명
JComboBox( )	기본 데이터 모델로 JComboBox를 생성
JComboBox(Object [ ] items)	지정된 배열에 요소를 저장하는 JComboBox를 생성
JComboBox (Vector items)	지정된 Vector에 요소를 저장하는 JComboBox를 생성

JComboBox의 생성자

메소드	설 명
void addActionListener(ActionListener l)	ActionListener를 추가
void addItem(Object anObject)	인수를 항목 리스트에 추가
void addItemListener(ItemListener aListener)	ItemListener를 추가
int getItemCount( )	리스트내의 항목의 수를 반환
getSelectedItem( )	현재 선택되고 있는 항목을 반환
void removeAllItems( )	항목 리스트로부터 모든 항목을 삭제
void removeItem(Object anObject)	항목을 항목 리스트로부터 삭제
void setEditable(boolean aFlag)	JComboBox 필드의 편집 가능 여부를 지정

JComboBox의 메소드

실습 13-16 JComboBox 기본 실습

```
import javax.swing.*;
import java.awt.*;
import java.awt.event.*;

class JComboBoxBasic extends JFrame {
   JComboBox jcbx=null;
   JButton jbt=null;

   public JComboBoxBasic( ) {
      jcbx=new JComboBox( ); // JComboBox 생성
      jcbx.addItem("이순신"); // 항목 삽입
      jcbx.addItem("홍길동");
      jcbx.addItem("강감찬");

      jcbx.setSelectedIndex(2);
      // index가 2인 강감찬 이라는 문자열을 가지는 항목을 선택
      jcbx.setEditable(true);
      // JComboBox에 존재하는 항목을 수정할 수 있도록 지정

      this.getContentPane( ).setLayout(new FlowLayout( ));
      // FlowLayout으로 JFrame의 배치설정
      this.getContentPane( ).add(jcbx);
      //JFrame을 상속받아 컨테이너의 능력을 가지는 this
      // (여기서는 JComboBoxBasic)에 JComboBox의 인스턴스로
      // 만들어져 아이템을 가지고 있는jcbx를 첨가

      EventHandler eh = new EventHandler( );
      // WindowEvent를 처리할 수 있는 WindowAdpater 클래스를
```

```
29.         // 상속받아 만들어진 사용자 정의 클래스 EventHandler의 인스턴스 eh 구하기
30.         this.addWindowListener(eh);
31.         // WindowEvent를 감지할 능력을 메인프레임에 부여하며
32.         // WindowEvent가 일어나면 eh 즉, EventHandler 클래스에
33.         // 이벤트 핸들러를 호출해서 이벤트를 처리하는 코드
34.     }
35.
36.     public static void main(String args[ ]) {
37.         JComboBoxBasic jcbxu=new JComboBoxBasic( );
38.         jcbxu.setTitle("JComboBox 기본");
39.         jcbxu.setSize(300, 130);
40.         jcbxu.show( );
41.     }
42.
43.     class EventHandler extends WindowAdapter {
44.         public void windowClosing(WindowEvent we) {
45.             System.exit(0);
46.         }
47.     }
48. }
```

5: 메인 클래스에 JFrame을 상속
6~7: 버튼과 콤보박스의 변수 선언
9: 클래스의 생성자 선언
10~13: 콤보박스의 생성과 3개의 항목 추가
15: 색인이 2로 지정된 문자열을 가지는 항목을 선택
17: 콤보박스에 존재하는 항목을 수정할 수 있도록 지정
20: FlowLayout으로 JFrame 배치 지정
22: JFrame을 상속받아 컨테이너 생성
27: 이벤트 핸들러 객체 생성
30: 윈도우리스너 추가
37: 메인 클래스 객체 생성
38: 제목 지정
39: 크기 지정
40: 화면 출력
43~47: 종료 버튼을 누르면 프로그램 종료

실행결과

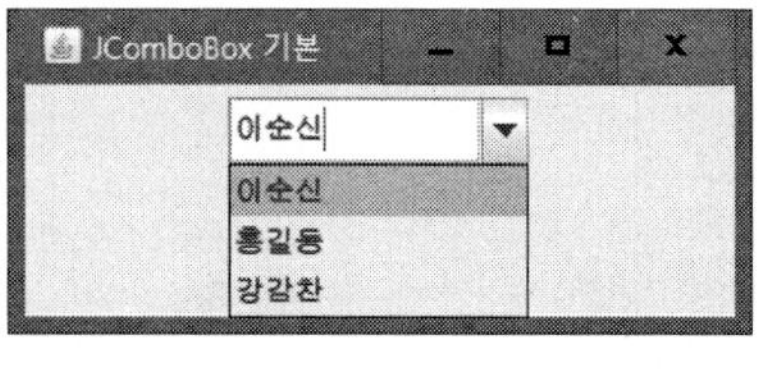

실습 13-17 JComboBox 응용 실습

```
import java.awt.event.*;
import java.awt.*;
import javax.swing.*;

class JComboBoxAdvance extends JFrame
        implements ItemListener, ActionListener {
    static JFrame f;
    static JLabel l, l1;
    static JComboBox c1;
    // 추가/삭제를 위한 항목 지정 textfield
    static JTextField tf;

    public static void main(String[ ] args) {
        // frame 생성
        f = new JFrame("JComboBox 응용");

        // 객체 생성
        JComboBoxAdvance s = new JComboBoxAdvance( );
        // frame 레이아웃 지정
        f.setLayout(new FlowLayout( ));

        // 도시를 나타내는 문자열 배열
        String s1[ ] = { "서울", "부산", "대구", "대전", "광주" };
        c1 = new JComboBox(s1);
        tf = new JTextField(16);

        // 버튼 추가/삭제 생성
        JButton b = new JButton("추가");
        JButton b1 = new JButton("제거");

        // actionlistener 추가
        b.addActionListener(s);
        b1.addActionListener(s);

        // ItemListener 추가
        c1.addItemListener(s);

        // label 생성
        l = new JLabel("도시를 선택!! ");
        l1 = new JLabel("서울 선택!!");

        // 색상 지정
```

```
        l.setForeground(Color.red);
        l1.setForeground(Color.blue);

        // panel 생성
        JPanel p = new JPanel( );

        p.add(l);
        // 패널에 콤보박스 추개
        p.add(c1);

        p.add(l1);
        p.add(tf);
        p.add(b);
        p.add(b1);

        f.setLayout(new FlowLayout( ));
        // frame에 패널 추가
        f.add(p);
        //frame 크기 지정
        f.setSize(700, 200);
        f.show( );
    }
    // 버튼을 지정한 경우
    public void actionPerformed(ActionEvent e) {
        String s = e.getActionCommand( );
        if (s.equals("추가")) {
            c1.addItem(tf.getText( ));
        }
        else {
            c1.removeItem(tf.getText( ));
        }
    }

    public void itemStateChanged(ItemEvent e) {
        // 콤보박스의 상태를 바꾼 경우
        if (e.getSource( ) == c1) {
            l1.setText(c1.getSelectedItem( ) + " 선택!!");
        }
    }
}
```

5~6: 메인 클래스에 JFrame과 아이템리스너 그리고 액션리스너를 상속
7~11: 객체 변수 선언
15: 프레임 생성
18~20: 메인 클래스 객체 생성과 레이아웃 지정
23: 도시를 나타내는 배열 선언
24~25: 콤보박스와 텍스트필드 객체 선언
28~29: 2개의 버튼 추가
32~33: 2개의 액션리스너 추가
36: 아이템리스너 추가
39~40 레이블 생성
43~44: 색상 지정
47~56: 패널 생성 및 각종 객체 추가
58: setlayout 생성
60: 패널 추가
68~72: 버튼을 클릭하고 항목 추가 또는 제거 선택
76~81: 콤보박스의 상태 바꿈

실행결과

13.5.4 JToggleButton

JToggleButton은 2개의 버튼에 대하여 눌러져 있는 상태를 나타내는 컴포넌트로 버튼이 눌렸을 경우 계속하여 그 상태를 유지한다.

JToggleButton의 생성자와 메소드는 다음과 같다.

생성자	설 명
JToggleButton( )	초기 상태는 선택이 해제되어 있는 토글버튼을 텍스트 및 이미지의 지정없이 작성
JToggleButton(Icon icon)	초기 상태로 선택 해제되어 있는 토글버튼을 이미지를 지정하여 작성
JToggleButton (Icon icon, boolean selected)	인수로 지정된 이미지를 가지고 있는 토글버튼을 작성. 버튼 상태는 selected 값에 의해 결정
JToggleButton(String text)	선택 해제된 토글버튼을 지정된 텍스트로 작성
JToggleButton(String text, boolean selected)	인수로 지정된 텍스트를 가지고 있는 토글버튼을 작성. 버튼 상태는 selected 값에 의해 결정

JToggleButton(String text, Icon icon)	초기 상태로 선택 해제되어 있는 토글버튼을 지정된 텍스트 및 이미지로 작성
JToggleButton(String text, Icon icon, boolean selected)	토글버튼을 지정된 텍스트, 이미지 및 선택 상태로 작성

JToggleButton의 생성자

메소드	설 명
getAccessibleContext () (ActionListener l)	JToggleButton에 관련한 AccessibleContext를 반환
String getUIClassID ()	컴포넌트를 표현하는 L&F 클래스의 이름을 지정하는 캐릭터 라인을 반환
protected String paramString( )	JToggleButton의 캐릭터 라인 내용을 반환
void updateUI ()	Look&Feel로 부터 있는 값에 UI 속성을 설정

JToggleButton의 메소드

실습 13-18 JToggleButton 기본 실습

```
import java.awt.FlowLayout;
import java.awt.event.ItemEvent;
import java.awt.event.ItemListener;
import javax.swing.JFrame;
import javax.swing.JToggleButton;

public class JToggleButtonBasic
        extends JFrame implements ItemListener {
    public static void main(String[] args) {
        new JToggleButtonBasic();
    }
    private JToggleButton button;
    JToggleButtonBasic() {
        setTitle("JToggleButton 기본");
        setLayout(new FlowLayout());
        setJToggleButton();
        setAction();
        setSize(300, 200);
        setVisible(true);
        setDefaultCloseOperation(JFrame.EXIT_ON_CLOSE);
    }
    private void setJToggleButton() {
        button = new JToggleButton("ON");
```

```
24.         add(button);
25.     }
26.     private void setAction( ) {
27.         button.addItemListener(this);
28.     }
29.     public void itemStateChanged(ItemEvent eve) {
30.         if (button.isSelected( ))
31.             button.setText("OFF");
32.         else
33.             button.setText("ON");
34.     }
35. }
```

7~8: 메인 클래스에 JFrame과 아이템리스너를 상속
10: 메인 클래스 객체 생성
13: 메인 클래스의 생성자 선언
14~15: 제목과 레이아웃 지정
16~17: 2개의 메소드 호출
22~25: 토글버튼 객체 생성 메소드
27: 버튼에 아이템리스너 추가
29~34: 버튼을 누를 경우 지정된 텍스트 활성화

실행결과

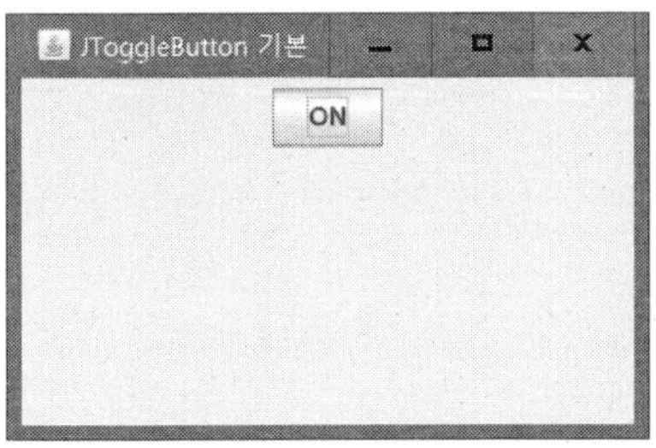

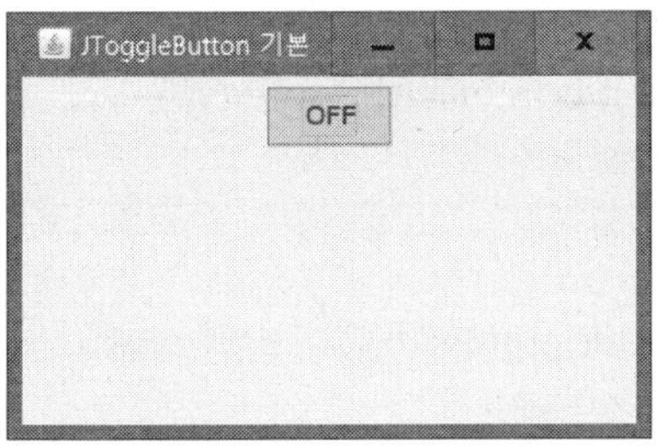

실습 13-19 JToggleButton 응용 실습

```
import java.awt.*;
import java.awt.event.*;
import javax.swing.*;

public class JToggleButtonAdvance
        extends JPanel implements ActionListener {
    JTextField tf;
    JToggleButton b;
    Font font;

```

```
    JTextArea ta;
    //JTextPane tp;

    public JToggleButtonAdvance( ) {
        setLayout(new BorderLayout( ));
        b = new JToggleButton("비활성화");
        b.addActionListener(this);
        font = new Font("궁서체", Font.BOLD, 16);
        tf = new JTextField(20);
        tf.setFont(font);
        tf.addActionListener(this);

        ta = new JTextArea("초기 문자열\n", 5, 20) ; // 생성자
        // ta.setEditable(false);
        ta.setFont(new Font("고딕체", Font.PLAIN, 20));

        add(b, "South");
        add(tf, "North");
        add(new JScrollPane(ta));
    }
    public void actionPerformed(ActionEvent ae) {
        Object obj = ae.getSource( );
        if(obj == b) {
            if(b.isSelected( )) {
                //System.out.println("버튼이 선택됨");
                tf.setEditable(false);
                b.setLabel("활성화"); // 활성화의 통로를 연다.
            } else {
                // System.out.println("버튼이 선택 해제");
                tf.setEditable(true);
                b.setLabel("비활성화"); // 비활성화의 통로를 연다.
            }
        } else { // obj == tf
            String msg = tf.getText( );
            ta.append(msg + "\n");
            tf.setText(" ");
        }
    }

    public static void main(String args[ ]) {
        JFrame f = new JFrame("JToggleButton 응용");
        Container cp = f.getContentPane( );
        JToggleButtonAdvance st5 = new JToggleButtonAdvance( );
        cp.add(st5);
```

```
55.
56.         f.setSize(400  ,300);
57.         f.setVisible(true);
58.         f.setDefaultCloseOperation(JFrame.EXIT_ON_CLOSE);
59.     }
60. };
```

5~6: 메인 클래스에 Jpanel과 액션리스너를 상속
7~12: 각종 객체 변수 선언
14: 생성자 선언
15: 레이아웃 지정
16~17: 토글버튼 생성과 액션리스너 등록
18: 폰트 생성과 액션리스너 등록
23: 텍스트에어리어 객체 생성
25: 폰트 지정
27~28: 위치 지정
31: 액션 지정
33~34: 버튼의 선택과 해제 지정
44~46: 텍스트 추가
51: 메인 클래스 객체 생성
53~54: 토글버튼 객체 생성과 텍스트필드 등록
56: 크기 지정
57: 화면 출력
58: 종료 버튼을 누르면 프로그램 종료

실행결과

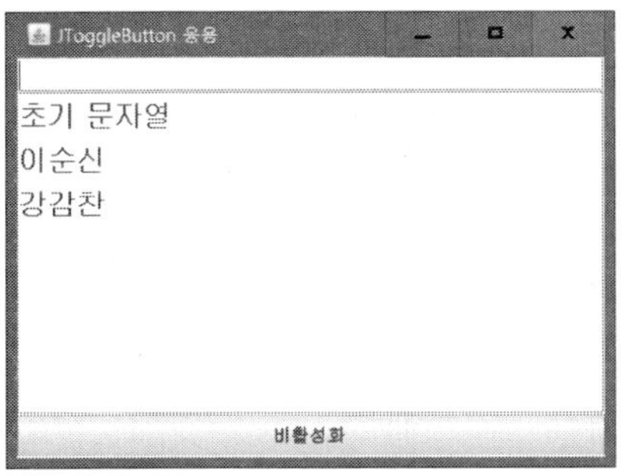

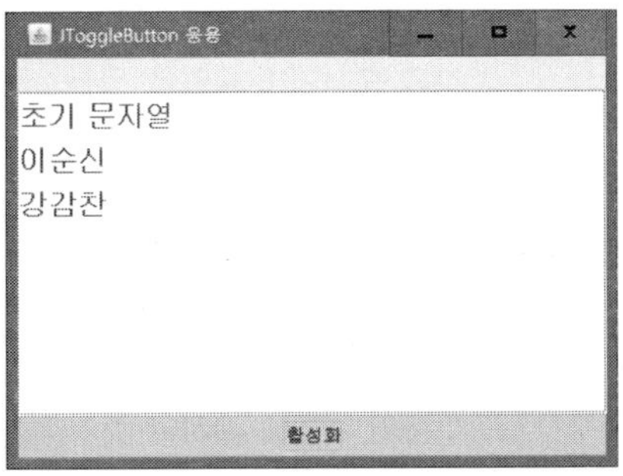

13.5.5 JCheckBox

JCheckBox는 체크박스를 여러 개 선택할 수 있는 토글버튼으로 레이블과 아이콘을 동시에 사용할 수 있다. AWT의 CheckBoxGroup은 사용할 수 없다.

JCheckBox의 생성자와 메소드는 다음과 같다.

생성자	설 명
JCheckBox( )	초기 상태는 선택이 해제되어 있는 체크박스를 이미지의 지정없이 작성
JCheckBox(Icon icon)	초기 상태로 선택 해제되어 있는 체크박스를 이미지를 지정하여 작성
JCheckBox(Icon icon, boolean selected)	인수로 지정된 이미지를 가지고 있는 체크박스를 작성. 버튼 상태는 selected 값에 의해 결정
JCheckBox(String text)	선택 해제된 체크박스를 지정된 텍스트로 작성
JCheckBox(String text, boolean selected)	인수로 지정된 텍스트를 가지고 있는 체크박스를 작성. 버튼 상태는 selected 값에 의해 결정
JCheckBox(String text, Icon icon)	초기 상태로 선택 해제되어 있는 체크박스를 지정된 텍스트 및 이미지로 작성
JCheckBox(String text, Icon icon, boolean selected)	체크박스를 지정된 텍스트, 이미지 및 선택 상태로 작성

JCheckBox의 생성자

메소드	설 명
Icon getIcon( )	JCheckBox의 아이콘을 반환
String getLabel( )	JCheckBox의 레이블을 반환
void setIcon(Icon icon)	JCheckBox의 아이콘을 지정
void setLabel(String s)	JCheckBox의 레이블을 지정
boolean isSelected( )	JCheckBox의 지정된 항목을 반환
void setSelected(boolean b)	JCheckBox의 항목을 지정
void setToolTipText(String text)	지정된 문자열의 툴팁을 설정
void setHorizontalAlignment (int alignment)	아이콘 또는 문자열을 X축으로 설정
void setVerticalAlignment (int alignment)	아이콘 또는 문자열을 Y축으로 설정
void setVerticalTextPosition (int alignment)	아이콘의 수평에 대하여 위치를 설정
void setHorizontallTextPosition (int alignment)	아이콘의 수직에 대하여 위치를 설정

JCheckBox의 메소드

실습 13-20 JCheckBox 기본 실습

```
import javax.swing.*;
public class JCheckBoxBasic {
```

```
3.     JCheckBoxBasic( ) {
4.         JFrame f= new JFrame("JCheckBox 기본");
5.         JCheckBox checkBox1 = new JCheckBox("C++");
6.         checkBox1.setBounds(100, 100, 70, 70);
7.         JCheckBox checkBox2 = new JCheckBox("Java", true);
8.         checkBox2.setBounds(100, 150, 70, 70);
9.         f.add(checkBox1);
10.        f.add(checkBox2);
11.        f.setSize(400, 400);
12.        f.setLayout(null);
13.        f.setVisible(true);
14.    }
15.    public static void main(String args[ ]) {
16.        new JCheckBoxBasic( );
17.    }
18. }
```

4: JFrame 객체 생성
5~8: JCheckBox 객체 생성 및 위치 지정
9~10: 체크박스 추가
13: 화면 출력
16: 메인 클래스 객체 생성

실행결과

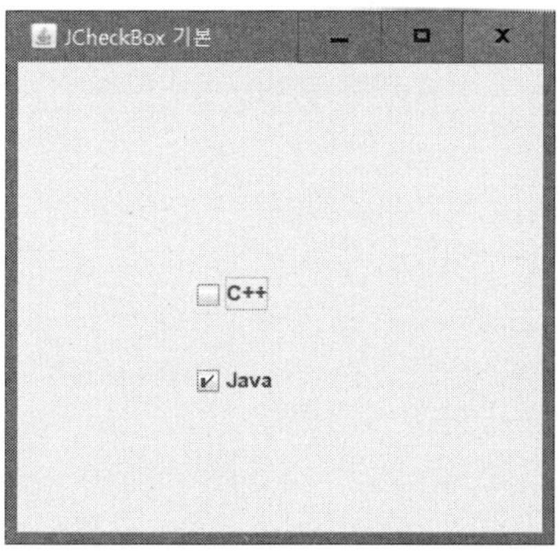

실습 13-21 JCheckBox 응용 실습

```
import javax.swing.*;
import java.awt.*;
import java.awt.event.*;

class JCheckBoxAdvance
```

```java
6.          extends JFrame implements ItemListener {
7.      JTextField jtf;
8.      public JCheckBoxAdvance( ) {
9.          jtf= new JTextField(10);
10.         JCheckBox ch1= new JCheckBox("이순신");
11.         JCheckBox ch2= new JCheckBox("강감찬");
12.         JCheckBox ch3= new JCheckBox("홍길동");
13.         JCheckBox ch4= new JCheckBox("유성룡");
14.         Container ct= getContentPane( );
15.         ct.setLayout(new FlowLayout( ));
16.         ct.add(ch1);
17.         ct.add(ch2);
18.         ct.add(ch3);
19.         ct.add(ch4);
20.         ct.add(jtf);
21.
22.         ch1.addItemListener(this);
23.         ch2.addItemListener(this);
24.         ch3.addItemListener(this);
25.         ch4.addItemListener(this);
26.     }
27.     public void itemStateChanged(ItemEvent e) {
28.         jtf.setText ( ((JCheckBox)e.getItem( )).getText( ));
29.     }
30.
31.     public static void main(String[ ] args) {
32.         JCheckBoxAdvance f= new JCheckBoxAdvance( );
33.         f.setTitle("JCheckBox 응용");
34.         f.setSize(400, 200);
35.         f.setVisible(true);
36.         f.setDefaultCloseOperation(JFrame.EXIT_ON_CLOSE);
37.     }
38. }
```

5~6: 메인 클래스에 JFrame과 아이템리스너 상속
9: 텍스트필드 객체 생성
10~13: 4개의 체크박스 객체 생성
14: 컨테이너 지정
15: 레이아웃 지정
16~20: 4개의 체크박스 및 텍스트박스 추가
22~25: 4개의 아이템리스너 추가
27~29: 아이템리스너 시행으로 텍스트박스 입력 객체 생성
32: 메인 클래스 객체 생성
33: 제목 지정
34: 크기 지정
36: 종료 버튼을 누르면 프로그램 종료

실행결과

13.5.6 JList

JList는 AWT의 리스트 컴포넌트와 유사한 기능을 갖는다. 그러나 기본적인 아이템 선택 기능 이외에 아이템에 이미지를 같이 사용하는 등의 부가적인 동작을 지원한다.

① AWT의 List와 기본 용도는 같다. 그러나 스윙의 JList는 전형적인 MVC 구조를 가지고 있다.

② 목록의 각 항목들은 목록 모델 객체가 관리하며, 선택 항목들은 목록 선택 모델 객체가 관리한다. 또 목록 자체는 스크롤 창(JScrollPane)에 넣어서 스크롤 기능을 부여하는 것이 일반적이다. AWT의 List와 같이 스크롤바가 자동 제공되지 않는다.

③ 대부분의 경우 모델들을 직접 다룰 필요는 없다. JList가 필요에 따라 내부적으로 모델들을 생성하며, 또 모델의 특정 기능들에 접근할 수 있는 여러 가지 편리한 메소드들도 제공하기 때문에 제공되는 메소드를 그냥 사용하면 된다.

JList 컴포넌트의 생성자와 메소드는 다음과 같다.

생성자	설 명
JList( )	지정된 데이터 모델로 JList를 구축
JList(ListModel dataModel)	지정된 데이터 모델(내용)으로 요소를 표시하는 JList를 생성
JJList(Object [ ] listData)	지정된 배열의 요소를 표시하는 JList를 생성
JList (Vector listData)	지정된 Vector의 요소를 표시하는 JList를 생성

JList의 생성자

메소드	설 명
void setListData (Object [ ] listData)	객체의 배열로부터 ListModel을 구축하며 setModel을 적용
void setListData (Vector listData)	Vector로부터 ListModel을 구축하며 setModel을 적용

void setSelectionMode (int selectionMode)	단일 항목 또는 복수 항목 선택 가능여부를 지정 ListSelectionModel.SINGLE_SELECTION : 하나만 선택 가능 ListSelectionModel.SINGLE_INTERVAL_SELECTION : 연속하는 인덱스 구간을 1회에 1개 선택 ListSelectionModel.MULTIPLE_INTERVAL_SELECTION : 다중 선택 가능, 디폴트
void setSelectedIndex (int index)	선택된 아이템의 인덱스를 반환
void setSelectedIndices (int[ ] indices)	선택된 모든 아이템의 인덱스를 배열로 반환 또는 문자열로 얻고 싶다면 ItemListener를 구현해서 getItem( )를 이용
void removeElementAt (int index)	index로 주어진 아이템을 제거
void removeElement (Object o)	해당 Object를 아이템을 제거
void removeAllElements( )	리스트 컴포넌트에 포함된 모든 아이템을 제거한

JList의 메소드

실습 13-22 JList 기본 실습

```
import javax.swing.*;
class JListBasic {
    JListBasic() {
        JFrame f = new JFrame();
        DefaultListModel<String> l1 = new DefaultListModel< >();
        l1.addElement("항목1");
        l1.addElement("항목2");
        l1.addElement("항목3");
        l1.addElement("항목4");

        JList<String> list = new JList< >(l1);
        list.setBounds(100, 100, 75, 75);
        f.add(list);
        f.setTitle("JList 기본");
        f.setSize(300, 300);
        f.setLayout(null);
        f.setVisible(true);
    }
    public static void main(String args[]) {
        new JListBasic();
    }
}
```

4: JFrame 객체 생성
5: 리스트 제네릭 목록 생성
6~9: 항목 요소 추가
11: JList 제네릭 목록 객체 생성
12: 리스트 위치 지정
13: 리스트 추가
14: 제목 지정
15: 크기 지정
17: 화면 출력
20: 메인 클래스 객체 생성

실행결과

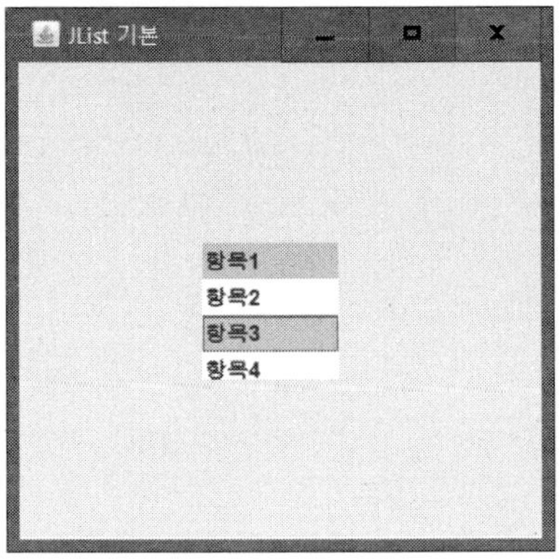

실습 13-23 JList 응용 실습

```
import javax.swing.*;
import javax.swing.event.*;
import java.awt.*;
public class JListAdvance extends JFrame
        implements ListSelectionListener {

   JList list1, list2;
   JLabel label;

   // 생성자
   public JListAdvance() {
        super("JList 응용");

        Container c=getContentPane();
        c.setLayout(new FlowLayout());

        // 리스트 객체 생성 및 아이템 추가
        list1 = new JList(new Object[]
```

```
19.             {"단일선택","오이","당근","가지","시금치","버섯","양배추","호박","고추"});
20.         //하나만 선택하는 모드로 설정
21.         list1.setSelectionMode(ListSelectionModel.SINGLE_SELECTION);
22.         //이벤트 핸들러 연결
23.         list1.addListSelectionListener(this);
24.         // JScrollPane에 리스트를 부착시킨다.
25.         // JScrollPane는 스크롤 기능을 가진 패널이다.
26.         c.add(new JScrollPane(list1));
27.
28.         list2 = new JList(new Object[ ]
29.             {"다중선택","오이","당근","가지","시금치","버섯"});
30.         //다중 선택하는 모드로 설정
31.         list2.setSelectionMode
32.             (ListSelectionModel.MULTIPLE_INTERVAL_SELECTION);
33.         list2.addListSelectionListener(this);
34.         c.add(list2);
35.
36.         // 리스트 아이템 선택 시 결과를 출력해 주는 라벨
37.         label = new JLabel( );
38.         c.add(label);
39.     }
40.
41.     // valueChanged(( ) 메소드
42.     //ListSelectionListener에 정의된 메소드 오버라이딩
43.     public void valueChanged(ListSelectionEvent e) {
44.         JList l=(JList)e.getSource( );
45.         label.setText("선택된 아이템 : "+l.getSelectedValue( ));
46.     }
47.
48.     //메인 메소드
49.     public static void main(String s[ ]) {
50.         JListAdvance jl = new JListAdvance( );
51.         jl.setDefaultCloseOperation(JFrame.EXIT_ON_CLOSE);
52.         jl.setForeground(Color.black);
53.         jl.setBackground(Color.lightGray);
54.
55.         jl.setSize(300, 250);
56.         jl.setVisible(true);
57.     }
58. }
```

4~5: JFrame 객체 생성 및 ListSelectListner 상속
7~8: JLIst 및 Jlabel 변수 설정
11: 메인 클래스 생성자 선언

12: 제목 지정
14 컨테이너 설정
15: 레이아웃 지정
18~19: 리스트 객체 생성 및 아이템 추가
21: 하나만 선택하는 모드로 설정
23: 이벤트 핸들러 연결
28: 2번째 리스트 객체 생성
31~32: 다중 선택하는 모드로 설정
34: 2번째 리스트 추가
37~38: 리스트 아이템 선택 시 결과를 출력해 주는 라벨 및 추가
43~46: 값변환 메소드 지정 및 메소드 오버라이딩
50: 메인 클래스 객체 생성
51: 종료버트 누르면 프로그램 종료
52: 글꼴 생상 지정
53: 배경색 지정
55: 크기 지정
56: 화면 출력

실행결과

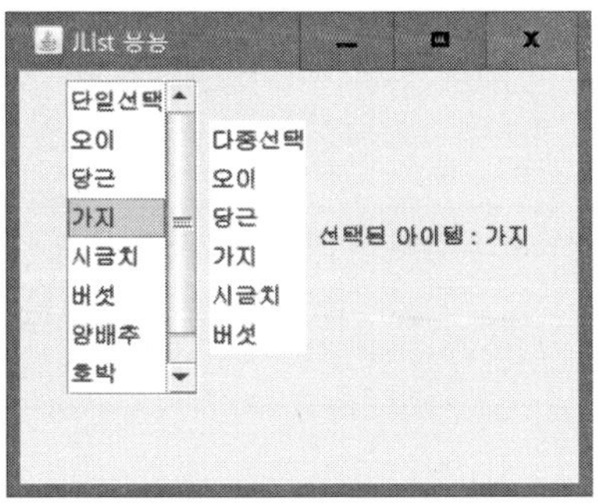

13.5.7 JMenu, JmenuBar, JMenuItem

스윙에서의 메뉴에 관련된 컴포넌트는 JMenu, JMenuBar, JMenuItem 등이 속한다. 이는 AWT의 Menu 클래스 종류와 같은 역할을 한다. 하지만 AWT보다는 다양하고 편리한 기능들을 제공해 준다.

① 메뉴는 제한된 공간 내에서 선택사항 중 한 가지를 선택 가능하게 하는 기능의 UI로 윈도 상단의 메뉴(JMenu) 줄에 들어가거나 팝업 메뉴(JPopupMenu)로 나타낸다.
② 메뉴 항목(JMenuItem)은 AbstractButton 클래스를 확장하기 때문에 버튼이 가진 기능을 상속받아 자신의 메뉴 항목을 표시할 수 있는 속성을 추가한 것이다.
JMenuItem 클래스를 확장한 JCheckboxMenuItem 클래스는 메뉴 항목에 체크박스를 사용할 수 있게 한다. 그리고 JRadioButtonMenuItem은 메뉴 항목으로 라디오 버튼을 사용할 수 있도록 하는 클래스이다. 이들은 JMenuItem을 확장한 클래스이다.
③ 메뉴는 두 가지 키보드를 이용한 단축 기능을 제공하는데 그 한 가지가 니모닉(mnemonic)이

다. 니모닉은 키보드를 이용해서 메뉴의 계층구조를 순환할 수 있도록 하는 것이다. 다른 하나는 액셀러레이터(accelerator) 기능인데, 이것은 흔히 단축키라고 한다. 즉 메뉴의 계층구조를 거치지 않고 한번에 키보드로 메뉴항목을 실행할 수 있는 기능이다.

생성자	설 명
JMenu( )	텍스트가 없는 새로운 JMenu를 작성
JMenu(Action a)	지정된 Action으로부터 속성을 취득하여 메뉴를 작성
JMenu(String s)	지정된 텍스트를 가지는 새로운 JMenu를 작성
JMenu(String s, boolean b)	지정된 텍스트를 가져와서 새로운 JMenu를 작성

JMenu의 생성자

메소드	설 명
JMenuItem add(Action a)	지정된 Action 속성에 새로운 메뉴 항목을 작성하여, 그것을 이 메뉴의 끝에 추가
Component add(Component c)	메뉴의 마지막에 컴포넌트를 추가
Component add (Component c, int index)	지정된 컴포넌트를 이 컨테이너의 지정된 위치에 추가
JMenuItem add (JMenuItem menuItem)	메뉴의 마지막에 메뉴 항목을 추가
JMenuItem add (String s)	지정된 텍스트를 가지는 새로운 메뉴 항목을 작성해, 이 메뉴의 끝에 추가
void addMenuListener (MenuListener l)	메뉴 이벤트의 리스너를 추가
void addSeparator( )	메뉴의 끝에 새로운 분리자를 추가
JMenuItem getItem(int pos)	지정된 위치의 JMenuItem을 반환
int getItemCount( )	분리자를 포함한 메뉴 항목수를 반환
JMenuItem insert (Action a, int pos)	지정된 Action속성의 새로운 메뉴 항목을 지정된 위치에 삽입
void remove (int pos)	메뉴로부터 지정된 인덱스에 있는 메뉴 항목을 삭제
void remove(JMenuItem item)	지정된 메뉴를 이 메뉴로부터 삭제
void setSelected(boolean b)	메뉴의 선택 상태를 설정

JMenu의 메소드

생성자	설 명
JMenuBar( )	새로운 도구모음을 작성

JMenuBar의 생성자

메소드	설 명
JMenu add (JMenu c)	도구모음의 끝에, 지정된 메뉴를 추가
Component getComponent( )	Menu 요소가 구현
int getComponentIndex (Component c)	지정된 컴포넌트의 인덱스를 반환
JMenu getMenu (int index)	도구모음의 지정된 위치의 메뉴를 반환
int getMenuCount ( )	도구모음의 항목수를 반환
SingleSelectionModel getSelectionModel ( )	단일 선택의 모델 속성을 반환
boolean isSelected ( )	도구모음의 컴포넌트가 선택된 경우 true를 반환
protected String paramString ( )	JMenuBar의 문자열을 반환
void setSelected (Component sel)	현재 지정된 컴포넌트를 설정

JMenuBar의 메소드

생성자	설 명
JMenuItem( )	텍스트 및 아이콘을 지정하지 않고 JMenuItem을 작성
JMenuItem(Icon icon)	지정된 아이콘의 JMenuItem을 작성
JMenuItem(String text)	지정된 텍스트의 JMenuItem을 작성
JMenuItem(String text, Icon icon)	지정된 텍스트와 아이콘의 JMenuItem을 작성

JMenuItem의 생성자

메소드	설 명
void addMenuKeyListener (MenuKeyListener l)	메뉴 항목에 MenuKeyListener를 추가
String getUIClassID( )	Look&Feel 클래스의 이름에 사용된 접두사를 반환
protected void init (String text, Icon icon)	지정된 텍스트 및 아이콘으로 메뉴 항목을 초기화
protected String paramString( )	JMenuItem의 문자열을 반환
void removeMenuKeyListener (MenuKeyListener l)	메뉴 항목으로부터 MenuKeyListener를 삭제
void setEnabled(boolean b)	메뉴 항목의 활성화 여부를 지정
boolean isSelected( )	도구모음의 컴포넌트가 선택된 경우 true를 반환
protected String paramString( )	JMenuBar의 문자열을 반환
void setSelected (Component sel)	현재 지정된 컴포넌트를 설정

JMenuItem의 메소드

실습 13-24 JMenu, JMenuBar, JMenuItem 기본 실습

```
import java.awt.*;
import java.awt.event.*;
import javax.swing.*;

public class JMenuBasic extends JFrame
      implements ActionListener {
   // 생성자
   JMenuBasic(String title) {
      super(title);

      JMenuBar menuBar=new JMenuBar( );
      JMenu fileMenu = new JMenu("File");
      menuBar.add(fileMenu);
      fileMenu.add(new JMenuItem("New"));
      fileMenu.addSeparator( );
      fileMenu.add(new JMenuItem("Open"));
      fileMenu.add(new JMenuItem("Save"));
      fileMenu.addSeparator( );
      fileMenu.add(new JMenuItem("Print"));
      fileMenu.addSeparator( );
      JMenuItem exitItem = new JMenuItem("Exit", 'X');
      fileMenu.add(exitItem);
      exitItem.setActionCommand("Exit");
      exitItem.addActionListener(this);
      setJMenuBar(menuBar);

      JButton button=new JButton("Exit");
      getContentPane( ).add(button, "South");
      button.addActionListener(this);

      JTextArea text=new JTextArea( );
      getContentPane( ).add(text, "Center");
      text.setText("JMenu 테스트 프로그램입니다!!");
   }

   // main 메소드
   public static void main(String args[ ]) {
      JMenuBasic frame=new JMenuBasic("JMenu 기본");
      frame.setSize(300, 300);
      frame.setVisible(true);
   }

   public void actionPerformed(ActionEvent evt) {
      String cmd=evt.getActionCommand( );
```

```
45.         if (cmd.equals("Exit"))
46.             System.exit(0);
47.     }
48. }
```

5~6: JFrame 객체 생성 및 ActionListner 상속
9: 제목 지정
11: 메뉴바 객체 생성
12: 메뉴 제목 객체 생성
14~20: 하위 메뉴 정보 추가
21: 종료메뉴 객체 생성
22: 종료 항목 연결
24: 액션리스너 선언
27: 종료 버튼 객체 생성
28: 화면 아래 배치
29: 액션리스너 연결
31~33: 텍스트에어리어 객체 설정 및 중간에 화면 배치 및 문자열 출력
38: 메인 클래스 객체 생성
39: 크기 지정
40: 화면 출력
43~47: 액션 수행 메소드 신인
45~46: 종료 버튼을 누르면 프로그램 종료

실행결과

실습 13-25 JMenu, JMenuBar, JMenuItem 응용 실습

```
import java.awt.*;
import java.awt.event.*;
import javax.swing.*;

public class JMenuAdvance {
    private JFrame mainFrame;
    private JLabel headerLabel;
```

```
    private JLabel statusLabel;
    private JPanel controlPanel;

    public JMenuAdvance( ) {
        prepareGUI( );
    }
    public static void main(String[ ] args) {
        JMenuAdvance JMenuAdvance = new JMenuAdvance( );
        JMenuAdvance.showMenuDemo( );
    }
    private void prepareGUI( ) {
        mainFrame = new JFrame("JMenu 응용");
        mainFrame.setSize(400, 400);
        mainFrame.setLayout(new GridLayout(3, 1));

        headerLabel = new JLabel(" ", JLabel.CENTER );
        statusLabel = new JLabel(" ", JLabel.CENTER);
        statusLabel.setSize(350, 100);

        mainFrame.addWindowListener(new WindowAdapter( ) {
            public void windowClosing(WindowEvent windowEvent) {
                System.exit(0);
            }
        });
        controlPanel = new JPanel( );
        controlPanel.setLayout(new FlowLayout( ));

        mainFrame.add(headerLabel);
        mainFrame.add(controlPanel);
        mainFrame.add(statusLabel);
        mainFrame.setVisible(true);
    }
    private void showMenuDemo( ) {
        // 메뉴바 생성
        final JMenuBar menuBar = new JMenuBar( );

        // 메뉴 생성
        JMenu fileMenu = new JMenu("파일");
        JMenu editMenu = new JMenu("편집");
        final JMenu aboutMenu = new JMenu("대하여");
        final JMenu linkMenu = new JMenu("연결");

        // 메뉴 항목의 생성
        JMenuItem newMenuItem = new JMenuItem("새글");
        newMenuItem.setMnemonic(KeyEvent.VK_N);
        newMenuItem.setActionCommand("새글");
```

```

        JMenuItem openMenuItem = new JMenuItem("열기");
        openMenuItem.setActionCommand("열기");

        JMenuItem saveMenuItem = new JMenuItem("저장");
        saveMenuItem.setActionCommand("저장");

        JMenuItem exitMenuItem = new JMenuItem("종료");
        exitMenuItem.setActionCommand("종료");

        JMenuItem cutMenuItem = new JMenuItem("잘라내기");
        cutMenuItem.setActionCommand("잘라내기");

        JMenuItem copyMenuItem = new JMenuItem("복사");
        copyMenuItem.setActionCommand("복사");

        JMenuItem pasteMenuItem = new JMenuItem("붙여넣기");
        pasteMenuItem.setActionCommand("붙여넣기");

        MenuItemListener menuItemListener = new MenuItemListener( );

        newMenuItem.addActionListener(menuItemListener);
        openMenuItem.addActionListener(menuItemListener);
        saveMenuItem.addActionListener(menuItemListener);
        exitMenuItem.addActionListener(menuItemListener);
        cutMenuItem.addActionListener(menuItemListener);
        copyMenuItem.addActionListener(menuItemListener);
        pasteMenuItem.addActionListener(menuItemListener);

        final JCheckBoxMenuItem showWindowMenu =
                new JCheckBoxMenuItem("대하여 보이기", true);
        showWindowMenu.addItemListener(new ItemListener( ) {
            public void itemStateChanged(ItemEvent e) {

                if(showWindowMenu.getState( )) {
                    menuBar.add(aboutMenu);
                } else {
                    menuBar.remove(aboutMenu);
                }
            }
        });
        final JRadioButtonMenuItem showLinksMenu =
                new JRadioButtonMenuItem("링크 보이기", true);

        showLinksMenu.addItemListener(new ItemListener( ) {
            public void itemStateChanged(ItemEvent e) {
```

```
100.
101.                 if(menuBar.getMenu(3)!= null) {
102.                     menuBar.remove(linkMenu);
103.                     mainFrame.repaint( );
104.                 } else {
105.                     menuBar.add(linkMenu);
106.                     mainFrame.repaint( );
107.                 }
108.             }
109.         });
110.
111.         // 메뉴 항목의 추가
112.         fileMenu.add(newMenuItem);
113.         fileMenu.add(openMenuItem);
114.         fileMenu.add(saveMenuItem);
115.         fileMenu.addSeparator( );
116.         fileMenu.add(showWindowMenu);
117.         fileMenu.addSeparator( );
118.         fileMenu.add(showLinksMenu);
119.         fileMenu.addSeparator( );
120.         fileMenu.add(exitMenuItem);
121.
122.         editMenu.add(cutMenuItem);
123.         editMenu.add(copyMenuItem);
124.         editMenu.add(pasteMenuItem);
125.
126.         // 메뉴바에 메뉴 추가
127.         menuBar.add(fileMenu);
128.         menuBar.add(editMenu);
129.         menuBar.add(aboutMenu);
130.         menuBar.add(linkMenu);
131.
132.         // 프레임에 메뉴바 추가
133.         mainFrame.setJMenuBar(menuBar);
134.         mainFrame.setVisible(true);
135.     }
136.     class MenuItemListener implements ActionListener {
137.         public void actionPerformed(ActionEvent e) {
138.             statusLabel.setText(e.getActionCommand( )
139.                     + " 항목 클릭되었음!!");
140.         }
141.     }
142. }
```

5: 메인 클래스 선언

6~9: 객체 변수 선언

11: 생성자 선언
12: 생성자 메소드 선언
15: 메인 클래스 객체 선언
16: 메인 클래스 객체의 메소드 호출
18: 메인 객체의 메소드 내역
19: JFrame 객체 선언
20: 크기 지정
21: 레이아웃 지정
23~24: 2개의 Jlabel 객체 선언
25: 크기 지정
27: 종료 버튼을 누르면 프로그램이 종료되는 윈도우어댑터 선언
32: 패널 객체 선언
33: 패널 레이아웃 지정
35~38: 프레임에 객체 정보 연결
40: 메뉴 메소드 선언
42: 메뉴바 생성
45~48: 4개의 메뉴 생성
51~71: 메뉴 항목의 생성 및 메뉴 제목 지정
73: 메뉴아이템리스너 객체 선언
75~81: 메뉴 액션리스너 추가
83~84: 체크박스 메뉴아이템 객체 생성
85~94: 윈도우 메뉴아이템 객체 생성
86~93: 아이템 변환 메소드 지정
95~96: 라디오 버튼 메뉴아이템 객체 선언
98~99: 아이템리스너 객체 선언
112~120: 메뉴 항목의 추가
127~130: 메뉴바에 메뉴 추가
133~134: 프레임에 메뉴바 추가
136~141: 메뉴아이템리스너에 액션리스너 상속
138~139: 항목 선택 내역 출력

실행결과

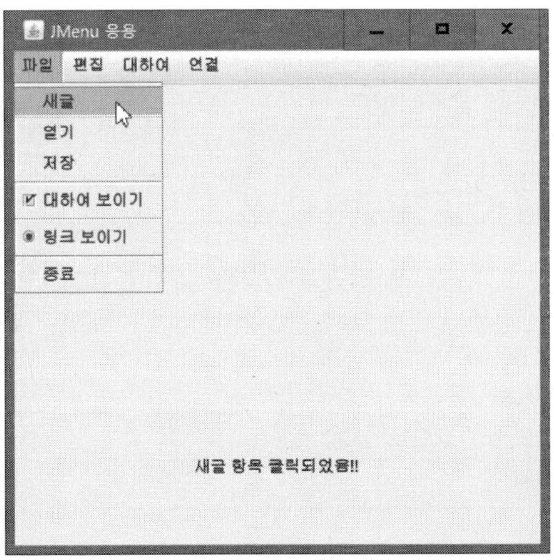

13.5.8 JSlider

JSlider는 어떤 범위내에서 이용자가 값을 선택할 수 있게 하도록 해준다. 수직과 수평으로 배치할 수 있으며, 눈금이나 값의 범위도 지정할 수 있다.

① JSlider는 최솟값·최댓값이 정해진 일정 범위 안의 한 숫자 값을 입력받을 때 사용된다. 텍스트 필드에 직접 입력하는 대신 슬라이더를 사용하면 입력 오류를 미연에 방지할 수 있는 장점이 있다.

② 생성 시 일정 범위의 최솟값·최댓값과 초기 값을 지정한다. 지정하지 않을 경우 0에서 100 사이의 범위 값과 초기 값은 50으로 지정된다.

③ 슬라이더는 수직·수평형으로 지정될 수 있고, 눈금의 간격을 조정할 수 있다. 기본적으로 큰 눈금 간격(major tick mark)과 작은 눈금 간격(minor tick mark)은 모두 0이다. 눈금 간격이 0이면 의미가 없으므로 반드시 명시적으로 눈금 간격을 0이 아닌 값으로 설정해 주어야 한다.

④ 눈금 표시와 눈금 간격의 위치에 레이블을 표시할지 여부를 설정할 수 있다.

생성자	설 명
JSlider( )	범위가 0~100, 초기치가 50인 수평 슬라이더를 작성
JSlider(int orientation)	방향을 지정해, 범위가 0~100, 초기치가 50의 슬라이더를 작성
JSlider(int min, int max)	최소와 최대의 합계를 평균한 값을 사용해 수평 슬라이더를 작성
JSlider(int min, int max, int value)	최소, 최대 및 초기값을 지정해 수평 슬라이더를 작성
JSlider(int orientation, int min, int max, int value)	슬라이더 방향, 최소, 최대, 및 초기값을 지정해 슬라이더를 작성

JSlider의 생성자

메소드	설 명
void addChangeListener (ChangeListener l)	슬라이더에 ChangeListener를 추가
Dictionary getLabelTable ( )	어느 레이블을 어느 값에 표현하기 위해 사용하는 폴더를 반환
int getMaximum ( )	슬라이더의 최댓값을 반환
int getMinimum ( )	슬라이더의 최솟값을 반환
int getOrientation ( )	슬라이더의 수직 또는 수평의 방향을 반환
int getValue ( )	슬라이더의 값을 반환
protected String paramString ( )	JSlider의 문자열을 반환
void setMaximum(int maximum)	모델의 최대 속성을 설정
void setMinimum(int minimum)	모델의 최소 속성을 설정
void setOrientation(int orientation)	스크롤바의 방향을 수직 또는 수평으로 설정
void setValue (int n)	슬라이더의 현재 값을 설정

JSlider의 메소드

실습 13-26 JSlider 기본 실습

```java
import java.awt.*;
import java.awt.event.*;
import javax.swing.*;
import javax.swing.event.*;

public class JSliderBasic {
    private JFrame mainFrame;
    private JLabel headerLabel;
    private JLabel statusLabel;
    private JPanel controlPanel;

    public JSliderBasic() {
        prepareGUI();
    }
    public static void main(String[] args) {
        JSliderBasic JSliderBasic = new JSliderBasic();
        JSliderBasic.showSliderDemo();
    }
    private void prepareGUI() {
        mainFrame = new JFrame("JSlider 기본");
        mainFrame.setSize(400, 400);
        mainFrame.setLayout(new GridLayout(3, 1));

        mainFrame.addWindowListener(new WindowAdapter() {
            public void windowClosing(WindowEvent windowEvent) {
                System.exit(0);
            }
        });
        headerLabel = new JLabel(" ", JLabel.CENTER);
        statusLabel = new JLabel(" ", JLabel.CENTER);
        statusLabel.setSize(350, 100);

        controlPanel = new JPanel();
        controlPanel.setLayout(new FlowLayout());

        mainFrame.add(headerLabel);
        mainFrame.add(controlPanel);
        mainFrame.add(statusLabel);
        mainFrame.setVisible(true);
    }
    private void showSliderDemo() {
        headerLabel.setText("처리 제어 : JSlider");
        JSlider slider = new JSlider(JSlider.HORIZONTAL, 0, 100, 10);

```

```
45.         slider.addChangeListener(new ChangeListener( ) {
46.             public void stateChanged(ChangeEvent e) {
47.                 statusLabel.setText("값 : "+ ((JSlider)e.getSource( )).getValue( ));
48.             }
49.         });
50.         controlPanel.add(slider);
51.         mainFrame.setVisible(true);
52.     }
53. }
```

6: 메인 클래스 선언
7~10: 객체 변수 선언
12: 생성자 선언
13: 생성자 메소드 호출
16: 메인 클래스 객체 선언
17: 메인 객체의 메소드 호출
19: 생성자 메소드 내역
20: JFrame 객체 선언
21: 크기 지정
22: 레이아웃 지정
24~28: 액션리스너에서 종료 버튼을 누르면 프로그램 종료
29~30: 2개의 Jlabel 객체 선언
31: 크기 지정
33~34: 패널 객체 선언 및 레이아웃 지정
36~39: 프레임에 객체 정보 추가
41 슬라이더 데모 메소드 내역
42: 헤더레이블 제목 지정
43: 슬라이더 객체 선언
45~49: 슬라이더에 리스너 지정
50: 패널에 슬라이더 추가
51: 화면 출력

실행결과

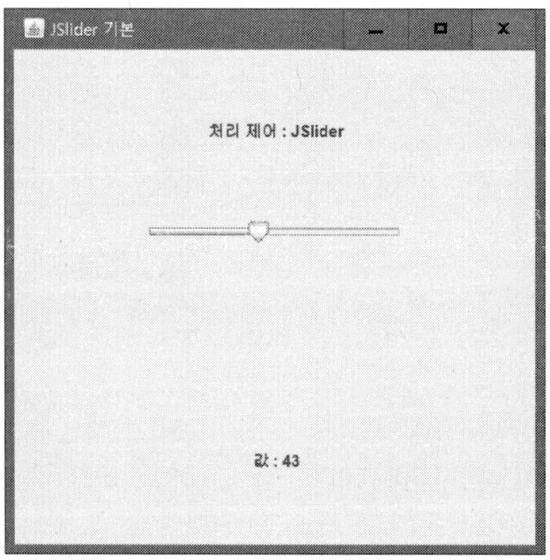

실습 13-27 JSlider 응용 실습

```
import javax.swing.*;
import javax.swing.border.*;
import javax.swing.event.*;
import java.awt.BorderLayout;
import java.awt.event.WindowAdapter;
import java.awt.event.WindowEvent;
import javax.swing.*;
import javax.swing.event.*;

public class JSliderAdvance extends JPanel {
    JLabel slider5Value;
    static JFrame myFrame;

    public JSliderAdvance() {
        Box horizBox = Box.createHorizontalBox();

        JSlider slider1 = new JSlider (JSlider.VERTICAL, 0, 50, 25);
        slider1.setPaintTicks(true);
        slider1.setMajorTickSpacing(10);
        slider1.setMinorTickSpacing(2);
        slider1.setSnapToTicks(true);
        horizBox.add(slider1);
        horizBox.add(horizBox.createHorizontalStrut(15));

        JSlider slider2 = new JSlider (JSlider.VERTICAL, 0, 50, 25);
        slider2.setPaintTicks(true);
        slider2.setMinorTickSpacing(5);
        slider2.setSnapToTicks(true);
        horizBox.add(slider2);
        horizBox.add(horizBox.createHorizontalStrut(15));

        JSlider slider3 = new JSlider (JSlider.VERTICAL, 0, 50, 25);
        slider3.setPaintTicks(true);
        slider3.setMajorTickSpacing(10);
        horizBox.add(slider3);
        horizBox.add(horizBox.createHorizontalStrut(15));

        JSlider slider4 = new JSlider (JSlider.VERTICAL, 0, 50, 25);
        slider4.setBorder(LineBorder.createBlackLineBorder( ));
        horizBox.add(slider4);
        horizBox.add(horizBox.createHorizontalStrut(15));

```

```
43.         JSlider slider5 = new JSlider (JSlider.VERTICAL, 0, 50, 25);
44.         slider5.setBorder(LineBorder.createBlackLineBorder( ));
45.         slider5.setMajorTickSpacing(10);
46.         slider5.setPaintLabels(true);
47.         horizBox.add(slider5);
48.         horizBox.add(horizBox.createHorizontalStrut(15));
49.
50.         slider5Value = new JLabel("Slider5 value = 25");
51.         horizBox.add(slider5Value);
52.         slider5.addChangeListener(new ChangeListener( ) {
53.             public void stateChanged(ChangeEvent event) {
54.                 slider5Value.setText("Slider5 value = "
55.                         +((JSlider)event.getSource( )).getValue( ));
56.             }
57.         });
58.
59.         setLayout(new BorderLayout( ));
60.         add(horizBox, "Center");
61.     }
62.
63.     public static void main(String args[ ]) {
64.         myFrame = new JFrame("JSlider 응용");
65.         JSliderAdvance JSliderAdvance = new JSliderAdvance( );
66.
67.         myFrame.getContentPane( ).add("Center", JSliderAdvance);
68.         myFrame.setSize(350, 300);
69.         myFrame.addWindowListener(new WindowAdapter( ) {
70.             public void windowClosing(WindowEvent e) {System.exit(0);}
71.         });
72.         myFrame.setVisible(true);
73.     }
74. }
```

10: 패널을 상속한 메인 클래스 선언
11~12: 객체 변수 선언
14: 생성자 선언
15: 수직박스 연결 선언
17: 슬라이더 객체 선언
18~21: 슬라이더 정보 추가
22: 슬라이더를 수직 박스에 추가
23: 슬라이더에 수직 정보 연결
25: 2번째 슬라이더 객체 선언
26~30: 슬라이더 정보 추가
32: 3번째 슬라이더 객체 선언
33~36: 슬라이더 정보 연결

38: 4번째 슬라이더 객체 선언
39~41: 슬라이더 정보 연결
43: 5번째 슬라이더 객체 선언
44~48: 슬라이더 정보 연결
50: 5번째 슬라이더에 문자열 객체 선언
51: 수평 박스에 5번째 슬라이더 문자열 추가
52~57: 슬라이더 항목 지정 변환 리스너 메소드 선언
64: 프레임 객체 선언
65: 메인 클래스 객체 선언
67: 프레임에 메인 객체 위치를 추가
68: 프레임 크기 선언
69~70: 종료 버튼을 누르는 윈도우어댑터 선언
72: 화면 출력

실행결과

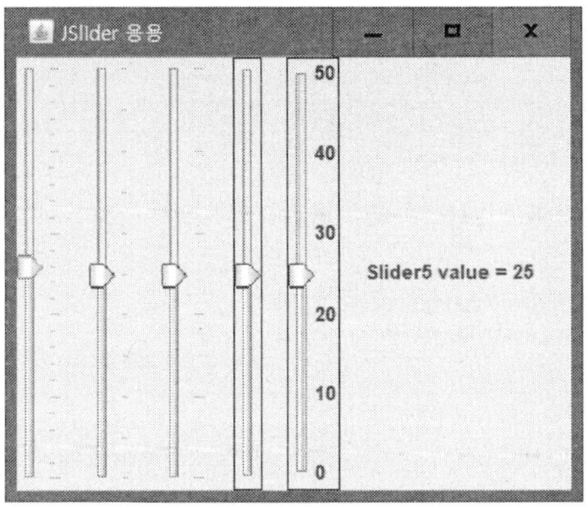

13.5.9 JTextField

JTextField는 한 줄짜리 텍스트 입력용 컴포넌트이다. AWT의 TextField와 마찬가지로 ActionEvent에 의한 이벤트 처리를 한다.

① 스윙의 텍스트 관련 컴포넌트들은 텍스트를 표시하거나 사용자로부터 텍스트를 입력받을 때 사용된다.
② JTextField는 사용자로부터 작은 양의 문자 정보를 입력받게 하는 기본적인 텍스트 콘트롤이다. 특정 형식의 데이터를 입력받거나, 입력 값의 유효성 검사를 할 수 있도록 쉽게 구현할 수 있다.
③ JPasswordField는 보안상의 이유로 사용자가 입력한 문자들을 직접 표시하지 않고 대신 별표(*) 문자와 같은 단일의 문자를 표시하게 하는 기능을 제공한다. 또한 입력한 값은 문자열이 아니라 문자의 배열로 저장하게 하여 보안 예방 조치를 한다.
④ JTextArea는 여러 줄의 텍스트를 표시하거나 키보드나 마우스로써 텍스트 영역의 문자정보를 편집할 수 있게 한다.

⑤ JEditorPane과 서브 클래스인 JTextPane은 스타일을 적용한 HTML 형식과 같은 텍스트를 표시하거나 편집할 수 있도록 한다. URL로부터 직접 텍스트 편집기 창으로 문서를 쉽게 불러올 수도 있고, 이러한 기능은 또한 도움말 정보를 표시하는데 유용하게 사용될 수 있다. 또한 사용자만의 고유한 스타일을 정의할 수 있는 강력하고 다양한 기능을 제공하기 때문에 수준 높은 GUI를 작성할 수 있도록 한다.

생성자	설 명
JTextField( )	새로운 TextField를 구성
JTextField(int columns)	지정된 열값의 TextField를 구성
JTextField(String text)	지정된 문자열의 새로운 TextField를 구성
JSlider(int min, int max, int value)	최소, 최대 및 초기값을 지정해 수평 슬라이더를 작성
JTextField(String text, int columns)	지정된 문자열과 열값의 TextField를 구성

JTextField의 생성자

메소드	설 명
void addActionListener (ActionListener l)	지정된 액션리스너를 추가해 액션 이벤트를 텍스트필드로 부터 설정
Action getAction( )	ActionEvent에 현재 설정되어 있는 Action 값을 반환
int getColumns( )	TextField의 열 값을 반환
int getHorizontalAlignment( )	텍스트의 수평 배치를 반환
protected String paramString( )	JTextField의 문자열을 반환
void setAction(Action a)	ActionEvent의 Action을 설정
void setColumns(int columns)	TextField의 열 값을 설정
void setFont(Font f)	폰트를 설정
void setHorizontalAlignment (int alignment)	텍스트의 수평을 설정

JTextField의 메소드

실습 13-28 JTextField 기본 실습

```
import javax.swing.*;

class JTextFieldBasic {
    public static void main(String args[ ]) {
        JFrame f= new JFrame("JTextField 기본");
        JTextField t1, t2;

        t1 = new JTextField("안녕하세요 Swing입니다!!");
```

```
9.          t1.setBounds(50, 100, 200, 30);
10.
11.         t2 = new JTextField("JTextField 기본");
12.         t2.setBounds(50, 150, 200, 30);
13.         f.add(t1);
14.         f.add(t2);
15.         f.setSize(300, 300);
16.         f.setLayout(null);
17.         f.setVisible(true);
18.     }
19. }
```

5: 프레임 객체 선언
6: 텍스트필드 객체 변수 선언
8: 텍스트필드 객체 선언
9: 크기 지정
11: 2번째 텍스트필드 객체 선언
12: 크기 지정
13~14: 프레임에 2개의 텍스트필드 추가
15: 윈도우 화면 크기 지정
17: 화면 출력

실행결과

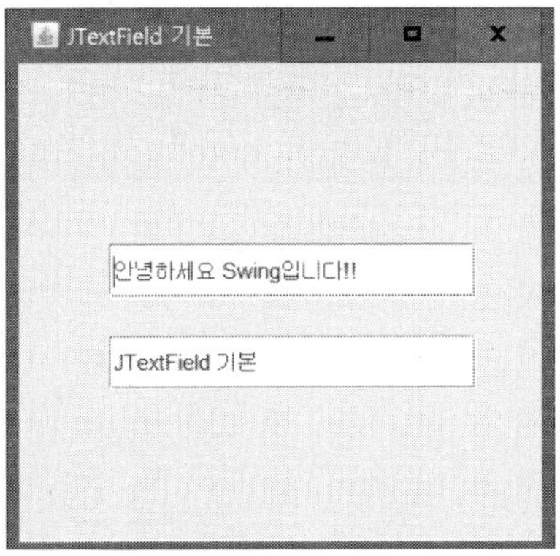

실습 13-29 JTextField 응용 실습

```
import java.awt.*;
import javax.swing.*;

class JTextFieldAdvance {
    public static void main(String[ ] args) {
        JFrame frame = new JFrame("덧셈 프로그램");
        frame.setPreferredSize(new Dimension(300, 150));
        frame.setLocation(550, 450);
```

```
9.
10.         Container contentPane = frame.getContentPane( );
11.         JPanel panel1 = new JPanel( );
12.         JPanel panel2 = new JPanel( );
13.         panel1.setLayout(new FlowLayout( ));
14.         panel2.setLayout(new FlowLayout( ));
15.         JTextField text1 = new JTextField(5);
16.         JTextField text2 = new JTextField(5);
17.         JTextField text3 = new JTextField(6);
18.
19.         panel1.add(text1);
20.         panel1.add(new JLabel("+"));
21.         panel1.add(text2);
22.         panel1.add(new JLabel("="));
23.         panel1.add(text3);
24.
25.         panel2.add(new JButton("확인"));
26.         panel2.add(new JButton("취소"));
27.
28.         contentPane.add(panel1, BorderLayout.CENTER);
29.         contentPane.add(panel2, BorderLayout.SOUTH);
30.
31.         frame.setDefaultCloseOperation(JFrame.EXIT_ON_CLOSE);
32.         frame.pack( );
33.         frame.setVisible(true);
34.     }
35. }
```

5: 프레임 객체 선언
7: 프레임 크기 지정
11~12: 2개의 패널 객체 선언
13~14: 2개의 레이아웃 지정
15~17: 3개의 텍스트필드 객체 선언
19~23: 첫 번째 패널에 텍스트박스와 레이블
25~26: 두 번째 패널에 2개의 버튼 추가
28~29: 2개의 패널의 레이아웃 추가
31: 종료 버튼 선언
33: 화면 출력

실행결과

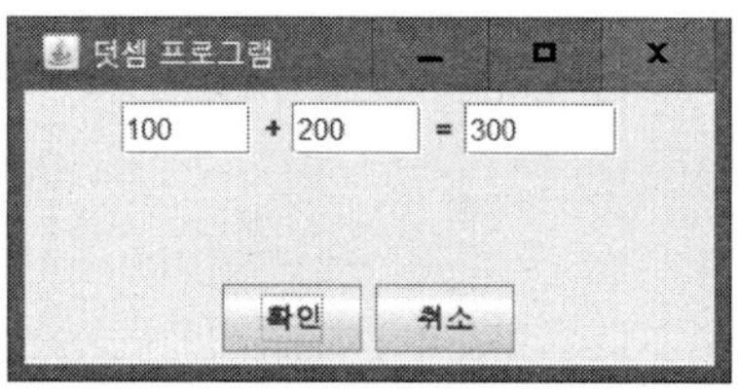

13.5.10 JTextArea

JTextArea는 여러 줄 텍스트 입력용 컴포넌트이다. AWT의 TextArea와 같은 기능을 한다. 하지만 JTextArea는 getColumn( ), getRow( ) 등의 메소드를 사용할 수 있다.

생성자	설 명
JTextArea( )	새로운 TextField를 구성
JTextArea(Document doc)	지정된 문서 모델과 인수는 모두 기본 값 (null, 0, 0)로, 새로운 JTextArea를 구성
JTextArea(Document doc, String text, int rows, int columns)	지정된 행, 열 값 및 지정된 모델로 JTextArea를 구성
JTextArea(int rows, int columns)	지정된 행열 값의 TextArea를 구성
JTextArea(String text)	지정된 문자열의 TextArea를 구성
JTextArea(String text, int rows, int columns)	지정된 문자열과 행열 값의 TextArea를 구성

JTextArea의 생성자

메소드	설 명
void append(String str)	지정된 문자열을 문장의 끝에 추가
int getColumns( )	TextArea 내의 열 값을 반환
protected int getColumnWidth( )	열 폭의 값을 반환
int getLineCount( )	영역내의 행 개수를 반환
int getRows( )	TextArea의 행 값을 반환
void insert(String str, int pos)	지정된 문자열을 지정된 위치에 삽입
void setColumns(int columns)	TextArea의 열 값을 설정
void setFont(Font f)	폰트를 설정
void setHorizontalAlignment(int alignment)	텍스트의 수평을 설정

JTextArea의 메소드

실습 13-30 JTextArea 기본 실습

```
import javax.swing.*;
import java.awt.event.*;

class TextAreaBasic implements ActionListener {
   JLabel l1, l2;
   JTextArea area;
   JButton b;

   TextAreaBasic() {
```

```java
10.         JFrame f =  new JFrame();
11.         l1 = new JLabel();
12.         l1.setBounds(50, 25, 100, 30);
13.         l2 = new JLabel();
14.         l2.setBounds(160, 25, 100, 30);
15.         area = new JTextArea();
16.         area.setBounds(20, 75, 250, 200);
17.         b = new JButton("단어 개수");
18.         b.setBounds(100, 300, 120, 30);
19.         b.addActionListener(this);
20.         f.add(l1);
21.         f.add(l2);
22.         f.add(area);
23.         f.add(b);
24.         f.setTitle("TextArea 기본");
25.         f.setSize(300, 400);
26.         f.setLayout(null);
27.         f.setVisible(true);
28.     }
29.     public void actionPerformed(ActionEvent e) {
30.         String text = area.getText();
31.         String words[] = text.split("\\s");
32.         l1.setText("단어 : "+words.length);
33.         l2.setText("문자 : "+text.length());
34.     }
35.     public static void main(String[] args) {
36.         new TextAreaBasic();
37.     }
38. }
```

4: 액션리스너가 상속된 메인 클래스 선언
5~7: 객체 변수 선언
9: 생성자 선언
10: 프레임 객체 선언
11~14: 레이블 객체 선언 및 위치 및 영역 지정
15: 텍스트 영역 객체 선언
16: 영역의 위치 및 크기 지정
17~18: 버튼 객체 생성 및 위치 지정
19: 액션리스너 연결
20~21: 프레임에 2개의 레이블 추가
22~23: 프레임에 텍스트에어리어 및 "단어 개수" 버튼 추가
24: 제목 지정
25: 크기 지정
27: 화면 출력
29~34: 액션 실행 메소드 선언

30: 영역에 텍스트 지정
31: 텍스트 분리지 설정
32~33: 단어와 문자의 개수 발췌
36: 메인 클래스의 객체 선언

실행결과

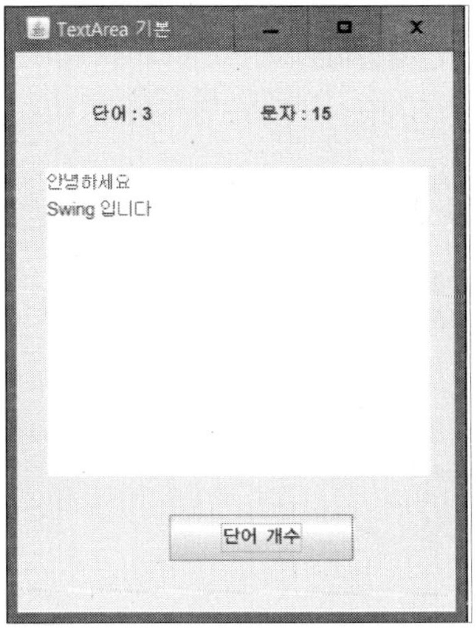

실습 13-31 JTextArea 응용 실습

```
import javax.swing.*;
import java.awt.*;
import java.awt.event.ActionEvent;
import java.awt.event.ActionListener;

public class JTextAreaAdvance implements ActionListener {
   JTextArea text;
   public static void main(String[] args) {
      // TODO 자동 생성된 메소드 스텁
      JTextAreaAdvance gui = new JTextAreaAdvance();
      gui.go();
   }

   public void go() {
      JFrame frame = new JFrame();
      JPanel panel = new JPanel();
      JButton button = new JButton("클릭하세요!!");
      button.addActionListener(this);
      text = new JTextArea(10, 20); //10행, 20열
      text.setLineWrap(true); // 행넘기기 기능을 킨다.
```

```
21.
22.         JScrollPane scroller = new JScrollPane(text);
23.         //JScrollPane을 만들고 그 객체에 스크롤 기능을 추가해야 하는 텍스트 영역을 전달
24.         scroller.setVerticalScrollBarPolicy
25.                 (ScrollPaneConstants.VERTICAL_SCROLLBAR_ALWAYS);
26.         //스크롤에 수직 방향의 스크롤바만 밀어넣는다.
27.         scroller.setHorizontalScrollBarPolicy
28.                 (ScrollPaneConstants.HORIZONTAL_SCROLLBAR_NEVER);
29.
30.         panel.add(scroller);
31.         //텍스트 영역을 스크롤 틀에 전달한 다음 스크롤 틀을 패널에 추가.
32.
33.         frame.getContentPane( ).add(BorderLayout.CENTER, panel);
34.         frame.getContentPane( ).add(BorderLayout.SOUTH, button);
35.
36.         frame.setSize(350, 300);
37.         frame.setTitle("JTextArea 응용");
38.         frame.setVisible(true);
39.     }
40.
41.     public void actionPerformed(ActionEvent arg0) {
42.         // TODO 자동 생성된 메소드 스텁
43.         text.append("\n\n버튼이 클릭되었습니다!! \n"); //텍스트를 추가.
44.     }
45. }
```

6: 액션리스너가 상속된 메인 클래스 선언
7: 객체 변수 선언
10: 메인 클래스 객체 선언
11: 메소드 호출
14: 메소드 내역
15~17: 프레임과 패널 그리고 버튼 객체 선언
18: 버튼 액션리스너 연결
19: 텍스트영역 객체 선언
20: 행넘기기 기능 열기
22: 스크롤 객체 선언
24~25: 스크롤에 수직/수평 방향의 스크롤바만 밀어넣기
30: 텍스트 영역을 스크롤 틀에 전달한 다음 스크롤 틀을 패널에 추가
33~34: 2개의 객체에 대한 위치 지정
36: 크기 지정
37: 제목 지정
38: 화면 출력
41: 액션리스너 실행 메소드 지정
43: 텍스트 내용 추가

실행결과

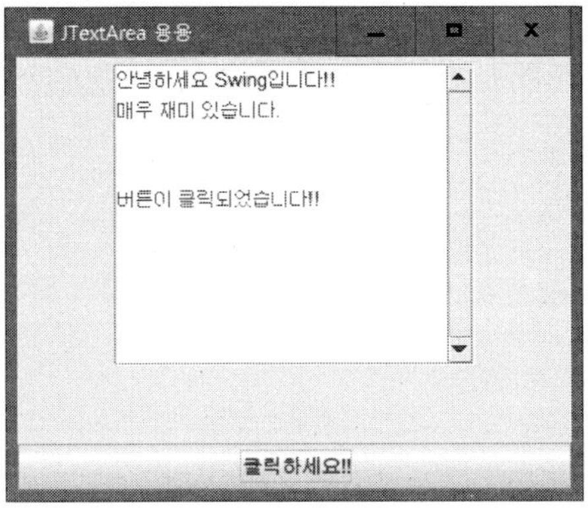

13.6 편집할 수 없는 정보 표시용 컴포넌트

사용자에게 정보를 제공하기 위한 목적만을 가지고 있는 최소 단위 컴포넌트들로 레이블(JLabel), 신행 표시줄(JToolBar) 등이 있다.

13.6.1 JLabel

JLabel은 변경할 수 없는 문자열과 이미지를 동시에 나타낼 수 있는 객체로 자주 사용된다.

① AWT의 Label과 기본 용도는 같다. 선택할 수 없는 텍스트와 이미지를 표현할 때 사용된다.
② 활성화되었을 때 또는 비 활성화되었을 때 표시할 이미지를 직접 지정할 수 있다.
③ 레이블의 모습을 세밀하게 조정할 수 있는 수직·수평 배치방법과 레이블의 텍스트와 이미지 사이의 간격을 픽셀 단위로 지정할 수 있는 메소드를 제공한다.
④ 레이블은 일반적으로 다른 컴포넌트를 설명하기 위해 사용된다. 그러한 경우 레이블이 설명하고 있는 컴포넌트를 명시적으로 지정해주면 장애인 지원과 같은 보조적 기술을 적용할 수 있다.
⑤ 스윙의 릴리즈에 따라(스윙1.1.1 베타1부터) HTML 형식을 표현하도록 지원하기도 한다.

생성자	설 명
JLabel( )	JLabel을 작성
JLabel(Icon image)	JLabel을 지정된 이미지로 작성
JLabel(Icon image, int horizontalAlignment)	JLabel을 지정된 이미지와 수평 방향의 배치 방법으로 작성
JLabel(String text)	JLabel을 지정된 텍스트로 작성
JLabel(String text, Icon icon,	JLabel을 지정된 이미지와 텍스트로 수평 방향의 배치 방법으로 작성

int horizontalAlignment)	
JLabel(String text, int horizontalAlignment)	JLabel을 지정된 텍스트와 수평 방향의 배치 방법으로 작성

JLabel의 생성자

메소드	설 명
void setHorizontalAlignment (int alignment)	label의 내용을 X축의 배치 방법으로 설정
void setHorizontalTextPosition (int textPosition)	label 텍스트의 이미지에 대한 수평 위치를 설정
void setIcon(Icon icon)	컴포넌트가 표시하는 아이콘을 정의
void setText(String text)	컴포넌트가 표시하는 텍스트를 정의
void setVerticalAlignment (int alignment)	label의 내용을 Y 축의 배치 방법으로 설정
void setVerticalTextPosition (int textPosition)	label 텍스트의 이미지에 대한 수직 위치를 설정

JLabel의 메소드

실습 13-32 JLabel 기본 실습

```
import java.awt.*;
import java.awt.event.*;
import javax.swing.*;

public class JLabelBasic extends JFrame {
    public JLabelBasic( ) {
        setTitle("JLabel 기본");
        setLayout(new FlowLayout( ));
        // multi colored with different font size label
        JLabel label = new JLabel("<html><font size='5' color=blue>
                안녕하세요</font>" + "<font size='6' color=green> SWING 입니다!!
                </font></html>");
        add(label);
        setSize(375, 250);
        setDefaultCloseOperation(JFrame.EXIT_ON_CLOSE);
        setLocationRelativeTo(null);
        setVisible(true);
    }
    public static void main(String[ ] args) {
        new JLabelBasic( );
```

```
21.     }
22. }
```

5: 프레임이 상속된 메인 클래스 선언
6: 생성자 선언
7: 제목 지정
8: 레이아웃 지정
10~12: html 내용이 선언된 레이블 객체 선언
13: 레이블 프레임에 추가
14: 크기 지정
15: 종료 버튼 지정
17: 화면 출력
20: 메인 클래스의 객체 선언

실행결과

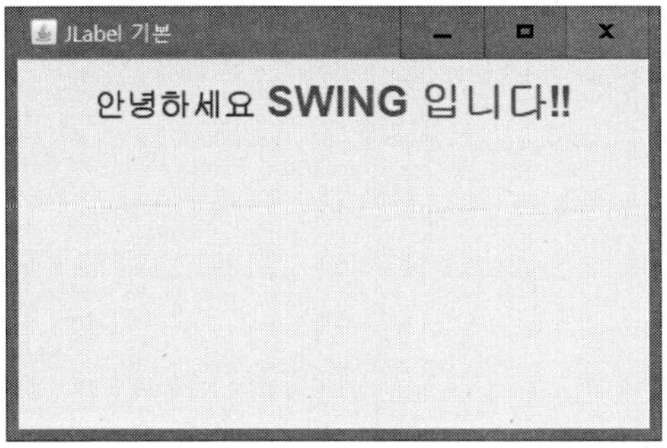

실습 13-33 JLabel 응용 실습

```
import java.awt.*;
import javax.swing.*;

public class JLabelAdvance {
    public static void main(String[ ] args) {
        JFrame f = new JFrame("JLabel 응용");
        Container c = f.getContentPane( );

        c.setLayout(new GridLayout(0, 1, 5, 5));
        c.add(new Label("첫번째 레이블"));

        JLabel label = new JLabel(
                "<html><font color=red size=3>html 형식</font></html>");
        c.add(label);
        Icon icon = new ImageIcon("flower.gif");
        label = new JLabel("문자열", icon, JLabel.LEFT);
```

```
17.         c.add(label);
18.         c.add(new JLabel(icon, JLabel.RIGHT));
19.
20.         label = new JLabel("문자열 아이콘", icon, JLabel.LEFT);
21.         c.add(label);
22.         label.setHorizontalTextPosition(JLabel.LEFT);
23.
24.         label = new JLabel("문자열 중앙", icon, JLabel.LEFT);
25.         c.add(label);
26.         label.setHorizontalTextPosition(JLabel.CENTER);
27.
28.         label = new JLabel("문자열 바닥", icon, JLabel.LEFT);
29.         c.add(label);
30.         label.setVerticalTextPosition(JLabel.BOTTOM);
31.
32.         f.pack( );
33.         f.setSize(300, 400);
34.         f.setVisible(true);
35.     }
36. }
```

6: 프레임 객체 선언
7: 프레임에 연결된 콘텐츠페인 알아내기
9: 그리드레이아웃 선언
10: 첫 번째 레이블 추가
12: html 형식의 레이블 객체 선언
14: 레이블 추가
15: 이미지 객체 선언
16: 레이블 문자열 객체 선언
17: 레이블 추가
18: 아이콘과 레이블 프레임에 추가
20: 왼쪽 방향 레이블 객체 선언
21: 레이블 추가
22: 레이블 왼쪽에 배치
24: 레이블과 이미지 왼쪽에 배치
25: 레이블 추가
26: 레이블을 이미지와 겹치게 나타냄
28: 레이블과 아이콘을 왼쪽에 배치
29: 레이블 추가
30: 이미옆에 레이블을 아래로 위치
33: 크기 지정
34: 화면 출력

실행결과

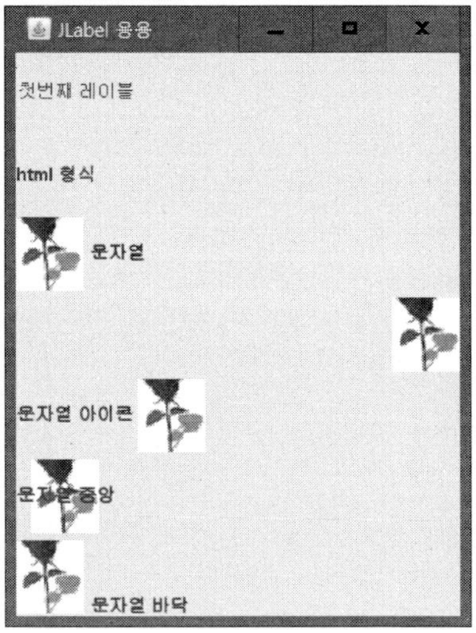

13.6.2 JToolBar

JToolBar는 프로그램에서 메뉴를 나타낼 때 가장 많이 사용된다. 즉, 메뉴를 버튼 모음 형태로 제공을 해주고 마우스로 분리했다가 다시 부착할 수도 있다. 스윙에서는 이런 기능을 JToolBar로 지원해준다.

JToolBar는 왼쪽에 오돌토돌한 부분이 있는데 이 부분을 마우스로 드래그하면 JToolBar가 별도의 윈도우즈로 독립되어 나온다. 이렇게 나온 JToolBar는 'X' 버튼을 눌러서 윈도우즈를 닫아주면 다시 원래의 자리로 되돌아간다.

생성자	설 명
JToolBar( )	새로운 툴바 작성
JToolBar(int orientation)	위치를 지정해 새로운 툴바 작성
JToolBar(String name)	이름을 지정해 새로운 툴바 작성
JToolBar (String name, int orientation)	지정된 이름과 위치로 새로운 툴바 작성

JToolBar의 생성자

메소드	설 명
add (Action a)	액션에 새로운 JButton을 추가
void addSeparator( )	기본 크기의 분리자를 툴바 끝에 추가
int getOrientation( )	현재 툴바의 방향을 반환
void setLayout(LayoutManager mgr)	컨테이너의 레이아웃 매니저를 설정

void setOrientation(int o)	툴바의 방향을 설정
void setRollover (boolean rollover)	툴바의 롤 오버 상태를 설정

JToolBar의 메소드

실습 13-34 JToolBar 기본 실습

```
import java.awt.*;
import java.awt.event.*;
import javax.swing.*;
import javax.swing.border.*;

public class JToolBarBasic extends JPanel {
   public JToolBarBasic() {
      JToolBar bar;
      JComboBox combo;
      JButton button;
      bar = new JToolBar();

      ImageIcon img1 = new ImageIcon("flower.gif");
      // 아이콘 이미지 로딩.
      setLayout(new GridLayout(1, 3, 5, 5)); // CardLayout 설정.

      button = new JButton(); // 버튼 생성.
      button.setIcon(img1); // 버튼을 아이콘 이미지로 설정.
      bar.add(button); // 바에 버튼을 갖다 붙여버림.

      bar.addSeparator(); // 구분자를 사용

      combo = new JComboBox(); // 콤보박스 생성
      combo.addItem("One"); // 추가...
      combo.addItem("two");
      combo.addItem("Three");

      bar.add(combo);//바에 갖다 붙임.
      add(bar, "South"); // 바를 Panel에 South에 갇다 붙임.
   }
   public Dimension getPreferredSize() {
      return new Dimension(400, 120);
   }

   public static void main(String[] args) {
      JFrame frame = new JFrame("JToolbar 기본");
      JToolBarBasic panel = new JToolBarBasic();

```

```
39.         frame.setForeground(Color.black);
40.         frame.setBackground(Color.lightGray);
41.         frame.getContentPane( ).add(panel, "Center");
42.
43.         frame.setSize(panel.getPreferredSize( ));
44.         frame.setVisible(true);
45.
46.         frame.setDefaultCloseOperation(WindowConstants.DISPOSE_ON_CLOSE);
47.
48.         frame.addWindowListener(new WindowAdapter( ) {
49.             public void windowClosed(WindowEvent e) {
50.                 System.exit(0);
51.             }
52.         });
53.     }
54. }
```

6: 패널로 부터 상속받은 메인 클래스 선언
7: 생성자 선언
8~10: 객체 변수 선언
11: 툴바 객체 생성
13: 이미지 아이콘 객체 선언
15: 그리드레이아웃 위치 지정
17~18: 버튼 생성 및 버튼을 아이콘 이미지로 설정
19: 바에 버튼 추가
21: 구분자를 사용
23: 콤보박스 객체 생성
24~26: 콤보박스에 항목 추가
28: 콤보박스 연결
29: 패널 아래에 연결
31~33: 영역 지정
36~37: 프레임과 패널 객체 생성
39~40: 글자색과 바탕색 지정
41: 패널을 중간에 배치
43~44: 패널 크기 지정 및 출력
46: 종료 버튼 선언
48~52: 종료 버튼을 누르면 프로그램 종료

실행결과

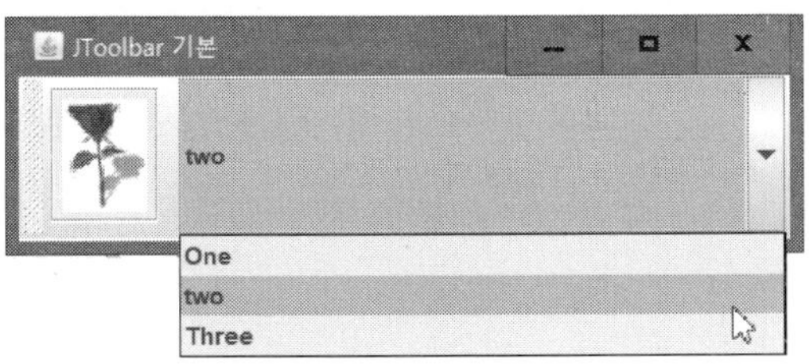

실습 13-35 JToolBar 응용 실습

```java
import java.awt.*;
import javax.swing.*;
import java.awt.event.*;

public class JToolBarAdvance extends JFrame
        implements ActionListener, ItemListener {
    // toolbar
    static JToolBar tb;
    // buttons
    static JButton b1, b2;
    // frame 생성
    static JFrame f;

    // combo box 생성
    static JComboBox x;

    // label 작성
    static JLabel l, l1;

    public static void main(String[ ] args) {
        JToolBarAdvance to = new JToolBarAdvance( );

        // label 작성
        l = new JLabel("선택 안되었음!!");
        l1 = new JLabel("선택 안되었음!!");

        // frame 작성
        f = new JFrame("JToolBar 응용");

        // frame layout 지정
        f.setLayout(new BorderLayout( ));

        // toolbar 생성
        tb = new JToolBar( );

        // panel 생성
        JPanel p = new JPanel( );

        // combobox 생성
        x = new JComboBox(new String[ ] { "항목 1", "항목 2", "항목 3" });

        // actionListener 추가
```

```
        x.addItemListener(to);

        // 새로운 버튼 생성
        b1 = new JButton("버튼 1");
        b2 = new JButton("버튼 2");

        // 버튼을 ActionListener에 추가
        b1.addActionListener(to);
        b2.addActionListener(to);

        // 버튼 추가
        p.add(b1);
        p.add(b2);

        // 메뉴 막대에 메뉴 추가
        p.add(x);
        tb.add(p);

        // panel 생성
        JPanel p1 = new JPanel( );

        p1.add(l);
        p1.add(l1);

        // frame에 툴바 추가
        f.add(tb, BorderLayout.NORTH);
        f.add(p1, BorderLayout.CENTER);

        // frame 크기 지정
        f.setSize(500, 150);
        f.setVisible(true);
    }

    // 버튼을 눌렀을 경우
    public void actionPerformed(ActionEvent e) {
        l.setText(e.getActionCommand( ) + " 연결되었음.");
    }

    // 콤보박스가 연결된 경우
    public void itemStateChanged(ItemEvent e) {
        l1.setText(x.getSelectedItem( ) + " 연결되었음.");
    }
}
```

5~6: 패널과 액션리스너 그리고 아이템리스너로 부터 상속받은 메인 클래스 선언
8~18: 객체 변수 선언
21: 메인 클래스의 객체 선언
24~25: 2개의 레이블 객체 선언
28~31: 프레임 객체 선언 및 배치
34~37: 툴바 및 패널 객체 선언
40: 문자열 배열은 객체 생성된 콤보박스 객체 선언
43: 아이템 리스너 추가
46~51: 2개의 버튼 객체 생성 액션리스너 연결
54~55: 패널에 버튼 추가
58~59: 메뉴 막대에 메뉴 추가
62~65: 패널 생성 및 2개의 레이블 추가
68~69: 프레임7에 툴바 추가
72~73: 프레임 크기지정 및 화면 출력
77~79: 버튼을 눌렀을 경우
82~84: 콤보박스가 연결된 경우

실행결과

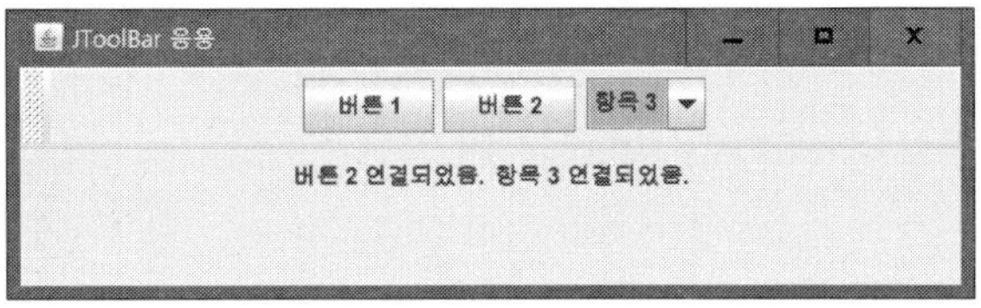

13.7 편집할 수 있는 정보 표시용 컴포넌트

상대적으로 복잡한 형식을 가지는 정보를 표시하며 사용자가 정보를 편집하거나 선택할 수 있는 최소 단위 컴포넌트들로 테이블(JTable), 텍스트(JTextPane), 트리(JTree) 등이 있다.

13.7.1 JTable

JTable은 엑셀의 스프레드시트와 같이 필드의 데이터를 셀에 행과 열로 나타내어주는 클래스이다.

① 표(Grid) 형식의 데이터를 표시하거나, 표 형식의 데이터를 입력, 수정할 수 있도록 할 때 JTable을 사용한다.
② JTable은 그림과 같이 TableModel 인터페이스를 구현하는 객체로부터 데이터를 가져와 단지 보여주기만 한다.

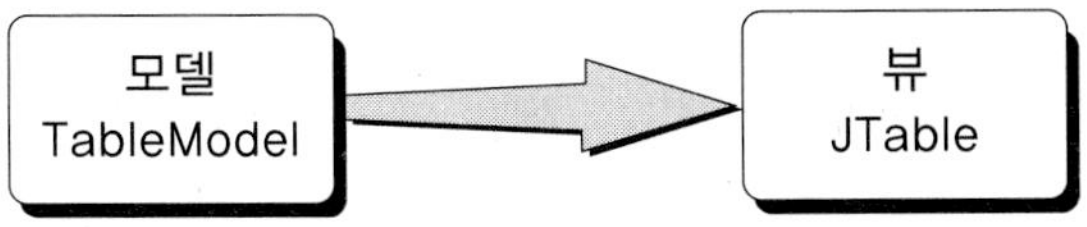

TableModel

③ 테이블 모델을 사용자가 직접 정의하지 않고, 데이터를 직접 받아들이는 JTable을 사용하는 경우 사용하기가 쉽다. 그러나 모든 테이블 셀들이 수정 가능하게 된다거나, 셀의 모든 데이터형이 동일하게 취급(문자와 숫자의 정렬 방식 구분 안됨) 되는 등의 단점이 있다.

④ 사용자가 직접 테이블 모델을 TableModel 인터페이스 구현하여 정의하는 경우 데이터베이스와 같은 외부 출처로부터 데이터를 가져올 수도 있고 실행시점에서 동적으로 데이터를 생성하는 것도 가능하다.

⑤ 사용자의 테이블 셀 선택 방법을 지정할 수 있는 방법(setSelectionMode)을 제공한다. 테이블은 기본적으로 여러 개의 행들을 동시에 선택할 수 있으며, 인접하지 않은 행들을 여러 개 선택하는 것도 가능하다.

생성자	설 명
JTable( )	기본적인 JTable을 구성
JTable(int numRows, int numColumns)	셀의 행과 열로 JTable을 구성
JTable(Object [ ][ ] rowData, Object [ ] columnNames)	2차원 배열 값을 나타내는 JTable을 열 이름으로 구성
JTable(Vector rowData, Vector columnNames)	Vector 값을 나타내는 JTable을 열 이름으로 구성

JTable의 생성자

메소드	설 명
void addColumn(TableColumn aColumn)	JTable의 열모델을 열배열의 끝에 컬럼값을 추가
void addColumnSelectionInterval (int index0, int index1)	index0부터 index1까지의 열을 현재의 선택 영역에 추가
void addRowSelectionInterval (int index0, int index1)	index0부터 index1까지의 행을 현재의 선택 영역에 추가
boolean editCellAt(int row, int column)	행열의 셀을 편집 여부를 지정

JTable의 메소드

실습 13-36 JTable 기본 실습

```
import javax.swing.JTable;
import javax.swing.*;
import java.awt.*;

```

```
5.  class JTableBasic {
6.      public static void main(String[ ] args) {
7.          MyFrame f = new MyFrame( );
8.      }
9.  }
10.
11. class MyFrame extends javax.swing.JFrame {
12.     /* JTable에 들어갈 내용
13.         총 4개 Column으로 구성되어 있어서, 한 Row당 4개의 Object로 구성되며,
14.         String과 int형이 섞여 있으므로, 자료형을 Object로 선언 */
15.     Object[ ][ ] cell_value = {
16.         {"이종윤", 20, 30, 40, 90},
17.         {"이대우", 50, 70, 55, 175},
18.         {"박대성", 55, 66, 77, 198}
19.     };
20.
21.     // 4개의 Column의 이름
22.     String ColName[ ] = { "이름", "국어", "영어", "수학", "총점" };
23.
24.     MyFrame( ) {
25.         setTitle("JTableBasic");
26.         setSize(600, 400);
27.         setLocation(200, 200);
28.
29.         /* table이라는 이름으로, cell의 값과 Column 이름을 생성자에 넘겨주면서
30.             객체를 생성. */
31.         JTable table = new JTable(cell_value, ColName);
32.
33.         /* table은 JSCrollpane에 포함되어, Frame의 가운데 위치에 add되어 보여짐 */
34.         add(new JScrollPane(table), BorderLayout.CENTER);
35.
36.         setVisible(true);
37.         setDefaultCloseOperation(EXIT_ON_CLOSE);
38.     }
39. }
```

7: 메인 클래스의 객체 생성
15~19: 배열 값 선언
22: 1차원 배열 값 선언
24: 메인 클래스 생성자 선언
25: 제목 지정
26: 크기 지정
27: 위치 지정
31: 테이블 객체 선언
34: 스크롤 위치 지정

36: 화면 출력
37: 종료 버튼 선언

실행결과

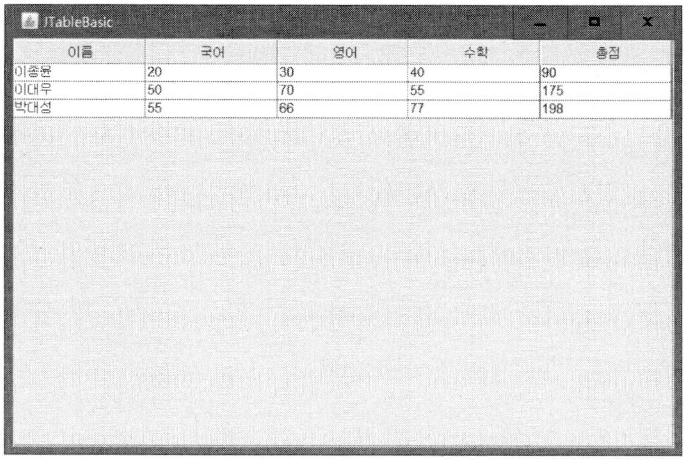

실습 13-37 JTable 응용 실습

```java
import javax.swing.JFrame;
import javax.swing.JScrollPane;
import javax.swing.JTable;
import javax.swing.table.DefaultTableModel;

public class JTableAdvance {
   JFrame jFrame = new JFrame("JTable 응용");

   String columnNames[] = { "번호", "이름", "나이", "직위" };

   Object rowData[][] = {
        { 1, "이순신", 65, "장군" },
        { 2, "강감찬", 58, "장군" },
        { 3, "임꺽정", 45, "의적" } };

   // DefaultTableModel을 선언하고 데이터 담기
   DefaultTableModel defaultTableModel
             = new DefaultTableModel(rowData, columnNames);

   // JTable에 DefaultTableModel을 담기
   JTable jTable = new JTable(defaultTableModel);

   // JScrollPane에 JTable을 담기
```

```
24.     JScrollPane jScollPane = new JScrollPane(jTable);
25.
26.     public JTableAdvance( ) {
27.         jFrame.add(jScollPane);
28.
29.         // 행 한줄 추가!
30.         Object [ ] temporaryObject = { 4, "유성룡", 50, "재상" };
31.         defaultTableModel.addRow(temporaryObject);
32.
33.         // 행과 열 개수 구하기
34.         System.out.println(defaultTableModel.getRowCount( ));
35.         System.out.println(defaultTableModel.getColumnCount( ));
36.
37.         // 컬럼(열)의 index는 0부터 시작한다!!
38.         System.out.println(defaultTableModel.getColumnName(0));
39.
40.         // 0행을 삭제하면 제목행을 제외하고 첫째행을 삭제한다!!
41.         defaultTableModel.removeRow(0);
42.
43.         // 값을 얻어올 때도 0부터 index가 시작된다는 것에 주의한다!!
44.         System.out.println(defaultTableModel.getValueAt(2, 2));
45.
46.         // 특정 좌표의 값을 바꾸는 것은 setValueAt( )
47.         defaultTableModel.setValueAt("50", 2, 2);
48.
49.         // 테이블에 Row를 미리 선택한 상태로 만들기!
50.         jTable.setRowSelectionInterval(1, 1);
51.
52.         jFrame.setSize(500, 300);
53.         jFrame.setVisible(true);
54.         jFrame.setDefaultCloseOperation(JFrame.EXIT_ON_CLOSE);
55.     }
56.
57.     public static void main(String[ ] args) {
58.         new JTableAdvance( );
59.     }
60. }
```

7: 프레임 객체 선언
9: 컬럼 이름 배열 선언
11~14: 배열 데이터 선언
17~18: 기본 테이블모델 객체 선언
21: 테이블 객체 생성
24: 스크롤페인 객체 생성

26: 메인 클래스 생성자 선언
27: 프레임에 스크롤페인 연결
30: 오브젝트 객체에 데이터 지정
31: 기본 테이블모델에 오브젝트 객체 추가
34~35: 행과 열 개수 구하기
38: 컬럼의 색인은 0부터 시작
41: 0행을 삭제하면 제목 행을 제외하고 첫째 행을 삭제
44: 값을 얻어올 때도 0부터 색인이 시작된다는 것에 주의
47: 특정 좌표의 값을 바꾸기
50: 테이블에 Row를 미리 선택한 상태로 만들기
52: 프레임 크기 지정
53: 프레임 출력
54: 종료 버튼 선언
58: 메인 클래스의 객체 생성

실행결과

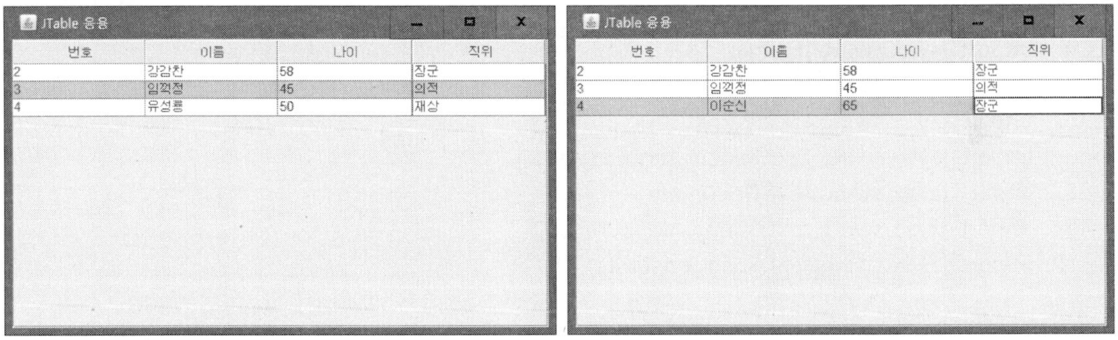

13.7.2 JTextPane

JTextPane은 컴포넌트에 입력된 텍스트의 문서 스타일을 유지하기 위해서 특정한 Document 객체를 유지하기 위한 StyledDocument로서 JTextPane 컴포넌트에 입력된 텍스트 전체의 부분별 스타일, 문단 스타일 등 모든 스타일에 대한 정보를 유지하며 또한 새로 입력되는 문서의 스타일도 유지하는 기능을 가진다.

스타일의 변경, 유지 등은 JTextPane 컴포넌트 자체적으로 행하는 것이 아니라 그 내부에 있는 StyledDocument 객체에 의해서 이루어진다.

생성자	설 명
JTextPane( )	새로운 JTextPane을 생성
JTextPane(StyledDocument doc)	새로운 JTextPane가 지정된 문서 모델로 생성

JTextPane의 생성자

메소드	설 명
addStyle(String nm, Style parent)	논리 서식 계층에 새로운 서식을 추가
getCharacterAttributes( )	현재의 문자 위치에서 유효한 문자 속성이 있는 경우는 문자를 반환
paramString( )	이 JTextPane 캐릭터 라인 표현을 반환
replaceSelection(String content)	현재 선택되고 있는 내용을 지정된 캐릭터 라인으로 나타난 새로운 내용으로 교체
setCharacterAttributes (AttributeSet attr, boolean replace)	지정된 속성을 문자 문자열에 적용

JTextPane의 메소드

실습 13-38 JTextPane 기본 실습

```
import java.awt.BorderLayout;
import java.awt.Color;
import java.awt.Container;
import javax.swing.JFrame;
import javax.swing.JScrollPane;
import javax.swing.JTextPane;
import javax.swing.text.BadLocationException;
import javax.swing.text.Document;
import javax.swing.text.SimpleAttributeSet;
import javax.swing.text.StyleConstants;

public class JTextPaneBasic {
    public static void main(String args[ ]) throws BadLocationException {
        JFrame frame = new JFrame("JTextPane 기본");
        frame.setDefaultCloseOperation(JFrame.EXIT_ON_CLOSE);
        Container cp = frame.getContentPane( );
        JTextPane pane = new JTextPane( );
        SimpleAttributeSet attributeSet = new SimpleAttributeSet( );
        StyleConstants.setBold(attributeSet, true);

        // Set the attributes before adding text
        pane.setCharacterAttributes(attributeSet, true);
        pane.setText("Welcome ");

        attributeSet = new SimpleAttributeSet( );
        StyleConstants.setItalic(attributeSet, true);
        StyleConstants.setForeground(attributeSet, Color.red);
        StyleConstants.setBackground(attributeSet, Color.blue);

        Document doc = pane.getStyledDocument( );
```

```
31.         doc.insertString(doc.getLength( ), "To Java ", attributeSet);
32.
33.         attributeSet = new SimpleAttributeSet( );
34.         doc.insertString(doc.getLength( ), " World", attributeSet);
35.
36.         JScrollPane scrollPane = new JScrollPane(pane);
37.         cp.add(scrollPane, BorderLayout.CENTER);
38.
39.         frame.setSize(400, 300);
40.         frame.setVisible(true);
41.     }
42. }
```

12: 예외처리를 포함한 메인 클래스 선언
15: 종료 버튼 선언
16: 프레임 컨테이너 선언
17: 텍스트페인 선언
18: 단순 속성 세트 선언
22: 페인에 속성 세트 연결
23: 페인에 제목 지정
25: 속성 세트 객체 선언
26~28: 속성세트에 각종 속성 정의
30: 도큐멘트 스타일 정의
31~34: 문자열 삽입
36: 스크롤페인 객체 선언
37: 보더레이아웃 선언
39: 크기 지정
40: 화면 출력

실행결과

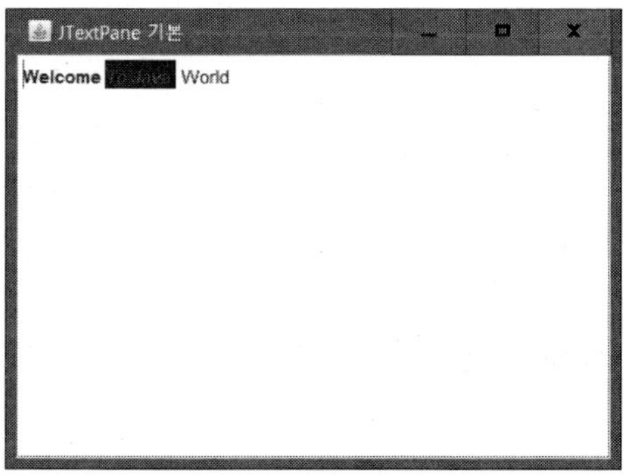

실습 13-39 JTextPane 응용 실습

```
import javax.swing.*;
import java.awt.*;
import java.awt.event.*;
import java.io.*;
import javax.swing.text.*;

public class JTextPaneAdvance extends JFrame {
    public JTextPaneAdvance( ) {
        JTextPane textPane = createTextPane( );
        JScrollPane sp = new JScrollPane(textPane);
        sp.setPreferredSize(new Dimension(350, 250));
        add(sp);
        pack( );
        setLocation(350, 250);
        setTitle("JTextPane 응용");
        setVisible(true);
        setDefaultCloseOperation(JFrame.EXIT_ON_CLOSE);
    }
    private JTextPane createTextPane( ) {
        String newline="\n";
        String[ ] initString =
        { "이것은 일반체 입니다. "+newline,
          "이것은 이탤릭체 입니다."+newline,
          "이것은 볼드체 입니다."+newline,
          " " + newline,  " " + newline
        };

        String[ ] initStyles =
                { "regular", "italic", "bold", "button", "icon" };

        JTextPane textPane = new JTextPane( );
        StyledDocument sdoc = textPane.getStyledDocument( );
        addStylesToDocument(sdoc);
        try {
            for (int i=0; i < initString.length; i++) {
                sdoc.insertString(sdoc.getLength( ), initString[i],
                sdoc.getStyle(initStyles[i]));
            }
        } catch (Exception ble) {
            ble.printStackTrace( );
        }

```

```
        return textPane;
    }
    protected void addStylesToDocument(StyledDocument sdoc) {
        // 스타일의 초기화
        Style style = StyleContext.getDefaultStyleContext( ).
        getStyle(StyleContext.DEFAULT_STYLE);

        Style regular = sdoc.addStyle("regular", style);
        StyleConstants.setFontFamily(style, "SansSerif");

        Style s = sdoc.addStyle("italic", regular);
        StyleConstants.setItalic(s, true);

        s = sdoc.addStyle("bold", regular);
        StyleConstants.setBold(s, true);

        s = sdoc.addStyle("icon", regular);
        StyleConstants.setAlignment(s, StyleConstants.ALIGN_CENTER);
        ImageIcon pigIcon = new ImageIcon("곰.jpg");
        if (pigIcon != null) {
            StyleConstants.setIcon(s, pigIcon);
        }
        s = sdoc.addStyle("button", regular);
        StyleConstants.setAlignment(s, StyleConstants.ALIGN_CENTER);
        ImageIcon soundIcon = new ImageIcon("고양이.jpg");
        JButton button = new JButton( );
        if (soundIcon != null) {
            button.setIcon(soundIcon);
        } else {
            button.setText("BEEP");
        }
        button.addActionListener(new ActionListener( ) {
            public void actionPerformed(ActionEvent ae) {
                Toolkit.getDefaultToolkit( ).beep( );
            }
        });
        StyleConstants.setComponent(s, button);
    }

    public static void main(String[ ] args) {
        new JTextPaneAdvance( );
    }
}
```

7: 프레임 상속으로 선언된 메인 클래스
8: 생성자 선언
9: 텍스트페인 객체 생성
11: 영역 객체 선언
12: 스크롤페인에 추가
14: 위치 지정
15: 제목 지정
17: 종료 버튼 지정
19: 텍스트페인 메소드 선언
20: 다음 줄 선언
21~26: 문자열 내용 지정
28~29: 문자열 지정 배열 값 선언
31: 텍스트페인 객체 생성
32: 텍스트페인 속성 스타일 지정
33: 문자열 연결
34~38: 문자열 내용 반복 출력
47~59: 스타일의 초기화
60: 스타일 배치
65: 버튼 스타일
67: 이미지 정본 선언
68: 버튼 객체 선언
69~73: 버튼 아이콘 선택
74~78: 액션리스너 선언
83: 메인 클래스 객체 선언

실행결과

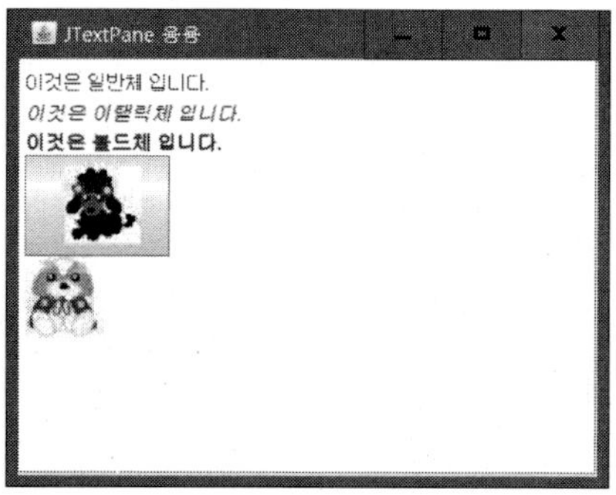

13.7.3 JTree

JTree는 element들을 vertical list나 트리 기반 구조로 정렬된 node들로 model화하여 표시한다. JTree 객체는 하나의 root node와 하나 이상의 child node를 가진다. 물론 child node는 자체의 child node들을 포함할 수 있다. 각각의 parent node는 자신이 소유하고 있는 모든 child node를 보이기 위해 윈도우 유저들에게 익숙한 형태로 펼쳐질 수 있다.

① JTree는 계층구조(hierarchical)의 데이터를 표시할 때 사용할 수 있는 컴포넌트이다. JTree 객체에는 데이터가 저장되지 않고 단지 데이터의 뷰만을 제공한다.

② 트리에 표시된 각 행은 정확히 한 항목의 데이터만을 가지는데, 이러한 한 항목의 데이터를 노드(node)라고 한다. 모든 트리는 하나의 루트 노드를 가지며 다른 노드들은 루트 노드의 후손이 된다.

③ 하나의 노드는 자식 노드를 가질 수도 있고 그렇지 않을 수도 있다. 자식들을 가질 수 있는 노드를 가지 노드(branch node)라고 하고, 자식들을 가질 수 없는 노드를 종단 노드(leaf node)라고 한다.

④ 루트 노드는 기본적으로 표시하지만 표시되지 않도록 설정할 수 있다.

⑤ 일반적으로 각 노드는 하나의 아이콘과 텍스트로 구성되고 노드사이의 관계를 알려주는 표시도 나타난다. 아이콘을 바꾸거나 노드마다 툴팁을 제공하고자 한다면 DefaultTreeCellRenderer 클래스의 서브 클래스에서 getTreeCellRendererComponent 메소드를 재정의 함으로써 구현할 수 있다.

⑥ 사용자의 마우스 클릭에 따른 트리 노드의 확장이나 축소 기능은 트리 자체에 내장되어 있으므로 추가적인 코드를 작성할 필요가 없다.
그러나 사용자가 노드를 클릭해서 한 노드를 선택했을 때, 특정작업을 수행하도록 하고자 한다면 TreeSelectionListener를 직접 구현해야 한다.

JList와 JTable component와 같이 JTree 역시 하나 이상의 model로 구성되어 있다. selection model은 JList model에서 자세히 설명되어진 것과 아주 유사하다.

selection mode는 다음과 같은 약간씩 다른 이름을 가지고 있다. SINGLE_TREE_SELECTION, DISCONTIGUOUS_TREE_SELECTION, 그리고 CONTIGUOUS_TREE_SELECTION 등이 있다.

DefaultTreeModel이 data를 tree 안에 유지하고, node들을 추가하고 삭제하는 역할을 한다. 한편, node trversal에 쓰일 메소드를 정의하는 것은 DefaultTreeMutableTreeNode class이다. Default TreeModel은 종종 custom model을 구현하기 위해 사용된다.

생성자	설 명
JTree( )	새로운 JTree를 생성
JTree(Hashtable value)	Hashtable에서 루트를 표시하지 않는 JTree 반환
JTree(Object [ ] value)	지정된 배열에 대한 JTree 객체 값으로 반환
JTree(TreeModel newModel)	루트 노드를 표시하는 JTree의 인스턴스 반환
JTree(TreeNode root)	지정된 TreeNode의 루트 노드를 표시하는 JTree 노드 정보로 반환
JTree(Vector value)	지정된 Vector의 각 요소를 새로운 루트 노드를 가지는 JTree 벡터 값으로 반환

JTree의 생성자

메소드	설 명
void addSelectionInterval (int index0, int index1)	index0으로부터 index1까지 패스를 선택에 추가
void addSelectionPath(TreePath path)	지정된 TreePath에 의해 식별되는 노드를 현재의 선택에 추가
void addSelectionRow(int row)	지정된 행에 있는 패스를 현재의 선택에 추가
void addTreeSelectionListener (TreeSelectionListener tsl)	TreeSelection 이벤트의 리스너를 추가
void clearSelection( )	선택을 해제
void setRootVisible(boolean rootVisible)	TreeModel의 루트 노드의 지정 여부를 판정

JTree의 메소드

실습 13-40 JTree 기본 실습

```
import java.awt.BorderLayout;
import java.awt.Container;
import javax.swing.JFrame;
import javax.swing.JTree;
import javax.swing.tree.DefaultMutableTreeNode;

public class JTreeBasic {
    JFrame myFrame;

    public JTreeBasic(String title) {
        myFrame = new JFrame(title);
        Container con = myFrame.getContentPane( );

        DefaultMutableTreeNode root
                = new DefaultMutableTreeNode("루트노드");
        DefaultMutableTreeNode child1
                = new DefaultMutableTreeNode("1번째 자식");
        DefaultMutableTreeNode child2
                = new DefaultMutableTreeNode("2번째 자식");
        DefaultMutableTreeNode child1_child1
                = new DefaultMutableTreeNode("1번째 자식의 1번째 자식");
        DefaultMutableTreeNode child1_child2
                = new DefaultMutableTreeNode("1번째 자식의 2번째 자식");
        DefaultMutableTreeNode child2_child1
                = new DefaultMutableTreeNode("2번째 자식의 1번째 자식");
        DefaultMutableTreeNode child2_child2
                = new DefaultMutableTreeNode("2번째 자식의 2번째 자식");

        root.add(child1); root.add(child2);
```

```
30.         child1.add(child1_child1); child1.add(child1_child2);
31.         child2.add(child2_child1); child2.add(child2_child2);
32.
33.         JTree JTreeBasic = new JTree(root);
34.         con.setLayout(new BorderLayout( ));
35.         con.add(JTreeBasic);
36.
37.         myFrame.setDefaultCloseOperation(JFrame.EXIT_ON_CLOSE);
38.         myFrame.setSize(300, 200);
39.         myFrame.setVisible(true);
40.     }
41.
42.     public static void main(String[ ] args) {
43.         JTreeBasic t = new JTreeBasic("JTree 기본");
44.     }
45. }
```

8: 프레임 변수 선언
11: 프레임 객체 선언
12: 프레임을 컨테이너에 연결
14~27: 기본 테이블 트리 노드 정보 선언
29~31: 트리 정보를 추가
33: 트리 객체 선언
34: 트리 객체 생성
34: 보더레이아웃 지정
37: 종료 버튼 정보
38: 크기 정보 선언

실행결과

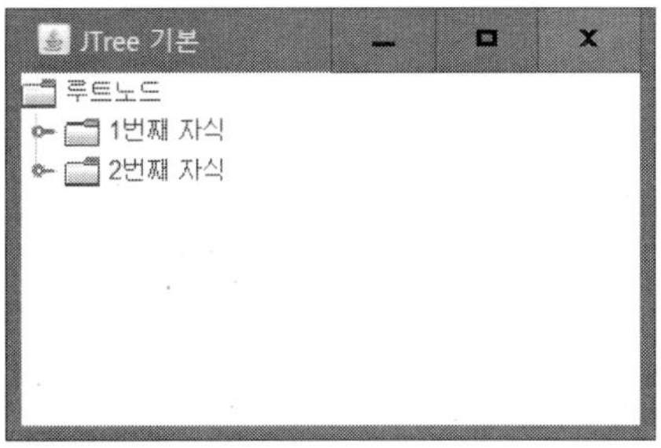

실습 13-41 JTree 응용 실습

```
import javax.swing.*;
import java.util.Vector;

public class JTreeAdvance extends JFrame {
```

```
    Object[] gen = {"프로그램", "System", "Design"};

    Vector<Vector> node1 = new Vector<Vector>() { // inner class
        public String toString() {
            return "Lesson";
        }
    };
    Vector<String> node2 = new Vector<String>() {
        public String toString() {
            return "Java";
        }
    };
    Vector<String> node3 = new Vector<String>() {
        public String toString() {
            return "XML";
        }
    };

    public JTreeAdvance() {

        node1.addElement(node2);
        node1.addElement(node3);

        node2.addElement("Beg");
        node2.addElement("Adv");
        node2.addElement("JSP");

        node3.addElement("XSLT");
        node3.addElement("DOM");

        gen[0]=node1;

        JTree tree = new JTree(gen);  //트리구조에 상위인 "gen" 추가
        tree.setRootVisible(true);   // 루트 설정

        JScrollPane js=new JScrollPane(tree);
        add(js);
        setBounds(300, 150, 400, 300);
        setTitle("JTree 응용");
        setVisible(true);

        setDefaultCloseOperation(JFrame.EXIT_ON_CLOSE);
        // 프로그램 종료 : JFrame갖고 있다.
    }

    public static void main(String[] args) {
```

```
51.          new JTreeAdvance();
52.     }
53. }
```

4: 프레임이 상속된 메인 클래스 선언
5: 객체 배열 정보 선언
7~11: 벡터 노드1 정의
12~16: 벡터 노드2 정의
17~21: 벡터 노드3 정의
23: 메인 클래스 생성자 선언
25~33: 3개의 노드에 요소들 추가
37: 트리구조에 상위인 gen 추가
38: 루트 설정
40: 스크롤 객체 생성
42: 크기 지정
43: 제목지정
44: 화면 출력
46: 종료버튼 정의
51: 메인 클래스의 객체 선언

실행결과

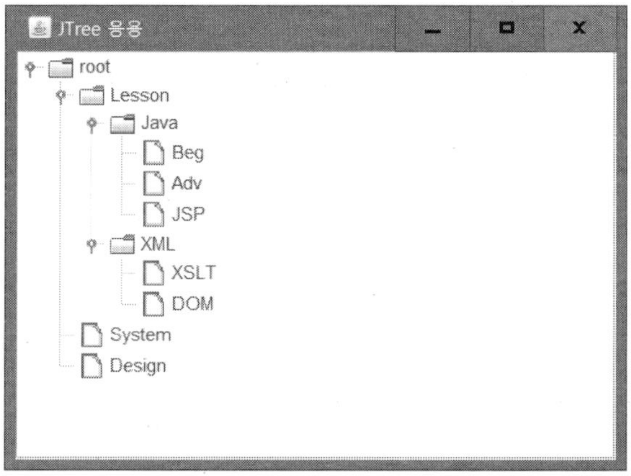

13.8 LookAndFeel

13.8.1 LookAndFeel 소개

룩앤필(Look&Feel) 기능 사용하면 AWT는 화면 출력이 운영체계에 따라서 다양하게 출력된다. 스윙은 Look&Feel 기능을 이용해 운영체계에 상관없이 GUI 컴포넌트 모양을 바꿀 수 있다. 기본적으로 3가지의 룩앤필 기능이 제공된다.

Look&Feel 기능 적용하는 구문은 다음과 같으며, pack 변수에 다음 3가지 경로를 지정할 수 있다.

```
윈도우 : com.sun.java.swing.plaf.windows.WindowsLookAndFeel
모티브 : com.sun.java.swing.plaf.motif.MotifLookAndFeel
메 탈 : com.sun.java.swing.plaf.javax.swing.plaf.metal.MetalLookAndFeel
```

별도로 룩앤필을 지정하지 않으면 자바 룩앤필이 기본으로 지정된다.

룩앤필을 지정할 때에는 다음과 같이 UIManager 클래스를 사용해야 한다.

```
try {
    UIManager.setLookAndFeel
        ( UIManager.getCrossPlatformLookAndFeelClassName( ) );
} catch ( Exception e ) {
    System.err.println ( "Cannot set look and feel:" + e.getMessage ( ) );
}
```

UIManager 클래스의 getCrossPlatformLookAndFeelClassName( ) 메소드는 자바 룩앤필 클래스 이름을 반환한다. getSystemLookAndFeelClassName( ) 메소드는 현재 자바 스윙 컴포넌트가 실행되고 있는 환경에 따라 다른 클래스 이름을 반환한다.
즉, 윈도우 시스템에서 실행되고 있다면 윈도우 룩앤필 클래스 이름을 반환하고, 유닉스의 X 윈도우 시스템에서 실행되고 있다면 모티프 룩앤필 클래스 이름을 반환한다.

13.8.2 룩앤필 지정하기

1 메탈 룩앤필 설정 예

```
try {
    UIManager.setLookAndFeel
        ( UIManager.UIManager.getCrossPlatformLookAndFeelClassName ( ) );
} catch ( Exception e ) {
}
```

2 시스템에서 사용하는 룩앤필을 사용하는 예

```
try {
    UIManager.setLookAndFeel
        ( UIManager.UIManager.UIManager.getSystemLookAndFeelClassName( ));
} catch ( Exception e ) {
}
```

3 윈도우 룩앤필 설정 예

```
try {
      UIManager.setLookAndFeel
            ( "com.sun.java.swing.plaf.windows.WindowsLookAndFeel" );
} catch ( Exception e ) {
}
```

13.8.3 LookAndFeel 바꾸기

프로그램의 GUI가 보인 후에도 l&f을 setLookAndFeel()을 이용하여 변경이 가능하다.

새로운 l&f을 컴포넌트에 적용하기 위해서는 SwingUtilities.updateComponentTreeUI()을 최상위 컨테이너에서 호출해야 한다.

```
UIManager.setLookAndFeel ( l&fName );
SwingUtilities.updateComponentTreeUI ( frame );
frame.pack ( );
...
```

룩앤필에 대한 메소드는 다음과 같다.

메소드	설 명
UIManager.setLookAndFeel( )	프로그램의 룩앤필을 변경하고, 지원하는 룩앤필이 아니면 nsupported LookAndFeel Exception을 발생
UIManager.getCrossPlatform LookAndFeelClassName( )	자바의 플랫폼 중립적인 메탈 룩앤필을 나타내는 객체 반환
UIManager.getSystem LookAndFeelClassName( )	현재 시스템에 맞는 l&f을 제공
Windows l&f	com.sun.java.swing.plaf.windows.WindowsLookAndFeel
CDE/Motif l&f	com.sun.java.swing.plaf.motif.MotifLookAndFeel
Mac OS l&f	javax.swing.plaf.mac.MacLookAndFeel

LookAndFeel의 메소드

실습 13-42 룩앤필 기본 실습

```
1.  import java.awt.*;
2.  import java.awt.event.*;
3.  import javax.swing.*;
```

```
class LookAndFeelBasic extends JPanel {
    public static void main(String[ ] args) {
        JFrame f = new JFrame("LookAndFeel 기본");
        f.getContentPane( ).add(new LookAndFeelBasic( ), "Center");
        f.pack( );
        f.setVisible(true);
    }

    JPanel panel;
    LookAndFeelBasic( ) {
        panel = new JPanel( );
        add(panel);
        panel.add(new JButton("버튼"));
        panel.add(new JRadioButton("라디오버튼"));

        JButton javaB = new JButton("메탈스타일");
        add(javaB);
        javaB.addActionListener(al);

        JButton windowB = new JButton("윈도우스타일");
        add(windowB);
        windowB.addActionListener(al);

        JButton motifB = new JButton("모티프스타일");
        add(motifB);
        motifB.addActionListener(al);
    }

    ActionListener al = new ActionListener( ) {
        public void actionPerformed(ActionEvent ae) {
            String lnfName = ae.getActionCommand( );
            try {
                if (lnfName.equals("메탈스타일")) {
                    UIManager.setLookAndFeel
                        ("javax.swing.plaf.metal.MetalLookAndFeel");
                }
                else if (lnfName.equals("윈도우스타일")) {
                    UIManager.setLookAndFeel
                        ("com.sun.java.swing.plaf.windows.WindowsLookAndFeel");
                }
                else if (lnfName.equals("모티프스타일")) {
                    UIManager.setLookAndFeel
                        ("com.sun.java.swing.plaf.motif.MotifLookAndFeel");
```

```
48.                 }
49.                 SwingUtilities.updateComponentTreeUI(panel);
50.                 Window w = (Window) panel.getTopLevelAncestor( );
51.                 w.pack( );
52.             }
53.             catch(Exception e) {
54.                 System.out.println(e.getMessage( ));
55.                 System.out.println(e);
56.             }
57.         }
58.     };
59. }
```

5: 패널을 상속한 메인 클래스 선언
7: 프레임 객체 선언
8: 프레임에 룩인필 객체 추가
10: 화면 출력
13: 패널 변수 선언
14: 생성자 선언
15~16: 패널 선언 및 추가
17~18: 패널에 버튼 추가
20~21: 첫 번째 버튼 생성 및 추가
22: 버튼에 액션리스너 추가
24~25: 두 번째 버튼 생성 및 추가
26: 버튼에 액션리스너 추가
28~29: 세 번째 버튼 생성 및 추가
30: 버튼에 액션리스너 추가
33: 액션리스너 객체 선언
35~52: 프레임 선택에 따른 화면 출력

실행결과

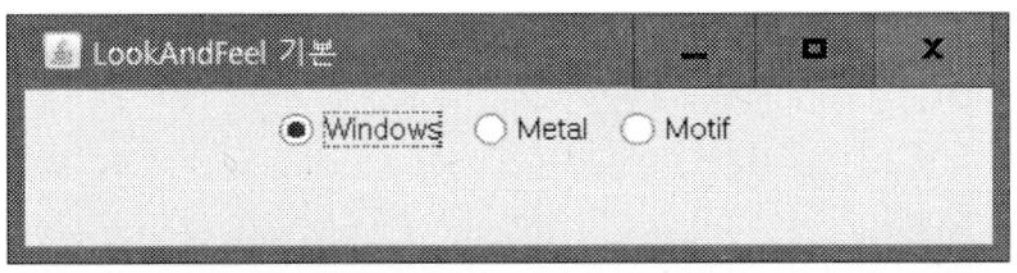

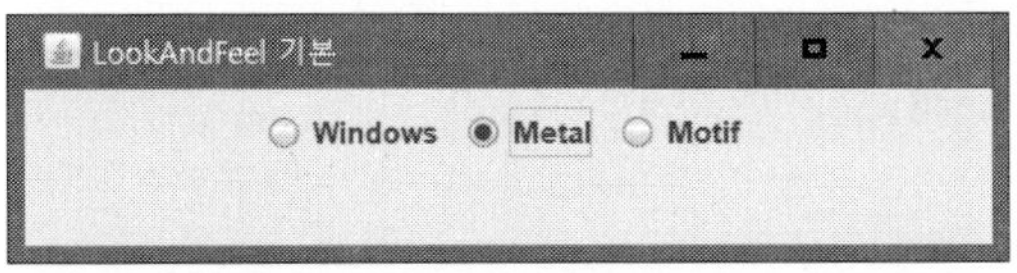

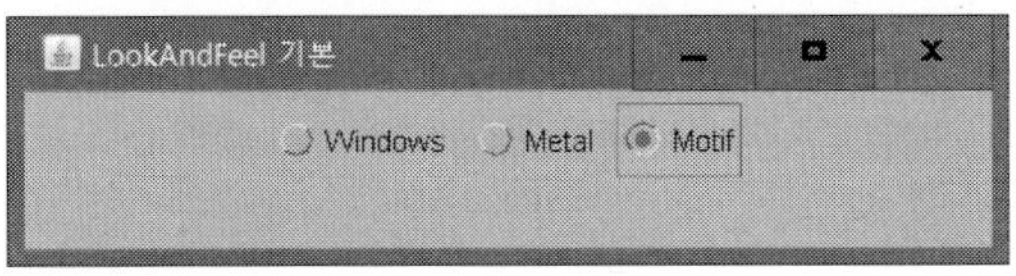

실습 13-43 룩앤필 응용 실습

```
import java.awt.*;
import java.awt.event.*;
import javax.swing.*;

class LookAndFeelAdvance extends JPanel {
    public static void main(String[ ] args) {
        JFrame f = new JFrame("LookAndFeel 응용");
        f.getContentPane( ).add(new LookAndFeelAdvance( ), "Center");
        f.pack( );
        f.setVisible(true);
    }

    JPanel panel;
    LookAndFeelAdvance( ) {
        panel = new JPanel( );
        add(panel);
        panel.add(new JButton("버튼"));
        panel.add(new JRadioButton("라디오버튼"));

        JButton javaB = new JButton("메탈스타일");
        add(javaB);
        javaB.addActionListener(al);

        JButton windowB = new JButton("윈도우스타일");
        add(windowB);
        windowB.addActionListener(al);

        JButton motifB = new JButton("모티프스타일");
        add(motifB);
        motifB.addActionListener(al);
    }

    ActionListener al = new ActionListener( ) {
        public void actionPerformed(ActionEvent ae) {
            String lnfName = ae.getActionCommand( );
            try {
                if (lnfName.equals("메탈스타일")) {
                    UIManager.setLookAndFeel
                        ("javax.swing.plaf.metal.MetalLookAndFeel");
                }
                else if (lnfName.equals("윈도우스타일")) {
                    UIManager.setLookAndFeel
```

```
43.                     ("com.sun.java.swing.plaf.windows.WindowsLookAndFeel");
44.                 }
45.                 else if (lnfName.equals("모티프스타일")) {
46.                     UIManager.setLookAndFeel
47.                         ("com.sun.java.swing.plaf.motif.MotifLookAndFeel");
48.                 }
49.                 SwingUtilities.updateComponentTreeUI(panel);
50.                 Window w = (Window) panel.getTopLevelAncestor( );
51.                 w.pack( );
52.             }
53.             catch(Exception e) {
54.                 System.out.println(e.getMessage( ));
55.                 System.out.println(e);
56.             }
57.         }
58.     };
59. }
```

5: 패널을 상속한 메인 클래스 선언
7: 프레임 객체 선언
8: 프레임에 룩인필 객체 추가
10: 화면 출력
13: 패널 변수 선언
14: 생성자 선언
15~16: 패널 선언 및 추가
17~18: 패널에 버튼 추가
20~22: 버튼 객체 선언 및 추가 액션리스너 추가
24~26: 버튼 객체 선언 및 추가 액션리스너 추가
28~30: 버튼 객체 선언 및 추가 액션리스너 추가
33: 액션리스너 객체 선언
34: 액션 실행을 위한 메소드 선언
37~48: 스타일 선택 후 모양 출력 지정

실행결과

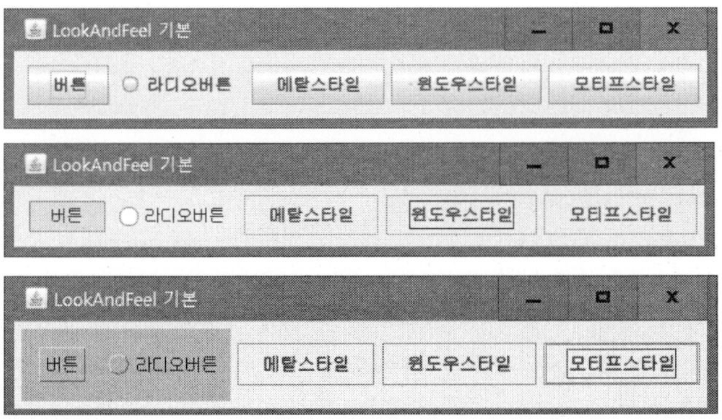

Chapter 14

네트워크

네트워크란 애플릿이나 어플리케이션의 네트워크를 통한 연결을 의미하며, 네트워크 프로그래밍을 하기 위해서는 서버와 클라이언트라고 하는 최소 2개의 컴퓨터와 이를 연결하는 네트워크가 필요하다.

컴퓨터와 네트워크의 관계는 다음과 같다.

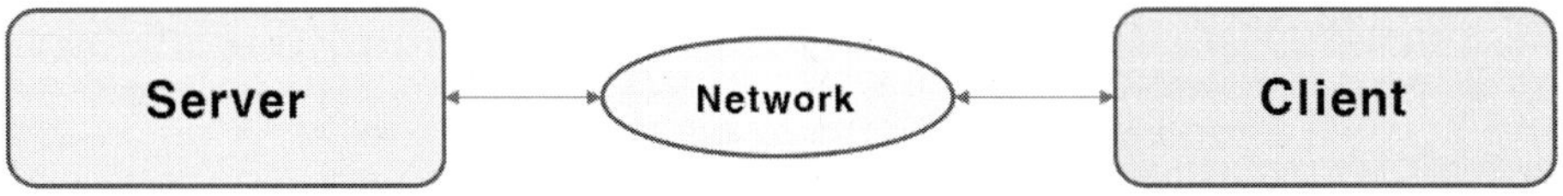

여기에서 **서버**(Server)는 정보를 제공하는 컴퓨터이고, **클라이언트**(Client)는 정보를 제공받는 컴퓨터를 의미하며, 네트워크(Network)는 이를 연결하는 데이터 통신망이다. 이 2대의 컴퓨터는 상호간에 데이터를 주고받기 위해 정해진 규약이 필요한데 이러한 통신 규약을 **프로토콜**(Protocol)이라 하고, 인터넷에서 사용할 경우 IP(Internet Protocol)이라고 한다.

자바 네트워크의 구성 == 스트림기반 I/O 클래스 + java.net 패키지 클래스

자바에서는 원활한 네트워크 통신을 위하여 다양한 네트워크 클래스들을 제공하고 있다.
자바에서 네트워크를 지원하는 패키지는 java.net이다. 이 패키지는 URL 클래스와 Socket 클래스로 구분된다. URL 클래스를 이용하여 보다 쉽게 인터넷에 연결되어 있는 네트워크를 접속하여 정보를 얻는 것이고, Socket 또는 ServerSocket 클래스를 이용하여 클라이언트/서버 소켓 프로그래밍을 하는 것이다.

14.1 네트워크의 개요

14.1.1 소켓과 포트

인터넷상의 컴퓨터는 TCP/IP 프로토콜에 의해 연결되어 있다. TCP/IP 프로토콜은 소켓 인터페이스를 사용한다. 소켓은 편리한 추상화에 지나지 않는 것으로 다음과 같이 단지 TCP/IP 네트워크를 연결하는 점을 나타낸다.

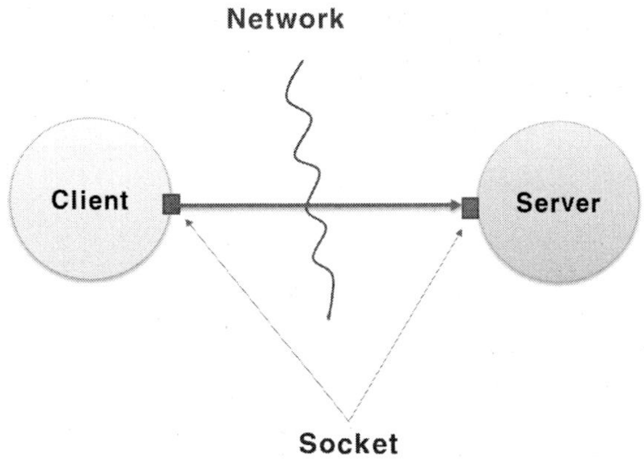

소켓의 개념

두 대의 컴퓨터가 서로 통신하기를 원한다면 소켓을 사용할 것이다. 한 컴퓨터는 클라이언트가 되고 한 컴퓨터는 서버가 된다. 서버는 소켓을 열고 연결을 기다리게 된다. 그리고 다른 클라이언트는 서버의 소켓을 요청하고 연결을 시작한다. 연결을 위해 필요한 것은 목적지의 주소와 포트의 번호뿐이다.

TCP/IP 네트워크의 각각의 컴퓨터는 고유의 주소를 가지고 있다. 포트는 그 주소 안에서 개개의 연결을 표현하는 것이다. 하나의 주소들 가지고 있는 시스템에는 실제로 여러 개의 네트워크 프로세스가 동작하는 것이 일반적인 상황이다. 따라서 TCP/IP 패킷은 해당 시스템으로 들어올 때 패킷의 최종 도달지가 어떤 응용 프로그램인지 결정할 수 있는 정보가 필요하며 그것이 바로 포트번호이다.

즉, 통신 프로세스 서로를 식별할 수 있는 프로세스 식별자(Process Identifier)가 포트번호이며 하나의 컴퓨터 내에서 특정 서비스를 위한 서버를 구분하기 위한 논리적인 주소라고 할 수 있다.
다음의 표는 잘 알려진 포트 번호표이다. '잘 알려진'이라고 설명하는 것은 특정 서비스의 포트번호를 바꿀 수도 있다는 의미이다.

Service	Port	Service	Port
echo	7	smtp	25
daytime	13	finger	79
ftp	21	http	80
telnet	23	pop3	110

잘 알려진 포트

14.1.2 전송 모드

소켓은 두 가지 전송모드를 가지고 있다. 연결형(connection-oriented)과 비 연결형(connectionless)이다. 연결형 소켓은 전화처럼 작동한다. 즉 두 컴퓨터는 서로간의 연결을 확립하고 끊어야 한다. 두 컴퓨터 사이에 송·수신되는 데이터는 보내질 때와 같은 순서를 보장한다.

이에 비해 비 연결형 소켓은 편지처럼 작동한다. 즉 배달이 성공되었는지 보장하지 못한다. 그리고 여러 조각으로 나누어 전송되는 데이터는 보내질 때와 다른 순서로 수신될 수도 있다. 두 가지 전송 모드의 장단점은 다음과 같다. 어떤 모드를 사용할 것인지는 필요에 따라 선택될 수 있다.

1 연결형 작동

안정성이 중요하다면 연결형 작동이 효과적이다. 파일 서버는 모든 데이터가 정확히 순서대로 수신될 필요가 있다. 만약, 데이터의 유실이 발생한다면 서버의 효용성이 없게 된다. 따라서 연결형 작동은 데이터가 정확하게 전송되었는지를 점검하여 데이터를 재전송하게 된다.
이러한 안정성은 비용을 수반한다는 것을 명심해야 한다. 데이터의 순서와 정확성을 기하는 것은 처리시간과 메모리의 추가적인 사용을 요구하게 된다. 이러한 추가적인 부하(overhead)는 서버의 응답시간을 저하시키게 된다.

2 비 연결형 작동

비 연결형 작동은 UDP(User Datagram Protocol)을 사용한다. 데이터그램은 데이터의 전달을 시도하는데 필요한 모든 정보를 가진 독립적인 한 단위(unit)이다. 그것은 하나의 봉투와도 같다. 봉투의 겉면에 목적지와 보낸 곳의 주소를 가지고 있고 봉투 안에 보내질 데이터가 들어 있다. 이 모드의 소켓은 목적지의 소켓과 연결할 필요는 없다. 단순히 편지를 보내듯이 데이터를 보내기만 한다. 비 연결형 작동은 빠르고 효율적이다. 그러나 데이터의 정확한 전송을 보증하지는 못한다.

14.2 java.net 패키지

java.net **패키지**는 네트워크 프로그램을 구현하는데 필요한 클래스들을 제공한다.
소켓 클래스를 사용하면 인터넷상의 서버와 통신할 수 있고 또한 자신의 인터넷 서버를 구축할 수 있다. 인터넷상의 데이터를 처리하기 위한 URL을 사용하는데 편리하도록 많은 클래스가 제공된다.

14.2.1 주소 분리

다음 InetAddress 클래스는 호스트명과 인터넷 주소를 분리하는데 사용된다.

InetAddress	호스트명과 인터넷 주소를 분리하기 위한 메소드를 가진 인터넷 주소를 표현하기 위한 클래스

14.2.2 소켓

다음 클래스들은 인터넷상의 서버와 통신하는데 필요한 기능을 제공한다. 이러한 클래스들은 또한 인터넷 서버를 구현하는데 사용될 수도 있다.

DatagramPacket	UDP와 같은 비 연결형 프로토콜에 사용되는 데이터그램
DatagramSocket	데이터그램의 전송과 수신을 위해 사용
ServerSocket	TCP와 같은 연결형 프로토콜의 서버에서 사용
Socket	연결형 또는 비 연결형 프로토콜의 서버와 클라이언트에서 사용
SocketImpl	소켓 구현을 위한 추상 클래스로 직접 사용할 수 없음
SocketImplFactory	SocketImpl 객체를 생성하기 위한 인터페이스

14.2.3 URL

다음 클래스들은 인터넷상의 자료를 처리하기 위해 URL을 사용하는데 편리함을 준다. 이때 처리되는 자료는 완전한 객체나 스트림으로 취급될 수도 있다. 다음은 URL과 URLConnection 클래스 및 웹 서비스를 검색하는데 사용되는 클래스들을 나타낸다.

ContentHandler	MIME 객체를 생산하기 위한 컨테트 처리자의 추상 클래스로 직접 사용할 수 없음
ContentHandlerFactory	MIME 형의 ContentHandler 객체를 생성하여 돌려주는 인터페이스로 직접 사용할 수 없음
URL	URL을 파싱하거나 URL의 호스트 연결을 생성하기 위한 클래스
URLConnection	URL의 호스트와 연결을 생성하고 데이터를 처리하기 위한 클래스
URLEncoder	문자열을 x-www-form-urlencoded 형식으로 부호화하기 위해 사용
URLStreamHandler	URL의 프로토콜(http, ftp 등) 처리를 위한 추상 클래스
URLStreamHandlerFactory	URLStreamHandler의 인스턴스를 생성하기 위한 인터페이스로 직접 사용될 수 없음

14.2.4 Exception

다음 예외는 java.net 패키지에 선언된 예외들이다. 이 클래스들은 RuntimeException의 서브 클래스가 아니기 때문에 throws 절을 선언하거나 예외를 잡아야만 한다.

MalformedURLException	URL 생성을 위한 인수의 구문이 잘못된 것이면 던져짐
ProtocolException	잘못된 형의 소켓에 연결하고자 시도하는 경우 던져짐
SocketException	제공하지 않는 소켓을 사용하고자 시도하거나 이미 다른 프로세서가 열어둔 소켓을 연결하고자 할 때 던져짐
UnknownHostException	호스트명이 인터넷 주소로 해석될 수 없을 때 던져짐
UnknownServiceException	URL 연결에 의해 제공되지 않는 서비스를 사용하고자 시도할 때 던져짐

14.3 URL 클래스

HTTP(HyperText Transmission Protocol) 프로토콜은 www 상에서 문서의 주소(address)를 표현하기 위해 URL(Uniform Resource Locators)을 사용한다. 사용자들은 웹브라우저를 통하여 공용 가능한 HTML 파일의 URL을 알고 http를 통하여 데이터를 검색할 수 있다.

자바는 이러한 URL을 다루기 쉽도록 해준다. URL 객체를 생성하는 메소드는 다섯 가지의 매개 변수들 중에서 선택하게 된다. 이러한 매개 변수는 프로토콜, 호스트명, 포트번호, 파일명 그리고 URL 객체이다.

URL 클래스의 종류는 다음과 같다.

- InetAddress 클래스
- URL 클래스
- URLConnection 클래스
- URLEncoder 클래스
- URLDecoder 클래스
- URLClassLoader 클래스

14.3.1 InetAddress 클래스

InetAddress 클래스는 IP 주소와 관련된 클래스이다. 이 클래스를 이용하면 IP 주소와 도메인, 호스트 이름 등의 정보를 얻을 수 있다. InetAddress의 객체를 생성하기 위해서 public 생성자를 제공하지 않기 때문에 new 생성자를 이용할 수 없다.

호스트의 주소를 객체화하여 호스트 이름 및 IP 주소와의 변환, 그리고 Socket 등과 같이 네트워크에서 데이터를 송수신하는 클래스에서 특정한 호스를 지정하는데 사용된다.

일반적으로 InetAddress의 객체를 생성하기 위해서 InetAddress의 static Method인 getByName()을 이용하여 작성할 수 있다.

```
InetAddress inet1 = InetAddress.getByName("www.korea.go.kr");
InetAddress inet2 = InetAddress.getByName("125.60.45.101");
```

InetAddress 클래스의 메소드는 다음과 같다.

메소드	설 명
public static InetAddress getByName(String host)	host에 해당하는 인터넷 주소(InetAddress 객체)를 반환
public String getHostAddress( )	호스트의 주소를 문자열로 반환
public String getHostName( )	호스트의 이름을 문자열로 반환
public synchronized static InetAddress getLocalHost( )	로컬 호스트의 인터넷 주소를 반환

InetAddress의 메소드

위 메소드들은 UnknownHostException을 지정하여 예외처리를 해야 하며, 이 예외는 호스트가 존재하지 않거나 인터넷에 올바르게 연결되지 않았을 때 발생한다.

실습 14-1 InetAddress 클래스를 이용한 IP 주소 반환

```
1. import java.net.*;
2.
3. class IpAddressBasic {
4.     public static void main(String[ ] args) {
5.         InetAddress ip = null;
6.         try {
7.             ip = InetAddress.getByName("www.korea.go.kr");
8.             System.out.println("HOST NAME : "+ ip.getHostName( ));
9.             System.out.println("HOST IP Address : "+ ip.getHostAddress( ));
10.            System.out.println("LOCAL HOST IP ADDRESS : "+
11.                    InetAddress.getLocalHost( ).getHostAddress( ));
12.        }
13.        catch(UnknownHostException ue) {
14.            System.out.println(ue);
15.        }
16.        System.out.println( );
17.    }
18. }
```

5: 네트워크 주소 초기화
7: URL 이름 지정
8: 호스트 이름 출력
9: IP 주소 출력
10~11: 로컬 호스트 이름 출력

실행결과

```
C:\WINDOWS\system32\cmd.exe
HOST NAME : www.korea.go.kr
HOST IP Address : 27.101.207.102
LOCAL HOST IP ADDRESS : 192.168.56.1
```

실습 14-2 Frame 상태에서 IP 주소 반환

```java
import java.awt.*;
import java.awt.event.*;
import java.net.*;
import java.applet.*;

public class InetAddressAdvance
extends Frame
implements ActionListener {
   TextField nameField;
   Button btnLookup;
   TextArea addrArea;
   InetAddress inetAddr;

   public static void main(String args[ ]) {
       InetAddressAdvance q = new InetAddressAdvance( );
       q.setVisible(true);
   }

   public InetAddressAdvance( ) {
       setLayout(new BorderLayout( )); // 보더레이아웃 선언
       Panel inputPanel = new Panel( ); // 패널 선언
       inputPanel.setLayout(new GridLayout( )); // 패널에 그리드레이아웃 지정
       inputPanel.add("North", new Label("호스트 이름 : "));
       // 위치를 왼쪽 상단에 지정
       nameField = new TextField(" ", 40); // 40길이의 텍스트필드 지정

       btnLookup = new Button("호스트 정보"); // 1개의 버튼 지정
       inputPanel.add("Center", nameField); // 텍스트필드를 가운데 지정
       inputPanel.add("South", btnLookup); // 버튼을 오른쪽 지정
       btnLookup.addActionListener(this); // ActionListener 호출
       add("North", inputPanel);

       Panel outputPanel = new Panel( ); // 아래에 새로운 패널 지정
       outputPanel.setLayout(new BorderLayout( ));
```

```
35.         // 새로운 보더레이아웃 선언
36.
37.         addrArea = new TextArea(" ", 24, 40); // 텍스트에어리어 선언
38.         addrArea.setEditable(false); // 편집 방지
39.         outputPanel.add("North", new Label("URL"));
40.         outputPanel.add("Center", addrArea);
41.         add("Center", outputPanel);
42.
43.         setTitle("URL 주소 확인");
44.         setSize(500, 300);
45.
46.         addWindowListener(new WindowAdapter( ) {
47.             public void windowClosing(WindowEvent evt) {
48.                 terminate( ); // 네트워크 연결 종료
49.             }
50.         });
51.     }
52.
53.     public void actionPerformed(ActionEvent ev) {
54.         String name = nameField.getText( );
55.         try {
56.             inetAddr = InetAddress.getByName(name);
57.             String str = inetAddr.getHostName( ) + "\n";
58.             addrArea.append(str);
59.             str = inetAddr.getHostAddress( ) + "\n";
60.             addrArea.append(str);
61.         }
62.         catch(UnknownHostException ex) {
63.             String str = name + "해당 호스트가 존재하지 않습니다\n";
64.             addrArea.append(str);
65.         }
66.     }
67.
68.     private void terminate( ) {
69.         System.out.println("프로그램 종료입니다");
70.         dispose( );
71.         System.exit(0);
72.     }
73. }
```

6~8: 프레임과 액션리스너를 상속받는 메인 클래스 선언
9~12: 객체 변수 선언
20: 보더레이아웃 선언
21: 패널 선언

22: 패널에 그리드레이아웃 지정
23: 위치를 왼쪽 상단에 지정
25: 40 길이의 텍스트필드 지정
27: 1개의 버튼 지정
28~29: 텍스트필드를 가운데 지정, 버튼을 오른쪽 지정
30: 액션리스너 호출
33: 아래에 새로운 패널 지정
34: 새로운 보더레이아웃 선언
37: 텍스트에어리어 선언
48: 네트워크 연결 종료
56: URL 이름 주소 발췌
60: 문자열 추가
70: 프로그램 종료

실행결과

14.3.2 URL 클래스

URL 클래스는 웹상에서 존재하는 자원에 접근하기 위해, 해당 URL의 유일한 주소를 나타내기 위한 클래스이다. 자원(Resource)이란 파일과 디렉토리와 같은 매체와 데이터베이스 또는 쿼리와 같은 복잡한 매체도 포함된다. URL은 다음과 같이 프로토콜, 호스트, 포트번호, 파일, 참조 5가지 요소로 구성된다.

HTTP://	www.korea.go.kr	/net/home.html	#ho
프로토콜	호스트	경로명 및 파일명	참조

- 프로토콜(protocol) : 자원에 접근하기 위해 사용되는 프로토콜
- 호스트 이름(HostName) : 접근하고자 하는 자원이 있는 위치
- 포트(Port) : TCP 연결에 대한 포트번호. 생략 시 기본 포트번호 사용
  (Echo:7, DayTime:13, FTP:21, Telnet:23, SMPT:25, HTTP:80)
- 경로명(Path) : 접근하려는 파일이 있는 위치
- 파일명(File) : 접근하려는 파일
- 참조(anchor): URL에서는 참조

URL 클래스의 생성자와 메소드는 다음과 같다.

생성자	설 명
public URL(String protocol, String host, int port, String file	프로토콜, 호스트명, 포트번호, 파일명을 명시해 주면 URL 객체를 생성
public URL(String protocol, String host, String file)	포트번호만 빠진 URL 객체를 생성
public URL(String spec)	프로토콜, 호스트명, 파일명이 포함된 문자열로부터 URL 객체를 생성
public URL(URL context, String spec)	기본 경로와 상대 경로를 명시해서 URL 객체를 생성

URL의 생성자

메소드	설 명
public String getFile( )	URL의 파일명을 반환
public String getHost( )	URL의 호스트명을 반환
public int getPort( )	URL의 포트번호를 반환
public Strimg getProtocol( )	URL의 프로토콜을 반환
public InputStream openStream( )	URL에 대한 연결을 설정하고 입력 스트림을 위한 InputStream 객체를 얻음

URL의 메소드

실습 14-3 URL 클래스를 정보 반환

```
1.  import java.net.*;
2.
3.  class URLBasic {
4.      public static void main(String args[ ]) throws MalformedURLException {
5.          URL hp = new URL("http://www.daum.net/TV");
6.
7.          System.out.println("Protocol: " + hp.getProtocol( ));
8.          System.out.println("Port: " + hp.getPort( ));
9.          System.out.println("Host: " + hp.getHost( ));
10.         System.out.println("File: " + hp.getFile( ));
11.         System.out.println("Ext:" + hp.toExternalForm( ));
12.         System.out.println( );
13.     }
14. }
```

5: URL 객체 선언

7~11: URL 메소드 지정

실행결과

```
C:\WINDOWS\system32\cmd.exe
Protocol: http
Port: -1
Host: www.daum.net
File: /TV
Ext:http://www.daum.net/TV
```

실습 14-4 URL 클래스의 내용 정보 반환

```java
import java.io.BufferedReader;
import java.io.FileOutputStream;
import java.io.IOException;
import java.io.InputStreamReader;
import java.net.MalformedURLException;
import java.net.URL;

public class URLAdvance {
    public static void main(String[] args) {
        FileOutputStream fileOutputStream = null;
        BufferedReader bufferedReader = null;

        try {
            URL url = new URL ("https://www.google.com");

            bufferedReader = new BufferedReader( new InputStreamReader
                    ( url.openStream( )));
            fileOutputStream = new FileOutputStream("URLAdvance.txt");
            String input;

            while ((input = bufferedReader.readLine( )) != null) {
                System.out.println(input);
                fileOutputStream.write(input.getBytes( ));
            }
            bufferedReader.close( );
            fileOutputStream.close( );

        } catch (MalformedURLException me) {
            me.printStackTrace( );
        } catch (IOException ie) {
            ie.printStackTrace( );
        }
    }
}
```

10~11: 파일스트림 및 버퍼리더 초기화
14: URL 객체 선언
16~17: 버퍼리더 객체 선언
18: 파일스트림 객체 선언
21~24: 스트림을 읽어서 콘솔에 출력
25~26: 파일 닫기

실행결과

14.3.3 URLConnection 클래스

URLConnection 클래스는 추상 클래스로서 Application과 URL간의 통신링크를 위한 작업을 수행하며, URL 클래스와 유사한 기능을 가지고 있고 모든 클래스의 상위 클래스이다.

그러나 URL 클래스는 단순 접속을 하는데 반해서 URLConnection 클래스는 URL을 이용하여 참조된 자원에 대해 읽고 쓰는 작업을 할 수 있도록 해 준다. 즉, 원격지 자원의 속성을 파악하기 위한 목적으로 사용된다.

URLConnection 클래스의 생성자와 메소드는 다음과 같다.

생성자	설 명
public URLConnection openConnection( ) throws IOException	URLConnection 객체를 생성
public abstract void connect( ) throws IOException	네트워크를 통해 연결을 시도

URLConnection의 생성자

메소드	설 명
void setDoInput(boolean doInput)	URLConnection 객체를 입력용으로 사용여부를 결정
boolean getDoInput( )	URLConnction 객체가 입력용인지를 반환
void setDoOutput(boolean doOutput)	출력용으로 사용할 것인지의 여부를 지정한
boolean getDoOutput( )	URLConnection 객체가 출력용인지를 반환
OutputStream getOutputStream( )	연결에 데이터를 출력하기 위한 출력 스트림을 리턴
InputStream getInputStream( )	연결에 데이터를 읽어 들이기 위한 입력 스트림을 리턴
String getHeaderField(String name)	지정된 이름의 헤더 항목을 리턴
String getContentEncoding( )	헤더의 content-encoding 항목의 값을 리턴
int getContentLength( )	헤더의 content-length 항목의 값을 리턴
long getDate( )	header date 항목의 값을 리턴
URL getURL( )	URLConnection에 해당하는 URL을 반환

URLConnection의 메소드

실습 14-5 URLConnection 클래스를 이용한 URL 정보 반환

```
import java.io.BufferedReader;
import java.io.IOException;
import java.io.InputStream;
import java.io.InputStreamReader;
import java.net.URL;

public class URLConnectionBasic {
    public static void main(String[ ] args) {
        BufferedReader buffer = null;
        try {
            URL url = new URL("http://www.google.com");

            InputStream in = url.openStream( );
            // openStream( ) : 요청한 도메인의 위치를 얻기 위해.

            // 요청 도메인의 기본 파일을 읽어, 해당 파일의 내용인 HTML정보를 콘솔에 출력.
            InputStreamReader reader = new InputStreamReader(in);
            buffer=new BufferedReader(reader);
            String s=buffer.readLine( );

            while(s != null) {
                System.out.println(s);
                s = buffer.readLine( );
            } //end while
```

```
25.
26.         } catch(Exception e) {
27.             e.printStackTrace( );
28.         } finally {
29.             try {
30.                 buffer.close( );
31.             } catch(IOException e) {
32.                 e.printStackTrace( );
33.             } //end try-catch
34.         } //end try-catch-finally
35.     } //end main
36. }
```

9: 버퍼리더 초기화
11: URL 객체 선언
13: 요청한 도메인 얻기
17~24: 요청 도메인의 기본 파일을 읽어 해당 파일의 내용인 HTML 정보를 콘솔에 출력
28~30: 파일 닫기

실행결과

```
C:\WINDOWS\system32\cmd.exe
<!doctype html><html itemscope="" itemtype="http://schema.org/WebPage" lang="ko"><head><meta conten
t="text/html; charset=UTF-8" http-equiv="Content-Type"><meta content="/images/branding/googleg/1x/g
oogleg_standard_color_128dp.png" itemprop="image"><title>Google</title><script nonce="7bL/nl/Zid90I
4nh8io8tg==">(function(){window.google={kEI:'CiERXsqwF6e2mAW9rr_ACQ',kEXPI:'0,18167,1335580,5103,55
9,731,223,755,3972,378,206,2954,250,10,290,423,338,175,354,10,671,255,228,3,205,73,4,60,315,377,50,
208,10,772,1128696,143,1197760,389,38,302775,26305,1294,12383,4855,32692,15247,867,2237,26447,363,3
320,5505,8384,1698,3159,1362,4324,4967,773,2249,4745,3118,6196,1719,1808,1976,2044,8909,5297,2054,9
20,873,1217,1710,1,1264,6430,11306,2883,21,317,1982,2166,1,369,2777,520,401,990,1285,8,2796,967,612
,14,1279,2212,202,328,149,1103,840,518,1473,48,157,663,3438,260,52,1137,2,2063,606,1839,184,595,113
8,43,521,1947,245,502,429,44,1009,93,328,1284,24,78,415,2426,2246,474,1339,748,1039,3227,2845,7,437
,291,89,503,4279,488,1546,3,5056,1454,2244,588,258,581,359,681,1042,2459,2688,840,1230,1865,1274,10
8,1246,26,1001,653,40,441,809,99,2,314,119,932,89,459,116,640,48,1,471,366,1874,523,359,1157,8,276,
2,54,97,583,457,2019,46,89,272,63,442,587,129,1669,60,1,115,10,2,17,6,20,119,138,442,373,959,425,62
,10,26,230,778,192,6,15,275,428,45,96,265,67,19,117,26,6,214,453,247,760,104,182,1458,321,3,383,585
8431,1805893,4194805,46,2801171,549,333,444,1,2,80,1,900,896,1,8,1,2,2551,1,748,141,59,736,563,1,42
65,1,1,1,1,137,1,802,77,9,165,2,5,2,6,13,2,2,2,2,220,23964288',authuser:0,kscs:'c9c918f0_CiERXsqwF6
e2mAW9rr_ACQ',kGL:'KR',kBL:'v77x'};google.sn='webhp';google.kHL='ko';google.jsfs='Ffpdje';})();(fun
ction(){google.lc=[];google.li=0;google.getEI=function(a){for(var b;a&&(!a.getAttribute||!(b=a.getA
ttribute("eid")));)a=a.parentNode;return b||google.kEI};google.getLEI=function(a){for(var b=null;a&
&(!a.getAttribute||!(b=a.getAttribute("leid")));)a=a.parentNode;return b};google.https=function(){r
eturn"https:"==window.location.protocol};google.ml=function(){return null};google.time=function(){r
eturn(new Date).getTime()};google.log=function(a,b,e,c,g){if(a=google.logUrl(a,b,e,c,g)){b=new Imag
```

URLConnection 클래스 객체 생성과 URL 연결을 위해서는 다음과 같은 몇 가지 단계를 실행한다.

1. URL에 대한 openConnection 메소드를 호출하여 connect( ) 객체 생성한다.
   ```
   URL url = new URL("http://www.korea.go.kr");
   URLConnection connection = url.openConnection( );
   connection = url.openConnection( );
   ```
2. 셋업 파라메터(setup parameters)와 일반 요청 속성(general request properties)을 설정한다.
3. 연결되면 객체는 이용 가능하게 되고, 객체의 헤더 항목과 내용을 읽을 수 있다.

실습 14-6 URLConnection 클래스를 이용한 고급 IP 정보 반환

```java
import java.net.*;
import java.io.*;

public class URLConnectionAdvance {
    public static void main(String arg[ ]) {
        URL url = null;
        try {
            url = new URL("http://wwwdaum.net");
        }
        catch (MalformedURLException el) {
            System.out.println("잘못된 URL 형식!!");
            System.out.println(el);
            System.exit(1);
        }

        FileOutputStream fos = null;

        try {
            URLConnection urlcon = url.openConnection( );
            // URL 클래스의 openConnection( )을 이용하여
            // URLConnection 객체를 얻는다.

            String contentType = urlcon.getContentType( );
            // 웹 문서의 헤드에서 contentType을 읽어 온다.

            long dl = urlcon.getDate( );
            // 읽어 온 시간을 ms로 반환한다.

            java.util.Date d = new java.util.Date(dl);
            java.text.SimpleDateFormat format =
            new java.text.SimpleDateFormat("yyyy-MM-dd HH:mm:ss a");
            String sdate = format.format(d);

            System.out.println("Content Type : " + contentType);
            System.out.println("읽어온 시간 : " + sdate);

            InputStream in = urlcon.getInputStream( );
            // URL 문서의 input stream을 불러온다.

            fos = new FileOutputStream("URLConnection.txt");

            byte[ ] buffer = new byte[512];
```

```
43.             int readcount = 0;
44.
45.             System.out.println("정보를 가져오는 중입니다.....");
46.             while ((readcount = in.read(buffer)) != -1) {
47.                 fos.write(buffer, 0, readcount);
48.             }
49.
50.             System.out.println("URLConnection.txt\n"
51.                     + "정보의 저장이 끝났습니다!!\n");
52.         }
53.         catch (Exception e) {
54.             System.out.println(e);
55.         }
56.         finally {
57.             try {
58.                 if(fos != null) fos.close( );
59.             }
60.             catch (Exception e) { }
61.         }
62.     }
63. }
```

6: URL 초기화
8: URL 객체 선언
10~13: 예외처리 발생 에러 출력 및 프로그램 종료
16: 파일스트림 초기화
19: URLConnection 객체 얻기
23: 웹 문서의 헤드에서 내용을 읽어오기
26: 읽어 온 시간을 분으로 반환
29~32: 시분초로 변환 및 출력
35: 읽어온 시간 출력
37: URL 문서의 스트림을 불러오기
40 파일스트림 파일 객체 선언
46~48: 파일에 내용 수록
56~61: 파일 닫기

실행결과

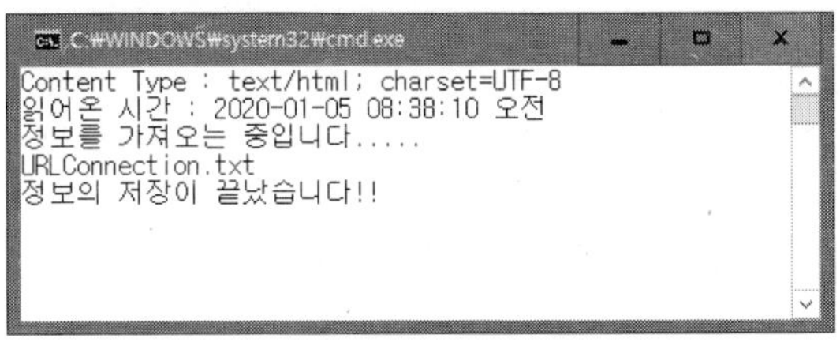

```
<!doctype html>
<html class="z-white">
<head>
        <link rel="icon" type="image/png" href="favicon.png">
        <link rel="icon" sizes="192x192" href="favicon.png">
        <link rel="apple-touch-icon" href="favicon.png">
        <meta name="viewport" content="width=device-width, initial-
scale=1.0">
        <meta name="apple-mobile-web-app-title" content="BonUs">
        <meta name="apple-mobile-web-app-capable" content="yes">
        <meta name="mobile-web-app-capable" content="yes">

        <meta charset="utf-8">
        <meta HTTP-EQUIV="Expires" CONTENT="0">
        <meta http-equiv=Cache-Control content=No-Cache>
        <meta http-equiv=Pragma content=No-Cache>


    <!-- Examples CSS (Not needed) -->
    <link href="css/zozo.examples.min.css" rel="stylesheet" />
    <!-- Zozo Tabs css -->
```

14.3.4 URLEncoder 클래스/ URLDecoder 클래스

1 URLEncoder 클래스

URLEncoder 클래스는 데이터를 웹서버에서 요구하는 문자열을 "x-www-form-urlencoded"이라 불리는 MIME 데이터 형식으로 바꾸어 주는 기능이다.

문자열을 검사하여 각 문자를 차례대로 변환하며, 변환 규칙은 다음과 같다.

① 아스키 문자('a'~'z', 'A'~'Z', '0'~'9'), '.', '-', '*', '_' 경우 : 그대로 전달
② 공백 문자(' ') 경우 : '+' 기호로 변환
③ 기타 문자 : "%xy"와 같이 세 개의 문자로 변환되며, 이 때 xy는 문자의 하위 8비트에 대한 16진수 두 자리를 나타냄

이렇게 URLEncoder 클래스에서 제공해 주는 기능을 이용하여, 웹 서버에 쿼리 문자열을 보내야 할 경우에 보다 쉽게 문자열을 변환할 수 있다.

URLEncoder 클래스의 메소드는 다음과 같다.

메소드	설 명
static String encode(String s)	encode(String, String) 메소드를 사용해서 encode 방식을 지정
static String encode(String s, String enc) throws UnsupportedEncodingException	특정의 encode 방식을 사용해 스트링을 x-www-form-urlencoded 형식으로 변환하며, 이 메소드는, 지정된 encode 방식을 사용해서, 안전하지 않은 문자의 바이트를 반환

URLEncoder의 메소드

2 URLDecoder 클래스

URLDecoder 클래스는 URLEncoder 클래스와는 반대의 기능을 제공해 준다. 즉 X-www-form-urlencoded 형식으로 인코딩된 데이터를 디코딩한다. 웹 서버로부터 전달받은 문자열을 해석하거나, 또는 웹 클라이언트로부터 전달된 쿼리 문자열을 해석하기 위해 사용할 수 있다.

변환 규칙은 다음과 같다.

① 아스키 문자('a'~'z', 'A'~'Z', '0'~'9'), '.', '-', '*', '_' 경우 : 그대로 전달
② "+" ; 공백 문자(' ')로 변환
③ "%xy" : "xy"를 16진수 두 자리로 갖는 문자로 변환

URLDecoder 클래스의 메소드는 다음과 같다.

메소드	설 명
static String decode(String s)	decode(String, String) 메소드를 사용해 encode 방식을 지정
static String decode(String s, String enc) throws UnsupportedEncodingException	주어진 encode 방식(enc)을 사용해 "x-www-form-urlencoded" 형식의 주어진 문자열을 위에서 설명한 방식을 적용하여 변환한 결과를 문자열로 반환

URLDecoder의 메소드

실습 14-7 URL Encoder/Decoder 변환

```
1. import java.net.*;
2.
3. public class URLEnDecoderBasic {
4.     public static void main(String[ ] args) throws Exception {
5.         String str, enStr, deStr;
6.
7.         str = "나는 자바를 사랑합니다";
8.
9.         enStr = URLEncoder.encode( str, "UTF-8" );
10.        deStr = URLDecoder.decode( enStr, "UTF-8" );
11.
12.        System.out.println( "Encoder : " + enStr );
13.        System.out.println( "Decoder : " + deStr );
14.    }
15. }
```

5: 문자열 변수 선언
9~10: UTF-8 문자열 인코딩/디코딩 변환
12~13: 내용 출력

실행결과

```
C:\WINDOWS\system32\cmd.exe
Encoder : %EB%82%98%EB%8A%94+%EC%9E%90%EB%B0%94%EB%A5%BC+%EC%82%AC%EB%9E%91%ED%95%A9%EB%8B%88%EB%8B%A4
Decoder : 나는 자바를 사랑합니다
```

3 URLClassLoader 클래스

URLClassLoader 클래스는 URL을 통해 JAR 파일 및 디렉터리의 자원 및 클래스 파일을 다운로드하기 위해 사용된다. "/"으로 끝나는 URL은 디렉토리를 참조하고 있고, 그 외의 URL는 필요에 따라서 열리는 JAR 파일을 참조하고 있다. 따라서 URL의 검색경로는 네트워크에서 경로일 수도 있으며 파일 디렉토리상의 경로일 수도 있다.

URLClassLoader 클래스의 생성자와 메소드는 다음과 같다.

생성자	설 명
URLClassLoader (URL[ ] urls)	아버지 클래스인 ClassLoader를 사용해 지정된 URL의 새로운 URL ClassLoader를 생성하며, 이 URL은 ClassLoader로부터 최초로 검색된 뒤에 클래스 및 자원에 지정된 순서로 검색
URLClassLoader (URL [ ] urls, ClassLoader parent)	지정된 URL의 새로운 URLClassLoader를 구축
URLClassLoader (URL [ ] urls, ClassLoader parent, URLStreamHandlerFactory factory)	지정된 URL, 클래스 로더, 및 URLStreamHandlerFactory를 위한 새로운 URLClassLoader를 생성 parent 인수는 아버지 클래스인 ClassLoader로서 사용

URLClassLoader의 생성자

메소드	설 명
protected void addURL(URL url)	지정된 URL을 클래스 및 자원을 탐색하기 위한 URL 리스트에 추가
public URL[ ] getURLs( )	클래스 및 자원을 로드하기 위한 URL의 탐색경로를 반환 이것은 생성자에서 지정된 URL의 원래의 리스트와 나중에 addURL( ) 메소드에 의해 추가된 URL도 포함
protected Class findClass(String name) throws ClassNotFoundException	URL 검색 패스로부터 지정된 이름을 가지는 클래스를 탐색해 로드
public Enumeration findResources(String name) throws IOException	URL 탐색 경로상의 지정된 이름을 가지는 자원을 표현하는 URL의 목록(Enumeration)을 반환
static URLClassLoader newInstance (URL [ ] urls)	지정된 URL 및 디폴트의 클래스 로더에 대해 URLClassLoader의 새로운 인스턴스를 생성

URLClassLoader의 메소드

실습 14-8 URLClassLoader 지정

```
1.  import java.net.*;
2.  import java.io.*;
3.
4.  class Hello {
5.      public void say(String name) {
6.          System.out.println(" your name = " + name);
7.      }
8.  }
9.
10. public class URLClassLoaderBasic {
11.     public static void main(String[ ] args) throws Exception {
12.         URL[ ] urlArr = { new File("c://").toURL( ) };
13.         URLClassLoader ucL = new URLClassLoader( urlArr );
14.         Class c = ucL.loadClass("Hello");
15.         Hello h = ( Hello ) c.newInstance( );
16.         h.say("하이");
17.     }
18. }
```

6: 이름 출력
12: URL 파일 객체 선언
13: URL 클래스 로더 객체 선언
14: 클래스로더에 Hello 지정
16: 인수를 담아서 메소드 호출

실행결과

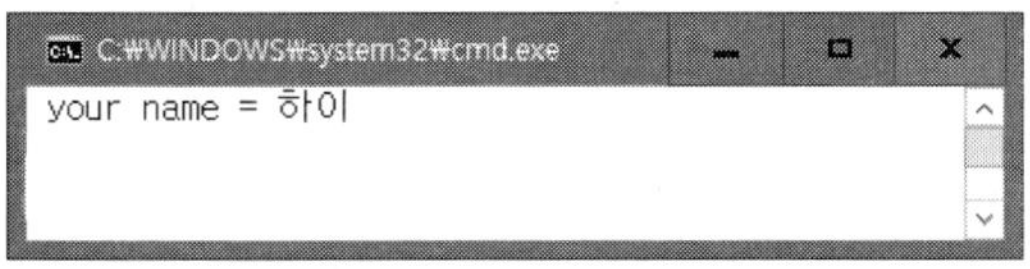

14.4 소켓 프로그래밍

소켓은 서버에 클라이언트가 접속이 될 때 생성되며 서버와의 독립적인 통로를 갖는다. 첫 번째 클라이언트가 서버와 접속 중에 있을 때 다른 클라이언트가 서버와 접속할 수 있는데 이 때 생성되는 소켓은 처음 생성된 소켓과는 다른 독립적인 소켓이 된다.

소켓을 통해 데이터가 전달되는 방법에 따라 분류하면 다음과 같다.

14.4.1 스트림 소켓(stream socket)

TCP(Transmission Control Protocol) 프로토콜을 이용한 신뢰성 있고, 전이중을 제공하는 연결 지향 프로토콜이다. TCP가 IP(Internet Protocol)을 사용하므로 Internet 프로토콜을 TCP/IP 프로토콜이라고 부른다.

TCP/IP 프로토콜이 지원하는 클래스는 다음과 같다.

- java.net.ServerSocket
- java.net.Socket

TCP/IP에 대한 소켓 인터페이스를 제공해 주는 클래스이다.

1 Socket 클래스

Socket 클래스는 신뢰할 수 있는 순차적 스트림 연결을 제공한다. 목적지의 호스트와 포트번호가 Socket을 생성할 때 지정된다. 신뢰할 수 있다는 것은 만약 목적지 컴퓨터가 전송한 데이터를 받아들였는지를 확인하는데, 이 때 지정된 시간 안에 확인되지 않으면, 보낸 데이터를 다시 보내게 된다. 따라서 일단 Socket에 데이터를 쓴 경우 상대방에게 전달될 것이라고 가정해도 된다. 순차적 스트림은 데이터를 소켓에 쓴 것과 같은 순서로 목적지에 전달된다는 것을 의미한다.

Socket 클래스의 생성자와 메소드는 다음과 같다.

생성자	설 명
protected Socket( )	시스템 기본 유형 SocketImpl로 연결되지 않은 소켓을 작성
public Socket(InetAddress address, int port) throws IOException	스트림 소켓을 작성하여 지정된 IP 주소의 지정된 Port번호로 연결
public Socket(InetAddress host, int port, boolean stream)	소켓을 작성하여 지정된 IP 주소의 지정된 Port번호로 연결
public Socket(InetAddress address, int port, InetAddress localAddr, int localPort) throws IOException	소켓을 작성하여 지정된 원격 Port의 지정된 원격 주소로 연결
protected Socket(SocketImpl impl) throws SocketException	사용자가 지정한 SocketImpl로 연결되지 않은 소켓을 작성
public Socket(String host, int port) throws UnknownHostException , IOException	스트림 소켓을 작성하여 명명된 호스트의 지정된 Port로 연결
public Socket(String host, int port, boolean stream)	스트림 소켓을 작성하여 명명된 호스트의 지정된 Port로 연결하고 예외가 발생하면 HostException과 IOException 처리

Socket의 생성자

메소드	설 명
public Socket accept( )	소켓으로 작성될 연결을 청취하고 수용
public void close( )	소켓 닫기
public InetAddress getInetAddress( )	서버 소켓의 주소를 반환
public int getLocalPort( )	소켓의 Port를 반환
public int getSoTimeout( )	SO_TIMEOUT에 대한 설정을 검색
protected void implAccept(Socket s)	ServerSocket의 수퍼 클래스는 이 메소드를 사용하여 소켓의 서브 클래스를 반환할 accept( )를 변경(override)
public InputStream getInputStream( ) throws IOException	소켓의 입력 Stream을 얻기
public OutputStream getOutputStream( ) throws IOException	소켓의 출력 Stream을 얻기

Socket의 메소드

2 ServerSocket

ServerSocket 클래스는 Socket 객체가 하는 것과 동일한 연결성 순차적 스트림 프로토콜을 제공한다. 일단 접속이 설정되면 accpet( ) 메소드가 원격지의 상대방과 대화할 Socket 객체를 돌려주게 된다.

ServerSocket 클래스의 생성자와 메소드는 다음과 같다.

생성자	설 명
ServerSocket(int port)	주어진 로컬 포트번호에 대한 서버 소켓을 생성
ServerSocket(int port, int backlog)	주어진 로컬 포트번호에 대한 서버 소켓을 생성하고, 주어진 backlog 값으로 입력 버퍼의 크기를 설정
ServerSocket(int port, int backlog, InetAddress bindAddr)	주어진 로컬 포트번호에 대한 서버 소켓을 생성하고, 주어진 backlog 값으로 입력 버퍼의 크기를 설정, 그리고 연결된 url 주소 표현

ServerSocket의 생성자

메소드	설 명
Socket accept( )	클라이언트의 서버 접속을 받아들임
void close( )	서버 소켓을 닫기
InetAddress getInetAddress( )	서버 소켓의 로컬 주소를 반환
public int getLocalPort( )	서버 소켓에 연결된 포트번호를 반환
public int getSoTimeout( )	SO_TIMEOUT에 대한 설정을 반환
public static void setSocketFactory (SocketImplFactory fac)	애플리케이션에 대한 서버 소켓 구현 팩토리를 설정

public void setSoTimeout(int timeout)	지정된 시간 종료 값(밀리 초 단위)으로 SO_TIMEOUT을 사용 가능/사용 불가능하게 처리
public String toString( )	소켓의 구현 주소 및 구현 Port를 String으로 반환

ServerSocket의 메소드

자바를 이용하여 클라이언트와 서버간의 소켓 프로그래밍을 하는 단계는 다음과 같다.

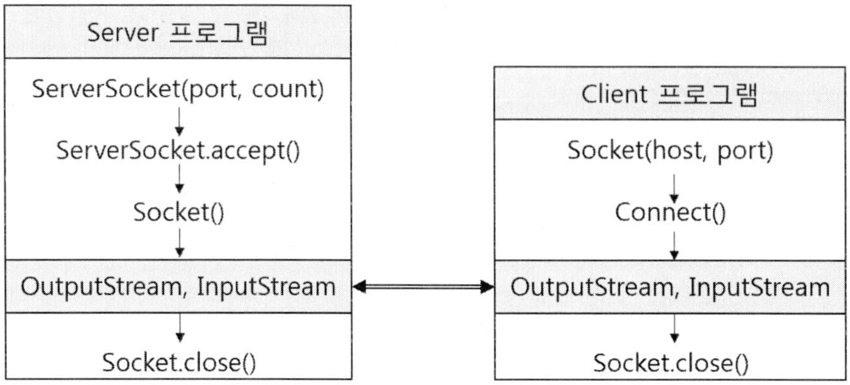

자바의 Client/Server 모델

서버와 클라이언트가 접속을 하기 위해서는 우선 서버와 클라이언트가 서로 접속 가능한 상태인지를 확인해야 한다.

접속이 가능하게 되면 서버는 클라이언트가 접속하기를 기다리고, 클라이언트는 서버와의 접속을 시도하여 새로운 소켓을 만들게 된다. 내부적으로는 서버에 있는 소켓번호(port)가 클라이언트에 보내지게 되어 소켓이 형성된다.

이렇게 클라이언트와 서버가 연결상태가 되면 클라이언트와 서버간에 메시지를 전달할 수 있게 된다. 생성된 소켓이 없어지면 양방향으로 이루어지던 메시지 전달을 할 수 없게 되고 연결은 끊어지게 된다.

실습 14-9 문자열을 전송하는 간단한 클라이언트/서버 프로그램

〈SimpleServerTest.java〉

```
import java.awt.*;
import java.net.*;    // 소켓을 사용하기 위한 패키지
import java.io.*;

public class SimpleServerTest {
    public void Loading( ) {
```

```
7.          ServerSocket server;                  // 서버 소켓 객체 선언
8.          Socket connection = null;             // 소켓을 null로 초기화
9.          OutputStream output = null;
10.         DataOutputStream outputstream;
11.         System.out.println("Server Loading...");
12.         while(true) {
13.             try {
14.                 server = new ServerSocket(3000, 10);        // 서버 소켓 객체 생성
15.                 connection = server.accept( );
16.                 output = connection.getOutputStream( );
17.                 outputstream = new DataOutputStream(output);
18.                 String s = "connection successful\n";
19.                 outputstream.writeUTF(s); // 문자열 전송
20.                 outputstream.close( );
21.                 output.close( );
22.                 connection.close( );                   // 소켓 연결 종료
23.                 System.out.println("Server Closed...");
24.             }
25.             catch (IOException e) {
26.                 e.printStackTrace( );
27.             }
28.         }
29.     }
30.
31.     public static void main(String args[ ]) {
32.         System.out.println("simple server application");
33.         System.out.println(" ");
34.         SimpleServerTest ss = new SimpleServerTest( );
35.         ss.Loading( );
36.     }
37. }
```

7: 서버 소켓 객체 선언
8: 소켓을 null로 초기화
9: 출력스트림 초기화
14: 서버 소켓 객체 생성
16: 출력 스트림 연결
19: 문자열 전송
22: 소켓 연결 종료
34: 메인 클래스 객체 생성
35: 로딩 메소드 호출

실행결과

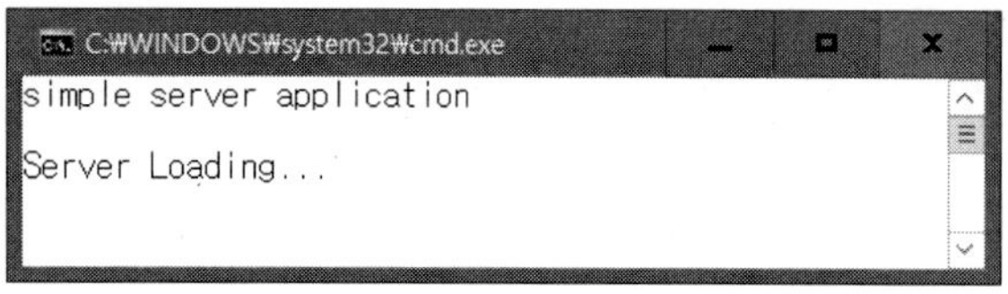

서버 프로그램을 실행시키면 위 실행 화면과 같이 "Server Loading..." 문자열을 보여주고 클라이언트 프로그램이 접속하기를 기다린다.

〈SimpleClientTest.java〉

```
import java.awt.*;
import java.net.*; // 소켓을 사용하기 위한 패키지
import java.io.*;

public class SimpleClientTest extends Frame {
    TextArea display;
    public SimpleClientTest( ) {
        display = new TextArea(20, 20);
        add("Center", display);
        resize(300, 150);
        setTitle("Socket Test");
        show( );
    }

    public void ContactClient( ) {
        Socket client;
        InputStream input;
        DataInputStream inputstream;

        try {
            // 서버로 접속하기 위한 클라이언트 소켓 선언
            client = new Socket(InetAddress.getLocalHost( ), 3000);
            input = client.getInputStream( );
            inputstream = new DataInputStream(input);

            // 서버로부터 받은 문자열 출력
            display.appendText(new String(inputstream.readUTF( )));
            display.appendText("Socket close");
            inputstream.close( );
            input.close( );
            client.close( );
```

```
32.         }
33.         catch(IOException e) { }
34.     }
35.
36.     public static void main(String[ ] args) {
37.         System.out.println("Client program start");
38.         SimpleClientTest sc = new SimpleClientTest( );
39.         sc.ContactClient( );
40.     }
41. }
```

6: 텍스트에어리어 변수 선언
7: 생성자 선언
8: 텍스트에어리어 객체 선언
9: 텍스트에어리어 중간에 추가
10: 크기 지정
11: 제목 지정
12: 나타내기
15: 소켓 변수
17: InputStream 변수
18: DataInputStream 변수
22: 서버로 접속하기 위한 클라이언트 소켓 선언
27: 서버로부터 받은 문자열 출력
29~31: 파일 닫기
38: 메인 클래스 객체 선언
39: 메소드 호출

실행결과

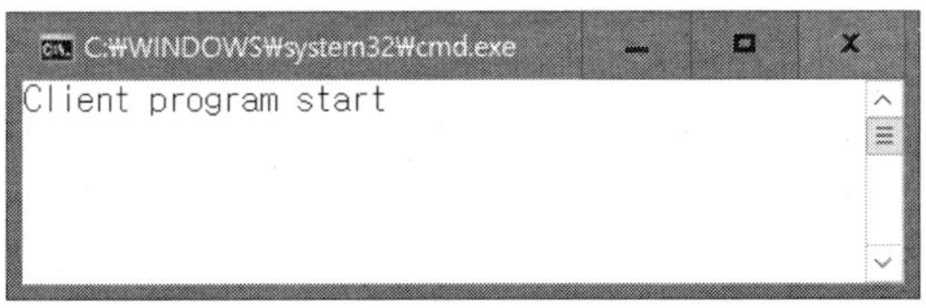

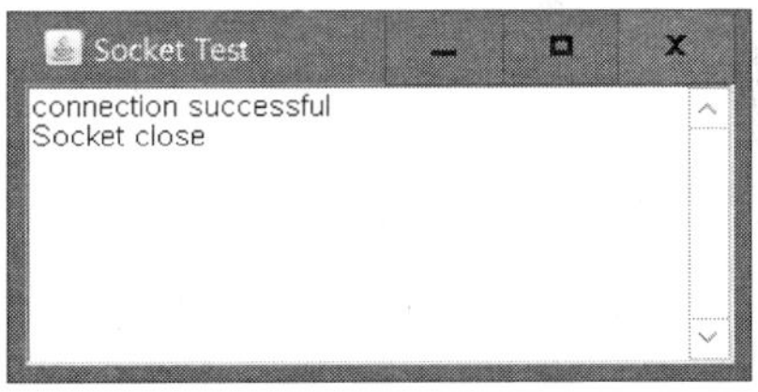

실습 14-10 로컬에서 문자열을 전송하는 클라이언트/서버 프로그램

〈ClientAdvance.java〉

```
import java.io.BufferedReader;
import java.io.BufferedWriter;
import java.io.InputStreamReader;
import java.io.OutputStreamWriter;
import java.net.Socket;

```

```
7.  class ClientAdvance {
8.      public static void main(String[ ] args ) {
9.          try {
10.             // 서버 접속
11.             Socket socket = new Socket("127.0.0.1", 9000);
12.
13.             // Server에 보낼 데이터
14.             BufferedWriter bufWriter = new BufferedWriter(
15.                     new OutputStreamWriter(socket.getOutputStream( )));
16.             bufWriter.write("Hello World");
17.             bufWriter.newLine( );
18.             bufWriter.flush( );
19.
20.             // Server가 보낸 데이터 출력
21.             BufferedReader bufReader = new BufferedReader(
22.                     new InputStreamReader(socket.getInputStream( )));
23.             String message = bufReader.readLine( );
24.             System.out.println("Message : " + message );
25.             socket.close( );
26.             bufReader.close( );
27.             bufWriter.close( );
28.         }
29.         catch( Exception e ) {
30.             e.printStackTrace( );
31.         }
32.     }
33. }
```

11: 서버 접속
14: 서버에 보낼 데이터 출력
21: 서버가 보낸 데이터 출력
25~27: 파일 닫기

⟨ServerAdvance.java⟩

```
import java.io.BufferedReader;
import java.io.BufferedWriter;
import java.io.InputStreamReader;
import java.io.OutputStreamWriter;
import java.net.ServerSocket;
import java.net.Socket;

class ServerAdvance {
    public static void main(String[ ] args ) {
```

```
10.         try {
11.             // 서버 생성
12.             ServerSocket serverSocket = new ServerSocket(9000);
13.             // client 접속 accept
14.             Socket socket = serverSocket.accept( );
15.
16.             // client가 보낸 데이터 출력
17.             BufferedReader bufReader = new BufferedReader(
18.                     new InputStreamReader( socket.getInputStream( )));
19.             String message = bufReader.readLine( );
20.             System.out.println("Message : " + message );
21.
22.             // client에 데이터 전송
23.             BufferedWriter bufWriter = new BufferedWriter(
24.                     new OutputStreamWriter( socket.getOutputStream( )));
25.             bufWriter.write("hello world");
26.             bufWriter.newLine( );
27.             bufWriter.flush( );
28.             socket.close( );
29.             serverSocket.close( );
30.             bufReader.close( );
31.             bufWriter.close( );
32.         }
33.         catch( Exception e ) {
34.             e.printStackTrace( );
35.         }
36.     }
37. }
```

12: 서버 생성
14: 클라이언트 접속 받기
17: 클라이언트가 보낸 데이터 출력
23: 클라이언트에 데이터 전송

실행결과

```
C:\WINDOWS\system32\cmd.exe
Message : hello world
```

14.4.2 데이터그램 소켓(datagram socket)

UDP(User Datagram Protocol) 프로토콜을 이용하며 비 연결 지향으로 TCP보다 효과적이지만 신뢰성이 없다. TCP/IP 프로토콜 중에서 사용자 데이터그램 프로토콜(User Datagram Protocol)은

Application들이 다른 Application으로 데이터그램을 전송하기 위해 사용되는 주요 기능을 제공한다.

UDP는 한 machine에서 진행되는 여러 프로그램들을 구별하기 위해 프로토콜 포트를 제공한다. 즉, 데이터를 송신할 때, 각 UDP 메시지는 목적지 포트번호와 근원지 포트번호를 포함하기 때문에 그 목적지에 있는 UDP 프로그램이 원하는 수신자에게 메시지를 전달하고, 그 수신자가 응답할 수 있다. UDP는 메시지를 전송하기 위한 하위 인터넷 프로토콜을 사용하고, IP처럼 비 신뢰적이고 비 연결형 데이터그램 전달 방법을 제공한다.

UDP/IP 프로토콜이 지원하는 클래스는 다음과 같다.

클래스	설 명
DatagramSocket 클래스	데이터그램 패킷을 보내거나 받기 위한 데이터그램 소켓 기능을 제공해 주는 클래스
DatagramPacket 클래스	데이터그램을 사용할 수 있도록 기능을 제공
MulticastSocket 클래스	멀티캐스트 데이터그램 소켓을 위한 클래스로서 IP 멀티캐스트 패킷을 송신 또는 수신하기 위한 기능을 제공해 주는 클래스

UDP/IP 프로토콜 지원 클래스

1 DatagramSocket 클래스

DatagramSocket 클래스는 데이터그램 패킷을 보내거나 받기 위한 데이터그램 소켓 기능을 제공해 주는 클래스로서, 패킷의 송수신 서비스를 위한 포트이다. 데이터그램 소켓에서 보내지거나 또는 데이터그램 소켓이 받아들인 각각의 패킷은 개별적인 경로를 설정하여 보내진다.

전송의 높은 신뢰성이 요구되지 않는 애플리케이션에서는 전송 확인을 위한 부하가 없어 서버의 부담을 줄일 수 있다는 장점 때문에 DatagramSocket이 사용되고 있다. 그리고 DatagramSocket이 특정 호스트와 연결되지 않기 때문에 여러 개의 상이한 호스트와 통신할 필요가 있는 경우, 예를 들어 모든 사용자 호스트와 통신을 해야 하는 다중 사용자용 게임의 중앙 서버는 DatagramSocket을 사용하게 되는 것이다.

DatagramSocket 클래스의 생성자와 메소드는 다음과 같다.

생성자	설 명
DatagramSocket( )	데이터그램 소켓을 생성
DatagramSocket(int port)	IP 주소를 사용하여 데이터그램 소켓을 생성
DatagramSocket(int port, InetAddress address)	IP 주소와 포트를 사용하여 데이터그램 소켓을 생성

DatagramSocket의 생성자

메소드	설 명
void close( )	소켓을 닫기
void connect(InetAddress address, int port)	원격 소켓에 연결
void disconnect( )	연결을 해제
InetAddress getInetAddress( )	소켓이 연결되어 있는 IP 주소를 반환
InetAddress getLocalAddress( )	소켓에 연결된 로컬 IP 주소를 반환
int getLocalPort( )	소켓에 연결된 로컬 포트를 반환
int getReceiveBufferSize( )	소켓의 입력(수신) 버퍼의 크기인 소켓Receive Buffer 값을 반환
int getSendBufferSize( )	출력(송신) 버퍼의 크기인 소켓 Send Buffer 값을 반환
int getSoTimeout( )	SO_TIMEOUT에 대한 설정을 반환
void receive(DatagramPacket p)	데이터그램 패킷을 수신
void send(DatagramPacket p)	데이터그램 패킷을 송신
void setReceiveBufferSize(int size)	입력(수신) 버퍼의 크기인 소켓 Receive Buffer 값을 설정
void setSoTimeout(int timeout)	SO_TIMEOUT의 값을 주어진 시간(밀리초)으로 설정

DatagramSocket의 메소드

2 DatagramPacket 클래스

DatagramPacket 클래스는 데이터그램을 사용할 수 있도록 기능을 제공해 주며, 데이터그램 패킷은 비 연결 패킷 전송 서비스(connectionless packet delivery service)를 구현하기 위해 사용된다.

또한 메시지는 패킷 내에 포함되어 있는 정보에 기반하여 하나의 호스트에서 다른 호스트로 라우팅(routed)된다. 따라서 한 호스트에서 다른 호스트로 전송된 여러 개의 패킷(multiple packet)은 서로 다르게 라우팅 될 것이며, 원래의 순서와 관계없이 도착될 수 있다.

비 연결형 프로토콜에서의 데이터그램을 표현한다. 데이터그램은 그 내용뿐만 아니라 데이터그램의 목적지 주소도 포함되어 전송된다. 따라서 수신된 데이터그램은 데이터 내용뿐만 아니라 데이터그램을 발송한 컴퓨터의 주소까지 포함하고 있다.

DatagramPacket 클래스의 생성자와 메소드는 다음과 같다.

생성자	설 명
DatagramPacket(byte[ ] buf, int length)	DatagramPacket 생성자는 IP 어드레스를 address로 갖는 기계의 포트번호 port로 전송할 데이터그램 패킷을 생성하는데, 이 패킷의 기본 단위는 byte 단위로, 패킷 데이터는 byte형 배열 변수인 buf 안에 저장된 바이트
DatagramPacket(byte[ ] buf, int offset, int length)	

<table>
<tr><td>DatagramPacket(byte[ ] buf, int length, InetAddress address, int port)</td><td rowspan="2">여기서, length는 이 버퍼에서 읽어들일 데이터 길이를 바이트 단위로 지정하는 것으로, 데이터 버퍼 buf의 길이를 초과할 수 없음</td></tr>
<tr><td>DatagramPacket(byte[ ] buf, int offset, int length, InetAddress address, int port)</td></tr>
</table>

DatagramPacket의 생성자

메소드	설 명
InetAddress getAddress( )	데이터그램이 송수신 호스트의 IP 주소를 반환
byte[ ] getData( )	데이터를 반환
int getLength( )	데이터의 크기를 반환
int getOffset( )	데이터의 offset을 반환
void setAddress(InetAddress iaddr)	IP 주소를 설정
int getLocalPort( )	소켓에 연결된 로컬 포트를 반환
void setData(byte[ ] buf)	데이터의 버퍼를 설정
void setData(byte[ ] buf, int offset, int length)	데이터의 버퍼와 길이를 설정
void setLength(int length)	패킷의 크기를 설정
void setPort(int iport)	포트번호를 설정

DatagramPacket의 메소드

데이터그램을 이용한 통신방식에서 서버와 클라이언트가 연결되어 데이터를 주고받기까지의 과정을 순서에 따라 나타내면 다음과 같다. 데이터그램 소켓은 TCP 방식과는 달리 서버와 클라이언트가 동일하게 사용하며, 먼저 서버측에서 소켓을 생성하여 대기하면 클라이언트가 소켓을 생성하여 데이터를 전송한다.

① 서버는 클라이언트로부터 요청을 받고 그에 대해 응답을 하기 위한 데이터그램 소켓을 하여 특정 포트에 연결한다.

② 서버는 클라이언트로부터 오는 요청 내용을 저장할 입력 데이터그램 패킷을 생성한 뒤 클라이언트로부터 요청이 오기를 기다리며 대기한다.

③ 클라이언트 프로그램을 실행하면 서버와 마찬가지로 데이터그램 소켓을 하여 특정 포트에 연결한다.

④ 클라이언트는 서버에 요청을 보내기 위한 출력 데이터그램 패킷을 생성한 뒤 서버에게 송신한다.

⑤ 서버는 클라이언트가 보낸 데이터그램 패킷을 받아들인다. 여기서 서버는 입력 데이터그램 패킷을 생성하고 대기하며, 이 입력 데이터그램 패킷은 아무런 내용이 없는 빈 패킷으로서 이 패킷이 클라이언트가 보낸 데이터그램 패킷으로 대치된다. 따라서 서버 자신이 생성한 입력 데이터그램 패킷을 받는 것 자체가 곧 클라이언트가 보낸 데이터그램 패킷을 받는 것과 동일한 효과를 나타낸다.

⑥ 클라이언트도 서버가 보낸 응답을 받기 위한 입력 데이터그램 패킷을 생성하고 대기한다.

⑦ 서버는 클라이언트의 요청에 대해 응답할 내용을 처리한다.

⑧ 서버는 출력 데이터그램 패킷을 생성하여 클라이언트에게 송신한다.

⑨ 클라이언트는 서버가 보낸 응답 데이터그램 패킷을 수신하는데, 이 과정은 서버가 입력 데이터그램 패킷을 수신하는 것과 동일한 방법으로 수행된다.

⑩ 마지막으로, 클라이언트는 서버로부터의 응답 내용을 화면에 출력하는 등의 처리를 한 후 소켓을 끊는다.

실습 14-11 Datagram을 이용하여 문자열을 전송하는 클라이언트/서버 프로그램

〈DatagramServer.java〉

```
1.  import java.io.*;
2.  import java.net.*;
3.
4.  public class DatagramServer {
5.      public static void main(String[ ] args) {
6.          DatagramPacket packet = null;
7.          byte[ ] b = new byte[256];
8.          try {
9.              DatagramSocket socket = new DatagramSocket(4444);
10.             for (;;) {
11.                 packet = new DatagramPacket(b, b.length);
12.                 // 패킷을 받아서 데이터를 received 문자열에 넣음.
13.                 socket.receive(packet);
14.                 String received = new String(packet.getData( ));
15.
16.                 // 데이터를 바이트 배열로 전환하여 패킷으로 다시 보냄.
17.                 InetAddress address = packet.getAddress( );
18.                 int port = packet.getPort( );
19.                 b = received.getBytes( );
20.                 packet = new DatagramPacket(b, b.length, address, port);
21.                 socket.send(packet);
22.             }
23.         } catch(IOException ex) {
24.             ex.printStackTrace( );
25.         }
26.     }
27. }
```

6: 데이터그램 패킷 초기화
7: byte 객체 선언
9: 데이터그램 패킷 객체 생성
11~14: 패킷을 받아서 데이터를 Receved 문자열에 넣음
17~21: 데이터를 바이트 배열로 전환하여 패킷으로 다시 보냄

서버와 클라이언트 프로그램의 작성이 끝나면 먼저 서버 프로그램을 실행시킨 후에 클라이언트 프로그램을 실행시킨다.

프로그램의 수행된 후 키보드를 이용하여 임의의 문자열을 입력하고 Enter를 누르면, 동일한 문자열이 화면에 나타나며, 이것은 서버가 데이터그램 통신을 통해 보내준 문자열이다.

프로그램을 종료하려면 Ctrl+C를 누른다.

〈DatagramClient.java〉

```
import java.io.*;
import java.net.*;

public class DatagramClient {
    public static void main(String[ ] args) {
        byte[ ] b = new byte[256];
        String host = "localhost";
        String send = null;
        DatagramPacket packet = null;
        BufferedReader in;
        try {
            DatagramSocket socket = new DatagramSocket( );
            InetAddress address = InetAddress.getByName(host);

            in = new BufferedReader (new InputStreamReader(System.in));
            System.out.print("송신: ");
            while ((send = in.readLine( )) != null) { // 종료 시에는 Ctrl-Z 입력
                // 문자열을 바이트 배열로 전환한 후 포트 4444로 전송한다.
                b = send.getBytes( );
                packet = new DatagramPacket(b, b.length, address, 4444);
                socket.send(packet);

                // 패킷을 수신하여 문자열로 전환한 후 화면에 출력한다.
                packet = new DatagramPacket(b, b.length);
                socket.receive(packet);
                String received = new String(packet.getData( ));
                System.out.println("수신: " + received + "\n");
                System.out.print("송신: ");
            }
            socket.close( );
        } catch(IOException ex) {
            ex.printStackTrace( );
        }
    }
}
```

6: byte 객체 선언
7: 로컬호스트 객체 선언
8~9: 네트워크 변수 초기화
12: 데이터그램소켓 객체 선언
13: 어드레스 연결
15: 송신 객체 버퍼리더 선언
24~28: 패킷을 수신하여 문자열로 전환한 후 화면에 출력

실행결과

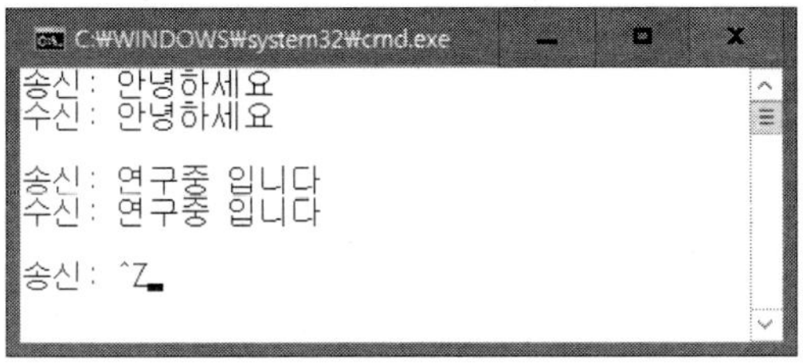

실습 14-12 로컬 호스트에서 문자열을 전송하는 클라이언트/서버 프로그램

〈UDPSender.java〉

```
import java.net.*;
import javax.swing.JOptionPane;
import java.io.*;

/* 데이터를 보내는 측
 * UDP방식 : 비 연결 지향, 비 신뢰적, 데이터가 순서대로 도착한다는 보장을 못함
 * 하지만 TCP 방식보다 빠르게 전달된다.
 * DatagramPacket, DatagramSocket을 사용
 *  - DatagramSocket : 데이터 송수신과 관련된 클래스(우체부)
 *  - DatagramPacket : 주고받을 데이터와 관련된 클래스(소포) / 수신을 위한 생성자와 송신을 위한 생성자 두 가지를 제공
 * TCP의 경우 스트림을 이용해 데이터를 주고 받지만 UDP의 경우 데이터그램을 이용해 데이터를 송수신한다.
 * 메시지 전송을 끝내려면 Ctrl+Z를 누른다.
 * */

class UDPSender {
    public static void main(String[ ] args) throws Exception {
        String ip = JOptionPane.showInputDialog("IP주소를 입력하세요");
        if(ip == null || ip.trim( ).isEmpty( )) {
            ip = "localhost";
        }
        InetAddress inet = InetAddress.getByName(ip);
```

```
22.         //키보드 입력
23.         BufferedReader key = new BufferedReader(
24.                 new InputStreamReader(System.in));
25.         System.out.println("보낼 내용을 입력하세요");
26.         DatagramSocket ds = new DatagramSocket( );
27.
28.         String sendMsg = " ";
29.         while((sendMsg = key.readLine( )) != null) {
30.             if(sendMsg.equalsIgnoreCase("x")) break; //종료
31.             // 문자열을 byte 배열에 담자
32.             byte[ ] data = sendMsg.getBytes( );
33.             DatagramPacket pack = new DatagramPacket(data,data.length,inet,3000);
34.             // 데이터, 보낼 데이터 길이, 받을 사람의 ip, 포트번호
35.             ds.send(pack);
36.             System.out.println("보낼 내용을 입력하세요");
37.         } //while -----------------
38.         if(ds != null) ds.close( );
39.     }
40. }
```

17: 대화상자 호출
18: 비어 있는지 localhost 입력 여부 체크
21: ip 주소 발췌
23~24: 시스템에서 데이터 입력
30: x이면 종료
32: 문자열을 byte 배열에 넣기
33: 데이터 보낼 데이터 길이 받을 사람의 ip, 포트번호

실행결과

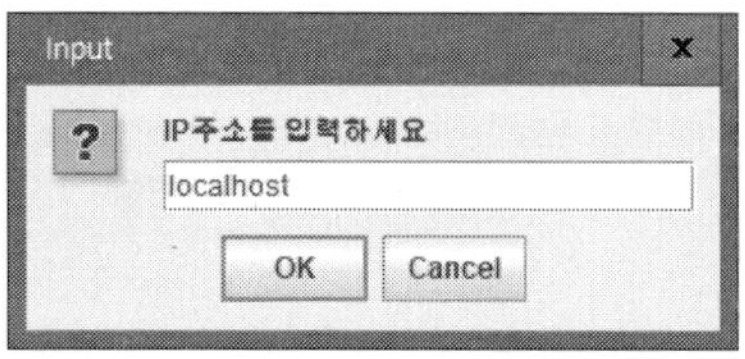

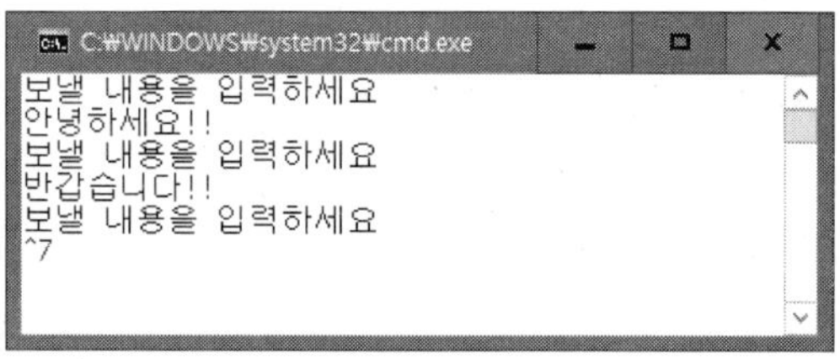

〈UDPReceiver.java〉

```
import java.net.*;
import javax.swing.JOptionPane;
import java.io.*;

class UDPReceiver {
```

```
6.      public static void main(String[ ] args) throws Exception {
7.
8.          // 데이터를 받기 위해 byte 배열을 생성한다.
9.          // UDP의 실제 데이터는 512바이트로 제한하는 경우가 많다.
10.         byte[ ] buffer = new byte[100];
11.
12.         DatagramSocket ds = new DatagramSocket(3000);
13.         DatagramPacket pack = new DatagramPacket(buffer, buffer.length);
14.
15.         while(true) {
16.             ds.receive(pack);
17.             byte[ ] bmsg = pack.getData( );
18.             String msg = new String(bmsg, 0, pack.getLength( ));
19.             System.out.println(pack.getAddress( )+"로 부터 ["+pack.getPort( )+"]
                        번 포트에서 온 메시지: "+msg);
20.         }
21.     }
22. }
```

10: 데이터를 받기 위해 byte 배열을 생성
12: 데이터그램소켓 객체 생성
13: 데이터그램소켓 패킷 생성
16: 패킷 받기
17: 패킷 데이터를 바이트 배열에 넣기
18: 패킷 길이 문자열 생성

실행결과

```
C:\WINDOWS\system32\cmd.exe
/127.0.0.1로 부터 [49252]번 포트에서 온 메시지: 안녕하세요!!
/127.0.0.1로 부터 [49252]번 포트에서 온 메시지: 빈갑습니다!!
```

3 MulticastSocket 클래스

MulticastSocket 클래스는 멀티캐스트 데이터그램 소켓을 위한 클래스로서 IP 멀티캐스트 패킷을 송신 또는 수신하기 위한 기능을 제공해 준다. 즉, MulticastSocket 객체는 멀티캐스트 그룹에 속한 모든 클라이언트들에게 송신하기 위한 기능이 포함된 DatagramSocket 객체라고 할 수 있다.
멀티캐스트 그룹이란 IP 주소 클래스 중 D 클래스, 224.0.0.0에서 239.255.255.255까지의 IP 주소 범위, 그리고, 표준 UDP 포트번호를 이용하여 나타낼 수 있다. 이 때, 요구된 포트를 갖는 MulticastSocket 객체를 생성한 후 joinGroup(InetAddress groupAddr) 메소드를 호출함으로써 멀티캐스트 그룹에 연결할 수 있다. 그런데, IP 멀티캐스트 주소 중 224.0.0.0은 예약되어 있고, 224.0.0.1은 IP 멀티캐스트에 참여하는 모든 호스트와 라우터를 포함하는 모든 호스트 그룹에 영구히 할당되어 있으므로 사용할 수 없다.

MulticastSocket 클래스의 생성자와 메소드는 다음과 같다.

생성자	설 명
public MulticastSocket(int port) throws IOException	멀티캐스트 소켓을 생성하기 위해서는 연결할 포트를 지정해야 하는데, 이 번호는 브로드캐스트 서버가 개설한 채널 포트번호와 일치해야 함

MulticastSocket의 생성자

메소드	설 명
public void joinGroup(InetAddress channel) throws IOException	지정한 IP 주소의 멀티캐스트 채널 그룹 channel에 대해 현재 MulticastSocket 객체를 멤버로 가입하며, 이 채널을 통해 멀티캐스트 데이터그램 패킷을 받을 수 있음
public void leaveGroup(InetAddress channel) throws IOException	지정한 IP 주소의 멀티캐스트 채널 그룹 channel에서 현재 MulticastSocket 개체를 제외
public void setInterface(InetAddress newCh) throws SocketException	MulticastSocket의 멀티캐스트 채널 그룹을 새로운 그룹 newCh로 변환

MulticastSocket의 메소드

실습 14-13 MulticastSocket을 이용하여 문자열을 전송하는 클라이언트/서버 프로그램

〈MulticastSocketServer.java〉

```
import java.net.*;
import java.io.*;

public class  MulticastSocketServer {
    public static void main(String[ ] args)
    throws IOException {
        MulticastSocket ms = new MulticastSocket( );
        // 멀티캐스트용 소켓 객체 생성
        BufferedReader in =
                new BufferedReader(new InputStreamReader(System.in));

        while (true) {
            System.out.print("메시지 : ");
            String msg = in.readLine( );
            InetAddress ia = InetAddress.getByName("224.0.0.1");
            // Multicast IP 중에서 임의의 하나를 선택

            DatagramPacket data = new DatagramPacket(msg.getBytes( ),
```

```
19.                     msg.getBytes().length, ia, 28000);
20.             ms.send(data);
21.         }
22.     }
23. }
```

7: 멀티캐스트용 소켓 객체 생성
9~10: 버퍼리더 객체 생성
14: 콘솔의 입력 데이터 읽기
15: Multicast IP 중에서 임의의 하나를 선택
18~19: 데이터그램 패킷 객체 생성 및 길이 지정
20: 메시지 보내기

실행결과

```
C:\WINDOWS\system32\cmd.exe
메시지 : 안녕하세요
메시지 : 반갑습니다
메시지 : 재미있네요
메시지 :
```

서버측 프로그램은 동일한 메시지를 보내면 한 번씩 송신하며, 클라이언트측 프로그램은 서버로부터 매 회 데이터를 수신하여 화면에 출력한다.

⟨MulticastSocketClient.java⟩

```
import java.net.*;
import java.io.*;

public class MulticastSocketClient {
    public static void main(String[] args)
    throws IOException {
        MulticastSocket ms = new MulticastSocket(28000);
        ms.joinGroup(InetAddress.getByName("224.0.0.1"));
        // Multicast Group에 접속

        while (true) { // 접속된 곳의 포트를 통해 들어오는 내용을 얻어 화면에 출력
            byte[] by = new byte[65508];
            DatagramPacket data = new DatagramPacket(by, by.length);
            ms.receive(data);

            InetAddress ia = data.getAddress(); // 주소를 얻어냄
            String str = new String(data.getData()).trim(); // data를 얻어냄
            System.out.println(ia.getHostName() + "==>" + str);
```

```
19.         }
20.     }
21. }
```

7: 멀티캐스트용 소켓 객체 생성
8: Multicast Group에 접속
11: 접속된 곳의 포트를 통해 들어오는 내용을 얻어 화면에 출력
12: 바이트 객체 생성
13: 데이터그램패킷 객체 생성
14: 데이터 받기
16: 주소를 얻어냄
17: data를 얻어냄
18: 내용 출력

실행결과

```
C:\WINDOWS\system32\cmd.exe
DESKTOP-1PD43BF==>안녕하세요
DESKTOP-1PD43BF==>반갑습니다
DESKTOP-1PD43BF==>재미있네요
```

Chapter 15

데이터베이스

15.1 데이터베이스 정의

데이터베이스란 데이터의 저장, 검색, 갱신을 효율적으로 수행할 수 있도록 데이터를 고도로 조직화하여 저장할 수 있는 기술이다.

DBMS란 DataBase Management System의 약자로 오라클(Oracle), 마이크로소프트의 SQL Server, MySQL, IBM의 DB2 등의 관계형 데이터베이스 키(key)와 값(value)들의 관계를 테이블로 표현한 데이터베이스 모델을 말한다.

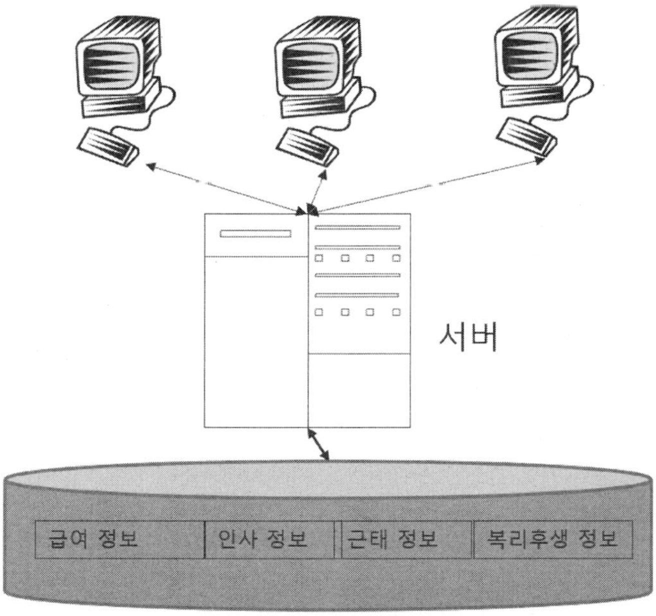

데이터베이스 연결 관계

자바에서는 JDBC를 이용하여 데이터베이스와 접속하고, 자바의 JDBC(Java DataBase Connectivity)는 ODBC(Open DataBase Connectivity)를 바탕으로 디자인되어, 다양한 데이터베이스에 연결하여 웹이나 다른 플랫폼에서 사용하기 쉽고, 안정적인 처리를 할 수 있도록 지원한다.

15.2 데이터베이스 연동 구조

자바와 데이터베이스를 연결하는 구조는 2-층(2-tier) 또는 3-층(3-tier) 구조의 클라이언트/서버 구조로 이루어진다. 2-층 구조란 사용자의 데이터 표현을 담당하는 클라이언트(Tier-1)와 클라이언트에게 데이터를 제공하는 책임을 가진 서버(Tier-3)로 2개 층으로 구성되는 것을 의미한다.

웹과 연동하는 자바에서는 3-층 구조로 데이터베이스를 액세스하게 되는데, 클라이언트와 서버 사이에 업무처리를 담당하는 미들티어(middle-tier) 서버(Tier-2)를 가운데 존재하게 하는 구조이다.

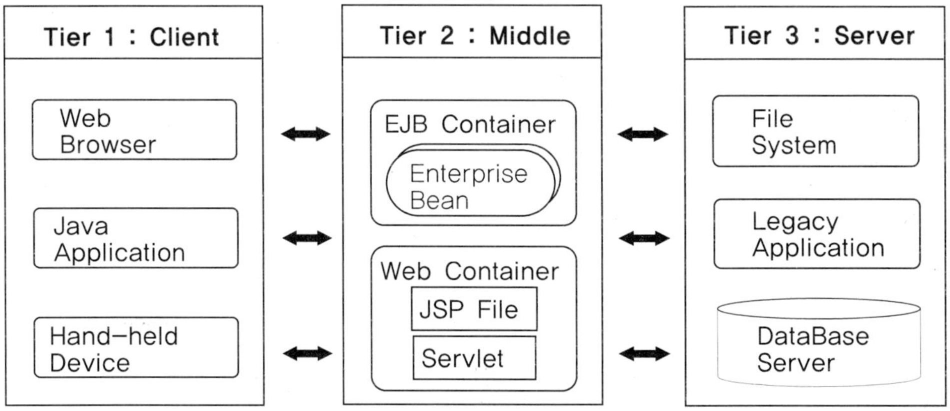

3계층 연동구조

위의 그림은 자바를 이용한 솔루션인 J2EE(Java 2 Enterprise Edition)의 아키텍처를 보여준다. 이 그림에서 보이는 바와 같이, **클라이언트**(Tier-1)는 사용자와의 인터페이스를 담당하고, **DB 서버**(Tier-3)는 직접적으로 데이터베이스를 핸들링하는 업무를 담당한다. 그리고 클라이언트와 DB 서버 사이의 **미들티어 서버**(Tier-2)는 클라이언트가 할 수 없는 부수적인 업무처리와 서버의 업무 로직을 담당하는 역할을 한다.

이와 같은 3계층 구조는 클라이언트를 작고 단순하게 함으로써, 시스템 개발을 쉽게 할 수 있게 한다. 또한 미들티어는 새로운 클라이언트가 기존의 애플리케이션, 데이터베이스, 또는 다른 레거시(Legacy) 시스템과의 통합을 보장하게 된다.

참고로, **EJB**(Enterprise Java Beans) 기술은 그림에서 보는 바와 같이 J2EE 프레임워의 일부로, 분산환경에서의 응용의 개발, 배포 및 실행에 대한 아키텍처를 제공하는 것으로 개발자들은 이 EJB에 비즈니스 로직을 코딩함으로써 재사용성을 가진 컴포넌트를 쉽게 작성할 수 있도록 하는 것이다.

15.3 JDBC

15.3.1 JDBC의 개요

JDBC란 자바 패키지의 일부로서 자바 프로그램이 데이터베이스와 연결되어 데이터를 주고받을 수 있게 해주는 프로그래밍 인터페이스이다. 즉, 자바 데이터베이스 프로그래밍 API라고 할 수 있다.

JDBC를 사용하기 위해서는 사용하는 데이터베이스 시스템이 제공하는 JDBC 드라이버를 사용해야 한다. 즉, 자바 프로그램은 데이터베이스를 액세스하기 위해 드라이버를 거쳐야 한다. 드라이버는 데이터베이스 시스템 회사에서 제공하는 것을 사용할 수도 있다.

Java에서의 DB연동을 위해 Java 프로그램에서 데이터베이스를 연결할 수 있으며, 이를 위해 JDBC라는 API(응용 프로그램 인터페이스)가 정의되어 있다.
이는 마치 파일 입출력을 위해 특정한 라이브러리 java.io.Scanner를 사용하는 것과 동일한 원리이다. 그러면 DB(사용 데이터베이스 : MySQL)에서 이러한 인터페이스를 구현한 라이브러리를 제공하며 이를 드라이버라고 부른다.

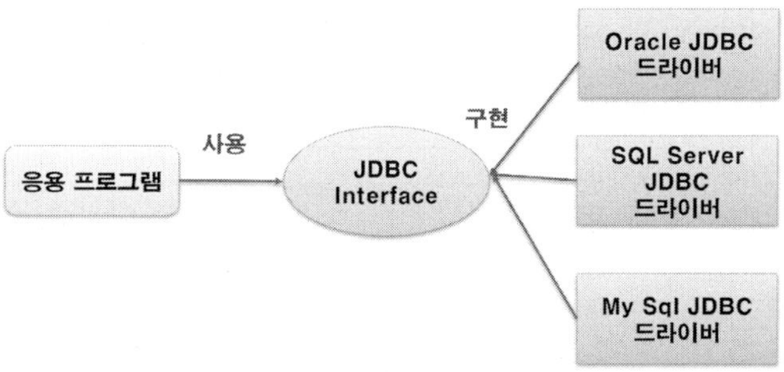

JDBC와 JDBC 드라이버의 관계

15.3.2 JAVA에서 DB 연동

DBMS에 따라 DB를 취급하는 방식이 다르다면, 사용자는 알아야 할 것이 매우 많을 것이다. 그래서 JDBC를 통해 추상화된 인터페이스를 제공하기만 하고, 각 데이터베이스 회사(벤더)들(Oracle, MySql 등)은 각각의 DBMS에 맞게 인터페이스들을 구현을 해놓은 상태이다.

사용자는 특정 DBMS를 사용하기 위해, 각 벤더에서 개발한 드라이버를 설치하면 되고, DB에 접근하기 위한 인터페이스는 JDBC에서 제공하는 API를 사용하면 된다.

15.4 MySQL 설치

여기서는 기존의 MySql 사이트에서 데이터베이스를 다운받아 설치하고 어렵게 드라이버 연결 및 테스트하는 방식을 생략하고 apmsetup 프로그램을 이용하면 간단하게 자동으로 MySql이 설치되며 데이터베이스 구축을 위해 phpMyAdmin 프로그램을 이용해서 손쉽게 구축하여 보기로 한다.

간편 설치로 개념을 이해하기 위해 다음과 같은 순서로 설치를 진행한다.

① MySQL 관련 프로그램 다운로드 후 설치
② 초기 접속
③ 나의 데이터베이스 생성
④ 나의 계정 생성
⑤ 만든 정보를 이용한 접속

15.4.1 apmsetup 프로그램 다운받기

mysql의 아주 쉬운 설치 프로그램으로 현재 프로그램 업데이트가 진행되고 있지 않지만 초기 입문하는 단계의 사람들이 데이터베이스에 진입하고 이해하는데 매우 유용한 프로그램이라 선택하여 진행한다.

구글에서 apmsetup 검색하여 이동할 수 있으나 아래의 주소로 직접 입력하여 이동한다.

```
http://kldp.net/apmsetup/release/
```

맨 아래(3221-APMSETUP7_2010010300.exe) 프로그램을 클릭하여 다운 받는다.

File Name ↓	File Size ↓	Date ↓
2538-APM_Setup5_2006_01_23.exe	23.3 MiB	2016-Jun-08 22:46
2540-PHP_Setup_for_IIS_v20060119.exe	27.7 MiB	2016-Jun-08 22:46
2541-PHP_Setup_for_IIS_MySQL5_v20060119.exe	30.3 MiB	2016-Jun-08 22:46
2563-APM_Setup6_2008041800.exe	14.4 MiB	2016-Jun-08 22:46
2746-APM_Setup6_2008111000.exe	14.4 MiB	2016-Jun-08 22:46
2842-PHP_Setup_for_IIS_2009011500.exe	25.9 MiB	2016-Jun-08 22:46
2862-APMSETUP6_2009021700.exe	14.8 MiB	2016-Jun-08 22:46
2891-APMSETUP6_2009032800.exe	29.5 MiB	2016-Jun-08 22:46
2898-APMSETUP6_2009040800.exe	16.2 MiB	2016-Jun-08 22:46
2907-APMSETUP6_2009041200.exe	16.2 MiB	2016-Jun-08 22:46
2908-PHP_Setup_for_IIS_2009041300.exe	26.5 MiB	2016-Jun-08 22:46
2951-APMSETUP6_2009062000.exe	16.3 MiB	2016-Jun-08 22:46
2999-APMSETUP6_2009071000.exe	16.3 MiB	2016-Jun-08 22:46
3075-APMSETUP7_2009103000.exe	19.9 MiB	2016-Jun-08 22:46
3221-APMSETUP7_2010010300.exe	24.5 MiB	2016-Jun-08 22:46

15.4.2 apmsetup 프로그램 설치

① 다운받은 프로그램 파일을 확인하고 더블 클릭으로 실행한다.

3221-APMSETUP7_2010010300.exe

② 설치 언어 확인하고 [Korean]을 선택한 다음 [OK]를 누른다.

③ 설치 시작 화면에서 [다음]을 클릭한다.

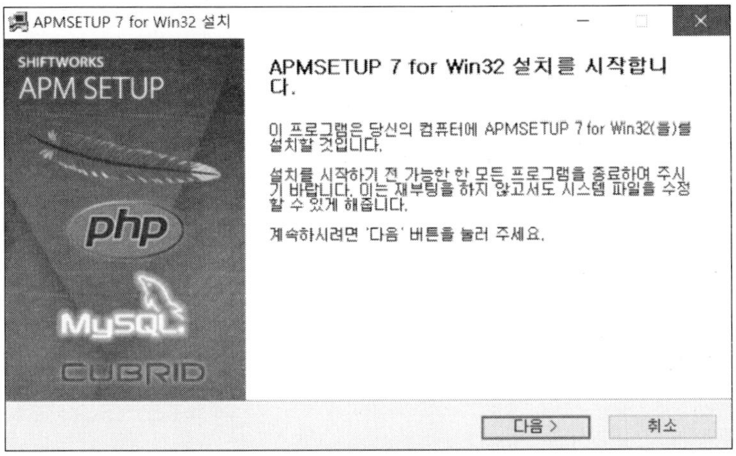

④ 사용권 동의 사항 체크 [동의함]을 클릭한다.

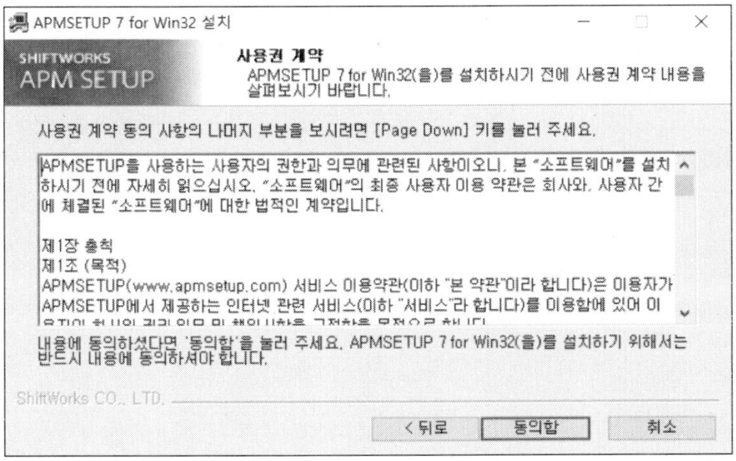

⑤ 자동 체크를 다음과 같이 진행하고 [다음]을 클릭한다.

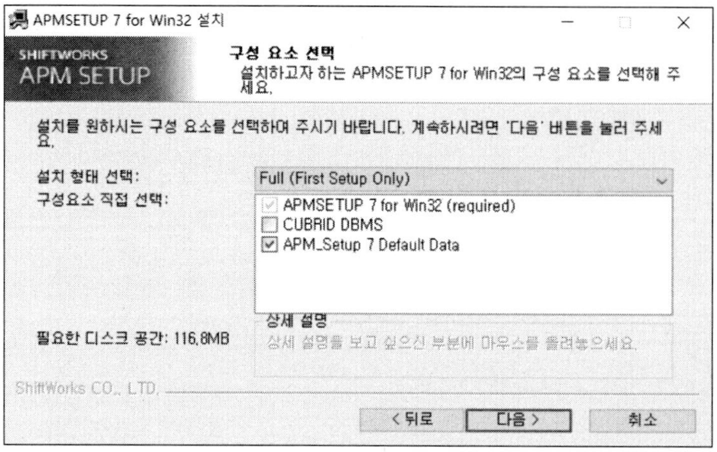

⑥ 설치 위치를 선택하고 [설치]를 클릭한다.

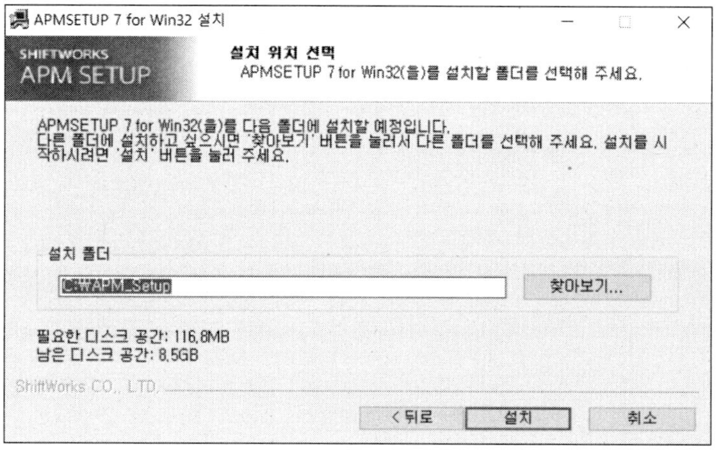

⑦ 설치가 진행된다.

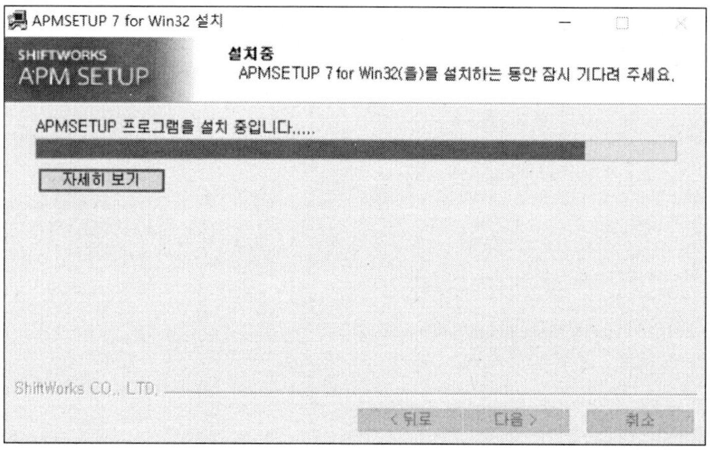

⑧ 설치가 완료된 화면이 나타나고 Readme 파일 보기의 체크를 해제한 다음 [마침]을 클릭한다.

⑨ 설치를 마치면 바탕화면에 아래의 APMSETUP 아이콘이 나타나며 자동 실행이 안되면 아이콘을 더블 클릭하여 프로그램을 실행한다.

⑩ APMSETUP 프로그램 실행 시 나타나는 아래의 오류 창은 MySQL 오류가 아니고, 지금 운영하지 않고 있는 사이트의 오류이므로 [아니오]를 클릭한다.

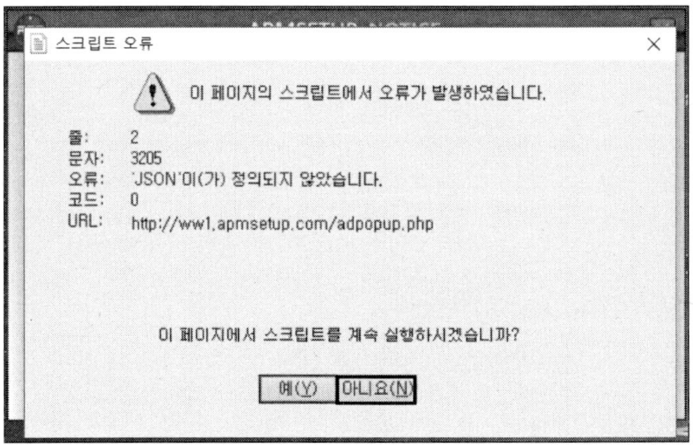

⑪ 업데이트는 진행하지 않는다.

⑫ 다음 창도 특별한 설정 없이 [Close]를 클릭한다.

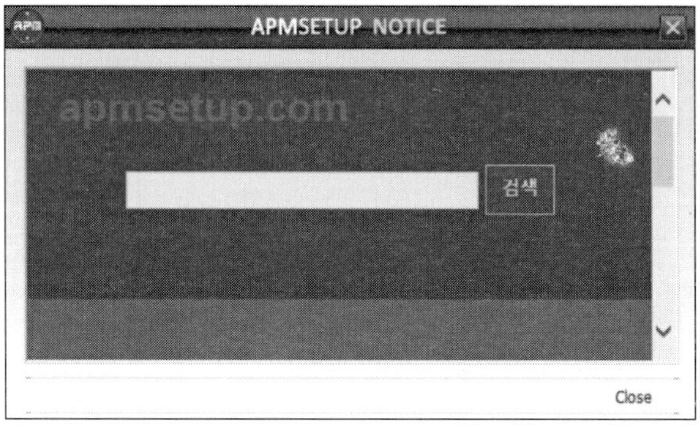

15.4.3 apmsetup 환경 설정

① 자동 업데이트를 해제하고 아래의 숨겨진 아이콘 표시를 클릭하여 APM 아이콘을 선택한다. 마우스 오른쪽 버튼을 클릭하고 메뉴에서 [서버 환경 설정]을 클릭한다.

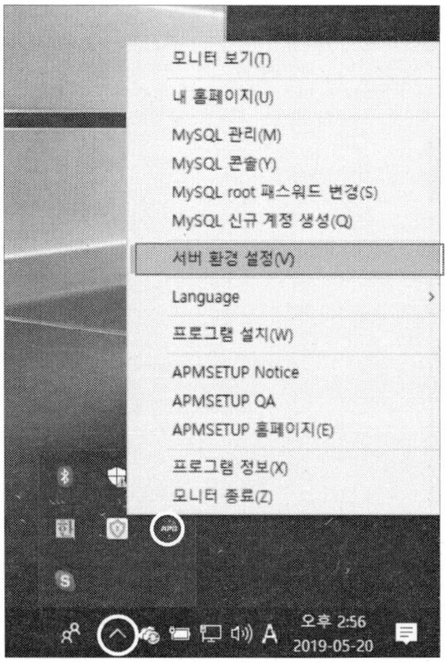

② 다음 화면에서 'APMSETUP Monitor를 실행시 시스템트래이로 최초화 합니다'를 체크하고 나머지는 체크를 해제한 후 저장한다.

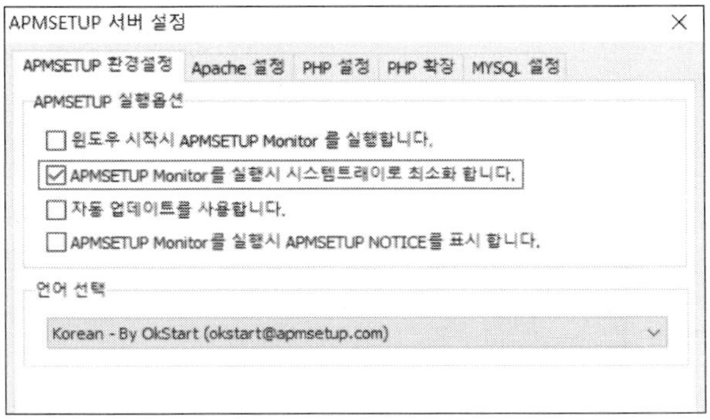

15.4.4 MySql 설치 확인 및 환경 설정

① CMD 화면을 나타낸다.

② 아래의 접속 명령을 입력하여 mysql로 들어간다.

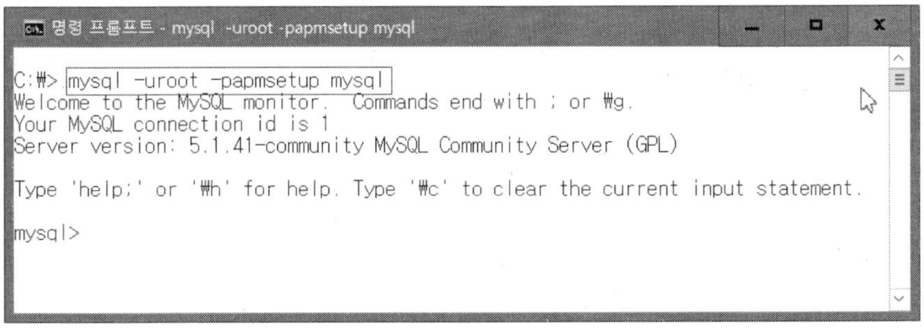

15.5 데이터베이스 기본 구축

새로운 데이터베이스를 생성하여 새로운 데이터베이스 공간에서 작업하기 위해 지원 서비스 웹 환경을 이용하여 작업한다.

15.5.1 phpMyAdmin을 이용한 MySQL 관리 창 열기

① [APM 아이콘]-[APMSETUP 모니터]에서 마우스 오른쪽 버튼을 클릭하고 메뉴에서 [MySQL 관리]를 클릭한다.

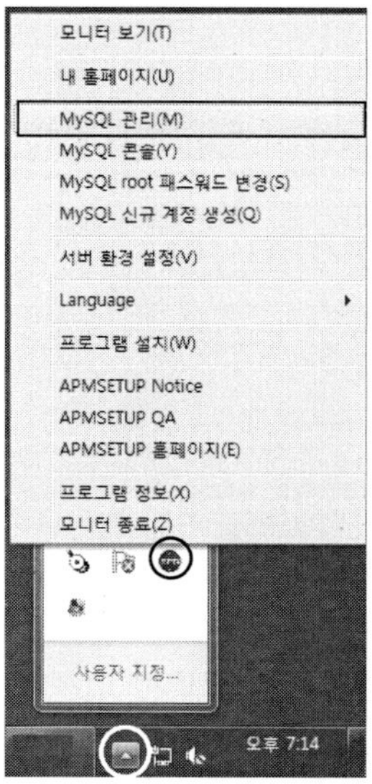

② 다음과 같은 기본 패스워드 알림 창이 나타나면 [OK]를 클릭한다.

③ http://127.0.0.1/myadmin/을 웹브라우저에서 호출하면 phpMyAdmin 화면이 나타나고, 다음과 같은 사용자명과 암호를 입력한다.

사용자명 : root,　암호 : apmsetup

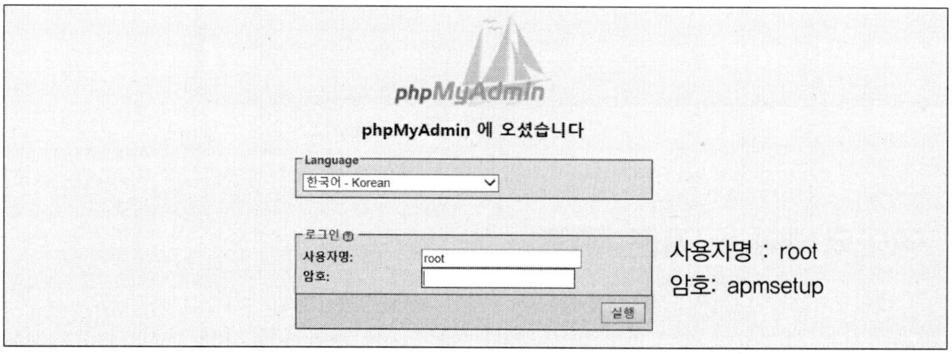

phpMyAdmin

phpMyAdmin은 MySQL을 월드 와이드 웹 상에서 관리할 목적으로 PHP로 작성한 오픈 소스 도구이다. 데이터베이스, 테이블, 필드, 열의 작성, 수정, 삭제, 또 SQL 상태 실행, 사용자 및 사용 권한 관리 등의 다양한 작업을 수행할 수 있다. 특히 웹 호스팅 서비스를 위한 가장 대중적인 MySQL 관리 도구 가운데 하나이다.

④ 관리 페이지의 홈으로 로그인이 된다. 왼쪽은 데이터베이스 목록 화면이고 오른쪽은 여러 기능을 갖춘 본 화면이다.

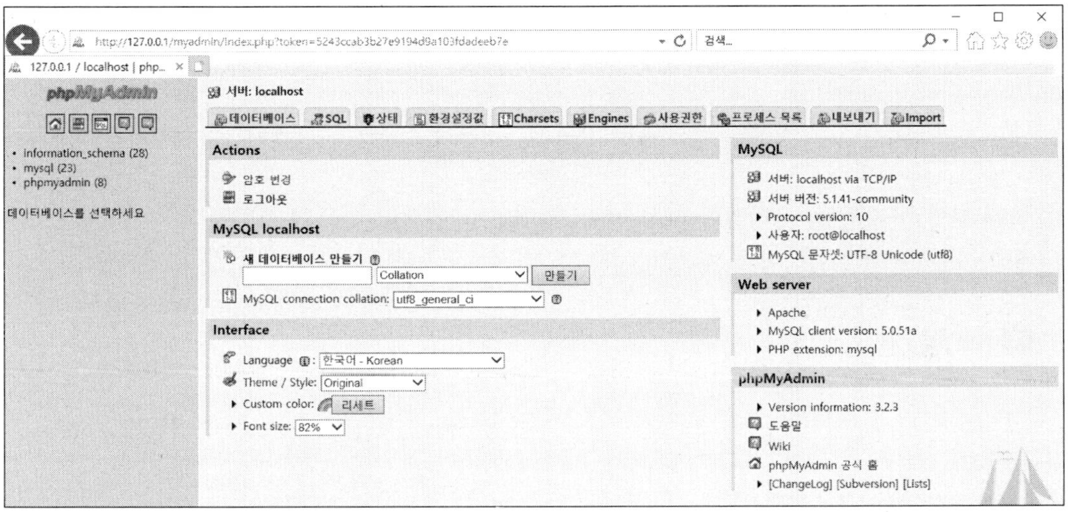

15.5.2 새 데이터베이스 만들기

① 본 화면의 새 데이터베이스 만들기 부분에 아래 표시된 것처럼 입력과 선택을 한다.

- 새 데이터베이스 명 : apple (입력)
- Collation : utf8_general_ci (선택)

② 입력과 선택 후 [만들기]를 클릭한다.

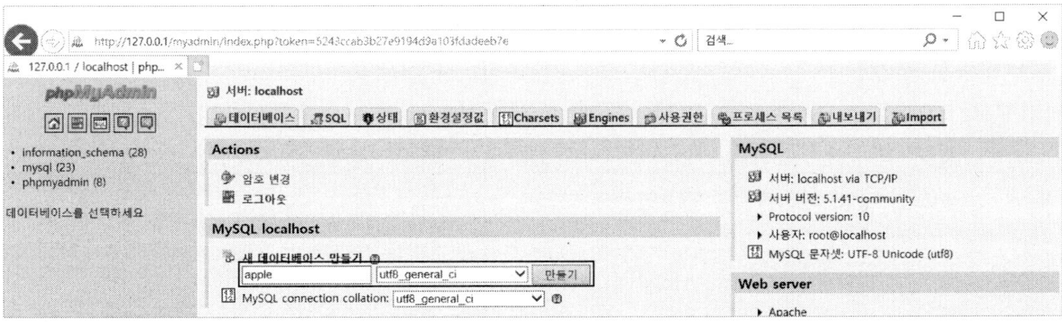

③ 새로운 데이터베이스가 생성되고 해당 화면이 열린다.

④ 다음 그림과 같이 apple 데이터베이스의 화면이 열린다.

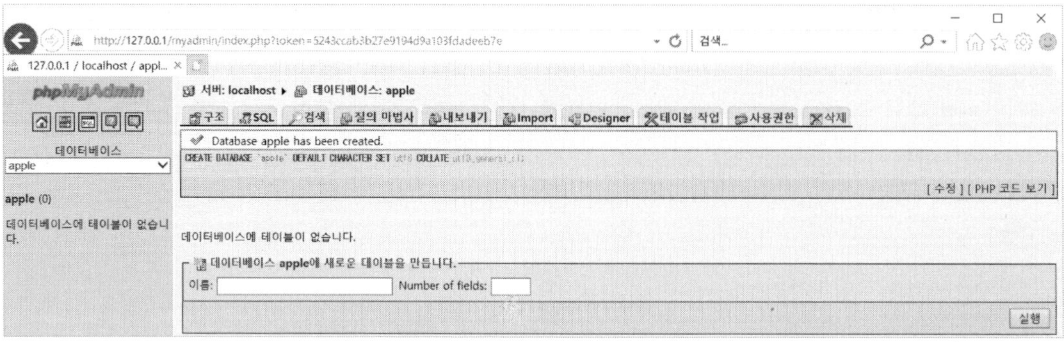

⑤ 홈(집 모양 아이콘)을 클릭하면 다시 밖으로 나갈 수 있으며 아래의 그림처럼 데이터베이스 목록 중에 apple이 추가되어있는 것을 확인할 수 있다.

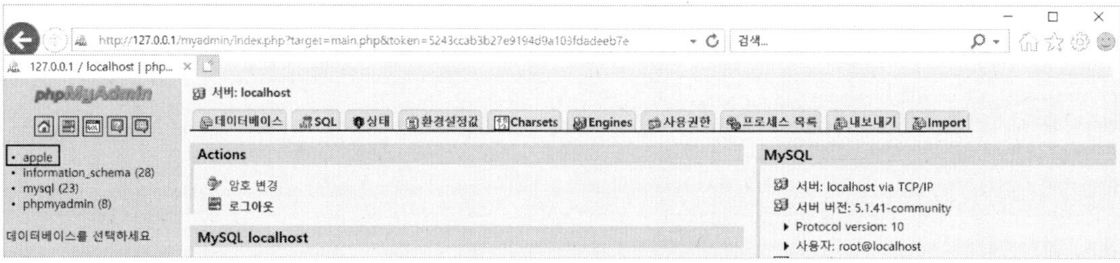

실습 15-1 실무에 적용할 SQL 실습

1. bookInfo 테이블 생성 및 데이터 입출력을 다음과 같은 순서로 진행한다.

① 테이블 생성
② 데이터 입력
③ 데이터 출력
④ 데이터 수정
⑤ 데이터 삭제
⑥ 테이블 리셋
⑦ 테이블 삭제

(1) 테이블 생성

형식

```
create table 테이블명 ( 컬럼명 컬럼타입 );
```

실습

```
create table bookInfo (
	code varchar(20),
	title varchar(50),
	price int) ;
```

① 다음과 같이 apple 데이터베이스로 들어가고 본 화면의 SQL 탭 메뉴를 클릭하여 빈 질의(Query) 공간에 내용을 입력하고 [실행]을 클릭한다.

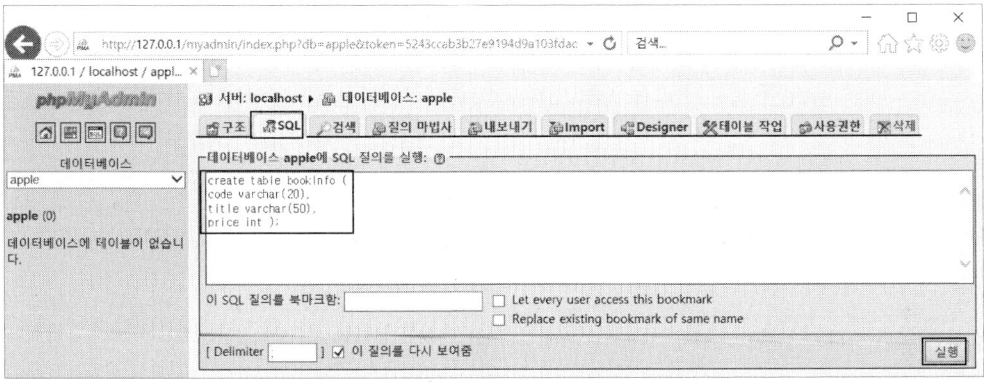

② 실행결과 왼쪽 화면에 테이블 목록이 출력이 되고 테이블(bookinfo)을 클릭하면 [구조]가 출력된다.

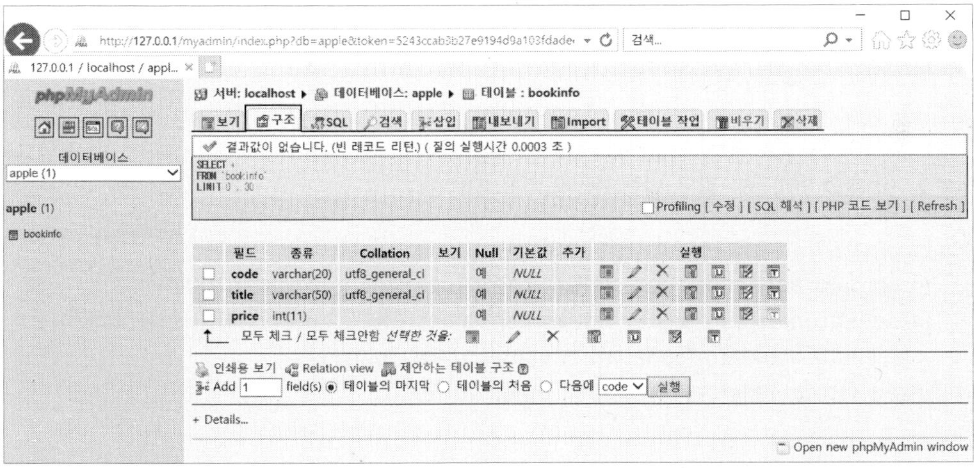

(2) 데이터 입력

형식

```
insert into 테이블명(컬럼명) values(데이터);
```

실습 1 : [SQL] 메뉴를 클릭하여 작업공간에 아래의 입력하고 실행을 한다.

SQL

```
insert into bookInfo (code, title, price) values ('j01', 'jsp', '1000');
```

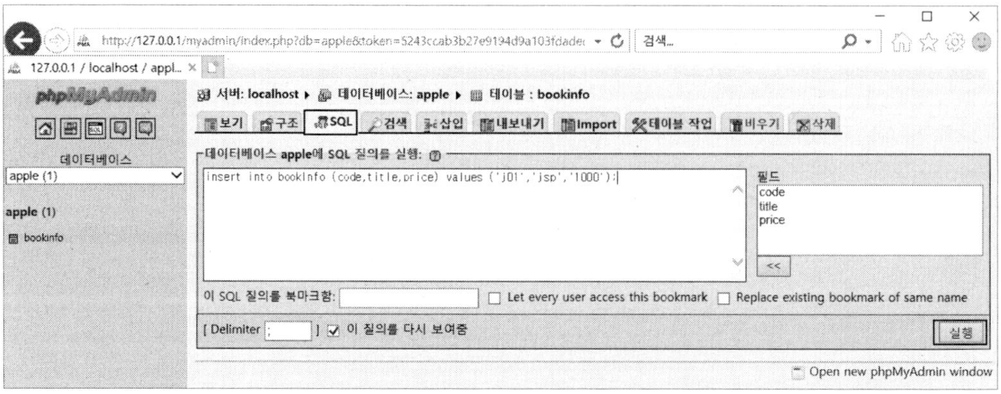

결과 : 테이블을 클릭하고 보기 메뉴를 클릭하면 입력된 데이터의 출력 결과를 확인할 수 있다.

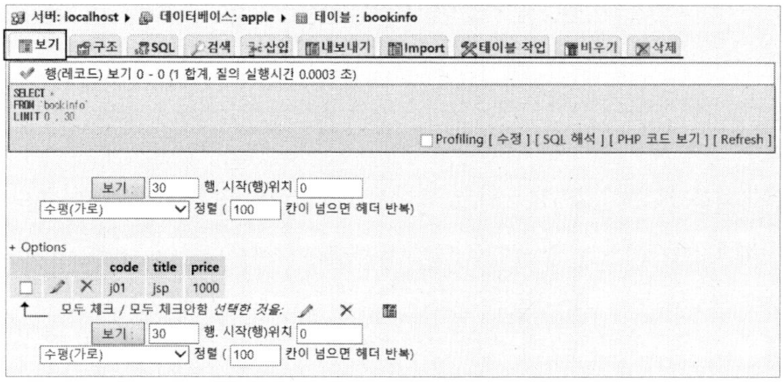

실습 2 : 아래의 SQL들도 같은 방법으로 입력을 진행한다.

SQL

```
insert into bookInfo (code, title,price) values ('j02', 'oracle', '2000');
insert into bookInfo (code, title,price) values ('j03', 'mysql', '');
insert into bookInfo (code, title) values ('j04', 'php');
insert into bookInfo values('j05', 'linux', '1500');
```

결과 : 모두 입력한 후 [보기]를 클릭하면 다음과 같은 결과가 나타난다.

code	title	price
j01	jsp	1000
j02	oracle	2000
j03	mysql	0
j04	php	*NULL*
j05	linux	1500

(3) 데이터 출력

형식

```
select 컬럼명1, 컬럼명2 from 테이블명 where 조건식;
```

실습 1 : code와 title만 출력한다.

SQL

```
select code, title from bookInfo;
```

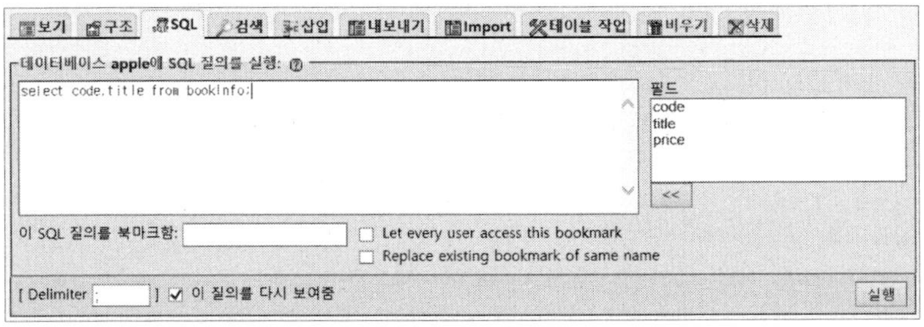

결과

code	title
j01	jsp
j02	oracle
j03	mysql
j04	php
j05	linux

실습 2 : 모든 데이터를 출력한다(아래 두 경우 모두 같은 결과가 나온다).

SQL

```
① select code, title, price from bookInfo;
② select * from bookInfo;    -- 모든 컬럼 결과를 검색할 때 "*"를 사용할 수 있다.
```

결과

code	title	price
j01	jsp	1000
j02	oracle	2000
j03	mysql	0
j04	php	*NULL*
j05	linux	1500

실습 3 : 제목이 'mysql'로 되어있는 데이터를 출력한다.

SQL

```
select * from bookInfo where title = 'mysql';
```

결과

			code	title	price
☐	✎	✕	j03	mysql	0

실습 4 : 코드 값이 'j01' 이거나 'j03'으로 되어있는 데이터를 출력한다.

SQL

```
select * from bookInfo where code = 'j01' or code = 'j03';
```

결과

			code	title	price
☐	✎	✕	j01	jsp	1000
☐	✎	✕	j03	mysql	0

실습 5 : 가격이 1500이상인 데이터를 출력한다.

SQL

```
select * from bookInfo where price >= 1500;
```

결과

			code	title	price
☐	✎	✕	j02	oracle	2000
☐	✎	✕	j05	linux	1500

실습 6 : 가격이 NULL로 되어있는 데이터를 출력한다.

SQL

```
select * from bookInfo where price is null;
```

결과

			code	title	price
☐	✎	✕	j02	oracle	2000
☐	✎	✕	j05	linux	1500

(4) 데이터 수정

형식

```
update 테이블명 set 컬럼명='데이터 값' where 조건식;
```

실습 1 : 코드 값 j01의 가격을 1200으로 변경한다.

SQL

```
update bookInfo set price = 1200 where code = 'j01';
```

변경 후 결과는 출력으로 확인한다.

실습 2 : 코드 값 j04의 가격을 제목을 spring으로 변경한다.

SQL

```
update bookInfo set title = 'spring' where code = 'j04;
```

실습 3 : 가격이 NULL로 되어있는 데이터의 값을 0으로 변경한다.

SQL

```
update bookInfo set price = 0 where price is null;
```

(5) 데이터 삭제

형식

```
delete from 테이블명 where 조건식;
```

실습 : 제목이 mysql로 되어있는 데이터를 삭제한다.

SQL

```
delete from bookInfo where title = 'mysql';
```

15.6 프로젝트 작성

15.6.1 부서정보관리 작성

- 데이터베이스와의 기초 연동으로 입출력의 기초 이해를 목표로 한다.
- 부서정보 테이블을 생성하고 데이터의 입력, (목록)출력, 수정, 삭제한다.
- JAVA와 MySQL의 연동

[1] 기본 설정
- 데이터 저장 테이블 생성
- 연동을 위한 이클립스의 환경설정
- 실습 프로젝트와 패키지 생성

[2] 데이터 입력
- DB connect 설정
- 입력 데이터 설정
- SQL 작성 및 적용

[3] 데이터 출력
- DB connect 설정
- SQL 작성 및 적용
- 데이터 출력

[4] 데이터 수정
- DB connect 설정
- 변경 데이터 설정
- SQL 작성 및 적용

[5] 데이터 삭제
- DB connect 설정
- 삭제 데이터 설정
- SQL 작성 및 적용

1 기본 설정

(1) 테이블 만들기

테이블 구조

테이블 이름	department(부서정보)
column 1 : deptno(부서번호) – 〈기본 키〉 column 2 : deptnm(부서이름) column 3 : deptloc(부서위치)	

테이블 생성

```
create table department (
    deptno tinyint unsigned not null primary key,
    deptnm varchar(20) not null,
    deptloc varchar(20) );
```

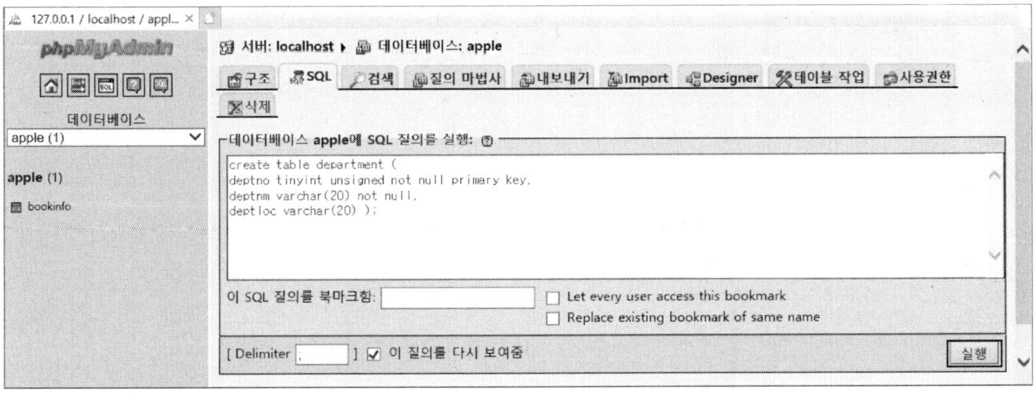

(2) 이클립스(Eclipse) 환경설정

1) 퍼스펙티브(perspective) 설정

퍼스펙티브는 작업 지원 창으로 DB와의 연결을 위해서는 Java EE라는 지원 창을 이용해야 한다. 마우스를 해당 아이콘에 위치시키면 다음과 같이 Java EE라는 설명 창이 나타난다.

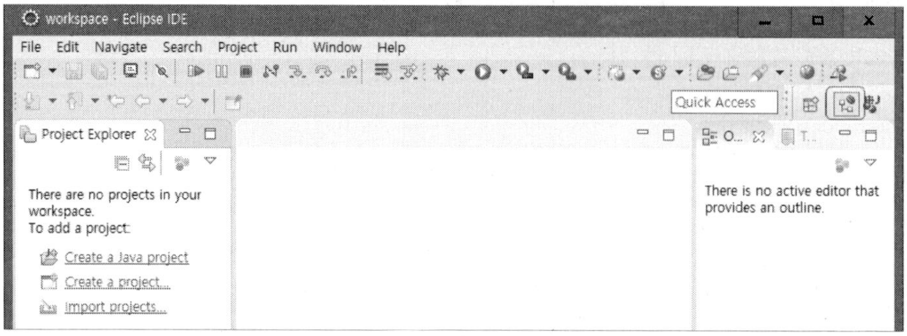

2) 해당 퍼스펙티브가 없는 경우

아이콘 옆의 + 아이콘을 클릭하여 나오는 [Open Perspective]에서 "Java EE(default)"를 선택하고 [Open]을 클릭한다.

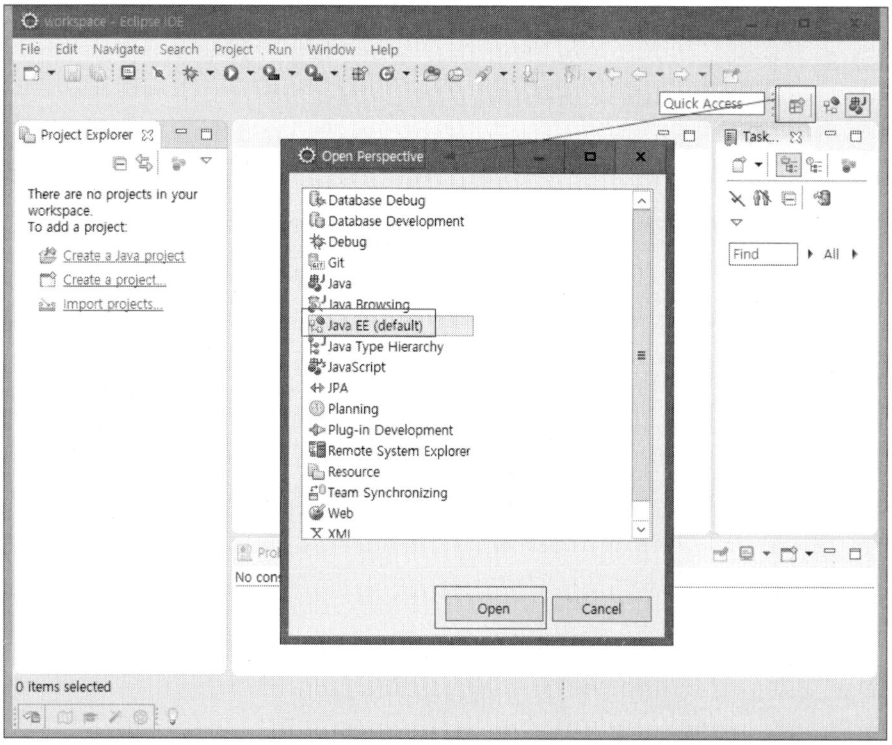

3) 인코딩 설정

[Window]−[Preferences] 메뉴를 선택하여 나온 팝업(Preferences) 창에서 [General]−[Workspace]를 선택하고 Text file encoding을 “UTF−8”로 설정한다.

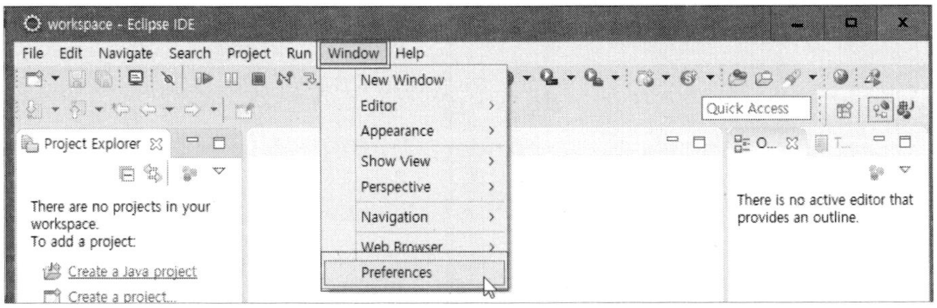

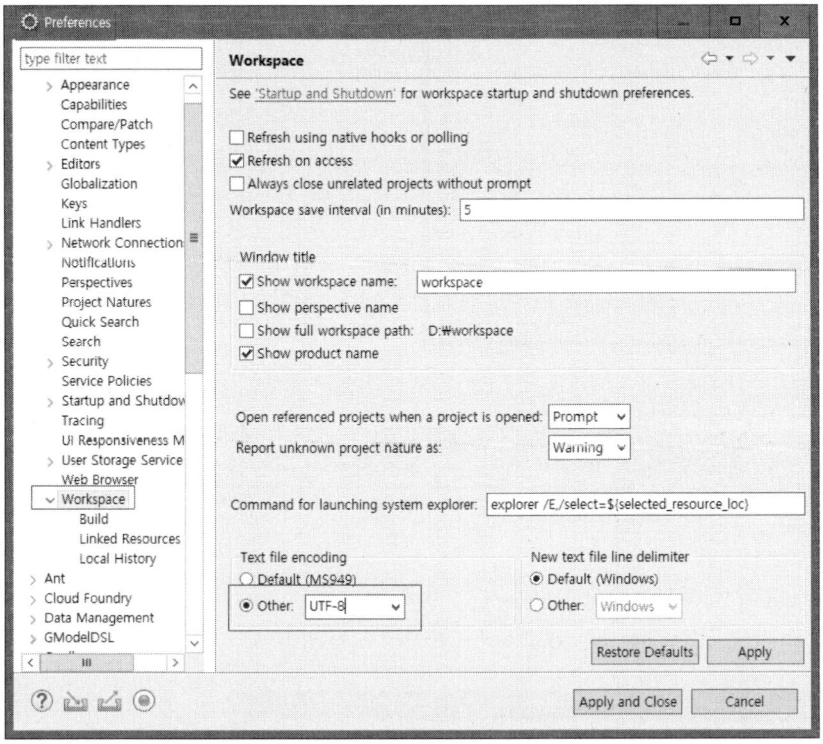

4) 프로젝트 생성

① [File]−[New]−[Dynamic Web Project]를 선택한다.

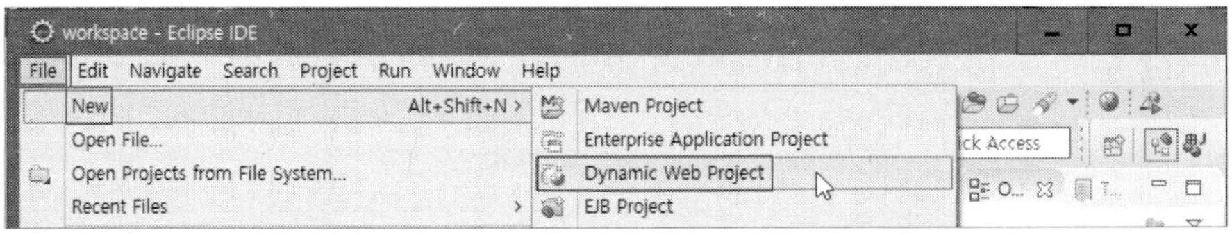

② 프로젝트 이름(myProject1)을 작성하고 [Finish]를 클릭한다.

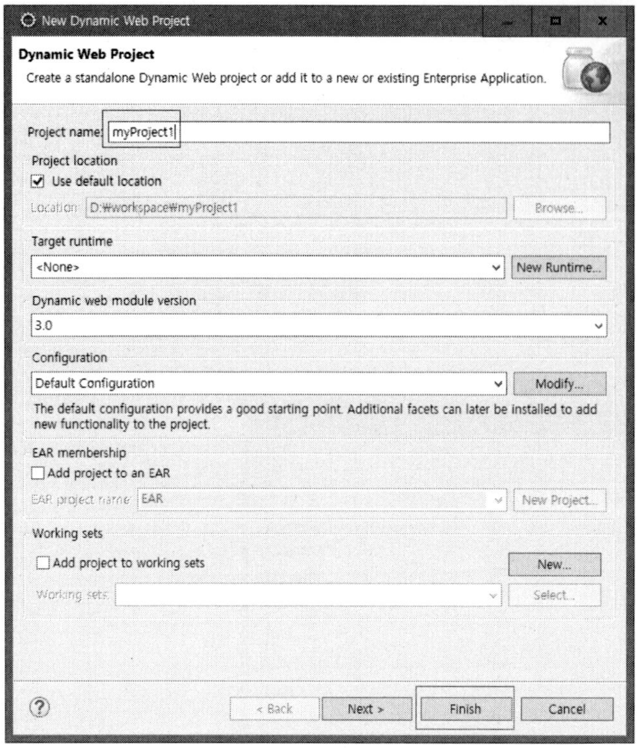

5) 드라이브 연결

① 자바와 MySQL과의 연결을 담당하는 파일인 mysql-connector-java-3.0.17-ga-bin.jar 파일을 다운받는다.

② 다운 받은 파일을 lib 폴더도 이동한다(myProject1 > WebContent > WEB_INF > lib). 마우스로 파일을 이클립스로 드래그 앤 드롭하면 자동으로 복사가 이루어진다.

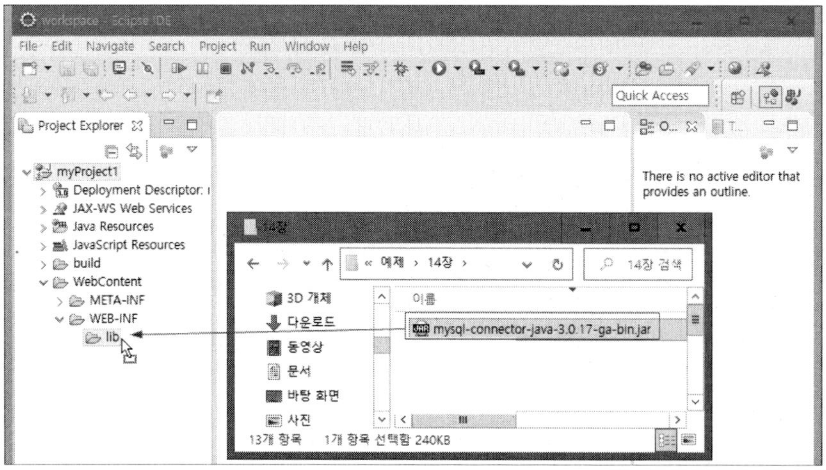

③ 다음과 같이 복사 확인 메시지가 나타나면 [OK]를 클릭하여 적용한다.

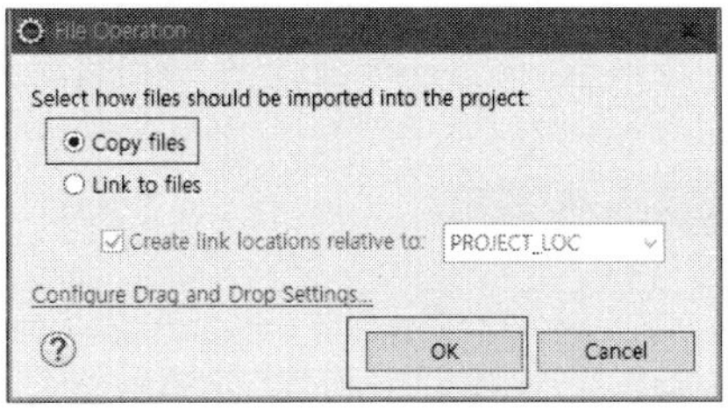

④ lib 폴더에 복사한 파일이 설치되었는지 확인한다.

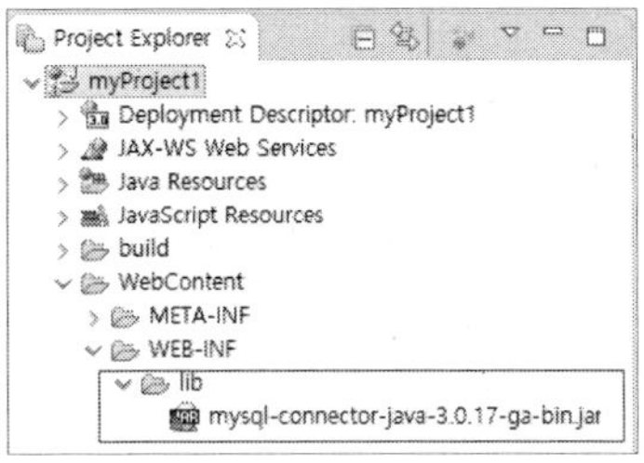

6) 패키지 생성

① Package를 생성하기 위해 [Java Resources]에서 마우스 오른쪽 버튼을 클릭하고 [New]-[Package]를 지정한다.

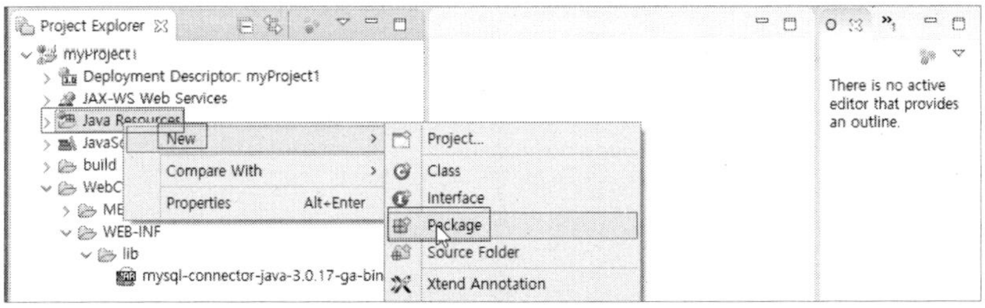

② "dept"라는 이름의 패키지를 생성한다.

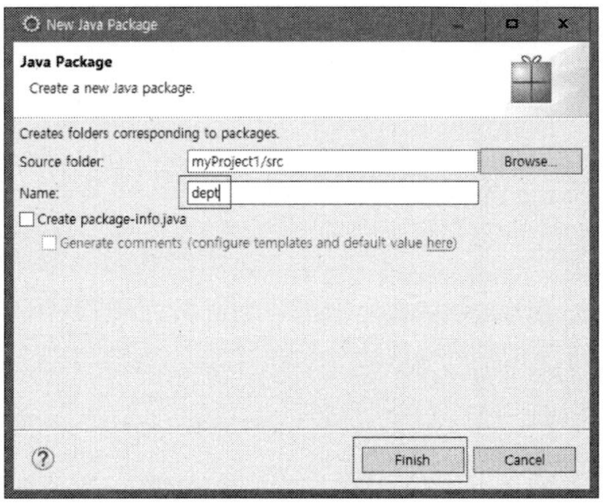

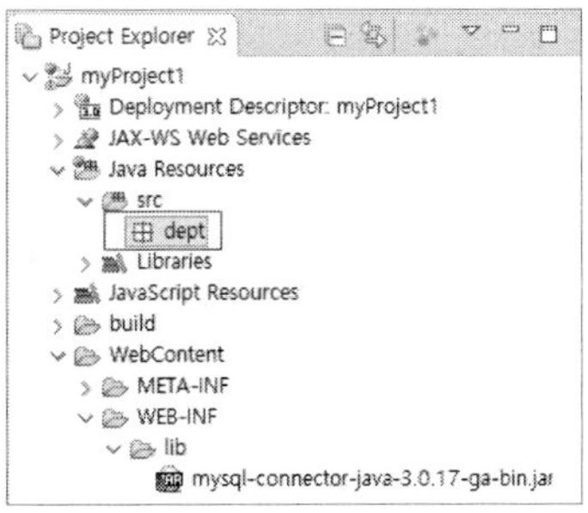

2 데이터 입력

1) DeptInsert.java 파일을 생성하기 위해 [Dept] 패키지 이름을 마우스 오른쪽 버튼으로 클릭하고 [New]-[Class]를 선택한다.

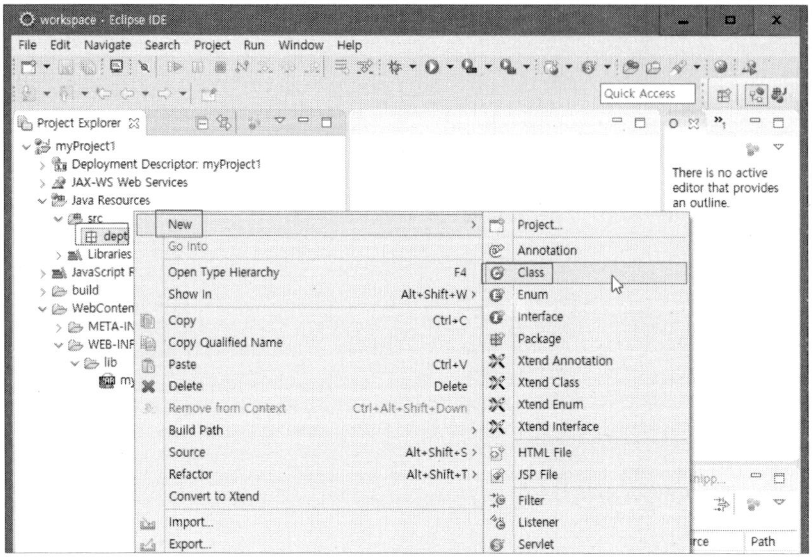

2) [New Class] 화면이 나타나면 "Name" 목록에 DeptInsert를 입력하고 [Finish]를 클릭한다.

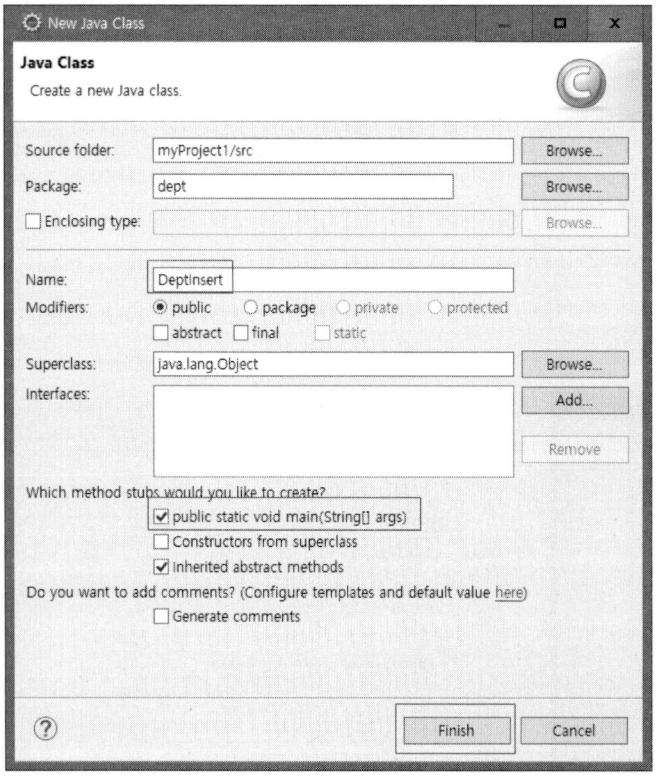

소스 상세

```
package dept;

import java.sql.*;
import java.util.Scanner;

public class DeptInsert {
    public static void main(String[] args) throws Exception {

        /* 접속 사용자이름 / 암호 / DB 이름을 변수 처리한다.
         */
        String username = "root";
        String userpass = "apmsetup";
        String dbname = "apple";
        String url = "jdbc:mysql://localhost:3306/"+dbname
                    + "?useUnicode=true&characterEncoding=utf8";

        /* 드라이버 적용
         * lib/mysql-connector-java-3.0.17-ga-bin.jar 파일을 자동연결 한다.
         * jdbc란  -> java database connect
         */
        Class.forName("com.mysql.jdbc.Driver");

        /* 연결설정 적용
         * 위에서 만들어 놓은 각각의 변수를 적용한다.
         */
        Connection conn =
                DriverManager.getConnection(url,username,userpass);

        /* 연결 인스턴스객체 생성
         * 자바의 특성상 연결정보를 객체화하여 사용하는 장면이다.
         * 객체를 참조하는 stmt 변수를 통해 필요한 메소드로 접근한다.
         */
        Statement stmt = conn.createStatement( );

        // 입력데이터설정
        String deptno = "10";
        String deptnm = "Sales";
        String deptloc = "Seoul";

        /* 위 내용으로 입력 성공 후 다른 내용을 입력해 본다.
         * 부서번호는 절대로 중복되지 않게 입력한다. */
        deptno = "20"; deptnm = "System"; deptloc = "Busan";

        String sql =
                " INSERT INTO department(deptno,deptnm,deptloc) " +
                " VALUES('"+deptno+"','"+deptnm+"','"+deptloc+"')";
```

```
            /* 설정된 SQL 적용
             * executeUpdate( ) 메소드는 실행 후 저장된 개수를 return한다.
             * 위의 SQL이 정상 적용되면 1개의 행이 저장되므로 1이 return 될 것이고
             * 만약 저장하지 못하면 0을 return 해 준다
             */
            int cnt = stmt.executeUpdate(sql);

            // return 받은 결과 값으로 성공여부를 출력한다.
            if( cnt == 1) {
                System.out.println("입력성공");
            } else {
                System.out.println("입력실패");
            }
    }
}
```

- throws Exception 처리는 예외처리의 한 방법으로 만약 생략했을 경우 모든 DB 연동 관련 코드에 try ~ catch 처리를 해야 하는 불편함이 발생하므로 반드시 필요한 조치를 해야 함
- 입력 성공 후 다른 내용으로 데이터를 작성하여 입력을 시도해봄

실행

① [Run]−[Run] 버튼을 클릭하면 [Run As] 선택 대화상자가 나타나고 [Java Application]을 선택한 다음 [OK]를 클릭한다.

② [Run As] 선택 대화상자는 처음 실행 시에만 나타나고 다음 실행부터는 자동 선택 실행된다.

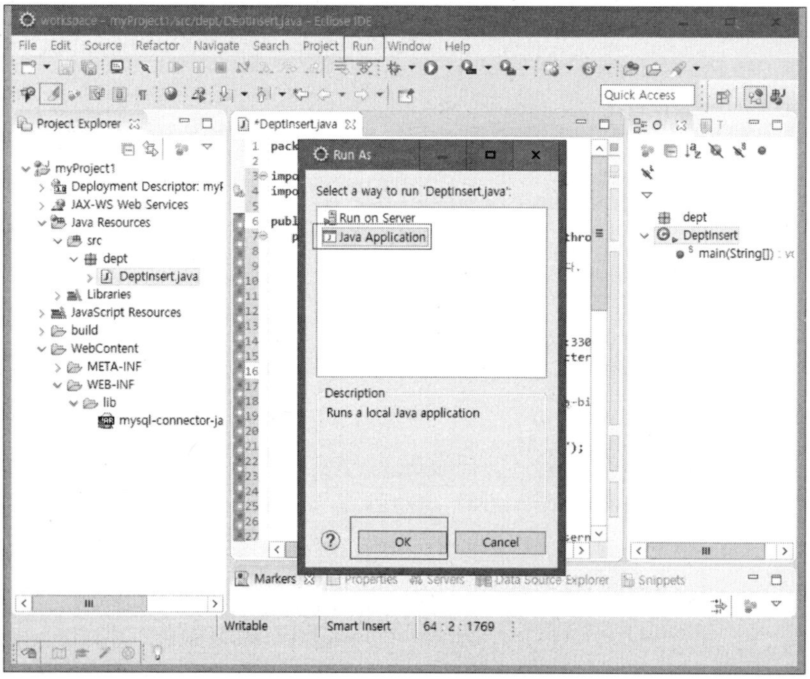

결과 메시지 확인

① "입력성공"이라는 메시지가 eclipse 화면 아래 콘솔(Console)창에 나타나는 것을 확인한다.

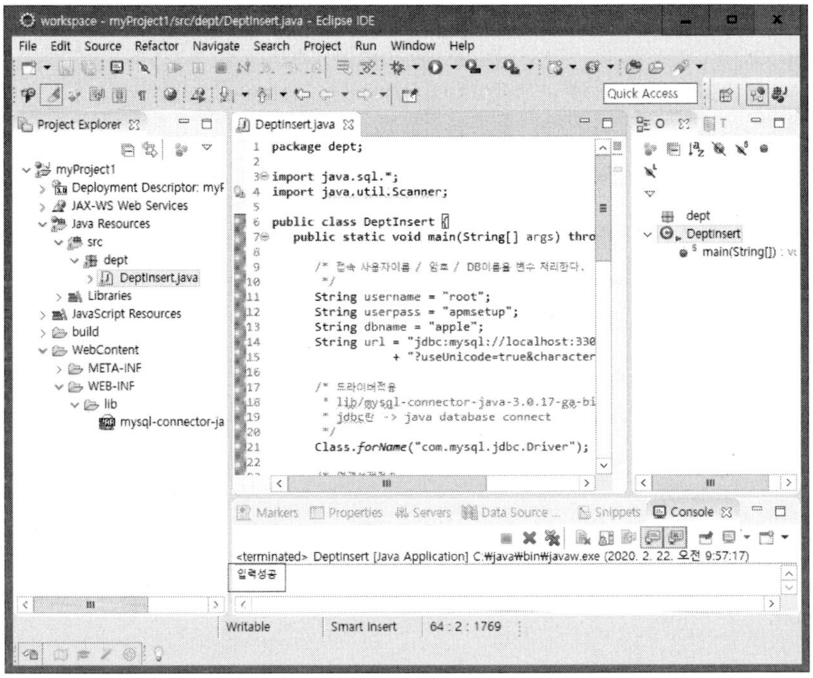

② 실제 등록 여부의 확인은 데이터베이스에 직접 접속하여 데이터를 확인한다.

결과 DB 확인

① SQL을 직접 적용하여 데이터베이스 테이블에 데이터가 존재하는지 확인한다.

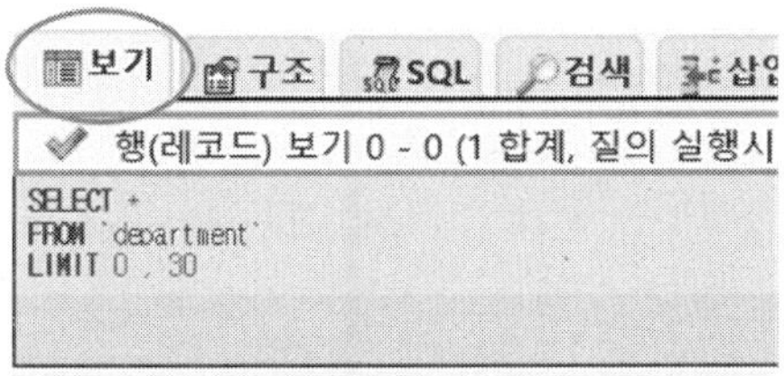

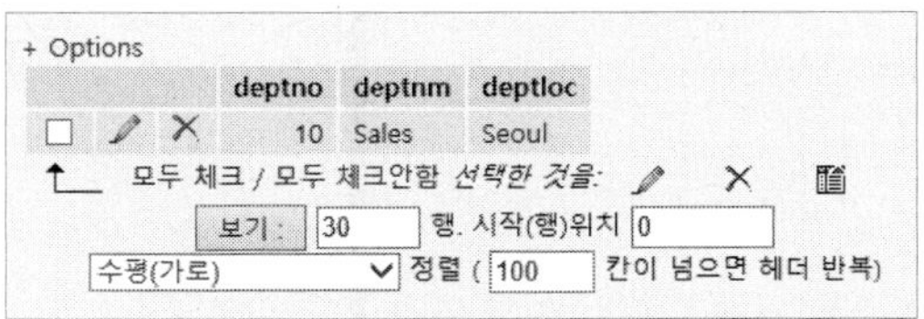

② DeptInsert.java 소스에서 다음과 같이 내용을 수정하고 한 번 더 실행한 다음 입력되어 있는 데이터를 확인한다.

〈수정 전〉		〈수정 후〉
String deptno = "10";		String deptno = "**20**";
String deptnm = "Sales";	➜	String deptnm = "**System**";
String deptloc = "Seoul";		String deptloc = "**Busan**";

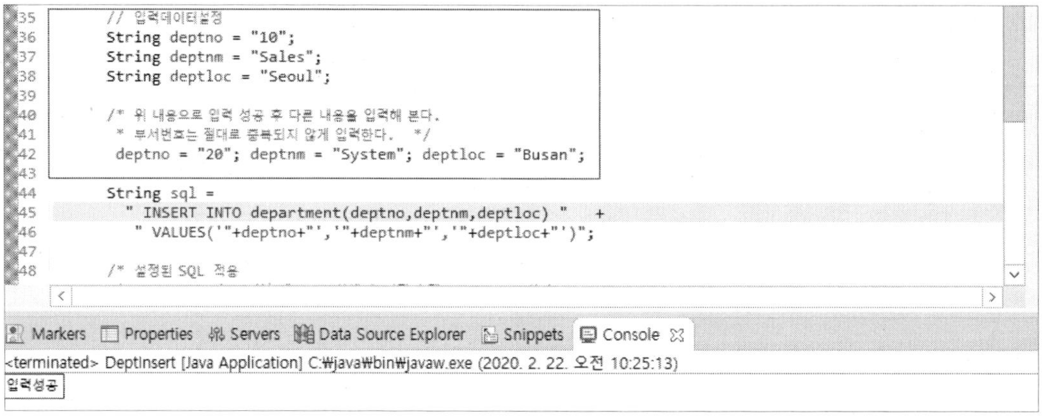

결과 메시지 확인

① DeptInsert.java 프로그램을 [Run]으로 실행하고, 입력결과 데이터 결과가 콘솔(Console)창에 나타나는 것을 확인한다.

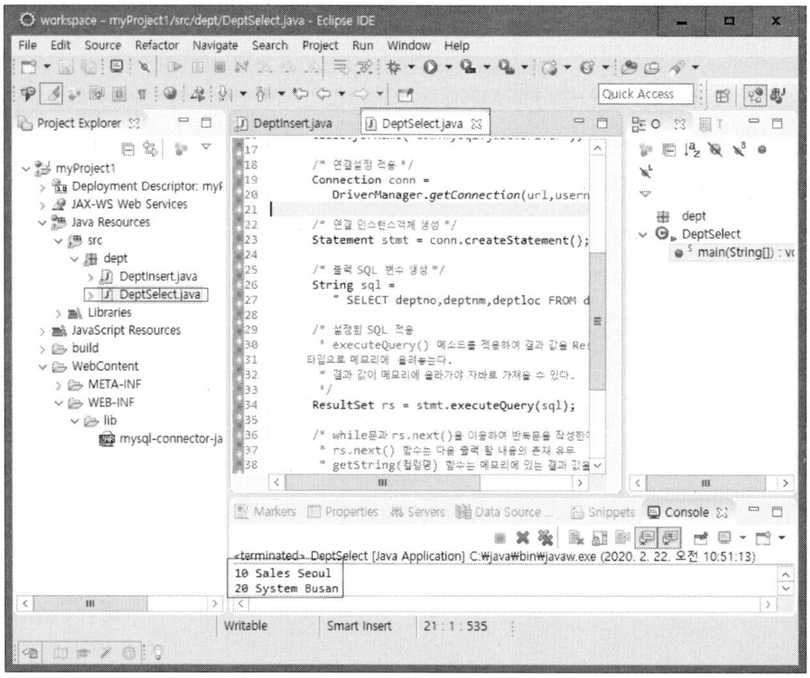

② 실제 등록 여부의 확인은 데이터베이스에 직접 접속하여 데이터를 확인한다.

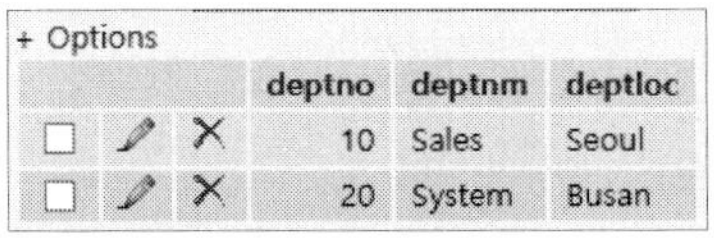

3 데이터 출력(목록)

1) [dept] 패키지 목록을 다시 마우스 오른쪽 버튼으로 클릭하고 [New]-[Class]를 지정한다.

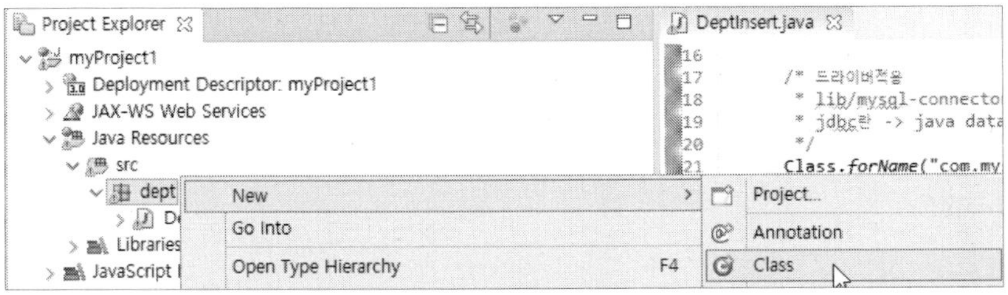

2) DeptSelect.java 파일을 작성하기 위해 [New Class] 화면에서 다음과 같이 작성한다.

3) DeptSelect.java 파일 설정을 확인하고 소스를 작성한다.

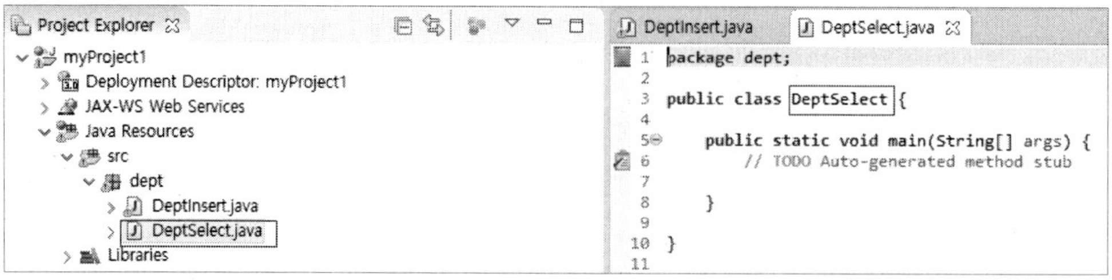

소스 상세

```
package dept;

import java.sql.*;

public class DeptSelect {
   public static void main(String[ ] args) throws Exception {

       String username = "root";
       String userpass = "apmsetup";
       String dbname = "apple";
       String url = "jdbc:mysql://localhost:3306/"+dbname
                + "?useUnicode=true&characterEncoding=utf8";

       /* 드라이버 적용 */
       Class.forName("com.mysql.jdbc.Driver");

       /* 연결 설정 적용 */
       Connection conn =
                DriverManager.getConnection(url,username,userpass);

       /* 연결 인스턴스객체 생성 */
       Statement stmt = conn.createStatement( );

       /* 출력 SQL 변수 생성 */
       String sql =
                "SELECT deptno,deptnm,deptloc FROM department";

       /* 설정된 SQL 적용
        * executeQuery( ) 메소드를 적용하여 결과 값을 ResultSet
          타입으로 메모리에  올려놓는다.
        * 결과 값이 메모리에 올라가야 자바로 가져올 수 있다.
        */
       ResultSet rs = stmt.executeQuery(sql);
```

```

        /* while 문과 rs.next()을 이용하여 반복문을 작성한다.
         * rs.next() 함수는 다음 출력 할 내용의 존재 유무
         * getString(컬럼명) 함수는 메모리에 있는 결과 값을 컬럼명과 비교해서 가져온다.
         */
        while( rs.next() ) {
            String deptno  = rs.getString("deptno");
            String deptnm  = rs.getString("deptnm");
            String deptloc = rs.getString("deptloc");

            System.out.println(deptno + " " + deptnm + " " + deptloc);
        }
    }
}
```

⊖ 결과 메시지 확인

① DeptInsert.java 프로그램을 [Run]으로 실행하고, 입력결과 데이터 결과가 콘솔(Console)창에 나타나는 것을 확인한다.

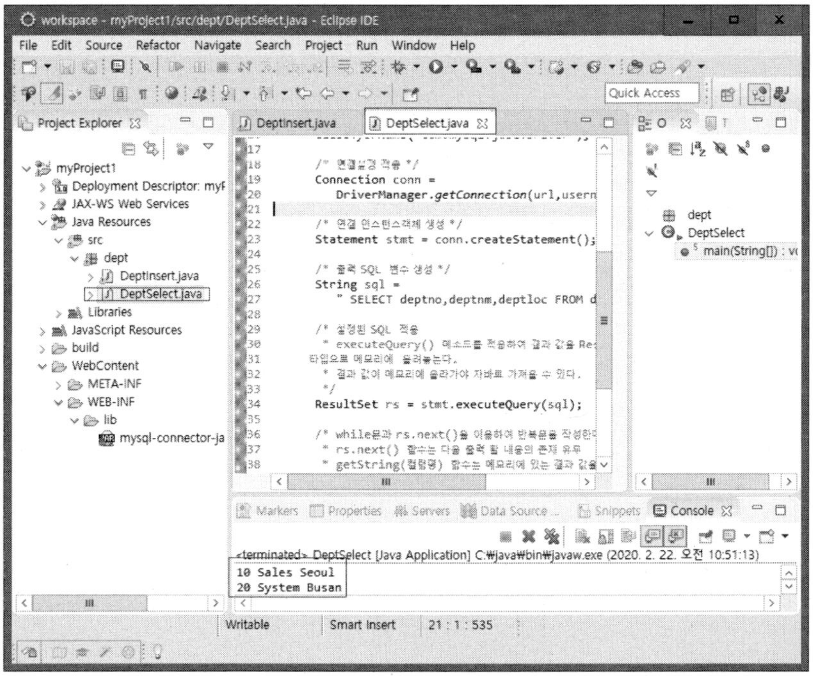

② 실제 등록 여부의 확인은 데이터베이스에 직접 접속하여 데이터를 확인한다.

+ Options

	deptno	deptnm	deptloc
☐ ✎ ✕	10	Sales	Seoul
☐ ✎ ✕	20	System	Busan

4 데이터 수정

1) [dept] 패키지 목록을 다시 마우스 오른쪽 버튼으로 클릭하고 [New]-[Class]를 지정한다.

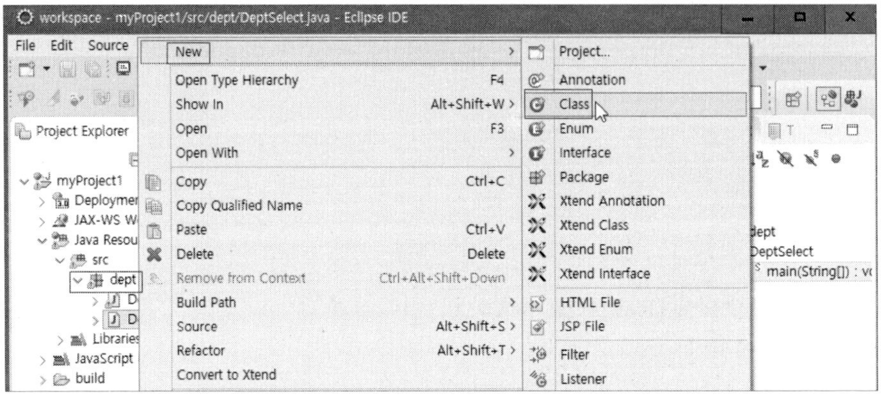

2) DeptUpdate.java 파일을 작성하기 위해 [New Class] 화면에서 다음과 같이 작성한다.

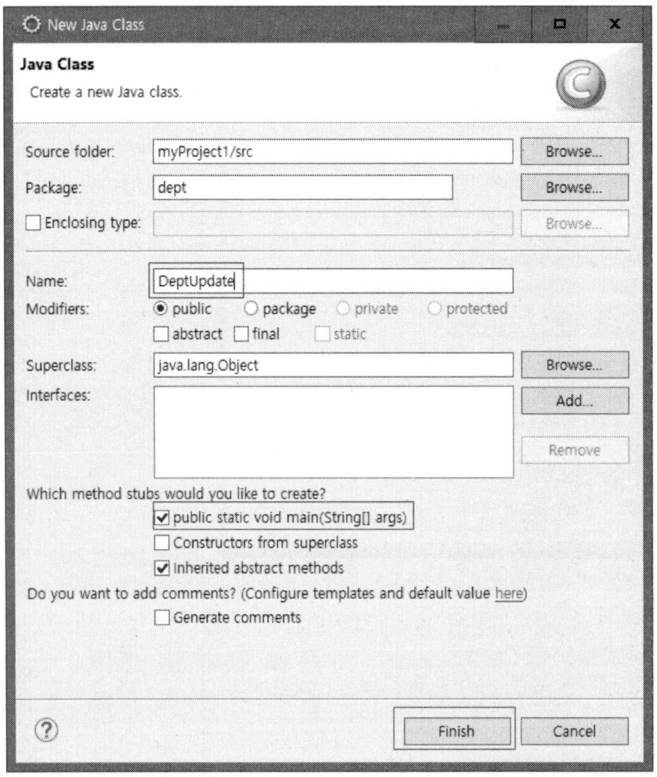

3) DeptUpdate.java 파일 설정을 확인하고 소스를 작성한다.

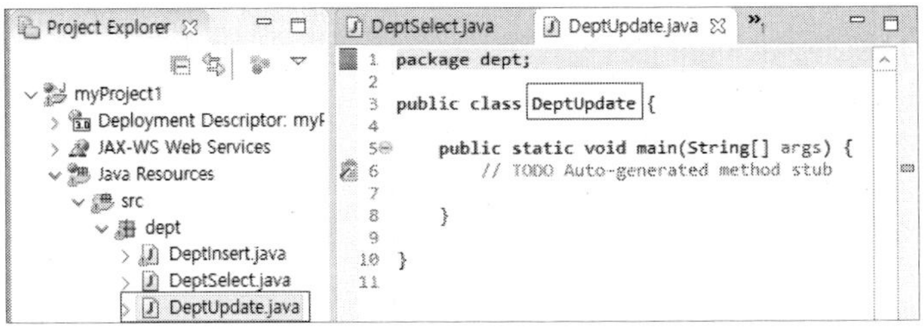

소스 상세

```
package dept;

import java.sql.*;

public class DeptInsert {
    public static void main(String[ ] args) throws Exception {

        String username = "root";
        String userpass = "apmsetup";
        String dbname = "apple";
        String url = "jdbc:mysql://localhost:3306/"+dbname
                + "?useUnicode=true&characterEncoding=utf8";

        /* 드라이버 적용
         * lib/mysql-connector-java-3.0.17-ga-bin.jar 파일을 지동연결 한다.
         * jdbc란 -> java database connect
         */
        Class.forName("com.mysql.jdbc.Driver");

        /* 연결설정 적용
         * 위에서 만들어 놓은 각각의 변수를 적용한다.
         */
        Connection conn =
                DriverManager.getConnection(url, username, userpass);

        /* 연결인스턴스 객체 생성
         * 객체를 참조하는 stmt 변수를 통해 필요한 메소드로 접근을 한다.
         */
        Statement stmt = conn.createStatement( );

        /* 데이터 설정
         * 부서번호(deptno)는 수정하지 않고 조건문에 사용된다.
         */
        String deptno = "10";
        String deptnm = "Research";
```

```
        String deptloc = "Daegu";

        String sql = " UPDATE department SET "
                    + " deptnm='"+deptnm+"' "
                    + " ,deptloc='"+deptloc+"' "
                    + "  WHERE deptno='"+deptno+"' ";

        /* 설정된 SQL 적용
         * executeUpdate() 메소드는 실행 후 변경 저장된 개수를 반환한다.
         * 위의 SQL이 정상 적용되면 1개의 행이 변경 저장되므로 1이 return 될 것이고
         * 만약 저장하지 못하면 0을 return 해 준다.
         */
        int cnt = stmt.executeUpdate(sql);

        // return 받은 결과 값으로 성공여부를 출력한다.
        if( cnt == 1) {
            System.out.println("변경성공);
        } else {
            System.out.println("변경실패);
        }
    }
}
```

결과 메시지 확인

① DeptUpdate.java 프로그램을 [Run]으로 실행하고, 실행 결과를 콘솔(Console)창에 나타나는 것을 확인한다.

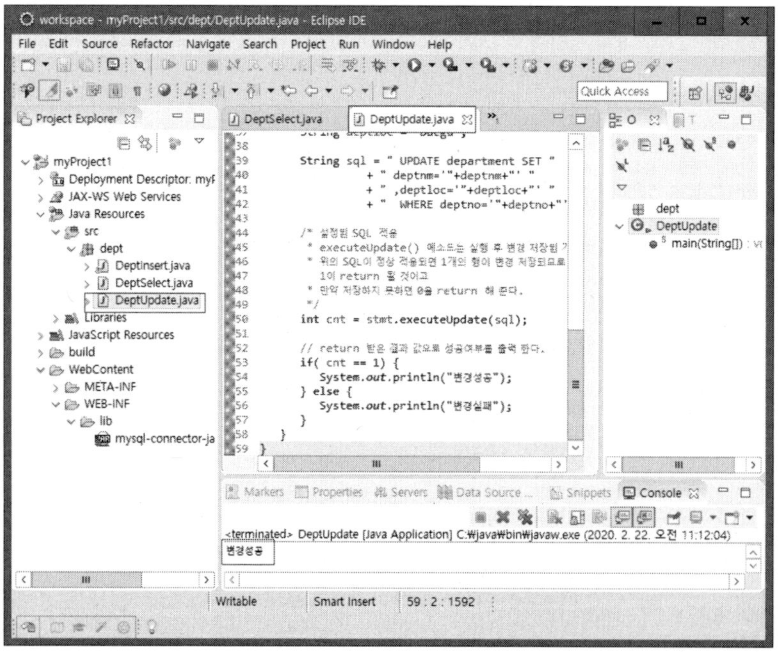

② 변경 여부는 다시 DeptSelect.java를 실행해서 결과를 확인한다.

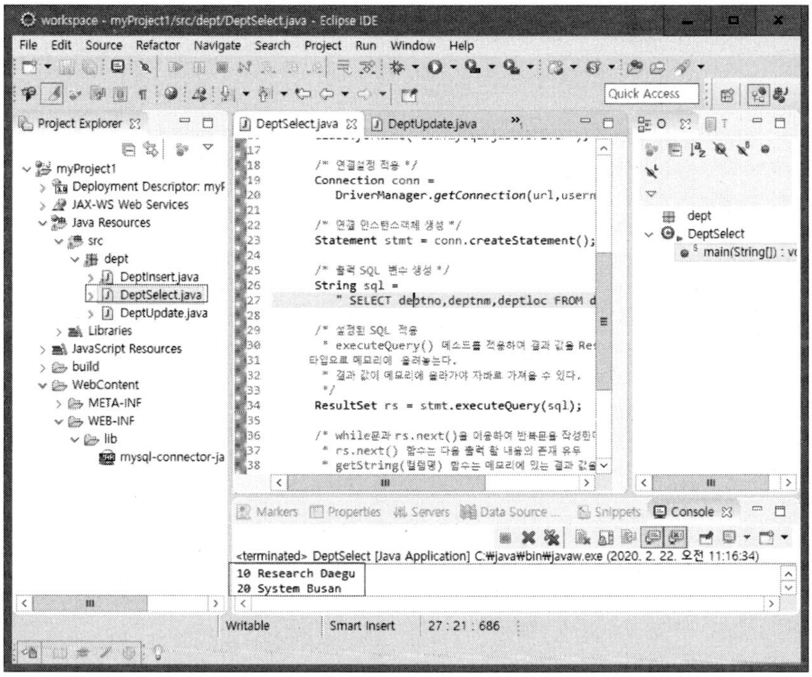

③ 실제 등록 여부의 확인은 데이터베이스에 직접 접속하여 데이터를 확인한다.

+ Options

	deptno	deptnm	deptloc
☐ ✎ ✕	10	Research	Daegu
☐ ✎ ✕	20	System	Busan

5 데이터 삭제

1) [dept] 패키지 목록을 다시 마우스 오른쪽 버튼으로 클릭하고 [New]-[Class]를 지정한다.

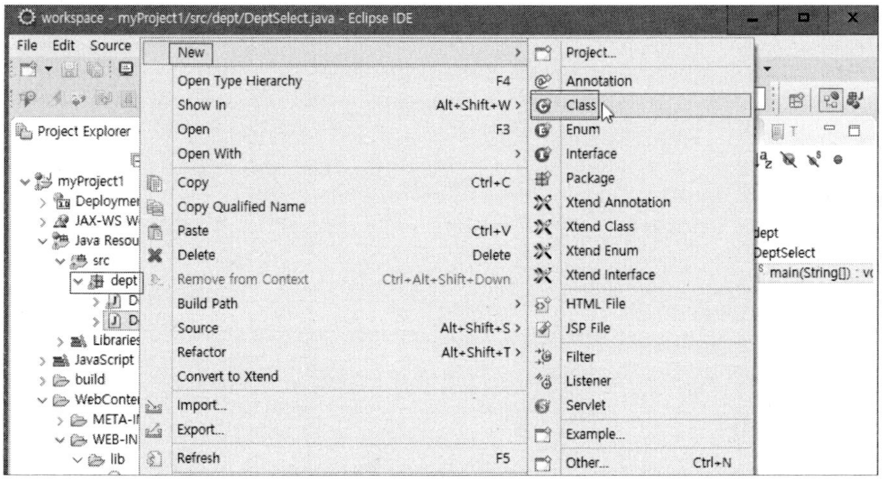

2) DeptDelete.java 파일을 작성하기 위해 [New Class] 화면에서 다음과 같이 작성한다.

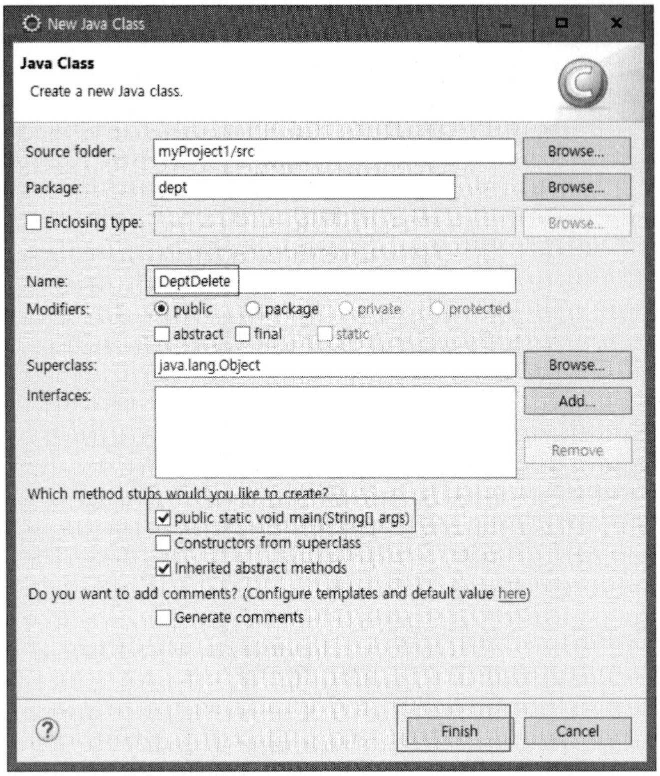

3) DeptDelete.java 파일 설정을 확인하고 소스를 작성한다.

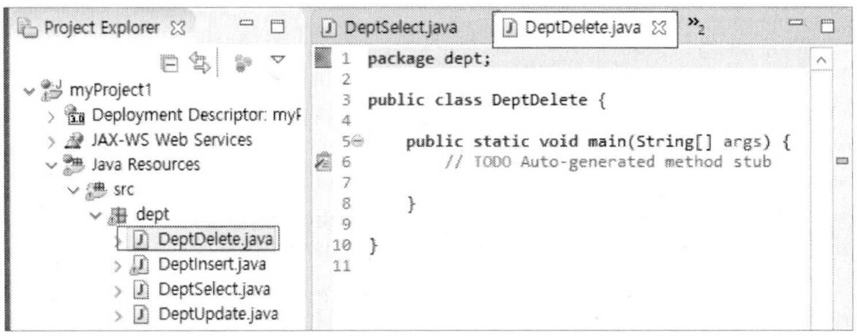

소스 상세

```
public class DeptInsert {
    public static void main(String[ ] args) throws Exception {

        String username = "root";
        String userpass = "apmsetup";
        String dbname = "apple";
        String url = "jdbc:mysql://localhost:3306/"+dbname
                + "?useUnicode=true&characterEncoding=utf8";

        Class.forName("com.mysql.jdbc.Driver");
        Connection conn =
                DriverManager.getConnection(url, username, userpass);

        /* 연결인스턴스 객체 생성
         * 객체를 참조하는 stmt 변수를 통해 필요한 메소드로 접근한다.
         */
        Statement stmt = conn.createStatement( );

        /* 데이터 설정
         * 삭제하려는 데이터의 부서번호(deptno)를 조건문에 이용하여 처리한다.
         */
        String deptno = "10";
        String sql = " DELETE FROM department WHERE deptno='"+deptno+"' ";

        /* 설정된 SQL 적용
         * executeUpdate( ) 메소드는 실행 후 삭제 처리된 개수를 return한다.
         */
        int cnt = stmt.executeUpdate(sql);

        // return 받은 결과 값으로 성공여부를 출력한다.
        if( cnt == 1) {
            System.out.println("삭제성공);
        } else {
            System.out.println("삭제실패);
        }
    }
}
```

결과 메시지 확인

① DeptUpdate.java 프로그램을 [Run]으로 실행하고, 실행 결과를 콘솔(Console)창에 나타나는 것을 확인한다.

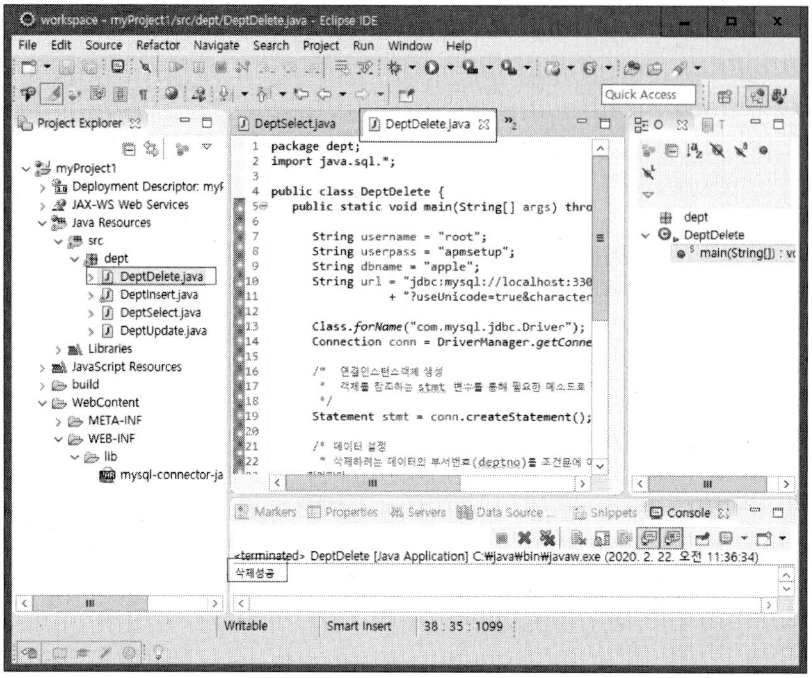

② 삭제 여부는 다시 DeptSelect.java를 실행해서 결과를 확인한다.

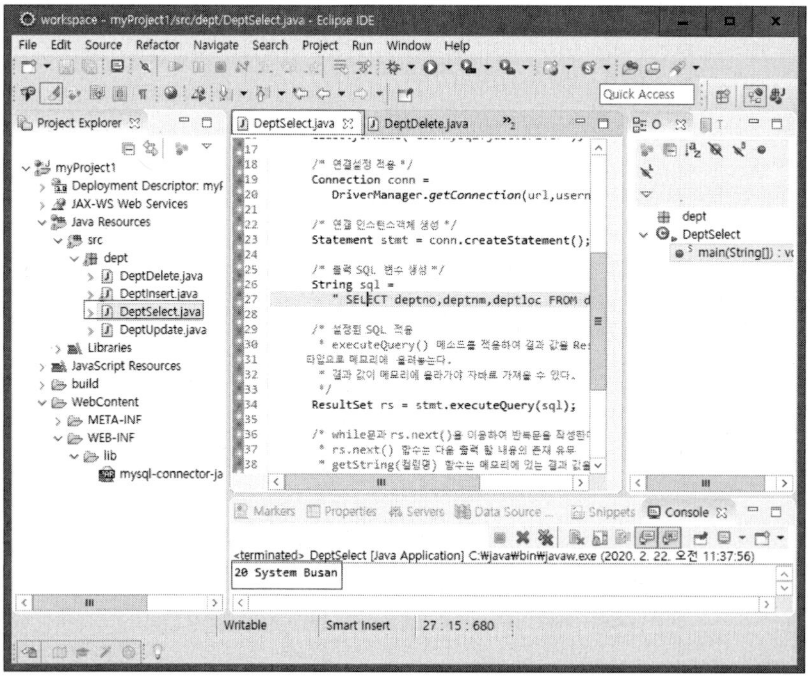

③ 실제 삭제 여부의 확인은 데이터베이스에 직접 접속하여 데이터를 확인한다.

+ Options

	deptno	deptnm	deptloc
	20	System	Busan

15.6.2 사원정보관리 작성

- 데이터베이스와의 기초 연동으로 입출력의 기초 이해를 목표로 한다.
- 사원정보 테이블을 생성한다.
- 데이터 입력, 상세, 목록, 수정, 삭제를 제작한다.
- JAVA와 MySQL의 연동

[1] 기본 설정
- 데이터 저장 테이블 생성
- 연동을 위한 이클립스의 환경설정
- 실습 프로젝트와 패키지 생성

[2] 데이터 입력
- DB connect 설정
- 입력 데이터 설정
- SQL 작성 및 적용

[3] 데이터 출력
- DB connect 설정
- SQL 작성 및 적용
- 데이터 출력

[4] 데이터 수정
- DB connect 설정
- 변경 데이터 설정
- SQL 작성 및 적용

[5] 데이터 삭제
- DB connect 설정
- 삭제 데이터 설정
- SQL 작성 및 적용

1 기본 설정

(1) 테이블 만들기

테이블 구조

테이블 이름	employee(사원정보)
column 1 : empno(사원번호) – 기본 키 설정 column 2 : ename(사원이름) column 3 : gender(성별) column 4 : sal(급여) column 5 : hiredate(입사일) column 6 : deptno(소속 부서번호)	

테이블 생성

```
create table employee (
        empno int not null primary key,
        empnm varchar(20) not null,
        gender enum('M', 'F'),
        sal int unsigned,
        hiredate date,
        deptno tinyint unsigned );
```

① http://127.0.0.1/myadmin/ 을 웹브라우저에서 호출하면 phpMyAdmin 화면이 나타나고, 다시 사용자명(root)과 암호(apmsetup)를 입력한다.

② 다음으로 "apple" 데이터베이스를 클릭한다.

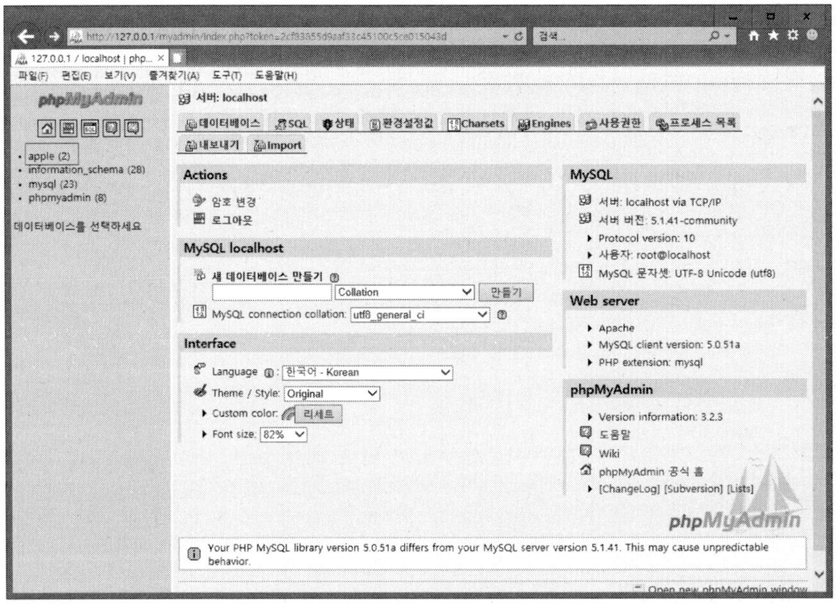

③ 현재 테이블 목록이 나타나고, [SQL] 탭을 누른다.

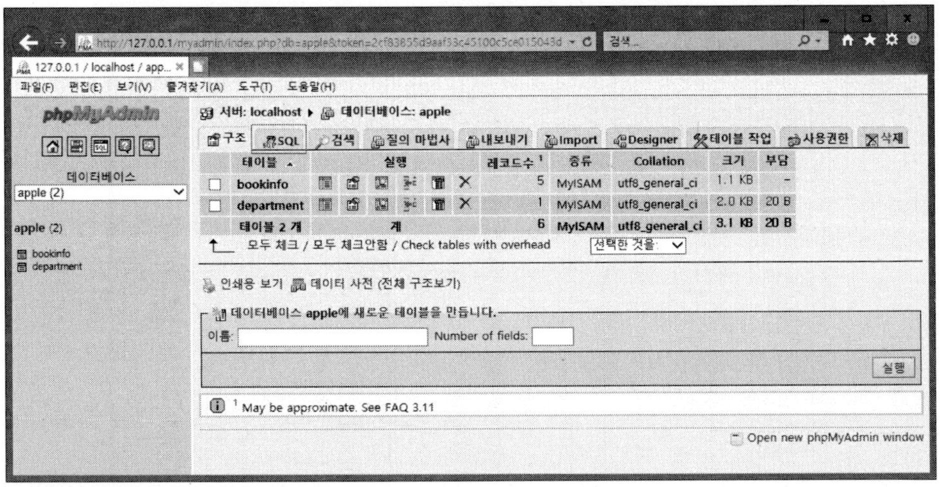

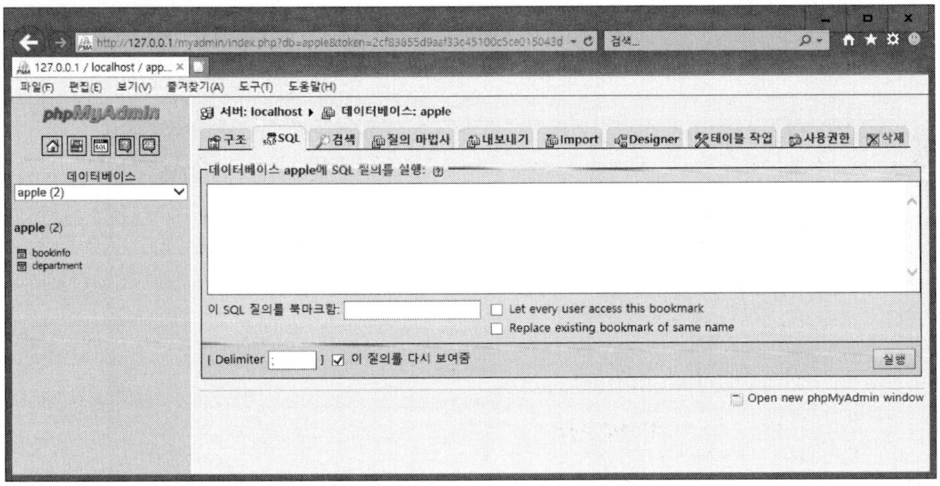

④ 다음으로 위에 선언된 테이블 생성 명령을 입력하고, [실행]을 누른 다음 결과를 확인한다.

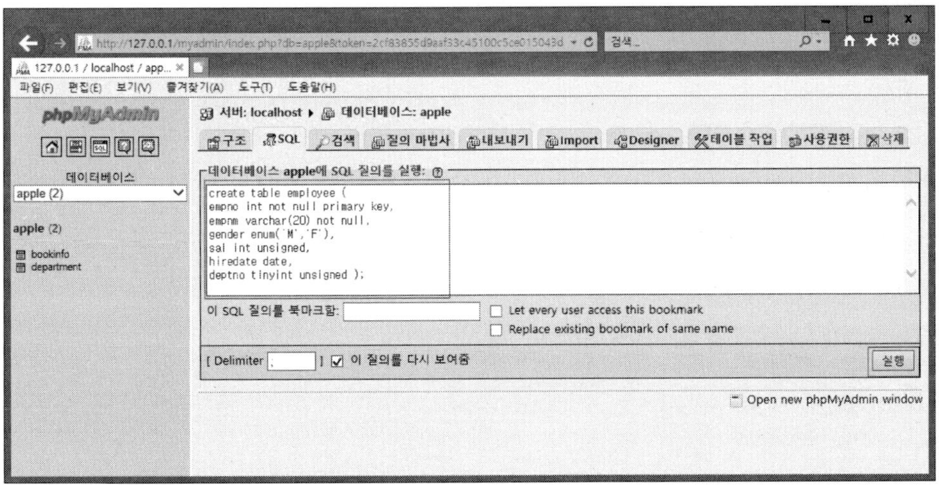

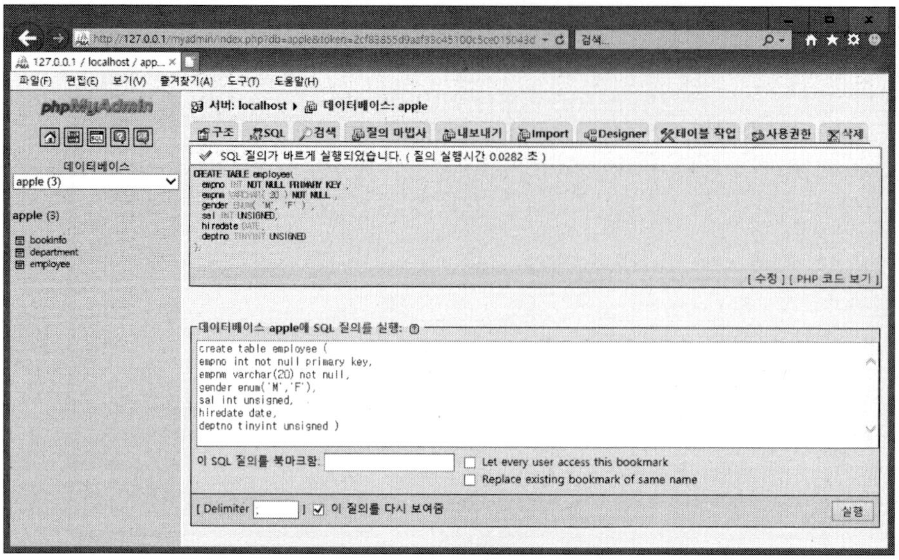

⑤ 다음으로 [구조] 탭을 눌러서 employee 테이블이 생성 되었는지 확인한다.

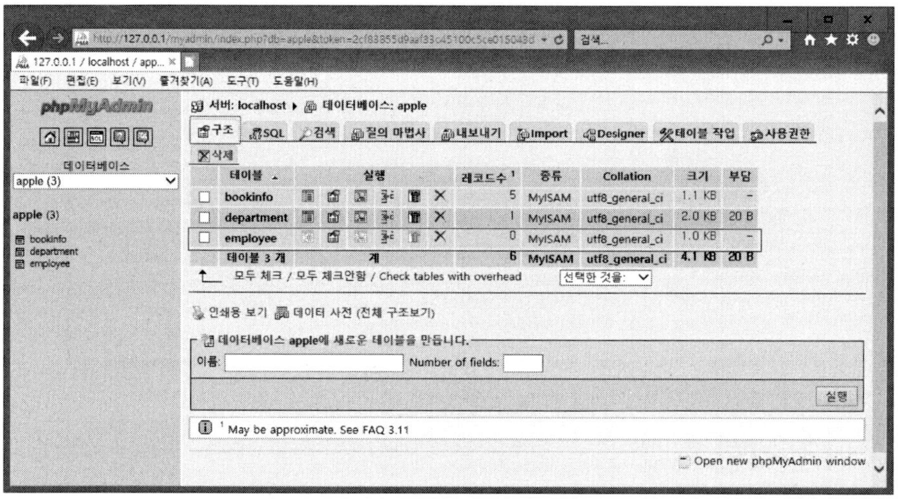

(2) 패키지 생성

① Package를 생성하기 위해 [myProject1]-[Java Resources]-[src]에서 마우스 오른쪽 버튼을 클릭하고 [New]-[Package]를 지정한다.

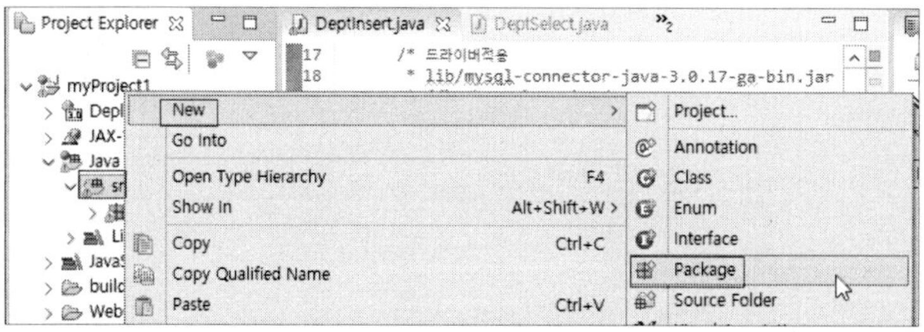

② "empt"라는 이름의 패키지를 생성한다.

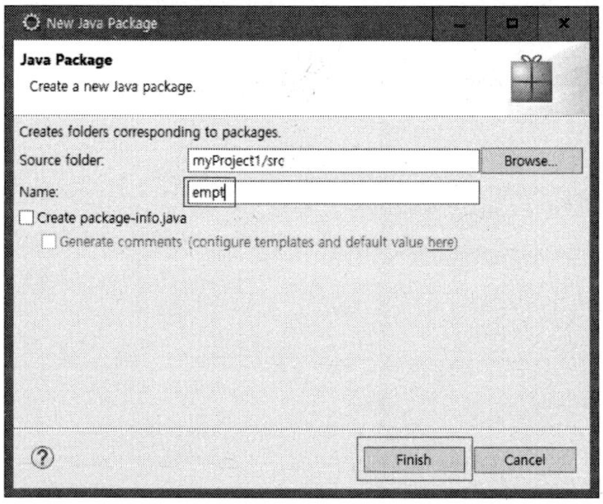

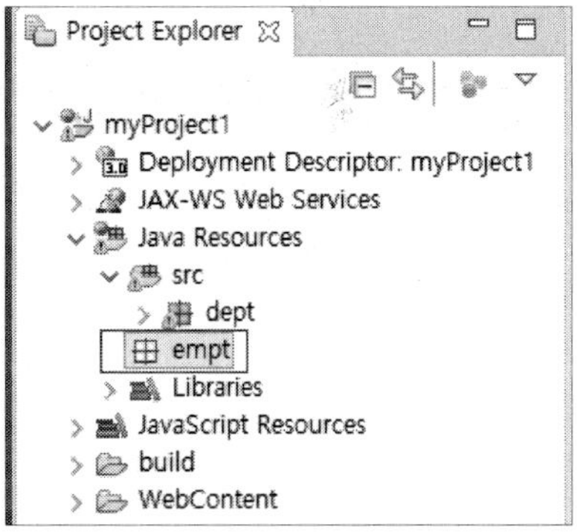

2 데이터 입력

EmpGibonInsert.java(기본형 입력 저장)

① EmpGibonInsert.java 파일을 생성하기 위해 [empt] 패키지 이름을 마우스 오른쪽 버튼으로 클릭하고 [New]-[Class]를 선택한다.

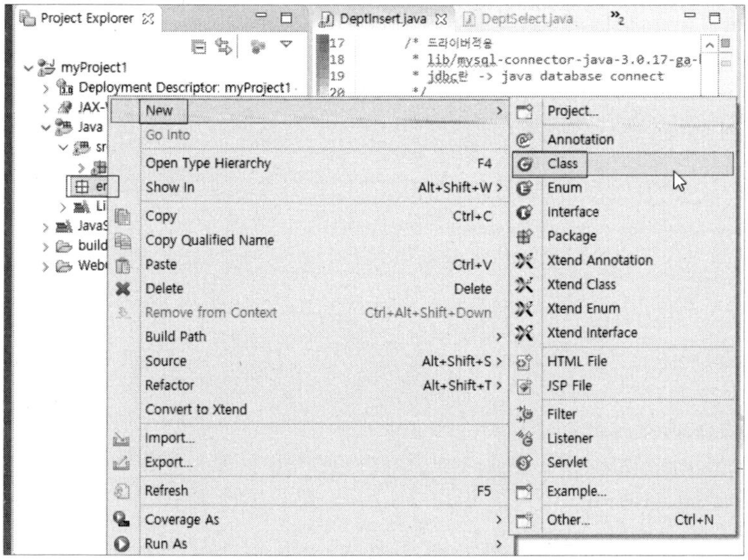

② [New Class] 화면이 나타나면 "Name" 목록에 EmpGibonInsert를 입력하고 [Finish]를 클릭한다.

소스 상세

```
package empt;

import java.sql.*;
import java.util.Scanner;

public class EmpGibonInsert {
   public static void main(String[ ] args) throws Exception {
       String username = "root";
       String userpass = "ampsetup";
       String dbname = "apple";
       String url = "jdbc:mysql://localhost: 3306/"+dbname+"?useUnicode=
                  true&characterEncoding=utf8";

       Class.forName("com.mysql.jdbc.Driver");
       Connection conn = DriverManager.getConnection(url,username,userpass);
       Statement stmt = conn.createStatement( );

```

```
        int empno = 1001;
        String empnm = "Tom";
        String gender = "Male";
        int sal = 3000;
        String hiredate = "2019-01-01";
        int deptno = 20; // 존재하는 부서번호를 입력

        String sql = "INSERT INTO employee(empno, empnm, gender, sal, hiredate,
                       deptno) " + " VALUES(' "+empno+" ', ' "+empnm+" ',
                       ' "+gender+" ',' "+sal+" ', ' "+hiredate+" ', ' "+deptno+" ' )";

        int cnt = stmt.executeUpdate(sql);

        if( cnt == 1) {
            System.out.println("입력성공");
        } else {
            System.out.println("입력실패");
        }
    }
}
```

③ 실제 삽입 여부의 확인은 데이터베이스에 직접 접속하여 데이터를 확인한다.

+ Options

	empno	empnm	gender	sal	hiredate	deptno
☐ ✎ ✕	1001	Tom	Male	3000	2019-01-01	20

EmpUserInsert.java(사용자 입력 저장)

① EmpUserInsert.java 파일을 생성하기 위해 [empt] 패키지 이름을 마우스 오른쪽 버튼으로 클릭하고 [New]-[Class]를 선택한다.

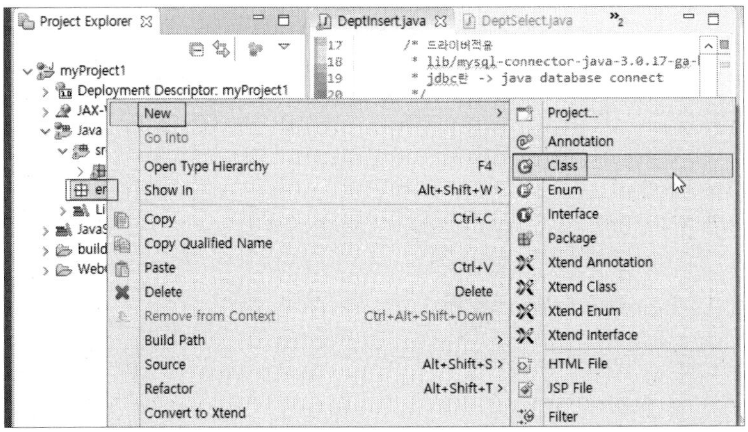

② [New Class] 화면이 나타나면 “Name” 목록에 EmpUserInsert를 입력하고 [Finish]를 클릭한다.

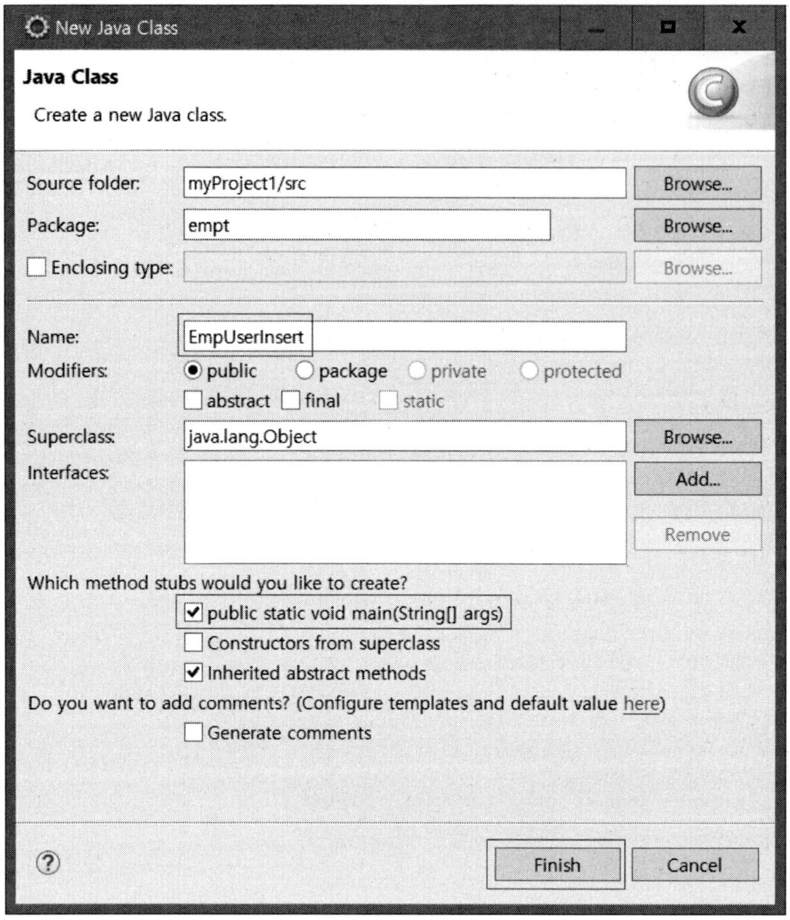

소스 상세

```
package empt;

import java.sql.*;
import java.util.Scanner;

public class EmpUserInsert {
   public static void main(String[ ] args) throws Exception {

        /* 접속 사용자이름 / 암호 / DB 이름을 변수 처리한다.
         */
        String username = "root";
        String userpass = "apmsetup";
```

```
        String dbname = "apple";
        String url = "jdbc:mysql://localhost:3306/"+dbname
                    + "?useUnicode=true&characterEncoding=utf8";

        /* 드라이버 적용
         * lib/mysql-connector-java-3.0.17-ga-bin.jar 파일을 자동연결 한다.
         * jdbc란  -> java database connect
         */
        Class.forName("com.mysql.jdbc.Driver");

        /* 연결설정 적용
         * 위에서 만들어놓은 각각의 변수를 적용한다.
         */
        Connection conn =
                DriverManager.getConnection(url,username,userpass);

        /* 연결 인스턴스객체 생성
         * 자바의 특성상 연결정보를 객체화하여 사용하는 장면이다.
         * 객체를 참조하는 stmt 변수를 통해 필요한 메소드로 접근한다.
         */
        Statement stmt = conn.createStatement( );

        /* int empno = 1001;
        String empnm = "Tom";
        String gender = "M";
        int sal = 3000;
        String hiredate = "2019-01-01";
        int deptno = 20; // 존재하는 부서번호를 입력 */

        Scanner scn = new Scanner(System.in);
        System.out.print("=== 사원정보 입력 ===\n\n");

        System.out.print("사원번호 >>");
        int empno = scn.nextInt( );

        System.out.print("이름(영문) >>");
        String empnm = scn.next( );

        System.out.print("성별(M or F) >>");
        String gender = scn.next( );
        if (gender = "M") {
            gender = "Male";
        } else {
            gender = "Female";
```

```
        }

        System.out.print("급여 >>");
        int sal = scn.nextInt( );

        System.out.print("입사일(yyyy-mm-dd) >>");
        String hiredate = scn.next( );

        System.out.print("부서번호 >>");
        int deptno = scn.nextInt( );

        String sql = " INSERT INTO employee(empno, empnm, gender, sal, hiredate,
                        deptno) " + " VALUES(' "+empno+" ', ' "+empnm+" ', '
                        "+gender+" ',' "+sal+" ', ' "+ hiredate+" ', ' "+deptno+" ' )";

        int cnt = stmt.executeUpdate(sql);

        if( cnt == 1) {
            System.out.println("입력성공");
        } else {
            System.out.println("입력실패");
        }
    }
}
```

③ 프로그램을 실행하고 콘솔에서 다음과 같이 입력한다.

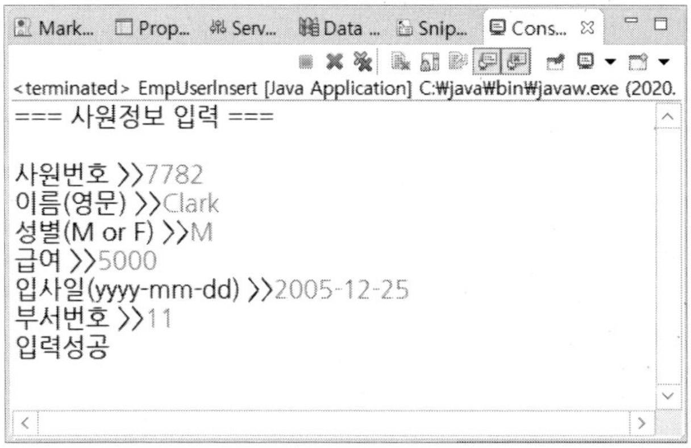

④ 실제 삽입 여부의 확인은 데이터베이스에 직접 접속하여 데이터를 확인한다.

+ Options

			empno	empnm	gender	sal	hiredate	deptno
☐	✎	✕	1001	Tom	Male	3000	2019-01-01	20
☐	✎	✕	1002	Jane	Femal	3300	2018-10-01	20

⑤ 같은 방법으로 실행해서 다음 2개의 데이터를 추가로 입력한 후 결과를 확인한다.

```
1001 Tom M 2019-01-01
1002 Jane F 2018-10-01
7788 Scott M 2010-02-03
7782 Clark M 2005-12-25
```

```
<terminated> EmpUserInsert [Java Application] C:\java\bin\javaw.exe (2020.
=== 사원정보 입력 ===

사원번호 >>7788
이름(영문) >>Scott
성별(M or F) >>M
급여 >>1800
입사일(yyyy-mm-dd) >>2010-02-03
부서번호 >>21
입력성공
```

```
<terminated> EmpUserInsert [Java Application] C:\java\bin\javaw.exe (2020.
=== 사원정보 입력 ===

사원번호 >>1002
이름(영문) >>Jane
성별(M or F) >>F
급여 >>3300
입사일(yyyy-mm-dd) >>2018-10-01
부서번호 >>20
입력성공
```

+ Options

			empno	empnm	gender	sal	hiredate	deptno
☐	✎	✕	1001	Tom	Male	3000	2019-01-01	20
☐	✎	✕	1002	Jane	Femal	3300	2018-10-01	20
☐	✎	✕	7788	Scott	Femal	1800	2010-02-03	21
☐	✎	✕	7782	Clark	Femal	5000	2005-12-25	11

3 데이터 출력(목록)

1) 다양한 형태의 결과를 출력하여 본다.
2) 다음 2개의 결과와 같이 출력한다.

EmpSelectList1.java(입력 데이터 출력1)

① EmpSelectList1.java 파일을 생성하기 위해 [empt] 패키지 이름을 마우스 오른쪽 버튼으로 클릭하고 [New]-[Class]를 선택한다.

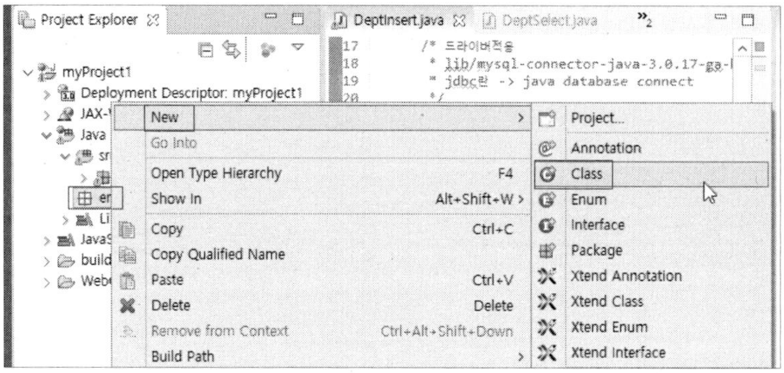

② [New Class] 화면이 나타나면 "Name" 목록에 EmpSelectList1을 입력하고 [Finish]를 클릭한다.

소스 상세

```
package empt;

import java.sql.*;
import java.util.Scanner;

public class EmpSelectList1 {
   public static void main(String[] args) throws Exception {

        /* 접속 사용자이름 / 암호 / DB 이름을 변수 처리한다.
         */
        String username = "root";
        String userpass = "apmsetup";
        String dbname = "apple";
        String url = "jdbc:mysql://localhost:3306/"+dbname
                        + "?useUnicode=true&characterEncoding=utf8";

        /* 드라이버 적용
         * lib/mysql-connector-java-3.0.17-ga-bin.jar 파일을 자동연결 한다.
         * jdbc란  -> java database connect
         */
        Class.forName("com.mysql.jdbc.Driver");

        /* 연결설정 적용
         * 위에서 만들어놓은 각각의 변수를 적용한다.
         */
        Connection conn =
                DriverManager.getConnection(url,username,userpass);

        /* 연결 인스턴스객체 생성
         * 자바의 특성상 연결정보를 객체화하여 사용하는 장면이다.
         * 객체를 참조하는 stmt 변수를 통해 필요한 메소드로 접근한다.
         */
        Statement stmt = conn.createStatement( );

        /* 사용할 변수들의 초기화 */
        int total = 0;
        int empno = 0;
        String empnm, gender,hiredate;

        /* 총 데이터 개수 출력을 위한 SQL */
        String sql1 = "select count(*) cnt from employee";
        ResultSet rs1 = stmt.executeQuery(sql1);
```

```java

        /* 한 개의 데이터만 가져오면 되므로 반복문 대신 if 문을 사용한다. */
        if( rs1.next() ) {
            // 숫자타입의 값이므로 getInt를 사용한다.
            total = rs1.getInt("cnt");
        }

        System.out.println( );
        System.out.println("[사원정보목록\n");
        System.out.println("총개수 " + total);
        System.out.println("---------------"+"------------------");
        System.out.println(" 사번번호 \t사원명 \t성별 \t\t입사일 ");
        System.out.println("---------------"+"------------------");

        /* 출력을 위한 SQL ;  사원번호, 사원이름, 성별, 입사일을 가져온다. */
        String sql2 = "select empno, empnm, gender, hiredate from employee";
        ResultSet rs2 = stmt.executeQuery(sql2);

        while( rs2.next() ) {
            empno = rs2.getInt("empno");
            empnm = rs2.getString("empnm");
            gender = rs2.getString("gender");
            hiredate = rs2.getString("hiredate");

            System.out.println(" "+empno +"  \t"+ empnm +"  \t"+ gender +"  \t"+ hiredate);
        }
    }
}
```

③ 프로그램을 실행해서 결과를 확인한다.

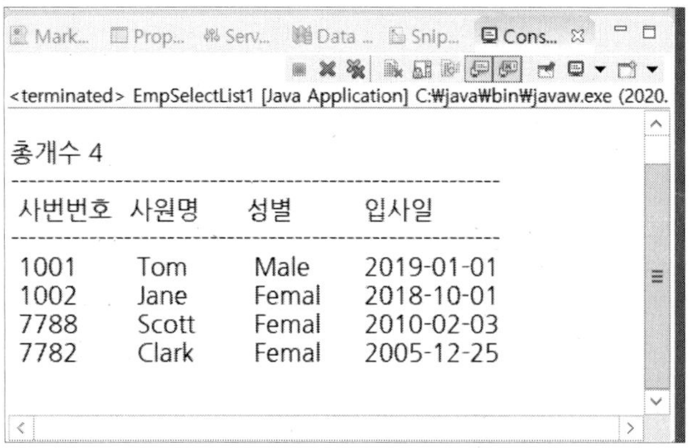

EmpSelectList2.java(입력 데이터 출력2)

① EmpSelectList2.java 파일을 생성하기 위해 [empt] 패키지 이름을 마우스 오른쪽 버튼으로 클릭하고 [New]-[Class]를 선택한다.

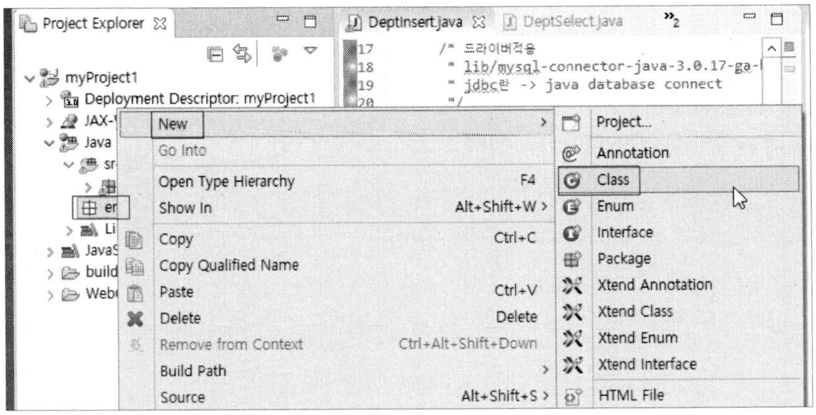

② [New Class] 화면이 나타나면 "Name" 목록에 EmpSelectList2를 입력하고 [Finish]를 클릭한다.

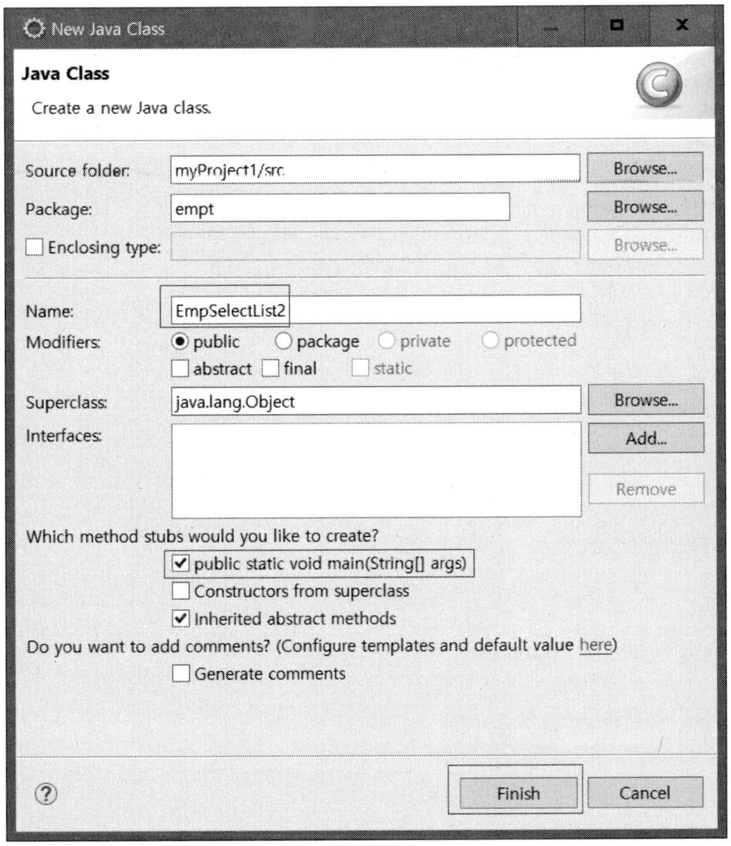

소스 상세

```
package empt;

import java.sql.*;
import java.util.Scanner;

public class EmpSelectList2 {
    public static void main(String[ ] args) throws Exception {

        /* 접속 사용자이름 / 암호 / DB 이름을 변수 처리한다.
         */
        String username = "root";
        String userpass = "apmsetup";
        String dbname = "apple";
        String url = "jdbc:mysql://localhost:3306/"+dbname
                        + "?useUnicode=true&characterEncoding=utf8";

        /* 드라이버 적용
         * lib/mysql-connector-java-3.0.17-ga-bin.jar 파일을 자동연결 한다.
         * jdbc란  -> java database connect
         */
        Class.forName("com.mysql.jdbc.Driver");

        /* 연결설정 적용
         * 위에서 만들어놓은 각각의 변수를 적용한다.
         */
        Connection conn =
                DriverManager.getConnection(url,username,userpass);

        /* 연결 인스턴스객체 생성
         * 자바의 특성상 연결정보를 객체화하여 사용하는 장면이다.
         * 객체를 참조하는 stmt 변수를 통해 필요한 메소드로 접근한다.
         */
        Statement stmt = conn.createStatement( );

        /* 사용할 변수들의 초기화 */
        int total = 0;
        int empno = 0;
        String empnm, gender,hiredate;

        /* 총 데이터 개수 출력을 위한 SQL */
        String sql1 = "select count(*) cnt from employee";
        ResultSet rs1 = stmt.executeQuery(sql1);

        /* 한 개의 데이터만 가져오면 되므로 반복문 대신 if 문을 사용한다. */
```

```java
        if( rs1.next() ) {
            // 숫자타입의 값이므로 getInt를 사용한다.
            total = rs1.getInt("cnt");
        }

        System.out.println();
        System.out.println("[사원정보목록\n");
        System.out.println("총개수 " + total);
        System.out.println("---------------"+"------------------");
        System.out.println(" 사번번호 \t사원명 \t성별 \t\t입사일 ");
        System.out.println("---------------"+"------------------");

        /* 출력을 위한 SQL ; 사원번호, 사원이름, 성별, 입사일을 가져온다. */
        String sql2 = "select "
                    + " empno, "
                    + " left(empnm, 3) empnm, "
                    + " left(gender, 1) gender, "
                    + " left(hiredate, 4)  hiredate "
                    + " from employee";
        ResultSet rs2 = stmt.executeQuery(sql2);

        while( rs2.next() ) {
            empno = rs2.getInt("empno");
            empnm = rs2.getString("empnm");
            gender = rs2.getString("gender");
            hiredate = rs2.getString("hiredate");

            System.out.println(" "+empno +"  \t"+ empnm +"  \t"+ gender +"  \t"+ hiredate);
        }
    }
}
```

③ 프로그램을 실행해서 결과를 확인한다.

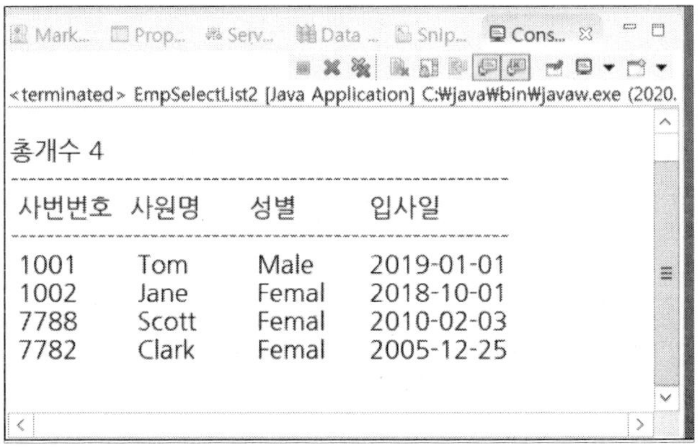

4 데이터 수정

1) 사원번호를 입력받아 상세정보를 보여주며 변경 값을 입력받아 변경처리 한다.
2) 다음은 변경 처리 과정이다.

① 사원번호 입력 - 사용자 입력

```
Console
EmpModify [Java Application] C:\Program
* 사원번호를 입력하세요. >> 7788
```

② 사용자 정보 출력

(1) 존재하는 사원번호 입력 시

```
Console
EmpModify [Java Application] C:\Program
* 사원번호를 입력하세요. >> 7788
7788 ----------------
1. 이름 : Scott
2. 급여 : 4000
3. 성별 : M
4. 입사일 :2010-02-03

 * 변경할 번호를 입력하세요.(1~4) >>2
```

(2) 비 존재하는 사원번호 입력 시

```
Console
<terminated> EmpModify [Java App
* 사원번호를 입력하세요. >> 1234
1234 ----------------

 출력할 내용이 없습니다.
```

③ 변경할 번호 입력 후 변경 값을 입력하고 Enter 를 누르면 변경 완료

```
Console
<terminated> EmpModify [Java Application]
* 사원번호를 입력하세요. >> 7788
7788 ----------------
1. 이름 : Scott
2. 급여 : 4000
3. 성별 : M
4. 입사일 :2010-02-03

 * 변경할 번호를 입력하세요.(1~4) >>2
 * 변경 값을 입력해주세요. >>4100
->
변경성공 OK
```

EmpUpdate.java(데이터베이스 자료 수정)

① EmpUpdate.java 파일을 생성하기 위해 [empt] 패키지 이름을 마우스 오른쪽 버튼으로 클릭하고 [New]-[Class]를 선택한다.

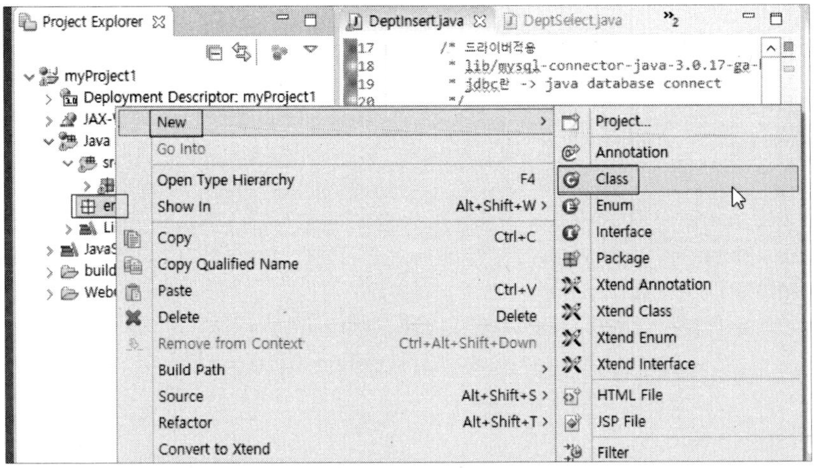

② [New Class] 화면이 나타나면 "Name" 목록에 EmpUpdate를 입력하고 [Finish]를 클릭한다.

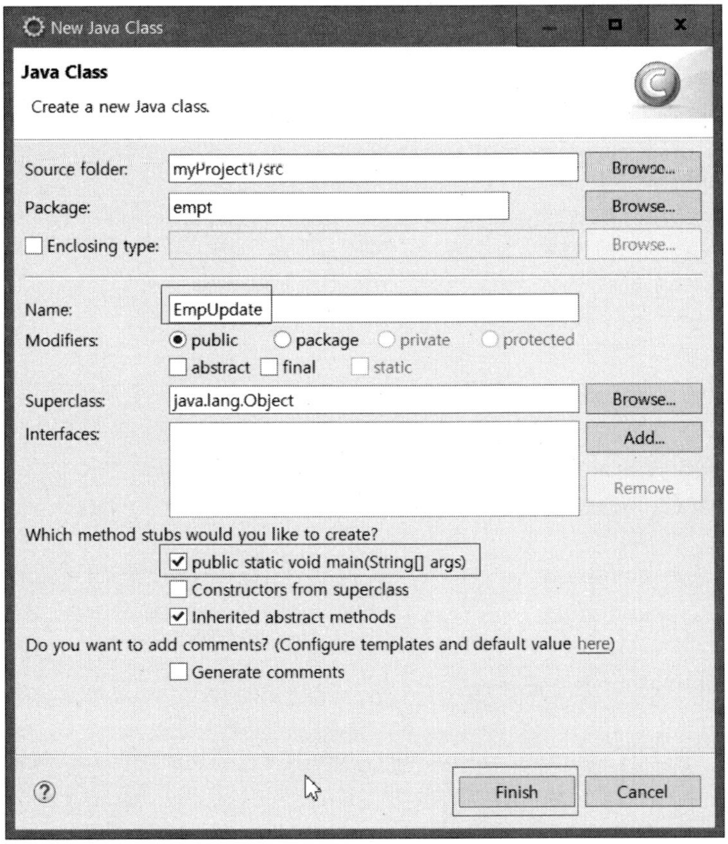

소스 상세

```
package empt;

import java.sql.*;
import java.util.Scanner;

public class EmpUpdate {
   public static void main(String[ ] args) throws Exception {

       String username = "root";
       String userpass = "apmsetup";
       String dbname = "apple";
       String url = "jdbc:mysql://localhost:3306/"+dbname
                         + "?useUnicode=true&characterEncoding=utf8";

       /* 드라이버 적용
        * lib/mysql-connector-java-3.0.17-ga-bin.jar 파일을 자동연결 한다.
        * jdbc란  -> java database connect
        */
       Class.forName("com.mysql.jdbc.Driver");

       /* 연결설정 적용
        * 위에서 만들어 놓은 각각의 변수를 적용한다.
        */
       Connection conn =
              DriverManager.getConnection(url,username,userpass);

       /* 연결인스턴스객체 생성
        * 객체를 참조하는 stmt 변수를 통해 필요한 메소드로 접근을 한다.
        */
       Statement stmt = conn.createStatement( );

       Scanner scn = new Scanner(System.in);
       System.out.print("* 사원번호를 입력하세요. >>  ");

       /* 사원번호를 입력 받는다- */
       int empno = scn.nextInt( );

       System.out.print(empno + " ---------------- ");

       String sql1 = "SELECT empnm, sal, gender, hiredate FROM employee WHERE
                         empno=' "+empno+" ' ";
       ResultSet rs = stmt.executeQuery(sql1);
```

```
        if( rs.next() ) {
            String empnm = rs.getString("empnm");
            int sal = rs.getInt("sal");
            String gender = rs.getString("gender");
            String hiredate = rs.getString("hiredate");
            System.out.print("1. 이름 : " + empnm);
            System.out.print("\t2. 급여 : " + sal);
            System.out.print("\t3. 성별 : " + gender);
            System.out.print("\t4. 입사일 :" + hiredate);

            System.out.print("\n * 변경할 번호를 입력하세요. (1~4) >>") ;

            int number = scn.nextInt();

            String msg = null, col = null;

            switch(number) {
                case 1: msg = "이름";     col = "empnm"; break;
                case 2: msg = "급여";     col = "sal";          break;
                case 3: msg = "성별";     col = "gender"; break;
                case 4: msg = "입사일";   col = "hiredate"; break;
            }

            if(msg == null || col == null) {
                System.out.println("오류입니다. 다시 시도해 수세요. ");
            } else {
                System.out.print(" * 변경 값을 입력해주세요. >>");
                String value = scn.next();

                String sql2 = "UPDATE employee SET "+col+"=' "+value+" '
                                    WHERE empno="+empno;
                int result = stmt.executeUpdate(sql2);

                if(result == 0) System.out.print("-> 변경실패");
                    else System.out.print("-> \n 변경성공 OK");
            }
        } else {
            System.out.print(" \n 출력할 내용이 없습니다.");
        }
    }
}
```

③ 프로그램을 실행해서 결과를 확인한다.

– 수정 데이터가 검색이 되지 않은 경우

```
<terminated> EmpUpdate [Java Application] C:\java\bin\javaw.exe (2020. 2. 2
* 사원번호를 입력하세요. >> 1234
1234 ----------------
 출력할 내용이 없습니다.
```

– 수정 데이터가 검색된 경우

```
<terminated> EmpUpdate [Java Application] C:\java\bin\javaw.exe (2020. 2. 27. 오후 12:19:12)
* 사원번호를 입력하세요. >> 1001
1001 ---------------- 1. 이름 : Tom     2. 급여 : 3000   3. 성별 :  Male  4. 입사일 :2019-01-01
 * 변경할 번호를 입력하세요. (1~4) >>2
 * 변경 값을 입력해주세요. >>3500
|>
 변경성공 OK
```

④ 데이터베이스의 수정 내용을 확인한다.

+ Options

			empno	empnm	gender	sal	hiredate	deptno
☐	✎	✕	1001	Tom	Male	3500	2019-01-01	20
☐	✎	✕	1002	Jane	Femal	3300	2018-10-01	20
☐	✎	✕	7788	Scott	Femal	1800	2010-02-03	21
☐	✎	✕	7782	Clark	Femal	5000	2005-12-25	11

5 데이터 삭제

- 삭제할 데이터의 사원번호를 입력받아 삭제 처리한다.
- 존재하는 사원번호가 아닐 경우 존재하지 않다는 메시지만 출력한다.
- 존재하는 사원번호일 경우 데이터를 삭제 처리한다.

■ 삭제할 사원번호 입력 - 사용자 입력

① 존재하지 않는 번호를 입력했을 경우 – 삭제 불가

```
Console
<terminated> EmpDelete [Java Application] C:\Program
* 삭제할 사원번호를 입력하세요. >> 1234
1234 ----------------
존재하는 사원번호가 아닙니다.
```

② 존재하는 사원번호를 입력했을 경우 – 삭제 처리

EmpDelete.java(데이터베이스 자료 삭제)

① EmpDelete.java 파일을 생성하기 위해 [empt] 패키지 이름을 마우스 오른쪽 버튼으로 클릭하고 [New]-[Class]를 선택한다.

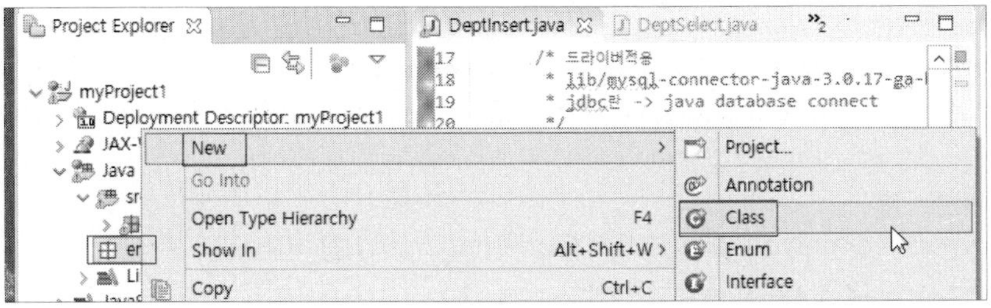

② [New Class] 화면이 나타나면 “Name” 목록에 EmpDelete를 입력하고 [Finish]를 클릭한다.

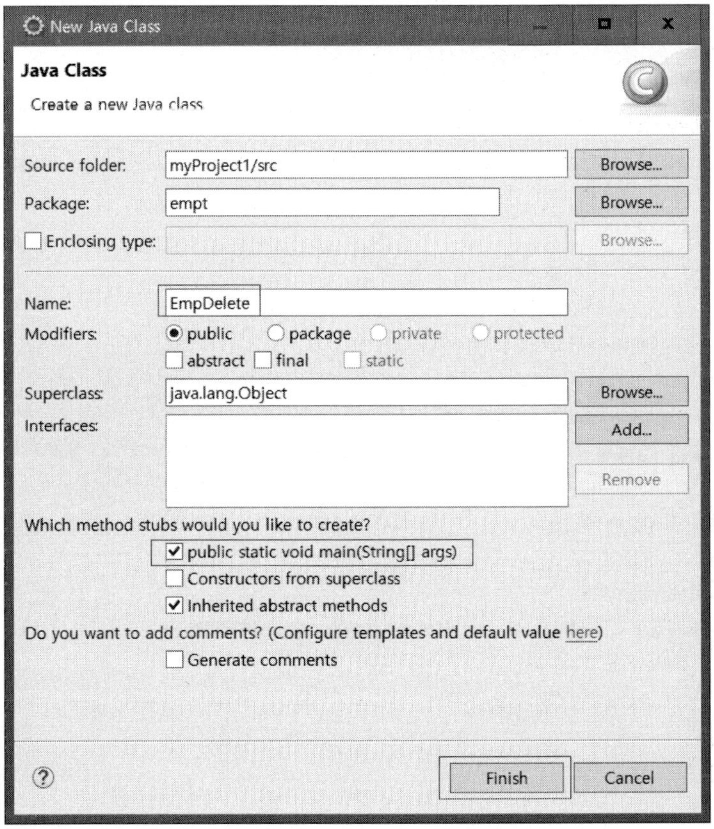

소스 상세

```
package empt;

import java.sql.*;
import java.util.Scanner;

public class EmpDelete {
    public static void main(String[ ] args) throws Exception {

        String username = "root";
        String userpass = "apmsetup";
        String dbname = "apple";
        String url = "jdbc:mysql://localhost:3306/"+dbname
                    + "?useUnicode=true&characterEncoding=utf8";

        /* 드라이버 적용
         * lib/mysql-connector-java-3.0.17-ga-bin.jar 파일을 자동연결 한다.
         * jdbc란  -> java database connect
         */
        Class.forName("com.mysql.jdbc.Driver");

        /* 연결설정 적용
         * 위에서 만들어 놓은 각각의 변수를 적용한다.
         */
        Connection conn =
                DriverManager.getConnection(url,username,userpass);

        /* 연결인스턴스객체 생성
         * 객체를 참조하는 stmt 변수를 통해 필요한 메소드로 접근한다.
         */
        Statement stmt = conn.createStatement( );

        Scanner scn = new Scanner(System.in);
        System.out.print("* 삭제할 사원번호를 입력하세요. >>  ");

        /* 삭제할 사원번호를 입력 받는다. */
        int empno = scn.nextInt( );
         System.out.print(empno + " ---------------- ");
        String sql1 = "SELECT COUNT(*) cnt FROM employee WHERE
                        empno='"+empno+"' ";
        ResultSet rs = stmt.executeQuery(sql1);
        int cnt = 0;
        if( rs.next( ) ) {
```

```
            cnt = rs.getInt("cnt");
        }
        int result = 0;
        if( cnt == 0 ) {
            System.out.print("존재하는 사원번호가 아닙니다.");
        } else {
            result = stmt.executeUpdate("DELETE FROM employee WHERE
                        empno=' "+empno+" ' ");
            System.out.println( result + "건 삭제하였습니다. " );
        }
    }
}
```

③ 프로그램을 실행해서 결과를 확인한다.

– 삭제 데이터가 검색이 되지 않은 경우

```
<terminated> EmpDelete [Java Application] C:₩java₩bin₩javaw.exe (2020. 2. 27
* 삭제할 사원번호를 입력하세요. >> 1234
1234 --------------- 존재하는 사원번호가 아닙니다.
```

– 삭제 데이터가 검색되어 삭제된 경우

```
<terminated> EmpDelete [Java Application] C:₩java₩bin₩javaw.exe (2020. 2. 27
* 삭제할 사원번호를 입력하세요. >> 7788
7788 --------------- 1건 삭제하였습니다.
```

④ 데이터베이스의 삭제 내용을 확인한다.

+ Options

empno	empnm	gender	sal	hiredate	deptno
1001	Tom	Male	3500	2019-01-01	20
1002	Jane	Femal	3300	2018-10-01	20
7782	Clark	Femal	5000	2005-12-25	11

찾아보기

E

F

G

H

I

J

K

L

M

N

O

P

R

S

T

U

V

W

Y

ㄱ

ㄴ

ㄷ

ㄹ